最近の知的財産における諸課題

~企業知財関係者・学者・弁護士・弁理士・特許情報分析者の総集~

藤本昇先生喜寿記念論文集

発明推進協会

藤本　昇 先生

藤本昇先生の喜寿をお祝いし、謹んで本書を捧げます。

著者一同

巻 頭 言

　藤本昇先生が、お元気で喜寿を迎えられましたこと、誠に慶賀の至りに存じます。そして、藤本昇先生に捧げる喜寿記念論文集が、この度、多くの企業知財関係者・学者・弁護士・弁理士等の方々による約40編もの玉稿により上梓されましたことを心よりお祝い申し上げます。

　意匠的には私の方が年上に見えるかもしれませんが、実は、藤本先生は関西大学法律相談所の2年先輩でして、私は飽くまで後輩ですので「巻頭言をお書きするなんてできません」と最初は御辞退申し上げたのですが、先輩からの厳しいお達しで（笑）、役不足ながらお引き受けさせていただきました。どうぞご海容願います。

　藤本先生は、見るからに精悍で、また、その話し上手な才能が人を引き付けて離さないことは誰もが共通して認めているところです。

　ところで、藤本先生は、大阪万博の開催年（1970年）に若くして弁理士試験に合格され、登録後は一貫して「知財は企業ビジネスに役立たないと意義がない」との確固たる信念・ポリシーをもって知財をコアにした中小企業等の発展に積極的に注力してこられましたので、藤本先生に絶大な信頼を置いておられる企業等は多数に上るといえます。

　先生は、知財法実務の中でもとりわけ意匠法の研究と実践には輝かしいものがあり、知財実務家で藤本先生の名前を知らない人がおれば「知財もぐり」と言われても仕方がないでしょう。さらに、侵害訴訟と審決取消訴訟の御経験が200件を超えるほどもおありとのことですから、知財訴訟の極めて豊富な御経験からフィードバックされた明細書等の成果物はとても強固なものとなっているはずですし、フィードバックの大切さを古くから御指摘されていました。レジェンドといわれる著名な元知財裁判官が「良き明細書とは」として同様の御指摘をされていますが、藤本先生ははるか前からそれを実践・啓発されていたことになります。

藤本先生とは、代理人等を御一緒させていただいたり、お相手をさせていただいたりしたことが何度かありますが、「おにぎり包装用フィルム事件」（東京地判平成5年12月22日）はとても印象に残っています。

　依頼者から、「もし裁判に負けたら、コンビニからおにぎりがなくなり、学生が飢え死にするかもしれない」と言われたのに対し、藤本先生は力強く（いつもの）大きな声で「任せなさい！」とおっしゃられたことが鮮明に記憶に残っています。さすが藤本先生だ、と非常に感心いたしました。

　藤本先生のお得意分野の一つである意匠法については、その類似範囲の判断について修正混同説等があり、必ずしも判断規範が確定しているともいえない分野でしょうが、先生の積極的かつ確信的主張が多方面で大きな影響を及ぼしてきたのではないか想像されます。

　そして、先生の知財法に関するお考えは、いろいろな御論考を通しても世に発表されており、例えば私が編集事務局を担当させていただいた1999年発刊の「判例意匠法」には、「意匠の使用態様と意匠の利用の成否」というテーマで判例批評をお書きになっていますが、判旨の一部を強く批判され、また、1999年1月に施行された部分意匠制度の出願戦略にも触れておられるのは、さすがに面目躍如を果たされている代表作の一つであるといえます。その後も、青林書院の法律相談シリーズ等にも明確な御論考で複数執筆されており、良き先輩を持ったと大いに自慢しております。

　喜寿は、「喜」の草書体が七十七に見えることから使われているそうですが、藤本昇先生には、この人生の一つの「喜び」の節目を大胆に乗り越えられ、斯界の最先端を行く令和元年改正意匠法に対する種々の問題への道しるべとなられることも含め、我々後進にも引き続きお元気で御指導・御鞭撻くださることを心より祈念申し上げ、お祝いの言葉とさせていただきます。

小松法律特許事務所　所長
弁護士・弁理士　小松　陽一郎

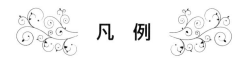

凡　例

掲載順
　各論文は内容によって第Ⅰ章から第Ⅶ章に分けており、章ごとに著者名の50音順で掲載している。

判決文
　本文や脚注において判決を紹介する場合は、基本的に以下の表記で統一している。

　最判平成10.02.24　平6(オ)1083

　なお、掲載文献がある場合は事件番号に替えて掲載文献を記載している。

　最判平成10.02.24　民集52巻1号113頁

　掲載文献の略称は以下のとおり。文献が複数の場合、以下の優先順位により1つだけ掲載しており、「裁判所ウェブサイト」等の場合は事件番号を掲載している。

民集	最高裁判所民事判例集
集民	最高裁判所民事裁判集
無体裁集	無体財産権関係民事・行政裁判例集
知的裁集	知的財産権関係民事・行政裁判例集
判時	判例時報
判タ	判例タイムズ
金判	金融・商事判例

参考文献
　本文や脚注において参考文献を紹介する場合、基本的に以下の表記で統一している。

書籍	著者『書籍タイトル』○頁（出版社［発行年］）
書籍（論文集）	著者「論文タイトル」〈『書籍タイトル』○頁（出版社［発行年］）〉
論文	筆者「論文タイトル」(「掲載媒体」○巻○号○頁［発行年］)

　なお、『工業所有権法（産業財産権法）逐条解説〔第22版〕』は、本文や脚注を問わず、『逐条解説』と略記している。

目　次

巻頭言　　　小松　陽一郎
凡　例

第Ⅰ章　企業と知財 …………………………………………………… 1
- 「裁判例・法改正の振り返りと企業におけるライセンス交渉」青木　潤 …… 3
- 「BtoB企業の知財・無形資産投資活用戦略の考え方とその課題」井上　博之 …… 33
- 「知財活動の20年間の歩みとこれから」木田　淳志 …………………… 57
- 「企業の知的財産活動と意匠権」黒田　智子 …………………………… 85
- 「現場から見た産学連携における知財をめぐる課題」富畑　賢司 …… 101
- 「知財情報の戦略的活用の進化～企業の持続可能な成長のために～」中村　栄 …… 119
- 「知財経営に向けて」柳町　ともみ …………………………………… 135

第Ⅱ章　特許（発明）…………………………………………………… 157
- 「近時の裁判例からみた発明発掘のポイント」北田　明 ……………… 159
- 「数値限定発明における進歩性判断の現状と課題」中谷　寛昭 ……… 181

第Ⅲ章　意匠（デザイン）・商標・不正競争防止法 ………………… 195
- 「仮想空間と不正競争防止法上の形態模倣規制
　―令和5年改正の影響とその課題について―」青木　大也 ………… 197
- 「意匠保護の現代的課題」石井　隆明 ………………………………… 211
- 「商標法における権利濫用法理
　―のれん分け事案に焦点を当てて―」重冨　貴光 …………………… 225
- 「不使用取消審判（商標法50条1項）における
　駆け込み使用について」白井　里央子 ………………………………… 251
- 「我が国のコンセント制度の内容及び懸念事項」田中　成幸 ………… 267
- 「商品の部分の形態に対する標識法による保護」茶園　成樹 ………… 287
- 「意匠法3条2項の判断手法について」野村　慎一 …………………… 303
- 「建築物の意匠登録は景観を変えるか」藤本　英子 …………………… 327
- 「機能に関連した形態は保護されないか」室谷　和彦 ………………… 337
- 「意匠制度135年の変化」山田　繁和 …………………………………… 365
- 「ファッションアイテムの商品等表示性についての一考察」吉田　悦子 …… 395

目 次

第Ⅳ章　AI・著作権 ······································· 407
「AI から生成 AI に関する著作権問題の概要」生駒 正文 ······· 409
「20年後の弁理士のあるべき姿
　　"Chance! Challenge! Change!" 昇先生 IZM を受けて」豊山 おぎ ······· 439
「工業デザインの著作権による保護」若本 修一 ······················· 451

第Ⅴ章　知財紛争・知財訴訟（損害賠償等） ················· 477
「知的財産紛争と ADR
　　～国際特許ライセンス紛争の仲裁による解決～」大貫 雅晴 ······· 479
「知的財産権侵害と取締役等の責任の新局面」小松 陽一郎 ············ 495
「プロダクト・デザインを保護対象とする場合の損害論の一考察」白木 裕一 ··· 523
「パブリシティ権侵害に対する損害賠償額の認定」高林 龍 ············ 549
「知財紛争処理についての実務上の考察
　　～代理人の立ち位置から～」三山 峻司 ························· 565

第Ⅵ章　海外 ··· 587
「韓国における技術流出防止法制」李 厚東 ＝ 金 椢煥 ··············· 589
「ASEAN の知財関連課題と日本の貢献」扇谷 高男 ·················· 609
「我が国の法整備支援の現状と課題」熊谷 健一 ····················· 631
「中国実用新案制度についての一考察」小山 雄一 ··················· 645
「中国意匠制度及びその沿革」韓 登営 ···························· 659
「アフリカの知財制度と農作物のブランド化
　　～その可能性と課題をめぐる考察～」山名 美加 ················· 673

第Ⅶ章　知財情報の調査・分析 ····························· 695
「特許権侵害性調査における事前検討と検索式の作成及び
　　その注意点」田村 勝宏 ······································· 697
「藤本昇先生代理案件の知財ミックス分析」野崎 篤志 ·············· 715
「知財情報活用の変遷と知財情報トレンド」藤本 周一 ·············· 735

藤本昇先生 略歴・研究実績 ································ 757

藤本昇先生 知財訴訟活動歴 ································ 761

あとがき　　白木 裕一
著者一覧

第Ⅰ章

企業と知財

裁判例・法改正の振り返りと企業におけるライセンス交渉

積水ハウス株式会社 法務部 知的財産室 室長　青木　潤

1．はじめに

　著者は企業においてライセンス交渉を中心にした知財業務を行ってきた実務家であり、気が付けば30年が経過した。

　このライセンス交渉は相手との関係を含め、様々なビジネス要素を考慮して行うが、当然のことながら裁判例や法改正の影響も受ける。

　そこで、侵害論（均等論）、無効論（裁判所での無効、進歩性）、消尽論、その他（損害論等）の順に、重要と思われる裁判例や法改正を振り返り、それらが企業のライセンス交渉にどのような影響を与えてきたか、また、企業の実務家はどのように対処することが望まれるかなどを、雑感を含めて紹介したい。

2．均等論

（1）均等論とは

　特許法70条1項は、「特許発明の技術的な範囲は、願書に添付した特許請求の範囲に基づいて定めなければならない」と規定しているが、均等論は、一定の要件の下で特許請求の範囲の文言を超えて、均等の範囲を技術的範囲として認めるものである。

（2）ボールスプライン軸受事件

　日本の裁判ではボールスプライン軸受事件の最高裁判決[1]で以下の均等論

---

[1] 最判平成10.02.24 民集52巻1号113頁

の5つの要件が示され[2]、その後もこれを基に様々な判決が下されている[3]。

> 〔ボールスプライン軸受事件　最高裁〕
> 特許請求の範囲に記載された構成中に対象製品等と異なる部分が存する場合であっても、(1) 右部分が特許発明の本質的部分ではなく、(2) 右部分を対象製品等におけるものと置き換えても、特許発明の目的を達することができ、同一の作用効果を奏するものであって、(3) 右のように置き換えることに、当該発明の属する技術の分野における通常の知識を有する者(以下「当業者」という。)が、対象製品等の製造等の時点において容易に想到することができたものであり、(4) 対象製品等が、特許発明の特許出願時における公知技術と同一又は当業者がこれから右出願時に容易に推考できたものではなく、かつ、(5) 対象製品等が特許発明の特許出願手続において特許請求の範囲から意識的に除外されたものに当たるなどの特段の事情もないときは、右対象製品等は、特許請求の範囲に記載された構成と均等なものとして、特許発明の技術的範囲に属するものと解するのが相当である。

(3) ライセンス交渉への影響

① 権利者視点

　特許権者は、当事者で交渉する際には、均等であることを主張すると文言非侵害を自認することになり、権利者が主張すべき第1要件から第3要件の主張が難しいことに加え(特に第1要件)、均等論を主張すれば、自己も相手からいつか均等論を主張されると懸念されることから、できれば均等論を持ち出さずに侵害を認めさせたい。

② 被疑侵害者視点

　訴訟では、均等侵害であるがゆえに損害賠償額が低額になることはないが、

---

[2] 三村量一「均等論再論(均等の第5要件に関する更なる検討)」(「パテント」74巻26号137-151頁[2021]〈別冊26〉)で詳しく説明されている。
[3] 高石秀樹ほか「均等論に関する裁判例の傾向と対策」(「パテント」70巻1号54頁[2017])など、多数の文献で紹介されている。

交渉で被疑侵害者は均等侵害を文言非侵害であるとし、その特許権の評価を下げ、ライセンス料の引下げを狙うことができる。また、均等範囲に権利範囲を広げるなら、特許権は無効又は第4要件で非侵害という主張をすることもある。

訴訟でも交渉でも、均等論を持ち出すか否かは権利者次第であるが、当事者間の交渉では、被疑侵害者も均等論を持ち出させないように交渉を進めることができるので、どのように交渉を進めるかを悩むケースは多い。

③ 現状

ボールスプライン軸受事件から随分と年月が経過したが、当事者間のライセンス交渉で、この判決が影響したと思われるケースは少ないと感じる。

ボールスプライン軸受事件の前から均等論自体は存在し、迂回発明や不完全利用発明は均等との認識があり、非本質的部分の相違であって、置換可能性、置換自明性があれば均等であるという認識もあった。それに加え、公知技術除外説、意識的限定論も存在し[4]、それらを前提に当事者間で議論していたので、ドラスティックに判断基準が変わったとは考えていない。

ただし、最高裁で基準が明確になり均等論が注目されたことで、当事者間の交渉で文言のみにこだわった屁理屈のような非侵害主張が減ったと感じることはあり、これが当事者間の交渉に与えた最も大きな影響かもしれない。

(4) マキサカルシトール事件における第5要件
① 判示された事項

マキサカルシトール事件では、均等論の5つの要件についての立証責任が明確になり、また、第1要件の本質的部分の認定についても判示され、これらも重要であるが、著者は第5要件の判示に注目したい。

具体的には、知財高裁大合議判決[5]も、最高裁判決[6]も第5要件の意識的除

---

[4] 吉藤幸朔『特許法概説 第7版』(有斐閣[1986])で既に紹介されている。
[5] 知財高判平成28.03.25 民集71巻3号544頁
[6] 最判平成29.03.24 民集71巻3号359頁

外を判断する際の、「客観的、外形的」であることが「特段の事情」に必要不可欠であるとし、また、出願人が認識していた範囲を判断するベースを、知財高裁では「出願人が出願当時に公表した論文等」とした一方、最高裁は、「明細書等」としたのである。

② 被疑侵害者の視点

知財高裁で示された「出願人が出願当時に公表した論文等」は、被疑侵害者にとって、その確認の負担が大き過ぎる。現実には、同一発明者が複数の論文で異なった記載をしている場合や、複数の発明者がいる特許で、発明者それぞれが論文で異なる記載をしている場合もあるので、判断基準も曖昧になる。まして「発明者」でなく「出願人」の論文等であれば、異なる発明者の論文を含むケースもあり、妥当とはいえない。

一方、最高裁で示された「明細書等」であれば、確認の負担は大きく軽減するが、それでも補正がされた場合に意識的除外となるかを判断するのは難しい[7]。

例えば対応外国出願の拒絶理由を参考に自発補正をした場合に、どのように解釈するかなど、細かな論点は尽きない。

③ 権利者の視点

幾何異性体にはシス体とトランス体しかないにもかかわらず、シス体と記載しても意識的限定でないとされたことに違和感を覚える。このような事例があると、出願後に補正をすることを前提に権利範囲を広く書くか、あえて広く書かずに均等の余地を広げるかといった実務的な論点がフォーカスされることが増える。

しかし、均等論を主張できることを前提に、当初から権利範囲を狭くする実務は浸透していない。

---

[7] 知財高判平成28.04.27 平27(ネ)10127では、手続補正における記載文言の変遷という外形を尊重して判断され、その補正の意図を忖度することなしに客観的に判断する、との方向性が示され、均等侵害を認めなかったが、大阪高判平成08.03.29 知的裁集28巻1号77頁では補正の意図を参酌し、均等侵害を認めている。

（5）均等論についての雑感
① 出願人の事情と被疑侵害者の事情

均等論が認められる根拠として、被疑侵害者である第三者は特許権を回避するために十分検討する時間があるが、出願人は先願主義につき、急いで出願しなければならないことが以下の裁判例で指摘されている。

〔マキサカルシトール事件　知財高裁大合議〕
先願主義の下においては、出願人は、**限られた時間内に特許請求の範囲と明細書とを作成し、これを出願しなければならないこと**を考慮すれば、出願人に対して、限られた時間内に、将来予想されるあらゆる侵害態様を包含するような特許請求の範囲とこれをサポートする明細書を作成することを要求することは酷であると解される場合がある。

〔マキサカルシトール事件　最高裁〕
先願主義の下で早期の特許出願を迫られる出願人において、将来予想されるあらゆる侵害態様を包含するような特許請求の範囲の記載を特許出願時に強いられることと等しくなる一方、明細書の開示を受ける**第三者**においては、**特許請求の範囲に記載された構成と均等なものを上記のような時間的制約を受けずに検討することができる**ため、特許権者による差止め等の権利行使を容易に免れることができることとなり、相当とはいえない。

確かに特許法では先願主義の下、出願人には時間がなく、完璧な明細書作成は困難であるが、補正や訂正、国内優先権制度が認められ、出願人は守られている。

一方、被疑侵害者にも製品の開発には他社との競争があり、時間的制約がある。権利範囲の判断は容易でなく、そこに時間をかけることを強いられるのは生産的でない。特に１つの製品に膨大な数の特許権が関連する場合、開発する段階で均等の範囲の検討を要請されると企業活動は成り立たず、産業の発達が阻害される。

このような事情があるので、単純に先願主義を根拠に均等を広く認めるべきではない。

　特に補正は、要旨変更[8]を基準とした時代と比べるとその範囲は制限され、新規事項の追加が認められなくなった[9]。この流れを踏まえても単純に技術的思想を完全に保護しようとする必要はない。また、訂正[10]が認められない範囲であるからこそ均等を認める意義があるといわれればそれまでであるが、訂正できない範囲[11]や第三者にとって不明確な範囲に権利の効力を及ぼすことは、特許法の想定を逸脱していると考える[12]。

　また、先願主義は、他の出願人との権利化競争であり、被疑侵害者との関係で規定されているのではない。出願を急ぎ十分な検討をしなかった出願人に対し、十分検討した明細書を作成した出願人が後願となり不利益を被らないようにするためにも、過度に先願者を保護すべきではない。

　技術的思想をしっかり保護することは重要で、均等論そのものを否定すべきではないが、均等論は、発明としては均等であっても、文言上は非侵害である以上、慎重に判断されなければならない。

② 被疑侵害者の予測

　以下のように被疑侵害者による特許の回避の容易さが考慮されていることも均等論が広く認められている要因である。

---

[8] 平成5年の法改正前に用いられていた補正の範囲である。出願時に開示した範囲で補正を認めていた。
[9] 平成15年の審査基準では、直接的かつ一義的であれば新規事項の追加にならないとした。
[10] マキサカルシトール事件でシス体からトランス体への補正や訂正が認められるかは、明細書にトランス体が記載されているかだけでなく、実施可能要件を満たすかという問題も関連する。
[11] 訂正できる範囲の判断も難しく、知財高判平成27.01.28 平26(行ケ)10087〔ラック搬送装置審決取消訴訟事件〕では、特許庁と知財高裁の判断は異なり、知財高裁は明細書に記載のない事項を自明として訂正を認めている。
[12] 名古屋高判平成17.04.27 平15(ネ)277〔圧流体シリンダ事件〕では、「より広義の用語を使用することができたにもかかわらず、誤謬によって狭義の用語を用い、かつ広義の用語への訂正をしない(このような訂正が許されるか否かはともかく)というだけでは、均等の主張をすることが信義則に反するといえないというべきである」としているが、これが特許法に則したものといえるか疑問である。

〔マキサカルシトール事件　知財高裁大合議〕
特許発明の実質的価値は第三者が特許請求の範囲に記載された構成からこれと実質的に同一なものとして容易に想到することのできる技術に及び、**第三者はこれを予期すべきものと解するのが相当であり、**（略）
これに対し、特許出願に係る明細書による発明の開示を受けた第三者は、当該特許の有効期間中に、特許発明の本質的部分を備えながら、その一部が特許請求の範囲の文言解釈に含まれないものを、**特許請求の範囲と明細書等の記載から容易に想到することができることが少なくはないという状況がある。**

しかし、他人の出願内容から製品を容易に想到できることはあっても、権利範囲まで容易に判断できるわけではなく、簡単に特許を回避できるわけではない。また、特許権の紛争が訴訟になるケースは少なく、訴訟になったとしても数少ない特許権で争われることが多いが、企業では膨大な数の権利を見ながら日常業務を行っている。その労力を無視し、実質的に同一といえる範囲を裁判例と同様のレベルで第三者に予期すべきとするのは厳しいと感じる。

③ 出願時同効材と均等の是非

また、均等論を認める理由として、以下のように出願時同効材に権利範囲を及ぼさないのは権利者に酷との考えがある。

〔ボールスプライン軸受事件　最高裁〕
特許出願の際に将来のあらゆる侵害態様を予想して明細書の特許請求の範囲を記載することは極めて困難であり、相手方において特許請求の範囲に記載された構成の一部**特許出願後に明らかとなった**物質・技術等に置き換えることによって、特許権者による差止め等の権利行使を容易に免れることができるとすれば、社会一般の発明への意欲を減殺することとなり、発明の保護、奨励を通じて産業の発達に寄与するという特許法の目的に反するばかりでなく、社会正義に反し、衡平の理念にもとる結果となる

しかし、権利者が認識でき、少なくとも上位概念として記載できる範囲のみに権利を与えれば、発明への意欲は減殺されないのではなかろうか[13]。

④ 貢献の程度を踏まえた均等

均等を認める背景に、「貢献の程度」という考え方があり、マキサカルシトール知財高裁大合議でも、均等を認める根拠として説明している[14]。

〔マキサカルシトール事件　知財高裁大合議〕
特許発明の実質的価値は、その技術分野における従来技術と比較した貢献の程度に応じて定められることからすれば、特許発明の本質的部分は、特許請求の範囲及び明細書の記載、特に明細書記載の従来技術との比較から認定されるべきであり、そして、① 従来技術と比較して特許発明の貢献の程度が大きいと評価される場合には、特許請求の範囲の記載の一部について、これを上位概念化したものとして認定され（後記ウ及びエのとおり、訂正発明はそのような例である。）、② 従来技術と比較して特許発明の貢献の程度がそれ程大きくないと評価される場合には、特許請求の範囲の記載とほぼ同義のものとして認定されると解される。

しかし、実質的価値が高いからといって、それが権利範囲に過度に影響することには抵抗がある。また、従来技術と比較した貢献度とは、具体的には何を規準にどのように判断するのか不明瞭である。特許請求の範囲の記載を超えて、貢献といった概念を持ち出すと混乱が生ずるように思う。

⑤ 法改正

著者は、被疑侵害者に権利範囲が明確であることを前提に、特許法の他の制度と整合する範囲で均等論を認めるべきと考えている。それを実現するために、均等の範囲と訂正できる範囲が一致するよう法改正し、その訂正の効果が

---

[13] 前掲注4）では、認識限度論は均等論否定の根拠にはできないとされている。
[14] 知財高判平成30.06.19 平29（ネ）10096〔携帯端末サービスシステム事件〕では第1要件との関係も考慮し、貢献の程度も低いと示した結果、均等侵害を認めなかった。

遡及しないようにして第三者の不測の不利益を解消してほしいものである。
　なお、権利範囲を広く解釈することは権利者保護であることに間違いないが、日常の知財業務を行う場合に、特許権者といえども、侵害か否かの判断が困難であるため苦労することが頻繁にあり、内心では「均等など認めないでほしい」と思っているケースも多い。

3．特許の無効
（1）無効を判断する制度
　著者が知財部に配属された1990年代は、三権分立を根拠に、侵害訴訟において無効の判断はされなかった。特許の無効は、特許庁の審判で、あるいは審判だけで決着がつかない場合には、審決取消訴訟で判断するというのが制度設計であった。

（2）重要な裁判例と法改正
① キルビー判決
　裁判所で特許無効の判断ができるとしたのは、平成12年のキルビー事件最高裁判決である[15]。

〔キルビー事件　最高裁〕
特許の無効審決が確定する以前であっても、特許権侵害訴訟を審理する裁判所は、特許に無効理由が存在することが明らかであるか否かについて判断することができると解すべきであり、審理の結果、【要旨】当該特許に無効理由が存在することが明らかであるときは、その特許権に基づく差止め、損害賠償等の請求は、特段の事情がない限り、権利の濫用に当たり許されないと解するのが相当である。

　ただし、この裁判は進歩性の判断に踏み込んだわけではなく、特許が無効であることが明らかという特殊なケースであった。

---
[15] 最判平成12.04.11 民集54巻4号1368頁

② 法改正

その後は侵害訴訟で進歩性の判断をする事案が増加し、平成16年の法改正で現行の特許法104条の3の規定が置かれ、無効審判で無効になるものは権利行使できないとし、168条5項、6項も新設されたのである。

(3) ライセンス交渉への影響

この裁判例や法改正はダブルトラックにより、判断結果が異なる場合の問題として議論されることが多いが、企業の当事者間のライセンス交渉実務にも、インパクトが大きかっただけでなく、一定の影響を与えている。

① 裁判所での無効主張の影響

企業にとって、侵害訴訟と無効審判の両方に対応することは当然負荷がかかる。また、これらが別に進行すると、権利者も被疑侵害者も、侵害論と無効論で相手が矛盾した主張をしないようにしなければならないという課題も抱えていた。それゆえに、当事者間の交渉の方が訴訟と審判で解決するよりメリットがあった。しかし、キルビー判決後は、侵害訴訟で無効論も争えることから、ダブルトラックによる矛盾した結論が生じ得るという問題が発生するとしても、侵害論と無効論での権利解釈に矛盾が生じにくいというメリットが生まれたのである[16]。

ただし、一般に企業の知財担当者は、訴訟せずに解決することに自分たちの存在意義を感じることが多く、また、企業は訴訟に抵抗があることも多いので、当事者間の交渉を急に訴訟に転換するには至っていない。

なお、ダブルトラックで齟齬のある判断がされる問題について専門家の指摘もあるが、企業がどの程度それを意識しているかは不明である[17]。

---

[16] 中国は侵害訴訟で無効の抗弁を認めない（最高人民法院判決 2022年6月22日判決（2022）最高法知民終 124 号）
[17] 日本知的財産協会特許第2委員会第5小委員会「ダブルトラック問題及び公衆審査制度に関するアンケート調査について」（「知財管理」60巻5号809頁［2010］）においてアンケート結果が紹介されている。

② 無効審判と無効主張の相違

　無効審決の確定には絶対的効力があるが、侵害訴訟で無効主張が認められても判決は相対的効力しかないので、権利そのものが消滅するわけではない。

　例えば侵害訴訟で無効主張がされ、権利者が訂正[18]の再抗弁をすれば被疑侵害者Xの製品は権利範囲外になるので、訂正の再抗弁をせず、その結果、特許は無効と判断されたとする。一方、第三者Yの製品は、訂正の再抗弁をしても権利範囲内になるのであれば、第三者Yには特許は有効として権利行使できる余地がある。これを前提にどのような交渉戦術をとるかは実務的には非常に重要である。

　なお、平成23年の法改正とも関連し、訂正の再抗弁が認められるためには、訂正審判の請求又は訂正の請求が行われていることが必要であるかという問題もある[19]。

③ 一事不再理が影響する範囲

　特許法では、平成23年改正まで「何人も」同一の事実及び証拠に基づいて特許無効審判を請求することができないと規定されており、無効審判の確定審決に第三者効が認められ、同一人でなくとも拘束されていたが、無効審判の確定判決について、同一の事実及び証拠に基づいて争えない者の範囲が「当事者及び参加人」に改められ（167条）、当事者や参加人以外の第三者は同一の事実及び証拠に基づいて無効審判を請求することができるようになったのである。

　この改正は単に無効審判の一事不再理の影響範囲（第三者効）を規定したように見えるが、無効審判の判断が確定した場合の侵害訴訟での無効主張にも影響する。すなわち、改正前は、無効審判の不成立が確定後、裁判で無効主張が許されるのかという問題があり、当時の裁判官にも、① できる、② 第三者ならできる、③ できない、という3つの見解があった。

---

[18] 侵害訴訟と訂正審決の確定については最判平成20.04.24 民集62巻5号1262頁〔ナイフの加工装置事件〕を参照されたい。
[19] 知財高判平成26.09.17 判時2247号103頁で特段の事情について示唆され、最判平成29.07.10 民集71巻6号861頁では訂正請求や訂正審判は必須でないと示されたと考えられる。

しかし、この改正によって、無効審判不成立後に、他人であれば侵害訴訟で無効主張できることになったのである。

さらに、この改正は、契約業務にも影響を与えている。例えば改正前は、部品メーカーの稚拙な無効審判に備え、完成品メーカーは取引契約で部品メーカーが無効審判を請求する場合の通知・承諾義務を規定する必要があったが、自己が無効審判も裁判での無効主張もできるので、規定することが必須ではなくなったのである。

④ 仲裁による解決

キルビー判決前は仲裁機関でも特許の無効の判断をしていなかった。そのため、仲裁による紛争全面解決は極めてレアケースであった。

その後、法改正もあり、紛争当事者が仲裁合意し、特許の有効性を判断すること自体は肯定的であるが[20]、仲裁判断が確定した後、特許庁の無効審判等において仲裁判断が基礎とした内容と異なる審決が確定した場合、仲裁判断がどのように取り扱われるのかについては明確ではない。

なお、仲裁制度のメリットは承知していても、訴訟での三審制の納得性が高いこともあり、期待されたほど仲裁機関[21]は利用されていない。

⑤ 契約書への影響

ライセンス契約書に「無効審決が確定してもライセンス料の返還はしない」という条項を盛り込むことが一般的であるが、侵害訴訟での無効判断については契約書で規定していないことが非常に多い。これは、侵害訴訟での無効判断には絶対的効力がなく、特許権は有効であるので、ライセンス料を返還しないと書くまでもなく返還しなくてよいということなのか、それとも単なる規定漏れなのか不明である。

---

[20] 有効性のみを仲裁で争えるかについては否定的な見解もある。
[21] 「日本知的財産仲裁センター」がある。同センターは1998年に日弁連と弁理士会の共同事業として設立された「工業所有権仲裁センター」が、2001年に名称変更されたものである。利用実績が https://www.ip-adr.gr.jp/outline/case-ctatistics/ で示されている。

4．進歩性
（1）進歩性とは
特許法29条2項では進歩性について以下のように規定している。

> 29条2項　特許出願前にその発明の属する技術の分野における通常の知識を有する者が前項各号に掲げる発明に基いて**容易に発明をすることができたとき**は、その発明については、同項の規定にかかわらず、特許を受けることができない。

このように規定されているものの、「容易に発明することができた」か否かを判断することは非常に難しい。そこで、審査基準では、「当業者が請求項に係る発明を容易に想到できたことの論理の構築（論理付け）ができるか否かを検討することにより行う」とし、詳細に説明している。

（2）2つの裁判例
進歩性の判断が難しい理由は幾つかあるが、特に困難なのは、① 公知技術を組み合わせることが容易か、② 発明の効果を進歩性判断にどのように用いるか、であろう。

① については、回路用接続部材事件[22]を含めた同時期の裁判例が大きなターニングポイントとなった。具体的には以下が示されたのである。

> 〔回路用接続部材事件　知財高裁〕
> 容易想到性の判断の過程においては、**事後分析的かつ非論理的思考は排除されなければならない**が、そのためには、当該発明が目的とする「課題」の把握に当たって、その中に無意識的に「解決手段」ないし「解決結果」の要素が入り込むことがないよう留意することが必要となる。

---

[22] 知財高判平成21.01.28 判時2043号117頁

すなわちこの判決は、後知恵を排除するために、公知技術を組み合わせることができた（could）というだけでは十分ではなく、当業者がそれらの引例を組み合わせたであろう（would）動機付けを明確にしなければならないとしたのである。その結果、従来の、それぞれの技術があれば組み合わせるのは容易で特許を無効にしやすい、という状況が大きく変わったのである。

そのほかにも進歩性については、数値限定発明の臨界的意義など、数々の興味深い裁判例があるが、その中で②の発明の効果に関し、その複雑な経緯を含めインパクトがあったのが、以下の「アレルギー性眼疾患を処置するための点眼剤事件」[23]である。

〔アレルギー性眼疾患を処置するための点眼剤事件　最高裁〕
原審は、結局のところ、本件各発明の効果、取り分けその程度が、予測できない顕著なものであるかについて、優先日当時本件各発明の構成が奏するものとして**当業者が予測することができなかったものか否か、当該構成から当業者が予測することができた範囲の効果を超える顕著なものであるか否か**という観点から十分に検討することなく、本件化合物を本件各発明に係る用途に適用することを容易に想到することができたことを前提として、本件化合物と同等の効果を有する本件他の各化合物が存在することが優先日当時知られていたということのみから直ちに、本件各発明の効果が予測できない顕著なものであることを否定して本件審決を取り消したものとみるほかなく、このような原審の判断には、法令の解釈適用を誤った違法があるといわざるを得ない。

この最高裁の判決は、発明の構成が容易想到であり（知財高裁の2次判決で確定している。）、予測できない顕著な効果があれば進歩性が肯定されることを前提にしている。更に差し戻された高裁判決[24]では以下のとおり、「予測できない顕著な効果」を効果の程度の問題として捉えている。

---

[23] 最判令和元.08.27 集民262号51頁
[24] いわゆる第4次判決である。知財高判令和02.06.17 令和元（行ケ）10118

> [アレルギー性眼疾患を処置するための点眼剤事件　知財高裁]
> 当該発明の構成が奏するものとして**当業者が予測することができた範囲の効果を超える顕著なもの**である場合には、当該発明は、当業者が容易に発明をすることができたとは認められない。

(3) ライセンス交渉への影響
① 回路用接続部材事件の影響
　回路用接続部材事件の判決が下された平成21年頃から、特許を無効にしにくくなったという声をよく聞くようになった。その傾向は審判や審決取消訴訟でもはっきりと確認できる。そのため、従来から当事者間の特許議論での進歩性の判断は困難であったが、単純に複数の公知文献を示せばよいとはいえなくなり、より一層、当事者間の交渉で無効を認めさせることが困難になった。

② 2つの裁判例と明細書の記載
　回路用接続部材事件の結果、進歩性判断の際に重要な動機付けを示しにくくするため、発明の課題や効果は極力書くべきでないという考え方を聞くようになった。また、効果を記載すれば、侵害論において効果不奏功の抗弁[25]につながるという懸念もある。
　一方、アレルギー性眼疾患を処置するための点眼剤事件の結果、医薬の業界ではやはり顕著な効果を記載することで進歩性を主張したいという事情もある。また、明細書に発明の構成から当業者が予測できた範囲の効果を超える顕著なものであることを主張できるように、複数の実施例を記載しておくべきとの見解もある。
　このように2つの判決がライセンス交渉の前提になる明細書の記載に与える影響は単純ではない。

---

[25] 大阪地判平成30.03.29 平27(ワ)8621、東京地判平成29.04.27 平27(ワ)11434などが参考になる。

なお、著者は医薬以外のどの分野で「予想できない顕著な効果」があることで今後進歩性が認められるかに注目している。特許法の条文では、特に医薬だけ進歩性の判断基準が異なるわけではない一方、本判決の射程は、医薬に限るようにも読めるからである。例えば一般の戸建て住宅で公知であった振動抑制技術を、高層マンションに用いる場合に、それを転用することは容易想到であるが、長周期地震動と大きな「しなり」を伴う揺れに、予測できない顕著な効果があるとして、高層マンション用振動抑制技術の特許が認められることはあり得ると思っている。

（4）発明の効果についての学説
① 予測できない顕著な効果

発明の効果で進歩性を認める根拠については、学説として、「2次的考慮説」[26]と「独立要件説」[27]とが対立している。いずれの説も完全に確立した定義はないが、おおよそ2次的考慮説は発明の構成を容易に想到できたか否かを発明の効果も考慮して判断するものである。一方、独立要件説[28]は、その発明の構成に容易に想到できたとしても、予測できない顕著な効果がある場合には進歩性ありとするもので、特許法29条2項の条文ではなく、特許法の趣旨に重きを置いたものである。本判決は、発明の構成が容易想到でも予測できない顕著な効果で進歩性を認めることを前提にしているので、独立要件説に近い。

② 発明の効果の比較対象

「発明の効果」を何と比較するかも、① 請求項に係る発明と引用発明の奏する効果との比較で捉える見解（主引用発明比較説）、② 請求項に係る発明

---

[26] 田村善之「『進歩性』（非容易推考性）要件の意義：顕著な効果の取扱い」（「パテント」69巻5号1頁[2016]〈別冊15〉）
[27] 山下和明「審決（決定）取消事由」（『特許審決取消訴訟の実務と法理』160頁（発明協会[2003]））
[28] 独立要件説も細かい見解の相違があるが、ここでは2次的考慮説との対比を明確にするために便宜上シンプルにしている。

と出願時の技術水準における同種の発明の効果との比較で捉える見解（技術水準比較説）、③請求項に係る発明の構成が現に奏する効果とその構成が奏するであろうと予測された範囲を比較する見解（対象発明比較説）の3つの説があり、最高裁判決は③を採用した。

（5）2つの学説に関する雑感
① 2つの学説の課題

独立要件説は構成が容易想到でも予測できない顕著な効果がある場合に、進歩性を肯定する以上、特許法29条2項と整合せず同法の趣旨という曖昧な根拠で進歩性を認めているという欠点がある。また、予測できない顕著な効果と有利な効果とをどのように区別するのかの判断が困難という問題も残る。

一方、2次的考慮説は、理論としては容易想到であるか否かを判断するために効果を参酌するだけであるから、特許法の条文に反しないが、現実的な要望や裁判例にそぐわない。

なお、予測できない顕著な効果は、「予測できないくらいすごい効果」と捉えるか、「予測もできないし、効果も顕著」と捉えるかの両説あるが、いずれもその根拠が明確でない。

②「効果確認困難説」[29]

著者としては、特許法の条文に整合しつつ、構成が容易想到でも効果で特許を認める必要があると考える。参考になるのは「焼き菓子事件」[30]である。この裁判では「構成自体の推考は容易であると認められる発明に特許性を認める根拠となる**作用効果**は、当該構成のものとして、**予測あるいは発見することの困難なものであり**、かつ、当該構成のものとして予測あるいは発見される効果と比較して、よほど顕著なものでなければならない」としている。

---

[29] 「予測できない」はある程度困難性に通じるかもしれないが、予測はできても、実際には困難なこともあるし、「顕著」は効果の程度を示すと思われるので、「予測できない顕著な効果」に抵抗を感じ、著者が勝手にネーミングしたものであり、認知されているものではない。
[30] 東京高判平成14.03.28 平12(行ケ)312

この裁判例は、構成自体が容易想到であることを前提に、効果を根拠として進歩性を認めたので、独立要件説の例とされることが多いが、「作用効果の発見の困難性」に言及している点に注目したい。
　このように、効果の発見の困難性で進歩性を認めれば、条文に忠実、かつ、構成が容易想到であっても進歩性を肯定できる。
　例えばマウスに効果のある医薬をヒトに用いる構成を思い付くのは容易であっても、ヒトの場合、マウスとは「効果の有無」「効果の程度」、時には「効果の種類」が全く異なる場合もあろう。その確認に長年の検証が必要といった困難性があるかもしれないのである。
　すなわち、発明は効果を確認して初めて完成したといえるのであるから、「効果の確認の困難性＝発明完成の困難性」である。よって、構成が容易に想到できるか否かは、効果の程度を示す「有利な効果」を参酌して判断し、その結果、構成が容易に想到できたと判断できる場合でも、効果の程度とは無関係に、「効果の確認が困難」であれば、進歩性ありとすればよい。
　特に容易想到の「想到」という文言から、その構成を思い付くか否かで進歩性を議論しているが、発明が技術的思想の創作であったとしても単純に思い付いたかどうかではなく[31]、特許法29条2項は「容易に発明できた」としているので、効果の確認を含めた発明完成の困難性で判断すべきということである。

③ 効果の比較対象と明細書の記載

　効果を何と比較するのかも大きな論点で、構成の容易想到の参考に用いる「有利な効果」は、「従来技術」と比較すべきであるが、構成が容易想到である場合の「確認が困難な効果」は、「出願発明の構成から奏すると予測された効果と現に奏する効果」と比較すべきである。
　また、従来技術と比較した「有利な効果」は、技術常識を含めた事実を総合して判断するので明細書への記載が必須ではないが、「確認が困難な効果」

---

[31] 審査基準で「容易に想到」という文言を用いている。

は、発明完成の要素なので、明細書に記載することが必須となる。

④ 法改正

上記のように説明したが、このような説明が必要なのは、特許法29条2項が効果を考慮することを示す文言になっていないからである。

法改正は国際調和も必要であり簡単な話ではないが[32]、中国の専利法では進歩性の代わりに、「創造性」という文言が用いられ、創造性として、「実質的な特徴」と「顕著な進歩」を必要とし、条文レベルで「効果」を想定している。

そして、この効果を示す顕著な進歩であるかどうかは、効果で判断することが審査基準で示されている[33]。すなわち、日本より、進歩性を効果で判断することを前面に出していることを意識してほしいものである[34]。

5．消尽論と権利行使

(1) 消尽とは

消尽とは正当な権利者(特許権者やライセンシー)によって販売された商品には、特許権者が権利行使することはできないとする論理である[35]。

このように消尽を認めるのは、特許権者に二重の利得を与える必要がなく、商品の流通秩序の維持を図る必要もあるからとされている。

なお、消尽は訴訟にもライセンス実務にも大きな影響を与えるが、特許法で規定されているわけではない[36]。

(2) 裁判例

消尽に関しては様々な裁判例があるが、ベースとなるのはBBS事件[37]で

---

[32] 知的財産研究教育財団 知的財産研究所「進歩性判断における予想できない顕著な効果に関する調査研究報告書」(令和3年3月／令和2年度 特許庁産業財産権制度問題調査研究報告書)
[33] 専利審査指南 第二部第四章の2.3
[34] 更に中国では実用性も特許要件とし、その実用性にも効果を求めており、実用性が重要である。
[35] 「用尽」という言葉が一般的であったが、現在は「消尽」ということが多い。
[36] 中国では専利法で消尽を規定している。日本でも著作権法では条文で消尽を規定している。
[37] 最判平成09.07.01 民集51巻6号2299頁

ある。この事件は、ドイツのBBS社が、自動車用アルミホイールについてドイツと日本で特許権を保有し、BBS社からドイツで正規に特許製品を購入した輸入業者が日本へその製品を輸入して販売したところ、この並行輸入業者の輸入行為について、BBS社が日本特許権の侵害であると主張して提訴したものである。

そして、最高裁では以下のように国内外の消尽論が示された。

〔BBS事件　最高裁〕
特許権者又は実施権者が我が国の国内において特許製品を譲渡した場合には、当該特許製品については特許権はその目的を達成したものとして消尽し、もはや特許権の効力は、当該特許製品を使用し、譲渡し又は貸し渡す行為等には及ばないものというべきである。（略）

国際取引における商品の流通と特許権者の権利との調整について考慮するに、現代社会において国際経済取引が極めて広範囲、かつ、高度に進展しつつある状況に照らせば、我が国の取引者が、国外で販売された製品を我が国に輸入して市場における流通に置く場合においても、輸入を含めた商品の流通の自由は最大限尊重することが要請されているものというべきである。（略）

我が国の特許権者又はこれと同視し得る者が国外において特許製品を譲渡した場合においては、特許権者は、譲受人に対しては、当該製品について販売先ないし使用地域から我が国を除外する旨を譲受人との間で合意した場合を除き、譲受人から特許製品を譲り受けた第三者及びその後の転得者に対しては、譲受人との間で右の旨を合意した上特許製品にこれを明確に表示した場合を除いて、当該製品について我が国において特許権を行使することは許されないものと解するのが相当である。（略）

我が国において譲渡人の有する特許権の制限を受けないで当該製品を支配する権利を黙示的に授与したものと解すべきである。

(3) ライセンス交渉への影響
① 黙示許諾と消尽の相違

　黙示の許諾も、消尽も、特許権を行使できなくなる点で共通する。例えば権利者Xが、部品特許をYにライセンスした場合に、完成品特許もYに黙示的にライセンスしたとされる場合がある（部品特許のみライセンスしても、完成品特許をライセンスしないと結局ライセンシーが部品を販売できないから、暗黙の了解で許諾されているとみなされることがあるということ。）。

　このとき権利者Xは、完成品特許をライセンシーYの顧客Zが部品を販売する行為に権利行使できない。これを正確に説明すると、「XはYに完成品特許を黙示的に許諾したことで、ライセンシーYは、部品を販売する正当な権限を有し、そのYの部品販売でXの完成品の特許権が消尽するので、XはZに対して権利行使できない」ということになる。

　これを省略して「権利者XがライセンシーYに黙示的に許諾したので顧客Zに権利行使できない」、という人もいれば、「ライセンシーYの販売で特許権が消尽するので顧客Zに権利行使できない」という人もいるので、混乱するのである。

　また、BBS事件では、日本とドイツの特許権が別の特許権であるので、「特許権者が対応特許権に係る製品につき我が国において特許権に基づく権利を行使したとしても、これをもって直ちに二重の利得を得たものということはできない」と国際消尽を否定し[38]、黙示の許諾（正確には支配する権利の黙示的授与と判示）と判断した点でも黙示許諾と消尽を混同しやすく、ライセンス契約業務では注意が必要である。

② 消尽させない契約書

　商品を販売したり、ライセンスしたりしても自己の権利を消尽させたくないという権利者は多い。しかし、消尽は当事者の意思で決められないものである。

---

[38] TRIPs協定（知的所有権の貿易関連の側面に関する協定）に国際消尽を規定しようという動きがあったが、各国の足並みがそろわず、合意に至っていない。

例えば商品を販売した売主とその買主の間で、買主は購入商品を自己使用に限り用い、第三者に譲渡することを禁止する旨の契約を締結した場合でも消尽は否定できない。この場合、売主は買主に債務不履行を主張できるだけである[39]。また、米国でも特許製品の使用を1回に限り、転売を禁止するという顧客との契約が明確であり、かつ、それが契約法上有効であっても、消尽は成立すると判示されている[40]。

しかし、正当権限を与えないことで消尽を回避することはできる。例えばライセンスをする際に、Yに家庭用商品Aについてライセンスするが、業務用商品Bにはライセンスしない場合、当然、商品Bについては消尽しない[41]。

また、権利者が商品を譲渡せず、その所有権を留保し、譲渡を認めないことで、消尽を否定した事例[42]もある。いずれも契約書作成の際に知っておくべきある。

なお、このBBS事件は、製品を支配する権利の黙示許諾を認めたが、黙示許諾を否定する条件として、販売先の制限と、製品への明確な表示を要求しており、これを実践している企業もあるが、当該国で販売先の制限が独禁法に反しないようにすることが必要である。

③ 同視し得る者

BBS事件では特許権者と同視し得る者として、「子会社又は関連会社等」が示されている。確かに合理的であるが、グループ会社であれば全て含まれるのかなど、同視し得る者の実務的な判断は難しく重要である。

例えばグループ会社Aで生まれた特許を親会社Xが管理し、グループ会社Bは親会社Xのライセンスを得ないと実施できないことを社規で決めている

---

[39] 大阪高判平成15.05.27 平15(ネ)320〔育苗ポット事件〕でも、特許権の本来の行使ではない制限は特許権侵害でなく、債権的制限にすぎないと判示した。
[40] Impression Products Inc. v. Lexmark International Inc. 事件（米国最高裁）
[41] General Talking Pictures Corp. v. Western Elec. Co、304 U.S. 175 (1938)（米国最高裁）では家庭用に限定してライセンスし、商業用に用いる製品でないとしてライセンシーからの購入者に権利行使を認めた例がある。
[42] 大阪地判平成26.01.16 判時2235号93頁〔薬剤分包用ロールペーパ事件〕

場合、ライセンスを得ていないBをXやAと同視してよいのかは明確になっていないと思う。仮にこれを同視してよいとすれば、親会社Xは特許の利得を得ていないことになるし、逆に同視できないとすれば、権利の管理の仕方によって消尽を回避できるという抜け道ができてしまう[43]。

（4）消尽に関するライセンス実務におけるその他の留意点
① インクカートリッジ事件[44]（リサイクル）

インクカートリッジ事件では、「特許権者等が我が国において譲渡した特許製品につき加工や部材の交換がされ、それにより当該特許製品と同一性を欠く特許製品が新たに製造されたものと認められるときは、特許権者は、その特許製品について、特許権を行使することが許されるというべきである[45]」として、新たな生産に該当するか否かでリサイクル商品の侵害の有無を判断するとした。

② 部品と完成品（上流と下流の関係）

完成品の特許権を、その特許権の間接侵害になる部品について、上流の部品業者にライセンスした場合、下流の完成品業者に完成品特許を権利行使できるかという問題がある。

基本的に上流の部品業者にライセンスし、消尽した部品に関しては下流で完成品に組み込まれても消尽するが、上流で完成品特許を部品にだけライセンスした場合、下流の完成品の製造販売行為には消尽しない。

消尽は特許権そのものが消えるのではなく、その特許権の効力が、許諾したその部品にのみ及ばなくなるということである。

---

[43] 知財高判令和04.04.20 令3(ネ)10091では、特許法102条2項の適用において、グループ会社の位置付けに言及している。
[44] 最判平成19.11.08 民集61巻8号2989頁
[45] ① 特許権者／ライセンシーから、特許製品が譲渡されれば（その契約内容いかんにかかわらず）、消尽する。② 譲渡後の制限については、契約違反とできるが、特許権は消尽しており、侵害訴訟は成立しない。③ 外国における「特許製品」販売でも、米国特許は消尽する。

このような論理的説明は比較的容易であるが、部品に特徴がある場合に、その部品を含んだ完成品のクレームで書かれている特許や、その部品を使う方法の特許の場合など、簡単に部品特許、完成品特許と分けられないケースがいくらでもあるので[46]ライセンス実務では注意が必要である。

③ 実施許諾と権利不主張の相違

ライセンス契約で、実施許諾と書かずに、権利不主張と書くことがある[47]。単に実施許諾という文言を使わなかっただけで実質実施許諾と変わらなければ消尽するが、権利不主張が実施許諾と異なるものであれば消尽しない。

例えば共有権利であれば、共有相手は権利行使するかもしれないが、自分は権利行使しない場合の権利不主張、特許権Aについて条件交渉をしている間は問題が発散しないように特許権Bは当面権利主張をしないことを約す権利不主張、過去分の免責（損害賠償請求権の放棄）としての権利不主張などは実施許諾ではないので、契約書の書き方にもよるが、消尽しないと判断すべきであろう[48]。

また、完成品に完成品特許を許諾するが、そこに含まれる部品特許は非許諾として、部品メーカーに活用したいケースもある。その場合に部品特許については権利不主張と書くのであれば、実施許諾でないことを明らかにするため、完成品特許の許諾のみをライセンスの対価の対象にするなどの工夫をしておくことが求められる[49]。

---

[46] Quanta Computer, Inc. v. LG Electronics, Inc. 553 U.S.617（2008.6.9）（米国最高裁）では特許を実質的にみており、その結果、特許された方法は物品や装置のように販売されないが、販売製品が特許された方法を実施するものであれば特許権消尽論は適用できるとしている。
[47] 米国では「non assertion」に加え、「covenant not to sue」とすることもある。
[48] 中国の裁判官に権利不主張の効果について聞いたことがあるが、文言ではなく、それで対価を得たかどうかで消尽するか否かは決まるという。二重の利得の視点を優先するということで合理的である。
[49] 厳密に言えば、上流には特許権は消尽しないので、上流の部品メーカーには権利行使や実施許諾は可能である。ただし、その結果、下流の完成品メーカーへの許諾が不当利得になったり、ダブルライセンスになったりするので、注意を要することに間違いはない。

④ 商標権の消尽の特殊性

商標を剥奪抹消すると商標の機能が損なわれるので、商標権の侵害になるという考えもある。

商標法の条文からはこのように解釈するには無理があるし[50]、ローラーステッカー事件でも商標名の変更を商標権侵害としていないが[51]、マグアンプK事件判決[52]では、小分けをして販売するとこに対し、「その流通の中途で当該指定商品から故なく剥奪抹消することにほかならず、商標権者が登録商標を指定商品に独占的に使用する行為を妨げ、その商品標識としての機能を中途で抹殺するもの」として消尽を認めず、商標権侵害としている[53]。

なお、再利用されたインクカートリッジでも、オリジナルのパッケージの商標は剥奪されており、また、リサイクル品の塗料は純正品とは品質が異なるので、商標の品質保証機能が損なわれており、消尽を認めず、商標の機能を商標権の剥奪抹消で商標権侵害を認めてもよいのではなかろうか。

⑤ 雑感

著者は特許法に条件がない消尽論をあえて用いなくても、権利者が販売した以上、それは流通を前提にしているので、想定される流通の範囲に、黙示の許諾があるとする理論でよかったと考えている。

特にリサイクルを例に考えると、① リサイクルを阻害するような権利行使をできるようにすれば、その製品は買手がつきにくくなり、② リサイクルまで含めて権利行使しないことを明確にすれば、高くても購入する者が増えるので、市場に混乱が生じないどころか、特許権の価値が、製品価格で全て吸収され、特許権者は適切な利得を得るはずである。

すなわち、通常の流通には黙示許諾があり、一旦消費者に届いた後のリサ

---

[50] 商標の剥奪抹消は商標を取り除く行為であって、2条3項の「使用」として定義されている各行為に該当せず、37条2号以下のいずれにも該当しない。
[51] 大阪高判令和04.05.13 判時2573号70頁
[52] 大阪地判平成06.02.24 判時1522号139頁
[53] 大阪地判平成07.07.11 判時1544号110頁〔ワイズ事件〕も廃棄品の流通に消尽を認めなかった。

イクルのような場合には、特許権者の意思で黙示の許諾を否定できるようにすれば、本来の特許権の価値は損なわれないと思う。しかし、黙示の許諾は、その許諾の有無が不明であるという本質的欠点があり、国際的に消尽論は確定している。今更どうすることもできない問題である。

6．その他の重要判決、重要な法改正
（1）令和元年特許法102条改正と裁判例
① 102条1項

特許法102条1項は逸失利益についての規定で、ソレノイド事件[54]、美容機器事件[55]では、改正を踏まえて具体的な損害額の認定をし、実務上も重要な指針となっている。しかし、この規定は製品の譲渡を前提にしており、譲渡しない使用行為における損害賠償には適用されない。

サービス業における特許権侵害も多いため、物の譲渡行為でなく、使用行為における損害賠償も重要である。

例えば安価な通信端末を用いて大きなビジネスをした場合にこの問題がクローズアップされる。何らかの形で、使用行為にも適用できるような法改正が望まれる。

② 102条2項

特許法102条2項は「侵害者の利益吐き出し規定」といわれており、ごみ貯蔵機事件[56]で権利者の自己実施の必要性がないことが示され、二酸化炭素含有粘性組成物事件[57]で、「侵害者が得た利益全額であると解するのが相当であって、このような利益全額について同項による推定が及ぶと解すべきである。

---

[54] 知財高判令04.03.14 平30（ネ）10034
[55] 知財高判令和02.02.28 判時2464号61頁
[56] 知財高判平成25.02.01 判時2179号36頁
[57] 知財高判令和元.06.07 判時2430号34頁、原悠介「特許法102条2項及び同3項の解釈と考慮事由を示した大合議判決［二酸化炭素含有粘性組成物事件］」（「知財ぷりずむ」17巻204号58頁[2019]）も詳しい。

もっとも、上記規定は推定規定であるから、侵害者の側で、侵害者が得た利益の一部又は全部について、特許権者が受けた損害との相当因果関係が欠けることを主張立証した場合には、その限度で上記推定は覆滅される」とした上で、「利益の額は、侵害者の侵害品の売上高から、侵害者において侵害品を製造販売することによりその製造販売に直接関連して追加的に必要となった経費を控除した限界利益の額」としたのである。また、椅子式マッサージ機事件[58]では2項の推定覆滅部分に対する同条3項の重畳適用が認められ得ることが判示された。

　この2項については、特許権者の利益をしっかり守るべきであるが、侵害者の利益の吐き出しを強く要請する見解を尊重し過ぎると、NPE（Non Practicing Entity）の権利行使に拍車を掛けることになる点にも留意すべきである。当然のことであるが、侵害による損害額の賠償を前提にすべきである。

③ 102条3項

　特許法102条3項の実施料相当額はセルロース粉末事件[59]などで判断が示されているが、著者はこの条文の今後の改正に期待したい。長年にわたってライセンス料の交渉をしてきたが、相場というものがあるのは限られた場合であり、裁判例には頷けないことが多い。また、企業は事業関係を踏まえて特定の企業に安くライセンスしたいことがあり、安くライセンスすることが本項の適用であだとなるのは避けたいという思いもある。

　特にライセンス交渉で、本来であれば権利者が実施料を提示しても、それを無視して侵害を続ける場合には、この提示実施料を尊重してほしいものである。もちろん、利益率を超えるような実施料率は不合理かもしれないので、「合理的提示実施料額」でよかろう。

　確かに提示した実施料を払わない場合は、法的に差止めが認められるが、

---

[58] 知財高判令和04.10.20 判時2588号26頁。なお、大阪地判令和05.04.20 令2(ワ)4913〔電動式衝撃締め付け工具事件〕では覆滅部分の3項適用は否定された。
[59] 知財高判令和03.11.29 令2(ネ)10029

それは最終手段であり、提示した実施料を無視し、訴訟となり敗訴しても実施料相当額を払えば解決できると高をくくった交渉を認めるべきでない。

特にFRAND義務がない特許権を、FRAND義務のある特許権のように、相場でライセンスすることを前提にするのは102条3項が最低限の損害額としての意義を有するとしても納得し難いということである。

(2) 当然対抗と事業再編
① 法改正

当然対抗は平成23年特許法改正で導入された制度である。法改正により、通常実施権は、何らの要件を備えなくとも、権利の発生後の第三者に対抗できることとなった。法改正の施行日は、平成24年4月1日で、対象となる通常実施権は同日に存在しているものも含まれる。

> 99条 通常実施権は、その発生後にその特許権若しくは専用実施権又はその特許権についての専用実施権を取得した者に対しても、その効力を有する。

なお、令和2年改正で著作権法でも当然対抗が認められるようになった。

② ライセンス交渉への影響

この改正で特許権が譲渡されてもライセンシーは守られるが、特許権を譲渡した場合、ライセンシーの義務を誰に履行するか、ライセンス契約で明確にしていないケースがいまだに多い[60]。

その結果、特許権者に一時金を支払ってライセンスを取得したのに、その後、特許権の譲受人から、グラントバックの義務履行を要求され、グラントバックだけは避けたいライセンシーが、多額の和解金を特許権の譲受人に支払ったケースがある。また、当然対抗は実施許諾の場合にのみ適用されるので、権利不主張であれば効果がないケースがあることを忘れてはならない。

---

[60] 承継説、非承継説、折衷説があるが、個別に様々な事業があることを前提に、法改正時は条文でこれを明確にしなかったのであるから、契約で記載する必要がある。

なお、当然対抗の問題ではないが、まだライセンシーがいない場合に、権利の譲受人がFRAND義務を引き継ぐかという問題がある。日本ではFRAND宣言は飽くまでも宣言で、裁判例でも、被疑侵害者には期待権があるとするのみであるが、国によっては、FRAND義務違反は契約のブリーチであるとしているので、注意しておくべきである。

（3）職務発明
① 訴訟と法改正
オリンパス光学工業事件[61]や日亜化学青色発光ダイオード事件[62]などの職務発明訴訟もインパクトがあった。

② 企業がすべきこと
著者も企業の担当者として経験したが、職務発明訴訟を提起されること自体は、特許権がライセンス料を含め企業にどれだけ役立ったかを発明者が意識しているとのことを示すものであるから、決してネガティブに捉える必要はない。

しかし、研究段階に遡り、企業の貢献の程度を検討したり、中間処理やライセンス交渉で発明者と企業がどのような意向で、どのように対応し、それが実施料収入にどのように影響したかを確認し、その訴訟に時間を費やしたりすることは非生産的である。

また、良い特許を取得できたら、発明者に還元すればよいという考え方は短絡的である。発明者は他社の特許権を使わないといけない技術を製品化し、他社にライセンス料を払うことになっても責任を負わず、また、企業は結果として役に立たなかった特許の取得費も支払い、企業全体で特許権のライセンス収支が赤字であっても、一部の良い特許だけは従業員に還元するのでは企業経営は立ち行かない。また、発明を職務としない従業員との報酬のバランスも考慮して処遇を考える必要もある。

---

[61] 最判平成15.04.22 民集57巻4号477頁
[62] 東京地判平成16.01.30 判時1852号36頁（東京高判平成17.01.11 平16(ネ)962〈和解〉）

さらに、社会全体をみても、すばらしい特許を取得して他社からライセンス料を得れば高額な報償金が得られ、事業に失敗しても個人のリスクがなくサラリーマン人生を歩めるならば、ベンチャー企業が生まれなくなるというおそれがある。

特許法35条はオリンパス光学工業事件をきっかけに平成16年に改正され、その後も産業界の要望が取り入れられてきたが、本来企業がどのように報償するかは、企業が自由に決めるべきであり、それで従業員に不当な不利益が生じないようにするには、職務発明規定の開示義務を課すのがよいであろう。自己の規定を承知で働いてもらうことが無用な争いを減らすことにつながるのである。

2021年のコーポレートガバナンス・コードの改訂で企業における知財への取組が注目されているが、この発明者へ報償ルールを開示していることを高く評価する風潮になるのがよいと考える。

7．おわりに

先日、企業の知財部に就職したいという学生から、「知財業務はAIに取って代わられますか？」と質問された。

AIの進歩が、知財業務にも大きな影響を与えることは間違いないが、本稿で紹介した以外にも、特許法は日々変わり、判例も次々出ている。また、企業のライセンス交渉は公開されないので、AIに学習させるデータが不十分なはずである。

よって、「知財の仕事でAIを使うことがあっても、企業のライセンスの仕事は人間が主役でやりがいのある未来がある」と回答した。これまで知財業界を主役として牽引されてきた藤本先生もそう思われていると確信している。

BtoB企業の知財・無形資産投資活用戦略の考え方とその課題

ナブテスコ株式会社 技術本部知的財産部
兼 イノベーション戦略室 知的財産部長 弁理士　井上 博之

1．はじめに

　ナブテスコは、「独創的なモーションコントロール技術で、移動・生活空間に安全・安心・快適を提供すること」を企業理念とし、産業用ロボット、建設機械、鉄道車両、航空機、船舶及び商用車といった顧客製品のコア部品や建物用自動ドア及び包装機等の製品をニッチトップでグローバルに提供しているBtoB企業である。そして、2030年ビジョンとして「未来の欲しいに挑戦し続けるイノベーションリーダー」を掲げ、これを達成すべく知財・無形資産の投資・活用戦略活動を全社挙げて展開している企業である。

　本稿ではナブテスコの知財・無形資産投資活用戦略の考え方を紹介し、今後の課題について論ずる。なお、本稿は著者の個人的見解に基づくものであり、ナブテスコの公式見解を示すものではない。

2．知財・無形資産の投資・活用戦略の立案・実行目的

　日本企業は企業価値に占める無形資産割合が米国企業と比べて低いことが指摘されており[1]、ナブテスコのような機械分野の企業であっても同じような傾向である。企業は、顧客や社会に新しい価値を継続的に提供し、顧客や社会から必要とされるとともに成長する存在である必要があり、知財・無形資産の投資・活用戦略の実行目的は企業としての存在意義の実現である。顧客や社会に新しい価値を継続的に提供する存在になることで企業価値も高まり、企業価値に占める無形資産割合も増加すると考える。

---

[1] 知財・無形資産ガバナンスガイドライン Ver.2.0
https://www.kantei.go.jp/jp/singi/titeki2/tyousakai/tousi_kentokai/pdf/v2_shiryo1.pdf

3．知財・無形資産（コア価値）のスコープ

　ナブテスコの知財・無形資産の投資・活用戦略を説明する前に、まず知財・無形資産のスコープについて確認する。

　知財・無形資産のスコープは特許権といった知的財産権に限られず、技術、ブランド、データ、ノウハウ、顧客ネットワーク、サプライチェーン等や、これらを生み出す組織能力・プロセスなど、幅広い知財・無形資産を含むものとされている。ナブテスコでは2015年から知財・無形資産と同じスコープのものを「コア価値」と称して活動対象にしている。また、いわゆるコアコンピタンスだけでは事業活動は完結しないため、顧客への価値提供に必要なものであれば、一般的に入手できるものを除き、競合他社が保有しているものもコア価値に含めている（図1）。

　なお、技術以外の知財・無形資産を含むため、顧客に価値を提供するためのものという主旨で当社では「コア技術」ではなく、「コア価値」と称している。本稿では「知財・無形資産」を「コア価値」と記載する場合がある。

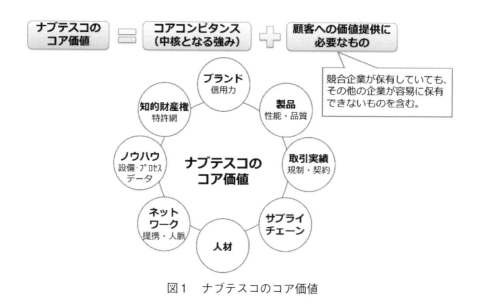

図1　ナブテスコのコア価値

4．コア価値の有機的なつながり

　コア価値はそれぞれが独立しているものであるが、有機的につながり合っていることが重要であるため、自動ドア事業のコア価値を例に説明する。

　図2はVRIO[2]の観点からナブテスコの自動ドア事業のコア価値の概要を整理したもので、模倣困難性についてはアクティビティシステム[3]を用いて示している。全ての通行者への安心・安全・快適を提供するため、複数のコア価値を保有しており、これらは経済的価値を有し、特に長期にわたる知見や経験は希少性のあるコア価値といえる。さらに、図2のアクティビティシステムで示されるコア価値の有機的かつ複雑なつながりは模倣困難性を高めている。そして、製造・販売・施工・保守に至るまで一気通貫の全国的な組織力でシームレスに全コア価値を活用するとともに、その過程で各コア価値も強化されていくことになる。その結果、長年にわたる国内シェア50％以上の維持につながっている。

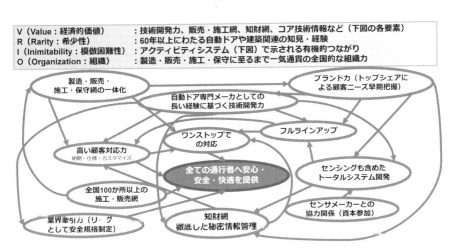

図2　コア価値の有機的つながり　～自動ドア事業の例～

---

[2] Jay Barneyによって提案された事業分析フレームワーク。競争優位を企業が持つリソースの経済的価値（Value）、希少性（Rarity）、模範可能性（Inimitability）、組織（Organization）の観点から分析するもの。
[3] Michael Porterによって提案された事業分析フレームワーク。活動システム図とも呼ばれる。企業内の活動の結合状態を分析するもの。様々な活動同士の結び付きが強ければ模倣困難であるといえる。

5．知的財産戦略の全体像　〜コア価値の獲得・強化〜

次にナブテスコにおける知的財産戦略の全体像について説明する。

長期ビジョンに基づき中期経営計画を策定しており、その中で事業ごとに営業、技術、製造、サービスの観点で現在保有しているコア価値（現在のコア価値）と将来保有すべきコア価値（未来のコア価値）を見定めている。

そして、各事業部門（社内カンパニー及びグループ会社）で現在のコア価値を維持・強化し、未来のコア価値を獲得する戦略を策定している（図3）。

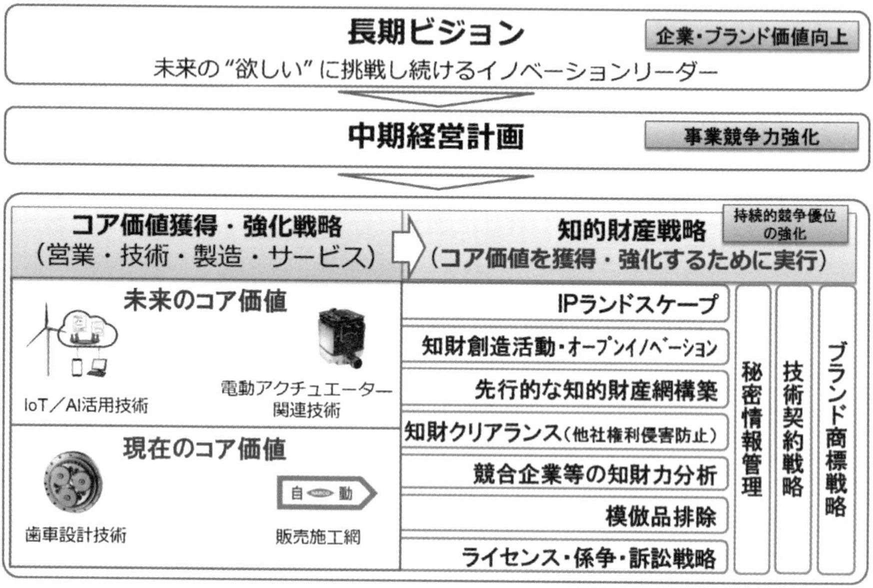

図3　長期ビジョンとコア価値獲得・強化戦略と知的財産戦略

知的財産戦略はコア価値を獲得・強化するために実行するものであり、ナブテスコでは次の活動が対象となる。

（1）知財情報だけでなく、国際機関や政府等の公的機関、企業のIR情報など、あらゆる公開情報から洞察を加え、経営層や事業部門長等を含む関係者と議論しながら戦略策定を行うIPランドスケープ
（2）IPランドスケープの結果やオープンイノベーションを活用した知財

創造活動と知的財産網構築
（3）他社権利を尊重し、権利侵害を防止するための知財クリアランス
（4）競合企業だけでなく、顧客やサプライヤの技術力を客観的に把握するための知財力分析
（5）売上げ確保目的ではなく、当社の製品・サービスと信じて購入した顧客が不利益を被らないようにするための模倣品排除
（6）当社事業競争力の維持拡大のためのライセンス・係争・訴訟戦略
（7）特許権や意匠権の存続期間を超える製品寿命を持つ当社製品・サービスの技術的優位性を担保するための秘密情報管理
（8）オープンイノベーションによる技術的成果をパートナーと高いレベルで活用するための技術契約戦略
（9）マスターブランド戦略を基本に技術ブランドも活用するブランド商標戦略

　また、ナブテスコの知的財産戦略立案及び実行目的には、図4に示すものも含まれる。特に当社のようなBtoB企業では顧客の事業を通して社会課題を解決することから顧客の事業・製品を守ることが重要と考えており、顧客の事業や製品等の未来を守るためにナブテスコが先行的に知的財産権を確保することも含まれている。

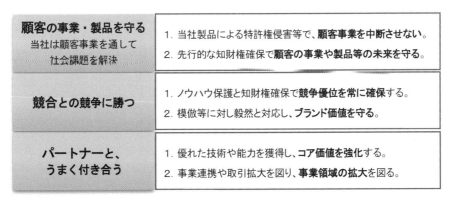

図4　知的財産戦略立案・実行の目的

6. 未来のコア価値獲得に向けた知的財産戦略

次に、未来のコア価値獲得に向けた知的財産戦略について説明する。

IPランドスケープも活用して見定めた未来のコア価値獲得に当たり、現在のコア価値とのギャップを埋める方法としてナブテスコの場合、3つのパターンがある（図5）。1つ目が自事業部門で単独開発するものであり、2つ目が他事業部門のコア価値を活用して社内で共同開発（社内オープンイノベーション）するものであり、3つ目が社外とのオープンイノベーションやM&A等を活用するものである。

この3つに共通する知的財産戦略活動として、知財創造活動及び知的財産網構築と競合等の知財力分析と知財クリアランスがある。機械メーカーでは設計がある程度進んでから出願・権利化のための活動を進めることが比較的多いと思われるが、ナブテスコでは設計前のコンセプト段階から知財創造活動を先行して行うことで事業自由度と競争優位の確保に努めている。

1つ目と2つ目の方法に共通する知的財産戦略活動としては秘密情報管理がある。ナブテスコの事業分野では航空機や船舶、鉄道車両などの製品寿命が比較的長期にわたるものが多く、特許権や意匠権の存続期間では十分な保護ができないこと、及び製造やサービス運用ノウハウなど、秘匿可能な技術も多くあることから重要な活動の一つである。

そして、3つ目の方法ではオープンイノベーションやM&A相手の探索・評価にIPランドスケープを活用して技術的成果をオープンイノベーション相手と高いレベルで活用できるようにするとともに、長期にわたる良好な協力関係を維持するための技術契約を締結することが重要な活動となる。なお、知的財産部門は単なるリーガルチェックではなく、事業部門と議論しながら契約スキームの策定も行っている。

そして、上記それぞれの知的財産戦略活動は独立して行うのではなく、シームレスに相互に関連しながら実行することで未来のコア価値の早期かつ着実な獲得につなげることができる。

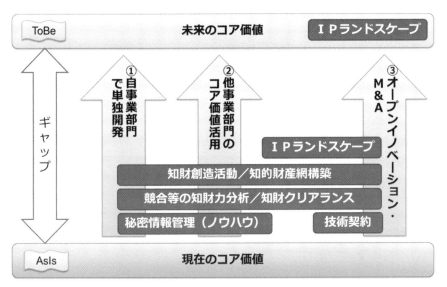

図5　未来のコア価値獲得の3つの方法

7．知財ガバナンス／経営戦略体制

　以上のような知的財産戦略を実行するとともにコーポレートガバナンス・コード改訂[4]への対応として執行側の知的財産戦略及びその実行を取締役会で監督する体制を整えている（図6）。

　執行側としては知的財産戦略の立案・実行に関し、大きく3つの審議体を設けている。1つ目がナブテスコグループの知的財産戦略の基本方針を審議する全社知財戦略審議である。CEOを長とし、当社全幹部がメンバーで事務局は知的財産部長である。2つ目が全社の基本方針に基づいて社内カンパニーやグループ会社固有の知的財産戦略を審議するカンパニー知財戦略審議である。社内カンパニー社長やグループ会社社長を長とし、社内カンパニー等の全幹部と知的財産部長がメンバーである。なお、カンパニー知財戦略審議はカンパニー等に主体性を持たせるため、主催は社内カンパニー等で事務

---

[4] 補充原則4-2②に取締役会の責務として、知的財産への投資活用戦略の監督が追加された。
https://www.jpx.co.jp/news/1020/20210611-01.html

局はカンパニー等の知的財産強化責任者（部長級）としている。そして、3つ目がナブテスコグループ共通の知財課題への対応を議論し、全社知財戦略審議へ提案する戦略を議論する知的財産強化委員会である。技術本部長（CTO）を委員長とし、コーポレート、社内カンパニー等の知的財産強化責任者（部長級）がメンバーで事務局は知的財産部長である。

　以上のようにそれぞれの審議体が相互に関連しながら知的財産戦略の立案・実行を行っている。そして先に述べたように執行側の活動を年1回取締役会で報告し、監督を受ける体制としている。

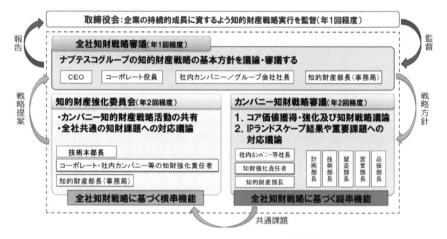

図6　ナブテスコの知財ガバナンス／経営戦略体制

　また、知的財産部門は知財企画グループと知財戦略グループとを設けている。知財企画グループでは持続的な企業価値向上のため、グループ経営における知的財産戦略の実行や全社共通の知財基盤（各種システム、秘密情報管理体制、ブランド商標など）の維持を担当しており、知財戦略グループは社内カンパニー等の事業競争力維持強化のため、知的財産網構築、知財クリアランス、係争、模倣品排除、技術契約などを担当している。更にIPランドスケープによるコア価値獲得強化戦略の提案も担当している。

そして、知財戦略グループでは、担当する事業範囲における IP ランドスケープを含む調査分析から出願・権利化、係争対応及び相手方との交渉を含む技術契約締結支援に至るまで同じ担当者が一気通貫で対応する体制としている。事業規模がそれほど大きくないこともあり、日頃から社内カンパニー等の最新のあらゆる情報や現場の肌感覚を共有することが特許、意匠、商標、ノウハウ及び技術契約などをミックスした戦略提案を行う上で効果的かつ効率的であることからこのような体制としている。

　なお、業務分野が幅広く社内リソースだけでは十分な対応ができないため、出願・権利化や無効資料調査などの業務で弁護士、弁理士及び調査会社等の社外パートナーの支援を全面的に受けている。ただし、IP ランドスケープ、獲得すべき知的財産権の設定及び出願／秘匿の方針決定など、企業が意思を持って行うべきものは知財戦略グループで行っている。

　また、知財戦略グループと知財企画グループとはシームレスに連携できるようにすることで全社知財戦略と社内カンパニー等の知的財産戦略とが相互に乖離しないようにしている。

図7　ナブテスコ知的財産部の活動タイプ

8．市場特性に応じたコア価値の獲得・強化戦略

次に、競争環境と経営理論における戦略上のポイントと知的財産戦略との関係について説明する。

知的財産戦略も企業の戦略活動の一部であり、経営リスクを最小限に抑えながら効率的に目標達成するためにナブテスコでは経営理論を意識した知的財産戦略活動を展開している。

さて、知財・無形資産ガバナンスガイドライン1では、1つ目のプリンシプルとして、コア価値（知財・無形資産）を「価格決定力」「ゲームチェンジ」につなげることを挙げている。

ここで経済学の観点から、いわゆる完全競争では利益確保が困難であるといわれている[5]。そのため、製品・サービスに関する価格決定力を議論するに当たり、事業としていかに完全競争を避けるかが重要となる。つまり、知的財産戦略は、完全競争を避けるための戦略でなければならない（図8）。

> 完全競争は儲からないので、事業としていかに完全競争を避けるかが重要
>
> ⬇
>
> 知的財産戦略は、**完全競争を避けるために実施するもの**でなければならない。

完全競争の条件
条件1：市場に無数の小さな企業がいて、どの企業も市場価格に影響を与えられない。
条件2：その市場に他企業が新しく参入する際の障壁（コスト）がない。その市場から撤退する障壁もない。
条件3：企業の提供する製品・サービスが、同業他社と同質である。すなわち、差別化がされていない。
条件4：製品・サービスをつくるための経営資源が他企業にコストなく移動できる。
条件5：ある企業の製品・サービスの完全な情報を、顧客・同業他社が持っている。

世界標準の経営理論（入山章栄著、ダイヤモンド社）をもとに筆者が独自に作成。

図8　完全競争とコア価値の獲得・強化戦略　〜経済学の観点〜

---

[5] 入山章栄『世界標準の経営理論』（ダイヤモンド社［2019］）

図9は横軸が市場の競争環境を経営学上の観点から3つのタイプに分けられており、縦軸がそれぞれの競争環境での経営戦略上のポイントが示されている。独占に近づくほど利益が得られる環境は、価格決定力が他よりも相対的に強い環境といえ、経営戦略上は参入障壁を高めて直接競争を避けることが重要となる（図中A）。競合企業が切磋琢磨して競争する環境は、価格決定力は相対的に弱い環境といえ、経営戦略上は、差別化の源泉となる経営資源が重要となる（図中B）。競争環境が激しく不確実性の高い環境は、競争戦略上は環境変化を素早く察知し、柔軟に対応することが重要となる（図中C）。

戦略上のポイント ＼ 競争環境	独占に近づくほど利益が得られる環境※1	競合企業が切磋琢磨して競争する環境※2	環境変化が激しく不確実性の高い環境※3
環境変化を素早く察知し、柔軟に対応することが重要※3			C
差別化の源泉となる経営資源が重要※2		B	
参入障壁を高めて直接競争を避けることが重要※1	A		

※1　競争環境：Industrial Organization型、対応する経営理論：SCP：Structure Conduct Performance
※2　競争環境：チェンバレン型、対応する経営理論：Resource Based View
※3　競争環境：シュンペーター型、対応する経営理論：知の探索・知の深化（両利きの経営）、ダイナミック・ケイパビリティ等
世界標準の経営理論（入山章栄著、ダイヤモンド社）をもとに筆者が独自に作成。

図9　競争環境と経営戦略上のポイント

　そして、競合企業が切磋琢磨して競争する環境にある事業では差別化の源泉となる経営資源、すなわちコア価値が重要となることから、知的財産戦略も① 差別化の源泉を把握するためのIPランドスケープ、② 把握した差別化の源泉であるコア価値の獲得・強化、③ 技術漏洩によるコモディティ化防止のための秘密情報管理、④ 他社知的財産権の非侵害確認と無力化である知財クリアランスにリソースを傾斜配分することになる（図10-1）。

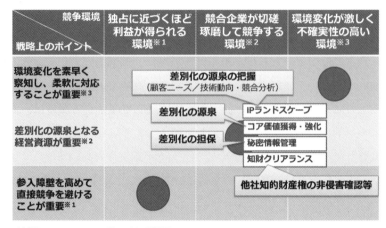

図10-1　競争環境と当社の知的財産戦略活動との関係

　一方、価格決定力を強くするために、競合企業が切磋琢磨して競争する環境から、独占に近づくほど利益が得られる環境に移行すべく、ゲームチェンジを仕掛ける必要がある。その手段の一つとして競争軸の変更とそれに合致した知的財産網構築がある（図10-2）。

　独占に近づくほど利益が得られる環境に移行できた場合、参入障壁を高めて直接競争を避けることが重要となるため、知的財産戦略も① 価格競争となり得る模倣品や当社ブランドの棄損につながり得る模倣業者の排除、② ナブテスコ自身の行為でブランド価値を損なわないように管理するブランド管理、③ ものづくりにおいて重要な参入／移動障壁となる製造ノウハウなどの秘密情報管理、④ 参入／移動障壁の延命活動である知的財産網の補強（両利きの経営[6]の観点でいえば「知の深化」に相当）にリソースを傾斜配分することになる。

---

[6] Charles A. O'Reilly III と Michael L. Tushman が提唱した概念で企業経営において既存の事業を深めていく「深化」と新しい事業の開拓を目指す「探索」の活動を高いレベルで両立させることが企業の持続的な成長に重要というもの。

しかし、参入／移動障壁として有効なレベルの知的財産網は、いずれは消失して競合企業が切磋琢磨して競争する環境に戻ることになり、独占に近づくほど利益が得られる新しい環境への移行を再度目指すことになる（図10-3）。

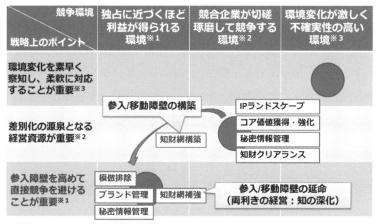

図10-2　競争環境と当社の知的財産戦略活動との関係

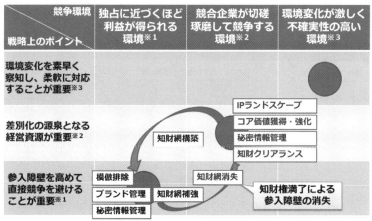

図10-3　競争環境と当社の知的財産戦略活動との関係

第Ⅰ章　企業と知財

　ただし、参入障壁として知的財産網が有効な場合であっても、積極的に競合企業が切磋琢磨して競争する環境に戻る必要がある場合がある。図10-4に示すようにゲームチェンジの潮流が見えてきた場合、既存の製品・サービス市場から新製品・新サービス市場への乗り換えを検討する必要が出てくる。

　しかし、新製品・新サービス市場が立ち上がるか否か不明確な段階で、利益が出ている既存の製品・サービス市場の参入／移動障壁の低下につながるような大きな投資は困難である。そこで、リアル・オプション[7]の考え方に基づいて投資配分を段階的に増加させ、ゲームチェンジャーと切磋琢磨して競争しつつ、ゲームチェンジの潮流が見えた時点で投資配分を大きく変更し、ゲームチェンジ後の新製品・新サービス市場における参入／移動障壁を構築していくことになる。

　この過程において既存の製品・サービスと新製品・新サービスとが自社内で競合することになるため、ブランドや顧客層を分けることになる場合もあると考える。

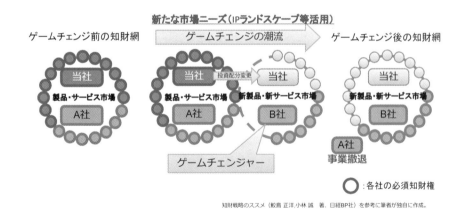

図10-4　ゲームチェンジへの対応　～知財網構築の観点～

---

[7] 不確実性がある状況での事業評価の考え方。

さて、企業として持続的に成長するためには環境変化が激しく不確実性の高い環境にもチャレンジしていく必要がある。このような環境では環境変化を素早く察知し、柔軟に対応することが重要となるため、知的財産戦略も①環境変化を察知したり、オープンイノベーションやM&Aの候補を探索したりするIPランドスケープ（両利きの経営6の観点でいえば「知の探索」に相当）、② 参入／移動障壁の構築を目指し、開発開始前に行う先行的な知的財産網構築にリソースを傾斜配分することになる（図10-5）。

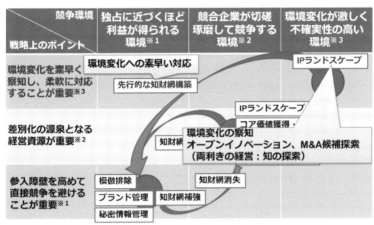

図10-5　競争環境と当社の知的財産戦略活動との関係

　ただし、この環境における知見や経験は通常、乏しいことが多く、参入／移動障壁として有効な知的財産網を構築できない可能性が高い。そのため、次善の策としてアイデアの公知化を図ることで他社による参入／移動障壁の構築を阻止する活動を行うことなる（図10-6）。
　これにより少なくとも競合企業が切磋琢磨して競争する環境で知的財産権以外のコア価値も活用しながら独占に近づくほど利益が得られる環境への移行を模索できるようになる。

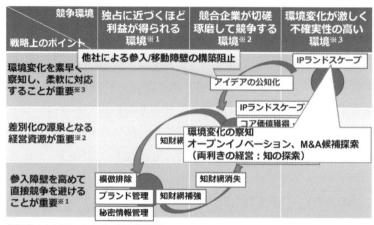

図10-6　競争環境と当社の知的財産戦略活動との関係

　また、イノベーションの加速につながるような共創相手の探索だけでなく、共創相手をナブテスコに振り向かせる魅力づくりも重要である。
　つまり、有力な共創相手は、競合他社にとっても魅力的であり、競合他社よりもナブテスコを選択したくなるような企業としての魅力が必要と考えている。知的財産網もその魅力の一つとして考えており、開発開始前の先行的な知的財産網構築を行うことになる。更に差別化の源泉が共創相手のコア価値に依存する場合は将来のM&Aを見据えた共創相手との信頼関係づくりも重要となると考える（図10-7）。
　さらに、事業環境激変への備えも必要である。そのため、ガラパゴス化防止や真の顧客ニーズを把握するためのIPランドスケープを行い、事業環境変化を早期に把握したり、代替品や代替技術を持つ企業を探索したり、自社事業の譲渡先を探索したりする活動が必要となる（図10-8）。

図10-7　イノベーションを加速する共創の知的財産戦略　～仲間作り～

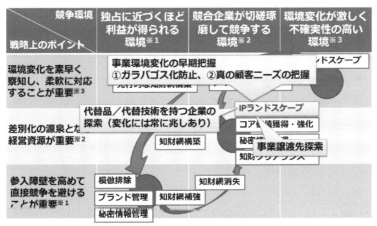

図10-8　事業環境激変への備え　～破壊的イノベーション～

9．IPランドスケープによる新事業創造、新市場・顧客ニーズ探索

　これまで述べてきたとおり、IPランドスケープはナブテスコの知的財産戦略の重要な活動の一つであるため、概要を述べる。

　IPランドスケープの定義は幾つかあるが[8]、ナブテスコでは① グローバル市場における知財情報を含む公開情報を分析し、② 顧客ニーズ、技術動向、プレーヤー状況等を社会・市場動向を踏まえて多角的に洞察し、③ 製品・サービスの新市場や新用途探索、新事業・新製品の開拓、事業連携やM&A候補の探索等を行い、事業競争力・経営体制を強化し、企業価値を向上させるものと定義している。また、単なる「報告」ではなく、事実を踏まえた仮説に基づくコア価値の獲得・強化戦略の「提案」とその実行に向けた経営層や社内カンパニー及びグループ会社幹部との「議論」を重要視している点でも一般的なパテントマップの報告と大きく異なる。なお、IPランドスケープの実施過程でPEST分析[9]やファイブフォース分析[10]、STP分析[11]など、経営理論のフレームワークも活用しながら分析・洞察を行っており、パテントマップのみで分析・洞察しているものではない。

　また、IPランドスケープで把握できるのは企業情報の一部のみであるが、特許出願等の知財情報には現在利用されている技術だけでなく、将来利用される可能性がある技術や解決すべき課題が含まれる。特にBtoB企業の場合は顧客企業も特許出願等を行っており、特許情報を含む公開情報と社内カンパニーやグループ会社の保有情報とを組み合わせることで事業戦略の精度向上や不確定要素の最小化を図ることができる（図11）。

---

[8] IPランドスケープ推進協議会では、事業戦略又は経営戦略の立案に際し、① 事業・経営情報に知財情報を組み込んだ分析を実施し、その分析結果（現状の俯瞰・将来展望等）を② 事業責任者・経営者と共有することと定義している（https://ip-edu.org/iplsuishin）。

[9] Philip Kotlerが考案したマーケティング戦略を検討するためのフレームワーク。政治（Politics）、経済（Economy）、社会（Society）、技術（Technology）の観点で分析する。

[10] Michael Porterによって提案された事業環境分析フレームワーク。既存の競合企業との競争状態、買手（顧客）の交渉力、売手（サプライヤ）の交渉力、代替品・代替サービスの脅威及び新規参入者の脅威の観点で分析する。

[11] Philip Kotlerが考案したマーケティング戦略を検討するためのフレームワーク。セグメンテーション（Segmentation）で市場の全体像を把握し、ターゲティング（Targeting）で狙うべき市場を見定め、ポジショニング（Positioning）で競合企業との関係を見定めるものである。

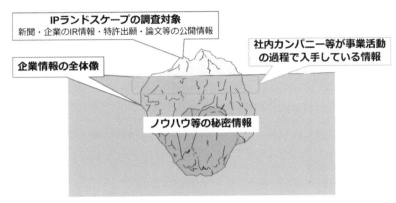

図11　IP ランドスケープの調査対象

次に、IP ランドスケープの実施目的の一部をアンゾフの成長マトリックス[12]に当てはめて整理したものを図12に示す。

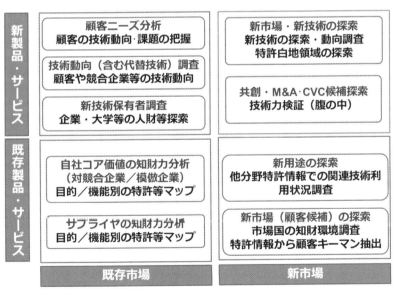

図12　IP ランドスケープの分類

---

[12] Igor Ansoff によって提案された事業分析フレームワーク。「製品」と「市場」の2軸に対し、それぞれ「既存」と「新規」に分けて成長戦略を議論するためのもの。

既存市場で既存製品・サービスに関してはIPランドスケープで自社コア価値やサプライヤの知財力分析を行うことができる。既存市場で新製品・新サービスに関しては顧客ニーズ分析や代替技術を含む技術動向や新技術保有者（社）を調査することができる。新市場で既存製品・サービスに関しては新用途探索や新市場探索を行うことできる。

そして、新市場で新製品・新サービスに関しては新市場・新技術の探索や共創、M&A、CVC（コーポレートベンチャーキャピタル）候補の探索を行うことができる。

10. 秘密情報管理と知的財産権獲得の戦略的な活用

先に述べたとおり、ナブテスコの事業分野では製品寿命が比較的長期にわたるものが多く、特許権や意匠権の存続期間では十分な保護ができない。

また、製造やサービス運用ノウハウなど、秘匿可能な技術も多くある。そのため、秘密情報管理による保護と知的財産権による保護のバランスをどのように図るかがポイントとなる。ナブテスコでは秘密情報管理による保護を基本としながら、販売した製品をリバースエンジニアリング等されることにより秘密を保てない技術や営業活動の一環で積極的にアピールする技術については知的財産権による保護を図るようにしている（図13）。

なお、秘密情報管理による保護の場合は事業リスクヘッジの観点からいわゆる先使用権の確保も必要となる。そのため、ナブテスコでは全ての関連情報を毎月証拠保全し、その過程を事実実験公正証書として残す体制を構築している。

しかし、先使用権は国ごとに発生するものであり、また、その要件も各国で大きく異なることから、秘密情報管理による保護と知的財産権による保護の択一ではなく、これらを組み合わせることで事業リスク低減に努めている。

図13 秘密情報管理と知的財産権獲得の戦略的な活用

11. コア価値獲得・強化と企業価値向上
　　～価値創造の因果パスや ROIC の観点～

　知財・無形資産ガバナンスガイドライン[1]では「製品・サービスの競争力・差別化要因となる知財・無形資産が他社と何故どのように異なり、どのような時間軸で持続可能で競争優位なビジネスモデルに繋がるのか」、その実現性を含めて説明し、その投資戦略の優位性・必然性を明らかにする情報開示や対話を行うことや、企業における知財・無形資産の投資・活用を、コーポレートレベルの経営指標（ROIC 等）と紐付けて決定し、企業価値向上に対する知財・無形資産の投資・活用の貢献を明らかにする情報開示や対話を行うことが要請されている。

　因果パスの例に関してはナブテスコ統合報告書[13]に精密減速機事業における価値創造の因果パスを記載しているため、ここではコア価値の投資・活用戦略と投下資本利益率（ROIC[14]）との紐付けについて検討する。

---

[13] ナブテスコグループ統合報告書2022年12月期
https://www.nabtesco.com/cms/wp-content/uploads/value_report_2022_pickup01.pdf
[14] 企業が事業活動で投じた資金に対して、どれだけ利益を生み出したかを示す指標

まず、ROICと加重平均資本コスト（WACC[15]）の関係について確認する（図14）。企業は投資家からの投資と銀行等からの借入金を活用して事業を行い、利益を生み出しているが、投資家からの投資と銀行等からの借入金に係るコストであるWACCよりも得られる利益率（ROIC）が低い場合、たとえ営業黒字であっても企業価値を損ねていることになる。そのため、企業価値を持続的に向上させるにはROICをWACC以上に高める必要がある。

　そして、同じ業界であれば事業形態も近いことが多く、保有するコア価値の内容も類似していると思われる。そのため、業界平均のROICと個社固有のコア価値（知財・無形資産）の保有効果と経営能力との積が個社のROICになると整理できよう（図14式1）。ここで経営能力も乗じているのは、コア価値は活用されて初めて利益が得られるものであり、更にその活用の巧拙が得られる利益に多大な影響を与えると考えるからである。

　つまり、個社固有のコア価値の保有効果と経営能力の積が個社のROICを業界平均のROICで除したものに等しいといえる（図14式2）。

　これにより、固有のコア価値の保有効果と経営能力の積に基づいて同業他社と比較可能になると考える。更にROICはツリー展開することで企業価値向上につながるポイント（バリュードライバー）を見いだすことができる。そして、このバリュードライバーの改善策としてコア価値の獲得・強化戦略の見直しを行い、指標改善につなげることができると考える。また、業界平均のROICで除していることから、市場全体に及ぶ影響はほぼ相殺され、コア価値の保有効果と経営能力だけの比較をすることもできると考える。

　一方、コア価値の保有効果と経営能力を完全に分離することは困難と思われ、コア価値の獲得・強化戦略を見直したことで指標が改善されたのか、経営能力の向上で指標が改善されたのかは明確には分からないという問題がある。

　さらに、コア価値の獲得・強化戦略を見直しによる効果にタイムラグがあり、また、コア価値の種類によってもタイムラグの幅は大きく異なると思わ

---

[15] 借入にかかるコストと株式調達にかかるコストを加重平均したもの。

れるため、コア価値の獲得・強化戦略見直しによる指標の改善効果が見えにくいという問題もある。

そして、複数の全く異なる業界の事業を行っている場合、自社については事業ごとにROICを算出できると考えるが、他社については複数の全く異なる業界の事業を行っている場合、現状ではその集合体としてのROICしか外部からは分からず、正確な比較が困難であるという問題もある。

そのため、ROICツリー分析に基づくコア価値の獲得・強化戦略見直し効果は現時点では定性的にしか説明できず、いまだ検討段階の域を出ていないこともあり、別の評価手法も含め、更なる検討が必要と考えている。

図14　企業価値が創造される条件

12. おわりに

以上、機械系BtoB企業であるナブテスコの知財・無形資産投資活用戦略の考え方を紹介し、コア価値獲得・強化と企業価値向上との関係の可視化についてその課題も含めて論じた。本稿が知財で日本を元気にし、日本企業の企業価値向上の一助となれば幸甚である。

知財活動の20年間の歩みとこれから

中国電力株式会社 エネルギア総合研究所
執行役員 エネルギア総合研究所長　木田 淳志

1．はじめに

　中国電力株式会社が知財活動の重要性を認識した端緒は、今から約20年前、2000年代初頭の電力自由化進展による経営環境の変化にあった。それまでの電気事業は、監督官庁の規制の下、「地域独占＋総括原価方式」で、直接の競争相手が不在という事業特性から、当社は知財活動にそれほど重きを置いていない状況にあった。

　これが電力自由化とともに「地域独占＋総括原価方式」の枠組みが崩れ、競合企業の存在を意識せざるを得なくなる一方、当社の知財活動はあらゆる面で遅れをとっていた。

　こうした背景から、独自の強みを知財で確保し、活用する「知的創造サイクル」の確立と他者権利侵害の未然防止等「知財リスク管理」の重要性の認識が高まり、経営層が深く関わりながら知財活動の体制・仕組みに関する検討を開始して、成案を得たものは随時実行に移してきた。

　この間、知財活動において、多くの変化と成長を経験したが、今日まで変わることのない当社の知財活動の特徴は、「安定供給」への使命とこれを完遂するための「創意工夫」の文化をベースに「全社員参加型」の取組を推進してきたことである。本稿では、これまでの当社の知財活動の取組を中心に振り返り、これからの展望について触れさせていただく。

　また、この場を借りて、藤本昇先生に対し、喜寿を迎えられることへのお祝いと深い感謝の意を表したい。先生は、当初より当社の取組に共感・関与され、その専門的な知見と経験をもって多大な御支援と的確な御指導をいただいたことは、当社の知財活動の成長に不可欠なものとなっている。

２．知財活動の夜明け前

　電力自由化以前は、前述の理由から知財活動にそれほどの重きを置いてこなかったのが偽らざるところであるが、それまで電力技術に磨きをかけていなかったわけではない。

　電気事業は大規模で複雑な設備やネットワークがあって初めて遂行が可能になる事業である。これにはメーカーの技術を活用した設備形成が不可欠であり、当該技術についてはメーカーに頼る部分も多々存在する。その一方で、電気事業を支える技術にはメーカーと当社が共同で課題解決に取り組む中で生み出される基盤技術やユーザー側の視点で独自の基盤技術の開発に至るものがある。

　例えば環境負荷低減の観点から火力発電所の設備として重要な排煙脱硫装置や排煙脱硝装置に関しては、1974年に石油火力で国内初の排煙脱硫装置を水島発電所２号機に設置、1979年には石油火力で世界初となる排煙脱硝装置を下松発電所２号機に設置するなど、当社は火力発電技術に関して、他の電力会社に先駆けてメーカーと共同で最先端の技術を導入してきた歴史がある。

　この歴史の背景には、戦中・戦後の極めて困難な時代から全社員に受け継がれる「安定供給」と「創意工夫」の文化が根差していた。

　1945年８月６日、広島市への原子爆弾投下により、電力インフラも甚大な被害を受けたが、そのとき、存命の社員が津々浦々より結集して、翌日には被害を逃れた地域で送電を開始し、２週間後には残存家屋の30％へ電気を供給するなど、懸命に復興に取り組んだ記録が残っている。

　また、終戦直後に、確実・安価で容易に過電流を目視で発見できる検査器を発明し、電力業界に広く普及させ、安定供給に大きな貢献を果たした。

　このように、先人が持ち続けたお客さまに安心して電気を使っていただくという「安定供給」と「創意工夫」の文化が、電気事業に従事する者の使命として受け継がれており、この文化があったからこそ、電力自由化以降、当社の「全社員参加型」知財活動のベースになってきたと考えている。

3．本格的な知財活動のはじまりと知財戦略の段階的推進

　冒頭で述べたとおり、2000年代初頭から段階的に電力小売の自由化が始まり、電気事業における競争激化に対応する必要が生じた。このような時代背景の中、当社は、事業運営のあらゆる場面で生み出されている知的資産を知財として認識し、企業価値を向上させていくことがグループ存立の基盤であると考え、2003年7月に「中国電力グループ知財戦略基本方針」（以下、「知財戦略基本方針」という。）を策定し、グループ全体で知財活動を強化・推進することとした。

　組織的な知財活動の実行体制も、この頃に確立した。知財活動推進の責任者である副社長（当時。現在はエネルギア総合研究所長）を議長とし、電源事業本部等の事業本部の副本部長、人材活性化部門や経営企画部門等の部門長を委員とする「知財戦略会議」を社内の正式な会議体として設置し、「知財戦略基本方針」の策定、状況報告等、知財活動に関する重要事項を審議することとした。

　これらの重要事項は、知財戦略会議で審議後に、社長を議長とする経営会議に付議・報告される。このほかにも、基本理念や各組織の役割を定めた知財規程の制定や発明報奨制度・表彰制度の創設、特許出願の量的拡大等といった施策を実施し、基盤整備を進めた。

　こうした基盤整備と並行して、将来の活動レベルのステップアップに向けた構想も同時に検討した。今後、約10年をかけて「量的拡大」「質的向上」「競争力強化及び事業戦略への貢献」と段階的に発展させていくため、当時、特許庁が策定・公表していた「知財戦略指標」を参考に、当社として必要な施策をステージごとにマイルストーンとしてあらかじめ設定した（図表1）。毎年の活動状況などの進展に合わせ、各段階の施策を「知財戦略基本方針」の目標・取組として掲げ、PDCAサイクルを回しながら計画的に推進することで、電力・ガス会社で低位であった特許保有件数で一躍トップとなるなど、多くの成果を上げることができた。

　以降では主な取組とこれからの知財活動について述べていく。

(図表1) 知財戦略の段階的推進

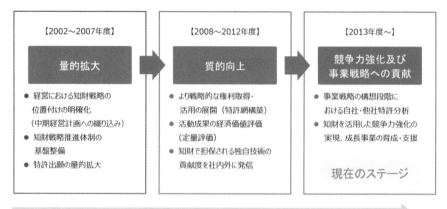

4．特許出願の量的拡大と戦略的な権利取得
(1) 技術分野

　「知的創造サイクル」の確立に向けて行ってきた特許出願の量的拡大などの取組の説明に先立ち、ここではまず電気事業の技術分野について説明する。

　電力会社の事業モデルは、様々な発電方式でつくられた電気を、送電線や配電線を通じてお客さまに安定的にお届けすること、また、電気の使い方に応じて御選択いただく料金メニューを用意したり、効率的なエネルギーの利用方法等を提案したりすることを通じてお客さまに御満足いただくことであり、技術的には次の特性を有している。① 電気は産業や暮らしを支える重要な社会インフラであり、長期的・安定的に電気をお届けするという社会的要請に応えることが求められる。② 適正な電圧や周波数を維持し、質の高い電気を効率的にお届けするために、高度かつ広範な技術が必要となる。

　こうした電気事業の特性や、社会的要請、お客さまから寄せられるニーズ等にお応えするために必要となる基盤技術は、10の分野に分類でき（図表2）、それぞれの技術が蓄積され、緊密に連携することで、低廉で質の高い電気を安定的にお届けすることが可能となる。

(図表2) 電気事業の基盤技術を構成する10の技術分野

技術分野	技術内容
燃　　料	発電に使用する燃料(燃料油・石炭・LNG等)の購買・輸送・貯蔵管理
発　　電	発電所(火力・原子力・水力・太陽光等)の運転・保守・運用
送　　電	発電所から変電所まで高い電圧で電気を届けるための送電設備の建設・保守・運用
変　　電	お客さま設備に応じた電圧に変圧するための変電設備の建設・保守・運用
配　　電	変電所で変圧された電気をお客さまに送るための配電設備の建設・保守・運用
お客さま	お申込み受付や検針の効率化、お客さまニーズに即した省エネルギー等に関する技術
系統運用	供給区域内の電気使用状況の監視、発電量・電気の流れの制御、需給バランスの維持
土木建築	発電所や変電所等における土木建築関係設備の計画・設計・施工管理及び維持管理
DX等基盤システム	発送電設備や各種業務を支える通信ネットワークや情報システムの構築・維持管理
新規事業等	新規事業領域におけるお客さまの利便性・快適性向上に資する技術

　上記の技術分野は、電気事業のサプライチェーンにおいて、「燃料調達」「発電」「送配電」「販売」の4つに大別でき、サプライチェーンの上流から下流までの各分野において、特許出願・権利化を行っている（図表3）。

(図表3) 電気事業のサプライチェーンにおける特許保有件数

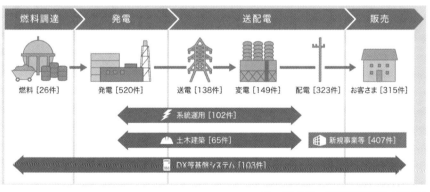

計：2148件（2023年12月末現在）

（2）特許出願の量的拡大に向けた取組

　初期段階ではまず多くの社員が出願を経験することを重視し、特許出願件数の増加を目指して全事業所を対象とした巡回研修や体制・ルールの整備等

を行った。事業本部等の各組織の長の責務・役割等の基本的事項を「知財規程」に定めるとともに、知財活動の奨励・支援等の役割を担うキーパーソンとして、各組織に課長クラスの「知財推進担当者」、及び担当者クラスの「知財推進実務担当者」を配置し、知財戦略会議のようなトップダウンの体制に加え、ボトムアップでも知財活動を推進する体制を整備した（図表4）。

(図表4) 知財推進担当者の役割

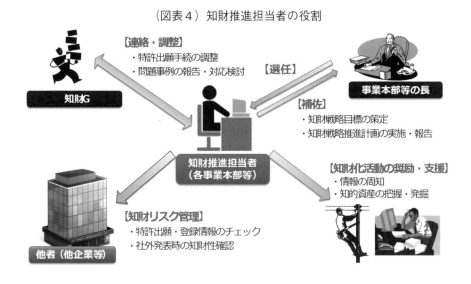

また、社員が行った発明をできるだけ負担なく、特許出願まで仕上げていく仕組みを整備した。ここでは特許出願業務の流れに沿ってその仕組みを説明する。

まず、発明者は発明提案の様式である「簡易発明提案書」に発明内容を記載し、各組織の知財推進担当者に提出する。「簡易発明提案書」は、従来の課題・問題点、それを解決するアイデア、発明の効果、先願調査結果等を簡単に記載できる帳票となっている。

「簡易発明提案書」を受け付けた知財推進担当者は、発明の技術内容に適した技術グループに発明の技術評価を依頼し、評価箇所は、自社・他社の実施見込みや発明の効果、適用規模等に基づいて、A～Eの5段階にランク付

けする技術評価を行う。技術評価がされた「簡易発明提案書」は、知財推進担当者の承認後、知財グループに提出される。

　知財グループは「簡易発明提案書」を受け付け、社外弁理士（特許事務所）への出願に向けた相談会（弁理士相談会）の開催を計画する。弁理士相談会には、発明者、知財グループ、社外弁理士が参加し、発明内容を聴き取り、内容の整理とポイントの抽出による特許性有無の判断、発明の発展・拡張等、提案内容のブラッシュアップ等を行う。特許性が認められない提案であったとしても、可能な限り追加検討のポイント等のアドバイスを行い、今後の提案につながる内容となるようにしている（図表5）。

　弁理士相談会は対面で実施するほか、新型コロナウイルス蔓延以降は、発明者の所属する事業所、特許事務所、当社本社（知財グループ所在地）を結んだWEB会議によっても実施可能としている。

（図表5）弁理士相談会と簡易発明提案書

【弁理士相談会】

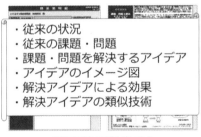
【簡易発明提案書】

　弁理士相談会の結果、特許性が認められる発明については、社外弁理士に特許出願書類案の作成を依頼し、技術評価に応じた特許出願を行う。技術評価の高い発明は、請求項数や実施形態の記載を増やしたり、国際出願を検討したりするなどの対応を行っている。技術評価の低い発明は、出願を行わず、公開技報に掲載する場合もある。

　社員からの自主的な「簡易発明提案書」の提出のほか、各組織において検討・計画中の新規施策（新事業、新サービス、新技術の導入、研究計画等）や、

各種の成果（研究成果、業務改善成果等）からの発明発掘も実施している。各組織から受領した計画や成果を記載した各種資料を、知財グループと社外弁理士とで確認し、出願の可能性が見込まれるものについては、各組織の担当者を交えて弁理士相談会を実施し、特許出願を行っている。

研究案件に関しては、研究者、知財グループ、社外弁理士の3者で、研究計画策定時にフロントローディング、研究テーマ終了時等に、バックローディングを実施している。フロントローディングは、研究開始前のアイデア段階で、早期に特許出願できるものがないか検討したり、今後の研究成果の知財化の方向性を検討したりするもので、バックローディングは、研究終了時や研究を次のステップに進める前に、研究成果報告書等と出願済みの内容とを比較し、出願漏れの有無について検討するものである。研究・開発案件は、特に成果の早期出願、権利取得機会喪失防止を重要視している。

（3）戦略的な権利取得

量的拡大の取組に一定の成果が出た2008年からは質的向上に向け、戦略的な権利化にも取り組んできた。当社の各組織において中期経営計画で掲げる各種目標や重点実施項目に関連する諸課題等から、優位性や競争力の確保の観点も加味し、集中的な権利化（特許網の構築）に取り組む重点課題を設定し、競合企業等の技術開発動向を意識した研究・開発等に取り組んでいる。

（2）に記載の各組織における発明提案受付時の技術評価の際に、発明の技術内容が重点課題に該当するか否かの判定を行い、重点課題に該当する発明については、その他の発明よりも優先して出願・権利化を行うこととし、また、重点課題に該当する発明が、基本特許か（当社がゼロから創出した発明、既存技術を電力向けで初めて適用した発明）、又は周辺特許か（基本特許の改良・派生発明）といった観点から、特許網上の位置を評価している。

これまでに特許網構築に取り組んだ例としては、脱硝触媒の再生技術、石炭灰からの微量物質溶出防止技術、配電線における間接活線工法・機材等がある。

5．知財リスクへの取組
（1）知財戦略における「知財リスク管理」の位置付け

　当社は、知財戦略推進の最初期から、「知財リスク管理」を知財グループの活動の大きな柱の一つと位置付け、取り組んできた。2003年に策定した最初の「知財戦略基本方針」においては、知財戦略の目的を「『当社グループの競争優位性確保と事業展開の自由度確保』による『企業価値の向上』への貢献」と整理し、これを実現するための「目指すべき姿」の二本柱の一つとして、「『知財創造サイクル』の確立」と並べて挙げたのが、「知財リスク管理」であった。この基本方針に示した位置付けは、その後、社内基本ルールに落とし込み（同年11月に制定した知財活動の社内基本ルール「知財規程」の第1条の「目的」と、第3条の「基本理念」）、今日に至るまで、知財戦略の原点の一つとして機能している。

（2）管理体制・活動の概要

　当社においては、知財戦略推進の主役は事業の主体を担う各事業本部等であり、これを知財グループが専門能力を発揮して支援する体制としており、知財リスク管理活動においても同様の役割分担としている。知財グループにおいては、各事業本部等の活動における「他者権利侵害の予防」「自社権利の適切保護」の両取組に対し、研修やメールマガジン等の啓発活動のほか、主に以下のような支援を提供している。

他者権利侵害の予防		自社権利の適切保護	
他者特許権侵害チェック	日常業務や研究・開発において当社が実施・検討している技術内容と他者特許を対比し、侵害の有無を検討	知財関連契約相談	共同研究の成果等につき、将来の事業での活用の想定も踏まえ、適切に権利確保する観点での契約条件のチェック
他者商標権侵害チェック	広告物やイベント等で使用する媒体について、他者商標権の侵害の有無や回避方策を検討	知財性確認	論文や社外へ開示する技術資料等に対する、特許取得機会の喪失を予防するための内容チェック

知財グループとしての会社の全体最適への貢献の観点からは、いずれの支援の提供においても、個別案件の内容・背景事情を、関係事業本部等との密なコミュニケーションの下で情報収集し、理解することが重要である。知財グループのメンバーはこのような心掛けを胸に、日々知財リスク管理活動に取り組んでいる。

（3）知財リスク管理活動の具体例（特許共有条件の適正化の取組）

本節では、知財リスク管理活動の取組の具体例の紹介として、知財関連契約相談への対応における特許共有条件の適正化の取組について述べることとする。

① 研究開発活動と知財関連契約相談

当社は電気事業を主たる事業としており、電気事業法を踏まえ、多種多様な設備・機材を効果的・効率的に使用、保全・管理することで、低廉な電気の安定供給の実現に貢献している。その一方で、設備・機材の調達においては、設計・製作の能力を持たないため、メーカー等の他社の協力を得ることが必須である。その在り方は様々で、シンプルにカタログに載っている製品を購入する場合から、知恵・知見等の技術や資金等リソース提供の分担（リスク分担）の下、共同で研究開発・成果実用化を行う場合まで、幅広である。近年はAI活用も含めたIT利用の更なる拡大や、オープンイノベーションの拡大の流れもあり、従来に比して多様な業種・業界の企業の協力を得て、新技術を導入・活用しながら新サービスの開発・提供や、効率化の推進を行っている。

また、主には中国地域内の大学や公的研究機関と、社会的課題の解決への貢献も視野に入れた、先行的・革新的な技術の研究開発に取り組んでいる。知財グループは、これら社外の協力による研究開発等にて得られた成果の特許出願等権利化に取り組む一方で、特許共同出願に係る契約や、研究開発段階での共同研究契約、あるいは研究開発の詳細検討や、共有特許を含めた研

究開発等で得た技術の事業活用の検討のための秘密保持契約、あるいは特許・研究開発成果の実施に係る契約等、共有特許の取扱いに係る契約の検討・調整も、事業・研究開発の主管部門と密に連携を図りつつ行っている。

② 特許の共有における特許実施に係る条件調整の経緯[1]

　これらメーカーや、システムベンダー等の他社や大学との契約検討・調整において悩みの種となるのが、共有特許の事業での実施に係る条件の取扱いであった。当社として、発明創出の場となった研究開発活動等の目的であり、権利化・特許保有の目的でもある成果の事業での活用と、それを通じた事業収益の確保・拡大への貢献を達成する上で必要十分な条件を確保する必要がある。このニーズは、特許共有先であるメーカー等の他社や大学側も同様であろう。しかし、当社と他社・大学との間では、事業内容の相違やビジネス上の立場の相違、あるいは産・学の間での社会的役割の相違に起因する利害の相違から、合意形成に困難を伴う場合がある。

　特にメーカー等との共有特許に関しては、「自ら特許実施品を製造・販売して、収益を得る」先方と、「特許を自ら実施するには、発注先メーカーから特許を実施して製造した特許実施品を購入する必要がある」当社とでは「特許の自己実施」の仕方が全く異なる。また、メーカー等にとって特許は自社特許実施品の競合品を製造・販売する同業のメーカーに対する優位確保のための武器であり、クロスライセンス以外での他メーカーへのライセンス供与に応じる実益がないのが通常と考えられるが、特許実施品のユーザーである当社としては、より低コストで特許実施品を調達する必要に照らし、他メーカーへの特許実施許諾の自由が必要である。加えてメーカー側が望む「自ら製造する特許実施品を、共有先である当社以外の第三者への販売する自由」を許容すると、電力販売市

---

[1] 本節にて述べる考え方は、金沢工業大学大学院イノベーションマネジメント研究科イノベーションマネジメント専攻の杉光一成教授が次の論考において検討・整理された特許法73条2項の解釈の考え方を踏まえたものである〈杉光一成「共有特許権の実施について規定する特許法73条2項についての新たな視点～インフラ産業における共有特許に係る問題提起を踏まえて～」(「パテント」71巻5号36-44頁[2018])〉。

場での競合先である他電力会社も当社と変わらない条件で特許実施品を購入できることとなり、先行投資のメリットを十分に享受できなくなる。

メーカー等との特許共有条件の調整では、このようなビジネス上の立場の相違と、それに起因する特許実施の仕方の相違等を背景にした利害の対立を前提に、当社・メーカー等の双方が、共有の特許技術を活用した事業活動を通じた収益獲得を実現し得るWin-Winな契約条件を探り当て、合意形成することが重要な課題になる。

メーカー等と共同研究に先立つ研究成果の取扱いに係る条件調整や、共有発明の特許出願に先立つ共同出願契約の条件調整においては、初期段階で、次のような要望・主張を聴き取ることがある。

ア．共有特許を自ら実施する場合は、特許法（73条2項）[2]が定める原則どおり、両社とも「任意かつ無償で実施できる」ようにすべき。

イ．第三者への実施許諾については、両社とも「相手方の文書による事前同意が必要」とすべき。

これらの要望・主張は、実施品の製造・販売により売上げを得るメーカーが、実施品の商流・市場において同様の立場に立つ競業他メーカーとの間での共同研究やその成果に係る共同出願の条件調整であれば、首肯し得る主張と考えられる。競業者間での共有であれば、特許権を活用して主には他の競業者に対する市場競争力を守る必要を踏まえると、各々が自社製品の特徴を守るための特許権につき、自由に特許実施品を製造・販売できるようにしつつ、かつ、他の競業者等の第三者への実施許諾につき相互に牽制し合えるようにすることは、当然の対応と考えられるためである。しかし、当社は前述のとおり、主たる事業である電気事業において、特許実施品である機材・装

---

[2] 特許法73条（共有に係る特許権）
　特許権が共有に係るときは、各共有者は、他の共有者の同意を得なければ、その持分を譲渡し、又はその持分を目的として質権を設定することができない。
　2　特許権が共有に係るときは、各共有者は、契約で別段の定をした場合を除き、他の共有者の同意を得ないでその特許発明の実施をすることができる。
　3　特許権が共有に係るときは、各共有者は、他の共有者の同意を得なければ、その特許権について専用実施権を設定し、又は他人に通常実施権を許諾することができない。

置やシステムのユーザーであり、電気事業者への社会的な期待への対応、責務の遂行として、機材・装置やシステム特許実施品をより安価に調達できるよう、競争発注が可能な条件とする必要がある。

　また、メーカー等が主張の根拠とする特許法73条2項については、共有特許の自己実施における共有者間での関係性の「原則」ではなく、飽くまで特段の協議調整を経ての事前合意が不要であった場合の扱いに係る定めであって、「事前の協議調整を経ての事前合意を形成する」こと自体を原則不要とするものではないと理解している。「事前の協議調整を経ての事前合意」が不要であるとすると、利害を異にする者同士の特許共有の場合、本条項に定める扱いでは共有特許の事業での利活用によるメリットを享受できない側が、協議調整の実施自体を拒否され続け、デメリットの甘受を余儀なくされるなど、当事者間で著しい不均衡が生じかねない。この点と民法249条[3]の規定内容を踏まえると、特に利害の衝突のない者同士で特許を共有することとなったため、利害調整のための協議・調整を経て取決めを行う必要がない場合等の「『契約で別段の定』がない状況」においては、「他の共有者の同意を得ないで…特許発明の実施」を行うことができる旨を定めているものと解するのが妥当と考える。

　当社はこのような本条項への理解に立ち、共有特許の自己実施の条件については、① 利害調整が必要であれば、両社間で「立場・利害に相違があること」を前提にした協議・調整を行うこと、そして、② 両社で Win-Win 関係の形成に努め、その結果得られる合意内容に基づき、各々が共有の成果・産業財産権を実施すること、③ それに伴い必要な実施対価を相手方へ支払うことは、ごく通常の財産共有者間での取引における利害調整の姿であると考える。

　この考えに立ち、メーカー等との共有特許の扱いに係る契約条件調整において、前述した当社事業運営における資機材の調達の場面におけるメーカー等と

---

[3] 民法249条（共有物の使用）
　　各共有者は、共有物の全部について、その持分に応じた使用をすることができる。
　2　共有物を使用する共有者は、別段の合意がある場合を除き、他の共有者に対し、自己の持分を超える使用の対価を償還する義務を負う。
　3　共有者は、善良な管理者の注意をもって、共有物の使用をしなければならない。
　　（なお、2項及び3項は2023年改正にて新設、2022年4月1日から施行）

の関係性を踏まえつつ、メーカー等との間での互恵的・Win-Winな契約条件の形成が必要との考えに立って当社案を検討・整理の上、提案・説明している。幸いなことに、メーカー等においても、このような当社提案・説明について真摯に御検討いただき、おおむね同意を得ているところである。

6．特許の価値評価

　特許の経済価値としての定量評価については、知財活動の取組の当初から「活動成果の経済価値評価」として検討課題としていた。当時、対象特許を取得するために要した費用や同等の特許を新たに開発するために要する費用で評価するコストアプローチや、類似特許の取引価値から類推して評価するマーケットアプローチ、対象特許を保有していなかった場合に支払うことになるロイヤリティにより評価するインカムアプローチ等、様々な手法が提示されていたが、それぞれに得失・課題があり、評価目的も様々で実際に活用・公表されている事例も少なかった。そのため、電気事業に適した評価手法を検討し、試行を経て、2007年度から保有特許の価値を定量的に評価する取組（以下、「定量的評価」という。）を本格的に開始した。以下ではその意義や評価方法について概要を説明する。

（1）当社における特許の価値評価の考え方

　電気事業における研究・開発や創意工夫の成果は、品質に差がない「電気」という商品・サービスの特性上、効率化（作業工数・時間の軽減等）によるコストの低減という形で発現する（図表6）。

　当該成果を基礎とする特許技術が用いられた施策では、このコスト低減額の一部は特許権により「自社のみが享受できる金額効果」として担保される。特定要素の有無がもたらす状態の差異を「価値」と捉える分析手法（with-without分析）の観点に立ち、特許権で担保される金額効果を経済的価値として捉えた上で、排他独占性も加味して、「特許権に内在する価値」を評価している。

(図表６) 当社の価値評価の考え方

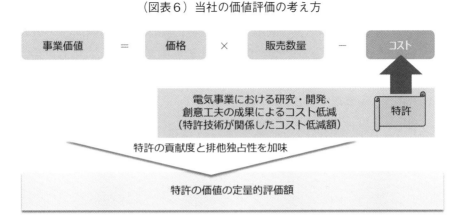

(2) 価値評価の算出手順

以下のStep1～3の手順に沿って、まず各組織が集計対象となる自組織施策の「効率化によるコスト低減額」を把握し、これに特許技術の寄与度や特許権の強さ等を加味して施策ごとの金額効果を求める。知財グループは、各組織の評価結果について妥当性を精査した上で、全組織の金額効果の合計を求め、全社レベルでの特許の価値を把握する。

なお、施策の金額効果を担保する特許権が有効である期間中のみ、その価値が持続するとの考えから、権利失効後の実績を集計対象から除外するとともに、施策の実施状況や権利状態を踏まえて、評価結果は毎年度再評価している。

Step1：評価の基礎となるコスト低減額の把握

・自組織における特許技術を使用した施策件名のうち、一定額以上の金額効果が発生した件名について、直近2年間の計画分を含むコスト低減額の実績（累積）を把握
・過年度に報告済みの件名で、計画値と実績に差異が生じた施策については補正

Step2：特許技術が担保するコスト低減額の算出

・Step1で把握したコスト低減額のうち、特許技術の寄与による額がどの程度の割合であるかを、事業・研究開発の主管部門の評価結果を踏まえて決定し、「特許技術が担保しているコスト低減額」を算出

Step3：特許権としての強さ等を加味した評価

- Step2で算出したコスト低減額と、① 権利化状況、② 権利としての強さ、③ 代替技術に対する優位性を「排他独占性評価表」により、それぞれ各5点満点で評価し、「特許権が担保するコスト低減額＝特許の価値の定量的評価額」を算出（図表7）
- 各組織の知財推進担当者が、各施策について最終的に算出された金額の妥当性を確認

（図表7）特許の価値の定量的評価額の算出式

$$\text{特許の価値の定量的評価額} = \text{Step2で算定したコスト低減額} \times \frac{(① + ② + ③)}{15点}$$

・排他独占性評価表（特許庁公表の「特許評価指標（技術移転版）[2000年]」をベースに作成）

	5点	4点	3点	2点	1点
①権利化状況	無効審判後も権利維持	権利成立	権利未成立で特許性の判断が困難	拒絶査定を受け審判係属中（特許性あり）	拒絶査定を受け審判係属中（特許性疑問）
②権利としての強さ	非常に強い（基本発明）	強い（基本発明に準ずる）	中程度（大幅な改良発明）	弱い（中程度の改良発明）	非常に弱い（小幅な改良発明）
③代替技術に対する優位性	代替技術なし		代替技術より技術的に優位		代替技術より技術的に劣位

［参考：Step1～3の計算イメージ］
- 施策A：従来より1000万円のコスト低減を実現
- 特許X：施策Aで実施した技術を権利化したもの
  Step1：1000万円（施策Aで実現したコスト低減額全体）
  Step2：1000万円×90％＝900万円（施策Aでの特許技術Xの貢献度90％）
  Step3：900万円×（3点＋4点＋3点）／15点
＝600万円（特許技術Xの権利としての排他独占性評価10点）

　2022年度の評価結果は（図表8）のとおりで、集計の対象となった施策は219件、特許の価値の定量的評価額は有効期間の累計で183億円となっている。

(図表8)2022年度の特許の価値の定量的評価額（有効期間の累計）

評価年度		施策件数	特許の価値の定量的評価額
2022年度（Ⅰ）		219件	183億円
2021年度（Ⅱ）		198件	158億円
（Ⅰ-Ⅱ）		21件	25億円
	権利消滅	−	−
	増分	21件	25億円

（3）当社における評価結果の活用

　このように算出した定量的評価の結果は、知財戦略への投資等に係る経営上の意思決定に用いるほか、報奨制度において、経済効果（コスト低減額）に応じて発明者へ支払う報奨金の算定諸元としても活用しており、特許の創出・活用に向けたインセンティブとして、事業への貢献を実感してもらう重要な指標ともなっている。

　このほか、第三者へ特許権を譲渡したり、ライセンスしたりする際の交渉においても、その価値を示す材料として活用できる。また、社内外のステークホルダーに向けた知財戦略に係る理解促進のためのツールとして知的財産報告書を発行し、毎年掲載している。コーポレートガバナンス・コードの改訂に伴い、新たな価値創造に向けた無形資産への投資やその貢献について一層の情報発信・対話が求められていることから、その取組状況を示す指標の一つになるものと考えている。

　一方、これまでの当社における特許の価値の定量的評価は、電気事業におけるコスト低減技術に関連する特許を対象とした評価手法となっている。今後、当社では新事業・新サービスの拡大をグループ経営ビジョンに掲げていることから、売上げ拡大やシェア確保といった目的での特許の活用が増えることが見込まれる。

　こうした特許についても適切な評価手法を確立することを課題として認識しており、引き続き、検討を行っていく。

7．知的財産報告書による知財の情報開示
（1）知的財産報告書発行のはじまり

2009年1月に初めて、グループの技術研究開発及び知的財産に関する考え方と取組をまとめ、経済産業省の「知的財産情報開示指針」に準拠した「2008エネルギアグループ知的財産報告書」を発行し、それ以来、毎年発行を継続している。

2009年当時は、知的財産報告書を発行して投資家を含むステークホルダーと積極的にコミュニケーションを図ろうとしている企業は知財先進企業の中でも多くはなく、電力会社（旧一般電気事業者）で知的財産報告書を発行しているのは当社だけであり、先進的な取組であった。

（2）「エネルギアグループ知的財産報告書」の発行目的

知的財産報告書の発行目的は、株主、投資家、他社、お客さまに、知財の取組による価値創造、経営・事業運営への評価、及び他社との共創を訴求することである。また、社内向けの訴求ポイントとしては、経営層に対して、知財活動の経営・事業への貢献等のインプット、一般社員に対して、自らの活動の意味や成果の再確認や、知財活動に取り組むモチベーションの向上に資すること等が挙げられる。

一方、市場とのコミュニケーションという観点では、投資家等を対象とした会社説明会等、IR活動の場面でも知的財産報告書を活用しながら知財活動の取組について積極的に説明を行っている。

市場とのコミュニケーションを重視する姿勢の必要性は、「知的財産情報開示指針」でも強調されていたこと[4]であり、IR活動にもプラスαの価値をもたらすことが期待できると考えている。

---

[4] 経済産業省「知的財産情報開示指針」（平成16年1月）では、17頁に「当該報告書を基礎として知的財産に焦点を当てた投資家向けの説明会を経営者が定期的に開催すること等が期待される」と記載されている。

(3) 知的財産報告書の特長

① 特集

　当社の知的財産報告書は、発行の都度、社内外からの様々な御意見を反映し、内容の工夫を行ってきた。工夫の1つ目としては、2013年の公表から巻頭に「特集」記事を組むようにしたことである（図表9）。

　「特集」では、その時々の経営課題や社会的要請等、時代背景に合ったテーマについて、知財の切り口で取組を説明している。例えば2019年2月発行の「エネルギアグループ知的財産報告書」では、変化の時代に即した多様な組織づくりの重要テーマである「女性社員の活躍推進」と知財活動との関係を訴求する形で「『知的財産活動』における女性の活躍」を特集した。

（図表9）　各年度の特集のテーマ

発行年	特集のテーマ
2012	オープンイノベーションに向けた研究・開発，および知財化の取り組みについて
2013	"地域のお客さま"の期待に応える取り組み－成果とその知財化について－
2014	現場の力(つくるチカラ,届けるチカラ,支えるチカラ,拡げるチカラ)
2015	現場の力2(つなぐチカラ,灯すチカラ,応えるチカラ)
2016	お客さまから選ばれ続けるために
2017	知恵の輪で広げる地域の活力～知財活用を通じた地域活性化への貢献～
2018	『海外事業』を支える知的財産活動
2019	『知的財産活動』における女性の活躍
2020	防災・災害への取り組みを支える知財活動
2021	発電事業における地球環境問題への対応と経済性の両立
2022	AI・IoT時代に対応した知財活動
2023	知財活動を通じた持続可能な社会への貢献
2024	多様な人材の結果で未来を創造する

② 本編

　特集以外の記事を本編とし、グループ経営ビジョンと知財活動の関わりや、知財戦略基本方針について説明した「知財戦略推進体制」、当社が電気事業

者として知財活動に取り組む意義について説明した「電気事業を支える基盤技術と特許の関わり」、そして「商標の取組」「知財リスクへの対応」等を章立てして事例を交えながら開示している。

それぞれの章に開示している発明事例・商標事例は、収益拡大に貢献した事例、環境保全に貢献した事例、お客さまサービス満足度の向上に貢献した事例等、多面的に事業に貢献している代表的な事例について掲載し、ステークホルダーの当社知財活動に対する理解促進が図れるよう努めている。

また、グループ全体を対象とした知的財産報告書であることから、グループ企業の知財活動の取組についても紹介するようにしている。

③ IP アクテビティ

巻末にIPアクテビティとして、知財活動の成果を定量的に説明した章を設け、出願・登録件数の推移、海外出願の状況等のデータと特許の価値の定量的評価額を開示している。

当社の特許の価値の定量的評価の基本的な考え方については、知財価値評価の専門家（大学教授、弁理士・弁護士等）からもロジックとして理解できると評価されており、知財先進企業でも、特許の価値の定量的評価の結果を対外的に公表している例は少ない。

④ その他

知的財産報告書作成に関して留意していることは、読み手に分かりやすさと親しみやすさを感じていただけるように構成していることである。具体的には、全体的に図や表を多く活用して、内容の理解が容易となるように工夫するとともに、読みやすいコラムを設けて、それを随所に散りばめている。

また、発明者をはじめとする知財活動に取り組む社員について、社外の読者の方にも身近に感じていただくため、「VOICE」というコーナを設け、発明に至る背景や、取組状況について、担当者の顔写真入りの記事として生の声を発信している。

8．価値創造とこれからの知財活動
（1）知財を取り巻く状況

　地球規模の環境変化を受け、現在、世界的なカーボンニュートラルやGXへの要請、また、それにまつわる技術開発が進んでいる。現代社会においてはこうした環境変化に加え、サステナブルな社会を目指す動きもあり、電気自動車等のエネルギーの電化、発電における再生可能エネルギーの活用、全固体電池の開発といったハード面の技術の進化だけでなく、IoT社会へ向けた進歩や生成AIの活用等、ソフト面の急速な進展といった、あらゆる分野・場面での革新が加速度的に展開されている。

　当社では、2030年に向けたグループ経営ビジョンの中で、エネルギー事業を中心とした既存事業の強化・進化に加え、更なる成長に向けた新たな事業への挑戦を取組の一つとして掲げ、グループ全体で検討の機運は高まっている。

　一方、ステークホルダーや社会が企業に求める行動としてコーポレートガバナンス・コードの改訂に基づく対応がある。2021年6月の改訂については取締役会の機能発揮、企業の中核人材における多様性の確保等に加え、サステナビリティをめぐる課題への取組についての記載が追加された。

　具体的には、特に知的財産に関連する以下2点である。

ア．上場会社は、経営戦略の開示に当たって、自社のサステナビリティについての取組を適切に開示すべきである。また、人的資本や知的財産への投資等についても、自社の経営戦略・経営課題との整合性を意識しつつ、分かりやすく具体的に情報を開示・提供すべきである。（コーポレートガバナンス・コード補充原則3-1③）

イ．取締役会は、中長期的な企業価値の向上の観点から、自社のサステナビリティを巡る取組について基本的な方針を策定すべきである。また、人的資本・知的財産への投資等の重要性に鑑み、これらをはじめとする経営資源の配分や、事業ポートフォリオに関する戦略の実行が、企業の持続的な成長に資するよう、実効的に監督を行うべきである。（同補充原則4-2②）

ここでは、上記のうち、アが追加された背景について言及する。

リーマンショック後における企業の研究開発投資額の回復について、諸外国と比較し、日本の回復は時間を要している（図表10）。

（図表10）企業の研究開発投資額[5]

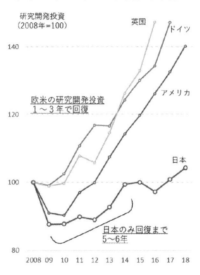

（出典：2020年4月27日経済財政諮問会議有識者議員提出資料）
出典：知財・無形資産の投資・活用戦略の開示及びガバナンスに関するガイドラインVer.1.0

また、企業価値に占める無形資産価値の割合について見ても、米国企業は、企業価値に占める無形資産価値の割合が過半を超え、企業価値を支えているのに対し、日本企業はいまだ有形資産価値の占める割合が大きい（図表11）。

この2つのグラフは、日本においては相対的に無形資産の保有・活用が少なく、研究開発については日本企業が欧米諸国に比べ後塵を拝していることを表している。

---

[5] 知財投資・活用戦略の有効な開示及びガバナンスに関する検討会「知財・無形資産の投資・活用戦略の開示及びガバナンスに関するガイドラインVer.1.0」14頁／令和2年第6回経済財政諮問会議 資料4-2（有識者議員提出資料）1頁

(図表11) 企業価値に占める無形資産割合の日米比較[6]

(出典:WWW.OCEANTOMO.COM/INTANGIBLE-ASSET-MARKET-VALUE-STUDY)
出典:知財・無形資産の投資・活用戦略の開示及びガバナンスに関するガイドライン Ver.1.0

　知財・無形資産の投資・活用が進んでこなかった要因については、知財・無形資産の投資・活用戦略の開示及びガバナンスに関するガイドライン Ver1.0において、「知財・無形資産の投資・活用は特に短期的には費用対効果が見えにくいこと、多角化経営により企業として黒字を維持できたため、あえて知財・無形資産に対する積極的な投資を実践する必要性が小さかったこと、知財・無形資産を価値創造ストーリーにうまく位置づけることができず、事業戦略・経営戦略として知財・無形資産を活用して競争優位を獲得し、価値創造やキャッシュフローの創出に結びつけるビジネスモデルを実現できてこなかった面も少なからずあった」[7]ことが言及されている。

　知財・無形資産の投資・活用戦略の開示及びガバナンスに関するガイドラインでは、自社の知財・無形資産の価値化がどのような時間軸でサステナブルな価値創造に貢献していくか、達成への道筋を描き共有化する[8]ための「価値創造ストーリー」の策定が解説されており、企業のイノベーションによる新事業・新サービスの構築、生み出される価値の顧客や社会への提供・キャッシュフロー創出による循環といった、価値創造の取組が企業に求められている。

---

[6] 前掲注5) 15頁「図表7」
[7] 前掲注5) 15頁「知財・無形資産の活用による戦略構築の課題」
[8] 前掲注5) 11頁「(ⅲ)価値創造ストーリーの構築」

(2) これからの知財活動

こうした技術の急速な進展、カーボンニュートラルへの要請、企業として目指すビジョンの達成、コーポレートガバナンス・コードで求められる価値創造の要請といった内外の情勢を踏まえ、現在、当社で取組を進めているコア価値創造を中心としたこれからの知財活動について述べる。

まず、価値創造の取組を進めるため、知財グループがコア価値創造ワーキンググループを社内で立ち上げ、運用を行っている。コア価値創造ワーキンググループは2022年7月に設置し、前述の価値創造ストーリー策定の考え方はもとより、価値創造についての認識・意識浸透を図ることから取組を開始している。なお、コア価値とは事業やサービスを行う上で、競争優位性や差異化の要因となる自社独自の強みと当社では定義している。

コア価値創造ワーキンググループの活動により目指していく姿として、企業が価値創造に基づき事業を行うことで、現状の強み(コア価値)を起点とし、課題解決に向けた創造を行い、将来新たな価値を提供し、企業として成長することで新たな投資を生み、コア価値の更なる充足につなげるという、価値創造の循環を創り、継続的な成長を果たすことをイメージしている(図表12)。

(図表12) 価値創造による成長・投資の循環イメージ

価値創造ストーリーの策定については、事業やサービス、研究の構想時点おいて、将来あるべき姿（ToBe）を描き、将来及び現時点（AsIs）の当社独自の強み（＝コア価値）とは何かを整理し、将来あるべき姿を実現していくためには何を獲得すべきかをバックキャストで考え、施策検討を行っていくものと整理している（図表13）。

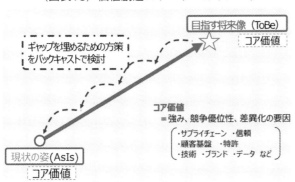

（図表13）価値創造ストーリーのイメージ

　また、コア価値の検討・把握、競合の状況等についてはIPランドスケープにより調査・分析を行っている。
　価値創造ストーリーの策定における留意点として、特に策定のタイミングが挙げられる。事業・サービス策定の流れを大きく、「構想・検討」「施策概要・アライアンス先等の決定」「実施内容の具体化、計画・社内決定」「事業・サービスの実施」とした場合、価値創造ストーリーの策定は事業の「構想・検討」時に行うことが望ましい（図表14）。
　構想の早期に策定することで将来の市場等を早期に分析・予測し、バックキャストで計画を立てることで事業の無駄が省かれ、事業の可能性も広がる。また、構想の早期に将来的にありたい姿を具体的にイメージできれば、獲得すべきコア価値の取得機会を得ることにもつながる。例えば業務提携案件において提携するまでに当社が単独で権利を持つ機会を得たり、他社に先駆けて事業アイデアを発案し、権利を取得したりすることもできるようになる。

(図表14) 価値創造ストーリーの策定フロー

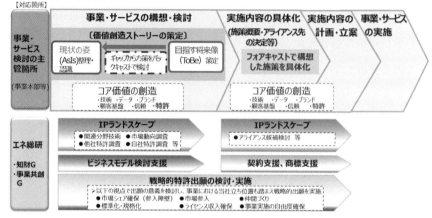

　このような価値創造ストーリーの策定の意義・イメージや、策定のタイミング等について、ワーキンググループ参加者に価値創造の意識浸透のために周知・啓発活動を行っているが、上記の策定の意義や方法論の説明は飽くまで価値創造のための助走であり、前提である。

　具体的なコア価値の創造については、事業本部等の新事業や新サービスの構想・検討時において、これから価値創造ストーリーを描く案件についてテーマを選定し、実際にIPランドスケープを行いながら、コア価値創造ワーキンググループの場においてコア価値の検討・創造を実施する取組を行っている。

　詳細テーマについての言及は割愛するが、関連市場の調査、関連分野における技術動向の特許関連調査等を通じ、将来における顧客ニーズはどこにあるか、いまだ手つかずの状態で有望な技術はどういった方向性か等について、事業本部等と意見を交わしながら構想を練り上げているところである。この検討における特許情報の重要な役割・使い方として、特許情報における「解決すべき課題」がある。ここには5年、10年先を見据えて想定された課題が整理されており、こうした情報から未来に起こり得る状況について解像度を上げていき、確実性を高めた将来像について具体的な事業・サービス・知財等を検討していくことに活用している。

取組の本論からは若干逸脱するものの、事業本部等の意見として、特許の視点からの情報は、インターネットに溢れる情報とは切り口が異なり、思い付かなかった発想が含まれているといった反応がある。また、1回の調査情報のやり取りに終わらず、提示された情報を基に、事業本部等がどの部分を深掘りしていきたいか、コミュニケーションを図りながらブラッシュアップしていくことが重要といった要望の声も上がっている。

　こうした価値創造の取組を、経済社会の急速な変化に応じつつスピード感を持って進める上では、社外の力を上手に活用すること、言い換えると、オープンイノベーションによりWin-Winな関係を築くことが求められる。その一要素である協業にて生じた発明等の知財の帰属や利活用の条件設定といった契約調整の重要性は、今後ますます高まるものと考えている。知財グループとして、専門能力を生かして社内外の期待に応えられるよう、メンバー個々の、また、組織全体の能力向上も含め、藤本先生に引き続き御助力をいただきつつ、対応していきたい。

　コア価値創造ワーキンググループの取組は、現在、開始から1年半程度であり、試行錯誤を繰り返しながら一歩一歩、進めている。価値創造の意識については、社内においても徐々に浸透はしつつあるというところであり、より具体的にイメージできる事例をロールモデルとして構築する必要があり、事業本部等と日々、意見を交わしながら取り組んでいる。

　さらに、情報開示についても、将来の成果に対する不確実性が残る知財・無形資産の投資活用戦略の基本的な方針や監督の在り方、その進捗について開示・発信すべきことが求められるようになった[9,10]こともあり、知的財産報告書等の見直しを行っている。

　具体的には、価値創造プロセスの中で「知財戦略基本方針」や「知的資本」の位置付けを明確にしたり、前述のコア価値創造ワーキンググループの取組

---

[9] 前掲注5）25頁「戦略の構築・開示・発信の重要性」
[10] 知財投資・活用戦略の有効な開示及びガバナンスに関する検討会「知財・無形資産の投資・活用戦略の開示及びガバナンスに関するガイドライン Ver.2.0」35頁「企業に求められる知財・無形資産の投資・活用戦略の構築・開示・発信」

や知財戦略会議の業務執行体制における役割を明記したりするなど、要請に対応するよう充実させている。今後も引き続き、その形態・媒体も様々に工夫しながら、当社グループの知財活動について、積極的に情報開示をしていきたいと考えている。

9．おわりに

　以上、中国電力株式会社の知財活動の20年の歩みと価値創造の取組を中心としたこれからの活動について紹介した。当社は、電気事業を支える基盤技術を強みとするなかで、信頼性向上と効率化の施策を中心に、重要課題の成果を知財化するとともにその価値の定量的評価を行い、一定の成果を上げてきた。

　しかしながら、最近のカーボンニュートラルに向けた取組やDXによる急激な技術革新の流れのなか、これまで常識とされてきた電気事業の仕組みに関して、新しい視点・発想で前向きに再構築する必要が生じてきている。加えて当社の持続的な成長に向けて、電気事業に次ぐ第二、第三の成長事業を創出していく必要もある。

　当社の知財戦略も、このような環境変化を踏まえ、未来を見据えてバックキャストで構想・検討する「コア価値創造の取組」を推進していくとともに、IPランドスケープ等の手法を活用した調査により、事業における当社の立ち位置を踏まえた戦略的で漏れのない特許出願、契約支援等で、新たな事業・サービスの創出を伴走支援していく機能の一層の強化に取り組んでいく所存である。

企業の知的財産活動と意匠権

コクヨ株式会社 リスクマネジメント本部
法務部 知的財産ユニット ユニット長　黒田 智子

1．はじめに

　知的財産権の保護と活用は、急速に変化する昨今のビジネス環境においてますます重要となっている。本稿では、企業の知的財産活動、特に意匠権に焦点を当て、企業活動に与える影響や戦略的利用について考察する。

2．企業の知的財産活動と経営
（1）知的財産部門の機能と役割

　企業は新しい商品やサービスを開発する活動において新しい発見（発明）や創作活動がなされると特許出願や意匠出願を行い、独占排他権である知的財産権（特許権や意匠権）を取得する。また、商品やサービスの名称においても他社品との差別化を図るべく商標出願を行い、商標権を取得する。これらの特許権（実用新案権）、意匠権、商標権を合わせて産業財産権といい、著作権や地理的表示を加えたものを総称して知的財産権という。

　従前の企業の知的財産部門は、研究開発部門が完成した発明や創作等を適法に権利化し、商品やサービスの差別化、ブランドイメージの向上や競争優位性の確立に資する活動が求められていたが、近年は、経済産業省と特許庁のデザイン経営宣言（2018年[1]）、コーポレートガバナンス・コードの改訂（2021年[2]）が提示され、知的財産権（特に産業財産権）の権利構築のみならず、知的資産という広い枠組みで経営に資する活動が求められてきている。

---

[1] 特許庁デザイン経営サイト
https://www.jpo.go.jp/introduction/soshiki/design_keiei.html
[2] 改訂コーポレートガバナンス・コードの公表
https://www.jpx.co.jp/news/1020/20210611-01.html

（2）イノベーション創出と知的財産活動

　このような政府の方針は、イノベーションは技術に限らず、サービスやデザインといったいわゆるソフト面でも企業価値を一層高める可能性があることを示唆し、日本企業は従前の技術中心の目線だけでなく、サービスやデザイン目線での企業活動や知的財産活動にも期待値があると解釈できると考えられる。日本企業は技術起点のメーカーが中心となって産業を牽引してきているが、今後は技術起点メーカーだけでなく、サービスやデザイン力も含めた総力で日本経済を牽引する企業により、一層の成長が期待される。

　ここで重要なことは、企業ごとに強み分野は異なることから、各企業は自社の強み分野を見いだし、かつ、その強みを独占排他権である産業財産権で保護することである。このような独占排他権を利用した取組が実現できれば企業の成長に拍車を掛けられる。

　日本企業の知的財産部門においては、知的財産権の構築を念頭に置いた活動が多く、マーケティング視点や投資家視点の活動はまだ控え目な企業が多いのではなかろうか。著者が所属する企業であるコクヨ株式会社（以下、「当社」という。）も例外ではない。

　しかし、近年、特許庁が中心となりIPランドスケープ活動について積極的に発信や施策が実施され[3]、企業の知財部門も事業部や経営層の活動に貢献できるよう、事業を推進する上で必要なマーケティングや投資視点を持つことが求められている。つまり、経営層や事業部側とのコミュニケーションを深め、経営視点に立った知財戦略の立案や提案ができることがあるべき姿の一つと考えられる。

※IPランドスケープとは、「経営戦略又は事業戦略の立案に際し、①経営・事業情報に知財情報を組み込んだ分析を実施し、②その結果（現状の俯瞰・将来展望等）を経営者・事業責任者と共有することをいう[3]。

---

[3] 特許庁「経営戦略に資する知財情報分析・活用に関する調査研究」について
https://www.jpo.go.jp/support/general/chizai-jobobunseki-report.html

また、「デザイン経営」も企業に求められている考え方である。商品のデザインに強みを持つ企業だけでなく、これからデザインにも焦点を当てたい企業は経営陣、事業部（開発部門）と知財部門において「デザイン経営」の考え方を共有することが期待されている。
※デザイン経営とは、デザインの力をブランドの構築やイノベーションの創出に活用する経営手法である。その本質は、人（ユーザー）を中心に考えることで、根本的な課題を発見し、これまでの発想にとらわれない、それでいて実現可能な解決策を、柔軟に反復・改善を繰り返しながら生み出すことをいう[1]。

　デザイン経営は、端的に表現するとブランド力に貢献するデザインとイノベーション（技術力）に貢献するデザインの掛け合わせで企業の競争力向上を図ろうとする活動と理解できる。ブランドと技術力の両方を持ち合わせている企業は、その事業にデザイン観点を付与することで一層飛躍することが期待できる。また、ブランド力もイノベーション力もどちらも（どちらか）が乏しい場合、デザインを力点として企業の競争力をてこ入れできる可能性を包含していると考えられる。

　自社の強みがどこにあるのか、その強みをどのように伸ばしていくかということは、事業における持続可能な競争優位性のポイントを抽出することになる。そのような活動を知財部門が中心になり経営層や事業部を巻き込んで議論し、発展させることができれば、企業における知財部門の地位も向上することが見込まれる。

　当社においては、IPランドスケープ活動やデザイン経営については、知財部門の方針として念頭に置いているものの、全社的な取組に発展させるには至っていない。そのような中、当社の強みを知的財産権の観点から探るべく当社の知的財産権の件数を俯瞰したところ、意匠権の年間取得件数は企業規模に比してかなり多い。このような事実は当社の強みの一つになると考えられ、意匠権（若しくは意匠権を取得できずとも社内で創作されたデザイン）の活用が当社の成長起点に資するとも考えられる。

日本における当社の意匠出願の位置付けをみると、日本の2022年意匠権登録数は2万9540件であり、当社は234件である（なお、日本における意匠出願人ランキングでは2位であった。）。意匠出願のランキングは外部環境にも左右されるが、当社はデザインを価値の柱として商品を開発しており、その成果が意匠出願の件数にも反映されていると考えている。次の章では、当社の強みの一つであるデザインを保護する意匠権を企業の知的財産活動においてどのように企業価値につなげられるかについて検討する。

3．意匠権の活用
（1）意匠権の種類と活用方法
　意匠権とは、物及び建築物、画像などのデザインに対して与えられる独占排他権である。意匠権といえば、「特許権よりも権利の外縁が曖昧で、少しでも外観が異なれば権利範囲から外れるから活用の余地が狭い」といったイメージがあるのではなかろうか。日本の意匠法では、関連意匠制度、秘密意匠制度及び部分意匠制度が導入されており、それらの制度を自社事業の特性に沿って上手に組み合わせることで、競争優位性を構築できると考えられる。また、最近では、模倣品が多く出回りやすい中国でも部分意匠制度が導入された（2021年6月1日施行、第4次改正特許法）。

　意匠権を取得することで、効率的に模倣品を排除し、自社デザイン（及びブランド）の保護が図りやすいと考えられる。なぜならば、意匠権は、技術的な専門知識がなくても権利の内容把握が容易であり、海外での模倣品対策やECサイトにおける模倣品サイトの削除申請（テイクダウン）がスムーズに進められることが多いからである。

（2）意匠権を利用した効果的な模倣品対策の流れ
　模倣品対策は、自社商品のブランド保護の観点から、模倣品が市場に出回る前に差し止めることが重要になる。特に中国は、世界の工場といわれるほど生産工場が多く存在し、一方で残念ながら模倣品を製造する工場も多い。

模倣品が工場から物流に乗ってしまうと模倣品が中国だけでなく世界中に広がってしまう可能性があるため、できるだけ生産工場（若しくはできるだけ工場に近い流通機関）で模倣品を差し止めることが求められる。
　模倣品対策の第一歩としては模倣品が出回っていないか情報を収集することから始まる。以前は実店舗や卸売業者で模倣品が販売されているところを自社社員が発見することが多かったが、近年は販売手法が実店舗での販売だけでなく電子商取引（EC：Electronic Commerce）の占める割合が多くなってきた。

（3）模倣品対策の具体的な手法の事例
　このような環境の変化からECサイトを監視することも模倣品対策の手法として重要になってきている。また、模倣品が出回ったあとの実店舗やECサイト上で模倣品の監視をするだけでなく、工場から出荷する前に模倣品の流通を抑えられると効率的に対策ができると考えられる。
　以下では、当社における模倣品対策の事例を紹介したい。

（4）国際的な展示会での模倣品対策事例
　例えば中国では広東省広州市において年に数回、中国国際家具展（CIFF Guangzhou）という国際的な展示会が開催される。同展示会では中国だけでなく各国の生産メーカー（工場）が様々な産業領域における物品の生産物を展示し、生産技術や生産力をアピールしているが、こうした場では、多くの模倣品が出回ってしまうことも事実である。工場側も模倣品を流通させるために積極的な営業活動を展開している。
　当社は国内外においてECサイト上の模倣品を監視し、現地社員に対して実店舗で模倣品の発見を働きかけるだけでなく、知財担当者がこうした国際展示会をはじめ、実際に生産者が模倣品を売り込んでいる現場にも出向き、模倣品企業と直接対峙することが模倣品対策として重要であると位置付けており、この活動を遂行している。

模倣品が販売されている現場に赴くことで効率的に模倣品を排除できるだけでなく、その後の知的財産権の構築の戦略と権利の作り込みへの熱量が変わってくるように思える。

（5）ECサイトにおける模倣品対策事例

ECサイトにおける監視は、各国の主要なサイト（アマゾン、アリババ等）において、ブランド名や機能などのキーワード検索や画像検索を継続的に行うことが主な活動になる。ECサイトにもはやり廃りがあり、各国の現地社員（若しくは現地代理人）と密にコミュニケーションを図り、購入者がよく利用しているECサイトを監視する必要がある。

また、模倣品が出回るタイミングは予測不可能であり、一時的に同じ模倣品が大量に出回ったり、しばらく模倣品が出品されない時期があったりと模倣品が出回る量に波があることが多い。そのため、模倣品の監視活動は、地道に継続的に行う必要がある。

次に、模倣品を発見した場合はその生産者若しくは販売元の販売活動を差し止める必要がある。実店舗で発見した場合、模倣品の生産元を突き止めるのは困難なケースが多く、バーコード表記から生産者を検索したり、店舗の従業員から卸業者を聞き出して生産業者を突き止めたりと手間がかかることが多い。

一方、国際的な展示会やECサイトで模倣品を発見した場合、展示会であれば事務局、ECサイトであれば運営会社（以下、「事務局等」という。）に模倣品の削除を申請することになる。ここで、模倣品が商品名やブランド名をまねているといった商標権を侵害している行為に対しては、事務局等が模倣品業者と権利者の間に入り、適切に対応してくれることが多い。商標権を侵害する模倣品はおおむねブランドロゴや文字列をそのまま表記しているケースが多く、模倣品が商標権の権利範囲に属するかどうかの判断に疑義が生じることが少ないからである。

（6）模倣品対策における意匠権の活用

　その国や地域でそのブランド名や商品名の認知度やブランド力が高い場合、模倣品の製造販売者は、そのブランド名などを商品（又はWEBサイトや広告）等に付して製造販売する商標権侵害を構成する行為を行うため、ECサイト等の事務局に商標権侵害の申立て、行政措置、水際対策や侵害訴訟を提訴することができる。

　しかし、ブランド名などの認知度が余り高くない場合であってもデザイン性や機能性に一定の魅力があると模倣品の製造販売者はブランド名などを付さずに模倣品を製造する。

　このように巧妙に商品の顧客吸引力を利用し、知的財産権を侵害する模倣品メーカーは後を絶たないが、ブランド名等を付さない模倣品対策において、意匠権は使い勝手が良い知的財産権といえる。特に商品の機能が外観に表面化している場合は特許権だけでなく、意匠権も取得しておくことで多面的に商品を模倣品から守ることができる。

　商品の機能面の保護を図るには特許権が有効な場合が多いが、権利を行使する際に判断が難しいことを理由に手続がスムーズに進まないケースが多い。例えばECサイトや展示会で出品されている模倣品は、権利者からみると模倣品が特許権の権利範囲に属していると確信できたとしても、権利の属否判断に専門的な知識を要することもあり、事務局等では判断が難しいという理由で受け付けてもらえないケースもある。

　一方、意匠権の権利範囲は公報の図面に記載されたとおり（若しくはその類似範囲）であり、専門的な知識を有していない場合でも模倣品の属否判断はおおむね可能である。そのため、ECサイトや展示会で模倣品を発見した際、事務局等に申し出ることで速やかに模倣品の生産メーカーによる販売活動を阻止できるだけでなく、行政措置の場面でも当局が速やかに要否を判断してくれるケースが多い。

　意匠権は、商品のデザイン面を保護する機能だけではなく、権利行使の際も手続を進めやすいというメリットがある。

4．意匠権を取り巻く環境
（1）令和元年改正意匠法で導入された新しい意匠権の活用
　　　―内装の意匠を中心に―

　令和元年改正意匠法（以下、「改正意匠法」という。）から、画像の意匠、建築物の意匠及び内装の意匠も保護対象に含まれるようになった。登録件数は、画像の意匠が3309件、建築物の意匠が929件、内装の意匠が604件であり、画像の意匠の権利数が多い（特許庁「令和元年意匠法改正特設サイト」[4]より〈2023年11月9日更新〉）。

　画像の意匠は、機器の操作画面等が対象になるため、昨今の電子機器の普及に鑑みると産業分野を問わず意匠権として保護したいメーカーが積極的に権利取得をしていることがうかがえる。

　一方、建築物及び内装の意匠権については、建物や居住空間に関わる産業の企業が中心に活用すると考えられ、画像の意匠権と比較すると少ない印象がある。本稿では、当社の主事業の一つであるオフィス家具と関わりが深い内装の意匠について出願傾向等を紹介する。

① 内装の意匠
　内装の意匠とは、家具や什器(じゅうき)などの複数の構品等から構成されるもので、一意匠一出願（意匠法7条）の例外である。

　各構成物品等の組合せ方や配置を含めた内装全体としての美感を保護の対象とするべく、内装を構成する物品、建築物又は画像に係る意匠が内装全体として統一的な美感を起こさせるときに限り、一意匠として出願をし、意匠登録を受けることができる。

　内装の外観が保護対象であるため、施設の内部に該当すること、図面等においては、施設の内部であることを示す床、壁、天井のいずれか一つ以上が開示されている必要がある（意匠審査基準より一部抜粋）。

---

[4] https://www.jpo.go.jp/system/design/gaiyo/seidogaiyo/isyou_kaisei_2019.html

② 内装の意匠の出願傾向

　改正意匠法に基づく内装の意匠の登録第1号は、カルチュア・コンビニエンス・クラブ株式会社（以下、「CCC」という。）が出願した蔦屋書店の内装であった（意匠登録第1671152号「書店の内装」）。天井までの高さがある書架に囲まれたロングテーブルのある内装の意匠と、CCCが「本の小部屋」と呼ぶ、書架で囲まれた小部屋が連続する空間の意匠が登録の対象となった（CCCプレスリリースより）。

　同社は同時期に他の内装についても出願をしており、複数の内装の意匠権を取得することで、CCCの目指す空間の世界観を保護しようとする姿勢が推察される。

　内装の意匠の出願件数は法改正直後3か月の出願数が約100件程度と一番多く、その後は波があるが60〜100件（四半期ごと）の出願がある[5]。意匠審査基準では、複数の事例が記載されていたものの、具体的に自社が出願しようとする対象において新規性や進歩性がどのような基準で判断されるのかは未知数であった。改正後は、各社出願をしつつも他社動向を見ながら自社の内装の意匠の戦略を練っていると考えられる。

③ 内装の意匠の登録対象と活用方法の可能性

　内装の意匠といっても、出願対象は店舗、オフィス、居住空間又はその一部と様々である。例えば内装の意匠において登録第1号となったCCC出願の蔦屋書店の内装の意匠は、店舗の「全体の内装」のデザインが意匠権の登録対象となっている。内装の意匠の登録事例においては、このような店舗やオフィスのエリア全体を意匠権の保護対象とした「全体の内装」のタイプと家具の配置と建物の一部を組み合わせた「エリアの一部と家具等の配置の組合せ」のタイプといった分類ができると考えられる。

---

[5] 最近の意匠制度を巡る動向と施策の紹介
https://www.wipo.int/edocs/mdocs/mdocs/ja/wipo_webinar_wjo_2023_12/wipo_webinar_wjo_2023_12_1.pdf

現在の登録事例においては、店舗やオフィスの「全体の内装」のデザインの意匠権を取得している出願人は、実店舗の特徴をビジネスに活用したいBtoCの企業が多いように見受けられる。店舗の全体の内容を複数登録し、店舗の全体的な雰囲気の保護を図っているとも考えられる。

また、「エリアの一部と家具等の配置の組合せ」のタイプの意匠権を取得している出願人は建築メーカー、建築物の内装メーカーや家具メーカーが多い。構成物品の個別のデザインだけでなく、その組合せや配置を特徴付けることで、構成物品の使い勝手の良さ、構成物品を個別に使用するだけでなく、セットで使用することにより体現できる世界観を保護し、競争優位性を維持することを目指していると考えられる。

（2）IT環境の深化と意匠権

メタバースは、インターネット上の仮想空間であり、利用者はアバターを操作して他者と交流するほか、仮想空間上での商品購入等の試験的なサービスも行われている。総務省の報告書では、メタバースの世界市場は2021年に4兆2640億円であったものが2030年には78兆8705億円まで拡大すると予想されている[6]。今後、メタバースはエンターテインメントの分野だけでなく小売や教育等の様々な領域に拡張されると考えられる。一方、メタバースは近年、著しく発展してきた分野であり、知的財産分野における法整備が万全であるとはいえない。そこでメタバース、法整備と意匠権について検討する。

① メタバースと法整備

企業においてはメタバースの領域拡大を見据え、既に数々の活用事例が見受けられる。例えば日産自動車株式会社では新型軽電気自動車「日産サクラ」のお披露目会をVR（Virtual Reality）メタバース上で開催した[7]。

---

[6] 総務省 情報通信白書令和4年版
https://www.soumu.go.jp/johotsusintokei/whitepaper/ja/r04/html/nd236a00.html
[7] 日産自動車株式会社サイト
https://global.nissannews.com/ja-JP/releases/220520-03-j

米国スポーツ用品大手の Nike, Inc. は、メタバース空間（Roblox）に「NIKELAND」を設置し、Nike ファンが集い、多様なアリーナで様々なミニゲームで遊ぶことや、アバターにナイキシューズを装備させておしゃれを楽しむこともできる[8]。また、Nike, Inc. はデジタル商品を販売しており、例えば RTFKT x Nike Dunk Genesis CRYPTOKICKS は販売価格が1万5000ドル程度であり、デジタル商品の価格が高額であることでも注目された（現在は販売終了）。このようにメタバース上での企業の活動は活発になりつつある中、一方で法整備は完全とはいえない。

　メタバース上のアバター（ユーザー）が実世界に存在する第三者の知的財産権に係る商品をメタバース上に作成し、販売した場合、当該アバターの行為は権利の実施に該当するかどうかの判断は、まだ不明確である。

　米国では Mason Rothschild（ロスチャイルド）氏がメタバース上で販売していた NFT（Non-Fungible Token、主にイーサリアム〈ETH〉のブロックチェーン上で構築できる代替不可能なトークン）によるバッグ「Metabirkin」に対して、Hermes International and Hermes of Paris（エルメス社）が革製バッグで著名な「Birkin」の商標権侵害等を構成するとして、エルメス社がロスチャイルド氏を提訴した。結果、陪審員はエルメス社の主張を認めるとともに、ロスチャイルド氏の行為は計13万3000ドルの損害賠償に値すると認定した。提訴した時点では、エルメス社は実世界にある商品に基づく指定商品・役務の区分において商標権を取得しており、この実在する商品に関する指定商品区分の商標権を根拠として提訴している。

　当該訴訟では、実在する商品を対象とする商標権等が NFT の分野における侵害にも及ぶことを認めており、その点でブランド品を販売する企業にとっては安堵する判断であった。しかし、NFT やメタバースといった分野における知的財産権侵害の事例は今後、蓄積されると予想され、司法判断の予測は難しい。

---

[8] Nike, Inc. サイト　https://www.nike.com/jp/en/kids/nikeland-roblox

日本においてもメタバースと法整備について、政策会議にて「メタバース上のコンテンツ等をめぐる新たな法的課題への対応に関する官民連携会議」が設置され、論点整理及び検討が進められている[9]。

メタバースをビジネス展開する企業をはじめ、発明者や創作者において動向を注視すべき課題である。

② メタバースと意匠権

このように法整備が万全といえない中、先進的にメタバースの発展を見越して意匠権を取得している企業も見受けられる。例えば日本では、株式会社NTTドコモが画像に係る意匠「仮想空間用情報表示用画像」を出願し、登録されている（意匠登録第1749605号）。また、メタバースの中での店舗で使用することを想定した「デジタルショールーム用案内表示画像」がDMG森精機株式会社により出願されている（意匠登録第1711077号）。いずれも画像に係る意匠登録であり、意匠の名称や意匠に係る物品の説明で使用態様を詳細に記載し、メタバースにおけるデザインの保護を求めていることが推察される。

海外においても仮想空間でのオブジェクトとした意匠権が登録されている。例えば前出のNike, Inc.がバーチャル商品の意匠権を取得している（意匠の名称：Display screen with virtual three-dimensionalshoe or display system with virtual three dimensional shoe, US D975724 S1）。

また、北欧デザインで日本でも人気がある花柄が有名なMarimekko Oyjも代表的な花のオブジェクトについて意匠権を取得している（意匠の名称：3D flowers for use in virtualenvironments, Graphic layouts for use in virtual environments, 3D flowers for use in virtualenvironments, Graphic layouts for use in virtual environments）。

このように企業としては自社の知的財産権の防衛のため法整備を待つことなく、広くかつ戦略的に権利取得を試みるべきといえる。

---

[9] メタバース上のコンテンツ等をめぐる新たな法的課題への対応に関する官民連携会議
https://www.kantei.go.jp/jp/singi/titeki2/kanmin_renkei/index.html

5．意匠権を含めた知財 MIX 活動
（1）知財 MIX 視点の知的財産

　知財（知的財産）MIX とは、一般的にはある商品・役務を複数種類の知的財産権（特許権、実用新案権、意匠権、商標権等）で多面的に保護することをいう。知的財産権は商品・役務の特徴に対する独占排他権であり、特許権はその商品の技術面、意匠権はその商品の外観デザイン、商標権はその商品・役務の名称やロゴに化体した業務上の信用に対して与えられる。それぞれ性質が異なるため、1つの商品に複数種類の知的財産権を獲得することで、各方面から相互に補完しながら保護を図ることができる。

　特に特許権や意匠権は存続期間があるため独占排他権を行使できる期間には限りがあるが、意匠権で保護されているデザインを長期間にわたり実施することで、識別力を獲得することができれば、商標権のうち立体的な形状に対して付与される立体商標に係る商標権を取得できる。つまり、半永久的に外観デザインについて独占排他権を取得できることになる。

　また、外観デザインが機能的な役割も担っている場合は立体商標権を取得することで特許権や意匠権の適用範囲に対しても半永久的に独占排他権を有することができる。

　知財 MIX で多面的に知的財産権を取得しておくことで、将来、その商品がロングセラー商品に育った場合であっても特許権等の存続期間満了に伴う影響を被ることなく、半永久的に模倣品から守ることができ、企業の利益につなげることができる。

（2）当社の事例紹介

　知財 MIX を活用した当社の事例として「カドケシ」が挙げられる。
　「カドケシ」は、消しやすいカドがたくさんある消しゴムとして2003年より販売されている。10個のキューブが重なり合ったユニークなデザインであり、1つのカドがなくなってきたら、別のカドが現れ、何度でも新しいカドで消す快感を味わえる機能を有している。

※著者撮影

立体商標登録第 5444010 号

　この「カドケシ」においては知財 MIX の取組を行い、多面的に商品の特徴を他社の模倣から保護している。具体的に紹介すると複数の立方体でカドがたくさんあるという技術的特徴について特許権（特許第4304926号）、外観デザインについて意匠権（意匠登録第1191186号）、「KADOKESHI カドケシ」という名称と立体的なデザインそのものについて商標権（商標第4684894号、第5445410号）が存在する。

　消しゴム「カドケシ」は販売開始から20年が経過した現在（2023年12月現在）も販売中であり、当社を代表するロングセラー商品である。販売開始当初は特許権や意匠権といった存続期間を有する知的財産権で守りつつ、外観において識別力を獲得する頃に速やかに立体商標権を取得することで、半永久的な知的財産権を取得することがロングセラー商品を育てる効果的な手法であると考えられる。

（3）他社の事例紹介

　知財 MIX を取り入れ、多面的な知的財産権で商品を保護している事例は多数存在する。例えば GROOVE X 株式会社が開発、製造、販売する家族型ロボット「LOVOT（らぼっと）」は、日本だけでなくグローバルに特許権、意匠権及び商標権を取得している。特に商品の外観は従来のロボットにない愛らしさを備えており、その外観デザインの特徴を保護するために多面的に意匠権を取得していることがうかがえる。

ほかにも、富士通株式会社は知財ミックス戦略を推進し、イノベーションのインパクトを高め、安心、快適、豊かさといった社会価値の創出を掲げている[10]。

具体的には、音知覚商品「Ontenna」は、音を振動と光の強さに変換し、音の特徴を身体で感じる装置であり、ユーザーが髪の毛や服の袖口などにヘアピンのように装着することができる。特許権、意匠権及び商標権を取得しており、特に意匠権においては装置そのものの外観デザインだけでなく、充電器やコントローラといった周辺機器も意匠権を取得し、商品デザインの世界観を包括的に保護していると推察される。

6. むすび

企業における知的財産活動においては、技術面は特許法、商品・役務名については商標法に基づき適切に独占排他権を取得することが多い。

しかし、技術でもブランド(ネーミング)でもない外観デザインが商品の価値を左右することも多くなり、意匠権の活用の場面は広がると考えられる。

日本は世界有数の技術立国ではあるが、デザインと技術を掛け合わせることで今までにない価値を発信する企業が出現する余地があると考えられる。今後、企業の知的財産活動において一層の意匠権の活用が期待される。

7. おわりに

最後に、本稿を作成するに当たり御協力いただきましたNGB株式会社の垣本敦子様、当社の知的財産活動に御助言いただいております弁理士法人藤本パートナーズ会長の藤本昇先生及び皆さま、及び当社の知財部門のメンバーに感謝申し上げます。

---

[10] 富士通株式会社ブランドサイト
https://www.fujitsu.com/jp/about/businesspolicy/tech/intellectualproperty/brand/

現場から見た産学連携における知財をめぐる課題

神戸大学 未来医工学研究開発センター 特命教授 弁理士　富畑 賢司

1. はじめに

　著者は、企業の研究開発部門において医療機器の研究開発、クラスⅣ医療機器2製品の上市、及び再生医療分野の研究開発に関わって約18年、知的財産部門において約7年の知財実務を行ってきた。

　この間、ほとんどの時期において大学との共同研究を行い、特許の共同出願も行ってきた。その後、国立大学法人、国立研究開発法人等で産学連携に関する業務に携わり、知財教育も担当してきた。すなわち、産（企業）学（大学）官（国の機関）と全ての視点から産学連携活動に関わってきた。

　本稿は、著者がこれまでに産学連携に関する業務を行う中で感じたことからまとめたものであり、課題やその解決に向けての私的な提案も記述した。したがって、学術的な論説ではなく、個人の経験に基づく散文となることを御容赦いただきたい。

　なお、浅学非才な著者が記述するものであり、論説中で示す法的根拠などについて誤りがあるかもしれないが、仮にそのような点があれば御指導いただきたい。

2. アカデミアとは
（1）法律に基づく設置

　産学連携に関わるアカデミアとは、大学のみならず高等専門学校（高専）、高等学校等も対象になるが、本稿においては著者が経験してきた大学、特に国立大学法人と、国立研究開発法人を「アカデミア」と称して話を進めることとする。

まず、「学校」とは学校教育法[1] 2条1項に規定されており、「大学」は同法83条に規定されている。大学のうち「国立大学」は国立大学法人法[2]により規定された独立した法人である。国立研究開発法人とは独立行政法人の一種であり、独立行政法人通則法[3]に規定された機関であって、省庁が所管する研究開発を主たる事業とする国立研究開発法人が設置されている。

（2）業務内容

国立大学法人の業務は国立大学法人法22条1項に規定されており、教育・研究が主たる業務になっている。すなわち、学生に対する教育、学会発表や論文発表による研究成果の公開により、法人の責務を果たしているといえる。国立大学の場合、一定の要件で「収益事業」を行うことができるとされているが、飽くまでも国立大学法人法に規定された業務の中で行えるもの[4]である。国立研究開発法人も各法人設立に関する法律に明記された業務を行うこととなり、国立大学法人とは少し異なり研究・開発が中心となる。

近年、科学技術・イノベーション基本法[5]、科学技術・イノベーション創出の活性化に関する法律[6]により、国立大学法人や研究開発法人も企業と連携してイノベーション創出を担うことが明確化された。それに伴って国立大学法人の業務範囲に研究成果の普及及び活用の促進[7]が付け加えられた。

さらに、国立大学法人の中でも指定国立大学法人[8]については、大学の研究開発成果を社会実装するためのいわゆる大学発ベンチャーに出資することができるようになり、従前の国立大学ではできなかった研究成果の事業化にも関与することができるようになっている。

---

[1] 学校教育法（昭和22年法律第26号）
[2] 国立大学法人法（平成15年法律第112号）
[3] 独立行政法人通則法（平成11年法律第103号）
[4] 国立大学法人の業務運営に関するFAQ（https://www.mext.go.jp/content/1422021_007.pdf）；Q19「国立大学法人は収益を伴う事業は行えないのか」に対するA19
[5] 科学技術・イノベーション基本法（平成7年法律第130号）
[6] 科学技術・イノベーション創出の活性化に関する法律（平成20年法律第63号）
[7] 国立大学法人法22条1項
[8] 国立大学法人法34条の4

国立研究開発法人についても、一部の法人については研究成果を基にして設立されたベンチャー企業への金銭出資も可能[9]になっている。

このように、国立大学法人や国立研究開発法人の事業内容が変わってきているものの、アカデミアが自ら製品の生産や販売などを行うことはない。ここが一般的な企業活動とは大きく異なる点である。そのため、知財に関する考え方も企業とは異なるものである。

（3）組織の特徴

企業の場合には経営方針があり、その下に事業戦略、知財戦略などが策定されて研究開発テーマも決まる。技術範囲やロードマップも明確であり、知財の方針も明確になっている。知財の担当者も事業やテーマごとに固定され、ある程度長い期間担当することが多く、チームとして知財活動を行うため、組織としての継続性がある。

一方、アカデミアは研究者個人の集合体であり、言わば個人商店が集まった商店街のようなものである。そのために研究開発テーマの技術範囲は広範で、企業のように幾つかのグループに分けることもできない。研究テーマは個性的であることが重要であって、企業のように組織で統一された目標に向かって設定されるものでもない。各研究者の研究テーマに合った知財方針を立てることが必要になる。

3．アカデミアと知財
（1）特許

アカデミアにおける知財活動といえば、研究成果である発明を特許として権利化することが中心になる。しかしながら、企業活動の成果としての特許とは大きく異なる点がある。

---

[9] 科学技術・イノベーション創出の活性化に関する法律施行令（平成20年政令第314号）7条の2　別表第二

まず、アカデミアは自ら事業を実施する主体とはなり得ないこと、また、教育・研究の機関であることから、企業のように組織的な研究開発戦略というものもない。したがって、研究開発の成果である発明についても、将来の実用化に向けて計画的に出願することも難しい。

企業活動においては最終的な製品やサービスについて具体的な計画があり、事業化に向けて知財調査を行って必要となる知財（特許）の範囲を決め、研究開発の成果を権利化していく。一方、アカデミアでは前述のように実用化を想定した知財戦略がないために、権利範囲などを十分に検討することができず、散発的な特許出願になりがちである。これが「アカデミア発の特許は使えない」と企業側から評価されてしまうゆえんでもある。

アカデミアにおいては、基礎的な発明を広い権利範囲で取得し、企業にライセンスして経済的利益を得ることを理想的とするが、実際にはそのような基礎的な研究ばかりをしているわけではない。むしろ、アカデミアにおいても応用分野の研究開発テーマが多いのが実情である。応用分野の技術に関しては企業の研究開発が進んでいることも多く、また、アカデミアが権利化しても企業はその権利範囲を避けて技術開発することを優先するであろう。

やはり、一部の基礎的研究分野を除いてはオープンイノベーションの実践として、アカデミアと企業による産学連携が重要になる。そのときに重要なのはどちらか一方が有利な立場を取ろうとするのではなく、正に「連携」であって、双方が Win-Win の関係になることが肝要である。

後述する「不実施補償」などの問題があるが、世界の中でも地位が低下している我が国の状況に鑑みれば、産と学が手を携えて技術開発を行い、その結果として得られるインセンティブについては互いに分け合うという関係を構築することが重要である。

（2）意匠

これまで、アカデミアにおいて意匠権を活用するということは余り考えられてこなかったように思われる。理由としては、国立大学等の法人化以降に

企業の知財部門出身者の中でも特許分野の専門家がアカデミアの知財活動に携わるようになったことが多かったためであろう。特に大企業の知財部門においては業務が細分化されており、特許以外の知財権に関与したことがないという人材も多かったためであろうと推測される。

しかしながら、外観に特徴のある「モノ」であるならば、特許だけでなく意匠権による保護も十分に有用である。著者らは、これまでに医療・ヘルスケア分野のモノづくり、コトづくりを目的として「医看工芸連携」[10]という活動を行っている。医看工芸連携活動において、コンセプト作りの段階からデザイナーがメンバーとして加わり、「モノ」「コト」を創作していく。その結果として、外観に特徴があるアイデアが生まれることも多く、このような活動の成果については意匠権を活用することが期待される。

(3) 商標

アカデミア、特に大学ではブランド戦略の一環として商標の活用が求められている。従来、アカデミアに関する標章についても商標登録をすることは可能[11]であったが、第三者への通常使用権の許諾はできない[12]ことになっており、活用については慎重に対応しなければならなかった。

この規定が令和元年の法改正[13]により削除され、アカデミアも登録商標を積極的に第三者にライセンスすることが可能になり、大学等のブランド力向上に商標の積極的な活用が期待される。

産学連携の成果について社会実装を図る際に、大学名、校章、ロゴマークなどの標章を表示・活用して、研究成果等にアカデミアの関与があることを推察させて「大学ブランド」を顕在化させることも可能[14]である。

---

[10] 「医看工芸連携プロジェクト」https://www.ikankogei.org/
[11] 商標法4条2項
[12] 改正前の商標法31条1項ただし書では「ただし、第4条第2項に規定する商標登録出願に係る商標権については、この限りでない」と規定されていた。
[13] 「公益著名商標に係る通常使用権の許諾が可能となります」特許庁ウェブサイト https://www.jpo.go.jp/system/trademark/gaiyo/seidogaiyo/koeki_chomei.html
[14] 三菱化学テクノリサーチ「大学ブランドを活用した産学連携成果の普及に関する研究報告書」(平成25年2月) 平成24年度特許庁大学知財研究推進事業

近年では、大学の業務外への商標の活用も進められるとともに、大学の名称そのものについての商標登録に関して裁判になった例もあり、アカデミアがブランドを活用することが重要視[15]されている。

(4) 著作権

産学連携において企業化につながるものとして、コンピュータプログラム、アプリ開発がある。

共同研究契約に基づいてプログラムやアプリを開発した場合、これらを成果物として企業側に渡してしまい、その利用について別途利用契約を締結していないこともある。研究者側に「製品」としての認識がない場合に、このようなことが起こり得る。また、具体的な「モノ」のやり取りがない無体物であることから産学連携担当者も認識しづらく、ライセンス契約などを締結できていない例がある。

研究者に対して「著作権＝芸術」という認識を大きく転換してもらうことが必要である。

(5) 研究開発成果、ノウハウ

研究開発成果については「研究開発成果の取扱いに関する検討会」で議論されて報告書[16]が出され、取扱いについてガイドライン[17]が示されている。

ガイドラインによれば、以下のようになっている。

① 研究開発の際に創作又は取得されたものであって研究開発の目的を達成したことを示すもの
② 研究開発の際に創作又は取得されたものであって①を得るのに利用されるもの

---

[15] 中川勝吾ほか「大学業務に着目した商標出願スキームの検討」(「パテント」75巻2号82-89頁[2022])
[16] 文部科学省 研究開発成果の取扱いに関する検討会「研究開発成果の取扱いに関する検討会報告書」(2002年5月20日)
[17] 文部科学省「研究開発成果としての有体物の取扱いに関するガイドライン」(平成14年7月31日 14振環産第22号)

③ 前記①又は②を創作又は取得するに際して派生して創作又は取得されたもので、学術的・財産的価値その他の価値のある有体物（論文、講演その他の著作物等に関するものを除く。）

具体的には、材料、試料（微生物、新材料、土壌、岩石、植物新品種）、試作品、モデル品などが例示されている。さらに、研究過程の調査などによって得られた学術的価値や財産的価値を有する技術情報や資料なども研究開発成果物に含まれるとする考えもある。

音声や画像、コンピュータプログラムなどの研究成果は、形がないため「有体物」ではないが、それらの情報を記録した電子記録媒体や紙記録媒体は成果物とみなされる。

このような研究開発成果物は、MTA（Material Transfer Agreement）を締結して提供することが重要であるが、知財や財産的価値を十分に理解していない場合もあり、アカデミアが把握していない状況で提供されてしまうこともある。研究開発成果物の定義について、アカデミアにおいては機関によって異なることもあるが、研究者のノウハウを含むこともあり、研究者に対して知的な価値を有していることを十分に認識してもらう必要があろう。

（6）研究データ（特に臨床研究に関するデータ）

研究開発を行っていると様々なデータが得られる。企業との共同研究においてこれらのデータは、共同研究の費用に含まれているものとして、別途費用を徴収することなく企業側に提供されることがほとんどである。しかしながら、受託研究、共同研究の費用は研究を実施するための必要経費であって、研究成果としてのデータには別の価値があるとする考え方もある。

そもそも、研究計画段階では有用なデータが得られるか否かは不明であり、研究費を提供した企業側としてもアカデミアのリソースで研究を進めることによって研究の成否を見極められるというメリットがある。また、研究成果を知財化（特許出願など）する場合に、研究成果としてのデータは必要不可欠なものであり、権利化に有益なデータはそれだけの価値があると考えられる。

特に医療分野での臨床研究や医師主導治験に係るデータについて、従来のように受託研究契約、共同研究契約の費用とは別に、知財の一つとしてデータの対価を要求すべきではないかという議論[18]がある。既に臨床研究や医師主導治験等のデータの利用許諾について規程を制定している大学もある[19]。

医療分野以外でも、今後は共同研究契約、受託研究契約を締結して研究を実施した場合であっても、契約に基づき企業から支払われた費用は、飽くまでも研究を遂行するための必要経費であり、研究成果についての考察と研究データの整理については別の無形の知財であるとして、アカデミアはその対価を求めることを検討する必要もあろう。

4．アカデミアの知財管理
（1）法人化前

アカデミア、特に法人化前の国立大学において発明の取扱いについて職務発明規程等はなく、特別な場合を除いて特許を受ける権利は基本的に発明者である研究者個人に帰属[20]し、その権利化についても個人に任されていた。

したがって、企業との共同研究の成果で発明が生まれた場合、企業が発明者である研究者より特許を受ける権利を譲り受け、出願権利化は企業が単独で行うことが多かった。特許を受ける権利を譲り受ける条件としては一時金の支払で終わることもあり、発明に係る権利が製品の利益に貢献したとしても発明者である研究者が経済的インセンティブを受けることは少なかった。

また、発明者が所属する大学等は出願権利化に関与することもないために組織として権利などの管理は行われず、企業側が利益を得ても組織としての大学等が経済的インセンティブを得ることはなかった。

---

[18] 石埜正穂「臨床試験データの知財的活用を巡る議論」（「産学官連携ジャーナル」14巻2号16-20頁［2018］）
[19] 例えば以下の大学では規程が整備されている。
京都大学（https://www.kyoto-u.ac.jp/uni_int/kitei/reiki_honbun/w002RG00001445.html）
北海道大学（https://www.hokudai.ac.jp/jimuk/reiki/reiki_honbun/u010RG00000930.html）
大阪大学（https://www.osaka-u.ac.jp/kitei/reiki/reiki_honbun/u035RG00000867.html）
[20] 「国立大学等の教官などの発明に係る特許等の取扱いについて」昭和53年3月25日付文学術第117号文部省学術国際局長、大臣官房会計課長通知

（2）法人化後

　国立大学等の法人化以降は、各機関において企業と同様に職務発明規程などが整備[21]され、研究者が発明をした場合には原則として特許を受ける権利は法人に帰属することとなり、出願権利化に当たっても大学が管理することとなった。

　ただし、大学において学生が発明者となる場合にはその取扱いに課題[22]がある。学生は職員ではないために職務発明規程による特許を受ける権利の大学への譲渡をすることができない。対応として、飽くまでも個人の発明者として取り扱うこともできるが、企業との共同出願案件の場合には大学側の知財管理に問題が生ずることから、学生と大学間で契約を締結した上で大学職員と同じ扱いとして職務発明規程で対応することが多いようである。

　国立大学の法人化から約20年を経て、アカデミアの知財管理も定着してきたところである。しかしながら、研究者の知財に関する意識については濃淡があり、学会、論文発表前に発明の出願権利化を考えるなどの基本的なことが検討されていない例もある。

（3）課題

　アカデミアは研究成果を全て特許など知財化する必要はない。特に大学のミッションは教育と研究であり、研究成果を広く公表して公知化することによってもその役割を果たすことができる。知財化するか否かは飽くまでも発明者である研究者が決めることであり、特に大学では研究者個人の研究の自由が尊重されるべきであることから、企業のように「成果は知財化して事業に資する」という方針とは大きく異なる。

　法人としての大学とすれば、知財化して経済的インセンティブが得られるのであれば、全学的な方針としてもよさそうであるが、上述のように研究の自由とのバランスが必要になる。

---

[21] 平成15年度から実施された「大学知的財産本部整備事業」を契機として、国立大学等アカデミアにも職務発明規程が整備されていった。
[22] 影山光太郎「学生の発明と職務発明」（「パテント」60巻9号45-53頁[2007]）

また、アカデミア特有の問題として、発明者である研究者の異動が多いということが挙げられる。研究成果を出願したとしても権利化までには時間がかかり、権利化された頃には発明者が別の機関に異動している、ときには海外に移住していることもあり得る。

各機関の職務発明規程により特許を受ける権利は機関に譲渡されることがほとんどであるものの、権利化、権利維持に費用がかかる半面、ライセンス収入など機関のメリットは余り期待できない実情がある。そのために、発明者である研究者が異動した場合に、知財権を出願時の機関が保有し続けるべきか、移動先の機関に移転すべきか考えなければならない。

5．産学連携における知財権

（1）事業実施しないアカデミアが知財権を保有する意義

企業において知財権は事業実施の安全性を担保するために保有することが目的であり、製品に直接関わっていない権利であっても、他社の参入を排除して市場を守るといういわゆる「防衛特許」として保有する意義もある。

一方、アカデミアは自ら事業実施をすることはなく、基本的に企業等にライセンスして活用するしかない。

国立大学の法人化の後、しばらくは大学等の特許権維持のための年金が免除されていた時期があり[23]、今でも特許などの知財権を保有していても費用が発生しないと考えている人は多い。現在も、一定期間は特許年金の減免などの措置[24]はあるものの、権利化後10年以降は特に軽減措置もなくなり、権利の維持費用も大きくなってくる。

したがって、利用価値のない権利を保有し続けることは、アカデミアにとって経済的負担が大きくなってしまう。

---

[23] 特許庁ウェブサイト「特許料の減免制度」
https://www.jpo.go.jp/system/process/tesuryo/genmen/genmensochi.html
[24] 特許庁ウェブサイト「アカデミックディスカウント（大学等の研究者、大学等）について（2019年4月1日以降に審査請求をした場合）」

（2）アカデミアの知財戦略の難しさ

　前述のとおり、大学等のアカデミアは事業を実施することはなく、企業の事業戦略のようなものがない。また、研究者はそれぞれ独立して研究を行っていることから、組織としての研究戦略もない。

　このような状況で、研究成果、特に発明を特許等知財化するための道筋が見えない。そのために特許出願も散発的になり、その権利範囲も十分に事業化を考えたものにはなっていない。この点については、大学発ベンチャーを起業するような案件から、企業と同じような事業戦略、知財戦略を構築することから始めるのがよいであろう。

（3）出願権利化、維持費用（特に外国出願）

　研究成果を特許出願するためには、当然ながら費用が必要となる。特許庁への費用については一部減免制度があるものの、特許事務所への支払費用などは実費が必要となる。企業にライセンスすることを考えれば外国出願、特に欧米など主要国での権利化は必須であるが、このような状況では大学等の発明を海外で権利化することは費用面からみて事実上不可能である。国内出願については対応できるとしても、外国出願、特に各国移行手続以降の費用は非常に大きく、ほとんどのアカデミアでは費用負担することができない。

　外国出願費用の補助についてはJST等による外国出願費用支援など[25]もあるが採択条件が厳しく、多くの場合は国内出願までで海外での権利化については断念せざるを得ない状況である。

　もっとも、海外でのライセンス可能性について十分に調査すべきではあるものの、各大学等がそれぞれ単独で対応できるだけの人材もいないのが現状である。

　アカデミアの知財を集約して、海外での権利化を行うような特別な機関が必要ではないかと考える。

---

https://www.jpo.go.jp/system/process/tesuryo/genmen/genmen20190401/02_09.html
[25] JST 知財活用支援事業（https://www.jst.go.jp/chizai/pat/p_s_00summary.html）

（4）不実施補償問題

　産学連携の棘(とげ)ともいうべき課題が「不実施補償」をめぐる問題である。そもそも「不実施補償」とは法律的に定義されているものではなく、国立大学の法人化に前後して出てきた概念ではなかろうか。

　平成14年3月29日付で「共同研究契約書及び受託研究契約書の取り扱いについて」という文書が出された。その中で共同研究、受託研究を行うに当たって必要となる契約書の参考例が示された。参考例とされた契約書の19条2項に「甲（大学等）は自己実施をしないことから、別に実施契約で定める実施料を甲に支払わなければならない」と示されており、この文言がいわゆる「不実施補償」として独り歩きしたのではないかと著者は推察する。なお、この文書には「契約の締結に当たっては、内容等について事前に企業等と十分協議し、柔軟に対応するよう留意願います」と明記されていることから、ひな型に記載されたいわゆる「不実施補償」が必須であるとは考えられない。

　しかしながら、本通知が発せられた平成14年は国立大学の法人化前のことであり、大学において契約を十分に検討できる人材がいなかった。そのため、企業との交渉を行わず、ひな型どおりに契約を締結することが多かったのではなかろうか。

　企業としては、共同で保有する知財権、特に特許権については原則として権利者が自由に実施[26]できるものであり、わざわざ契約で共同権利者であるアカデミア（大学）に費用を支払う必要はないと主張する。また、特許権により利益が生じたのであれば経済的インセンティブをアカデミア（大学）と分かち合うことも考え得るが、アカデミア（大学）が考えるように出願、権利化だけでそのようなインセンティブを得られるという考えとは相いれないものである。

　一方、アカデミア（大学）は、企業のように特許発明に係る製品を製造、販売することはできないのであるから、特許権の活用は第三者への実施許諾しかない。

---

[26] 特許法73条2項

しかしながら、共有特許権の実施権を許諾するには、契約で定めがない限り相手方の同意が必要[27]となる。このとき、共有権利者である企業が同意しなければ、アカデミア（大学）は特許権による経済的インセンティブを得ることができない。

そこで、産総研が「不実施補償」という考えを廃し、「独占実施料」として共同権利者である企業から経済的インセンティブを得るという新たな考えを[28]発表した。しかしながら、前述のとおり共有特許権の第三者への実施許諾に当たっては共有権利者の同意が必要であることから、企業側が「非独占実施」を選択した上で、アカデミア（大学）側の実施許諾に同意しなければ事実上の独占的地位を確保できるという問題もある。「不実施補償」については、産と学の双方が「不公平感」を持っているために起こる問題であり、「公平感」という概念が重要であるという意見[29]もある。

6．アカデミアにおける知財情報の活用
（1）研究情報としての知財情報

前述のとおり、アカデミアは独自の研究を行う研究者の集合体であり、企業のように明確な事業分野や製品など、明確な技術内容を把握することが難しい。個々の研究者の学会活動などを調査すれば研究分野等、大雑把な情報は得られるものの、企業が求める研究シーズが存在しているのか否かを知ることは容易ではない。

そこで、研究者の学会発表や論文などを特許情報に置き換えて、企業が求める研究シーズを探す試みもなされている。具体的には、AI技術を用いて学術論文に特許分類IPCを付与し、企業の特許情報と合わせて解析して企業ニーズとのマッチングを高めるという試み[30]である。

---

[27] 特許法73条3項
[28] https://www.aist.go.jp/aist_j/news/pr20141030.html
[29] 寺内伊久郎「不実施補償と公平性を考える」（「産学連携学会大会講演予稿集」233-234頁［2018］）
[30] 開本亮「AIクロスマップによる戦略的産学連携の試み」（「研究技術計画」35巻3号329-338頁［2020］）

このような取組によってアカデミアから発信される論文から特許情報に置き換えることが可能となり、企業もアカデミアの研究内容を技術情報として把握しやすくなる。その結果として、盛んにいわれている企業とアカデミアの「組織対組織」のオープンイノベーションも進むことが期待される。

（2）産学連携と知財情報

著者らは医看工芸連携活動において、医療現場ニーズと企業の技術シーズのマッチングを行うに当たり、特許情報を活用できるのではないかと考え、数年にわたって実証を行ってきた。

医療現場では医学に関する専門用語が多く使われ、企業の技術者にとってはその内容を理解することが難しい。一方、企業の研究開発現場の技術内容について、医療関係者が理解することも難しい。このような状況が医看工芸連携において、医療従事者と技術者との溝をつくり、成果を生み出しにくいという背景がある。

そこで、医療現場ニーズについてヒアリングを行い、専門用語をできるだけ一般的用語に置き換えた文章を作成、その文章を特許検索システムの概念検索ツールを用いてニーズに近い特許情報をピックアップした。そして、文章とともにピックアップした特許情報を技術者に提供することにより、医療現場ニーズの可視化を行った[31,32]。

その結果、既に特許出願をされるなど解決策が示されているもの、解決するために必要な技術ではあるが更に工夫が必要なもの、特許情報では解決策が見付からず新たな技術創出が望まれるものに分類することができた。また、新たな技術創出をするためのヒントとなる技術情報（特許情報）が得られることが、この手法の大きなメリットであることを確認できた。

---

[31] 拙稿（共著）「特許情報を活用した医療現場ニーズとシーズの効率的なマッチングの試み」（「産学連携学会大会講演予稿集」231-232頁[2018]）
[32] 拙稿（共著）「特許情報を活用した医療現場ニーズとシーズの効率的なマッチングの試み（第2報）」（「産学連携学会大会講演予稿集」49-50頁[2019]）

企業の技術者にとっては難解な医療現場の技術を一般的な技術として捉えることが可能となり、一方、医療従事者にとっては難解な技術内容が特許公報などに掲載されている図面などから視覚的に理解することが可能となり、求めている技術に近いか遠いかを判断することができる。すなわち、特許情報が企業技術者と医療従事者の間の言葉の壁を翻訳するという利点が確認できた。

また、同じ手法を用いることで意匠の情報も得られることを確認し、製品デザインを考える際にも知財情報は非常に有用であることが分かった。

このようにアカデミアにおいても、知財情報は有用な技術情報として活用すべきであり、また、研究者も研究の道筋を立てやすくするために、論文検索と併せて知財情報検索を行うべきである。

7．アカデミアの知財人材

（1）特徴

アカデミアに求められる知財人材とは、どのような人材であろうか？

国立大学の法人化、国の研究機関の国立研究開発法人化に合わせ、アカデミアにも産学連携部門、知的財産部門などがつくられ、民間企業の知財部門出身者がアカデミアに移ることが多くなっている。しかしながら、民間企業とは大きく異なり、前述のとおりアカデミアは組織としての研究開発方針や知財戦略がなく、技術分野も広範という特徴がある。

（2）アカデミアに求められる知財人材

民間企業の知財部門においては、担当する事業分野や技術分野は特定されており、規模の大きな企業であれば更に発明発掘、出願権利化、ライセンス、訴訟対応など、業務分野が細分化されていることもある。一概に企業の知財部門経験者といっても、その背景は様々である。知財、特に特許分野では大きく分けても医薬、化学、素材（有機、無機）、機械、電気・電子の分野があり、それぞれの分野で特許に対する考え方が大きく異なる。企業の知財部門出身者といえども、これら全ての分野に精通しているわけではない。

アカデミアではあらゆる技術分野、そして、概念的な発明から応用・改良発明まであり、企業の知財部門の経験だけで対応することは非常に難しい。また、アカデミアは教育の場であるために、研究成果を定期的に学会発表、論文発表することも必要であり、発明の新規性を維持することが難しい。このような事情を理解した上で知財活動をすることが求められる。

したがって、アカデミアの知財人材に求められる素養は、自らの経験だけに頼ることなく、常に新たな技術分野に興味を持ち、その分野や発明に即した知財戦略を考えて研究者に提案できることではなかろうか。

産学連携においては、知財に関する知識だけでなく製品開発、事業化に至る広範囲な知識が必要であり、かつ、公的研究費の獲得など、URAと同じようなスキルも求められる。一方で、産学連携人材についてはアカデミア側で人材育成を行うこともなく、組織として方針が定まっていることも少ないために個人の能力に委ねられることとなる。

（3）アカデミア知財人材育成の必要性

前述のようにアカデミアにおける知財担当者は、単に企業の知財部門での知財実務経験があるというだけで活動することは難しく、アカデミア特有の課題について対応する能力が必要になってくる。

しかしながら、このような能力に関してアカデミアで組織的に教えることはなく、飽くまでも個人的な性格や学びによるところが大きい。

以下、アカデミア知財人材育成に関して個人的な愚見を申し述べたい。

企業の知財部門出身者であれば、各企業において業務の研修、階層研修、更には日本知的財産協会（JIPA）などの研修などにより、知財実務の系統的な知識を取得する機会が多くある。

しかしながら、出願権利化、知財契約など、特定業務に従事していた場合には、意匠、商標、著作権などの分野の実務経験がなく、相談されたとしても対応することが難しい。

すなわち、知財分野でオールラウンドの対応力が必要になる。

企業の知財部門でもこのようなオールラウンドの知財知識を求められるのは、少人数（数人）で全社の知財管理を行っている企業の知財部門である。例えばJIPAには「少数知財研究会」というグループがあり、少人数でオールラウンドな知財対応を行うための課題について研究がなされている。アカデミア知財活動に求められるのは、このような知識である。

　また、アカデミアでは科研費をはじめとした公的研究費の申請、獲得、更には学会、論文発表という企業活動では余り経験することのない事項もある。知財に関しては研究成果として出願されることとなるが、獲得した研究費による取扱いの違い、アカデミアの使命として学会、論文発表も必要である。

　アカデミアの研究者に対する知財研修も必要となるが、企業の知財部員向けのような壮大なカリキュラムを実施することはできない。研究者にはこのような研修を受ける時間的余裕はなく、また、専門的な知財知識を個人で持つ必要もない。研究活動を行う中で「これは知財に関係するかも、早めに相談しておこう」という"気付き"が重要であると考えている。

　著者らは医療現場で働く医療従事者に少しでも知財の意識を持ってもらえるよう、短時間にイメージを得られるような知財研修プログラム[33]を作ってきた。30分からせいぜい1時間、何かの研修と併せて実施できる規模にしており、「ちょっとしたことでもよいので、知財に関わりがありそうと感じたら専門家に相談」ということを呼び掛けている。

　このように企業の知財活動とは異なるスキルが必要となるため、アカデミアの知財活動に関わることになる人材にも、何らかの研修、リスキリングが必要になると考える。そのような場として、JIPA、特に少数知財研究会メンバー、大学技術移転協議会（UNITT）、RA協議会等が連携して講座の開催ができないものか？　特に企業からアカデミアの知財部門に移って経験を積んだ方の話も非常に有用である。さらに、アカデミア知財人材に求められるスキルについても整理できればなおよいであろう。

---

[33] 富畑賢司ら「医看工芸連携活動における対象者別の知的財産教育プログラムの開発」日本知財学会第16回年次学術研究発表会予稿集

また、JIPA の委員会活動のように、企業の知財部門の人材とアカデミアの知財人材とが意見交換をして交流する場があれば、双方の考え方をすり合わせることができ、より良い産学連携、オープンイノベーションの推進に寄与するものと考える。

8．おわりに

本稿においては著者が産学官それぞれの立場で経験してきたことを背景として、飽くまでも産学連携における知財に関する課題について私見を述べてきた。

国立大学の法人化から約20年、「オープンイノベーション」「ベンチャー起業」という言葉が目に付くようになっているが、現場感覚でいうと我が国においてはまだまだ課題山積でうまくいっているとは言い難い。

特にアカデミアにおける知財活動に関わる人材については、企業 OB に頼っている状況は変わっていない。企業からアカデミアに移り、ある程度の年月活動をしてきた人材も増えてきており、このような人材の横のつながりが必要であると痛感している。個人的なつながりによる情報交換は行われているものの、JIPA のような組織もないことから、アカデミア間で課題解決に向けた共同歩調をとることができていない。

本稿は学術的な論説ではないことを御理解いただき、飽くまでも個人的に感じている事項を書き並べただけであるが、我が国における産学連携の現場の課題を垣間見ていただき、広くアカデミア間で課題を認識して関係者による議論の参考としていただければ幸いである。

知財情報の戦略的活用の進化
~企業の持続可能な成長のために~

旭化成株式会社 知財インテリジェンス室
シニアフェロー　中村　栄

1．はじめに

　知的財産（知財）情報は、現代の企業活動において不可欠な要素である。これは、企業が競争環境において差別化を図り、持続可能な成長を達成するために戦略的に活用されるべきものである。知財情報の戦略的活用により、企業は市場での優位性を確立し、革新的な製品やサービスの開発、競合他社との差別化、更なる事業展開のための基盤を築くことが可能となる。本稿では、知財領域において長年知財情報と関わってきた著者の目を通し、経営・事業への知財・無形資産活用に至る当社の知財情報の戦略的活用の歴史を振り返りながら、これからの時代に向けた活用の可能性について紹介していきたい。

2．旭化成の情報活用の歴史
（1）知財情報の戦略的活用第1期　~「守り」の知財情報活用~

　当社においては、「情報調査は知財管理の要諦」とのうたい文句で、研究開発のステージの要所要所にて必要な調査活動を行ってきている。1998年には全社の調査レベルを更に引き上げるべく従前各地区において個別に機能していた調査セクションを全社一元化した技術情報センター（当時の組織名称）が知的財産部の中に発足し、その後、30年以上にわたって全社に対して必要な調査を実施する基盤を構築してきた。

　98年当時、当社の調査レベルはお世辞にも高いとはいえなかった。研究者が調査結果を読み、その内容を特許リストやマップに整理するのであるが、そもそも目的も理解せず調査に取り組む者が多かったことや、いざ調査を行う場合に、紙ベースの結果を整理する作業に多大な手間と時間を要していた。

このことが調査をタイムリーに実施することを困難にしていた。こうした事情もあり、整理した内容をリニューアルしようとする場合に、最新の調査結果を有しておらず、重複したテーマの調査を幾度も実施し、多くの時間と金を無駄にしているといった状況であった。

このような状況に鑑み、現在全社に導入している戦略データベース（以下、「SDB」と略す。）の導入がある。これは、各部署の研究開発テーマ独自のデータベースであり、研究開発テーマに即した遡及調査結果、継続調査（SDI）結果を蓄積したローカル・データベース（LDB）で構成され、それら特許情報の1件1件に、当社独自情報（研究開発テーマに関する技術を多観点から体系化した技術分類や当該特許と当社技術との関係を表す重要度ランク等）を付与している。これら独自情報を付与したものを戦略データベース（SDB）と名付けた。SDBは、付与した独自情報をキーにして必要な情報を容易に引き出したり、整理したりすることができ、常に最新の調査結果をタイムリーに有効活用することができるものである。付加情報の付与の負荷を軽減するため、技術に詳しい当社OBのサポート体制を整えるなどの基盤を構築し、各部署への導入を促した[1]。

このSDBの全社定着には十余年の歳月を要したが、その後、システムの進化に伴い、現在、本機能は全社研究者に開放している検索システムに組み込まれ、各事業の基幹テーマのSDBは各部署にしっかりと定着し、当社事業を守る「砦」として機能している。いわゆる「守り」の知財情報活用である。各部署で定期的に開催されている知財検討会の機会を通して毎月の調査結果のレビューやSDBの更新を行っており、早期に他社特許対策を講じることができるだけでなく、若手が「特許を読む」教育的役割も兼ねている。

蓄積されたSDBの情報を活用することによって重複調査が減り、その後、追加的に実施する関連調査も本SDBの情報を活用することで調査の効率化に貢献している。

---

[1] 拙稿「当社における特許マップへの取り組み」（「japio YEAR BOOK」208-211頁［2007］）

【図1】知財情報の戦略的活用：LDB と SDB

（2）知財情報の戦略的活用第2期　～「攻め」の知財情報活用～

　上述のとおり、当社における SDB の定着は、技術情報の他社対策用データベースの活用として当社の戦略的情報活用に一定の貢献を果たした。一方、同時期に SDB の有効活用としてマップ解析を行うべく活動していた。

　【図1】に示したとおり、当時の SDB は、付与した独自情報を切り口にして先行技術を自らの技術的尺度でマップ上に分類、配置することにより、当該テーマにおける先行技術の「抜け」を視覚的に把握することが可能となる。この結果を解析することにより、以下の判断ができるようになる。

① 開発技術の範疇にどのような他社特許が存在するのか

② どの部分に開発を注力すべきか

　そして、必要な他社特許対策の構築、戦略的な自社出願網を構築していくこと等が可能となる。こちらがいわゆる「攻め」の知財情報活用である。

　このような触れ込みで、全社の R&D 部門に対し、マップ解析の提案を行っていたが、当時は上述した他社対策的な「守り」の情報活用が先行し、特許マップ解析についてはまだまだ普及には至らなかった。

マップ解析を行う際の技術分類付与について、当社では特許情報の「中身」を読むことで適切な分類を付与していたが、この技術分類が前述の他社対策としての目的とマップ解析のための目的では内容、特に広狭が異なってくる。

また、他社特許対策は、長期間にわたって他社特許をウオッチしていくため、付与した分類は継続して活用されるが、マップ解析はその必要が生じた特定の段階で行うことから、そのためだけの分類付与は研究者にとって重荷になり、結果としてこの作業がマップ解析の敷居を高いものとしていた。

また、何より我々自身の知財解析スキルが彼らを納得させるには不十分であったことも否めない。課題を浮き彫りにするための解析の切り口やシナリオ構築のレベルが圧倒的に低かった。そこで、社外の有志とともに解析に関する勉強を継続することによってスキルの醸成に務めた。その後、10年以上の月日が流れたが、解析ツールの進化に関する情報も積極的に取り入れつつ、「いざ鎌倉」に備え、いわゆる「独学」で研鑽を続けていた時代であった。

前述した他社対策目的のSDBが定着した半面、知財情報の活用が自らの足元情報(自社の実施技術と他社特許の関係)にフォーカスする傾向となり、当社技術から少し離れたところに存在する(はずの)他社情報については省略するようになってしまったこと、これらが課題として残った。

3．当社のIPランドスケープ活動について
(1) IPランドスケープのはじまり

2017年7月、日本経済新聞にIPランドスケープの記事が掲載され、「事業戦略」に知財情報を活用するという雰囲気が一気に業界内に広がった。その少し前であったと思うが、当社においても当時の経営陣に「事業戦略に知財情報を活用する」というコンセプトで我々の解析レポートをプレゼンする機会を得ることができた。正に自己研鑽していた時代の経験が役に立ち、スピーディーに提案できたと思う。解析ツールの進化もあいまって今までの「自社の足元しか見ていない情報活用からの脱却」を訴え、社内で知財活用の機運が大きく高まってきたところでもあり、正に抜群のタイミングであった。

その後の本活動の全社への啓発は、前述のSDB普及活動とは異なり、トップダウンで進めていった。知財情報を事業戦略に活用するという目的の活動であるがゆえに、正にその情報の受け手である経営層のニーズに基づき、トップダウンで進めるべきと考えたからである。事業本部長会議、更にはその下の事業部長会議の場で当社におけるIPランドスケープの必要性を訴え、領域別に「納得感のある」解析事例を作成し、プレゼンを繰り返した。半年ほどこういった啓発活動を行ってきたと思う。

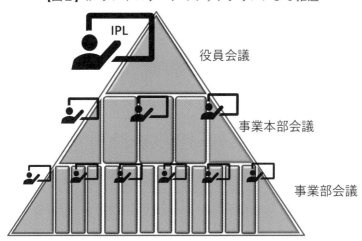

【図2】IPランドスケープのトップダウンによる推進

　この提案が受け入れられ、2018年度、知財戦略室というIPランドスケープを専任で行う組織が知的財産部内に設立された。その後、全社トップダウンでIPランドスケープを遂行するため、まずは前述のとおり、啓発期と称し、経営層を対象にIPランドスケープの有用性に関するプレゼンを行い、その会議で出てきた重要テーマにつきIPランドスケープを手掛け、1つでも成果を出す、その成果を基に横展開を行う、これを繰り返して各事業部をどんどん巻き込んでいった。

　IPランドスケープはビッグデータたる知財情報を活用することで事業を高度化する、正に知財DX（デジタルトランスフォーメーション）ともいえる。

経営企画部とも連携し、当社DX化の一環として当時の全社中期経営計画に盛り込んだ。これが当社におけるIPランドスケープ取組の出発点、正に「攻め」の知財情報の戦略的活用の再出発であった。

（2）知財インテリジェンス室の設立　～経営・事業情報の入手、活用～

　2022年度、上述した知財戦略室を発展的に解消し、経営企画担当役員の直下組織である知財インテリジェンス室が新たに創設された[2]。

　もともと知的財産部は研究・開発本部の傘下にある。経営層に資するIPランドスケープの遂行には、リアルタイムでの経営方針や関連する事業情報の入手が必須である。経営企画担当役員の傘下には経営企画部やIR室などがあり、これにより、経営企画との距離も近づき、入ってくる情報の内容やスピード感が激変した。このことにより、事業部門を超えた全社横断のアプローチが容易となり、知財・無形資産を活用する戦略機能の強化に貢献することが大いに期待できる。

　知財インテリジェンス室は、経営／事業戦略策定への貢献を活動の軸とし、「無形資産を通じた更なる企業価値の向上を実現する」というビジョンの下、IPランドスケープを武器として以下2つをミッションに掲げ、取り組んでいる。

① グループ経営企画部門や各事業本部に対し、知財専門的見地に基づいて無形資産を活用した戦略モデルを考案することにより、知財面から経営戦略モデル、ビジネスモデル策定、新規事業創出に貢献する。

② 各事業本部に対し、事業に踏み込んだビジネスモデルの検討に資する具体案を提供する。

　また、これらの成果について、企業価値向上に資する知財情報開示等を通し、ステークホルダーとの関係を強化するという役割も担っている。2021年6月に東証が公表したコーポレートガバナンス・コード（CGC）の改訂版に初めて知財に関わる項目が盛り込まれた[3]。

---

[2] 旭化成 知的財産報告書2023
https://www.asahikasei.com/jp/r_and_d/intellectual_asset_report/

企業に対して積極的な知財への投資や活用を促し、それらを投資家に対して適切に情報開示していくことが求められている。前述のとおり、知財インテリジェンス室は、IR室とも連携が容易となり、正にこの役割を担うにふさわしい。

いずれのミッションもIPランドスケープをいかにうまく使いこなすかが鍵となることは言うまでもない。

（3）旭化成におけるIPランドスケープ活動

上述の知財インテリジェンス室の発足以降、より早い段階から経営・事業の重要情報にアクセスすることが可能となり、これまでの請負型の知財業務からは完全に脱却し、戦略機能を強化した新たな知財業務がスタートした。実際、当社のIPランドスケープの活動範囲はますます広がっている。現在、経営・事業戦略策定、事業／知財戦略の実行フェーズ、研究開発段階（新事業創出への種まき）の各場面でIPランドスケープが浸透し、経営・事業戦略の高度化に貢献している。

以下では具体例を交えて当社の最前線の取組を紹介したい。

① 経営判断におけるIPランドスケープの貢献

2022年度に策定された当社中期経営計画「Be a Trailblazer」においては、中期視点での「抜本的事業構造転換」を通じた事業ポートフォリオの転換を掲げている。IPランドスケープを活用してこのような重要課題に関する経営戦略上の仮説の検証を行うことで経営戦略策定に貢献している。

例えば2023年度の当社スパンボンド不織布事業の共同事業会社設立の意思決定の際には、IPランドスケープを活用し、相手先企業と統合のメリット、統合した場合の競合に対する勝ち筋を提案することができた。

---

[3] コーポレートガバナンス・コード～会社の持続的な成長と中長期的な企業価値の向上のために～（株式会社東京証券取引所［2021年6月］）
https://www.jpx.co.jp/news/1020/nlsgeu000005ln9r-att/nlsgeu000005lne9.pdf

第1章 企業と知財

【図3】不織布技術に関する主要プレーヤーの保有技術分析

○ (green):X社　　○ (blue):旭化成

技術シナジーが期待できる領域の
一つとして不織布領域を抽出

【図3】は、いわゆるテキストマイニングを用いた当社と相手先企業保有の特許の俯瞰図であり、ドット一つ一つが1件の特許を表している。ドット間の距離が近いと、その発明に関する技術内容が類似していることを示している。この俯瞰図から2社の技術シナジーが期待できる領域として不織布領域が見いだされた（図中の○で囲われた部分）。さらに、当該不織布領域の中の両社技術をそれぞれ深掘りして両社の役割を明確にし、両社の事業統合が実現した際の競合他社に対する優位性のシミュレーションを知財面から実施した。

このような知財情報の各種分析を通じて両社間に技術的なシナジーが存在することを客観的に示すことで当社グループの戦略的な判断を後押しし、事業の構造転換に貢献した。

② 事業戦略の実行フェーズにおけるIPランドスケープの貢献

事業戦略の実行フェーズでは、特にマーケティング戦略や開発戦略の策定・推進において知財情報の活用を推進している。

当社製品はB to B製品が多く、特にその技術に基づく価値を顧客企業に正確に評価してもらうことは非常に重要であり、顧客企業における専門性の高い技術者との対話が欠かせない。そこで、IPランドスケープを活用し、顧客候補の知財情報を用いて先方のキーマンや技術課題を読み解き、顧客のニーズを狙い撃ちしたマーケティングにつなげている。具体的には、特許情報から作成した顧客企業の発明者ネットワーク図を用いてコアとなる技術キーパーソンを特定、当該コア技術キーパーソンとのコミュニケーションを重ねることで、当社製品の提供価値を正当に評価していただいた上で取引へとつなげており、実際に成果が出ている。

　特に有望顧客の特許情報の解析に当たっては、顧客の技術課題を特許情報を通して可視化することで必要とされる提供価値の把握につなげている。上述の方法で特定した技術キーパーソンに絞って分析を行うことで、顧客にとって特に重要な技術課題を把握することも可能となる。そして、これら顧客の技術課題の解決につながり得る当社製品の技術的特徴をアピールし、当社製品の提供価値を理解してもらい、当社のビジネス開拓につなげている。

4．これからの知財情報の戦略的活用
（1）サステナブルな企業成長実現のための共創事業の創出
〜「つなぐ」を通じた新事業創出の推進〜

　サステナブルな企業成長を実現する上で、共創を軸にした事業創出は喫緊の課題となっている。

　サステナビリティに関連する課題はしばしば複雑で多岐にわたる。例えば環境への影響や社会的責任、サプライチェーンの持続可能性などが含まれるが、個社がこれらの問題に単独で対処するのは資源・リソースの問題などから難しく、また、異なる専門分野や業界からの知識と経験が必要である。

　共創による事業創出は、企業の社会的責任を果たし、同時に新たな市場や顧客層を開拓する手段でもある。例えば環境に配慮した製品やサービスの開発、社会問題へのソリューション提供などが挙げられる。

これにより、企業は長期的かつ持続可能な競争力を構築し、市場の期待に応えると同時に、地域社会や環境に対して積極的な影響をもたらすことが可能となる。

総じて共創を軸にした事業創出は、サステナブルな企業成長において欠かせない重要な要素であり、企業は積極的な取組を通じて、共創の力を最大限に発揮していくべきである。ここで正に知財情報を活用していくということを考えていきたいと思っている。以下では新事業創出に向けた当社の3つのインテリジェンス活動を紹介したい。

コンセプトは情報で「つなぐ」活動である。

① 研究開発テーマ探索における技術を「つなぐ」活動

研究開発の最も初期段階であるテーマ探索時には、今後の新事業創出につながるテーマとなるであろう候補をできるだけ多く輩出していく必要がある。輩出されるテーマは多産多死であることが求められる。多産多死のアプローチでは、最終的にブラッシュアップされて生き残るテーマを輩出するためにもできるだけ多くのアイデアや視点を生成するアイディエーションが求められる。異なるバリエーションやアプローチを生み出すことで、従来の着想を超えた新たな発見やアイデアが生まれやすくなる。この多様性が創造性を促進し、独自のアプローチを見付け出すための土壌を提供することになる。

しかし、研究者はこのアイディエーションの起点がどうしても自分たちの足元の専門技術に拘泥しがちである。そこで、我々は、当社コア技術と「エマージング技術」といわれる技術を関連付けるシーズ・ニーズマッチングシステムを開発し、これを全社研究者へ提供することで、テーマ探索におけるアイディエーション活性化への網羅的な支援を実現しようと考えている。

このシステムは、【図4】に示すように、① 当社コア技術の要素技術への落とし込み、② エマージング技術の要素技術への落とし込み、③ 要素技術同士の類似度を判断してマッチングを行う、という3つのステップにより、当社コア技術を新事業へと「つなぐ」アイデアを提供する。

【図4】シーズ・ニーズマッチングシステムの構成

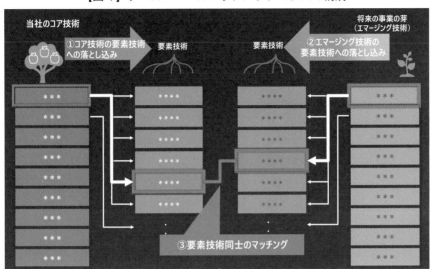

　ここでいうエマージング技術とは、まだ広く普及していないが、将来的に世の中に大きな影響を与える可能性がある技術を指し、その情報ソースは特に限定されないが、例えば国のプロジェクトで扱われている技術や一般に刊行されている技術集などの論文情報等を用いてデータセットを作成することによって得られる。本システムを通じて、当社のコア技術がエマージング技術にどのように適用できるかの探索、また、当社が保有する多様なコア技術とエマージング技術の関係を俯瞰的に見ることで、シナジー創出の可能性を探ることを目指している。

② 新規テーマの加速におけるヒトを「つなぐ」活動

　テーマ候補が決まった後は、社内の知見・リソースを有効活用し、テーマの事業化に向けて研究を加速させていくわけであるが、当社には、多角化経営を進めてきたこれまでの歴史の中で培われた多様なコア技術やノウハウが蓄積されており、その領域ごとに高度な専門家が存在する、それらをシームレスに「つなぐ」システムを構築した。

【図5】人財レコメンドシステムの概要

◆ ユーザーの「求める技術」と、発明者の「保有技術」の類似度を評価する。

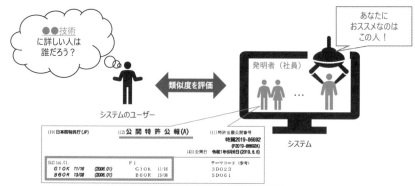

発明に付与される特許分類（技術分類）を用いて、保有技術を定義

　研究・開発に必要な専門性（技術以外の知見も含む。）を有する社内人財を提案する人財レコメンドシステムである。このシステムは【図5】に示すとおり、ユーザーの課題と当社出願の特許分類に基づく社内人財のスキルを組み合わせて解析し、最適な人財を提案するよう設計されている。特許情報だけでなく専門職者の情報も活用し、技術系以外の全従業員にも人財コネクトの機会を提供しており、現在、ユーザー数は3000人以上に達している。

　本システムは前述したシーズ・ニーズマッチングシステムと連携させ、マッチングシステムで抽出された技術に明るい人財の探索という、正に「技術と人のマッチング」を実現している。

③ 他社との共創を推進する事業を「つなぐ」活動

　顧客との対話を促進する道具としてIPランドスケープを活用する取組も始まっている。特許情報解析を用いることで、顧客に提案したい技術に関し、可視化された特許情報を基に顧客と議論することで顧客やパートナー候補企業とのコミュニケーションの活性化につながる。

　このようなIPランドスケープの特長を共創のきっかけとして活用する取組が既に複数の事業領域で進んでいる。

【図6】X社と当社の保有特許マップによる協業提案

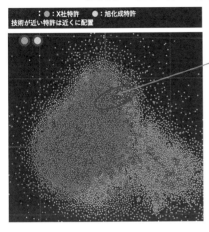

【図6】は特定の展示会における事例である。顧客であるX社と当社の保有特許をテキストマイニング手法による特許マップとして示す。そこから、X社と当社の接点領域として「Y」関連技術が示された。これはY技術に関してはX社と当社の間での共通技術領域であり、両者の共創によるシナジー効果が期待されるところである。これを基に顧客に提供できる新たな技術を提案していく。

5．これからの戦略的な情報活用

　前述した当社の「つなぐ」活動は、現在は当社内での取組にとどまっている。これはまだ著者の私見レベルではあるが、こうした活動は今後個社から社外にも広げ、戦略的な情報活用の可能性を拡大していくべきであろうと考えている。

　例えば前述の研究開発の初期段階で採用している「テーマ探索」におけるシーズ・ニーズマッチングシステムを外部に開放することには幾つかの重要なメリットがあると考える。

　当該システムをコアに据えた各社コンソーシアムを構築し、コンソーシアムに参画した企業や大学はシステムに各自のコア技術を入力し、エマージング技術とのマッチングを試みる。

当然、企業のコア技術をオープンにはできないので、この入力部分はシステム的にクローズドにすることが前提であるが、これにより、以下の効果が期待できる。

① **多様な知見とアイデアの取込み**

システムを外部に開放することで、他の企業や研究機関、大学等の異なる視点やアイデアをそれぞれが取り入れることができる。これにより、新たな発想や技術の組合せが可能となり、革新的なプロジェクトが生まれる可能性が高まると考える。

② **業界全体の技術俯瞰とトレンド把握**

社外の関係者がアクセスできることで、業界全体の技術動向やトレンドを俯瞰的に把握できる。これにより、他社の動向や最新のエマージング技術をキャッチアップし、自社の戦略に組み込むこともできる。

③ **協業・パートナーシップの機会拡大**

システムを外部に開放することで、これによって得られるアイデアを起点として、他の企業や研究機関、大学との協業やパートナーシップの機会が拡大するであろう。

共同で新しいプロジェクトに取り組むことで、異なる組織のリソースや専門知識を活用し、より効果的な研究開発が可能となる。

④ **イノベーションとシナジーの促進**

社外の多様なアイデアや技術との組合せにより、イノベーションが促進される。異なる領域からのアイデアが交わることで新たな価値が生まれ、シナジーが生じる可能性が高まる。

こういった取組を国家的にバックアップできるような状況になれば日本のイノベーション創出の大きな後押しになろう。

世界経済は急速に変化しており、新しい技術やアイデアを取り入れることが競争優位性の鍵である。イノベーションを通じて新たな産業や市場を創出し、経済の成長を促進することが今の日本には求められている。

　知財情報の活用は、もはや個社レベルではなく、国全体で考えていくべき段階にきていると考える。

６．戦略的な情報活用の担い手とは

　こういった取組を支えるのは人である。本稿の最後に今まで述べてきたIPランドスケープ遂行を前提とした情報の戦略的活用の担い手としてふさわしい人財について述べてみたい。

　ここはあえて知財情報に限らずに述べると、まずは新たな技術や市場トレンドを敏感に察知し、将来の変化を予測できる人財、新しいスキルや知識を素早く習得できる柔軟性が求められる。こういった人財に対し、組織は変化に対応するための適切な情報を提供できるようになる。この変化を受け入れ、新しいアイデアやアプローチにオープンな人財が必要である。イノベーションを促進し、ビジネスに新しい価値をもたらすことが期待できる。

　また、情報の戦略的活用のための「ハード」的な要素として、データを分析し、洞察を得ることができるデータサイエンティスト及びアナリスト（知財情報を取り扱える知識を含む。）的な人財はもちろんであるが、ビジネス全体の戦略を理解し、情報活用がどのようにビジネス目標に寄与するかを理解できる人財、ビジネスの課題を特定し、それに対する解決策を提案できるビジネスアナリスト的人財が重要であると考える。

　そして、何よりも必要なのは、コミュニケーションスキルとその事業を成長させるという圧倒的当事者意識を備えたリーダーシップであると考える。IPランドスケープは経営戦略や事業戦略を研ぎ澄ますためのいわゆる「ツール」である。大切なことはIPランドスケープを提供した際の提供先との合意形成であり、その過程で他の部門との協力や情報の共有がスムーズに行えるようなコミュニケーションスキルが求められる。

正にこれらのスキルを持った人財が、組織の戦略的な情報活用をリードし、ビジネスの意思決定を支援できるのではなかろうか。

昨今、国際的な状況が複雑化し、地政学的なリスクや経済的な変動が予測しにくい時代になっており、各国や企業は臨機応変な対策が求められている。逆に情報の過多と変化が、適切な情報の見極めを難しくし、トレンドや世論の急激な変動が対応を難しくしている。

このような不確実性の高まる状況で、柔軟性、創造性、迅速な対応力がますます求められている。組織や個人が変化に適応し、未知の将来に向けて積極的に学び、変革していくことが重要であると考える。

7．おわりに

この度は、藤本昇先生喜寿記念論文集の著者として名を連ねさせていただいたことについて、誠に光栄であり、心より感謝を申し上げたい。

藤本先生とは知財や情報調査の分野の様々な場面で御縁を頂戴し、高い視座からの御指導を受けることができた。先生の業界への多大な貢献は言うまでもなく、顧客にとどまらず業界におけるコミュニティの構築や業界全体の高度化においても大きな功績を成し遂げられた。これは学びの多いことであり、後進の我々もその教えを次代に継承し、広めていく核となるべきである。

正に知財業界を「つないで」こられた藤本先生に改めて深く敬意を表し、謹んで筆を置きたいと思う。

知財経営に向けて

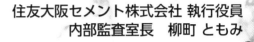

住友大阪セメント株式会社 執行役員
内部監査室長　柳町 ともみ

1．はじめに

　企業を取り巻く経営環境が急速に変化する中で、温暖化や人口減少に代表される環境問題や社会課題への対応は企業の重要な社会的取組となってきた。国際連合が掲げた持続可能な開発目標（SDGs）には気候変動や環境悪化への対応、クリーンエネルギーによる温室効果ガスの削減など、企業が技術開発や実装を進めることで対処できる社会課題が多く含まれている[1]。

　国際連合は2030年までにこれらの課題を解決することを目標としているが、現時点における異常気象や災害の発生状況に鑑みると、できるだけ早期の解決が必要であると思われる。

　企業は実行可能な範囲において、これを喫緊の課題としていく必要がある一方、利益を追求し、持続的に発展していかなければならない。そのためには、温暖化ガスの排出削減やAI活用による自動化・効率化、労働人口減少への対処などの取組を将来に向けた新たな科学技術やイノベーションの創出チャンスと捉えて、それをビジネス市場で活用し、利益を得るための方向性を見極めることが重要になってくる[2]。このため、ターゲットとなるビジネス市場の特定や動向把握、科学技術やイノベーションなどの技術動向とその情報分析による将来予測が、企業における重要なファクターになってきた。

　ビジネス市場の将来予測ができれば、企業がとるべき市場戦略や、技術戦略としてどこに投資すべきかなど、環境変化を想定した経営判断が可能となる。

---

[1] 国際連合「Take Action for the Sustainable Development Goals」
[2] 経済産業省「サステナブルな企業価値創造のための長期経営・長期投資に資する対話研究会（SX研究会）報告書〔伊藤レポート3.0（SX版伊藤レポート）〕」

更に市場戦略や技術戦略に即した知財戦略を計画的に行うことによって、無駄な知財投資を抑えて優位な競争環境を作り出すことができる。

そこで、本稿では、企業経営を取り巻く社会環境を俯瞰して、利益を追求するビジネス市場の特定や動向把握、科学技術やイノベーションなどの技術動向とその情報分析による将来予測をするための知財経営への取組と課題について紹介する。そして、知財経営の実務に関して想定事例を挙げて、組織の機能と体制、人材の育成について著者の考えを述べていきたい。

2．背景
（1）日本における科学技術とイノベーションの状況

「研究開発の俯瞰報告書 俯瞰の前提（2023年）」[3]の2章「科学と社会」では、次のように書かれている。

「世界の大企業において、リーマンショックを境にして、株主へ利益還元重視の考えから社会や地球規模にまで拡大したCSV（共通価値の創造）の考えに変わる価値の変革が進行している。本業が社会価値の創出につながっていれば長期的には利益が最大化でき、企業そのものを持続的な存在にしていくという思想のもとESG投資が存在感を増している」

このような大きな流れの中で、日本企業には科学技術に関わる特有な4つの問題点があると指摘している。

＜科学技術に関わる日本特有の4つの問題点＞
① 企業の研究開発力の低下。新製品・サービスの開発に対する視点が弱い。研究開発戦略や技術力を収益につなげる技術経営戦略の問題
② 自社の無形資産を活用し社外の科学技術資産にアクセスしていない。無形資産の活用ができていない。
③ DXの後れ。日本発のビジネスモデルの革新が減少

---

[3] 科学技術振興機構「研究開発の俯瞰報告書 俯瞰の前提（2023年）－現下の国際情勢と『科学と社会』－」

④ 製造技術の優越性、工学的優位の喪失。製造技術の優秀さ、部品の完璧さが喪失。製造基盤の海外移転、少子高齢化による若年人口の減少。アントレプレナーシップ(起業家精神)の減退

　日本企業が、こうした問題解決に向けて動き出せば、技術力のあるかつての日本に戻ることができる。まずは収益につながる技術経営戦略の策定と実行、無形資産の活用意識の向上、DX人材の育成など、科学技術力向上に向けた課題に戦略的に取り組み、稼ぐ力をつけていくことが重要だと考える。

(2) 日本の知的財産戦略

　図1に日本の知的財産強化に向けた政策や施策の変遷をまとめた。知的財産強化は2002年に知的財産戦略会議が設置されたことに始まる[4]。国内外の社会経済情勢の変化に対応して産業の国際競争力を強化するために、「知的財産立国」を目指して知的財産戦略大綱が策定され、知的財産の創造と保護及び活用に関する施策を集中的かつ計画的に推進することとした。2003年には知的財産基本法が施行され、その翌年、知的財産推進計画が公示された。

　知的財産戦略大綱が策定されてから8年後の2010年に、経済産業研究所が日本の知的財産に関する施策について進捗状況を調査し、「知的財産戦略の評価と今後の方向」にて状況を報告した[5]。その中で、「(日本においては)知的財産に関する認識は広がっているが、知的財産の創造、保護、活用のいずれの分野においても道半ばであり、ないし一部は停滞している」と評価している。

　「2010年度知的財産推進計画」[6]では、経済のグローバル化が進展し、国際競争が激化する中、(日本は)一度は追い付いたかに思えた欧米諸国に再び引き離され、猛進する新興国には追い付かれ、追い抜かれつつある状況において、この計画と、産業政策、科学技術政策、情報通信技術政策といった各分野の戦略の相乗効果で、新成長戦略における成長目標の達成が可能になるとした。

---

[4] 知的財産戦略本部(首相官邸ウェブサイト)
[5] 久貝卓(経済産業研究所)「知的財産戦略の評価と今後の方向−新たな知財政策の開始を−」
[6] 知的財産推進計画2010(首相官邸ウェブサイト)

その上で、人材の育成、イノベーションの創出、国際標準の獲得、グローバルな事業展開のための戦略を総合的に推進するため、10年後の2020年を想定した日本のあるべき姿を掲げた。

その後、このあるべき姿を目指して戦略推進に向けたビジョンや目標を設定するなど、知的財産戦略を推進し続けている（図１）。

（３）企業の科学技術の開発やイノベーションの活性化に向けた制度

内閣府は、2016年の「第５期科学技術基本計画（平成28年〜32年）」において目指す日本の姿を次のように提示した。

① 持続的な成長と地域社会の自律的な発展
② 国及び国民の安全・安心の確保と豊かで質の高い生活の実現
③ 地球規模課題への対応と世界の発展への貢献
④ 高度な科学技術・イノベーション力を有すること
⑤ 科学技術・イノベーションの成果を持続的に経済的、社会的・公共的価値として速やかに社会実装すること

第５期科学技術基本計画が提示されてから２年後の2018年に、経済産業省は、2013年に成立した産業競争力強化法に、事業再編を推進するための措置、事業者の技術等の情報の適切な管理を促進するための措置等を追加して改正した[7]。

産業競争力強化法改正と同年には、IoT、ビッグデータ、AI等の先端技術を、新たな情報技術の社会実装への拡大に対応して、生産性向上を短期間で実現するために生産性向上特別措置法を制定した。

同法では、革新的な技術やビジネスモデルの実証を可能とするための措置やデータを収集・共有・連携する事業者の取組を促進するための措置、更に中小企業の生産性向上のための先端設備等の設備投資の促進を支援する措置等を講じている。

---

[7] 産業競争力強化法等の一部を改正する法律

図1　日本の知的財産強化に向けた政策等の変遷

年	政策等
2002	知的財産戦略会議の開催決定 知的財産戦略大綱⇒知的財産立国の実現に向けた政府の基本的な構想
2003	知的財産基本法施行⇒新興国各国へのプレゼンスの向上、ビジネスのグローバル化、コンテンツメディアの多様化など今後の知的財産改革構築 知的財産戦略本部の設置
2004	2004年度知的財産推進計画
2005	2005～2009年度知的財産推進計画
2007	知財スキル標準 ver.1.0
2010	「知的財産戦略の評価と今後の方向」による状況評価 2010年度知的財産推進計画 新成長戦略に向けた成長目標の設定 2011年度知的財産推進計画
2012	2012～2019年度知的財産推進計画 産業財産権法改正
2014	伊藤レポート
2015	国連サミットにて「持続可能な開発目標（SDGs）」が採択 Society5.0（経済発展と社会課題の解決のための新たな社会）の提示 先端技術を取り入れたイノベーションによる新たな価値の創造を推進 経済発展と社会的課題解決の両立
2017	価値協創のための統合的開示・対話ガイダンス―ESG・非財務情報と無形資産投資― 知財スキル標準ver.2.0
2018	伊藤レポート2.0
2019	知的財産戦略ビジョン「価値デザイン社会」を目指して 生産性向上特別措置法
2020	SDGsプラットフォームにおける「事業化交渉」に係る実証調査 2020年度知的財産推進計画～新型コロナ後のニューノーマルに向けた知財戦略～
2021	2021年度知的財産推進計画～コロナ後のデジタル・グリーン競争を勝ち抜く人材・知財等非財務資産への投資 コーポレートガバナンス・コード改訂へ人材・知財等非財務資産の記載 価値デザイン経営の普及に向けた基本指針
2022	知財・無形資産の投資・活用戦略の開示及びガバナンスに関するガイドライン 2022年度知的財産推進計画～多様なプレイヤーが世の中の知的財産の利用価値を最大限に引き出す社会に向けて～ 伊藤レポート（SX版伊藤レポート）3.0 価値創造ガイダンス2.0
2023	知財・無形資産の投資・活用戦略の開示及びガバナンスに関するガイドラインVer.2.0 2023年度知的財産推進計画～多様なプレイヤーが世の中の知的財産の利用価値を最大限に引き出す社会に向けて～ 知財経営の実践に向けたコミュニケーションガイドブック

なお、生産性向上特別措置法は2021年に廃止され、一部を産業競争力強化法と中小企業等経営強化法に移管されていることを付記しておく。

このような流れの中、2022年に経済産業省は「サステナブルな企業価値創造のための長期経営・長期投資に資する対話研究会報告書」[2]を作成し、気候変動問題や人権問題をはじめとしたサステナビリティ課題をめぐる国際的な状況は企業活動の持続性に大きな影響を及ぼしており、企業が長期的かつ持続的に成長原資を生み出す力（稼ぐ力）を向上させていくためには、サステナビリティを経営に織り込むことがもはや不可欠であると指摘している。

2024年度の経済産業省の当初予算案を見ると、サステナビリティに関わる投資促進として、温暖化対策であるグリーントランスフォーメーション（GX）等に対して1兆1989億円、デジタル社会の実現・生成AIへの対応として471億円、イノベーション推進に向け1549億円の予算案が計上されている[8]。

この予算案の中には科学技術やイノベーションを社会実装するための支援が多く含まれている。企業はこのような支援を活用することにより環境問題や社会課題の解決に積極的に取り組んで技術開発をするとともに、この成果を社会実装することで持続性の確保が可能となってきた。

（4）企業における科学技術の開発やイノベーションの課題

企業は経済産業省などの政策支援を活用し、社会課題の解決に向けた科学技術・イノベーションに取り組むきっかけができた。これを原動力としてシフトアップしながら持続的に稼ぐ力をつけて競争力を向上させていきたい。

しかし、継続的に競争力を向上させて持続力を培うためには、ここで検討しなければならないことがある。

（1）で述べた科学技術に関わる4つの問題点（イノベーションの停滞原因）を解決することである。イノベーションに取り組むきっかけがあっても、それを実行する環境が整っていなければイノベーションは創出されにくいし、

---

[8] 経済産業省関係 令和5年度補正予算・令和6年度当初予算案の概要　01.pdf（meti.go.jp）

創出された成果を社会実装につなげることもできないので、継続的な競争力向上は期待できない。企業はイノベーションを行う環境の改善に積極的に取り組む必要がある。

(5) 知的財産活動の経営貢献の実態アンケート結果 (2020年)

2020年に特許庁が「経営に資する知財マネジメントの実態に関する調査研究報告」を公表し[9]、この中で、企業に対して「知的財産活動が経営に貢献していると思うか」という質問をした。なお、知的財産活動の定義は広いが、ここでは「経営戦略又は事業戦略の立案に際し、経営・事業情報に知財情報を組み込んだ分析を実施し、その分析結果を経営者・事業責任者と共有する活動」と定義している。このような活動は、研究開発戦略や技術力を収益につなげる技術経営戦略、そして、無形資産の活用につながるため、企業がイノベーションを創出して活用する上で有効な活動と思われるが、アンケートの結果は、「大いに思う」「そう思う」と回答しなかった企業が72%を占めた（図2）。

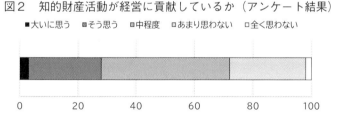

図2　知的財産活動が経営に貢献しているか（アンケート結果）

（「経営に資する知財マネジメントの実態に関する調査研究報告」を参考に作成）

知的財産戦略大綱の基本方針の提示から18年経過していたが、日本の知的財産活動はいまだ企業経営において浸透しているとはいえなかった。科学技術への取組やイノベーションが世界的に推進される中で、日本企業における知的財産活動が経営へ貢献するようになるためにはまだ課題があるようである。

---

[9] 知的財産研究所「経営戦略に資する知財情報分析・活用に関する調査研究報告書」（特許庁産業財産権制度問題調査研究報告書）

3．知財経営
（1）知的財産に対する企業の関心

2021年にコーポレートガバナンス・コード（CGC）が改訂[10]され、企業の持続的な成長力の指標として知的財産への投資等の情報を開示・提供することと、取締役会が知的財産への投資等の重要性に鑑み、経営資源の配分や事業ポートフォリオに関する戦略の実行を実効的に監督することが追記された。

この CGC 改訂で知的財産への関心が高まったと思われるが、実際に関心が高まったのかどうかを、有価証券報告書に知的財産に関する単語が使用されている企業数で調査した。知的財産に関する単語として『知的財産』『知的資本』『知的資産』『知財戦略』を選択した。

図3に、2015年度から2023年度（～12月）までに公開された有価証券報告書を対象にして、これらの単語を使用した企業数の年度別推移を示した。

図3　有価証券報告書に知的財産に関わる単語を記載している企業数の年度別推移

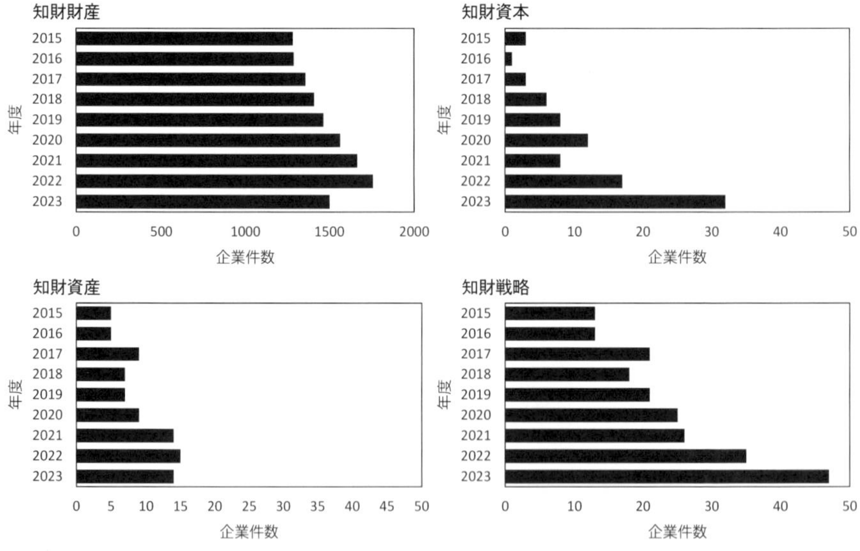

（株式会社ユーザーベースの「SPEEDA」を使用して年度ごと〈2023年度は12月31日まで〉に集計）

---

[10] コーポレートガバナンス・コード　nlsgeu000005lne9.pdf（jpx.co.jp）

有価証券報告書に知的財産に関する単語を使用している企業数はおおむね増加傾向にあることから、知的財産への関心は高まっているといえよう。

しかし、重要なことは有価証券報告書に記載された知的財産に係る活動の実態であり、それが企業の持続的な成長につながっているかどうかである。

本章では企業の持続的な成長に向けた知的財産活動である知財経営について考えていきたい。特許庁から発行された事例集やガイドラインも参考にした[11]。

（２）知財経営と戦略

知財経営の定義に関しては様々な意見があると思われるが、2008年に発行された「知的財産制度の新たな地平線・序説」[12]を参照して以下の定義を採用し、これに基づいて知財経営実務を具体的な行動に落とし込んで考察を試みた。

知財経営とは、「競争力の源泉である技術戦略と、製品化しマーケティングに結びつける市場戦略を実行し、技術戦略によって創出されたイノベーションすなわち競争力の源泉となる技術を知的財産権またはノウハウの秘匿によって保護し、競争力を維持するためにそれを活用する（知財戦略）、戦略的経営をすること」。

上記の定義から知財経営とは、技術戦略、市場戦略、知財戦略を戦略的に融合する経営と捉えた。これらの戦略が製品開発から事業化までの一連の工程の中でどのように融合されるのかをイメージして知財経営の実務概念図を作成した（図４）。また、実務概念図に示した各戦略の工程を実行段階①から実行段階③に大きく分割し、知財経営の開始から事業利益を上げる中で、どの時期にそれぞれの実行段階の戦略が実行されれば戦略の融合効果が見込めるのかについて、製品ライフサイクルに充てて記載した（図５）。

---

[11]「新規事業創出に資する知的財産戦略事例集」2021年
「企業価値向上に資する知的財産活用事例集」2022年
「知財経営の実践に向けたコミュニケーションガイドブック」2023年
[12] 清川寛（経済産業研究所）「知的財産権制度の新たな地平線・序説－これからの知的財産制度のあり方への見直しの視点－」2008年

図4　知財経営の実務概念図

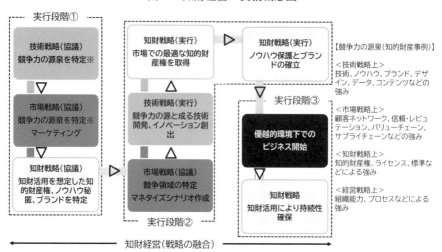

　実行段階①は、優位に競争できる市場の探索と、その競争市場で知的財産をどのように活用するのかをあらかじめ想定し、戦略やシナリオを形成する協議の工程である。先行きが不透明で将来予測が困難である「VUCAの時代」において、市場の探索と戦略協議の工程は将来における環境変化を想定する機能として重要である。そのため、実行段階①は製品ライフサイクルの設計開発段階のごく初期に行われることが効果的だと考える（図5）。

図5　製品ライフサイクルと戦略実務の実行と継続性

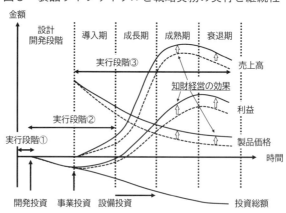

実行段階②は、実行段階①で探索・協議した市場においてどのように稼ぐかを決定し、製品の成長期に先んじて準備をする段階である。ここでは競争力の源泉となる技術開発やイノベーションの創出を技術戦略の中で継続的に実行するとともに、成長期、成熟期における社会実装を踏まえて知財戦略を実行する。

　成長期と成熟期で利益を上げる（又は利益を下げない。）ため、知財戦略は知的財産権の取得だけでなく、ノウハウを秘匿する戦略も含む。実行段階②は、競争優位として特定した市場で稼ぐための確固たるポジションを形成する重要な段階であるため、製品ライフサイクルの設計開発の初期段階から成長期まで、各戦略を継続的に実行することが効果的である（図5）。

　実行段階③は、実施段階②で構築した競争優位なポジションの中で、競争力の源泉を活用して売上げや利益を得る段階である。図5の製品ライフサイクルにおいて、知財経営を実行する場合と実行しない場合を比較した。知財経営を実行する場合を実線、実行しない場合を点線で示した。

　知財経営を実行した場合には、（実行段階①②のシナリオどおりに）技術戦略による技術の差別化などにより製品価格の決定力による優位性を確保できる。更に差別化技術が知財戦略により保護されていれば、この製品価格の決定力が長期的に担保される。また、成長期や成熟期においては、製品価格を高く維持することに加えて、（実行段階①②のシナリオどおりに）市場をコントロールすることで売上げや利益を一層高めることができるかもしれない。

　以上のことから知財経営において大事なことが2つあると考える。1つ目は、実行段階①②で戦略的に技術開発を行い、知的財産で優位性を構築しておけば実行段階③で市場での優位なポジションを形成できる点、2つ目は、優位なポジションを形成しても、それを競争力の源泉として活用しなければ図5の実線のように売上げや利益を上げることはできない点である。

　図4の右欄に競争力の源泉事例[13]を各戦略上の視点で分類した。ビジネス上は、顧客ネットワークのような市場戦略上の競争力の源泉を活用するのみでも売上げや利益を上げることはできるかもしれない。

---

[13]「知財・無形資産ガバナンスガイドライン ver.1.0」

しかし、これを安定して継続的に得るためには、実行段階②で構築した技術戦略及び知財戦略上での競争力の源泉を積極的に活用すべきだと思う。

実行段階③においては、経営環境の動向に目を光らせ、収益性を維持するためにあらゆる競争力の源泉を選択的に、又は組み合わせて活用する戦略が有効である（市場戦略、知財戦略）。いずれにしても、技術戦略や知財戦略が市場や環境の大きな流れに整合して進んでいるか、市場戦略が環境変化を加味して策定されているかを、設計開始段階から衰退期に向けて継続的に確認することが重要である。開発や事業投資の早期回収という視点からも、このような知財経営は重要であると考える。

（3）知財経営に必要な要素

2014年に経済産業省が公表した「持続的成長への競争力とインセンティブ」によると、収益性や市場における優位性を確保する企業には、4つの共通する特徴があると紹介されている。また、この4つの特徴を構成する戦略を図6に記載した。

図6　収益性や優位性を確保している企業の特徴

1. 差別化により顧客に価値を提供し続ける力	3. 継続的なイノベーション
➤ 技術戦略 技術的に差別化を図っている ➤ 知財戦略 有効な参入障壁がある ➤ 市場戦略 独自の市場調査・分析を実施している。商品等の潜在規模、限界をみて差別化する。価格決定力をもち、収益性確保を重視している	➤ 技術戦略 自らの技術、強みを磨く オープンイノベーションで他の技術を組み合わせる 技術は捨てずに改善して活用する
2. ポジショニングと事業ポートフォリオの最適化	4. 環境変化・リスクへ対応
➤ 技術戦略 経営環境の変化に対応して、新陳代謝を継続的に実施する ➤ 技術戦略、知財戦略 バリューチェーンにおいて自社のポジショニングを明確化し、不可欠の存在とする ➤ 市場戦略 自社が優位性を発揮できる市場かどうかを競争力評価の重要なポイントとする。経営環境の変化に対応して事業ポートフォリオを最適化する	➤ 知財戦略、市場戦略 将来に向けた経営改革や事業投資を行うための適切なリスク・マネジメントを行っている 経営環境の変化に適切かつ迅速に対応する能力をもつ 環境変化に適応しながら変化し続けている。環境適応力が高く、事業領域を革新的かつ果敢に変えている 時代や自社に合った経営革新に合理的、積極的に取り組んでいる

（「持続的成長への競争力とインセンティブ」より作成）

さらに、社会課題や環境変化への対応に関連性の高い項目を、図6から抽出し、以下のとおり戦略別にまとめた。将来に向けて知財経営を行う上での戦略要素として参考にしていただきたい。

＜社会課題、環境変化への対応に関わる戦略＞
【市場戦略】
・時代や自分に合った経営革新に合理的、積極的に取り組む
・将来に向けた経営改革や事業投資の適切なリスクマネジメントを行う
・自社が優位性を発揮できる市場を判断する
・経営環境の変化に適切、迅速に対応する。環境変化に適応して変化し続ける

【技術戦略】
・経営環境の変化に対応して、新陳代謝を継続的に実施する
・オープンイノベーションで他の技術を組み合わせる
・技術的に差別化を図る

【知財戦略】
・有効な参入障壁を創る。バリューチェーンで不可欠な存在（ポジション）になる
・将来に向けた経営改革や事業投資に対して適切なリスクマネジメントを行う
・環境変化に適応しながら変化し続ける
・経営環境変化に適切、迅速に対応する能力を持つ

　これらの将来に向けた戦略要素を融合させることで、差別化による継続的な価値提供力、継続的イノベーション力、事業ポートフォリオの最適化、環境変化へのリスク対応力が強化されるのであるから、VUCAのような予測が困難な環境においても持続的な収益性や市場における優位性を確保できるのであろう。
　次章では、このような複数の戦略を融合し、知財経営を実行する取組に関して検討する。

4．知財経営実行に向けた課題

　3章で知財経営における3つの戦略の融合と、戦略の融合によって得られる収益性や市場における優位性を論じた。この章では実際に知財経営を行う上で想定される課題について事例を挙げて検討する。

（1）知財経営における組織的な課題

　知財経営を実行し、収益性や市場における優位性を確保する企業は、経営環境の変化を迅速に読み取る機能や、その変化に適応して自らが変化する能力を持っている。変化を読み取る機能は初めから備わっているわけではない。企業風土や経営方針、環境変化によってその機能が必要であると判断した時からそれが備わるのである。したがって、企業がその機能を装備したければ能動的に組織運営として決定する必要がある。つまり、その機能を効率的かつ効果的に発揮する組織を検討すべきである。また、変化に適応して自ら変化する能力は、その機能が継続的に実行される中で培われるものであろう。

　ここで、知財経営の機能をどこの組織で運営すべきなのかを考えてみる。前述したように知財経営は競争力の源泉である技術戦略、製品化してマーケティングに結び付ける市場戦略、競争力を維持するための知財戦略を融合して成り立つわけであるから、ある一つの組織にその機能を設定してしまうと、効果的に戦略の融合がなされない場合も想定される。また、組織をまたいだプロジェクトとしてこれを実行する場合には、プロジェクト期間が設定されるため戦略融合の継続性に関して課題がある。

　図7に、企業における各戦略の融合と情報伝達・報告の流れとして事例を2つ挙げてみた。ここで、各戦略の策定部門として、市場（事業）戦略は事業部門、技術戦略は開発部門、知財戦略は知財部門と仮定した。

　事例1は、経営報告が事業部門のミッションとなっており、事業部門が策定した事業戦略に基づき技術戦略がなされ、技術戦略に基づいて知財戦略がなされる流れとなっている。一方、事例2は、それぞれの組織が経営報告のミッションを担い、それぞれの戦略が経営に直接報告される流れになる。

これらの事例について、3つの戦略融合がどこでなされるかを考えてみたい。

事例1では各戦略が知財部門から開発部門、そして、事業部門にて統合し、融合され、事例2では各戦略が経営で融合される。知財経営においては、経営環境の変化を迅速に読み取り、迅速に変化することで適合や退避を決定する必要があるが、事例1では戦略情報が直列にボトムアップで融合されることから、伝達の途中で重要な戦略情報が融合されずに断絶、消滅するなど、迅速、正確に伝達されない可能性がある。事例2では経営に対してそれぞれの部門から並列に戦略情報が報告され、経営の段階で戦略が融合されることから、部門間での連携が不十分であった場合には整合した戦略情報が経営にインプットされず、経営戦略判断が困難になることもある。

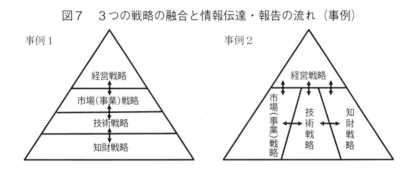

図7　3つの戦略の融合と情報伝達・報告の流れ（事例）

（2）知財経営における組織と機能

図7で紹介した事例の体制であっても知財経営が課題なく推進されている企業はあると思うが、ここでは上記で掲げた課題が存在する状況を想定して検討する。事例1や事例2における課題を解決する一つのイメージとして図8を示した。また、表1では、図8に示した戦略の融合がなされる過程において、それぞれの戦略を策定するための具体的な実行項目と、実行するための機能や情報、そして、企業の中でどの組織がその機能を持つべきかをイメージして示した。組織や部門の欄には、情報や機能を迅速に効率良く効果的に提供できる組織を想定して記載した。

図8　知財経営戦略による3つの戦略融合と情報伝達・報告の流れ
（前章の知財経営イメージ図）

　ここで表1の「実行段階」の列には、実行項目に記載した項目が図4で示した実行段階①から③のどの段階で実行されるべきかを想定した。「機能や情報」の列には項目を実行する上で必要と思われる機能と情報を抽出した。
　「組織や部門」の列には、その機能を迅速かつ効果的に実行できる担当組織や部門を想定して記入した。そして、この組織や部門の中で、実行項目を主導して取りまとめるにふさわしい部門をゴシック体で示した（繰り返しになるが、表1は飽くまでも検討のために仮に作成したものである。実際に実務をされている方には不足が多くあることをお許しいただきたい。）。
　前節にて、各戦略の策定部門として市場（事業）戦略は事業部門、技術戦略は開発部門、知財戦略は知財部門と仮定したが、各戦略を実行する機能や情報を分解し、効率性の観点から担当すべき部門を書き出してみると、戦略策定における機能を一部門に集約できないことがみえてくる。逆に一部門で戦略を策定、実行すると、他の組織や部門との十分な連携が取れていない限り、情報の不足から適正な戦略とならない場合が想定される。
　図4、図5、図8、表1を参照して、実務の視点で知財経営の戦略策定から経営報告の流れを検討する。ここでは、一例として市場戦略の策定を取り上げる（表1の**太枠①**）。

表1　知財経営における戦略別実行項目と、実行に向けた機能及び組織に関する想定

	実行項目	実行段階 ①	実行段階 ②	実行段階 ③	機能や情報	組織や部門	
市場戦略	製品・サービスを購入しようとしている、又は購入見込みのある個人や組織の探索	○	→	→	・自社の市場、顧客優位な領域に関する情報提示 ・自社の技術的な優位領域に関する情報提示 ・市場分析、顧客獲得可能性分析 ・ターゲット市場における知財分析	・事業 ・開発 ・マーケティング ・知財	←太枠①
	ターゲット顧客の決定		○	→	・ターゲット顧客探索 ・マネタイズ、ビジネスモデル検討と取りまとめ	・事業 ・マーケティング	
	顧客への自社優位性の説得方法の決定		○	→	・顧客価値シナリオ作成 ・自社独創、差別化項目の特定と顧客提案書作成	・事業 ・開発	
	市場、規制変化予測情報、ルール戦略			○	・社会情勢、市場動向分析に対する客観的検証 ・科学技術開発・イノベーション動向分析	・マーケティング ・知財	
技術戦略	開発の方向性の検証	○	→		・開発計画、知財出願・秘匿戦略策定 ・市場内知財ポートフォリオ分析（自社優位性、他社リスクの特定） ・社会情勢、市場動向分析、開発投資に対する客観的検証	・開発 ・知財 ・マーケティング	
	開発対象の選択・選別	○			・開発計画、知財出願・秘匿戦略策定 ・市場内知財ポートフォリオ分析（自社優位性、他社リスクの特定、技術導入支援）	・開発 ・知財	
	試験研究の遂行		○	→	・開発計画、知財出願・秘匿戦略策定 ・競争優位性の確保、知財リスクマネジメント	・開発 ・知財	
	他者との連携や技術導入	○	→		・技術導入、与信調査、自社シナリオに沿った契約の締結 ・技術導入先探索、知財視点での与信調査、契約審査 ・契約リスク管理	・開発 ・知財 ・法務	
知財戦略	競争の源泉となる技術を知財権で保護		○	→	・競争力の確保、発明創出 ・競争優位な権利範囲の特定、知財ポートフォリオ管理	・開発 ・**知財**	
	競争の源泉となる技術ノウハウを秘匿・管理	○	→		・不正競争防止法に則した秘匿管理 ・秘密管理支援	・開発 ・知財	
	競争力の維持と活用			○	・侵害者ウオッチ、係争、訴訟判断 ・知財ポートフォリオ管理、侵害可否・リスク分析、知財交渉 ・訴訟リスク管理	・事業 ・**知財** ・法務	

↑太枠②
※実行段階②及び③の「→」は「実行継続」という意味である。

市場戦略の実行項目である「製品・サービスを購入しようとしている、又は購入の見込みのある個人や組織の探索」に関しては、設計開発段階の時期、特に開発投資がなされる実行段階①（図5）での実行が想定される。また、この項目を実行する上で必要な機能として、「自社の市場、顧客優位な領域に関する情報提示」「自社の技術的な優位領域に関する情報提示」「市場分析、顧客獲得可能性分析」「ターゲット市場における知財分析」の4つを想定した。

それぞれの機能が迅速かつ効果的・効率的に実行されることを考慮し、4つの機能のうち、「自社の市場、顧客優位な領域に関する情報の提示」は事業部門、「自社の技術的な優位領域に関する情報提示」は開発部門、「市場分析、顧客獲得可能性分析」はマーケティング部門、「ターゲット市場における知財分析」は知財部門が担当することが好ましいと判断した。このように効果的・効率的に機能が実行されることを考えると、それぞれの機能は各部門に割り当てられる。個々の機能の成果が融合して市場戦略の一つとして策定されるが、いずれかの部門がこれを取りまとめればよい。本事例の場合は実行項目の内容からマーケティング部門が取りまとめをすることがふさわしいと考えた（表1「組織や部門」欄のゴシック体参照）。

実行段階①の時期に行われるその他の実行項目（表1の**太枠**②）は市場戦略のほかに技術戦略の「開発の方向性の検証」「開発対象の選択、選別」「他社との連携や技術導入」、知財戦略の「競争力の源泉となる技術ノウハウを秘匿、管理」があり、それぞれの戦略における実行項目は市場戦略と同様に異なる複数の組織（部門）の連携によってなされる。

実行段階①で行う5つの項目は各組織（部門）の参加によりそれぞれの機能や情報が融合されて実行されるため、実行項目を合わせて策定される戦略は協議段階において既に融合されていることになる。重要な戦略情報が融合され、部門間で整合された戦略となるため、図8に示した知財経営戦略が成り立つ。知財経営においては、このように複数の部門が持つ機能や最先の情報が融合されてなされる経営であり、それゆえ、環境変化に強い経営が可能となる。

事例1や事例2の体制から図8の体制に変えて知財経営を行うためには、戦略を実行する上で必要な情報や機能がどの部門にあるかを洗い出して組織横断型の戦略実務をどのように推進するかをよく検討し、企業文化、業種、業態、事業内容に合わせた組織体制にする必要がある。図8に示したように知財経営戦略は3つの戦略を融合して策定されるため、3つの戦略の融合機能をどの組織が集約して経営に報告するかも決めなければならない。例えば経営企画部門や事業部門、あるいは特別な戦略機能を持った新たな部門などが想定されるが、表1で例示することは控えた。

(3) 知財経営に向けた人材育成

　次に知財経営戦略を実行する人材について考えていきたい。人材育成に関して知財部門、開発部門、事業部門を例として検討したので以下に述べる。

　知財部門の機能として、「ターゲット市場における知財分析」「科学技術開発やイノベーション動向の分析」「市場内の知財ポートフォリオ分析と管理」「競争優位性の確保や知財リスクマネジメント」「技術導入先探索や知財視点での与信調査や契約審査」「秘密管理支援」「知財交渉」などを表1で例示した。知財部門の人材は、このような機能の実行と社内への情報伝達スキルが必要となる。知財部門は知的財産法に基づき技術価値を権利化することで自社の優位性を確保する部門であるため、自社と他社の技術情報に詳しく、技術と法律の両面で専門的知識を有する。また、日々の知的財産権のクリアランス活動から、ビジネスにおける知財リスクに敏感である。技術と法律の両面からの専門的知識とビジネスにおける知財リスクへの感覚を活用し、知財経営に向けて上記に例示したスキルを育成すべきである。

　開発部門の機能として、「自社の技術的な優位領域に関する情報提示」「自社独創・差別化項目の特定と顧客提案書作成」将来を見越した「開発計画・知財出願・秘匿戦略策定」「技術導入、与信調査、自社シナリオに沿った契約の締結」「競争力の確保、発明創出」「不正競争防止法に則した秘匿管理」などを表1に例示した。

開発部門の人材は技術の専門家であり、広い技術知見を活用し、新しい技術を創出する能力を有する。広い技術知見に加えて得意とする技術分野に深化した専門性を有する人材は、専門分野に新たな技術を組み合わせてイノベーションを創出する能力に長けている。

よって、技術の専門家としての広い技術的知見を活用し、外部の技術動向や技術的リスクを把握した上で自社に優位な将来の事業を想定した開発の策定と実行、戦略的知財権の取得とノウハウの秘匿戦略、技術導入によるシナジーの形成などができる人材を育成すべきである。将来の事業を担う重要な部門であるため、他部門から情報を収集し、自社の競争の源泉を多面的に把握するとともに、将来において有効かつ優位な市場を形成するための開発計画や戦略を提示することができる人材を育成すべきである。

事業部門の機能として、「自社の市場、顧客優位な領域に関する情報提示」「ターゲット顧客探索」「顧客価値シナリオ作成」「侵害者ウオッチ、係争、訴訟判断」などを表1で例示した。事業部門の人材は、製造から営業までのビジネス全体を把握しているので、常に変化する事業環境の中で売上げや利益を上げる最善の策を選択することができる。

また、事業部門はマーケティング、営業、製造など内部で機能を分化しているため、事業部門内の人材はそれぞれ異なる情報やスキルを有していることが想定される。市場、技術、知的財産における環境変化が個々に、かつ、連関している状況下において、事業部門には、市場・マーケット情報を関係部門へと迅速に伝達し、戦略及び戦術の策定や変更を遅滞なく推進させることができる人材を育成すべきである。

図9に各組織（部門）に所属する人材が有するであろう情報やスキルと、情報を融合するために必要と思われる共通のリテラシーを記載した。

知財経営において異なるスキルを持つ者が戦略の融合や策定を行うためには、他の組織の情報を理解し、自身の持つ情報と融合する能力が必要となる。よって、知財経営戦略を担当する人材に共通のリテラシーとして以下の3つが必要と考えた。

図9　知財経営戦略を実行するための人材の育成

開発部門	マーケティング部門	知的財産部門	事業部門	その他関係部門
・技術的な専門スキル ・幅広く技術に興味を持ち、技術的応用力を持つ	・市場調査に関する情報とマーケティングに関する専門スキル	・知的財産権に関する情報と専門スキル	・営業、製造に関する情報と事業に関わるスキル	・部門専門スキルと各種情報

共通するリテラシー教育
① 自部門の機能や戦略に資する情報を経営や他部門に分かりやすく説明し、伝える能力
② 他部門の機能や戦略に資する情報を聴く能力と、それを他の情報と融合して戦略を策定する能力
③ 知財経営が重要であり、実務を実行することに価値があることを理解する能力

　第一に、自部門の情報を正確に分かりやすく説明して他部門に伝える能力である。知財経営では、能力、情報、スキルが異なる人材が集まって戦略を検討する。そのため、自部門の組織に与えられた機能を実行して報告をするだけでは情報が十分に伝わらず、置き去りになって融合されることはない。自部門の情報を他部門の情報に融合させるために配慮した情報提示（分かりやすく理解を促す情報の提示）をする能力が必要となる。

　第二に、他部門の情報に耳を傾け、内容を理解し、自己の情報と融合することで、リスクやチャンスを想像しつつ戦略を策定する能力が必要である。

　第三に、知財経営の重要性を理解し、その実行価値を理解する能力が必要であり、戦略策定にモチベーションを持てる人材でなければならない。

　知財経営においては、情報や機能を融合するのは人材であり、異なる業務をする組織が集まって戦略を策定し、実行する。そのため、各組織内において必要な専門スキルの醸成に加え、上記3つの組織間をつなぐリテラシー教育は非常に重要である。知財経営戦略を実行する人材にこの共通のリテラシー教育をしなければ、各組織が持つ有効な情報や機能が融合されないため、実効的な戦略は策定されない。企業は、自社の知財経営に必要な人材スキルを検討し、育成を行うことで知財経営を実行する人材を確保し、環境変化に強く、持続的に収益性や市場における優位性を確保できる企業体質になれるよう検討されたい。

5．おわりに

　2002年に知的財産戦略大綱が策定されて20年以上が経過した現在でも、日本企業は科学技術・イノベーションの停滞が指摘されている。

　日本政府はこの状況を是正するために科学技術やイノベーションを社会実装するための支援を強化している。企業はこのような支援を活用して科学技術・イノベーションに取り組み、持続的に発展していかなければならない。社会課題の解決を将来に向けた新たな科学技術やイノベーション創出のチャンスと捉えて、将来のビジネス市場で利益を得るために、どのような市場戦略をとるべきか、技術戦略としてどこに投資すべきかなど、環境変化を想定した経営判断が必要となってきている。

　そのために市場戦略、技術戦略、知財戦略の３つの戦略を融合した知財経営戦略が有効であると述べた。知財経営の実務について想定事例を挙げて、知財経営戦略を実行するために、組織の機能と体制の決定、戦略実行のための人材育成について著者の考えを紹介した。

　知財経営は、企業文化、業種、業態、事業内容に合わせた独自の経営であり、これを運営する組織の体制や人材は企業によって異なるものと思われる。

　しかし、知財経営にとって重要な情報の共有化と融合が組織と人材でなされることはどこの企業でも共通であろう。

　以上、本稿が知財経営を考える上で少しでも参考になれば幸いである。

第Ⅱ章

特許(発明)

近時の裁判例からみた発明発掘のポイント

弁理士法人藤本パートナーズ
特許第2部 部門長 弁理士 北田 明

1. はじめに

近年、企業経営において知財がますます重要視されており、多くの企業が知財の創造・取得・活用などに代表される知財活動を通じて企業価値を高めようとしている。この知財活動は、知財が創造されることから始まるのであり、特許でいえば発明が所定数なされてこそ始まるものである。

しかしながら、日本の特許出願件数の減少傾向からも推察できるように、日本企業の開発現場では、なかなか発明が提案されないという現状が少なからずある。本稿は、このような現状を現代的課題と捉えて寄稿するもので、知財活動に必要となる発明を発掘するためのポイントを近時の裁判例から見いだすことで、上記課題の解決手段を見いだすことを目的としている。

知財の業界は、件数偏重の時代から質重視の時代へと変わり、最近では、経営に資するという意味での質が重要視されている。例えば知財ポートフォリオの構築やオープン・クローズ戦略、IPランドスケープなどを駆使した知財戦略を経営に活用したり、コーポレートガバナンス・コードの改訂による知財投資などを含めた知財ガバナンスへの対応が求められたりするなど、知財が経営の中枢に位置付けられるようになってきている。

このように知財を経営の中枢に位置付けるとしても、開発部門やデザイン部門から新たな発明や意匠が創出されないと、上記のような知財戦略や知財ガバナンスに取り組むことができない。

しかしながら、多くの企業は「新しい発明が出ない」という"悩み"を抱えており、著者のところにも多くの相談が持ち込まれている。

そこで、本稿では、上記"悩み"を現代的課題と捉えて、該課題を解決する手段の一つとして、裁判例を分析することで発明発掘のヒントになるポイントを見いだすこととした。とはいえ、裁判例といっても、進歩性や記載要件など争点はたくさんある。本稿では、たくさんある争点のうち「新規事項の追加」を争点とした裁判例を取り上げて検討することとした。

なお、本稿では、取り上げた裁判例の判決を評釈するものではなく、また、対象となる特許の明細書等の記載の良しあしを評価するものでもないことはあらかじめ断っておく。

2．発明とは？

裁判例を具体的に分析する前に、発明とはどういった概念かについて整理しておく。

特許法施行規則24条の2には、明細書の記載要件に関する規則として、「特許法第36条第4項第1号の経済産業省令で定めるところによる記載は、【発明が解決しようとする課題】及び【その解決手段】その他のその発明の属する技術の分野における通常の知識を有する者が【発明の技術上の意義】を理解するために必要な事項を記載することによりしなければならない」と規定されている。

この規定から、明細書等には、発明の技術上の意義を理解するために必要となる事項として、「解決しようとする課題」と「その解決手段」を記載することが必要であることが分かる。

よって、本稿では、発明を以下のように把握されるものと定義する。

<u>発明とは、「課題」と「解決手段」とに基づいて「技術上の意義」を理解することで把握される技術思想</u>

以下の裁判例の分析においては、上記発明を把握する定義をベースにして、発明発掘の際に発明を見いだすヒントを検討することとする。なお、以下の裁判例の検討での判決などの引用における下線は著者が付したものである。

3．裁判例の検討
（1）事例1　知財高判令和03.11.11 令3（ネ）10043
① 事例の概略
　この事例は、複数の化合物の組合せからなる組成物に係る発明において、当初請求項に記載した化合物の群から特定の幾つかの化合物の組合せに限定する補正をしたところ、この補正が新規事項の追加であると判断された事例である。

② 当初請求項
【請求項1】
HFO-1234yf と、
HFO-1234ze、HFO-1243zf、HCFC-243db、HCFC-244db、HFC-245cd、HFC-245fa、HCFO-1233xf、HCFO-1233zd、HCFC-253fb、HCFC-234ab、HCFC-243fa、エチレン、HFC-23、CFC-13、HFC-143a、HFC-152a、HFC-236fa、HCO-1130、HCO-1130a、HFO-1336、HCFC-133a、HCFC-254fb、HCFC-1131、HFO-1141、HCFO-1242zf、HCFO-1223xd、HCFC-233ab、HCFC-226ba および HFC-227ca からなる群から選択される**少なくとも1つの追加の化合物**とを含む組成物。

③ 補正請求項
【請求項1】
HFO-1234yf と、
ゼロ重量パーセントを超え1重量パーセント未満の、HFO-1243zf および HFC-245cd と、を含む、
熱伝達組成物、冷媒、エアロゾル噴霧剤、または発泡剤に用いられる組成物。

④ 原審の判断
　原審では、明細書に記載されていた事項として、「前記（2）に説示したとおり、前記第2の1（4）アの出願当初の請求項1及び2の記載からすれば、

本件特許に係る特許出願当初の請求項１及び２の記載は、<u>HFO-1234yfに対する『追加の化合物』を多数列挙し、あるいは当該『追加の化合物』に『約１重量パーセント未満』という限定を付すにとどまり」</u>と判断し、また、「新たな低地球温暖化係数（GWP）の化合物であるHFO-1234yf等を調製する際に、<u>HFO-1234yf又は</u>その原料（HCFC-243db、HCFO-1233xf、及びHCFC-244bb）に含まれる<u>不純物や副生成物が特定の「追加の化合物」として少量存在することが記載されており</u>（【０００３】、【００１６】、【００１９】、【００２２】）」と判断している。

　これに対し、明細書に記載されていない事項として、「そして他方、当初明細書においては、そもそもHFO-1234yfに対する『追加の化合物』として、多数列挙された化合物の中から特に、<u>HFO-1243zfとHFC-245cdという特定の組合せを選択すること</u>は何ら記載されていない」と判断し、更に「この点、当初明細書においては、HFO-1234yf、HFO-1243zf、HFC-245cd、それぞれ個別に記載されてはいるが、特定の３種類の化合物の組合せとして記載されているものではなく、当該特定の３種類の化合物の組合せが必然である根拠が記載されているものでもない。また、表６（実施例16）については、８種類の化合物及び『未知』の成分が記載されているが、<u>そのうちの『245cd』と『1234yf』に着目する理由</u>は、当初明細書には記載されていない。…それにもかかわらず、その中から特にHFO-1243zfだけを選び出し、HFC-245cd及びHFO-1234yfと組み合わせて、３種類の化合物を組み合わせた構成とすることについては、<u>当業者においてそのような構成を導き出す動機付けとなる記載が必要と考えられるところ、そのような記載は存するとは認められない</u>…（略）…。

　これらに照らせば、…（略）…そのような<u>特定の組合せを導き出す技術的意義を理解するに足りる記載</u>が当初明細書等に一切見当たらないことに鑑み、当初明細書等とは異質の新たな技術的事項を導入するものと評価せざるを得ない。したがって、本件補正は、当初明細書等の記載から導かれる技術的事項との関係において、新たな技術的事項を導入したものであるというほかない」と判断している。

⑤ 控訴審の判断

また、控訴審においても、当初明細書等に記載された事項として「当業者によって、当初明細書等の全ての記載を総合することにより導かれる技術的事項とは、低地球温暖化係数の化合物であるHFO-1234yfを調整する際に、不純物や副反応物が追加の化合物として少量存在し得るという点にとどまるものというほかない」と判断されており、当初明細書等に記載されていない事項として、「一方、上記各工程の記載は、工程中に生成された組成物の組成比が示されるだけであり、それら組成物が有する<u>作用効果に関する記載</u>は全くない」や「当初明細書中には、<u>**沸点の近い化合物を組み合せて共沸組成物とすることや低コストで有益な組成物を提供できることについては、記載も示唆もされていない**</u>」と判断されている。

⑥ 考察

原審及び控訴審の判決では、要するに、当初明細書には、たくさんの化合物の中から幾つかの化合物を特定の組合せとして選び出す根拠や理由、動機付けあるいは作用効果が記載されていないから、当該特定の組合せを構成とする発明は記載されていないと判断している。

このような判断からすると、当初明細書に特定の組合せに係る発明が記載されているといえるためには、その組合せを選出した根拠、理由、動機付け、作用効果などとして、例えば特定の組合せによって奏する特有の効果や、該特定の組合せによって所定の技術的課題が解決できることの作用機序などに関する記載があり、これらの記載によって、特定の組合せに係る発明の技術的意義が認識できる必要がある。

そして、かかる特有の効果や作用機序を当初明細書に記載しておくためには、発明を捉える発明発掘の時点で、特定の組合せを見いだしてその作用効果から発明の技術的意義を検討していなければならない。

よって、本事例からは、以下のような発明発掘のポイントとなるフレームワークが見いだされる。

【フレームワーク１】

複数の構成要素の組合せで作用効果を見いだせるか？

ここで、このフレームワーク１を化学系、機械系それぞれの発明発掘の場面に適用した場面をシミュレーションしてみる。

〔化学系発明の場合〕

例えばたくさんの化合物Ａ～Ｚを含む群から選択される化合物を構成とする組成物の発明が提案されたとする。

この場合に、上記化合物群の中から、例えばＡ、ＤやＰ、Ｑ、Ｒなどのように、化合物の組合せを選出し、その組合せによって何らかの作用効果を奏するか？　ということを検討する。

又はＡ～Ｚの群から選択した化合物によって得られる組成物が、特有の効果を奏する場合に、その特有の効果を奏する化合物の組合せは何か？　ということを検討する。

このような検討をすることで、たくさんの群に個別に含まれる化合物から特定の組合せの発明を発掘することができる。

〔機械系発明の場合〕

例えばＡ～Ｄの部品からなる装置についての発明が提案された場合に、発明者が解決しようとした課題はＢの部品の構造によって解決できるとする。この場合に、例えばＢとＡ、Ｃ、Ｄとのそれぞれ組合せによって何らかの作用効果を奏するか？　ということを検討する。

あるいは、提案された装置が上記課題の解決とは別に何らかの作用効果を奏している場合には、その作用効果を奏する構成はＡ～Ｄの組合せのどれか？　ということを検討する。

このような検討をすることで、１つの装置から幾つかの部品の組合せに関する発明を発掘することができる。

(2) 事例2　知財高判令和03.06.29 令2（行ケ）10147

① 事例の概略

この事例は、アイテムを用いるゲームプログラムに関する発明において、特定のアイテムをアイテムボックスに記憶する旨の補正をしたところ、この補正が新規事項の追加であると判断された事例である。

② 発明の内容

本事例に係る発明は、入手したアイテムをアイテムボックスに収納可能なゲームにおいて、アイテムを多数収納するとアイテムボックスが満杯になって新たにアイテムを入手できなくなるため、複数のアイテムから特定のアイテムへ変換して所持するようにした発明である。

③ 明細書の記載

この発明に関し、明細書には以下が記載されている。

【0050】
　特定アイテム付与部260は、アイテム変換部250によって変換された特定のアイテムを、ユーザに付与する。<u>この特定のアイテムは、上限なくユーザが所持可能とすることができる。</u>

【0051】
　このような構成とすることにより、新アイテム入手時のユーザの利便性を向上させることができる。具体的には、<u>ユーザは、付与される様々な種類の不要なアイテムを、1つの特定のアイテムに変換して所持することができるため、不要なアイテムによりユーザのアイテムボックスが満杯になるのを防ぐことができる。</u>

【0052】
　また、上限なくユーザが特定のアイテムを所持可能とすることで、特定アイテムを貯蓄する事が可能となり、ユーザの好きなタイミングで特定アイテムを使用する事ができるようになる。結果、一度に複数の特定のアイテムを使用

して他アイテムを強化させる操作を行うことで、当該強化対象となる他アイテムの経験値を一度で大きく変化させる等、ユーザの選択肢を広げる事ができる。

④ 当初請求項
【請求項1】
　コンピュータに、
…（略）…
　前記変換機能によって数値化された前記アイテムの数値に基づいて、前記アイテムを、前記アイテムを強化するための特定のアイテムに変換するアイテム変換機能と、を実現させ、
　前記特定のアイテムの個数を減じることに応じて、前記アイテムの強化が行われるゲームプログラム。

⑤ 補正請求項
【請求項1】
　コンピュータに、
…（略）…
　前記変換機能によって数値化された前記アイテムの数値に基づいて、前記アイテムを所定個数の価値の等しい一種類の特定のアイテムに変換するアイテム変換機能と、
　前記特定のアイテムを、前記ユーザに関連付けられたアイテムボックスに対応付けて記憶するアイテム記憶機能とを実現させるゲームプログラム。

⑥ 審決の判断
審決は、以下のように判断した。
　「ウ　当初明細書の上記記載によると、当初明細書には、『特定のアイテム』をユーザが所持し、不要なアイテムを『特定のアイテム』に変換して所持することにより、不要なアイテムによりユーザのアイテムボックスが満杯にな

ることが防がれることは記載されているものの、ユーザが所持する『特定の
アイテム』が、アイテムボックスに収納されることは記載されておらず、ア
イテムボックスに特定アイテムの収納上限が設けられていることまでが記載
されているということはできない。

　一方、当初明細書に『特定のアイテム』について、『上限なく所持可能』と
する旨が記載されていることからすると、『特定のアイテム』は、アイテムボッ
クスに収納されるものではなく、『特定のアイテム』についての各ユーザの所
持数は、アイテムボックスとは、別に管理されているものであると解される。
また、原告が主張するように、『特定のアイテム』が『アイテムボックス』に
収納されるものであるとすると、不要なアイテムを『特定のアイテム』に変換
したとしても、アイテムボックスに収納する以上、『特定のアイテム』によっ
てアイテムボックスが占有されることになってしまうのであるから、不要なア
イテムを『特定のアイテム』に変換することにより、ユーザのアイテムボック
スが満杯になることを防ぐという、本願発明における『ユーザに付与されたア
イテムを特定のアイテムに変換する』ことの技術的意義を損なうものとなる」

⑦ 判決の判断
判決では以下のように判断した。
「2　取消事由1（新規事項追加についての判断の誤り）について
（1）…したがって、新たな発明特定事項は、「『特定のアイテム』を『ユー
ザに関連付けられたアイテムボックス』に収納する」ことを特定していると
認められる。
（2）当初明細書には、『アイテムボックス』について、段落【００５１】に
のみ記載がある。そして、『不要なアイテムによりユーザのアイテムボック
スが満杯になるのを防ぐことができる』との記載から、当初明細書に記載さ
れた『アイテムボックス』は、アイテムを収納するための構成であって、か
つ、アイテムの収納上限が設けられているものと認められる。このことは、
『ユーザが保有することができるカードの数には上限がある』（段落

【0005】)との記載とも整合すると認められる。一方、当初明細書には「特定のアイテム」について、アイテム付与部によって付与されるアイテムとは異なる種類のアイテム(段落【0049】)であり、アイテム付与部により実行されるアイテム付与ステップによってユーザに付与された『アイテム』が、アイテム変換ステップにより変換され(段落【0026】、【0035】、【0039】、【0048】)、特定アイテム付与ステップによりユーザに付与される(段落【0040】、【0050】)ものであって、上限なくユーザが所持可能とすることができるものである(段落【0031】、【0040】、【0050】、【0052】)と記載されている。

そして、収納上限が設けられているアイテムボックスに『特定のアイテム』を収納すると、『特定のアイテム』を上限なくユーザが所持することは不可能であるから、当初明細書に接した当業者は、『特定のアイテム』は、『アイテムボックスに収納して保持する』ものではないと理解すると解される」

⑧ 考察

審決でも判決でも、特定のアイテムをアイテムボックスに収納することは明細書等に記載されていないと判断しているが、その理由は、アイテムを特定のアイテムに変換することの技術的意義を損なうとか、特定のアイテムをアイテムボックスに収納することは不可能である、などと判断している。

この判断について検討するに、本事例では、

明細書等に記載されている発明が、

・課題:アイテムボックスが満杯になる

・解決手段:複数のアイテムから特定のアイテムに変換して上限なく所持するであり、

新規事項の追加と判断された補正発明が、

・複数のアイテムから特定のアイテムに変換してアイテムボックスに収納する

であるところ、

確かに補正発明の内容では、アイテムボックスが満杯になるという課題が解決できないこととなる。よって、補正発明が明細書等に記載されていないと判断されるのは一理あるといえる。

ここで、発想を逆転させて、上記補正発明が新規事項の追加ではないという結論であると仮定した場合には、その理由として明細書等からどういったことが読み取れるのであろうか？　と更に検討してみる。

この場合、上記「２．発明とは？」で述べた発明の定義も併せて考えると、上記仮定の結論となるには、複数のアイテムから特定のアイテムに変換してアイテムボックスに収納する態様であっても、アイテムボックスが満杯になるという課題が解決できるということが明細書等から読み取れることが必要である。

このようなことが読み取れる明細書等の記載の具体例としては、例えば100個のアイテムから１個の特定のアイテムに変換し、この特定のアイテムをアイテムボックスに収納することで、アイテムボックスの収納スペースに99個の空きスペースができてアイテムボックスが満杯になることを抑制できる、ということが考えられ、明細書等にこのような記載がなされている場合には、特定のアイテムをアイテムボックスに収納しても課題を解決できるという技術的意義が読み取れることとなる。

以上のことからすると、アイテムボックスが満杯になるという課題に対しては、「複数のアイテムから特定のアイテムへ変換する」ということが解決手段となり、これだけで１つの発明として認識できることとなる。そして、「特定のアイテムを上限なく所持する」ことや「特定のアイテムをアイテムボックスに収納する」ことは、特定のアイテムへ変換した後の別個の処理態様となり、それぞれの態様に応じた作用効果を考えられることになる。よって、本事例からは、以下のような発明発掘のポイントとなるフレームワークが見いだされる。

【フレームワーク2】
　一見必須と思える構成でも、不要と捉えることができないか？
　このフレームワーク2を用いて、本事例を例題にして発明発掘の現場をシミュレーションしてみる。

　開発部門から
・課題：アイテムボックスが満杯になる
・解決手段：複数のアイテムから特定のアイテムに変換して上限なく所持するという発明が提案されたとする。

　この提案発明にフレームワーク2を当てはめてみると、アイテムボックスが満杯になるという課題の解決手段は、特定のアイテムへの変換と上限ない所持とが必須なのか？　と考えることになる。

　そうすると、上記具体例なども考慮することで、アイテムボックスが満杯になるという課題に対しては、複数のアイテムから特定のアイテムへ変換するということが解決手段となり、特定のアイテムを上限なく所持することやアイテムボックスへ収納することは必須ではなく、上限なく保持してもよいし、アイテムボックスに収納してもよいと考えることができる。

　次に、特定のアイテムを上限なく所持することや、特定のアイテムをアイテムボックスに収納することについて、それぞれ別の態様として考え、それぞれの構成でどのような作用効果（技術的意義）があるであろうか？　と考えを進めることとなる。

　そして、例えば特定のアイテムを上限なく所持することでアイテムの入手を制限なく継続することができる、といった作用効果を見いだしたり、特定のアイテムをアイテムボックスに収納することでアイテムと特定のアイテムとをアイテムボックスで一元管理することができる、といった作用効果を見いだしたりすることで、これらを更なる発明として捉えることができる。

(3) 事例3　知財高判令和03.06.24 令2（行ケ）10045

① 事例の概略

この事例は、ハンドルとハンドルに回転可能に取り付けられる一対のローラとを備える美容器において、一対のローラの形状を特徴とする発明についての親出願から、ハンドルの形状を特徴とする発明を分割出願して権利化された本件特許について、分割要件としての新規事項の追加が争点となった事例である。

② 親出願の内容

【請求項1】

ハンドルと、

該ハンドルの第1端部に互いに離隔してそれぞれの軸線を中心に回転可能に支持されているとともに、上記軸線が上記ハンドルの中心線に対して上記第1端部と反対側の第2端部から上記第1端部に向かう方向に傾斜するように配設されている一対のローラを含む複数のローラと、を備え、

<u>上記一対のローラの直径が15～20mmであるとともに、上記一対のローラの外周面間の最短距離が7mm以上8mm未満である</u>ことを特徴とする美容器。

【課題】

本発明は、かかる背景に鑑みてなされたもので、<u>目元や口元などの狭い部分をマッサージするのに適した美容器</u>を提供しようとするものである。

③ 本件特許（分割出願）の内容

【請求項1】

棒状のハンドル本体と、<u>該ハンドル本体の表面から内方に窪んだ凹部と、上記ハンドル本体との結合部分が露出しない状態で上記凹部を覆うように上記ハンドル本体に取り付けられたハンドルカバーとからなるハンドル</u>と、上記ハンドル本体の長手方向の一端に一体的に形成された一対の分枝部と、該一対の分枝部のそれぞれに形成されているとともに、上記凹部に連通する軸

孔と、該軸孔に挿通された一対のローラシャフトと、該一対のローラシャフトに取り付けられた一対のローラと、を備え、<u>上記ハンドル本体の表面及び上記ハンドルカバーの表面が、上記ハンドルの表面を構成している</u>、美容器。

【課題】

本発明は、かかる背景に鑑みてなされたもので、<u>ハンドルの成形精度や強度を高く維持することができるとともに、組み立て作業性</u>の向上が図られる美容器を提供しようとするものである。

④ 審決の判断

審決は以下のように判断している。

「そして、『例えばハンドル10を中心線L0に沿って上下又は左右に分割して、ハンドル10の内部に各部材を収納する構成とした場合には、ハンドル10の成形精度や強度が低下したり、各部材がハンドル10の内部を密閉する作業に手間がかかって美容器1の組み立て作業性が低下したりするおそれがある』という<u>技術的課題を解決するという本件特許の技術的意義は原出願時と変わりなく、新たな技術的意義が追加されないことも明らかである</u>から、本件発明について『細い』という特定のない棒状のハンドルとすることによっては、新たな技術的事項が導入されたとはいえない」

⑤ 判決の判断

判決では、以下のように判断している。

「(1) <u>出願当初明細書には、</u>『また、本例では、ハンドル10は細い棒状に形成されていることから、例えばハンドル10を中心線L0に沿って上下又は左右に分割して、<u>ハンドル10の内部に各部材を収納する構成とした場合には、ハンドル10の成形精度や強度が低下したり、各部材がハンドル10の内部を密閉する作業に手間がかかって美容器1の組み立て作業性が低下したりするおそれがある。</u>しかし、本例では、図4に示すように、ハンドル10は、その

一部（中央部）を凹状にくり抜いて形成された<u>凹部15内に各部材を配設するとともに、ハンドルカバー14によって当該凹部15を覆う</u>ことにより各部材を収納する構成を採用している。これにより、ハンドル10の中心線Ｌ０に沿って上下又は左右に分割した場合に比べて、<u>ハンドル10の成形精度や強度を高く維持することができるとともに、ハンドルカバー14によって凹部15の内部を容易に密閉できることから美容器１の組み立て作業性が向上する。</u>』（【００４９】）との記載がある。

…（略）…（【０００７】）と記載され、ハンドル本体の表面の内方に窪んだ凹部の位置について『中央部』との記載はない。しかし、出願当初明細書の前記記載は、図４の実施例に関して、凹部の位置を括弧書きで中央部であることを例示したものにすぎず、また、同明細書の該当箇所前後の記載からして、凹部の位置をハンドルの中央部に限定する趣旨であると解することはできない。したがって、本件発明において、凹部を設ける位置が『中央部』であるとの特定がないとしても、同明細書の上記記載との関係において新たな技術的事項を導入するものとはいえない」

⑥ 考察

　この事例においては、出願当初明細書の記載事項（上記下線部を参照）からして、分割出願に係る発明（本件特許）が原出願（親出願）に記載されていることは比較的容易に理解できる。

　この事例で注目すべきところは、親出願に係る発明が、「狭い部分をマッサージする」ことを課題として「一対のローラの直径と最短距離」を特徴としているのに対し、分割出願に係る発明が「ハンドルの成形制度や強度の向上、或いは組み立て作業性の向上」を課題として「ハンドルの表面を、凹部を有するハンドル本体の表面と、凹部を覆うハンドルカバーの表面とで構成する」ことを特徴としているところである。

　すなわち、親出願に係る発明と分割出願に係る発明とが、課題も解決手段も全く異なっている点である。

このことを発明発掘の観点から考察すると、この事例では、親出願の発明発掘時点で、親出願に係る発明だけでなく、分割出願に係る発明も発明として認識されていたと考えられる。

　ここで、発明者から親出願に係る発明だけが提案されたとすると、発明発掘の時点で、親出願に係る発明と課題も解決手段も全く異なる分割出願に係る発明を、いかにして見いだすことができるであろうか？

　考察するに、発明に係る商品の製造から販売、使用までの間の各場面で商品の特徴となるポイントがないかと検討することで可能となる。

　すなわち、開発者から、現行の美容器の改良製品として、
・開発テーマ：目元や口元などの狭い部分をマッサージする
・成果：一対のローラの直径と外周面間の最短距離の寸法
が報告されたとする。

　改良製品の売出しポイントとしては、上記の発明でも十分のように思える。ところが、ここで、【場面】を変えて考えてみると、新たな発明が見いだされることとなるのである。

　すなわち、上記開発テーマは、美容器を「使う場面」に着目したテーマであるが、場面を変えて「作る場面」から商品の良いところを検討してみる。

　そうすると、ハンドル本体に凹部を設け、該凹部をハンドルカバーで覆うようにした構造が、実は、ハンドルの成形精度や強度、あるいは組立て作業性を向上させるということを新たに認識できる。

　以上から、本事例からは、以下のような発明発掘のポイントとなるフレームワークが見いだされる。

【フレームワーク３】
　場面・視点を変えてみる。
　具体的には、使う場面、作る場面、輸送する場面、メンテナンスする場面などの「場面」を変えたり、使いやすさ、組立てやすさ、壊れにくさ、置きやすさなどの「良さ（視点）」を変えたりすることが考えられる。

このように考えることで、課題も解決手段も全く異なる発明を発掘できる。

（4）事例4　知財高判令和05.01.23 令4（行ケ）10028
① 事例の概略
　この事例は、LED照明装置の発明に関するもので、LEDユニットを収容する箱部を被取付け面の開口にはめ込むように構成したことを特徴とする発明についての親出願から、LEDユニットをマウント部の凹部に対して着脱可能としたことを特徴とする発明を分割出願して権利化された本件特許について、分割要件としての新規事項の追加が争点となった事例である。

② 親出願の内容
【請求項1】
　被取付け面に取り付けるLED照明装置であって、
　複数のLEDチップが搭載されており、第1の方向に沿って延びる細長状のLEDユニットと、
　少なくとも一部が上記被取付け面に設けられた開口よりも上記被取付け面奥方に位置し、かつ上記LEDユニットの少なくとも一部を収容する箱部を有する支持体と、
　を備えることを特徴とする、LED照明装置。

【課題】
　スマートであるとの印象を与えうる

③ 本件特許（分割出願）の内容
【請求項1】
　LEDユニットとマウント部とからなるLED照明装置であって、
　前記LEDユニットは、
　複数のLED発光部と、

前記複数のLED発光部が長手方向に沿って配列された長尺状の基板と、

断面コの字状であり、前記コの字状の底面部の外側に前記基板が設けられたベース部と、

前記基板および前記ベース部の前記底面部を覆う長尺状の透光カバーと、を備えており、

前記マウント部は、長尺状の底板部、および前記底板部の短手方向両端から起立する2つの壁部からなる凹部を備え、

前記LEDユニットは、前記マウント部の前記凹部に着脱可能に取付けられる、LED照明装置。

【課題】

LEDユニットを交換可能とする

④ 判決の判断

判決では、以下のように判断している。

「しかし、親出願の当初明細書等には、多数の実施形態（第1ないし第24実施形態）が開示されており、そこで開示されている課題は、上記の課題に限られるものではない。すなわち、親出願の当初明細書等には、第1実施形態に関する『このようにLEDユニット2を容易に取り付けることができる。』（段落【0044】）、『このように、LED照明装置A1は、マウント1からLEDユニット2を容易に取り外すことができる。』（段落【0046】）という記載、第7実施形態に関する『このように、LED照明装置A7は、ウイング部120からLEDユニット2を容易に取り外すことができる。』（段落【0131】）という記載、第11実施形態に関する『したがって、LED照明装置A11では、適切な時期にLEDユニット2を交換可能となっており、常時見栄えのよい照明を提供することができる。』（段落【0177】）という記載、第12実施形態に関する『このため、LED照明装置A12では、LEDユニット2の交換を容易にかつ速やかに行うことが可能となっている。』（段

落【０１８６】）という記載、第23実施形態に関する『また、解除レバー161を用いれば、比較的接近して並列に配置された２つのLEDユニット21を個別に容易に取り外すことができる。』（段落【０２６１】）という記載があり、これらの記載に鑑みれば、親出願の当初明細書等には、『LEDユニットを交換可能とする』ことが発明の課題として記載されていると認められる。

（イ）前記（ア）のとおり、親出願の当初明細書等には、『LEDユニットを交換可能とする』という課題が記載されており、この課題は、LEDユニットが『着脱可能に』取り付けられていれば解決可能なものであって、着脱可能とする構成について、特定の構成を採用しなければならないとする特別の要請があるとは認められず、具体的な構成まで特定しなければ解決できないということはなく、当業者であれば、技術常識に照らし、着脱可能とする適宜の方法を選択して解決することができるものと認められる。

そして、親出願の当初明細書等の段落【００２５】、【００２６】、【００４４】及び【００４６】並びに図２、図10及び図11等には、LEDユニット２をマウント１の凹部10ａにホルダ11の可撓部11ｂの弾性変形を用いて取り付け、取り外すことが記載されており、段落【０２５０】及び【０２５１】並びに図103、図104及び図106には、LEDユニット２をマウント１の凹部に、ワイヤホルダ161を介して取り付け、取り外す構成が記載されている。そうすると、親出願の当初明細書等は、ホルダ11の可撓部11ｂの弾性変形を用いて取り付け、取り外す構成と、LEDユニット２をマウント１の凹部10ａにワイヤホルダ161を介して取り付け、取り外す構成という複数の態様を開示しているということができ、これらの複数の取り付け、取り外す構成を包含する発明特定事項について、『着脱可能に』と特定することは、親出願の出願当初の明細書等の全ての記載を総合することにより導かれる技術的事項であるといえ、親出願の当初明細書等に記載された事項の範囲内であるものといえるから、新たな技術的事項を導入するものとは認められない」

⑤ 考察

　この事例では、LEDユニットを着脱可能な構成にすることで該LEDユニットを交換可能とすることができるということが、親出願の出願当初明細書等から導かれる技術的事項であるとして、新たな技術的事項を導入するものとは認められないとの結論に至っている。

　このような結論となった理由は、親出願の当初明細書には、第1ないし第24実施形態という多くの実施形態が記載されており、それらのうちの幾つかの実施形態において、LEDユニットの具体的な着脱構造が記載されるとともに、LEDユニットが交換可能であるということが記載されていたことが挙げられる。

　そして、LEDユニットが交換可能であるという共通記載から、分割出願に係る本件発明の課題が認定され、幾つかのLEDユニットの具体的な着脱構造から、これらを包含する着脱可能という構成が認定されたのである。

　このことからすると、本事例からは、以下のような発明発掘のポイントとなるフレームワークが見いだされる。

【フレームワーク4】

　幾つかの変形例に共通する課題、構成、作用効果を見付け出して発明として捉える。このフレームワーク4について、本事例を題材にして発明発掘の場面をシミュレーションしてみる。

　開発者から、新たなLED照明装置として、
・開発テーマ：室内がスマートであるとの印象を与え得る新たなLED照明装置の開発
・成果：LEDユニットを被取付け面の開口にはめ込む箱部に収容する
が発明提案されたとする。
　まずは、この開発テーマ及び成果をそのまま1つの発明として捉える。
　次に、フレームワーク4を適用して上記1つの発明を軸として変形例を考える。つまり、上記1つの発明の作用効果を奏する他の実施形態を検討する。

変形例の検討では、これまでの開発経緯で検討したボツ案や第2案などの変形例が開発者から提示されることもあるが、そうでない場合でも、例えば代替案、競合他社が実施しそうな案、今後のマイナーチェンジ案、更なる改良案など、様々な視点から変形例を考えるのである。

　そして、幾つかの変形例が出てきたら、これらの変形例の全体や一部に共通する構成を見いだし、その構成によって奏する作用効果を検討し、あるいは、共通する作用や効果を見いだし、その作用や効果を奏する共通の構成を検討することで、それらを個々の発明として捉えることができる。

4．おわりに

　以上、新規事項の追加を争点とした幾つかの裁判例から発明発掘のヒントになる以下のフレームワーク1ないし4を見いだした。

フレームワーク1	複数の構成要素の組合せで作用効果を見いだせるか？
フレームワーク2	一見必須と思える構成でも、不要と捉えることができないか？
フレームワーク3	場面・視点を変えてみる。
フレームワーク4	幾つかの変形例に共通する課題、構成、作用効果を見付け出して発明として捉える。

　今回の検討の結果としては、全ての裁判例に共通した1つの簡単便利なフレームワークを見いだすことはできなかった。これは、発明発掘は、1つのフレームワークで万事うまく発掘できるというものではなく、幾つかのフレームワークを開発事案に合わせて使い分けて分析することで、発明が発掘されるということを示しているものと考えられる。

　よって、発明発掘を強化するためには、上記で見いだしたフレームワークのほかにも、観点の違うフレームワークを独自に作り出し、アップデートしながら発掘実務を遂行することが重要であるといえる。

　本稿が読者の皆さんの発明発掘に少しでもお役に立てば幸いである。

数値限定発明における進歩性判断の現状と課題

弁理士法人藤本パートナーズ 所長 弁理士　中谷 寛昭

1．はじめに

　進歩性判断において、同一技術分野論は終焉を迎えたといわれて久しく、現在、裁判所では、多くのケースで、主引用発明と副引用発明との組合せに関して課題の共通性等の厳格な動機付けが要求されている。

　現状の審査基準でも主引用発明と副引用発明との組合せに関して「動機付けとなり得る観点のうち『技術分野の関連性』については他の動機付けとなり得る観点も併せて考慮しなければならない」[1]と規定されており、組合せに十分な動機付けがない場合には進歩性が肯定される傾向にあるといえる。

　この傾向は、数値限定発明においても例外ではなく、主引用発明に数値限定の発明特定事項を採用する動機付けが不十分な場合には、数値の臨界的意義の有無にかかわらず進歩性が積極的に認められているようである。

　また、数値限定発明は、数値限定の発明特定事項によって異質な効果若しくは同質であっても際立って優れた効果が奏される場合にも同様に進歩性が積極的に認められているようである。

　本稿は、このような数値限定発明における進歩性判断の現状とその課題について一考を試みたものである。

2．数値限定発明の進歩性判断の現状
（1）近時の裁判例紹介

---

[1] 審査基準第Ⅲ部第2章第2節3.1.1（1）

① 裁判例1 （知財高判令和02.10.28 令元(行ケ)10137）

本件は、パラメータ自体が一般的でないことを根拠に、そのパラメータの数値範囲が限定された発明特定事項を採用することの容易想到性を否定した事例である。

(本件発明について)

本件発明は、炎症及び炎症関連疾患の治療に活用することが期待されるセレコキシブを含む製薬組成物に関するものである。

このセレコキシブは、水溶性媒体に異常なほど溶解せず、経口投与された場合、容易には溶解しない、ブレンド均一性が低い等の問題があったところ、本件発明は、下記＜発明の要旨＞のとおり、セレコキシブ粒子の粒子径D90を規定する発明特定事項を採用することにより、溶解性、均一性等の問題を改善したものである。

＜発明の要旨＞

「…製薬組成物であって、粒子の最大長において、セレコキシブ粒子のD90が200μm未満である粒子サイズの分布を有する製薬組成物」（下線は著者が付した。以下、同様）

ここで、D90とは、累積90％の粒径を意味し、D90が200μm未満とは、粒子の90％は200μmより小さいという意味である。

(本件発明と主引用発明との相違点)

本件発明と主引用発明（甲2発明）との相違点（相違点1－2）は、製薬組成物に含まれるセレコキシブの粒子サイズが、本件発明では「粒子の最大長において、セレコキシブ粒子のD90が200μm未満である粒子サイズの分布を有する」とされているのに対し、主引用発明ではそのような特定がなされていない点である。

(裁判所の判断)

このような状況において、裁判所は、以下＜判旨＞のとおり、相違点についての容易想到性を否定した。

＜判旨＞

「甲２には、甲２発明の製薬組成物に含まれるセレコキシブについて、粉砕により微細化をしたセレコキシブを用いることや、その微細化条件を『セレコキシブのD90粒子サイズ』で規定することについての記載も示唆もない。また、特定の大きさよりも小さい粒子サイズの粒子が効果を奏する粉体の場合には、その粒度分布を、平均粒子径ではなく、『所望の大きさよりも小さい粒子サイズの粒子が粉末全体に占める割合』で特定することは、本件優先日当時、医薬品の原料粉末では一般的であったことを認めるに足りる証拠はないことは、前記２(2)イのとおりである。

そうすると、甲２に接した当業者において、甲２発明の製薬組成物において、経口吸収性（生物学的利用能）の改善及び薬効成分の含量均一性の改善のために、薬効成分のセレコキシブの粒子サイズを小さくすることに思い至ったとしても、セレコキシブの微細化条件として『粒子の最大長において、セレコキシブ粒子のD90が200μm未満である粒子サイズの分布を有する』との構成（相違点１－２に係る本件発明１の構成）を採用することについての動機付けがあるものと認めることはできないから、甲２及び技術常識ないし周知技術に基づいて、当業者が上記構成を容易に想到することができたものと認めることはできない」

このように、裁判例１では、パラメータ自体が一般的でないことを根拠に、そのパラメータの数値範囲が限定された発明特定事項を採用することの容易想到性を否定している。

② 裁判例２（知財高判令和05.07.13 令4(行ケ)10064）

本件は、自明な課題に反する可能性があることを根拠に、数値限定の発明

特定事項を採用することの容易想到性を否定した事例である。

(本件発明について)

本件発明1は、ある化合物1の微細結晶に関するものであり、下記＜発明の要旨＞のとおりである。

＜発明の要旨＞

「0.5～20μmの平均粒径を有し、結晶化度が40％以上である
【化1】…
で表される(E)－8－(3、4－ジメトキシスチリル)－1、3－ジエチル－7－メチル－3、7－ジヒドロ－1H－プリン－2、6－ジオンの微細結晶。」

(本件発明と主引用発明との相違点等)

本件発明と主引用発明（甲1結晶発明）とは、

（相違点1）本件発明1は、平均粒径が0.5～20μmの微細結晶であると特定しているのに対して、甲1結晶発明は、平均粒径及び微細結晶であることの特定がない点

（相違点2）本件発明1は、結晶化度が40％以上であると特定しているのに対して、甲1結晶発明は、結晶化度の特定がない点
において、相違している。

なお、甲1には、化合物1の溶解性を高めるという課題、化合物1の光安定性を高めるという課題は記載されていないが、このような課題は当業者が認識したものと認められる技術常識が存在しているという状況である。

(裁判所の判断)

この状況において、裁判所は以下＜判旨＞のとおり、相違点1及び相違点2を採用することの容易想到性を否定した。

<判旨>

「化合物1の溶解性及び安定性を高めるとの課題を認識していた本件優先日当時の当業者において、<u>化合物1の溶解性を追求するとの観点から、経口投与される水難溶性の薬物の溶解性を高めるための周知技術（結晶の粒子径を小さくするとの周知技術）を採用し、かつ、化合物1の安定性を追求するとの観点から、薬物の溶解性を低下させる結果となり得る周知技術（結晶の結晶化度を大きくするとの周知技術）をあえて採用することが容易に想到し得たことであったと認めることはできない。</u>

…相反する効果を生ずる事項同士であると認識されていた、化合物1の結晶の平均粒径を小さくし、かつ、その結晶化度を大きくすることが容易に想到し得たことであったと認めることはできないといわざるを得ない…

以上の通り、…化合物1の結晶の平均粒径を相違点1の数値範囲とし、かつ、その結晶化度を相違点2の数値範囲とすることが容易に想到し得たことであったと認めることはできない」

このように、裁判例2では、主引用発明の課題に反することとなり（実質的には阻害要因を認定しているものと思われる。）、数値限定の発明特定事項を採用することの容易想到性を否定している。

③ 裁判例3（知財高判令和03.02.08 令2(行ケ)10001）

本件は、臨界的意義の有無を判断せずに、本件発明が主引用発明と課題が異なること、異質な効果を奏することを根拠に、数値限定の発明特定事項を採用することの容易想到性を否定した事例である。

（本件発明について）

本件発明は、（メタ）アクリル酸エステル共重合体に関するものであり、下記<発明の要旨>のとおりである。

<発明の要旨>

「(メタ)アクリル酸エステル共重合体であって、

(A-a)…

(A-b)…

(A-c)…及び

(A-d)…

を構成モノマーとして含み、

(メタ)アクリル酸エステル共重合体(A)を構成するモノマーの全量を100質量%としたとき、上記(A-b)の配合量b(質量%)と上記(A-c)の配合量c(質量%)とが、

下記式:

$10 \leq b + 40c \leq 26$(但し、$4 \leq b \leq 14$、$0.05 \leq c \leq 0.45$)を満たし、化粧シートの粘着剤層に用いる粘着剤組成物用であることを特徴とする、(メタ)アクリル酸エステル共重合体。」

(本件発明と主引用発明との相違点等)

本件発明と主引用発明(引用例1発明)とは、

(相違点2)本件発明は、「(A-b)の配合量b(質量%)と(A-c)の配合量c(質量%)とが、$10 \leq b + 40c \leq 26$(但し$0.05 \leq c \leq 0.45$)」であるのに対し、引用例1発明の共重合体は当該cが0.5、b+40cが26.8である点において相違している。

なお、「本件発明は、建築基準法に規定する不燃性を有し、かつ、タック性、施工性、耐熱性及び粘着性に優れた化粧シートを得るために、そのような化粧シートの粘着剤層に適する粘着剤組成物に使用することができる(メタ)アクリル酸エステル共重合体を提供することを目的としたもの」である。

一方、「引用例1発明は、可塑化ポリ塩化ビニルシート上に積層して使用するのに好適な接着剤組成物に関する発明であり、共重合体中のカルボキシル基の10%以上をアルカリ金属と反応(中和)させることにより、耐ガソリン性及び耐油性を向上させることを目的とするもの」である。

すなわち、両発明は、技術分野や発明が解決しようする課題が一致するものではないという状況である。

(裁判所の判断)

この状況において、裁判所は下記＜判旨＞のとおり、相違点2を採用することの容易想到性を否定した。

＜判旨＞

「引用例1発明は、可塑化ポリ塩化ビニルシート上に積層して使用するのに好適な接着剤組成物に関する発明であり、共重合体中のカルボキシル基の10％以上をアルカリ金属と反応（中和）させることにより、耐ガソリン性及び耐油性を向上させることを目的とするものである。

そうすると、化粧シートの粘着剤層に用いる粘着剤組成物用の化合物の発明である本件発明と引用例1発明とでは、技術分野や発明が解決しようとする課題が必ずしも一致するものではないから、もともと引用例1発明に本件発明の課題を解決するための改良を加える動機付けが乏しいというべきである。…

以上の通り、本件発明と引用例1発明とでは技術分野や発明が解決しようとする課題が必ずしも一致するものではないこと、各モノマーは粘着力や凝集力の点で等価ではなく、当業者が各モノマーを置き換えたり配合量を維持したりすることは自然又は容易なことではないこと、当業者がグリシジルメタクリレートの配合量を第3成分の配合量の下限値未満に減少させる技術的理由は見いだされないことからすれば、甲7文献に接した当業者において、相違点2に係る本件発明の構成に至る動機付けがあったということはできない。

したがって、引用例1発明におけるb成分の配合量b及びc成分の配合量cの値を変更し、本件発明における数値範囲内に調整することを、本件出願時における当業者が容易に想到し得たということはできない。

…、本件発明においては、成分（A）について上記の数値範囲を定めるこ

とにより、化粧シートのタック性、施工性、耐熱性及び粘着性につき、一定の技術的効果が奏されていることは明らかであるといえる。
　…
　したがって、被告の上記主張は、理由がない」
　このように、裁判例3では、本件発明と主引用発明と課題が異なり、数値範囲を限定する動機付けがないこと、更には数値範囲を限定したことによる効果が異質であることを根拠として、数値限定の発明特定事項を採用することの容易想到性を否定している。

（2）小括

　裁判例によっては、数値範囲の調整は当業者の通常の創作能力の発揮にすぎず、設計的事項であるとして進歩性を否定するものも当然に存在するが、上記裁判例で例示したように、近時においては、数値限定発明において数値限定の発明特定事項を採用する動機付けが不十分な場合、数値限定によって異質な効果や同質であっても際立って優れた効果が奏される場合等には、他の発明と同様に、積極的に進歩性が認められているのが現状である。
　また、上記裁判例1のように、パラメータ自体が一般的でないことを根拠にその採用の動機付けを否定し、容易想到性を否定するものまで存在する。

3．数値限定発明の特徴と課題

　数値限定の発明をすることが比較的多い化学系等の発明者にとって、上記のような動向は、発明に対するインセンティブを維持することができ、好ましいことである。法律上、数値限定の発明特定事項と他の発明特定事項とは何ら区別されておらず、数値限定発明であっても容易想到の論理付けが困難なものについては、他の発明と区別することなく進歩性が認められて当然である。
　しかしながら、数値限定発明は、公知技術や公知技術から容易想到な発明（以下、「公知技術等」という。）とは文言上異なる発明特定事項を有していても、その公知技術等を含み得るという特徴を有している。

そして、このような特徴を有するがゆえ、数値限定発明は、公知技術等のありふれた技術を含むものであっても特許となる可能性があり、本来パブリックドメインとして保護されるべき公知技術等の実施行為に対して、権利行使がなされ得るという問題を有している。

　特にパラメータの特定の仕方が特殊ないわゆる特殊パラメータ発明では、特定の仕方が特殊であるために先行資料が発見されにくく、かつ、動機付けが困難となりやすいことから、特許となる可能性が高く、このような問題が発生するおそれは極めて高くなる。

　例えば上記裁判例1では、粒子の大きさを表すパラメータとして一般的な平均粒子径D50を採用するのではなく、特殊なD90というパラメータを採用したことで容易想到性が否定されているが、このD90というパラメータが新しいだけで、「D90が200μm未満」には比較的ありふれた粒度分布のものが含まれる可能性があり、そのようなありふれた粒度分布のものに権利行使がなされるおそれが十分にあり得るということである。

　このように、数値限定発明は、その特徴を有するがゆえに上記のような問題を有しているのである。

　現実問題としても、自社の製品を公然と販売していたにもかかわらず、その製品を包囲する他社の特殊パラメータ発明が特許となり、その対応について相談を受けることが少なからずあり、数値限定発明を積極的に保護する現状においては、上記問題の解決が喫緊の課題であるといえる。

4．解決策
（1）無効の抗弁（特許法104条の3）

　特許法104条の3には無効の抗弁が規定されており、公知発明等を含む数値限定発明に基づいて侵害訴訟が提起された場合には、無効の抗弁で対抗することが一般的であると思われる。

　実施内容が公知技術そのものであり、数値限定発明が当該公知技術を含む場合、無効の抗弁は有効な対抗策であると考えられる。

パラメータがいかに特殊であったとしても、また、数値限定を設定する課題がいかに斬新なものであったとしても、その数値限定発明の中に公知技術そのものが含まれる場合には、内在同一であることを根拠に新規性は否定されるのが実務上一般的だからである[2]。仮に除くクレームに訂正され、無効理由が解消されたとしても、その場合、実施内容はクレームの発明の範囲から除かれていることから、侵害は回避されることとなる。

しかしながら、実施内容が公知技術に近いものの、公知技術そのものではない場合であって、数値限定発明が当該実施技術を含む場合は、いかに近い技術であっても無効の抗弁で対抗できない事態が生じ得る。

数値限定発明に含まれる技術がいかに公知技術に近しい技術であったとしても、当該技術が公知技術そのものでない場合（例えば除くクレームによって公知技術そのものは除かれている場合）には、数値限定発明が無効とされるか否かは、新規性ではなく進歩性有無の判断によることとなるからである。

そして、数値限定発明の進歩性有無の判断では、公知技術から容易想到なものが含まれるか否かで容易想到性を判断する裁判例も存在するが[3]、上記裁判例1のように、数値限定の発明特定事項を採用することの容易想到性で進歩性が判断されるおそれが十分にあり、後者の判断が採用された場合には、公知技術から極めて近い技術を含む数値限定発明であっても進歩性が肯定され、本来は自由実施できるはずであるパブリックドメインについて実施が制限されることも起こり得る。

（2）自由技術の抗弁（公知技術の抗弁）

このように、無効の抗弁にも限界があるという現状を考慮すると、私見としては、自由技術の抗弁が再活用されるべきと考える。

自由技術の抗弁とは、対象技術が公知技術と同一又はそれに近い場合には、当該対象技術が特許発明の技術的範囲に属するか否かを考慮することなく、

---

[2] 審査基準第Ⅲ部第2章第3節4.2
[3] 例えば東京高判平成15.09.30 平13(行ケ)489

権利行使が禁止される抗弁と定義できる[4]。無効の抗弁との違いは、無効の抗弁は公知技術と特許発明とが対比されて判断されるのに対し、自由技術の抗弁は公知技術と実施技術が対比されて判断される点であると思われる。

自由技術の抗弁は、「認める実質的根拠は無効の抗弁と同じであるから、無効の抗弁が認められれば、役割はほぼ終えたといえる」[5]などと評価されているが、上記のように無効の抗弁でパブリックドメインが確実に保護し切れない現状に鑑みると、むしろ活用されるべきであり、そのような環境が必要であると考える。

自由技術の抗弁を認める実益は、① 訂正による訴訟遅延の防止、② クレーム解釈の回避、③ 訴訟前の交渉段階での活用、これらの3つ程度であるとする見解もあるが[6]、これは自由技術の抗弁を認める根拠が無効の抗弁と同じところにあること、すなわち、「自由技術の範囲」=「無効の範囲」[7]を前提にしているからであると思われる。

「自由技術の範囲」と「無効の範囲」とが異なることが許されるならば、数値限定発明に係る特許権の侵害判断では、自由技術の抗弁は十分に活用の実益があるのである。

また、自由技術の抗弁は、同じ特許権について同時に複数の侵害訴訟が進行しており、各侵害訴訟において抗弁の根拠となる公知技術がそれぞれ異なる場合、1つの侵害訴訟での抗弁についての判断が他の侵害訴訟の判断に与える影響が少ないという実益もあると思われる。

例えば同じ特許権に基づく下記侵害訴訟A、Bが進行していたとする。
① 侵害訴訟A：公知技術a、b　被疑侵害品a－（a－はaに近い）
② 侵害訴訟B：公知技術a、b　被疑侵害品b－（b－はbに近い）

---

[4] 牧野知彦「侵害訴訟における無効の抗弁と自由技術の抗弁」(「知財管理」58巻4号471-482頁[2008])
[5] 中山信弘『特許法 第五版』490頁(弘文堂[2023])
[6] 前掲注4
[7] 前掲注5

自由技術の抗弁を活用する場合、侵害訴訟Aで公知技術aに基づいて自由技術の抗弁が主張され、侵害訴訟Bで公知技術bに基づいて自由技術の抗弁が主張されることとなるが、それぞれ侵害訴訟A、Bにおける自由技術の抗弁の判断対象が互いに異なっており、判断結果が相違することは当然であることから、一方の判断が他方の判断に与える影響は少ないはずである。

一方、無効の抗弁を活用する場合では、それぞれ侵害訴訟A、Bにおいて、公知技術a、bを根拠として無効の抗弁が主張されることとなるが、侵害訴訟Aにおいて、無効の抗弁が認められずに判決が確定したならば、その判決は、侵害訴訟Bの判断に少なからず影響するものと推測される。

このような場合、自由技術の抗弁が活用できる環境があるならば、被疑侵害者にとっては、他の判決の影響が少ないであろう自由技術の抗弁の方が主張しやすいはずである。

この点においても、自由技術の抗弁は活用の実益があるといえる。

(3) 自由技術の抗弁における自由技術の範囲

自由技術の抗弁における自由技術の範囲として、① 公知技術と同一の技術に限られる、② 公知技術と同一である場合のほか、実質同一の場合を含む、③ 公知技術から容易想到の範囲全般が含まれる、との立場があるようである[8]。

しかしながら、①の立場であれば、訴訟遅延防止等の実益はあったとしても、侵害／非侵害の最終的な判断については、無効の抗弁と同じ結果となり、自由技術の抗弁を認める実益はほとんどないと思われる。公知技術を含む発明は、内在同一を根拠として新規性なしと判断されるのが一般的だからである。

また、③の立場は、ボールスプライン軸受事件最高裁判決[9]において均等論の第4要件の考えと同じ立場であるといえる。当該判決では「対象製品等が、特許発明の特許出願時における公知技術と同一又は当業者がこれから右出願時に容易に推考できたもの」でないことが均等論適用の第4要件として

---

[8] 前掲注4
[9] 最判平成10.02.24 民集52巻1号113頁

挙げられており、公知技術から容易推考の範囲が均等の範囲（すなわち権利行使可能な範囲）から排除されていると捉えることができるからである。

しかしながら、③の立場は、自由技術の範囲としては広すぎると思われる。

理由としては、そもそも、数値限定発明では、公知技術から一見容易想到と思われる近い技術を含んでいても、数値限定に技術的意義が認められたり、異質な効果や際立って優れた効果が認められたりした場合には、十分に進歩性が認められ得る。

すなわち、進歩性は、単に公知技術からの距離感だけでなく、数値限定の技術的意義や奏される効果の非予測性等が総合的に評価されて判断されるため、数値限定発明が公知技術から一見容易想到と思われる近い技術を含んでいても十分に特許が認められ得る。そして、このような特許が全て、単に公知技術からの距離感だけで権利行使が制限されるならば、発明のインセンティブは一気に衰退することとなるからである。

私見としては、発明に対するインセンティブの維持とパブリックドメインの保護とのバランスを考慮すると、公知技術及び公知技術から極めて近い実質同一範囲を含む②の立場が妥当ではないかと考える。

ここで、どの範囲までを実質同一の範囲とするかという問題が生ずるが、少なくとも数値範囲を外から内へ入り込むように変更した技術（パラメータの数値範囲外の公知技術から数値範囲内に変更した技術）は、公知技術からいかに近い技術であったとしても実質同一の範囲から外すべきである。この数値範囲の内と外との違いこそが数値限定発明の本質だからである。実質同一の範囲は、数値範囲内での極めて近い変更の範囲にとどめるべきである。

そのような範囲内の技術の具体例としては、① 数値範囲内に公知技術を含む数値限定発明であって、当該公知技術が除くクレームによって除かれた数値限定発明に対して、同じ数値範囲内で当該公知技術に周知技術を付加、削除、転換した技術、② 数値限定の発明特定事項とその他の発明特定事項とを有する発明に対して、その他の発明特定事項の部分で周知技術を付加、削除、転換した技術等が考えられる。

5．おわりに

以上、数値限定発明の進歩性判断の現状と課題について私見を述べさせていただいた。

弁理士として、化学系の発明者と出願の打合せをしていると、膨大な量の実験データを発明者から頂戴することがある。発明者は、現行品の問題点等を解決するために、成分の配合量、配合比、物性等を調整して、莫大な時間をかけて多種多様の実験を行っているのである。そして、このような膨大な実験の産物として、問題点を見事に解決した数値限定発明を生み出しているのである。

このような現実を目の当たりにしているからこそ、数値限定発明を否定するつもりは毛頭なく、発明者の発明に対するインセンティブを維持する観点からは、数値限定発明であっても他の発明と全く区別することなく、積極的に特許すべきと考える。

しかしながら、そうであるからこそ、パブリックドメインとのバランスの取れた交通整理された環境が必要となるのである。

本稿が、このような環境を検討するきっかけになれば、幸いである。

第Ⅲ章

意匠(デザイン)・商標・不正競争防止法

仮想空間と不正競争防止法上の形態模倣規制 —令和5年改正の影響とその課題について—

大阪大学大学院 法学研究科 准教授　青木 大也

1．はじめに

　本稿は、令和5年改正により、不正競争防止法2条1項3号に係る形態模倣規制が仮想空間もその射程に収めるようになったことに鑑み、特に仮想空間上のデザインをめぐる、改正法の条文が影響し得る諸論点の一部について、簡単な整理、検討を行うものである[1]。同改正をめぐっては、特にバーチャル間の模倣事例に加えて、リアル・バーチャルの交錯事例についても規制が及ぶという点で大きな注目を集めているが、その問題に至る前にも、様々な検討を要する事項があるように思われる。本稿はそういった点を中心に扱いたい。

2．不正競争防止法における形態模倣規制について

　不正競争防止法における形態模倣規制は、「他人が市場において商品化す

---

[1] 本稿に関連し、令和5年改正に関する立法時の議論として、産業構造審議会知的財産分科会不正競争防止小委員会「デジタル社会における不正競争防止法の将来課題に関する中間整理報告」（令和4年5月）38頁以下（以下、「中間整理報告」という。）、同「デジタル化に伴うビジネスの多様化を踏まえた不正競争防止法の在り方」（令和5年3月）7頁以下（以下、「報告書」という。）、令和5年改正後の不正競争防止法上の形態模倣規制について立法担当者が解説するものとして、黒川直毅ほか「令和5年不正競争防止法改正の概要」（「NBL」1250号21頁[2023]）、同「令和5年不正競争防止法改正の概要」（「L&T」101号33頁[2023]）、また、同改正と仮想空間をめぐる諸問題を検討するものとして、麻生典「デジタル空間における形態模倣行為の防止」（「ジュリスト」1590号40頁[2023]）、安立卓司「不正競争防止法第2条第1項第3号による商品形態の保護－『無体物保護の可能性』と『保護期間』」（「パテント」76巻12号89頁[2023]〈別冊29〉）、駒田泰土「NFT商品と不正競争防止法2条1項3号」（『年報知的財産法2023-2024』1頁（日本評論社[2023]））、関真也「メタバースにおけるオブジェクトのデザイン保護と創作活動への影響—意匠法及び不正競争防止法2条1項3号を中心に」（「特許研究」75号31頁[2023]）、田村善之「メタヴァースにおける「実用品」の利用をめぐる各種知的財産法の交錯」（「情報通信政策研究」7巻1号101頁[2023]）、東崎賢治「メタバースと商品形態の保護－改正不正競争防止法2条1項3号の観点から」（『多様化する知的財産権訴訟の未来へ 清水節先生古稀記念論文集』903頁（日本加除出版[2023]））がある。加えて、ファションIPロー研究会「ファション・ローと知的財産／デジタルファションと知的財産(5)」（「有斐閣ONLINE」：L2309002）における各発言も参照されたい。

るために資金・労力を投下した成果の模倣が極めて容易に行い得る事態が生じている」ところ、「このような模倣品・海賊版を放置すると、模倣者は商品化のためのコストやリスクを大幅に軽減することができる一方で、先行者の市場先行のメリットは著しく減少し、模倣者と先行者との間に競争上著しい不公正が生じ、個性的な商品開発、市場開拓への意欲が阻害されることになり、公正な競業秩序を崩壊させることにもなりかねない」ことから、「他人が商品化のために資金・労力を投下した成果を、他に選択肢があるにもかかわらずことさら完全に模倣して、何らの改変を加えることなく自らの商品として市場に提供し、その他人と競争する行為は、競争上、不正な行為として位置付けられる必要があった」ために設けられたものとされている[2]。

その上で、令和5年改正前は、（不正競争防止法2条4項にいう）「商品の形態」には、「『商品の形態』は有体物の形態でなければならず、無体物は含まれない」との言及が逐条解説に存在し[3]、〔YOL事件〕[4]が同様の立場に立つ裁判例として指摘されていた[5]。

もっとも、〔ロイロノートスクール事件〕[6]は、教育用ソフトウエアの画面

---

[2] 経済産業省知的財産政策室『逐条解説不正競争防止法（令和元年7月1日施行版）』79頁 (https://www.meti.go.jp/policy/economy/chizai/chiteki/pdf/20190701Chikujyou.pdf 最終閲覧：2023.01.28)。知財高判平成28.11.30 判時2338号96頁〔スティック型加湿器事件〕も参照されたい。

[3] 前掲注2）経済産業省知的財産政策室40頁。なお、「報告書」10頁の記載ぶり（「まずは逐条解説等にて『商品』に無体物が含まれるとの解釈を明確化する」）からして、この点の理解としては、商品に無体物が含まれない結果、「商品の形態」には「無体物の形態」が含まれないということと整理されよう。もっとも、無体物は同時に形態を伴う意味合いとして、「商品の形態」に相当する場面もあることから、上記のような記述になっているものと思われる。

[4] 知財高判平成17.10.06 平17(ネ)10049〔YOL事件〕

[5] 前掲注4）〔YOL事件〕は、平成17年改正前の事例であるが、「不正競争防止法2条1項3号における『商品の形態』とは、需要者が通常の用法に従った使用に際して知覚によって認識することができる商品の外部及び内部の形状並びにその形状に結合した模様、色彩、光沢及び質感であると解する」とした上で、「仮に、YOL見出しを模倣したとしても、不正競争防止法2条1項3号における『商品の形態』を模倣したことには該当しない」としている。ただし、〔YOL事件〕で問題となったのは、オンラインの新聞記事の見出しに関する模倣であり、令和5年改正や本稿で検討しているような、デザインを伴う無体物が問題となったわけではないことには留意すべきであろう。後述のように、デジタルフォントや書体の類いも令和5年改正では保護の対象となるとする立場にあっても、その文字の形態を離れて、文章の内容一般を保護の対象とするものではないであろう。

[6] 東京地判平成30.08.17 平29(ワ)21145〔ロイロノートスクール事件〕。また、東京地判平成15.01.28 判時1828号121頁〔スケジュール管理ソフト事件〕も参照されたい。

デザインが問題となった事例であるが、「不競法2条1項3号の『商品の形態』とは、『需要者が通常の用法に従った使用に際して知覚によって認識することができる商品の外部及び内部の形状並びにその形状に結合した模様、色彩、光沢及び質感』をいうところ（同条4項）、原告ソフトウェアは、タブレットとは別個に経済的価値を有し、独立して取引の対象となるものであることから『商品』ということができ、また、これを起動する際にタブレットに表示される画面や各機能を使用する際に表示される画面の形状、模様、色彩等は『形態』に該当し得る」と判示し、実質的同一性を否定して請求自体は棄却したものの、その保護が無体物の形態に及ぶことを明言していた[7]。

ただし、仮に〔ロイロノートスクール事件〕の指摘するように、無体物が商品に含まれるとしても、同号で規制されるのは（有体物を念頭に置いた）譲渡等であり、電気通信回線を通じた提供は規制対象に明示されていなかった[8]。

3．令和5年改正

このような状況において、不正競争防止小委員会では、「昨今、デジタル空間（例：メタバース）における経済取引が活発化しており、従来、フィジカルで行われてきた事業のデジタル化が加速しているところ、フィジカル／デジタルを交錯する、知的財産の利用の加速が想定される」という問題意識から、「デザイン保護の一翼を担う他人の商品の形態を模倣した商品を譲渡等する行為の規律（不競法第2条第1項第3号）に関して、当該規律が、①フィジカル／デジタルを交錯する模倣事例に対応できるか、②『商品』に無

---

[7] 学説上も、渋谷達紀「商品形態の模倣禁止」〈『知的財産と競争法の理論 F.K.バイヤー教授古稀記念論文集』368頁（第一法規[1996]）〉、小野昌延＝松村信夫〈『新・注解不正競争防止法（第3版）上巻』[泉克幸]485頁（青林書院[2012]）〉。拙稿「不正競争防止法におけるデザインの保護 － 2条1項3号と意匠法との対比を中心に」（「NBL」1020号34頁[2014]）も参照されたい。
[8] この点について、平成15年改正時の商品等表示混同惹起行為に関する規制（不正競争防止法2条1項1号・2号）との関係も含め、「報告書」7-8頁。なお、令和5年改正前にあっても、ダウンロード形式での提供が「譲渡」に該当する等の可能性を指摘するものとして、関真也「メタバースと知的財産法第2回：メタバース上のオブジェクト及びアバターの保護」（「コピライト」738号28頁[2022]）を参照されたい。また、〔ロイロノートスクール事件〕では、行為態様自体は争点とはならなかったようであり、判決文中でも、被告ソフトウエアの販売とのみ記載されており、物理媒体での販売であったのか、ダウンロード販売であったのかといった事情は明らかではない。

体物を含むかということについて検討」された[9]。

そして、「中間整理報告」及びそれに関するパブリック・コメントを踏まえ、これらをいずれも是とする方向となり、「法改正によって、不競法第2条第1項第3号に規定する形態模倣商品の提供行為にも『電気通信回線を通じて提供』する行為を追加すること」、及び「『商品』に無体物を含むかについては、まずは逐条解説等にて『商品』に無体物が含まれるとの解釈を明確化するとともに、形態模倣商品の提供行為に『電気通信回線を通じて提供』する行為を追加し、ネットワーク上の形態模倣商品の提供行為もその適用対象とすること」が「報告書」に記載された[10]。そして、それに沿う形で、令和5年改正により、同号の規制対象に「電気通信回線を通じて提供」する行為が追加されることとなった[11]。

一方で、同号のそれ以外の文言や、「商品の形態」（2条4項）、「模倣する」（2条5項）の定義については、特段の条文上の調整は行われなかった。

4．令和5年改正について検討すべき点
（1）その趣旨について

立法担当者は、「デジタル上の商品を模倣したデジタル上の商品や、現実世界の衣服や小物等のデザインを模倣したデジタル上の商品が販売されるならば、模倣者は、商品化のためのコスト（商品開発等の費用や時間）や売れないかもしれないリスクを大幅に軽減することができ、他方で先行者の市場先行のメリットは著しく減少し、個性的な商品開発、市場開拓への意欲が阻害され、ひいては公正な競争秩序を毀損することとなる」として、その必要性を指摘するとともに、不正競争防止法19条1項6号の保護期間の制限を、

---

[9]「報告書」7頁
[10]「報告書」9-10頁
[11]「電気通信回線を通じて提供」する行為が規制の対象に掲げられたことにより、（有体物は「電気通信回線を通じて提供」できないと思われることから）商品に無体物が含まれるという解釈もおのずと導かれるように思われる。前掲注1）黒川38頁注8参照。なお、請求人側の商品についても無体物が含まれることにつき、前掲注1）田村122頁参照

その許容性として指摘する[12]。

　もっとも、形態模倣規制に係る従来の理解との関係で、そのような場合に規制を及ぼすべきとする実質的な趣旨は別途問われる必要があろう。特に従来、商品の同種性が商品形態模倣に係る不正競争の規制を及ぼすための要件として指摘されてきたところ[13]、リアル・バーチャルの交錯事例にあっても規制を及ぼすべきとする令和5年改正下では、この点が拡張されたという指摘もなされているところである[14]。

　立法担当者も問題となり得ることは承知していると見えて、商品の同種性との関係で、「精密設計モデル」と「デフォルメ」を例に、前者については（文脈からして異なる商品間と整理した上で）従来規制することが可能であったものであり、一方で後者のように何らかの追加的投資がなされていると思われるものについては、規制の対象としないと整理している[15]。ここでの指摘は、例えばリアルにおける自動車のデザインと、バーチャルにおける自動車のデザインは、後者が自動車と認識されるか、画像と認識されるか、あるいは自動車として仮想空間に実装されているか否かにかかわらず、そこに追加的投資が必要であったかどうかが問われるという趣旨と思われる[16]。

　また、「営業上の利益」（3条、4条関係）との関係で、リアル・バーチャルの交錯領域においては、「模倣者が、商品化のためのコストや売れないかもしれないリスクを大幅に軽減でき、一方で、先行者が新たな市場に参入する際の先行者のメリットが著しく減少し、個性的な商品開発、市場開拓への意欲が阻害される場合には、営業上の利益が侵害されている」と整理すると

---

[12] 前掲注1）黒川ほか「Ｌ＆Ｔ」35頁
[13] 従来の各種立場については、前掲注1）麻生42頁注14を参照されたい。
[14] 前掲注1）駒田4-5頁参照
[15] 前掲注1）黒川ほか「Ｌ＆Ｔ」35頁注6参照、前掲注1）田村118頁も参照。なお、前掲注1）黒川ほか「Ｌ＆Ｔ」35頁注6では、続いて「リアルの商品をデジタル空間上で模倣して提供する行為…が規制対象になるといっても、たとえば、三次元（立体的形状）の実用品を二次元のイラストとして商品化して販売する行為は、基本的には実質的同一性が否定され、規律の対象とならない」と指摘されているが、視認対象に係る次元の差異が何らかの要件となっているわけではなく、類型的に（形態を変えるための）追加的投資が要求される結果、規制の対象となりにくいという趣旨と理解される。前掲注1）田村118頁注50参照
[16] 前掲注1）麻生42頁も参照されたい。

ともに、「ライセンスを受けずにデジタルの形態模倣品を提供する行為により、リアルの商品の先行者のライセンスの機会が失われ、営業上の利益が侵害されることとなり得る」と指摘する[17]。

以上からすると、いずれの形態模倣規制を認めるための要件に振り分けられるかはともかく、令和5年改正下における、リアル・バーチャルの交錯事例に関する運用に当たっては、① 追加的投資の要否と、②（ライセンス市場を介した）競合に注目していることがうかがえる。商品の同種性は、従来、追加的投資の要否と、市場の競合性に関するものとして機能していたのではないかと思われるところ[18]、その点自体は維持されていると見ることはできるかもしれない。

もっとも、特にリアル・バーチャルの交錯事例を含ましめる関係で、その程度において何らかの変化があったとなれば、そのハレーションにも留意する必要が生じよう。

（2）「商品」について—仮想空間上のものに限られない影響

令和5年改正は、先述のとおり、仮想空間を念頭に置いた検討がなされたものと想定されるところ、「商品」に無体物を含むという解釈の射程は、これに尽きるものではないように思われる。具体的には、例えば〔ロイロノートスクール事件〕でも問題になっていたような、ソフトウエアの画面デザインも、当該ソフトウエアを「商品」とする形で、形態模倣規制による保護の対象となることになるものと思われる[19]。

もっとも、このようなケースにあっては、（一般的なパッケージとしての）

---

[17] 前掲注1）黒川ほか「L＆T」38頁注7。なお、先行者と被疑行為者との間での地理的競合等を要求せず、全国的な規制を可としたことについて、先行者が自己の商品展開をしていない地域における模倣商品の展開がなぜ規制の対象となるのかを説明する根拠として、（趣旨からして知的財産による規制を前提としない事実上の）先行者に想定されるライセンス市場の存在が指摘されていた〈産業構造審議会知的財産分科会不正競争防止小委員会第15回議事録（2022）［田村善之発言］、前掲注1）麻生44頁参照〉。
[18] 前掲注7）拙稿35頁
[19] 令和5年改正により、タイプフェイス（書体）も保護の対象になったことを指摘するものとして、前掲注1）麻生44-45頁。前掲注1）安立97頁以下も参照。なお、仮にタイプフェイスが保護の対象となったとしても、各文字に共通する特質こそが重要となるタイプフェイスの特性からして、その保護範囲については議論があり得よう。

ソフトウエアには、様々な画面デザインが含まれることが大半であろうところ、この場合、画面デザイン一つ一つが「商品」として問題視されるかどうかは検討の必要があろう。飽くまで（有体物における場合と同様の）譲渡等の対象となり得るまとまり、すなわち市場を介した投資回収のための取引対象となり得るまとまりを「商品」として取り扱うことになるように思われる[20]。「商品」のデッドコピーを規制する制度としてはここまでとし、それより細かい単位の各画面デザインを保護したいというニーズについては、別途、意匠法や著作権法による保護を検討すべきということになろう（「商品の形態」のまとまりについては、後述する。）。

　一方、単独で取引されている、あるいは取引され得る３Ｄオブジェクトのデータや、画像ファイルの類いについては、これ自体が商品と整理されることになると思われるところ、この点では、例えば電子書籍やデジタルイラストのデータ等[21]、従来は著作物としての保護を想定していたものとの関係も問題となり得るように思われる[22]。

---

[20] 前掲注１）安立94頁及び前掲注１）田村119頁参照
[21] 前掲注１）田村122頁では、「単純な二次元的な表現の商品」をも保護対象となると指摘される。
[22] 著作権法との関係については、令和５年改正にかかわらず、例えば有体物である書籍は形態模倣規制による保護を受け得るかといった形で、従来存在していたはずの問題ではあるが、保護範囲、保護期間、規制行為等について、著作権法における保護が有利である場面が多いと思われることから、（応用美術のような場面を除いて）著作権法による保護を主張する場面が多かったにすぎないのかもしれない。もっとも、著作権法における各種権利制限が形態模倣規制にないこと等にも鑑みると、画像データ等、今後重複領域が拡大することにも留意しつつ、検討を深める必要があるように思われる。この点、前掲注１）駒田７頁は、創作性を欠くなど著作権法による保護を受け得ないような図柄の類まで取引実情が存在することにより形態模倣規制の保護を及ぼすとすると、著作権法の規律に甚大な影響を与えかねないとして、二次元商品のデザインは形態模倣の保護対象に含まれないとする（なお、彫刻などを想起すると、当該理由付けから二次元商品のデザインに限定される必要性はないように思われる。）。仮にその方向性に立つとしても、著作物性のような要件論がない中で、適切な範囲をカテゴリカルに排斥する解釈が条文の文言から導けるか、あるいはありふれた形態は保護対象から除外する（知財高判平成28.10.31 平28（ネ）10051〔青汁事件〕、知財高判平成31.01.24 判時2425号88頁〔サックス用ストラップ事件〕等参照）、部分の模倣による規制を限定する（後述）等、形態模倣規制に係る各種要件を用いることで、実質的に懸念される点を解消できるかといったことが問題となろう。後掲注30）も参照。また、関連して、茶園成樹「キャラクターに対する不正競争防止法による新たな保護の可能性－ドイツの長くつ下のピッピ事件を契機として」（「パテント」76巻12号11-12頁［2023］〈別冊29〉）も参照されたい。

（3）「商品の形態」について

　令和5年改正により、商品の形態に無体物の形態が含まれることとなる一方で、商品の形態の概念については、文言上改正がない。したがって、2条4項にいう「商品の形態」の定義に基づいて検討を行う必要がある[23]。

① 商品の形態の特定について

　有体物の商品の形態であれば、保護の始期のタイミングが、「開発、商品化を完了し、販売を可能とする段階に至ったことが外見的に明らかになった時」[24]、すなわち、サンプル出荷であれ展示会出品であれ、一応は現物が目の前に存在することが念頭に置かれてきたように思われ、それについて「商品の形態」該当性を考えればよかったことから、「商品の形態」は、（主張はともかく）それ自体としてひとまず定まるものであったように思われる。

　これに対して、例えば仮想空間上のアバターの使用するファッションを想定する場合、商品の形態を想定しようにも、拡大／縮小は自由であるし、アバターに合わせてアジャストされるかもしれないし、一部が非表示になっているかもしれないし、データサイズが圧縮されているかもしれないし、そもそも使用者とその閲覧者との関係でも、同一の商品の形態が表示されているかどうかすら保証されないものであろう。このような場合には、無体物を商品に取り込む以上は、環境等に応じた変動はある程度織り込みつつ、一般的な需要者の使用態様を想定し、そこでの商品の形態を設定する以外にないように思われる。実際、〔ロイロノートスクール事件〕では、画面サイズや画素数等を検討した形跡はないようである。

② 有体物と無体物の形態の組合せについて

　令和5年改正は、主に無体物として完結する商品のデザインの保護が念頭

---

[23] なお、2条4項の「内部及び外部」、「質感」の文言について、平成17年改正当時の状況に鑑みたものにすぎず、無体物の商品の形態にも当てはめ得ると指摘するものとして、前掲注1）駒田6-7頁及び安立92頁も参照
[24] 前掲注2）〔スティック型加湿器事件〕

に置かれているようであるが、「商品」に無体物が含まれるということは、「商品の形態」が無体物の形態であってもよいことになるから、有体物と無体物を組み合わせたデザインも、「商品の形態」たり得るようになったように思われる。例えばデジタル時計の「商品の形態」は、物理的なデジタル時計の外装だけでなく、文字盤の表示画像も含めたものを「商品の形態」として評価し得るという趣旨である（なお、後述のように文字盤の表示画面そのものが商品とされる場合を除いて、ここでの商品は原則としてデジタル時計と解されるように思われる。）[25]。条文上、「商品の形態」は、「需要者が通常の用法に従った使用に際して知覚によって認識することができる商品の外部及び内部の形状並びにその形状に結合した模様、色彩、光沢及び質感」をいうとされているが、この定義によれば、そのほか、ネオンサインの光り方を含めたデザイン、花火の炸裂時のデザイン等についても、「商品の形態」に該当し得るか、検討の余地があるように思われる。

また、これが認められる場合、当該無体物の形態のデータが当該有体物のデバイスに保存されている必要があるのかという点も問題となる。もちろん先ほどの例で、文字盤の表示画像のデザインそのものが「商品の形態」と評価できる場合には、その電気通信回線を通じた提供を規制することができるものと思われるが、そうでない場合には、当該無体物たる表示画像のデザインをも踏まえた、有体物たるデジタル時計の形態模倣を根拠に、デジタル時計の譲渡等を規制できるかということが問題となるところ、その際に当該画像の保存の要否が問題となり得るように思われる。

さらに、文字盤の表示画像が、壁面に投影されるなど、当該デジタル時計の表面には表示されない場合はどうであろうか。ここでは、特に「商品の外部及び内部の形状並びにその形状に結合した模様、色彩、光沢及び質感」に含まれるかが別途検討されることになろう。

---

[25] 裁判実務においても、東京地判平成23.06.17 平22（ワ）15903〔デジタル歩数計事件〕では、「商品の形態」の構成の一つとして、「正面左方に、約32mm（幅）×約18mm（高さ）の液晶表示部が設けられ、該液晶表示部は3画面に分割表示している」という点が認定され、実際に請求が認容されている。

③ 商品の形態の部分の保護について

単独で３Ｄオブジェクトのデータが取引される場面にあっては余り問題とならないが、「商品の形態」をめぐっては、ある商品の一部を「商品の形態」として保護し得るかという問題が既に議論されてきた[26]。

裁判例においては、「商品の形態の一部分については、それ自体独立して譲渡、貸渡し等の対象となる部品である場合には、その部品の形態は『商品の形態』であるといえるが、商品の形態の一部分が、独立した譲渡、貸渡し等の対象でなく、販売の単位となる商品の一部分を構成しているにすぎない場合には、当該一部分に商品の形態の特徴があって、その模倣が全体としての『商品の形態』の模倣と評価し得るなど特段の事情がない限り、原則として、その一部分の形態をもって『商品の形態』ということはできない」と述べて[27]、商品の形態の一部分については、① 独立して取引の対象となるものは保護し、② そうでない場合は、全体模倣に匹敵するような例外的な事情がある場合を除いて、その保護を否定する運用がなされている[28]。

上記の裁判例は有体物に関する事例であるが、その説示については、無体物にあっても同旨が当てはまると思われる[29]。したがって、先述のソフトウエアの画面デザインに関しても、個別に取引し得るようなサブのソフトウエアの組合せとして構成されているのであれば、①の観点から、個々のサブのソフトウエアを単位とした保護を与えることも検討の余地があるように思われる。また、あるソフトウエアの主たる機能の画面が想定される場合には、②の観点から、その商品の形態として保護を受け得るということになるのであろう。もっとも、いずれもどの程度の運用となるかは、明らかではない。特に①に関しては、例

---

[26] これを認めるものとして、前掲注７）渋谷369頁等を参照
[27] 東京地判平成17.05.24 判時1933号107頁〔マンホール用足掛具事件〕。また、東京地判平成25.04.12 平23（ワ）8046、12978〔キャディバッグ事件〕等も参照されたい。
[28] 三村量一「商品の形態模倣について」〈『知的財産法の理論と実務 第３巻 商標法・不正競争防止法』282頁（新日本法規出版[2007]）〉も参照されたい。
[29] 前掲注１）田村121頁では、「リアルの世界の三次元の実用品のデザインを、メタヴァースの世界に再現する場合、全体について酷似していることが必要とされるが、バイクのなかのミラーのように独立して商品たりうる部分を模倣したり、底面や背面など、需要者がほとんど注目しない部分を模倣していなかったりしても、不正競争防止法２条１項３号の規律が及びうる」と指摘される。

えば街並みや店舗全体を再現した３Ｄデータの取引に際して、当該データには様々な「商品の形態」が含まれるところ、これらも独立して取引し得ることになるのだとすると、その法的処理に大きなコストがかかり得るとも考えられる[30]。

（４）規制行為について
① 電気通信回線を通じた提供について

令和５年改正によって、規制行為に電気通信回線を通じた提供が追加されることになったところ、文言だけからすると、形式的にインターネット経由で無体物の商品の形態に係るデータを提供すれば、文言を充足するようにも見えるかもしれない。しかし、この点については、本号の趣旨及び条文の文言の並びからしても、通常は商品の譲渡に匹敵するよう場面が想定されると考えられよう。例えばNPCアバターに他人の商品の形態と実質的に同一のファッションを着せてダンスをさせる様子をユーザーに視聴させる等、単に当該ファッションのデータをユーザーの閲覧に供しているだけのような場合には、形式的には当該データが電気通信回線を通じてユーザーに提供されているとしても、「譲渡」に相当するような支配の移転（それによる市場を介した先行者利益の侵食）が行われていると評価できるわけではないであろう。これは、（他人の商品の形態を含む）街並みを仮想空間上で再現し、そこをユーザーが訪問するようなサービスであっても同様となろう[31]。

---

[30] 著作権法30条の２との関連で、関真也「デジタルツインその他の現実環境再現型メタバースに関する知的財産法上の課題－著作権と不正競争防止法２条１項３号改正を中心に」（「NBL」1240号102頁［2023］）も参照されたい。なお、前掲注１）田村123頁では、分離利用が困難なシステムを採用していれば、独立して取引の対象とならないことを根拠に、各部分の保護が否定されると指摘される。この点はそのとおりと思われる上で、そのような処理がされていない場合に、なお（全面的に）規制を及ぼしてもよいのかという点に関連しては、（著作権法における権利制限等とのバランス―特に従来有体物の世界だけを考えていればよかったと思しき状況と異なり、（膨大な規模の）デジタル化に対応した利用方法にも目配りをする必要が生じたと思われる中で）不正競争防止法上の限られた要件論に頼らざるを得ない状況に懸念も感じるところである。

[31] なお、ソフトウエア等の流通形態（すなわち投資回収形態）に鑑みると、ソフトウエアのダウンロード販売のように、問題となる商品がユーザーの手元にて保存される必要があるかという点については、必ずしも要件とはならないと思われる。クラウドベースのアプリの画面に関する場合のほか、プラットフォームからストリーミングされているデータではあるものの、例えば当該プラットフォームにログインすれば、自己のアイテムとして表示されるような場合等も想定されよう。前掲注１）麻生44頁及び田村117-118頁注48参照

したがって、ここでの電気通信回線を通じた提供は、より実質的な解釈が施されるべき文言ということになろう。

② 商品の形態に係るデータを保存したデバイスの譲渡等

一方で、無体物の商品の形態に係るデータを保存したデバイスを譲渡等する行為は、無体物の商品の形態との関係でどのように整理されるであろうか。（3）③で述べたように、デバイスとは別に取引の対象となり得る当該無体物の商品の形態を独立の保護対象として取り扱うこと自体は可能であると思われるが[32]、今般の改正の文言からすると、無体物そのものは譲渡を観念できないことになろう。それが保存された有体物であるデバイスの譲渡等を規制するためには、条文上は、（3）②で述べた、有体物である（当該データを保存した）デバイスを商品とした上で、有体物と無体物の形態の組合せとして取り扱う必要が生じるように思われる[33]。

仮にそうだとすると、（3）③で述べた「その模倣が全体としての『商品の形態』の模倣と評価し得るなど特段の事情」が肯定されない場合には、当該デバイスの形態をも取り込んだ形での実質的同一性の判断が行われることになりそうである。例えばスマートフォンやUSBメモリに３Ｄオブジェクトのデータが保存されて取引されているといった場面であれば、当該３Ｄオブジェクトのデータを主たる商品の形態として、上記「特段の事情」を肯定することができるであろうか。

---

[32]（3）③では、請求人側の商品の形態に関する検討を行ったが、同様のことは被請求人側の商品の形態についても指摘することができよう。前掲注1）田村123頁の「バイク（＝街並み）とミラー（個別の商品）の関係」に関する説明を参照。本文で続く（3）②に関する議論も同様である。

[33] この点、同じく無体物のデザインである画像の意匠を取り扱う意匠法では、当該画像の記録媒体等に関する実施を別途規定することで対応している（意匠法2条2項3号ロ）。

5. おわりに

　本稿では、主に改正条文に関連する論点について、簡単な整理・検討を行ってきた。言うまでもなく、最大の問題である、特にリアル・バーチャルの交錯事例に関する実質的同一性の問題[34]や、リアル・バーチャル双方に絡む保護期間の問題[35]等、検討に至らなかった課題も多く残されているように思われる。ともすると非常に強大な規制にもなりかねない形態模倣規制が、適切な範囲で運用されるよう、知恵を絞る必要があろう。本稿が検討の一助になれば幸いである。

※本研究はJSPS科研費JP22H00799、JP23K01214の助成を受けたものである。

※本稿の執筆に当たって、茶園成樹大阪大学大学院高等司法研究科教授より、三村量一先生古稀記念論文集『切り拓く—知財法の未来』（日本評論社、近刊）所収予定の、茶園成樹「物品の部分の形態に対する意匠法等による保護」の草稿を拝読する機会を頂戴した。記して御礼申し上げる。脱稿後、関真也「令和5年不競法改正とコンテンツの保護—商品形態模倣と著作権法の関係も踏まえて」（「コピライト」755号23頁［2024］）、経済産業省知的財産政策室編『逐条解説 不正競争防止法（第3版）』（商事法務［2024］）に接した。

---

[34] 前掲注1）駒田6-7頁参照。場合分けにつき、前掲注1）関43頁以下参照。非常に限定的な見方をするものとして、前掲注1）東崎918頁も参照。なお、実質的同一性を判断するに当たって、被請求者側の商品の形態として何を基準とするべきかという点も問題となる。被請求者側のサービスの実装の仕方によっては、ごく小さく、あるいは粗く再現された結果、実質的同一性を認めることができないこともあろう。しかし、サービスにおける表示の仕方はともかく、提供されるデータそれ自体として、実質的同一性を担保し得る十分な情報量を伴っているのであれば、それが展開可能である限りは、実装の仕方にかかわらず、本号の規制を及ぼすべきということになるのではなかろうか。

[35] 不正競争防止法19条1項6号に定める保護の終期に関連しては、従来サンプル出荷や展示会出展でも、保護の終期の起算点となるとされてきたが（神戸地決平成06.12.08 知的裁集26巻3号1323頁〔ハートカップ事件〕、前掲注2）〔スティック型加湿器事件〕、この点については、令和5年改正時の議論において、保護の終期の起算点は実際の販売があってからとすべきという提言がなされているところである（「報告書」10頁参照）。

意匠保護の現代的課題

弁理士法人藤本パートナーズ
意匠部 部門長 弁理士　石井 隆明

1．はじめに

　藤本昇先生、謹んで喜寿のお祝いを申し上げます。

　著者が藤本パートナーズ（旧藤本昇特許事務所）にお世話になってから18年を迎えるが、藤本先生のバイタリティーは当時から衰えることなく、変わらず我々を見守っていただいていることを有難く思う。

　著者は、10年ほどの機械設計者としての企業勤務の後、意匠の作図担当として入所したが、その当時は意匠はおろか、特許、商標など、知的財産に関する知識はほぼ皆無であった。そんな著者が意匠をはじめとする知的財産に興味を持ち、また、弁理士を目指したのは、藤本先生が、実務はもちろんのこと、各種の講演会等で全国を飛び回っておられた影響が非常に大きく、先生のように企業や人から必要とされる人財（弁理士）になりたいと思ったからであった。

　また、先生からは、知的財産に関して素人であった入所当時の著者にも、プロフェッショナルであることを求められ、弁理士になってからも、「経歴や年数に関係なく、弁理士としての君の意見が聴きたい」と、常に対等な関係であることを前提として鍛えていただいたことに深く感謝している。

　一方で業務に関する指導には、当然に厳しい面があるものの、それ以外の場面ではとても気さくで、人情に厚い点も先生の大きな魅力である。今後は人間力の面でも先生を目標に研鑽を積みたいと考えている。

　前置きが少々長くなってしまったが、意匠法による保護対象について、著者のそれほど長くない知的財産（意匠）経験においても、平成18年改正法により画面デザインの保護の拡充が図られ、その後、令和元年改正法では画像、建築物、内装が保護対象に加わるなど、短期間に目まぐるしく変遷しているが、知

的財産法が経済法であることもあり、その流れは今後も続いていくものと考えられる。

そこで、本稿においては、主に画像の保護に焦点を当て、また、意匠における物品の位置付けについて、その課題を検討したい。

2．画像の保護の現代的課題
（1）現行法（令和元年改正法）に至るまでの経緯

平成18年改正法前は、液晶時計の時刻表示部の画面デザイン（表示画像）や、携帯電話の初期画面等、限定的な画面デザインについて保護されていたが、初期画面以外の画面デザイン等については保護されていなかった。

その後、平成18年改正法により、それまでの表示画像に加えて、物品の機能を発揮できる状態に行われる操作に使用される画面デザイン（操作画像）についても保護されることとなったが、飽くまで物品に付随する画像であることが必要とされ、表示又は操作される物品が異なれば、同じ画面デザインであっても、別意匠という扱いであった。

さらにその後、令和元年改正法により、物品から離れた画像も保護されることとなったが、引き続き、「表示画像」又は「操作画像」に該当することが要件とされている。

これについて、「令和元年法律改正（令和元年法律第3号）解説書[1]」には、「1.(2)2 画像デザインの保護」として、「昨今、IoT等の新技術の普及に伴い、個々の機器がネットワークでつながるようになったことから、特に機器のグラフィカルユーザーインターフェース（利用者と機器が情報をやり取りする仕組み、GUI）が重要な役割を担っている」また、「これにより、GUIが機器と離れて独立して付加価値を持つようになっており、GUIに対するデザイン投資が増加している」と記載され、これらの実情に鑑みて、画像デザイン

---

[1] 「令和元年法律改正（令和元年法律第3号）解説書」74頁
　https://www.jpo.go.jp/system/laws/rule/kaisetu/2019/document/2019-03kaisetsu/2019-03kaisetsu-02-01.pdf

についての保護の拡充が図られたものであるが、同時に以下のように、「表示画像」又は「操作画像」に該当することが必要である旨が記載されている。
「画像を意匠の定義に追加し、画像について意匠権という強力な独占権を付与することを誘因として開発投資を促進する以上、全ての画像を意匠とすることは適切ではなく、当該画像デザインによって機器や機器に関連するサービス等の付加価値を向上させるものに限って権利の客体とすることが適切である。具体的には、関連機器の操作性や視認性を高めるべく多額の投資を行った上で開発されるGUI等の(a)操作画像や(b)表示画像については、これらを保護することが必要である。よって、条文上は、『機器の操作の用に供されるもの』((a)操作画像)、『機器がその機能を発揮した結果として表示されたもの』((b)表示画像)と規定することとした。この規定により、例えば、映画やゲーム等のコンテンツの画像、デスクトップの壁紙等の装飾画像については、意匠権の保護対象とならないこととなる[2]」(下線は著者。以下同様)

(2) 問題の所在とそれに対する考察

　上記解説書において下線を付した、「全ての画像を意匠とすることは適切ではなく」について異論はないが、「当該画像デザインによって機器や機器に関連するサービス等の付加価値を向上させるものに限って権利の客体とすることが適切である」における、「機器や機器に関連する」という点について、果たして現実の経済活動(開発投資)や、画像デザインの創作の実情に即しているのか、ひいては適切な意匠保護が図られるのかという問題(課題)があると考える。
　すなわち、メタバースに代表されるデジタル空間上のデザイン(創作物)は、必ずしも何らかの機器や機器に関連するサービスの向上を目的としていないと考えられるため、機器との関連性を要件にすることなく、そのデザイン(創作物)そのものの創作的価値が認められる余地がある。例えば画像そのものを意匠登録の対象とすることが一案であると考える。

---

[2] 前掲注1) 77-78頁

「メタバースに代表される」と述べたが、そもそもメタバースの定義は明確でなく、また、VR（仮想現実）、AR（拡張現実）、SR（代替現実）、MR（複合現実）、総称してXR（クロスリアリティ）のほか、NFT（Non-Fungible Token／非代替性トークン）のように、メタバースと同義でないデジタル空間上のデザイン（創作物）が存在し、これら全体を俯瞰すれば、現行法における「機器や機器に関連する」という限定（要件）による保護態様（下記イメージ）が、最適な保護態様といえないことは明白であると考える。

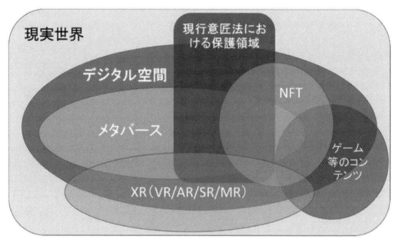

図1　現行意匠法による保護領域のイメージ

これに関連し、不正競争防止法の令和5年改正により、デジタル空間における他人の商品形態を模倣した商品の提供行為についても不正競争行為（形態模倣）の対象に加えられたが、同法の衆議院での決議の際に、「デジタル空間におけるコンテンツの保護及び利用を推進し、経済活動を活性化するため、本改正にとどまることなく、幅広く知的財産権に関する法律の改正についても速やかに検討すること」「意匠法等の知的財産権に関する法律の保護対象の範囲及び保護と利用の在り方について、適時適切に見直しを行うこと」等の附帯決議[3]がなされていることからも、今後の更なる議論が待たれるところである。

また、例えば2023年9月に開催された主要5か国（日本、米国、欧州、中国、韓国）の特許庁による意匠関係の国際会議（ID5）のユーザーセッションでも取り上げられる[4]など、世界的にも議論が広がっており、我が国においても、政府の知的財産戦略本部による官民連携会議において、2023年5月に論点の整理が図られ[5]、弁理士会意匠委員会でも議論がなされている。日本国内における現行法の運用が進むことで、更なる議論が広がることに期待する。

　一方で、前記附帯決議においては、「クリエイティブな活動に制約を課すこととならないよう、保護と利用のバランスを適切に考慮」することについても言及され、また、前記官民連携会議において、意匠の保護をコンテンツにまで広げた場合による、クリエーターの創作活動に対する萎縮効果を生じさせる等の懸念が指摘され[6]、平成30（2018）年12月に、産業構造審議会知的財産分科会意匠制度小委員会が取りまとめた、「産業競争力の強化に資する意匠制度の見直しについて」においても、画像デザインの保護を拡充することによる、クリアランス（侵害調査）負担の増大に懸念が示されている[7]。

　当該懸念は、当然に尊重されるべきものであるが、「クリアランス負担の増大」についての懸念は、実務的には非常に重要であるものの、現在でも物品の意匠についてはクリアランス負担が発生しており、同様にデジタル空間上で経済活動が行われ、この中で新たな創作がなされるのであれば、当然に発生する類いのものであると考える。

---

[3] 衆議院「不正競争防止法等の一部を改正する法律案に対する附帯決議」
　https://www.shugiin.go.jp/internet/itdb_rchome.nsf/html/rchome/Futai/keizaiB3535DA4D5FB74DF492589B2001A6B75.htm
[4] ID5 Annual meeting 2023　https://id-five.org/id5-annual-meeting-2023/
[5] 「メタバース上のコンテンツ等をめぐる新たな法的課題等に関する論点の整理」
　https://www.kantei.go.jp/jp/singi/titeki2/metaverse/pdf/ronten_seiri.pdf
[6] 「メタバース上のコンテンツ等をめぐる新たな法的課題等に関する論点の整理」11頁
　https://www.kantei.go.jp/jp/singi/titeki2/metaverse/pdf/ronten_seiri.pdf
[7] 平成31年2月産業構造審議会知的財産分科会意匠制度小委員会「産業競争力の強化に資する意匠制度の見直しについて」3頁
　https://www.jpo.go.jp/resources/shingikai/sangyo-kouzou/shousai/isho_shoi/document/isyou_seido_190215_minaoshi/01.pdf

仮にデジタル空間における意匠の保護範囲が、物品に比して、より不明確なものであるとするならば、その点についての是正を図るべきであり、当該懸念によってデジタル空間のデザイン（創作物）を新たに保護対象とすることを見送るのであれば、かかる事態は必ずしも適切ではないと考える。

また、上記した「コンテンツ」とは、「コンテンツの創造、保護及び活用の促進に関する法律」（コンテンツ振興法）において、「文字、図形、色彩、音声、動作若しくは映像若しくはこれらを組み合わせたもの」であって、「人間の創造的活動により生み出されるもののうち、教養又は娯楽の範囲に属するもの」と定義され、具体的には、文芸、写真、映画、音楽、演劇、マンガ、アニメーション、コンピュータゲームなど、様々なものが含まれるもので、すなわち映画やゲーム内で表現される物語や世界観などの、創作物の内容や中身を指すものと解され、これについては、上記で示された懸念のように、意匠権ではなく、著作権での保護がより適切であると考える。

このことは、意匠審査基準においても、「テレビ番組の画像、映画、<u>ゲームソフトを作動させることにより表示されるゲームの画像</u>、風景、写真など、機器とは独立した、画像又は映像の内容自体を表現の中心として創作される画像又は映像は、操作画像とも表示画像とも認められず、意匠を構成しない」と記載されている[8]こととも整合する。

一方で、意匠審査基準において、「図面中にコンテンツが表示された状態で意匠が開示されることもあり得る」と記載されている[9]ように、意匠登録の対象である操作画像や表示画像が、コンテンツと同時に表示されている場合も想定されているものであるが、上記下線を付したように、ゲームソフトを作動させた後のゲームの画像は、全てコンテンツに該当するものとして、一律に保護対象から省かれているのが現状である。

---

[8] 意匠審査基準 第Ⅳ部第1章6.1.4 29頁
　https://www.jpo.go.jp/system/laws/rule/guideline/design/shinsa_kijun/document/index/isho-shinsakijun-04-01.pdf
[9] 前掲注8

しかしながら、ゲームソフトを作動させた後は、そのゲームの世界観に基づくものであることが多いとしても、例えば当該ゲームの中において操作の用に供される画像や、キャラクターのステータスを表示する画像等は、他のゲームにおいても使用される、汎用性の高い画像であることも想定され、現行法で保護される「表示画像」や「操作画像」と、その創作的価値において実質的に相違するものではないと考えられるため、当該画像は、意匠法において保護されるべきものと考える。

これについて、ゲームの画像は、当該ゲームの世界観を表現したものであることから、意匠法による保護に適しないとの意見も聞かれるが、現行法で保護される「表示画像」や「操作画像」においても、何らかの世界観を表現することは一般的であるため、かかる指摘は妥当しないと考える。

また、ゲーム中に使用されるアイテムは、改正不正競争防止法上の形態模倣に該当し得ると考えるが、例えばそのアイテムを売買（購入）する際の画像については、現行法で保護され得るECサイトにおいて用いられる画像と、その創作的価値において何ら変わりはないものの、現行法では保護対象とならないため、これについても保護されるべきであろう。

以上のように、画像意匠に関して幾つかの考察を試みたが、「機器や機器に関連するサービス等の付加価値を向上させるものに限る」という限定（要件）がある一方で、スマートフォンのような汎用的な機器に表示される画像が、前記汎用的な機器の付加価値を向上させるのかどうかについては疑問で、このような画像であっても認められる点が、現行法による保護対象に対する解釈（理解）の困難性の一因になっているように思われる。

これについて、「機器」、すなわち意匠は物品と一体不可分という歴史的、伝統的な解釈、運用にその根源があるように思われることもあり、次節では、意匠の物品性について考察したい。

なお、海外においては、台湾特許庁（智慧財産局）がメタバース（元宇宙）の意匠について、「仮想空間（虛擬空間）」「仮想物品（虛擬物品）」「ヒューマンマシンインターフェース（人機介面）」の意匠が保護されると発表し[10]、

欧州連合知的財産庁（EUIPO）においても、EU意匠規則に関するプロポーザルが発表され[11]、デジタル空間のプロダクトを明示的に保護の対象とすることが提案されるなど、メタバースを含めたデジタル空間への意匠の保護の拡張が図られている。

　以上のように、画像意匠については、デジタル空間における経済活動の状況及びデジタル空間におけるデザイン（創作物）の創作の実情に鑑みて、デジタル空間におけるコンテンツを除いたデザイン（創作物）については、意匠権での保護を検討する時期にあると考える。

3．物品の意匠における物品性に関する現代的課題
（1）我が国の意匠における物品の取扱いの変遷

　我が国の意匠制度における保護対象は、明治21年の「意匠条例」において、「工業上ノ物品ニ應用スヘキ形状模様若クハ色彩ニ係ル新規ノ意匠」と規定され、物品の形状だけではなく、物品に応用する模様や色彩にも権利が与えられていた。その後、明治32年に「意匠法」として制定され、明治42年改正法を経て大正10年法までは、「物品」と「意匠」とは別個の概念とされ、「意匠」とは、「形や模様について工夫（趣向）を凝らしたもの」といった意味で用いられていた。

　これに対し、大正10年意匠法改正において、「意匠」とは、「物品に関し形状、模様若しくは色彩又はその結合に係る新規の意匠の工業的考案」と規定されたが、これは、意匠権は物品と離れて存在するものではないとの考えに移行したものであり、「意匠」とは、物品に現されるべきものとの位置付けで、出願手続における「意匠を現すべき物品」については、複数指定することができていた。

---

[10] 台湾智慧財産局「元宇宙與設計專利之關係」
　https://www.tipo.gov.tw/tw/cp-85-910395-b3a07-1.html
[11] Proposal for a REGULATION OF THE EUROPEAN PARLIAMENT AND OF THE COUNCIL amending Council Regulation (EC) No 6/2002 on Community designs and repealing Commission Regulation (EC) No 2246/2002　https://eur-lex.europa.eu/legal-content/EN/TXT/?uri=COM%3A2022%3A666%3AFIN

昭和34年法改正案の検討時においては、物品から離れた模様のみを保護することについても検討されたようであるが、最終的に、物品は意匠の構成要素であって、意匠は物品と一体不可分なものとされ[12]、その後、意匠と物品との関係は、最判昭和49.03.19 民集28巻2号308頁〔可撓伸縮ホース事件〕において「…登録意匠にかかる物品と同一又は類似の物品につき一般需要者に対して登録意匠と類似の美感を生ぜしめる意匠にも、及ぶ…」と判示されたことより、以降は物品の類似性が意匠の類似の前提となっている。

図2　大正10年法下の登録意匠
（意匠登録第78987号）

　その後、令和元年意匠法改正により、画像については、物品から離れた画像そのものについて保護対象に加えられたが、前節で述べたように、機器との関連性が要件とされており、また、画像の意匠の類否判断は、意匠審査基準において、表示される物品等の類似ではなく、画像の用途及び機能の共通性について検討するとされている[13]。例えば図3のように、「商品選択ボタン」に係る画像意匠と、「在庫数表示インジケーター」に係る画像意匠は類似しないとされている[14]。

---

[12] 山田繁和「我が国の意匠制度の歴史」（「特技懇」276号60頁[2015]）
[13] 意匠審査基準 第Ⅳ部第1章6.2.2.1 P.32
　https://www.jpo.go.jp/system/laws/rule/guideline/design/shinsa_kijun/document/index/isho-shinsakijun-04-01.pdf
[14] 意匠審査基準 第Ⅳ部第1章6.2.2.1 P.36
　https://www.jpo.go.jp/system/laws/rule/guideline/design/shinsa_kijun/document/index/isho-shinsakijun-04-01.pdf

図3　画像意匠の用途及び機能が類似しない例

　物品の意匠については、先に述べた最高裁判決を根拠として、意匠審査基準においても、物品の類似は意匠の類似の前提となっている[15]が、裁判例においては、例えば東京地判平成19.04.18 判タ1273号280頁〔増幅器スピーカー事件〕では、対比する意匠の意匠に係る物品の全部の機能ではなく、一部の機能が共通することにより、物品の類似性を認めているなど、個別具体的な案件においては、やや柔軟に判断されているように見受けられる。

（2）問題の所在とそれに対する考察

　意匠における物品の類否判断に関しては、学説においても各種の検討がなされているところであり、物品の類似性を前提とする考え方[16]や、物品の類似性を前提としない考え方[17]が見られるところであるが、例えば現行法においては、包装紙の意匠を創作して権利化した場合に、当該包装紙と同じ模様を付した他者の包装用箱に対しては、物品が類似しないとして権利が及ばず、

---

[15] 意匠審査基準 第Ⅲ部第2章第1節 2頁
　https://www.jpo.go.jp/system/laws/rule/guideline/design/shinsa_kijun/document/index/isho-shinsakijun-03-02-01.pdf
[16] 例えば青木大也「部分意匠に係る意匠権の侵害について」(「パテント」68巻9号66頁[2015])
[17] 例えば清永利亮「意匠の類否」〈『裁判実務大系9』406頁（青林書院[1985]）〉や牧野利秋「意匠法の諸問題」(「ジュリスト」1326号93頁[2007])

包装に係る装飾（模様）の創作的価値を十分に保護するためには、適用され得る各種の物品に対して意匠登録を受けなければならない点について、著者は日々の実務を通じてかねてより疑問を抱いている。

　この点について、前記最高裁判決や、意匠制度の成り立ち（変遷）からすると当然であり、また、包装紙と包装用箱では、模様以外の具体的な構成（形状）が相違する可能性が大きいため、物品全体として観察すれば非類似の意匠であるのは当然であろうが、例えば包装紙又は包装用箱の、平面的な箇所の模様部分について、部分意匠として権利化していた場合にも妥当するのであろうか？

　前記最高裁判決は、部分意匠制度が導入される以前のものであるため、部分意匠の権利解釈においても、当然にそのまま適用されるのかがやや疑問で、また、前記したように、画像意匠の類否判断においては、表示される物品に関係なく、その画像の用途と機能に基づいて判断されることや、多種物品に適用可能な、正に前述した明治21年の意匠条例から、昭和34年法までの意匠と物品の関係のように「物品に現されるべき意匠」といえるような、汎用的なデザインが創作されている実情に鑑みると、ある面で紋切り型で硬直的な物品の類似を前提とする、現在の意匠の類否判断について再検討する時期にあると考える。

　すなわち、例えば前記した包装紙と包装用箱の模様について、平面的な箇所の模様部分に係る部分意匠の意匠権が相互に及ぶことの是非について、検討する価値があるのではなかろうか。

　また、例えば衣服における、温度調節用の開口部（ベンチレーション）の形状について新規に創作した場合、当該開口部をジャケット（上衣）に設けた場合と、ズボン（下衣）に設けた場合に、現行法下においては、意匠登録を受けようとする意匠に係る物品の類似が前提とされ、かつ、部分意匠の類否判断は、意匠登録を受けようとする部分の形状のほか、意匠全体に対する、位置、大きさ、範囲も考慮される[18]ことから、上記開口部が同じ形状であっ

---

[18] 意匠審査基準　第Ⅲ部第2章第1節2.2.2.4 4頁
　https://www.jpo.go.jp/system/laws/rule/guideline/design/shinsa_kijun/document/index/isho-shinsakijun-03-02-01.pdf

たとしても、上衣又は下衣のどの位置に設けられているかによって、非類似と判断される可能性が高いことから、上衣と下衣を個別に出願して登録を受けなければならないであろう。

一方で、意匠審査基準には、前記位置、大きさ、範囲が、当該意匠の属する分野においてありふれた範囲内のものであれば、類否判断にほとんど影響を与えないとも記載されていることから、位置、大きさ、範囲がありふれているような部分意匠であれば、現行法において非類似物品と判断された結果、意匠として非類似と判断されるような部分意匠であっても、類似と判断することについて妥当性があるように考える。

以上について、これまで多くの諸先輩方が検討を重ねられ、また、最高裁判決を筆頭に、物品の類似を前提とする裁判例や審査基準が積み上げられている状況ではあるが、画像意匠が、伝統的な「意匠と物品は一体不可分」という縛りから少し解放され、また、機器との直接的な関連性が大きくないと考えられる、メタバースに代表されるデジタル空間のデザイン（創作物）の創作が活発になってきている現状において、少なくとも部分意匠における物品性については、改めて検討してもよいのではなかろうか。

上記したような、意匠の保護範囲を拡張するかのような議論になると、クリアランス負担の問題（議論）が必ず起こる。当然それを無視することはできないが、意匠法の法目的が「意匠の保護及び利用」「意匠の創作を奨励」「産業の発達」である以上、経済活動や創作活動の実情に即した、適切な意匠の保護を継続的に検討することは必須であると考える。

なお、外国では、欧州共同体意匠においては、出願時に物品の名称を記載するが、物品に限定されずに意匠権の効力が及ぶとされ、かつ、実体的審査がなされないままに登録されているものの、欧州の代理人によると、訴訟が頻発している状況ではないようであるから、仮に画像意匠の拡充が実現したとしても、実体的な大きな問題に発展するとは限らないのではなかろうか。

また、米国においては、我が国の昭和34年法までの規定のように、名称に複数の物品を記載することが可能であり、下記のように、現実の物品に加え

て、デジタル空間のモデルについても併記されている登録例が見られるが、意匠権の効力については、物品の共通性を参酌する裁判例も存在する[19]。

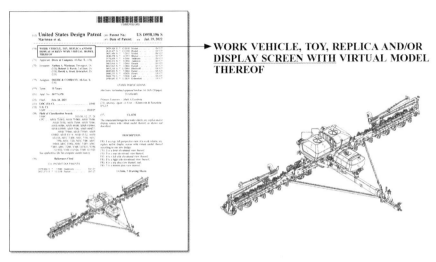

図4　米国意匠登録例（US D958,196）

　その他、例えば中国、韓国、台湾、ASEAN諸国等では、我が国の現行法のように、物品の類似が意匠の類似の前提となっており、我が国における意匠権の効力の範囲を検討する際も、これら諸外国との国際協調を念頭に置く必要はあろう。

　以上のように、物品の意匠について、これまでの物品性を前提とした類否判断にとらわれず、現在の経済状況、創作状況に鑑みて、多面的に意匠権の効力、特に部分意匠の効力の範囲について検討を進めるべきと考える。

4．おわりに

　以上、著者なりに今後の意匠保護のありようについて検討したが、更に多様な意見に触れ、様々な関係者（企業、代理人、特許庁、裁判所）の立場を

---

[19] CURVER LUXEMBOURG, SARL, v. HOME EXPRESSIONS INC. 事件

踏まえた議論を深めたいと考えているので、御指導を賜りたく、また、このような意見表明の場を与えていただいたことについて、改めて藤本昇先生のこれまでの御功績と人望や、関係者の皆さまの御尽力に感謝したい。

商標法における権利濫用法理
—のれん分け事案に焦点を当てて—

弁護士法人大江橋法律事務所 弁護士　重冨 貴光

1．はじめに

　商標分野では、使用開始当初は特定の主体（ルーツ・源流）によって使用されていた商標が、後に複数主体によって使用されるようになり、複数主体による使用が併存する状態が形成される場合がある。このような場合の1つの事案として、いわゆる「のれん分け事案」がある。のれん分け事案では、特定の主体（ルーツ・源流）から複数主体が独立して同一又は類似商標の使用を開始し、複数主体において商標を使用する状態が形成されることになるが、このような状態の下で、複数主体のうちの一つ（商標登録名義人に係る特定の主体）が商標権に基づいて他の主体による商標の使用の差止めを請求した場合に、当該差止請求は権利の濫用（民法1条3項）に該当するのではないかという問題が生じる。

　本稿では、主にのれん分け事案に焦点を当てつつ、商標法における権利濫用法理の在り方について検討する。本稿の体系であるが、まず、商標法分野における権利濫用法理を概観し、のれん分け事案における権利濫用法理について判断した裁判例を紹介・検討し、権利濫用法理の位置付け・考慮要素・在り方について考察する。

2．商標法分野における権利濫用法理
（1）権利濫用法理に関する裁判例の概観

　商標法分野では、他の法分野に比して、商標権に基づく権利行使が権利濫用により認められないとして棄却された裁判例が多い。

　まず指摘すべき裁判例は、商標権侵害に基づく権利行使が権利濫用に該当す

ると判断した最初の最高裁判例としての最判平成02.07.20 民集44巻5号876頁〔ポパイ事件〕である。ポパイ事件最判は、「ポパイ」に係る商標権を有するX（商標権者）が、Y（「ポパイ」の漫画の著作権者の許諾を得てポパイ標章を付した商品を販売している者）に対してY商品の販売差止め及び損害賠償を求めた事案において、以下のとおり判示し、権利濫用に該当すると判断した。

「本件商標は右人物像（注：ポパイ）の著名性を無償で利用しているものに外ならないというべきであり、客観的に公正な競業秩序を維持することが商標法の法目的の一つとなっていることに照らすと、Xが、「ポパイ」の漫画の著作権者の許諾を得て乙標章（注：ポパイ標章）を付した商品を販売している者に対して本件商標権の侵害を主張するのは、客観的に公正な競業秩序を乱すものとして、正に権利の濫用というほかない」

本稿執筆に当たり、商標権侵害訴訟において権利濫用に該当すると判断された裁判例を調査した。のれん分け類型の裁判例は後記3にて詳細に紹介及び検討することとするが、ここでは、のれん分け類型以外の裁判例として、2000（平成12）年以降になされた裁判例につき、主な類型に分けつつ、本稿末尾別紙のとおり紹介する。

（2）商標法分野における権利濫用法理趣旨

商標法に基づく権利行使を権利濫用として排斥した裁判例は数多く存在するが、判例解説及び解説書をみるに、権利濫用に該当すると判断される法理の趣旨は、以下のとおり理解できる。

ポパイ事件最判の判例解説をみるに、ポパイ事件では、客観的に公正な競業秩序を維持することが商標法の法目的の一つとなっていることを考慮に入れ、商標権侵害を主張することが客観的に公正な競業秩序を乱すものとして、権利濫用に該当すると判断したと解説されている〈塩月秀平「商標権侵害の主張が権利の濫用に当たるとされた事例」（「ジュリスト」966号71頁［1990］）〉。また、商標は自他商品の識別標識であり、発明・考案等の知的創作物とは異なると解説されている〈塩月秀平「商標権侵害の主張が権利の濫用に当た

とされた事例」(「最高裁判所判例解説 民事篇(平成2年度)」281頁[1992])〉。

　髙部眞規子元知財高裁所長の解説書では、商標法1条の目的に照らし、商標権の行使にあたっては、当該商標の信用がどこに形成されているのか、商標の使用が業務上の信用の維持につながるのかを検討し、さらに商標権者と相手方との関係（信用をともに形成していった内部関係の者）や、相手方が類似の商標を使用していることを放置することによって需要者の利益が害されることがあるか否かを基礎付ける事情等を勘案して、総合的に判断されるべきものであると解説されている〈髙部眞規子『実務詳説 商標関係訴訟〔第2版〕』116頁（金融財政事情研究会[2023]）〉。

　ポパイ事件最判解説に照らすに、問題となっている商標の自他商品識別標識の実質を見極め、当該商標の権利行使を認めることが商品市場における自他商品の識別機能を維持するか、客観的に公正な競業秩序を維持するかを考察し、適切に維持するものといえない場合には、当該商標の権利行使を権利濫用に該当するものとして判断すべきと解される。また、上記各解説から分かるとおり、商標法分野における権利濫用法理は、個別の事案における諸事情等を勘案しつつ、商標の自他商品識別及び信用の維持や、商標権者と相手方との関係、需要者の利益等を実質的に勘案しつつ、商標権者の権利行使を認めることが適切でないといえる場合には、権利濫用法理を活用して権利行使を排斥するべく活用すべきと考えられている。かような商標法固有の趣旨の下で、商標法分野においては、他の法分野に比して、権利濫用法理の活用によって権利濫用に該当すると判断される事例が多いということができよう。

3．のれん分け事案における権利濫用法理
（1）裁判例の紹介

　のれん分け事案における権利濫用に関し、まず、2000(平成12)年以降の主な裁判例を紹介する。

　具体的には、① 極真、極真会館及びKYOKUSHINに関する事件（以下「極真関連事件」という。）、② 守半及び守半總本舗に関する事件（以下「守半関

連事件」という。)、③ 真佐喜事件、④ 日本漢字能力検定事件について、権利濫用成否判断に関し、本稿で検討すべき中心的な判示箇所を掲記し、紹介する。本項における当事者の表記であるが、商標権者をX、被疑侵害者をYとする。

なお、本稿で紹介するもののほか、① 東京地判平成14.10.15 判時1821号132頁〔Budweiser事件 第一審〕権利濫用肯定、② 大阪高判平成18.09.20 平17(ネ)3088〔華道専正池坊事件 第二審〕権利濫用否定がある。

① 極真関連事件

極真関連事件では、多数の事件が生じ、判決が出されている。本件は、使用開始当初は主宰者Aが使用していた「極真会館」等の商標について、その後に複数主体が分派として独立して同一又は類似商標の使用を開始した状態において、分派の一つが他の分派に属する主体に対して商標権に基づく商標使用差止めを請求した事案である。紙幅の制約に鑑み、一部の裁判例を紹介する。

ア．東京地判平成15.09.29 平14(ワ)16786〔極真関連事件1〕

本件標章は、遅くともAが死亡した平成6年4月時点では、少なくとも空手及び格闘技に興味を持つ者の間では、「極真会館」ないし「極真空手」を表す標章として広く認識されるに至っていたのであるから、本件標章が表示する出所は極真会館である…。…本件標章が極真会館ないし極真空手を表す標章として広く認識されるに至ったのは、A及び同人に認可を受けたYら及びXも含めた支部長の努力により、極真会館及び極真空手を全国に普及し、発展させた結果である。

Xは、本件商標権を取得したが、Aが死亡した後、極真会館から分かれた一つの分派の代表にすぎないというべきであり、一方、Yらも、Aから支部長の認可を受け、認可を受けた地域において、極真空手の道場を設置して、極真空手の教授を行う等して極真空手の普及に努め、本件標章の信用性の向上に貢献してきており、現在も、従前どおり、自ら設置した道場で極真空手

の教授等を継続し、極真会館のうちの一つの分派に属している。

　以上の点を考慮すれば、極真会館の分派の代表にすぎないＸが本件商標権に基づき、Ｙらに対して、同じく極真会館の分派に属する者に対して、本件標章の使用を禁止することは権利の濫用に当たると解すべきである。

イ．大阪地判平成15.09.30 判時1860号127頁〔極真関連事件2 第一審〕

　商標は、自分の商品と他人の商品、自分の役務と他人の役務を区別するために、事業者が商品又は役務につける標章である。…複数の事業者から構成されるグループが特定の役務を表す主体として需要者の間で認識されている場合、その中の特定の者が、当該表示の独占的な表示主体であるといえるためには、需要者に対する関係又はグループ内部における関係において、その表示の周知性・著名性の獲得がほとんどその特定の者に集中して帰属しており、グループ内の他の者は、その者からの使用許諾を得て初めて当該表示を使用できるという関係にあることを要するものと解される。そして、そのような関係が認められない場合には、グループ内の者が商標権を取得したとしても、グループ内の他の者に対して当該表示の独占的な表示主体として商標権に基づく権利行使を行うことは、権利濫用になるというべきである。

　…Ａの生前、本件商標は商標登録出願されることがなく、また、極真会館は法人化されていなかったものであるが、本件商標につき、商標権者たるべき者は、（生前の）Ａ又は（法人化した後の）極真会館を措いて他には考えられない。しかるところ、本件商標の周知性・著名性の獲得が集中していたともいい得るＡは、その存命中、極真会館の構成員が本件商標を使用することについて特段の制限を設けなかった。また、Ａから任命された支部長や、更に支部長によって任命された分支部長が道場での極真空手の教授等の極真会館の活動を行うに際して、本件商標を使用することは当然のこととされていた。

　Ａ死亡後も、本件商標はあくまでＡ率いる極真会館を表すものとして需要者の間で広く知られており、その周知性・著名性の獲得にはＡ存命中の極

真会館に属する各構成員の貢献も寄与していたという状況に何ら変わりはなかった。

Xが…極真会館の後継者であることの根拠が存在しない以上、Xは、対外的（極真会館の外部の者に対する関係）にはともかくとして、極真会館内部の構成員に対する関係では、自己が商標登録を取得して、商標権者として行動できる正当な根拠はないのである。Xが、X個人を商標権者として商標登録した本件商標権に基づき、生前のAから承認を得て、本件商標を用いた空手の教授、空手大会の興行等を行った極真会館の構成員に対して、本件商標の使用の差止めを求めることは、権利濫用に当たるというべきである。

ウ．大阪高判平成16.09.29 平15(ネ)3283〔極真関連事件2 第二審〕

Xが、本件商標に関し、…自己名義で商標登録を受けたとしても、極真会館の外部の者に対する関係ではともかく、本件商標の周知性・著明性の形成に共に寄与してきた団体内部の者に対する関係では、少なくとも本件商標の使用に関する従来の規制の範囲を超えて権限を行使することは不当であるというべき…。

エ．東京地判平成28.06.30 判時2319号116頁〔極真関連事件3〕

Xらは、Aの死亡後、B及びYが国内外でY各標章を使用して大規模に極真空手の教授等を行っていたことを認識していたにもかかわらず、合理的な理由もなく早期に本件各商標に係る商標登録出願を行っていないことも考慮すれば、XらがYに対し、本件各商標権に基づき、極真関連商標である本件各商標やこれと類似する商標の使用を禁止することは権利の濫用に当たると解すべきである。

オ．知財高判平成29.08.30 平29(ネ)10012〔極真関連事件4 第二審〕

本件各商標は、Aらが拡大発展に相当な寄与をして海外にも大規模に展開された極真会館という団体を識別する標章として、その著名性を無償で利用

しているものに外ならないというべきであり、客観的に公正な競業秩序を維持することが商標法の法目的の一つとなっていることに照らすと、Xらが、極真会館の許諾を得てY各標章の使用を開始して極真会館としての活動を承継、継続する者に対して本件各商標権侵害を主張するのは、客観的に公正な競業秩序を乱すものとして、権利の濫用である…。

② 守半関連事件

本件は、Aが開業した守半本店の事業に使用していた「守半」の商標について、その後に複数主体が独立して同一又は類似商標の使用を開始した状態において、複数主体の一つが他の主体に対して商標権に基づく「守半」等の使用差止めを請求した事案である。

ア．東京地判令和02.01.29 平30(ワ)11046・平31(ワ)1716〔守半関連事件第一審〕

X、Y及び守半本店は、本件商標権の出願以前において、それぞれ「守半」を含む商号及び標章を用いて、海苔の製造販売等の事業を行っていたところ、三者が使用する海苔製造販売事業における「守半」の商号及び標章は、いずれもAが開業した守半本店の事業に由来するものであり、守半本店及びXは、Aの上記事業を承継した者として、Yは、守半本店から上記商号及び標章の使用許諾を受けた者として、これらの使用を継続していた…。

本件商標権の出願当時の「守半」の標章が一定の知名度と信用を獲得していたこと、「守半」の標章はAの事業に由来するものであり…、その主たる承継者は守半本店であったこと、…守半本店が昭和40年代には大森地区外の複数店舗で小売販売を行うなどしていたことからすれば、上記の「守半」の標章の知名度と信用の獲得については、これが集中的にXないしその前身に帰属するものであったともいえない。

…Y側の営業の状況を考慮すれば、…「守半」の標章の知名度と信用の獲得については、守半本店やXの他に、YないしBによる寄与もあったものと

いうことができる。

　本件商標権取得後も本訴提起に至る平成29年末以降の時期まで、XがYに対して長期間権利行使をしておらず、XがYによる「守半」の標章の使用に異議を述べたと認められるのは、…の機会に留まることも考慮すれば、Xが、Yに対して、「守半」を含むY各標章の使用の中止等を求めて、本件商標権に基づく本訴請求をすることは、権利の濫用に該当するというべきである。

イ．知財高判令和04.11.30 令2(ネ)10017〔守半関連事件 第二審〕
　ⅰ）権利濫用に関する判断（結論）

　Xが、「守半」の文字からなる標章（以下「守半標章」という。）の使用に対して、本件商標権を行使することは権利の濫用に当たるものの、「守半總本舗」の文字からなる標章（以下「守半總本舗標章」という。）の使用に対して本件商標権を行使することについては、権利濫用に当たらない。

　ⅱ）守半標章の使用について

　X、Y及び補助参加人（守半本店）は、いずれもAの開業した「守半」と何らかの関わりを有する事業者であり、前身を含めると、いずれも大森又は蒲田地区を中心として、Xが本件商標権を取得するより相当以前から長年にわたって、「守半」を含む商号や標章を使用し、のりの製造販売等に係る事業を行ってきた者である。

　Xら及びYの三者は、それぞれが独立の事業者として、のりの製造販売等に係る事業を行ってきており、…大森及び蒲田地区を中心とした「守半」の標章の知名度と信用は、X、Y及び守半本店（補助参加人）の三者が営業活動を行う中で獲得されてきた…。

　X及びYの補助参加人との交流の状況や、三者が大田区内の一部地域内で長年活動し、大森本場乾海苔問屋協同組合という同一の組合に加盟していたことからすると、Xら及びYの三者は、「守半」の標章を巡る前記…の客観的状態を認識していたものと推認でき、少なくとも昭和56年までは、「守半」

の商号や標章を巡って三者の間で明示的な紛争が生じることはなく、本件商標権についても、昭和55年に取得されて以降、40年近くにわたって、Yや補助参加人などの他者に対して権利行使されたことはなかった。

…X及びY又はそれぞれの前身が、どのような経緯で、「守半」を含む商号や標章を使用することになったのかについては、いわゆる「のれん分け」の有無も含め、証拠上、必ずしも明らかではないものの、…三者の経営者の親族関係、人間関係及び…XやYの守半本店（補助参加人）との交流の状況並びに守半本店がこれまでXやYによる「守半」標章の使用について何ら異議を述べていなかったことからすると、Xの前身やBが、「守半」の商号や標章を使用することについては、守半本店の許諾があったものと推認できる。

…前記…の客観的状況があり、かつ…それを認識しながら、長年にわたり本件商標権を行使してこなかったXが、本件商標権の取得以前から正当に行われてきた「守半」標章の使用行為と同一又は社会通念上同一といえるYによる守半標章の使用行為に対し、本件商標権を行使することは、権利の濫用に該当するというべきである。

ⅲ）守半總本舗の使用について

Yは、平成18年から新たに「守半總本舗」という商号及び標章を使用するようになったものであるが、「總本舗」とは、「ある特定の商品を製造・販売するおおもとの店」を意味する語であり…、そのような語を「守半」に結合させた「守半總本舗」は、従前、BやYがしていた「守半」の商号や標章の使用とはその意味合いを異にする。

…従前、Xら及びYの三者間では、守半本店（補助参加人）が「本店」という中心的な地位を占める屋号、商号を一貫して用いており、X及びYもそれを是認してきたということができる。しかし、Yが上記のような意味合いを持つ「總本舗」を「守半」に結合させた「守半總本舗」の商号や標章を用いた場合、取引者、需要者に対し、あたかもYが三者の中で新たに「本店」としての地位を獲得したかのような印象を与えることとなり、平成18年以前

に長年にわたって構築されていた三者の関係性を変質させるものといえる。

　そうすると、Yによって平成18年以降、開始された「守半總本舗」の商号・標章の使用は、本件商標権の取得以前から、長年にわたってBやYによって行われてきた「守半」標章の使用とは、社会通念上、同一に考えることはできない。

　…三者がそれぞれの立場から営業活動を行って「守半」標章の知名度と信用の獲得に貢献しているという客観的状況があり、かつ、Xが昭和55年に本件商標権を取得しており、Yが遅くとも平成18年11月頃までにはXが本件商標権を取得していることを認識していたこと、その頃、XがYに対し、「守半總本舗」の使用に関して異議を述べていたことからすると、Yが「守半總本舗」の使用について、本件請求における不法行為期間（対象期間）の始期である平成20年以降も継続するためには、補助参加人の承諾のみでは足りず、商標権者たるXの承諾も得るべきであったと解すべきである。しかし、…Yは、Xの承諾を得ることなく、「守半總本舗」の使用を継続したものであった。

　Yが、本件商標の登録以前から使用していた「守半」標章とは社会通念上同一視することができない「守半總本舗」を、商標権者たるXの承諾なく使用するという、守半總本舗標章の使用行為に対して、Xが本件商標権を行使することは、権利濫用に該当するものではない…。

　本件商標権の行使が権利濫用に当たるか否かは、権利侵害の内容や権利行使の態様等を踏まえて総合的に判断されるべきところ、侵害の内容が異なる場合に、侵害行為ごとに異なる判断となることは当然に想定されることである。本件では、Yが「守半」及びこれに「特選」「粋の極み」などの商品の品質等を表す語句と共に用いる場合と、Yが「守半總本舗」を使用する場合とでは、侵害の内容及び質が異なるから、権利行使に当たるか否かの判断が異なることになると判断するものであって、Yの上記批判は当たらない。

③ 真佐喜事件

本件は、初代真佐喜と二代真佐喜に由来する技芸に使用していた「真佐喜」の商標について、その後に複数主体が独立して同一又は類似商標の使用を開始した状態において、複数主体の一つが他の主体に対して商標権に基づく「真佐喜」等の使用差止めを請求した事案である（東京地判平成21.03.12 平20(ワ)3023）。

【判示】

本件商標は、初代真佐喜と二代真佐喜の名跡に由来するものであること、…二代真佐喜との関係においてXとYとはほぼ同等の立場であって、Xが唯一の「正当な地位」を有する本件商標の出願人として、その登録を許されたとまでは認め難いこと、Yは、Xと同じく二代真佐喜と由縁があり、…平成9年以降一貫して芸名として「U1〇眞佐喜」を使用して演奏会活動等を行っていることに鑑みるならば、Xが本件商標権に基づき、「U1〇真佐喜」の商標の独占を主張して、Yに対し、その提供する箏曲の演奏、箏曲の技芸の教授という役務について、本件商標と実質的に同一であると認められるY標章を使用することの差止めを求めることは、特段の事情がない限り、権利の濫用に当たるものというべきである。

④ 日本漢字能力検定事件

本件は、日本漢字能力検定協会の組織を有していたX事業につき、Xから日本漢字能力検定事業をYが引き継ぎ、X及びY（主にY）が「日本語暗示能力検定」標章を使用していたところ、その後に、Xが商標権に基づき「日本語漢字能力検定」に係る標章の使用差止めを請求した事案である（大阪地判平成25.01.17 平23(ワ)3460）。

【判示】

Xが本件各商標権に基づきYによる本件各商標の使用差止めを求めることは、権利濫用に当たり、許されない…。

ⅰ）本件各商標について商標権者となるべき者

　Yは、Xの内部組織であった、日本漢字教育振興会及び日本漢字能力検定協会の事業を承継したが…、その中心的な事業は「日本漢字能力検定」である。…本件各商標は、いずれもYの役務を表示する基幹となる商標…や、これを含むもの…であり、本来、Yが出願し、その商標権者となるべきであるといえる（商標法3条1項柱書）。

　Xは、Y設立後も、自ら実施していた漢字能力検定に係る使用権を確保するためであったと主張するが、最も重要な「日本漢字能力検定」の事業をYに引き継いだ以上、Xのみが本件各商標を使用することは全く想定されていないというべきである。

　ⅱ）Yによる使用状況

　本件各商標は、その商標登録から現在に至るまで、Yの事業の中心である「日本漢字能力検定」の事業を表すもの…、あるいはこれに付随する事業を表すもの…として使用されてきた商標であり、…受検者の増加に伴い、その旨一般にも広く認識されてきたといえる。

　ⅲ）危険性の顕在化

　ところが、…Xは、平成21年11月以降、本件各商標権を、Yとは関係のない第三者に移転したり、Yに対して本件各商標の使用を中止するよう通告したりした上、ついにはYによる本件各商標の使用差止めを求める本件訴えの提起にまで至った。このことは、まさにXが本件各商標権を有することに伴う前記潜在的危険性を顕在化させたものであり、Xは、その権利保有及び行使が許容される根拠を自ら喪失させたといえる。しかも、…Xが本件訴えを提起したのは、本件各商標権が自己に帰属していることを奇貨とし、Yからの損害賠償請求等への対抗策として利用するためといえるが、商標制度が保護すべき権利、利益とは、およそかけ離れた目的といわざるを得ない。

(2) のれん分け事案における権利濫用法理
① 権利濫用成否判断における考慮要素

上記1に紹介した各裁判例をみるに、裁判例上、権利濫用成否判断に際しては、以下に示す各考慮要素を考慮していることが分かる。

[考慮要素]
ⅰ) 商標の出所（のれん分けのルーツ・源流）
ⅱ)「商標権者たるべき者」の認定（実質的にみて商標の出所を認定）
ⅲ) 商標の出所（のれん分けのルーツ・源流）が、商標の使用制限をしたか（特定の主体にのみ使用させる等の制限をしたか）
ⅳ) 事実状態として、商標の使用が複数主体によってされてきたか
ⅴ) 商標の信用形成に寄与した主体（特定の主体であるか、あるいは、複数主体であるか）
ⅵ) 複数主体間において、各主体が商標を使用することは認識・是認されていたか
ⅶ) 複数主体間において、商標を使用する事業の譲渡等がされたか
ⅷ) 商標名義人（特定の主体）が速やかに権利行使していたか／他の複数主体の使用に異議を述べていたか
ⅸ) 商標の使用状態に変化があったか

---

② 各考慮要素に関する裁判例の認定

ここでは、上記①に掲記した各考慮要素につき、検討の在り方を含め、考察する。

ⅰ) 商標の出所（のれん分けのルーツ・源流）について

裁判例では、いずれも、対象となる商標の出所がいかなる主体であるかを認定している。

極真関連事件では、「極真会館」等の出所はＡ（主宰者）・極真会館（団体：複数使用主体）であると認定されている。守半関連事件 第一審では、「守半」の出所は、Ａが開業した守半本店であると認定されている。真佐喜事件では、

初代真佐喜及び二代真佐喜であると認定されている。日本漢字能力検定事件では、「日本漢字能力検定」の事業であると認定されている。

　ⅱ）「商標権者たるべき者」の認定
　裁判例をみるに、対象となる商標につき、「商標権者たるべき者」（実質的にみて出所といえる者）を認定していることが注目される。ここでは、「商標権者たるべき者」（実質的にみて出所といえる者）を、商標名義人を形式的に捉えるのではなく、商標の出所を実質的に検討して認定している。
　なかでも、日本漢字能力検定事件は、判決理由中に「商標権者となるべき者」という項目を立てて検討している。その上で、対象となる各商標は、いずれもYの役務を表示する基幹となる商標又は当該商標を含むものであり、本来、商標名義人であるXではなく、Yが出願し、その商標権者となるべきであると判示している。
　なお、極真関連事件３判決は、商標名義人が合理的な理由もなく早期に本件各商標に係る商標登録出願を行っていないことを事情として挙げている。この判示部分は、仮に商標名義人（特定の主体）が商標出願を早期に行っていれば、かかる事情は権利濫用成否に影響を与えた（権利濫用を否定し得た。）ようにも思われる。しかしながら、商標名義人による商標出願が早期であったとの一事をもって、商標名義人に商標使用を独占させるべき正当化事情があるとはいえないのではなかろうか。あくまで、商標名義人による早期の出願・登録の結果として、複数主体間において、登録名義人（特定の主体）のみが商標を使用できる（あるいは使用すべき）という状態・認識が醸成されたのであれば、かような状態・認識をもって、初めて商標名義人の独占的使用が正当化され得るのではなかろうか。

　ⅲ）商標の出所（のれん分けのルーツ・源流）が、商標の使用制限をしたか（特定の主体にのみ使用させる等の制限をしたか）
　裁判例では、商標の出所（のれん分けのルーツ・源流）となる主体を認定

した上で、当該主体が、商標を使用する複数主体との関係において、商標の使用制限をしたか否かを検討している。すなわち、商標の使用制限として、複数主体のうち、特定の主体にのみ使用させる等の制限をした事情が認められるかを検討している。

極真関連事件では、そのような使用制限はされていないと認定されている。守半関連事件では、Yは守半本店から許諾を得て使用を継続していたと認定されている。真佐喜事件では、Xが唯一の商標出願人として登録を許されたとは認め難いと認定されている。

ⅳ）事実状態として、商標の使用が複数主体によってされていたか

裁判例は、対象となる商標について、当該商標の使用が複数主体によってなされてきたかという事実状態を考慮している。極真関連事件、守半関連事件及び真佐喜事件では、いずれも対象となる商標の使用が複数主体によってなされてきたことが認定されている。

日本漢字能力検定事件では、Yが継続的に使用してきたことが認定されている。

ⅴ）商標の信用形成に寄与した主体が誰か

裁判例は、対象となる商標の信用形成に寄与した主体が誰であるか（特定の主体か、あるいは、複数主体か）を検討し、認定している。極真関連事件では、複数主体による寄与があったと認定している。守半関連事件では、「守半」につき、複数主体による寄与があったと認定している。

ⅵ）複数主体間において、各主体が商標を使用することは認識・是認されていたか

裁判例では、対象となる商標について、複数主体間において、各主体が商標を使用することは認識・是認されていたかについて検討し、認定している。極真関連事件では、Aから任命された支部長や、更に支部長によって任命さ

れた分支部長が道場での極真空手の教授等、極真会館の活動を行う際して、商標の使用は当然のこととされていたと認定している。守半関連事件では、「守半」につき、複数主体が商標を使用していたことを認識していたと認定している。

　vii）複数主体間において、商標を使用する事業の譲渡等がされたか

　裁判例のうち、日本漢字能力検定事件では、X（商標名義人）からYに日本漢字能力検定事業が引き継がれたことが認定されている。

　viii）商標名義人（特定の主体）が速やかに権利行使していたか／他の複数
　　　主体の使用に異議を述べていたか

　守半関連事件 第一審では、守半標章につき、商標名義人（特定の主体）が他の複数主体に対して長期間権利行使しておらず、使用の異議を述べた機会は少ないと認定している。

　他方で、守半関連事件の「守半總本舗」に関しては、① Xが昭和55年に本件商標権を取得、② Yが遅くとも平成18年11月頃までにはXが本件商標権を取得していることを認識、③ その頃、XがYに対し、「守半總本舗」の使用に関して異議を述べていたことが認定されている。その上で、Yが「守半總本舗」の使用について、平成20年以降も使用継続するためには、商標権者たるXの承諾も得るべきであったと判断されている。

　ix）商標の使用状態に変化があったか

　守半関連事件 第二審では、Yによる新たな「守半總本舗」の使用は、「守半」標章の使用とはその意味合いを異にし、社会通念上、同一に考えることはできないと認定されている。より具体的には、「總本舗」を「守半」に結合させた「守半總本舗」標章を用いた場合、取引者、需要者に対し、あたかもYが三者の中で新たに「本店」としての地位を獲得したかのような印象を与えることとなり、平成18年以前に長年にわたって構築されていた三者の関

係性を変質させるものといえると認定している。

③ 各考慮要素を踏まえた裁判例における権利濫用法理の検討

以上のとおり、権利濫用成否判断における考慮要素及び認定についてみてきたが、ここでは、これを踏まえつつ、裁判例における権利濫用法理適用に関する考え方をみておく。具体的には、注目すべき裁判例として、守半関連事件 第二審及び極真関連事件2判決の考え方を示す。

守半関連事件 第二審は、[1] 複数主体が「守半」商標を使用してきたという事実状態（考慮要素ⅳ）、[2]「守半」の知名度と信用は複数主体によって形成されてきたこと（考慮要素ⅴ）、[3] 複数主体間において「守半」商標の使用という事実状態及びこれに基づく「守半」知名度と信用の形成について認識がされていたこと（考慮要素ⅵ）、[4] 商標名義人（特定の主体）が速やかに権利行使していなかったこと（考慮要素ⅷ）を踏まえ、守半標章の使用差止請求は権利の濫用に該当すると判断したものといえる。

また、極真関連事件2判決は、のれん分け事案における権利濫用法理に関し、特に複数主体からなるグループの内部関係に着目して検討し、商標の自他識別機能の観点から、権利濫用法理の適用の在り方について以下のとおり判示している。

「複数の事業者から構成されるグループが特定の役務を表す主体として需要者の間で認識されている場合、その中の特定の者が、当該表示の独占的な表示主体であるといえるためには、需要者に対する関係又はグループ内部における関係において、その表示の周知性・著名性の獲得がほとんどその特定の者に集中して帰属しており、グループ内の他の者は、その者からの使用許諾を得て初めて当該表示を使用できるという関係にあることを要するものと解される。そして、そのような関係が認められない場合には、グループ内の者が商標権を取得したとしても、グループ内の他の者に対して当該表示の独占的な表示主体として商標権に基づく権利行使を行うことは、権利濫用になるというべきである」

(3) 考察

　本項では、以上を踏まえつつ、のれん分け事案における権利濫用成否判断の在り方について検討する。

　第1に、のれん分け事案においては、裁判例にみられるように、商標の出所（考慮要素ⅰ）及び「商標権者たるべき者」（考慮要素ⅱ）を的確に把握・認定すべきである。ここで重要なことは、商標名義人が誰であるかを形式的に認定するのではなく、対象となる商標がいかなる主体を出所として示すものとして使用され、認識されているかについて、需要者及び取引者の観点をも取り入れつつ、実質的に考察することである。この考察は、商標の自他商品識別機能及び商標に対する信用機能を正しく見極める作業であり、商標法の目的に照らして当然になされるべきものである。この考察の結果として、のれん分け事案における多くの場合は、商標の出所は、のれん分けのルーツ・源流である主体として認定されることになろう。言い換えれば、商標の出所について、のれん分けのルーツ・源流ではなく、のれん分け後の複数主体のうちの特定の主体のみであると認定される場合は多くはないであろう。

　以上を前提にしつつ、裁判例をも踏まえるに、第2に、のれん分け事案において権利濫用成否の判断を行うに当たり、重要な考慮要素として勘案すべきは、以下の3事情であろう。

　　考慮要素ⅳ：のれん分けに伴い、事実状態として、商標の使用が複数主体によってされてきたか

　　考慮要素ⅴ：商標の信用形成に寄与した主体は誰か（特定の主体か、あるいは、複数主体か）

　　考慮要素ⅵ：複数主体間において、商標を使用することは認識・是認されていたか

　まず、のれん分け事案では、のれん分けに伴い、複数主体が商標を並存的に使用する事実状態となるが、この事実状態は重視されるべきであろう。

　すなわち、複数主体のいずれもが併存的に使用するという事実状態（考慮要素ⅳ）が存在する場合には、各主体の使用の質量に格別の差異がある等の

特段の事情がない限り、複数主体それぞれの使用という事実状態によって当該商標の信用が形成され、その信用が複数主体のそれぞれに帰属することになるといえる。

次に、複数主体による並存的使用という事実状態の形成により、その性質上、商標の信用形成には複数主体のいずれもが寄与するという実態（考慮要素ⅴ）が生じることが通常想定されよう。

さらに、のれん分けに伴い、複数主体が商標を並存的に使用する事実状態となり、その事実状態が継続する場合には、複数主体間において、各主体が商標を使用することが認識・是認されていると評価できる場合が多いであろう（考慮要素ⅵ）。この「認識・是認」をもって、権利濫用を肯定するための基礎付け考慮要素としては十分であるように思われる。すなわち、商標法の制度趣旨の一つである商標に対する信用保護との関係では、上述したとおり、複数主体による商標の並存的使用により、複数主体それぞれの使用によっても当該商標の信用が形成され、その信用が複数主体それぞれに帰属する状態が形成されるといえる。他方で、商標法の制度趣旨の一つである商標の自他識別機能との関係では、並存的使用によって複数主体間において自他識別機能が格別生じるとはいえず、のれん分け事案では複数主体間の使用において自他識別機能を重視する必要はないといえる。このような考え方は、極真関連事件2判決において以下のとおり明快に示されている。

「複数の事業者から構成されるグループが特定の役務を表す主体として需要者の間で認識されている場合、その中の特定の者が、当該表示の独占的な表示主体であるといえるためには、需要者に対する関係又はグループ内部における関係において、その表示の周知性・著名性の獲得がほとんどその特定の者に集中して帰属しており、グループ内の他の者は、その者からの使用許諾を得て初めて当該表示を使用できるという関係にあることを要するものと解される。そして、そのような関係が認められない場合には、グループ内の者が商標権を取得したとしても、グループ内の他の者に対して当該表示の独占的な表示主体として商標権に基づく権利行使を行うことは、権利濫用にな

るというべきである」

　以上を踏まえるに、のれん分け事案における権利濫用成否判断を検討するに際しては、考慮要素ⅰ、ⅱをまず検討し（多くの場合、商標の出所及び商標権者たるべき者はのれん分けのルーツ・源流であると認定されるであろう。）、その上で、考慮要素ⅳ、ⅴ、ⅵに関し、［1］複数主体のいずれもが併存的に使用するという事実状態（考慮要素ⅳ）、［2］商標の信用形成には複数主体のいずれもが寄与するという実態（考慮要素ⅴ）、［3］複数主体間において、各主体が商標を使用することが認識・是認されている状況（考慮要素ⅵ）が認められれば、特段の事情がない限り、複数主体のうちの特定主体が商標権を有し、当該特定主体が他の主体に対して商標権に基づく権利行使をすることは権利濫用に該当すると判断することが妥当ではなかろうか。かような意味において、権利濫用該当性判断に際しては、考慮要素ⅰ、ⅱ、ⅳ、ⅴ、ⅵは重要な考慮要素であるといえると思料する。

　その上で、他の考慮要素は、特段の事情の存否にも関係して考慮すべきであろうと考える。

　まず、考慮要素ⅲ（商標の出所〈のれん分けのルーツ・源流〉が、商標の使用制限をしたか〈特定の主体にのみ使用させる等の制限をしたか〉）について検討する。考慮要素ⅲにおいて、商標の出所（のれん分けのルーツ・源流）が特定の主体にのみ商標を使用させるという制限をした事情（例として、［1］特定の主体以外の他の主体による使用を制限した、［2］特定の主体が商標を出願し、登録を得ることを認めた、［3］特定の主体に対して商標権を譲渡したという事情）が存在する場合には、考慮要素ⅰ、ⅱで認定した商標の出所・商標権者たるべき者から特定の主体に商標の出所・商標権者たるべき地位が承継されたと評価すべき事情があるといえる。このような場合には、考慮要素ⅳ、ⅴ、ⅵの事情を阻止・減殺するものといえ、権利濫用該当性を否定する方向に斟酌されるべきこととなろう。

　次に、考慮要素ⅷ（商標名義人（特定の主体）が速やかに権利行使していたか／他の複数主体の使用に異議を述べていたか）について検討する。考慮

要素viiiに示す事情が認められる場合には、かかる事情は、考慮要素viの認識・是認を阻止・打ち消すものとして機能することになろう。すなわち、登録名義人（特定の主体）による速やかな権利行使・異議は、当該商標の信用が特定の主体にのみ帰属するとの認識を複数主体間のみならず、需要者・取引者との関係においても醸成せしめる事情として機能し得るといえる。かような登録名義人（特定の主体）による活動は、おのずと、考慮要素iv、ⅴの事情が生じることを阻止・減殺するものといえよう。

最後に、考慮要素vii（複数主体間において商標を使用する事業の譲渡等がされたか）及び考慮要素ix（商標の使用状態に変化があったか）は、個別具体的事案いかんによって発生し得る事情であるといえる。のれん分けの事案において、考慮要素vii、ixの事情が常に生じるわけではないが、かような事情が生じた場合には裁判例（考慮要素viiにつき日本漢字能力検定事件、考慮要素ixにつき守半関連事件）を踏まえつつ、権利濫用成否判断において検討することになろう。

4．おわりに

権利濫用法理を考えるに当たっては、法理の性質上、個別具体的な事案における諸事情を勘案せざるを得ず、その成否につき、一義的な判断基準及び考慮要素を構築し難いことは言うまでもない。

もっとも、商標法の制度趣旨を十分に踏まえ、当該制度趣旨に即しつつ、可能な限り、予測可能性を確保すべく適切な判断手法を構築することが望ましい。かかる観点から、本稿においては、のれん分け事案における権利濫用法理適用の在り方について可能な限り検討した次第である。

のれん分け事案では、これまでの裁判例が示すとおり、権利濫用法理を活用して商標権者の権利行使を制限すべき場面・事案は少なからず生じるといえる。商標法分野における権利濫用法理は、適切な競争秩序の形成・維持を図るべく、今後もその活用がされてしかるべきであると思料する。

【別表「権利濫用に該当すると判断された事案（類型別）」】

【類型１】 他者（被告及び／又は第三者）が周知又は自他識別力を有する標章を使用している場合に、商標権者が当該標章に関する商標を出願し、登録を得て権利行使することが権利濫用に該当するとされた事案
① 東京地判平成12.03.23 判時1717号132頁〔JUVENTUS 事件〕
…原告商標が「JUVENTUS」チームの名称に由来するにもかかわらず、原告が自己に商標権帰属していることを奇貨として、その由来元に当たる同チームから許諾を受けて同チームの標章を使用する被告に対して権利行使することが権利濫用に該当するとされた事案
② 東京地判平成14.05.31 判時1800号145頁〔ぼくは航空管制官事件〕
…原告が、第三者が既に有していた周知な標章と同一の標章を自ら商標出願を行い、その登録を得て、第三者から使用許諾を受けた被告に対して権利行使することが権利濫用に該当するとされた事案
③ 名古屋地判平成20.02.14 平18(ワ)1587〔BRIDE 事件〕
…被告商品を示すものとして周知であった標章について、原告が当該標章に係る商標権の専用使用権の設定を受けて権利行使することが権利濫用に該当するとされた事案
【類型２】 商標権者の商標出願目的、商標出願態様及び出願経過等を考慮し、被告標章に対する権利行使が権利濫用に該当するとされた事案
※以下、④～⑦は、商標権者の商標出願目的（被告の事業展開を妨げる目的）、商標出願態様及び出願経過等を考慮し、被告標章に対する権利行使が権利濫用に該当するとされた事案
④ 東京地判平成15.12.26 平8(ワ)14026
⑤ 東京高判平成16.12.21 平16(ネ)768
⑥ 東京地判平成27.03.25 平25(ワ)13862
⑦ 知財高判平成28.03.31 平27(ネ)10063〔Indian/Motocycle 事件〕
⑧ 神戸地判平成17.07.21 平15(ワ)2830〔ヒアロン/HYARON 事件〕
…標章の発案者でない者が発案者より先に独占的に使用できる商標権を取得することにより、商品市場において優位な地位に立つという不当な目的のもと、本件商標登録の出願を行い、商標権を行使することが権利濫用に該当するとされた事案
⑨ 大阪地判平成25.10.17 平25(ワ)127〔RAGGAZZA 事件〕

…商標権者の商標出願目的、商標出願態様及び出願経過等を考慮し、被告標章に対する権利行使が権利濫用に該当するとされた事案

⑩ 東京地判平成24.01.26 平22(ワ)32483〔KAMUI事件〕
…原告が被告標章KAMUIの使用の事実を知りながら、KAMUI商標を登録し、被告に対し商標権を行使したのは被告への報復する目的がある等の事情にて権利濫用に該当するとされた事案
⑪ 東京地判平成25.10.18 平24(ワ)11930〔SHOE CLEAN事件〕
…被告が被告標章について商標登録していないのを奇貨として、これに対して権利行使をする目的のもと、原告が商標登録を行って権利行使することが権利濫用に該当するとされた事案
⑫ 東京地裁平成27.11.13 判時2313号100頁〔DHC-DS事件〕
…原告が、被告が使用していた標章について、商標を出願し、登録を得て権利行使することが権利濫用に該当するとされた事案
⑬ 東京地判平成29.03.28 平28(ワ)8475〔OKTAL事件〕
…オクタル社の旧販売代理店であった原告が、現販売代理店である被告に対して商標権を行使することが権利濫用に該当するとされた事案

【類型3】商標権者の信用が化体されていない商標権の行使が権利濫用に該当するとされた事案
⑭ 東京地判平成24.02.28 平22(ワ)11604〔グレイブガーデン事件〕
…原告の信用が化体されていない商標権行使が権利濫用に該当するとされた事案
⑮ 大阪地判平成26.08.28 判時2269号94頁〔Melonkuma事件〕
…原告の信用化体がなく、顧客誘引力を有しない原告商標に基づいて、強い顧客誘引力を有する被告標章に対する権利行使が権利濫用に該当するとされた事案

【類型4】商標権者（原告）と関係（契約・取引・人的関係）を有する者（被告）との間において、商標権に基づく権利行使することが権利濫用に該当するとされた事案
⑯ 東京地判平成14.02.14 判時1817号143頁〔アステカ事件〕
…被告による商標権侵害行為となる商品改造製品について、原告従業員が当該改造商品の基となる被告による商品下取りを仲介したことに鑑み、商標権侵害に基づく損害賠償請求が権利濫用に該当するとされた事案

⑰ 大阪地判平成17.03.24 平15(ワ)8312〔ニューNT工法事件〕

…商標の通常使用権許諾契約を解除し得るとしても、商標使用差止は諸事情に照らし権利濫用に該当するとされた事案

⑱ 東京地判平成17.08.02 平15(ワ)23577〔PeopLe VIDEO事件〕

…原告が被告に対して使用を黙認していた被告標章の差止等を突如として請求することが権利濫用に該当するとされた事案

⑲ 東京地判平成27.10.29 平27(ワ)9476・知財高判平成28.03.30 平27(ネ)10133〔トリートメントドライ事件〕

…参加人が被告に商標権を譲渡する契約締結後（移転登録未了）に、当該商標権を参加人から譲り受けた原告が被告に商標権行使をすることが権利濫用に該当するとされた事案

⑳ 東京地判平成28.12.21 平27(ワ)36667〔新高揚事件〕

…「新高揚」名称を使用できると信頼して営業譲渡契約を締結した被告に対し、営業譲渡契約の当事者である原告が当該商標権を行使することが権利濫用に該当するとされた事案

【類型5】のれん分け類型ではなく、複数主体が使用する表示が周知となっている場合に、複数主体における特定の者が取得した当該表示に係る商標権を複数主体の他の者に行使することが権利濫用に該当するとされた事案

㉑ 東京地判令和03.01.21 平30(ワ)32478〔現代の理論事件〕

…複数主体が使用する表示が周知となっている場合に、複数主体における特定の者が取得した当該表示に係る商標権を複数主体の他の者に行使することが権利濫用に該当するとされた事案（ただし、知財高判令和03.08.18 令3(ネ)10013では権利濫用非該当）

【類型6】商標権者（原告）が外国にて使用実績のある商標を出願し、登録を得て権利行使することが権利濫用に該当するとされた事案

※以下、㉒及び㉓は、従前から外国において使用されていた商標を原告が無断で出願し、登録を得て権利行使することが権利濫用に該当するとされた事案

㉒ 東京地判平成14.02.07 平11(ワ)11675・平12(ワ)1229

㉓ 東京高判平成15.07.16 判時1836号112頁〔ADAMS事件〕

※以下、㉔及び㉕は、外国の周知商標の付された商品の輸入を阻止するとの不当目的で商標権を取得して、外国周知商標使用商品の日本における正規販売代理店に商標権行使をすることが権利濫用に該当するとされた事案

㉔ 東京地判平成15.06.30 平14(ワ)6884

㉕ 東京高判平成15.11.27 平15(ネ)4087〔KELME事件〕

【類型7】商標に無効理由が存在することを根拠とする商標権の行使が権利濫用に該当するとされた事案

※以下、㉖〜㉙は、商標に無効理由が存在することを根拠とする商標権の行使が権利濫用に該当するとされた事案

㉖ 東京高判平成13.10.31 平13(ネ)1221号〔カンショウ乳酸事件〕

㉗ 東京地判平成13.09.28 判時1781号150頁・東京高判平成14.04.25 平13(ネ)5748〔M/mosrite事件〕

㉘ 東京地判平成15.01.30 平13(ワ)14488〔チェンジリテーナ事件〕

㉙ 東京地判平成17.06.21 判時1913号146頁〔IP FIRM事件〕

不使用取消審判（商標法50条1項）における駆け込み使用について

弁理士法人藤本パートナーズ 商標部 弁理士　白井 里央子

1．はじめに

　平成8年商標法改正により、不使用取消審判において商標権者等が同審判を請求されることを知った後に登録商標の使用をしたことを請求人が証明したときは、その使用は50条1項に規定する登録商標の使用に該当しないことを定める「駆け込み使用」に関する規定が新設された（50条3項）。

　本稿では、当該規定の設立後に駆け込み使用の該当性について争われた判決等を紹介し、これらを前提に駆け込み使用の該当性の判断に関する指針と実務上の留意点について考察する。

2．商標法50条（商標登録の取消しの審判）の規定

50条
　継続して3年以上日本国内において商標権者、専用使用権者又は通常使用権者のいずれもが各指定商品又は指定役務についての登録商標の使用をしていないときは、何人も、その指定商品又は指定役務に係る商標登録を取り消すことについて審判を請求することができる。
2　前項の審判の請求があつた場合においては、その審判の請求の登録前3年以内に日本国内において商標権者、専用使用権者又は通常使用権者のいずれかがその請求に係る指定商品又は指定役務のいずれかについての登録商標の使用をしていることを被請求人が証明しない限り、商標権者は、その指定商品又は指定役務に係る商標登録の取消しを免れない。ただし、その指定商品又は指定役務についてその登録商標の使用をしていないことについて正当な理由があることを被請求人が明らかにしたときは、この限りでない。
3　第1項の審判の請求前3月からその審判の請求の登録の日までの間に、日本国内において商標権者、専用使用権者又は通常使用権者のいずれかがその請求に係る指定商

> 品又は指定役務についての登録商標の使用をした場合であつて、その登録商標の使用がその審判の請求がされることを知つた後であることを請求人が証明したときは、その登録商標の使用は第一項に規定する登録商標の使用に該当しないものとする。ただし、その登録商標の使用をしたことについて正当な理由があることを被請求人が明らかにしたときは、この限りでない。

　50条は不使用取消審判に関する規定であり、継続して3年以上、商標権者、専用使用権者又は通常使用権者（以下、「商標権者等」という。）が各指定商品又は各指定役務（以下、「指定商品等」という。）についての登録商標の使用をしていないときは、何人も、商標登録の取消しを請求することができるとされている。本条の立法趣旨は、商標法上の保護対象は、本来、商標の使用によって蓄積した業務上の信用であるから、一定期間不使用の場合、保護すべき信用が発生しないか、あるいは発生した信用も消滅してその保護の対象がなくなっており、他方、不使用の登録商標に対して独占排他的な商標権を与えておくのは国民一般の利益を不当に侵害し、かつ、その存在により商標使用希望者の商標の選択の余地を狭めることになるから、請求を待って商標登録を取り消そうというものである[1]。

　不使用取消審判が請求された場合、審判の請求の登録前3年以内に日本国内において商標権者等がその請求に係る指定商品等のいずれかについての登録商標の使用をしていることを被請求人が証明すれば、商標登録が維持されるが、上記証明ができなければ、原則として、その指定商品等に係る商標登録は取り消される（50条2項）。また、取り消すべき旨の審決が確定した場合、当該商標権は審判請求が登録された日に消滅したものとみなされる（54条2項）。

　実務上、不使用取消審判が請求されるケースで最も多いのは、商標登録出願の審査において出願商標が他人の登録商標と同一又は類似するとの拒絶理由（4条1項11号）を受けた場合、あるいは、商標の使用開始又は出願に先

---

[1] 『逐条解説』1743頁

立って同一又は類似のおそれがある先行登録商標等の有無について調査を実施した結果、同一又は類似のおそれがある他人の登録商標が発見された場合に、商標の使用希望者である出願人又は調査実施者が、その登録及び使用の障害となる他人の登録商標の登録の取消しを求めて審判請求するものと思われる。商標権の譲渡交渉やライセンス交渉に先立って、あるいはその最中に、その登録及び使用の障害となる他人の登録商標に対して不使用取消審判を請求することもある。

　また、不使用取消審判を請求するときは、請求人は事前にインターネットや調査会社を通じて登録商標の使用事実の有無を調査することが一般的である。そのためか、不使用取消審判の成功率は、全部取消し（全指定商品を対象）の場合は約70％、一部取消し（一部を対象）の場合は約80％と他の審判に比べて非常に高い[2]。しかしながら、過去3年に遡って日本国内全域での商標の使用事実の有無をくまなく調査して不使用の確証を得ることは実質的に難しく、調査結果等に基づき、ある程度は不使用を予見して審判請求したとしても、商標権者等から有効な使用証拠が提出され、審判請求が不成立に終わることもある。とはいえ、前記のとおり、本審判の成功率は高く、実際に毎年多くの商標登録が取り消されていることからすると、不使用商標の排除という点において高い実効性を有するものといえる。

3．駆け込み使用（50条3項）について

（1）概要

　平成8年の商標法改正で50条3項に駆け込み使用に関する規定が新設された。被請求人による登録商標の使用が審判請求前3月から審判請求の登録日（予告登録日）までの期間中にされたものであり、審判請求がされることを被請求人が知った後の使用であることを請求人が証明したときは駆け込み

---

[2] 一般財団法人知的財産研究教育財団知的財産研究所「令和3年度我が国の知的財産制度が経済に果たす役割に関する調査報告書」38頁（令和4年3月）
https://www.jpo.go.jp/resources/report/sonota/document/keizai_yakuwari/report_2021.pdf

使用となり、登録商標の使用とは認められないこととなる。本規定が設立されたのは、[1] 改正前は、商標権者が取消審判の請求がされ得ることを譲渡交渉、ライセンス交渉等での相手方の動きから察知した場合に、登録商標について審判請求の登録前に駆け込み使用をすることにより登録を免れ得るという問題があったこと、[2] 譲渡交渉等を申し出る者はやむを得ず不使用取消審判を請求し、その登録がされるのを待ってから譲渡交渉を開始することとなる結果、審判請求の増加及びその取下げによる事務処理負担の増加という弊害をもたらしていたこと、[3] 駆け込み使用を認めないこととすれば、審判請求を実際に行うことなく譲渡交渉等が円滑にまとまるという効果も期待できること、[4] 欧州諸国も同様の制度を採用していること等の理由に基づくものである[3]。

そのため、駆け込み使用が問題となる事案では、審判請求前に請求人から被請求人（商標権者）に対し、商標権の譲渡交渉やライセンス交渉が持ち掛けられるなどのように、両当事者が何らかの形で接触していたこととなる。

駆け込み使用が争点となった裁判例として、以下のものがある。

① 知財高判平成18.11.08 平18（行ケ）10183〔Morris & Co. 事件〕

「1. 審決は、① 被告（審判請求人）の前身の会社が本件商標の登録に対して異議申立てを行ったが商標登録が維持された事実、② 原告（商標権者）から被告関係者に対し、商標権侵害通知がなされた事実、の2つの事実に基づいて、被告が『本件商標に対して不使用取消の審判請求をするであろうことは、容易に推認されたとみるのが相当である』と判断した（駆け込み使用を認定）。

2. 被告は、① 商標法50条3項の立法趣旨に照らすと、『審判の請求がされることを知った』とは、審判請求がされる可能性があることを知っていたことを立証すれば足りる、② 本件のように、高いライセンス料や譲渡対価として法外な金額が提示されたという交渉経緯等に照らすと、原告は、本件審

---

[3] 前掲注1）1747-1748頁

判を当然に想定していたと考えられる、③ 原告代理人が被告代理人を訪れ、本件商標の譲渡の打診をした平成16年3月10日ころにはカタログに掲載する商標も確定していたはずであるから、その時期に本件商標の譲渡の打診があったということは、展覧会において本件商標を使用することは予定されていなかったと考えるのが自然である、などと主張する。

…しかしながら、商標法50条3項は『その登録商標の使用がその審判の請求がされることを知った後であることを請求人が証明したとき』と規定しているのであって、審判請求人に対し、審判請求がされるであろうことを被請求人が知っていたことの証明を求めている。同条項のこのような文言に照らすと、『その審判の請求がされることを知った』とは、例えば、当該審判請求を行うことを交渉相手から書面等で通知されるなどの具体的な事実により、当該相手方が審判請求する意思を有していることを知ったか、あるいは、交渉の経緯その他諸々の状況から客観的にみて相手方が審判請求をする蓋然性が高く、かつ、被請求人がこれを認識していると認められる場合などをいうと解すべきであり、被請求人が単に審判請求を受ける一般的、抽象的な可能性を認識していたのみでは足りないというべきである。

本件では、平成16年9月7日に至るまで、被告等から、本件審判を請求する旨の連絡が原告にされたことはなく、また、本件商標権の侵害の停止についての交渉や、本件商標権の譲渡についての実質的な交渉はほとんど行われていないのであるから、交渉経緯等に照らし審判請求がされる蓋然性が高いと認識されるような状況が存在したともいうことはできない」

② 知財高判平成18.10.26 平18(行ケ)10185〔ピーターラビット／PETERRABBIT事件〕

「1．仮処分決定に係る民事保全事件において、被告（審判請求人）は、当初から本件商標を含む登録商標の商標権が実質的に被告に帰属すると主張していたこと、被告は、差止めの対象を、原告（商標権者）が当時実際に使用していた差止対象表示1として、その差止めを求めたものであること、本案判

決に係る訴訟(以下『本案訴訟』という。)において、被告は、上記の商標権について平成11年10月19日の譲渡契約に基づく移転登録手続請求をしていたこと、本案判決において、上記移転登録手続請求が棄却されたため、被告は、控訴するとともに、控訴審において、昭和62年9月30日付けライセンス契約の終了による原状回復義務に基づく移転登録手続請求を追加したが、控訴及び新たな請求は棄却され、本案判決は平成16年9月21日に確定したこと、他方、原告は、上記民事保全事件及び本案訴訟において、差止対象表示1及び2は本件商標を含む登録商標と同一性を有し、商標権に基づく使用であるから不正競争行為に該当しないと主張していたこと、原告は、民事保全事件で提出した準備書面において、『不使用取消を受けない程度の実害を生じない程度の使用は、将来不使用取消期間を勘案して行う』と主張していたことが認められる。

2. 以上の事実によれば、上記民事保全事件及び本案訴訟を通じて、被告が、原告による本件商標の使用を容認しない態度をとっていたことは明確であり、仮処分決定の時点で将来商標登録の取消請求をすることは予測し得たものといえる上、本案判決の確定した時点では、移転登録により被告が本件商標の商標権者となる途がなくなったのであるから、被告がその商標登録の取消請求の方法をとることは<u>十分予測される状態</u>にあったものであり、原告が民事保全事件の段階から不使用取消審判の請求を意識していたことに照らすと、遅くとも本案判決の確定時点である平成16年9月21日には、原告において『審判の請求がされることを知った』と推認するのが相当である。したがって、使用事実2は、原告が『審判の請求がされることを知った後』のものということができる」

③ 知財高判令和03.06.29 令3(行ケ)10005〔激落ち事件〕

「1. 被告(審判請求人)らは、令和2年3月6日付けの被告らの代理人作成に係る本件警告書で、原告(審判被請求人)に対し、原告商品の販売が、被告との関係では、本件商標、本件別商標及び本件顔商標に係る被告の商標権を侵害し、また、レック社との関係では、不正競争行為に該当するとして、原告商品において、本件商標、本件別商標及び本件顔商標を使用しないよう

警告した。これに対し、原告は、同年4月1日、回答書を送付するとともに、同月7日、本件商標について本件審判請求をした。被告は、同年5月18日、原告に対し、本件商標に基づく商標権侵害訴訟を提起した。

2．原告は、本件表示行為は、商標法50条3項と同視し得ると主張する。しかし、被告らが原告に対して本件警告書を送付する等の事実があるからといって、被告が、原告による不使用取消審判請求がされることを知って本件使用商標の使用をしたと認めることはできず、他にこの事実を認めるに足りる証拠はない。したがって、本件表示行為は、商標法50条3項（駆け込み使用）に該当することはないし、同項と同視すべき事実が認められるともいえないから、取消事由2は、理由がない」

④ 知財高判平成28.09.14 平28（行ケ）10086〔LE MANS 事件〕

「1．原告は、本件商標について、過去3回にわたり、不使用を理由とする商標登録の取消しを求める審判を請求し、また、無効審判も請求した。加えて、第三者も、不使用を理由とする商標登録の取消しを求める審判を請求した。しかし、原告による取消審判の請求は、3回目のものが平成11年に請求したもの、無効審判の請求は、平成20年に請求したものであり、第三者による取消審判の請求も、平成14年に請求したもので、いずれもヴァン社が本件商標を使用した平成26年11月の5年以上前の請求に係るものである上、全て請求不成立の審決を受けた。

また、原告は、本件商標と指定商品が異なり、本件商標と同一の構成から成る別件商標についても、複数回にわたる不使用を理由とする商標登録の取消しを求める審判の請求や、無効審判の請求をしており、特に、直近の取消審判請求は、平成26年11月に請求されたものである。しかし、別件商標の指定商品は、第15類の楽器等、第18類の乗馬用具、第25類の運動用特殊衣服等、第28類の運動用具18等であり（甲34）、本件商標の指定商品とは異なるものである。

以上によれば、上記の本件商標及び別件商標についての審判に係る経緯をもって、客観的にみて審判請求をされる蓋然性が高いものということはでき

ず、ヴァン社あるいは被告において本件不使用取消審判が請求されることを認識していたということはできない。

2．調査会社は、平成26年10月9日及び同月22日の2回にわたり、被告の取締役に対する事情聴取を行ったが、これは、『口実を変えての工作内偵聴取』として本件商標に関する調査であることを被聴取者に悟られないように実施されたものと推認することができる。

よって、ヴァン社あるいは被告において、本件不使用取消審判が請求されることを認識するとは考え難い。

3．そして、被告による『Le Mans』（標準文字）なる商標の登録出願についても、原告の主張するように、本件不使用取消審判が請求されて取消しの審決が出された場合に備えたものということはできない。証拠上、平成26年11月当時、本件商標について、原告とヴァン社又は商標権者である被告との間で交渉がされていたことは認められず、他に、ヴァン社あるいは被告に本件不使用取消審判が請求されることを具体的に認識させる事実の存在も、認められない。

4．以上によれば、ヴァン社による本件商標の使用が同社において本件不使用取消審判請求がされることを知った後であることを原告において証明したとはいえない。

なお、本件において要証期間内に本件商標を使用したのは、<u>通常使用権者のヴァン社であるから、商標法50条3項本文に該当するか否かは、同使用が本件商標を使用したヴァン社において本件不使用取消審判が請求されることを知った後か否かという問題</u>である。したがって、本件審決が、商標法50条3項本文に該当するか否かの判断に当たって専ら被告の認識を検討し、本件商標の使用は、被告において本件不使用取消審判が請求されることを知った後のものであるとは認められないとして、商標法50条3項本文に該当しない旨を判断したことは、誤りといわざるを得ない。もっとも、ヴァン社による本件商標の使用が同社において本件不使用取消審判請求がされることを知った後であることを原告において証明したといえないことは、前記のとおりであり、被告についても同様であるから、商標法50条3項本文に該当しないと

いう本件審決の結論自体は誤りがない」

（2）「その登録商標の使用がその審判の請求がされることを知つた後」について

①「その審判の請求がされることを知つた後」とは

　ここで、50条3項における「その審判の請求がされることを知つた後」とは、具体的にどのような場合をいうのかという点が問題となる。近年の特許庁審決や審決取消訴訟の判決では、前記〔Morris & Co. 事件〕の判決が引用され、一貫して「『その審判の請求がされることを知った』とは、例えば、当該審判請求を行うことを交渉相手から書面等で通知されるなどの具体的な事実により、当該相手方が審判請求する意思を有していることを知ったか、あるいは、交渉の経緯その他諸々の状況から客観的にみて相手方が審判請求をする蓋然性が高く、かつ、被請求人がこれを認識していると認められる場合などをいうと解すべきであり、被請求人が単に審判請求を受ける一般的、抽象的な可能性を認識していたのみでは足りないというべきである」との立場をとっている。

　前記〔ピーターラビット／PETERRABBIT事件〕の判決では、審判請求前に被告（審判請求人）が原告（商標権者）に対して不使用取消審判を請求する意思表示をしたとの事実認定はみられないが、過去の上記民事保全事件及び本案訴訟の経緯から、「被告がその商標登録の取消請求の方法をとることは十分予測される状態にあった」として駆け込み使用に該当すると判断した。

　一方、審判段階では駆け込み使用に該当すると判断された前記〔Morris & Co. 事件〕は、審判請求前に、[1]被告（審判請求人）の前身の会社が本件商標の登録に対して異議申立てを行ったが登録維持決定がなされ、[2]原告（商標権者）ら被告関係者に対して商標権侵害通知がなされ、[3]被告からの商標権譲渡の打診に対し、原告から高いライセンス料や譲渡対価が提示された事実が認められるものの、事前に本件審判を請求する旨の連絡が原告にされたことはなく、また、本件商標権の侵害の停止や譲渡についての実質

的な交渉はほとんど行われていないことから、交渉経緯等に照らし、審判請求がされる蓋然性が高いと認識されるような状況が存在したといえないとして、駆け込み使用を否定した。また、前記〔LE MANS事件〕の判決では、[1] 審判請求人が過去3回、本件商標の登録に対して不使用取消審判を請求し、[2] 無効審判も請求し、[3] 本件商標と同一の構成からなる商標で指定商品が異なる商標登録についても複数回にわたる不使用取消審判において、いずれも請求不成立となった事実があったが、通常使用権者又は被告（商標権者）が本件不使用取消審判を請求されることを認識していたということはできないとして、駆け込み使用を否定した。

　これらのことから、「その審判の請求がされることを知つた後」とは、権利者が審判請求される可能性があることを推認し得る状況であったことだけでは足りず、[1] 審判請求人から「交渉不成立のときは不使用取消審判を請求する」旨の意志表示がなされていた場合、あるいは[2] 交渉の経緯からすると審判請求される可能性が高く、かつ、商標の使用者（商標権利者等）がこれを認識している場合に限られると解される。ところが、駆け込み使用の立証責任は審判請求人側にあることから、前記[2]に関する商標の使用者の認識を立証することは非常に困難であると推測されるため、駆け込み使用が認められるケースは実質的に上記[1]の場合が大半となると考えられる。

　一方、日常的に商標実務に携わる専門家であれば、商標権の譲渡又は商標の使用許諾を打診された時点で、将来的に相手方から不使用取消審判を請求される可能性があることを察知して、クライアントに登録商標の使用状況を確認し、不使用の場合は「いち早く商標の使用を開始したほうがよい」と助言する可能性が高い。また、商標の専門家でなくても多少の知識を有する者であれば、商標権の譲渡やライセンス交渉を打診された時点で、この提案を断れば相手方から不使用取消審判を請求される可能性が高いことは予測し得る。そして、不使用取消審判の請求の可能性を察知した商標権者等が、その後に商標の使用を開始することは理論的に可能であるし、実際にそのようなケースもみられる。

また、商標の使用希望者が商標権の譲渡又は商標の使用許諾を打診する際に駆け込み使用を防止したければ、依頼書に交渉不成立の際は不使用取消審判を請求する旨を明記すればよいと考えられるが、そもそも日本人は争いごとを好まず、協調と安定を尊ぶ伝統的な文化や価値観があることから、商標権の譲渡等を依頼する側の立場からすると、よほど登録商標が不使用である可能性が高いと確信していない限り、依頼書に「交渉不成立の場合は不使用取消審判を請求するつもりである」との意思表示をすることがはばかられる事情もある。そもそも、登録商標について不使用の可能性が高いと考えるケースでは、譲渡交渉等を挟まず、いきなり審判請求することのほうが多い。その意味でも交渉の場面で必ずしも不使用取消審判請求の可能性に言及するとは言い難い。

　このように、駆け込み使用に関する規定である50条3項の「その審判の請求がされることを知つた後」で求められる要件と、実際に不使用取消審判が請求される可能性を商標権者等が認識する時点とは若干乖離があるように思われる。条文上、「その審判の請求が<u>されるおそれがある</u>ことを知つた後」ではなく、「その審判の請求が<u>される</u>ことを知つた後」となっているのであるから、審判請求を受ける一般的・抽象的な可能性を認識していたのみでは足りないと解釈することに一定の理解はあるが、駆け込み使用の防止を真に実効的なものとするのであれば、客観的に審判請求される可能性が高いと評価できる事案については、もう少し柔軟に駆け込み使用を認定してもよいのではないかと考える。

　実際には駆け込み使用が問題となるケースはさほど多いとはいえないが、令和6年4月1日施行の改正商標法において4条に4項が新設され、同条1項11号に該当する商標であっても、先行登録商標権者の承諾を得ており、かつ、先行登録商標と出願商標との間で混同を生ずるおそれがないものについては、登録が認められる「コンセント制度」が導入されたことから、今後、商標の使用希望者と商標権者との間で交渉が行われる機会が増加することが見込まれる。そして、コンセントの依頼が断られた場合には、（商標登録か

ら3年を経過した商標権の場合)、次の選択肢として（不使用とみられる商標については）不使用取消審判の請求が浮上することは明白である。私見ではあるが、商標の使用希望者が商標権者にコンセントの依頼をしたが断られ、やむを得ず不使用取消審判を請求した場合であって、50条3項に規定する期間内に取消し対象の指定商品等に登録商標が使用された件については、たとえコンセント依頼時に交渉不成立の場合は不使用取消審判を請求する旨の意思表示がなされていなかったとしても、その使用に正当な理由が存じない限り、駆け込み使用と認定しても差し支えないのではないかと考える次第である。

② 「その審判の請求がされることを知つた後」の主体について

駆け込み使用に関する50条3項本文は、「その登録商標の使用がその審判の請求がされることを知つた後であることを請求人が証明したときは、その登録商標の使用は第一項に規定する登録商標の使用に該当しないものとする」と規定されていることから、50条3項本文に該当するか否かは、商標の使用者が不使用取消審判を請求されることを知った後か否かにより判断されるべきものと解される。つまり、商標の使用者が商標権者である場合は、駆け込み使用の有無は商標権者自身の認識の問題となるが、ライセンス等により、登録商標の使用者が商標権者ではなく使用権者である場合には、その使用権者が審判請求されることを知った後かどうかが問題となるため、注意が必要である。

前記〔LE MANS事件〕の判決では、「本件において要証期間内に本件商標を使用したのは、通常使用権者のヴアン社であるから、商標法50条3項本文に該当するか否かは、同使用が本件商標を使用したヴアン社において本件不使用取消審判が請求されることを知った後か否かという問題である。したがって、本件審決が、商標法50条3項本文に該当するか否かの判断に当たって専ら被告の認識を検討し、本件商標の使用は、被告において本件不使用取消審判が請求されることを知った後のものであるとは認められないとして、

商標法50条3項本文に該当しない旨を判断したことは、誤りといわざるを得ない」として原審の判断を否定した点が参考となる。

　ところが、50条3項本文に該当するか否かの判断において、商標権者ではなく、商標の使用者の認識を問題とするのであれば、駆け込み使用に関する事案が少々複雑化するように感じる。上述のとおり、駆け込み使用が問題となる事案においては、[1]商標の使用を希望する者（後の審判請求人）から商標権者に対して商標権の譲渡又は登録商標の使用許諾の打診がなされる、あるいは[2]商標権者から後の審判請求人等に対して商標権侵害の警告がなされる等により、審判請求前に審判請求人と商標権者が接触し、例えば[1]の場合であれば、後の審判請求人は、駆け込み使用を防止するため、「交渉不成立の場合は不使用取消審判を請求する」旨の意志表示を行うことが一般的であり、その相手は商標の使用者というより商標権者である。

　ところが、不使用取消審判では、その審判の請求の登録前3年以内に日本国内において商標権者、専用使用権者又は通常使用権者のいずれかがその請求に係る指定商品等のいずれかについての登録商標の使用をしていることを被請求人が証明すれば取消しを免れることができるとされており（50条2項）、また、審判請求前3月からその審判の請求の登録の日までの間に登録商標の使用がなされた場合に、その使用が50条3項本文の駆け込み使用に該当するか否かの判断においては、上述のとおり、商標権者の認識を問題とすべきではなく、商標の使用者が登録商標の使用がその審判請求の請求がされることを知った後であるか否かを検討すべきとされている。また、50条3項において、駆け込み使用の立証責任は審判請求人に課されている。

　ところが、審判請求人の立場からすると、譲渡交渉等の相手は商標権者であることから、駆け込み使用防止のために行う「交渉不成立の場合は不使用取消審判を請求する」旨の通知は商標権者に対して行えばよいと考えるのが自然であり、かつ、商標の使用者が商標権者でなくほかにいる場合に、その使用者を正確に特定するのは難しいことから、駆け込み使用防止のために行う「交渉不成立の場合は不使用取消審判を請求する」旨の通知を、（商標権

者ではなく) 真の登録商標の使用者に向けて行うのは難しいことが多い。例えば「その審判の請求がされることを知った後」のケースにおいて、商標権の譲渡交渉の過程で後の審判請求人が商標権者に対して不使用取消審判を請求する意思表示をしていたとしても、その後に不使用取消審判が請求され、審判請求前3月から審判請求登録日までの間に通常使用権者がその請求にかかる指定商品等について登録商標の使用を開始した場合に、商標の使用者である通常使用権者が審判請求されることを知った後とはいえないから、50条3項の駆け込み使用に該当しないと判断されるとするならば、審判請求人に酷な判断であると考える。

また、同様の事案で仮に使用権者が商標権者から上記審判請求の意思表示をされていたことを実際には知らせていたとしても、当該事実を審判請求人が察知し、これを立証することが実質的に困難なのは明らかである。

実際に審判請求人から商標権者に対し、事前に今後の状況に応じて不使用取消審判をする意思があると告知されていたが、この告知の事実を実際の使用者である使用権者が知らなかったことを理由に50条3項の駆け込み使用が否定された事例は見当たらないため、このような事案が発生した場合、特許庁及び裁判所でどのような判断がなされるかは定かではないが、駆け込み使用防止の観点から柔軟な解釈がなされ、公平な判断が下されることを期待する。

4. 実務上の留意点

これまで述べたとおり、50条3項における「その審判の請求がされることを知つた後」とは、権利者が審判請求される可能性があることを推認し得る状況であったことだけでは足りないため、審判請求人が、駆け込み使用を主張する場合には、商標権の譲渡交渉やライセンス交渉が行われた事実等を立証するだけでは不十分である。したがって、商標権者と交渉する際には、書面を通じて商標権の譲渡交渉やライセンス交渉を行ったことで安心するのではなく、「交渉不成立のときは不本意ながら不使用取消審判を請求する用意

がある」旨の意志表示を明確にしておくことが肝要となる。

　また、50条3項本文に該当するか否かの判断においては、商標の使用者がその審判請求がされることを知った後に登録商標の使用を開始したかどうかが問題となるため、上記意思表示は、対象となる登録商標の使用状況について十分な調査を行い、商標権者はもちろんのこと、ほかに商標の使用者がいることが判明したときは、その使用者に対しても行うことが望ましいといえるであろう。

　2024年4月にコンセント制度が導入されたが、以前より商標登録出願人と先行商標権者との間のコンセントに関する交渉が増加する可能性が高いことから、かかる交渉の場面において、登録商標の使用状況が定かでない事案については、駆け込み使用の可能性を十分考慮して対応されることが望ましい。

5．おわりに

　本稿では不使用取消審判の駆け込み使用の要件、裁判例並びにその注意点について検討を行った。これまで実際に不使用取消審判において駆け込み使用が問題となった事案はさほど多くはないが、コンセント制度の導入等により今後は駆け込み使用が争点となる事案が増加する可能性がある。

　先行権利者に権利譲渡やコンセントの交渉を持ち掛ける場合、あるいは逆に前記交渉を持ち掛けられた場合に、駆け込み使用の要件及び前記留意事項を十分理解して万全の対応をとることが望ましい。また、駆け込み使用が問題となる事案については、権利者と審判請求人のバランスを考慮して、公平な判断がなされることが期待される。

我が国のコンセント制度の内容及び懸念事項

弁理士法人藤本パートナーズ 商標部 部門長 弁理士 田中 成幸

1. はじめに

　商標制度における「コンセント制度」とは、商標の審査において出願商標と同一又は類似する他人の登録商標（以下、「先行登録商標」という。）が存在していると判断される場合であっても、その先行登録商標の商標権者（以下、「先行商標権者」という。）の同意があれば登録を認める制度をいう。

　このコンセント制度を導入している国は数多くあるが、我が国においては、単に当事者間で合意がなされただけで類似の商標の併存登録が認められるのでは、需要者が商品又は役務の出所について誤認・混同してしまうおそれを排除することができない等の理由から、その導入が見送られてきた経緯がある。しかし、令和5（2023）年6月14日に公布された「不正競争防止法等の一部を改正する法律」によりコンセント制度が導入されることが決定し、令和6（2024）年4月1日から施行されることとなった。

　本稿は、海外におけるコンセント制度の状況、我が国においてコンセント制度を導入するに至った経緯及び今後、我が国で施行されるであろう運用の内容を考慮した上で、想定される懸案事項を考察するものである。

　なお、本稿は令和6年1月31日までの情報をもって作成しているため、実際の運用と異なる点があることは御容赦いただければ幸いである。

2. 海外におけるコンセント制度の状況について

（1）コンセント制度の類型について

　諸外国において採用されているコンセント制度は、大きく「完全型」と「留保型」の2つのタイプに分けられる。

「完全型」は、他人の先行登録商標と類似する商標が出願された際に、当該他人（商標権者）の同意があれば、更なる審査が行われることなく登録を認められるものをいう。

一方、「留保型」は、上記商標権者の同意があったとしても、出所混同のおそれがあると判断される場合には登録が認められないものをいう。

（2）諸外国におけるコンセント制度の概要について

まず、コンセント制度を採用している国において、どのような運用をしているかを検討する必要がある。該制度を採用している諸外国の運用の一例を挙げると以下のとおりである[1]。

① 米国

米国において、コンセント制度は、商標審査便覧「1207.01（d）（viii）Consent Agreements」において定められており、審査官が先行登録商標を引用して拒絶理由を通知してきた場合に、先行商標権者が出願商標の登録について同意する旨を示した書面（以下、「同意書」という。）を提出することで行われるものである。

同意書は、先行商標権者が出願商標の登録に同意することとともに、需要者が混同しないことに対する詳細な説明を示す必要があり、単に商標権者が出願商標の登録に同意することを示すだけの「言葉だけの同意書（naked agreement）」は審査において重視されることはないとされている。

その一方で、出願商標と先行登録商標について混同が生ずるおそれがない旨が詳細に明示された同意書については、審査において重視される傾向にある。このように米国では留保型のコンセント制度の運用がなされているといえる。米国特許商標庁（USPTO）が提供する商標データベースである TESS（Trademark Electronic Search System）では、各商標がコンセントによ

---

[1] 平成27年度 特許庁産業財産権制度問題調査研究報告書「商標制度におけるコンセント制度についての 調査研究報告書（平成28年2月）」

り登録されたものかどうかは明示されないが、提出された同意書は出願経過情報として残るため、その点でコンセントによる登録であるかどうかについて特定することは一応可能とされている。

② EU

欧州共同体商標については、絶対的拒絶理由の審査（自他商品等識別力の有無についての審査）しか行われず、相対的拒絶理由の審査（出願商標と同一又は類似の先行登録商標の有無についての審査）は行われないため、欧州共同体商標意匠庁（OHIM）に対して同意書を提出する手続が行われることはない。

一方、先行商標権者が後願の商標と同一又は類似であると考えるのであれば、後願の出願公告から3か月以内に異議申立てを行うことができ、その後に当事者間で交渉することができるクーリングオフ期間が設定される。

上記期間内で友好的に和解をすることができれば、お互いの合意の上で併存登録をすることもできる場合があるため、その点で一種のコンセント制度のようなものが存在するといえる。

このようにEUでは当事者同士の合意があれば、異議申立てによって拒絶されることがなく併存登録ができることから、その点で完全型のコンセント制度に近いものと考えられる。

なお、お互いの合意によって登録されたものかどうかは、商標検索データベース上には明記されない。

③ 中国

中国において、コンセント制度について明文化した法律、規定や審査基準はない。

しかし、実務上、出願人と先行商標権者の双方による併存協議書又は先行商標権者による同意書を提出することにより登録が認められる場合もある。

その場合、中国においては審査段階では拒絶理由は通知されないため、併

存協議書又は同意書は審判段階（拒絶査定不服審判の手続中）、又は訴訟段階（審決取消訴訟）に提出されることが一般的である。

なお、市場秩序の保護及び混同防止の観点で、出願商標が先行登録商標と同一又は極めて類似性が高い場合については、コンセントによる併存登録は認められない可能性が高い。

このように中国では留保型のコンセント制度の運用がなされているといえる。

④ **台湾**

台湾において、コンセント制度は商標法30条（１項10号ただし書）において規定されており、出願商標と同一又は類似の先願・登録商標があったとしても、その先願の出願人又は先行商標権者の同意があり、かつ、明らかに不当でないものについては登録が認められる旨が規定されている。

上記の「明らかに不当でないもの」には、① 出願商標が先行商標と同一で、かつ、指定商品・役務も同一である場合、② 出願商標が裁判所によって禁止処分された場合、③ その他、商標主務官庁が明らかに不当な状況と認める場合、と規定されており（商標法施行細則30条）、両者の同意があったとしても需要者の混同が生ずるおそれがある場合には登録が認められないとされている。

このように台湾では留保型のコンセント制度の運用がなされているといえる。

なお、併存登録同意書の提出時期についての定めはないため、拒絶理由通知後だけでなく出願時においても提出は可能であり、コンセントにより登録を受けたものであることは、公報に記載される。

⑤ **シンガポール**

シンガポールにおいて、コンセント制度は商標法８条(9)において規定されている。

上記条文において「登録官は、先の登録商標又は他の先の権利の所有者が同意を与えれば、自己の裁量で商標を登録することができる」と規定されて

いるように、登録官の裁量規定であることから、同意書を提出したとしても、公衆による出所混同が生ずる場合には登録が認められないこともある。

このようにシンガポールでは留保型のコンセント制度の運用がなされているといえる。

また、公報には引用商標権者の同意により商標登録出願が受理された旨が表示される。

⑥ ニュージーランド

ニュージーランドにおいては、商標法26条でコンセント制度が規定されており、出願商標と同一又は類似の先願・登録商標があって、その使用によりこれらと誤認・混同が生ずるおそれがあるとしても、その先願の出願人又は先行商標権者の同意がある場合には拒絶理由が解消し、登録が認められ得る旨が規定されている。

この同意書に基づく拒絶理由の解消に関しては審査官の裁量はなく、同一の範囲であったとしても同意書が提出されれば登録が認められ得ることとなる。したがって、ニュージーランドでは完全型のコンセント制度の運用がなされているといえる。

なお、コンセント制度により商標が登録されたことは、商標検索データベースに掲載される。

(3) 小括

上記の諸外国におけるコンセント制度の運用をみると、当事者同士の同意があったとしても、需要者による混同のおそれがある場合については登録を認めない方針、すなわち留保型のコンセント制度若しくはそれに類する形での運用を採用している国の方が多い傾向があると考える。また、コンセント制度を認めている国については、該制度を利用して登録された商標については、その旨を商標検索データベース等、何らかの形で公示されている傾向にあることも特徴として挙げられる。

3．我が国において採用されるコンセント制度について
（1）コンセント制度の導入の経緯
① 本制度に関連する拒絶理由及びその対応について

我が国の商標法では、現実に使用していなくても登録することができる登録主義が採用されているところ、特許庁の審査においては、類似の範囲を一般的な出所混同が生ずる範囲と擬制されており、具体的には商標法4条1項11号において他人の先行登録商標と同一又は類似する商標であって、当該商標に係る指定商品若しくは指定役務と同一又は類似するものについて商標登録出願をした場合には、商標登録を受けることができない旨が規定されている。

そして、上記拒絶理由が通知された場合の主な対応としては、以下のものが挙げられる。

① 出願商標の指定商品（指定役務）から、先行登録商標の指定商品（指定役務）と同一又は類似の関係にあるものを削除する補正を行う（補正書の提出）。
② 出願商標と先行登録商標が非類似である旨の主張を行う（意見書の提出）。
③ 先行登録商標に対して不使用取消審判の請求をする（同50条）。
④ 先行商標権者と商標権譲渡又はアサインバックの交渉を行う。

まず、その対応として、出願商標の指定商品等のうち、先行登録商標の指定商品等と同一又は類似の商品を削除しても問題がないのであれば、拒絶理由が確実に解消する上記①の補正書の提出を行うことが一般的である。

一方、該当する商品を削除できない場合については、上記②③④の対応を採ることが必要となるが、②（意見書の対応）は、出願商標が先行登録と明らかに類似である場合に反論が認められ得ない場面が存在する。また、③（不使用取消審判の請求）についても、先行商標権者が登録商標を適切に使用していた場合には取り消すことができず、該取消審判の請求は相手方と敵対関係を生みやすくなるため、先行商標権者に出願人が審判請求を行ったことが知られてしまったにもかかわらず取消しが認められなかった場合には、今後

の交渉等において対応しにくくなるというリスクがある。

また、④（商標権の譲渡及びアサインバックの交渉）は③と比較して友好的な解決を求める手段といえるが、商標権の譲渡となると、その商標を現在又は将来的に全く使用する予定がない場合を除き、先行商標権者がその交渉に応じることは考えにくい。

その点、アサインバック、すなわち商標登録出願人の名義を一時的に引用商標権者の名義に変更することにより4条1項11号の拒絶理由を解消し、商標登録を得た後に引用商標権者から元の商標登録出願人に再度名義変更を行うといった手法であれば、自らの商標権自体は所有した形で互いの権利が併存することになるため、譲渡と比較して先行商標権者の承諾を得るためのハードルは低くなるといえる。

しかし、このアサインバッグの手続を取るためには、一方の権利を他方に移転しなくてはならないというリスクが存在し、また、移転による一定の金銭的・時間的な負担がかかる点が問題視されており、我が国においてもアサインバックに代わる簡便で低廉な方法として諸外国でも採用されているコンセント制度を採用すべきであるという声が度々上がり、議論が行われてきた。

② コンセント制度の導入が見送られてきた理由について

今までコンセント制度の導入についての議論は、「商標制度の在り方について（平成18年2月産業構造審議会知的財産政策部会報告書）」や産業構造審議会知的財産分科会商標制度小委員会等において多くなされてきた。

その中でコンセント制度が認められてこなかった主な理由としては、まず、当事者同士の同意によって同一又は類似の商標が異なる権利者に複数登録されることとなった場合には、どうしても混同のおそれが生じ、その結果、需要者の利益の保護という商標法の法目的に反することになるという点が挙げられる。また、混同を生ずるおそれについては最高裁判決において商標の類否判断として「商標の類否は、対比される両商標が同一または類似の商品に使用された場合、商品の出所につき誤認混同を生ずるおそれがあるか否かによって

決すべきである…」(最判昭和43.02.27 民集22巻2号399頁〔氷山印事件〕)という考え方が示されたが、この判決によると、「出所混同が生ずると類似する」ということとなり、「類似するが出所混同はしない」というコンセント制度の考え方と整合性がとれなくなってしまうという点も挙げられる。

そのため、今までは法改正という形ではなく、下記のような商標審査基準による運用面による対応のみを行った上で、コンセント制度の導入の必要性と方法について検討を進めていくという対応がされてきた。

ア．取引実情説明書の提出による運用

取引実情説明書の提出は、平成19(2007)年4月1日に運用が開始されたものであり、商標法4条1項11号の審査において、出願商標が先行登録商標に類似すると判断された場合に、先行商標権者による取引の実情を示す説明書が提出されると、それを取引の実情を把握するための資料の一つとして参酌することができるとしたものである。

なお、該制度は運用開始後、国際分類6第10版に対応した「類似商品・役務審査基準」(平成24(2012)年1月1日施行)において、商品又は役務の類否関係を経済の実態や取引の実情に合致したものとすべく見直しが行われている。

しかし、取引実情説明書の提出に当たっては、先行商標権者からその指定商品等と出願商標の指定商品等が類似しない旨をわざわざ陳述してもらう必要があるため、決して容易ではなく、また、産業構造審議会知的財産分科会第9回商標制度小委員会(令和4年9月29日)の報告でもあったように、取引実情説明書を提出し、取引の実情に基づいて商品・役務を非類似として判断された出願は1件のみ(2022年4月時点)であって[2]、仮に提出したとしても必ずしも非類似と認められるわけではないことからすると、該運用が積極的に利用され難いものと考えられる。

---

[2] 産業構造審議会知的財産分科会第9回商標制度小委員会(令和4年9月29日)配布資料4

> ※（参考）（抜粋）「商標審査基準」十、4条1項11号（先願に係る他人の登録商標）
> ●「11. 商品又は役務の類否判断について」
> （4）商品又は役務の類否判断における取引の実情の考慮について
> 　本号に該当する旨の拒絶理由通知において、引用した登録商標の商標権者（以下「引用商標権者」という。）から、引用商標の指定商品又は指定役務と出願商標の指定商品又は指定役務が類似しない旨の陳述がなされたときは、類似商品・役務審査基準にかかわらず、出願人が主張する商品又は役務の取引の実情（ただし、上記(1)から(3)に列挙した事情に限る）を考慮して、商品又は役務の類否について判断することができるものとする。
> なお、以下のような場合には、取引の実情を考慮することはできない。
> 　①引用商標権者が、単に商標登録出願に係る商標の登録について承諾しているにすぎない場合。
> 　②類似商品・役務審査基準において類似すると推定される指定商品又は指定役務のうち、一部についてしか類似しない旨の陳述がなされていない場合。
> 　③引用商標の商標権について専用使用権又は通常使用権が設定登録されている場合にあって、専用使用権者又は通常使用権者が類似しない旨の陳述をしていない場合。

イ．出願人と引用商標権者に支配関係がある場合の運用

　前記の取引実情説明書では、出願人と「他人」である先行商標権者との関係性は考慮されておらず、出願人本人以外は全て「他人」として取り扱われていた。しかし、両者が親会社と子会社等のような支配関係にあれば、需要者に対して出所の混同を生じさせるおそれは大きく減少するものと考えられる。

　そこで、商標審査基準に、出願人と「他人」である先行商標権者が支配関係にある場合は、実質的には「他人」の商標ではないものとして扱うこととする旨の新たな規定が設けられた。

　審査において、上記運用が適用されるためには、出願人による支配関係があることの主張及び立証に加え、商標登録を受けることを先行商標権者が了

承している旨の書面の提出を必要とすることとされている。詳細は後述する商標審査基準の該当部分の抜粋を参照されたい。

　本運用は、出願人と先商標権者間に支配関係が認められるという点で、取引実情説明書と比較して基準が明確であり、適切な事実と証拠があれば基本的に認められるものであるため積極的に利用しやすいものといえる。実際に本運用を利用し、出願人と引用商標権者間に支配関係が認められた出願は511件（2022年4月時点）である[3]。

　ただし、本運用は出願人と引用商標権者に支配関係があるという限定された関係しか対象としておらず、資本提携の関係にないグループ会社や孫会社は対象とならないことからすると、需要者のニーズに広く対応できているとはいえない点が懸念される。

●「13. 出願人と引用商標権者に支配関係がある場合の取扱い」

　出願人から、出願人と引用商標権者が(1)又は(2)の関係にあることの主張に加え、(3)の証拠の提出があったときは、本号に該当しないものとして取り扱う。

(1) 引用商標権者が出願人の支配下にあること
(2) 出願人が引用商標権者の支配下にあること
(3) 出願に係る商標が登録を受けることについて引用商標権者が了承している旨の証拠

((1)又は(2)に該当する例)

(ｱ) 出願人が引用商標権者の議決権の過半数を有する場合。
(ｲ) (ｱ)の要件を満たさないが資本提携の関係があり、かつ、引用商標権者の会社の事業活動が事実上出願人の支配下にある場合。

---

③ コンセント制度の導入について

　前述のとおり、コンセント制度の導入についての多くの議論がなされてきたが、結局のところ採用には至らずに見送られてきた経緯がある。

　しかし、諸外国・地域ではコンセント制度を導入している国が多くあるこ

---

[3] 前掲注2

とから、我が国においてコンセント制度に対応していないことが海外のユーザーの日本における商標登録の障壁となっており、また、現在行われているアサインバックという手法では金銭的・時間的コストがかかってしまうことから、近年においてますます同制度の導入についての需要者のニーズが高まってきている。更に上記の商標審査基準による運用では需要者にとって利用がしにくく、そのニーズに対応できていない点を考慮して今回の法改正において我が国でもコンセント制度の導入がされることとなった。

　なお、これまでに導入が見送られてきた理由に挙げられてきた課題として、類似の商標を複数の者に併存登録させることで出所混同のおそれが生ずるという点、その結果、需要者の利益の保護という商標法の趣旨にそぐわないという点、最高裁判決との整合性に欠けるという疑義がある点が挙げられていたが、産業構造審議会知的財産分科会　第10回商標制度小委員会では下記のような考え方でその課題は解消し得ると述べられている[4]。

ア．「出所混同のおそれが生ずる点」

　審査において商標権者の同意があるとしても、審査官が出所混同のおそれがあると判断される場合には登録できないという「留保型コンセント」を採用することで、登録時の出所混同のおそれについては上記リスクを解消できると考えられる。また、登録後に生ずる出所混同のおそれについては、別途、登録後における混同防止表示請求や、実際に混同が生じた際に不正使用取消審判を請求することでリスクの解消が可能であると考えられる。

イ．「商標法の趣旨にそぐわない点」

　ア．と同様に「留保型コンセント」の採用によって審査時に出所混同のおそれについての審査を行い、登録後には混同防止表示請求・不正使用取消審判を請求する制度を設けることで上記リスクを解消できると考えられる。

---

[4] 産業構造審議会知的財産分科会第10回商標制度小委員会（令和4年11月22日）配布資料2

ウ.「最高裁判決との整合性」

過去の最高裁判決においては、4条1項11号における類否判断に際して考慮することができる取引の実情は「一般的、恒常的」な事情に限られるとされている。そこで、4条1項11号における類否判断の方法については現状のものを維持したままで、登録査定後に当該事情が変動しないことを担保できるものについては、これを一般的・恒常的な事情に準じたものとして判断することで最判との整合性が保たれると考えられる。

(2) 我が国のコンセント制度導入に関する商標法改正について

上記の経緯で我が国においてもコンセント制度の導入が進められることとなったが、実際にはどのような運用がなされるかは以下に述べる。

① 改正される条文の内容について

令和6年4月1日から施行される改正商標法において、コンセント制度に関連する条文として以下の4条4項が新設されることとなっている。

> **4条4項**（新設）（下線は改正部分）
> 第1項第11号に該当する商標であつても、その商標登録出願人が、商標登録を受けることについて同号の他人の承諾を得ており、かつ、当該商標の使用をする商品又は役務と同号の他人の登録商標に係る商標権者、専用使用権者又は通常使用権者の業務に係る商品又は役務との間で混同を生ずるおそれがないものについては、同号の規定は、適用しない。

我が国において採用されるコンセント制度は「留保型コンセント制度」となっているところ、新設された本条文では、出願人が商標登録を受けることについて先行商標権者の「承諾を得ていること」とともに、出願商標の使用商品等と先行商標権者の登録商標に係る商標権者、専用使用権者又は通常使用権者の業務に係る商品又は役務との間で「混同を生ずるおそれがないこと」の文言が含まれており、同意があったとしても出所混同のおそれがあると判断される場合には登録できないことが明確に示されている。

本条文は、先行登録商標と同一又は類似する後願商標が登録できない旨が定められている4条1項11号の例外規定であるが、異なる日に同一又は類似する商標出願があったときは最先の出願人のみが商標登録を受けられる旨が定められている8条1項についても、コンセント制度の導入に際して、下記のようにただし書にて後願出願人であっても先願出願人の同意を得た上で、両商標において混同を生ずるおそれがない場合には登録が認められる旨が追記されることとなった。

> **8条1項**（下線は改正部分）
> 同一又は類似の商品又は役務について使用をする同一又は類似の商標について異なつた日に二以上の商標登録出願があつたときは、最先の商標登録出願人のみがその商標について商標登録を受けることができる。<u>ただし、後の日に商標登録出願をした商標登録出願人（以下この項において「後出願人」という。）が、商標登録を受けることについて先の日に商標登録出願をした商標登録出願人（当該商標登録出願人が複数あるときは、当該複数の商標登録出願人。以下この項及び第六項において「先出願人」という。）の承諾を得ており、かつ、当該後出願人がその商標の使用をする商品又は役務と当該先出願人がその商標の使用をする商品又は役務（当該商標が商標登録された場合においては、その登録商標に係る商標権者、専用使用権者又は通常使用権者の業務に係る商品又は役務）との間で混同を生ずるおそれがないときは、当該後出願人もその商標について商標登録を受けることができる。</u>

　また、同日に同一又は類似の複数の商標出願があった場合には、原則、協議により定めた商標登録出願のみが商標登録をすることができるが（同2項）、上記と同様の考えで、全ての出願人が商標登録を受けることに相互に承諾し、かつ、混同を生ずるおそれがないときには、その同日に出願した全ての出願人が登録を受けることができ（同2項ただし書）、また、協議が成立せずに特許庁長官が行うくじにより順位が定められた場合における後順位出願人についても、先順位出願人の承諾と混同を生ずるおそれがないときには登録が受けられることとなった（同5項）。

　さらに、混同防止表示請求に関する条文においても、コンセント制度の導入により、商標権が移転された場合に加えて、コンセントによって併存登録

が認められた場合も含まれることとなった（24条の4第1号、2号）。

24条の4各号については、上記以外にも「商標登録をすべき旨の査定又は審決の謄本の送達があつた日以後に商標登録出願により生じた権利が承継されたこと」（同3号）が追加された。これはアサインバックの手続に関するものであるところ、該手続は特許庁費用との関係で、通常は登録査定後、登録料納付までの商標権が発生するまでに行われることが多いのに対して、現行法では商標権の発生後のことしか規定されていないため、アサインバックを行った併存登録した権利者は混同防止表示請求を行うことが法律上定められていなかったことを受け、明文化されたものである。

24条の4（下線は改正部分）

次に掲げる事由により、同一の商品若しくは役務について使用をする類似の登録商標又は類似の商品若しくは役務について使用をする同一若しくは類似の登録商標に係る商標権が異なつた商標権者に属することとなつた場合において、その一の登録商標に係る商標権者、専用使用権者又は通常使用権者の指定商品又は指定役務についての登録商標の使用により他の登録商標に係る商標権者又は専用使用権者の業務上の利益（当該他の登録商標の使用をしている指定商品又は指定役務に係るものに限る。）が害されるおそれのあるときは、当該他の登録商標に係る商標権者又は専用使用権者は、当該一の登録商標に係る商標権者、専用使用権者又は通常使用権者に対し、当該使用について、その者の業務に係る商品又は役務と自己の業務に係る商品又は役務との混同を防ぐのに適当な表示を付すべきことを請求することができる。

一　第4条第4項の規定により商標登録がされたこと。
二　第8条第1項ただし書、第2項ただし書又は第5項ただし書の規定により商標登録がされたこと。
三　商標登録をすべき旨の査定又は審決の謄本の送達があつた日以後に商標登録出願により生じた権利が承継されたこと。
四　商標権が移転されたこと。

② コンセント制度の運用について

コンセント制度の具体的な運用に関しては、商標審査基準及び商標審査便覧により定められるものと考えられる。そのうち、商標審査基準については産業構造審議会知的財産分科会商標制度小委員会の商標審査基準ワーキンググループで議論され、同条文に対する審査基準改定案が提出されており、今後それに基づいて運用される可能性が高いと考えられるが、審査便覧についてはまだ発表されていない状況である。

その点を踏まえて、本項では2024年1月31日時点で分かっている内容を基に想定される運用について説明をする。まず、コンセント制度の具体的な本制度の運用イメージとして特許庁からは下記の図が示されている。

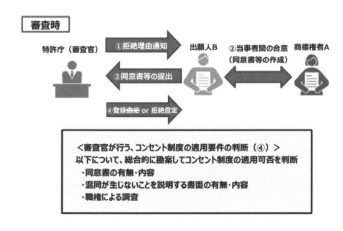

※（引用元）令和5年不正競争防止法等改正説明会テキスト

上記イメージ図にあるように、我が国におけるコンセント制度の運用としては、一般的に出願人が商標出願を行い、特許庁の審査において4条1項11号に該当する旨の拒絶理由通知を受けた場合に、その応答として先行商標権者による承諾及び両商標に混同が生じないことを説明する書面を提出して、審査官の判断を仰ぐという流れになると考えられる。

上記同意書等の書面提出時期について、類似する先行登録商標が存在していることが明らかであるときには、拒絶理由通知がなされた後ではなくても、

その前に提出することが可能である。ただし、想定していた提出書面に係る先行登録商標以外の商標を引用して拒絶されて登録ができない可能性もあり、その場合には時間と手間をかけて作成した書面が無駄になってしまうことになる点には注意が必要である。

また、実際の運用において下記の点も留意しておく必要がある[5]。

ア．同意書における「他人の承諾」が必要な時期について

「他人の承諾」が必要な時期について、4条4項を適用する時点で出願商標が登録を受けることについて、先行登録商標の商標権者の有効な承諾が必要と考えられる。したがって、審査基準では該承諾は査定時に必要とされている。

イ．「混同を生ずるおそれがない」について

1）4条4項における「混同を生ずるおそれ」は、他人の業務に係る商品等であると誤認し、その商品等の需要者が商品等の出所について混同するおそれがある場合（狭義の混同）だけでなく、その他人と経済的又は組織的に何らかの関係がある者の業務に係る商品等であると誤認し、その商品等の需要者が商品等の出所について混同するおそれがある場合（広義の混同）も含まれるとされている。したがって、「混同を生ずるおそれがない」に該当するか否かについては、両商標に関する具体的な事情を総合的に判断するとされており、審査基準案ではその例として以下の項目が挙げられている。

① 両商標の類似性の程度

② 商標の周知度

③ 商標が造語よりなるものであるか、又は構成上顕著な特徴を有するものであるか

④ 商標がハウスマークであるか

⑤ 企業における多角経営の可能性

---

[5] 産業構造審議会知的財産分科会商標制度小委員会 第35回商標審査基準ワーキンググループ（令和5年12月14日）配布資料1-1

⑥ 商品間、役務間又は商品と役務間の関連性
⑦ 商品等の需要者の共通性
⑧ 商標の使用態様その他取引の実情

2）4条4項は、4条1項11号の例外規定であることから、登録時だけでなく登録後においても出願商標と先行登録商標の間における出所混同の防止を担保する必要がある。

仮に査定時において混同のおそれがないことが認められれば足りるとすれば、登録査定後において事情が変わって混同を生ずるようになった場合には、混同を生ずるおそれのある登録商標が併存することとなり、需要者の保護に反する事態となってしまうことが懸念される。

そこで、審査基準案では「混同を生ずるおそれがない」ことが認められる時点・期間として、査定時のみならず、将来にわたっても混同を生ずるおそれがないと判断できることを要するとされている。

上記「将来にわたっても混同を生ずるおそれがない」点についての判断は難しいといえるが、例えば両商標に関する具体的な事情について将来にわたって変更しない旨の合意書面の提出等が考えられる。

また、将来的に出所混同のおそれが生じたり、実際に既に混同が生じていたりするような場合は、その対応として混同防止表示請求や不正使用取消審判を請求することでリスクの解消を行う必要がある。

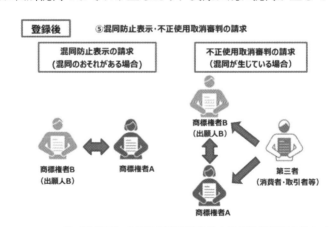

※（引用元）令和5年不正競争防止法等改正説明会テキスト

ウ．その他

コンセント制度を利用して登録された商標に対する公示方法については、特に言及はされていないが、今後J-PlatPatで第三者からみても容易に分かるような形で公開されるものと予想される。

4．コンセント制度における懸念・検討事項

コンセント制度の採用の有無については、長きにわたり議論され続けてきたが、採用が決定し、令和6年4月1日より施行されることとなった。

上記のとおりコンセント制度には、完全型と留保型があるが、我が国のコンセント制度では、先行商標権者の同意だけでなく、混同のおそれがないことも要件とされる「留保型」が採用された。

この点について、完全型コンセント制度を採用した場合には、一当事者のみの判断だけで併存登録が認められ得ることから需要者に対して不利益が生ずるリスクがある一方、留保型コンセント制度では審査によって混同のおそれがない点について一定の担保がされることとなるため、「需要者の利益の保護」という商標法の法目的にも合致することとなり、妥当な選択であると考える。

その半面、留保型のコンセント制度を採用したことで、懸念される点も出てくるものといえる。

第一として挙げられるのは、審査の遅滞に関する懸念である。留保型のコンセント制度では、「混同を生ずるおそれがない」に該当するか否かを、審査基準案に例として挙げられている項目を基にして両商標に関する具体的な事情を総合的に判断する必要がある。

そして、その判断においては、査定時のみならず将来にわたっても混同を生ずるおそれがないと判断できることを要するとされていることからすると、審査において検討すべき事項が多岐にわたると考えられるため、審査の負担が増加し、遅延にもつながることが懸念される。

第二として挙げられるのは、「混同を生ずるおそれがない」という要件が認められるか否かの基準の調整が難しい点である。

コンセント制度の導入において、混同を生ずるおそれがないという要件が認められるハードルを高く設定し過ぎた場合には、出願人はその登録が確実に認められないことを理由にコンセント制度の利用を避け、より確実に併存登録に導くためにアサインバックを選択する可能性もある。このことは、コンセント制度が、アサインバックと比較して簡便で低廉な方法であるとして導入されたこととの関係で矛盾を生み出すこととなる。

　他方、「混同を生ずるおそれがない」という要件が容易に認められる方向で進められた場合、すなわち、例えば商標法３条１項柱書の拒絶理由における商標の使用又は使用意思に関する証明書類等のように、所定の書面を提出するだけで要件が認められ得るような状況となるのであれば、安易に併存登録が認められ、出所混同のおそれがあるものまで登録が認められることとなる。そうなると、コンセント制度が形骸化し、商標法の法目的である「需要者の利益を保護すること」に反し、意味をなさないものとなる。

　このように「混同を生ずるおそれがない」という要件が認められるか否かの基準の調整をどのようにするのかは今後の大きな課題となると考えられる。

　第三として挙げられるのは、コンセント制度とアサインバックが併存することについての妥当性である。

　改正商標法24条の４第３号にて、「商標登録をすべき旨の査定又は審決の謄本の送達があつた日以後に商標登録出願により生じた権利が承継された」場合についても混同防止表示請求が認められるようになり、これによりアサインバックを行った上での併存登録を認めることが明文化されたといえる。

　しかし、アサインバックは出願人と先行商標権者の合意さえあれば、混同のおそれの有無に関係なく併存登録が認められるものであることからすると、「混同のおそれがない」ことが要件とされる留保型コンセント制度とは相いれないものと考えられる。

　したがって、コンセント制度を採用するのであれば、アサインバックは廃止若しくは別途制限を設ける方向に進めていくべきと考える。

5. おわりに

　我が国におけるコンセント制度の導入は国際的な制度調和の観点からも大変意義のあることである。しかし、需要者の利益を保護するために問題となり得る事項も存在し、ユーザーフレンドリーであることとのバランスをどのように取っていくのかが今後の課題となる。

　導入直後は様々な問題が起きることが考えられるが、適切な修正をしながら解決し、需要者に有益な制度となることを心より願う。

商品の部分の形態に対する標識法による保護

大阪大学大学院 高等司法研究科 教授　茶園 成樹

1．はじめに

　本稿は、商品の部分の形態に対する標識法による保護、具体的には商標法及び不正競争防止法2条1項1号による保護について検討するものである。

　商品の形態は、人間の精神的創作活動の成果として意匠法により保護される。意匠法の保護対象である意匠は、平成10(1998)年意匠法改正前は、物品全体の形態のみであったが、同改正により部分意匠制度が導入され、物品の部分の形態も保護されることになった。部分意匠の保護のためには、物品全体の形態の中でどの部分が保護を求める部分、つまり「意匠登録を受けようとする部分」であるかを特定しなければならず、「意匠登録を受けようとする部分」を実線、その他の部分を破線で描き分けるのが一般的である[1]。

　他方、商品の形態は、営業上の信用を化体する標識として商標法及び不正競争防止法2条1項1号によっても保護される。商標法に関しては、平成8(1996)年商標法改正により立体商標制度が導入され、商品の形態は立体商標として保護されるようになった。そして、令和2(2020)年の商標法施行規則改正により、部分意匠と同様に、商標登録を受けようとする部分を実線、その他の部分を破線等で描き分けることが認められ、これにより、商品全体の形態とともに商品の部分の形態も保護できるようになった。さらに、令和2年の商標法・商標法施行規則の改正により認められた新しいタイプの商標の一つである位置商標についても、実線と破線等の描き分けがなされ、商品の部分の形態に対する保護を与える手段となっている。

---

[1] 意匠法等による物品の部分の形態の保護については、拙稿「物品の部分の形態に対する意匠法等による保護」〈『三村量一先生古稀記念論文集』（日本評論社[近刊]）〉参照

また、不正競争防止法に関しても、商品の形態は商品等表示に当たり、2条1項1号により保護され得るところ、その保護は商品全体の形態に限られず、商品の部分の形態も保護対象から除外されるわけではない。
　以下では、論述の便宜上、位置商標としての保護、立体商標としての保護、不正競争防止法2条1項1号による保護の順に、商品の部分の形態に対する保護を検討する。

2．位置商標としての保護
（1）位置商標
　位置商標とは、令和2年の商標法施行規則改正により新設された4条の6では、「商標に係る標章（文字、図形、記号若しくは立体的形状若しくはこれらの結合又はこれらと色彩との結合に限る。）を付する位置が特定される商標」と定められている。同条は、位置商標について商標登録を受けようとする場合、「願書への記載は、その標章を実線で描き、その他の部分を破線で描く等により標章及びそれを付する位置が特定されるように表示した一又は異なる二以上の図又は写真によりしなければならない」と規定している。
　このように位置商標は、標章と位置から構成される。商品の部分の形態は標章となるから、その位置を特定することにより、位置商標として保護され得る。なお、商標法施行規則4条の6における「標章」では、色彩は単独では標章の構成要素となることができないものであることに注意しなければならない。よって、標章が色彩のみからなるものである場合には、それを付する位置が特定されていても、商標のタイプとしては、位置商標ではなく、色彩のみからなる商標である[2]。

---

[2] 商標法施行規則4条の4は、色彩のみからなる商標について商標登録を受けようとする場合、願書への記載は、「商標登録を受けようとする色彩を表示した図又は写真」のほか、「商標登録を受けようとする色彩を当該色彩のみで描き、その他の部分を破線で描く等により当該色彩及びそれを付する位置が特定されるように表示した一又は異なる二以上の図又は写真」によりしなければならないと規定している。

(2) 位置商標の自他商品・役務識別力

　商標が登録を受けるためには、自他商品・役務識別力を有しなければならない。具体的にいうと、商標法3条1項各号に当たらず、本来的な識別力を有するか、これを欠く場合は、使用による識別力獲得によって、3条2項の適用を受ける必要がある。

　この点について、位置商標を構成する標章が商品の立体的形状のみからなるものである場合には、商品全体の立体的形状のみからなる立体商標[3]と同様に、一般的に、3条1項3号に該当するとして、本来的な識別力は否定的に解されている。なぜなら、商品の形状は、多くの場合、商品に期待される機能をより効果的に発揮させたり、商品の美感をより優れたものとするなどの目的で採用されるものであり、自他商品・役務識別のために選択されるものでなく、そのような目的のために採用されたと認められる形状は、特段の事情のない限り、3条1項3号に該当すると解されており、このことは、立体商標に限らず、位置商標であっても当てはまるからである[4]。

　例えば知財高判令和02.12.15 金判1613号24頁〔焼肉のたれ事件〕は、指定商品を「焼肉のたれ」とする、商品を封入した容器の胴部中央よりやや上から首部にかけて配された立体的形状からなり、その立体的形状は容器周縁に連続して配された縦長の菱形形状であり、各々の菱形形状は中央に向かって窪んでいる位置商標（本願商標）の3条1項3号該当性について、「商品等の形状は、同種の商品が、その機能又は美観上の理由から採用すると予測される範囲を超えた形状である等の特段の事情のない限り、普通に用いられる方法で使用する標章のみからなる商標として、3条1項3号に該当する」と述べた上で、「包装容器の表面に付された連続する縦長の菱形の立体的形状は、焼き肉のたれの包装容器について、機能や美観に資するものとして、取引上普通に採択、使用されている立体的な装飾の一つであり、その位置は、

---

[3] 差し当たり、茶園成樹＝上野達弘編者『デザイン保護法』45-48頁（勁草書房[2022]）参照
[4] 特許庁審決平成30.12.18（不服2018-3788）〔ノギス事件〕、特許庁審決令和元.08.20（不服2018-7479）〔対流型石油ストーブ事件〕参照

包装容器の上部又は下部が一般的である上に、その形状に、格別に斬新な特徴があるとまではいえないことからすると、本願商標を構成する立体的形状及びそれを付す位置は、需要者及び取引者において、商品の機能又は美観上の理由により採用されたものと予測し得る範囲のものであると認められる。…そうすると、本願商標を構成する立体的形状は、同種の商品が、その機能又は美観上の理由から採用すると予測される範囲のものであり、その範囲を超えた形状であると認めるに足りる特段の事情は存在しない。したがって、本願商標は、商品の包装の形状を普通に用いられる方法で表示する標章のみからなる商標であり、3条1項3号に該当すると認められる」と述べた[5,6]。

本願商標

また、位置商標を構成する標章が文字や図形等からなり、それが極めて簡単で、かつ、ありふれたもののみからなるものや単に商品の装飾・模様として認識されるもののような場合、その位置商標は、原則として、3条1項5号・

---

[5] 知財高判令和02.02.12 判時2463号44頁〔対流形石油ストーブ事件〕、知財高判令和05.08.10 令5(行ケ)10003〔革靴事件〕も参照されたい。
[6] 色彩のみからなる商標は、原則として商標法3条1項2号・3号・6号に該当すると取り扱われている（商標審査便覧54.06）。知財高判令和02.03.11 金判1597号44頁〔不動産ポータルサイト事件〕、知財高判令和05.01.24 令4(行ケ)10062〔鉛筆事件〕参照。そして、前述したように、位置商標には含まれないが、色彩を付する位置が特定される商標の本来的な識別力についても、否定的に解されている。特許庁審決令和元.09.19（不服2017-2496）〔油圧ショベル事件〕と特許庁審決令和04.05.10（不服2019-14379）〔レッドソール商標事件〕は、問題となった出願商標が3条1項3号に当たると判断した。これらの審決の取消訴訟が提起されたが、3条1項3号該当性は争われず、知財高判令和02.08.19 令元(行ケ)10146〔油圧ショベル事件〕と知財高判令和05.01.31 令4(行ケ)10089〔レッドソール商標事件〕は、いずれも3条2項の適用を否定した審決を支持した。その他、例えば特許庁審決令和02.06.17（不服2018-5818）〔レドーム型の船舶レーダー用アンテナ事件〕、特許庁審決令和02.07.01（不服2017-8901）〔カップ入り即席うどんの麺事件〕、特許庁審決令和02.07.14（不服2017-16603）〔防錆材事件〕

6号に該当することとなる[7]。ただし、標章がそのようなものであっても、特異な位置に付されることによって本来的な識別力が生ずることはあり得よう[8]。

反対に、標章自体が本来的な識別力を有する文字や図形である場合には、位置がどのようなものであっても、位置商標は3条1項各号に該当しないことになろう[9]。ただし、この場合にも、標章を付する位置によってその文字や図形が需要者に与える意味が変わり、識別力が失われることがあり得ないではないと思われる[10]。

3条2項の適用については、前掲〔焼肉のたれ事件〕判決では、「立体的形状からなる位置商標が使用により自他商品識別力を獲得したといえるかどうかは、当該商標の形状、その使用期間及び使用地域、当該商標が付された商品の販売数量やその広告の期間及び規模並びに当該商標の形状に類似した形状を有する他の商品の存否などの事情を総合考慮して判断すべきである」と述べられている[11]。

商品の部分の立体的形状に係る位置商標が需要者において識別標識として認識されるようになることは、実際上、商品全体の立体的形状からなる立体商標の場合以上に困難であると思われる。その一方で、出願人が破線部分の形状が異なる複数の商品を販売している場合、位置商標としての出願であれば、使用による識別力獲得の主張においてそれらの商品全てを取り上げることができるという利点がある[12]。

---

[7] 知財高判令和02.08.27 令元(行ケ)10143〔くし事件〕。審決例として、例えば特許庁審決令和05.05.12（不服2022-8155）〔ダイヤモンド事件〕、特許庁審決令和03.11.29（不服2021-2093）〔ケチャップソース事件〕、特許庁審決令和03.04.27（不服2018-2124）〔レンズ交換式デジタルカメラ事件〕、特許庁審決令和02.08.07（不服2018-9104）〔レンチ事件〕

[8] 外川英明「わが国商標制度における位置商標の役割」《『土肥 史先生古稀記念論文集 知的財産法のモルゲンロート』129頁（中央経済社[2017]）》

[9] このような場合には、文字商標や図形商標として登録を受ければよいように思われるが、位置商標として登録する意義として、山田威一郎「商品の一部分の形態の意匠法・商標法による保護の交錯－部分意匠と位置商標・立体商標の活用法に関する一考察－」（「日本知財学会誌」19巻1号11頁[2022]）は、「商標権侵害訴訟で争点となる商標的使用の議論を審査段階で先に処理できるとの点にあると考えられる」と述べる。

[10] 前掲注9）10頁、大西育子「位置商標の識別力と類否」（「パテント」70巻11号122頁[2017]〈別冊17〉）。商標審査便覧56.03も参照されたい。

[11] 同旨：前掲注5）対流形石油ストーブ事件判決、及び革靴事件判決

[12] 前掲注9）11頁

（3）位置商標の類似範囲

　商品の部分の形態に係る位置商標が登録を受けると、商標権者は他人が同一・類似の形態を商標として使用する行為を禁止することができる。位置商標の類似範囲に関しては、商品全体の立体的形状からなる立体商標と比較すると、位置商標では、破線部分は商標を構成する要素ではなく、破線部分の形状が異なる商標も類似となり得るため、その類似範囲は広いということができる。

　もっとも、位置商標の類似範囲は、実線で描かれる標章のみで判断されるのではない。位置商標は標章と位置から構成されるのであるから、両者を総合して判断されなければならない。

　この点は、商標法4条1項11号に関する商標審査基準第3.十.10においても記述されているが、同基準では、続けて、「原則として、位置そのものについて、要部として抽出することはしない」、位置商標間の類否について、標章に自他商品・役務の識別機能が認められる場合、「標章が同一又は類似であれば、その標章を付する位置が異なる場合でも、原則として、商標全体として類似するものとする」、位置商標と図形商標や立体商標等との類否について、「位置商標を構成する標章が要部として抽出される場合は、標章が同一又は類似する図形商標や立体商標等とは、原則として、商標全体として類似するものとする」と定められている。

　確かに位置商標を構成する標章自体が識別力を有する場合、標章が付される位置が大きく異なる位置商標や図形商標、文字商標との間でも混同が生ずるおそれがあり、類似性を認めることが適切な場合があり得よう[13]。もっとも、このことは、位置が何ら考慮されずに類似範囲が判断されることを意味するのであり、これが妥当性を有するのは、商標の識別力が、位置に全く関係せず、専ら標章自体に由来するものである場合に限られると思われる。

---

[13] 特許庁異議決定令和02.02.10（異議2019-900172）〔スロットマシン用のプログラムを記憶させた記憶媒体事件〕は、図形商標と位置商標との類似性を認めた。

3．立体商標としての保護

　立体商標とは、「立体的形状（文字、図形、記号若しくは色彩又はこれらの結合との結合を含む。）からなる商標」（商標法5条2項2号）である。立体商標について商標登録を受けようとする場合、願書への記載について、令和2年に改正された商標法施行規則4条の3は、「商標登録を受けようとする立体的形状を一又は異なる二以上の方向から表示した図又は写真」によるだけでなく、「商標登録を受けようとする立体的形状を実線で描き、その他の部分を破線で描く等により当該立体的形状が特定されるように一又は異なる二以上の方向から表示した図又は写真」によることも許容している。この改正は、主として店舗の外観・内装の保護を目的としたものであったが、立体商標一般について実線と破線等の描き分けが認められているため、商品の部分の形態を立体商標として保護できるようになっている。

　自他商品・役務識別力に関しては、前述したように、商品の機能・美感に資する目的のために採用されたものと認められる商品全体の立体的形状は、特段の事情のない限り、商標法3条1項3号に該当するものと解されている。商品の部分の形態に係る立体商標についても同様に取り扱われ、そのため、登録を受けるためには、原則として、使用により識別力を獲得して、3条2項の適用を受ける必要がある。

　類似範囲に関しては、商標法4条1項11号に関する商標審査基準第3．十．5．(2)は、「商標に係る標章を実線で描き、その他の部分を破線で描く等の記載方法を用いた立体商標の類否の判断は、当該その他の部分を除いて、商標全体として考察しなければならない」と定めている[14]。位置商標については、「位置商標の類否の判断は、文字、図形、立体的形状等の標章とその標章を付する位置を総合して、商標全体として考察しなければならない」（商標審査基準第3．十．10．(1)）とされており、両者の違いに鑑みれば、立体商標の場合は、一律に、類否判断が標章の位置を考慮せずに行われること

---

[14] 特許庁審査業務部商標審査基準室「店舗等の外観・内装の商標制度による保護等に関連する商標審査基準の改訂について」（「AIPPI」65巻7号558頁［2020］）

になりそうである[15]。そうであれば、その類似範囲は位置商標の場合よりも広範なものとなろう。

　しかしながら、商品の部分の形態に係る立体商標と位置商標をこのように区別することが意図されていたと考えることには疑問がある。立体商標における実線と破線等による描き分けとして想定されているのは、立体的形状の相当割合が実線部分である場合と思われる[16]。その場合には、破線部分の占める割合は僅かであるため、標章の位置を考慮するかどうかで類否判断の結果が変わることはないはずであり、商標審査基準はこのことを前提としているのであろう。したがって、商品の部分の形態に係る商標として、立体商標の場合の類似範囲が位置商標の場合のそれよりも広くなるということはなく、保護を受ける方法として立体商標と位置商標のいずれを選択しても、類否判断の結果は変わらないと思われる。

4．不正競争防止法2条1項1号による保護
（1）商品等表示該当性

　不正競争防止法2条1項1号は、周知な商品等表示と同一・類似の商品等表示を使用して混同を生じさせる行為を不正競争と定めている。商品等表示とは、「人の業務に係る氏名、商号、商標、標章、商品の容器若しくは包装その他の商品又は営業を表示するもの」である。商品の形態は例示されていないが、一般的に、① 特定の商品の形態が同種の商品と識別し得る独自の

---

[15] また、商標法3条2項に関する商標審査基準第2-3.(2)(注) は、「商標に係る標章を実線で描き、その他の部分を破線で描く等の記載方法を用いた出願商標と使用商標との同一性の判断において、標章の位置を特定するために出願商標に係るその他の部分を考慮する位置商標とは異なり、立体商標については、出願商標に係るその他の部分は考慮しない」と定めている。
[16] 前掲注9）14〜15頁は、「立体商標の審査基準で想定されている実線と破線の描き分けは、立体的形状の一部を破線で権利範囲から除外するようなものをイメージしており、破線部分が立体的形状の大半を占めているようなものを想定されていないようにも思われる。仮に、実線部分が商品の形態のごく一部であったような場合にも、実線部分の立体的形状の全体における位置、大きさ、範囲を完全に無視して、同一・類似範囲の解釈ができるのであれば、実線と破線を描き分けた立体商標と、位置商標の区別も可能になるが、今後、裁判等においても、そのような割り切った判断がなされるかは、必ずしも明らかではない」と述べる。

特徴を有し、かつ、② それが長期間にわたり継続的かつ独占的に使用され、又は短期間であっても強力に宣伝されるなどして使用された結果、自他商品識別機能を有し、商品等表示となると解されている[17]。なお、この考え方によると、商品の形態については、商品等表示該当性が認められると周知性要件も満たされることとなり、両者の認定は重なることとなる[18]。

　不正競争防止法2条1項1号による商品の形態に対する保護が問題となる場合、保護を求める者（原告）がその商品のいかなる形態が商品等表示に該当するかを主張することとなる[19]。その主張において、商品の形態は、商品全体の形態に限定されなければならない理由はなく、商品の部分の形態であってもよい。実際、ジーンズの後ろポケット部分にステッチによって付された弓形の刺繍（原告標章1、原告標章2）に関する事件において、その商品等表示性が肯定され、類似する標章を付した被服の販売に対する差止請求が認容された[20]。

　商品の部分の形態が商品等表示として主張される理由としては、位置商標に関して述べたことに類似して、原告が全体の形態が同一ではない複数の商品を販売している場合に、それらの商品に共通する部分の形態を商品等表示であると特定することにより、周知商品等表示性の主張においてそれらの商

---

[17] 差し当たり、拙編『不正競争防止法〔第2版〕』20-22頁（有斐閣[2021]）参照
[18] 田村善之『不正競争法概説〔第2版〕』123頁（有斐閣[2003]）参照
[19] 知財高判平成17.07.20 平17(ネ)10068〔マンホール用ステップ事件〕は、「商品の形態が同号の商品等表示に該当するか否か及び原告商品と被告商品とが類似するか否かの命題を抽象的に判断することはできないから、訴訟においてこのような主張をする場合には、まず控訴人（原告）において、原告商品のいかなる形態が商品等表示に該当し、被告商品と類似するというのか、その商品等表示該当性や類似性の根拠となる原告商品の形態についての特徴（構成）を特定して主張することが必要であり、これに対し、被控訴人（被告）らが反論等することにより、その特定された商品の構成を対象として不正競争行為の成否が審理されることになるものである」と述べている。
[20] 東京地判平成12.06.28 判時1713号115頁〔リーバイス事件一審〕、東京高判平成13.12.26 判時1788号103頁〔同事件二審〕。また、東京地判令和02.11.30 平30(ワ)26166〔組立家屋事件〕は、原告が商品等表示として主張した、一定の構成を有する建物の正面の形態（原告製品形態）について、被告が商品の形態が特定されていないと主張したことに対して、「原告製品形態は、正面側壁面のほか、家屋の正面を構成する左右の壁、正面の壁面、天井部、柱部及び梁部等の構成要素並びにそれらの配置等について記載されており、これによって、家屋の正面の形態は具体的に特定されているといえる」と述べた（ただし、特別顕著性がないことから商品等表示性を否定した。）。

　　　　原告標章1　　　　　　　　　原告標章2

品全てを取り上げるようにすることや、原告の商品と被告の商品が全体的には異なるが、一部の形態が同じである場合に、当該部分を商品等表示であると特定することにより、両者の類似性が肯定されるようにすることがある[21]。

　ただし、問題となる商品の部分の形態は、位置商標の場合は、出願時に特定され、その時点では紛争がいまだ生じていないのが通常であるのに対して、不正競争防止法2条1項1号では、紛争が生じ、訴訟が提起される時に原告が被告の商品を睨みつつ特定するという違いがある。また、特定された商品の部分の形態が保護されるかどうかは、位置商標の場合は、特許庁の審査を経て決定されるが、不正競争防止法2条1項1号では、訴訟において判断されることになり、そのため、商品等表示の特定によっては、防御しなければならない被告に重い負担を強いることになる場合がある。

　近時の東京地判令和04.03.11 判時2523号103頁〔レッドソール不正競争事件〕では、商品の形態に係る商品等表示の特定に関する問題が述べられており、以下では、この問題を検討する。

---

[21] 商品の部分の形態に限らず、シリーズ商品の形態の保護に関わる問題として、同様に、商品等表示が、周知商品等表示性や類似性が認められるように、抽象的なレベルで特定される場合があることが指摘されている。山本真祐子「シリーズ商品に共通するデザインの商品等表示としての保護－商品等表示の特定方法に関する一試論－」〈『田村善之先生還暦記念論文集 知的財産法政策学の旅』22頁（弘文堂[2023]）〉

(2) 商品等表示の特定

① レッドソール不正競争事件

　レッドソール不正競争事件は、女性用ハイヒールの靴底にパントン社が提供する色見本「PANTONE 18-1663TPG」（X赤色）を付したもの（X表示）を使用した商品（X商品）を製造販売しているXらが、Yが製造販売している赤色のゴム素材の靴底からなる女性用ハイヒール（Y商品）が周知著名なX表示に類似した商品等表示を使用した商品であり、Y商品を製造販売等する行為は不正競争防止法2条1項1号・2号に掲げる不正競争に該当すると主張して、Y商品の製造販売等の差止め等を請求したというものである。

　東京地裁は、次のように述べて、X表示が商品等表示に該当しないと判断し、Xらの請求を棄却した。なお、この判決に対してXらは控訴したが、控訴審判決は、商品等表示該当性には触れず、不正競争防止法2条1項1号における混同要件が満たされず、同項2号における著名性要件が満たされないことを理由に、控訴を棄却した[22]。

　「商品に関する表示が複数の商品形態を含む場合において、その一部の商品形態が商品等表示に該当しないときであっても、上記商品に関する表示が全体として商品等表示に該当するとして、その一部の商品を販売等する行為

原告表示

---

[22] 知財高判令和04.12.26 令4(ネ)10051〔レッドソール不正競争事件二審〕

まで不正競争に該当するとすれば、出所表示機能を発揮しない商品の形態までをも保護することになるから、上記規定の趣旨に照らし、かえって事業者間の公正な競争を阻害するというべきである。のみならず、不競法2条1項1号により使用等が禁止される商品等表示は、登録商標とは異なり、公報等によって公開されるものではないから、その要件の該当性が不明確なものとなれば、表現、創作活動等の自由を大きく萎縮させるなど、社会経済の健全な発展を損なうおそれがあるというべきである。そうすると、商品に関する表示が複数の商品形態を含む場合において、その一部の商品形態が商品等表示に該当しないときは、上記商品に関する表示は、全体として不競法2条1項1号にいう商品等表示に該当しないと解するのが相当である」

「これを本件についてみると、X表示は、別紙X表示目録記載のとおり、X赤色を靴底部分に付した女性用ハイヒールと特定されるにとどまり、女性用ハイヒールの形状（靴底を含む。）、その形状に結合した模様、光沢、質感及び靴底以外の色彩その他の特徴については何ら限定がなく、靴底に付された唯一の色彩であるX赤色も、それ自体特別な色彩であるとはいえないため、Y商品を含め、広範かつ多数の商品形態を含むものである。

そして、前記認定事実及び第2回口頭弁論期日における検証の結果…によれば、X商品の靴底は革製であり、これに赤色のラッカー塗装をしているため、靴底の色は、いわばマニュキアのような光沢がある赤色…であって、X商品の形態は、この点において特徴があるのに対し、Y商品の靴底はゴム製であり、これに特段塗装はされていないため、靴底の色は光沢がない赤色であることが認められる。そうすると、X商品の形態とY商品の形態とは、材質等から生ずる靴底の光沢及び質感において明らかに印象を異にするものであるから、少なくともY商品の形態は、X商品が提供する高級ブランド品としての価値に鑑みると、Xらの出所を表示するものとして周知であると認めることはできない。そして、靴底の光沢及び質感における上記の顕著な相違に鑑みると、この理は、赤色ゴム底のハイヒール一般についても異なるところはないというべきである。

したがって、X表示に含まれる赤色ゴム底のハイヒールは明らかに商品等表示に該当しないことからすると、X表示は、全体として不競法2条1項1号にいう商品等表示に該当しないものと認めるのが相当である」

② 検討

レッドソール不正競争事件判決は、「商品に関する表示が複数の商品形態を含む場合において、その一部の商品形態が商品等表示に該当しないときは、上記商品に関する表示は、全体として不競法2条1項1号にいう商品等表示に該当しない」と述べた。これを「複数商品形態ルール」と呼ぶこととする。そして、本判決では、このルールの当てはめとして、必ずしも明瞭ではないが、X商品の形態の特徴は靴底の色が言わばマニュキュアのような光沢のある赤色であることであるが、X表示は、そのような形態のみならず、X商品の形態の特徴に当たらない形態、例えばY商品のような靴底がゴム製であり、その色は光沢のない赤色である形態をも含んでおり、Y商品のような形態は商品等表示に該当しないことから、全体として商品等表示に該当しないと判断された[23]。

複数商品形態ルールは、要するに、商品等表示を、過度に広範な商品形態が含まれるように特定した場合は、全体として商品等表示該当性を否定するというものである。その根拠として、本判決は2つの理由を挙げているが、これらは、商品に関する表示が、その一部に商品等表示に該当しない商品形態を含んでいるにもかかわらず、全体として商品等表示に該当すると解する場合に生ずる弊害を述べるものであり、このルールによって弊害の発生が防止されることとなる。

もっとも、レッドソール不正競争事件は商品の部分の形態が問題となったものであるが、複数商品形態ルールの適用は、その文言によれば、商品の部分の形態が問題となる場合に限られず、商品の形態が問題となる場合一般に

---

[23] 辻村和彦［判批］（「知財ぷりずむ」236号47頁［2022］）、青木大也［判批］（「L&T」99号104頁［2023］、黒田薫「商品等表示該当性の判断基準」《『清水節先生古稀記念論文集 多様化する知的財産権訴訟の未来へ』883頁（日本加除出版［2023］）》

及ぶ。実際、その後の、子供用椅子の形態に関するが、商品の部分の形態が問題となったのではない、東京地判令和05.09.28 令3(ワ)31529〔TRIPP TRAPP事件〕において、複数商品形態ルールが述べられ、原告が商品等表示として特定した、原告が製造販売する製品の形態的な特徴[24]が商品等表示に該当しないと判断された。

また、商品形態の保護に関しても、複数商品形態ルールのような規律は、不正競争防止法2条1項1号に特有のものではない。本判決が挙げる2番目の理由は公報掲載される登録商標との違いに触れるものであるが、商標法に関しても、商品の部分の形態のような、一般的に本来的な識別力を有しない商標が保護されるには、商標法3条2項の適用を受ける必要があるところ、登録により発生する商標権は登録商標全体に及ぶことになるため、出願商標に包含される複数の商標の一部が識別力を獲得していても、他の一部はそうでなければ、同項は適用されるべきでないからである。したがって、商標法についても、当然、複数商品形態ルールに類する規律は認められる。むしろ、商標法における規律に類似したものが不正競争防止法2条1項1号にも当てはめられているといえよう。

この点に関し、本件のXは、X表示を位置商標として商標登録出願をしたが、識別力を欠くとして登録を受けることができなかった[25]。3条2項の適用を否定した審決を支持した知財高裁は、出願商標に含まれる複数の商標を問題としていないが、仮に識別力が、靴底の色が言わばマニュキュアのような光沢のある赤色であるハイヒールについては認められたとしても、光沢のない赤色ゴム底のハイヒールについては認められなかったならば、その場合にも同項の適用は否定されたはずである。

---

[24] 原告が製造販売する製品の形態における、① 左右一対の側木の2本脚であり、かつ、座面板及び足置板が左右一対の側木の間に床面と平行に固定されている点（特徴①）及び② 左右方向から見て、側木が床面から斜めに立ち上がっており、側木の下端が、脚木の前方先端の斜めに切断された端面でのみ結合されて直接床面に接していることによって、側木と脚木が約66度の鋭角による略L字型の形状を形成している点（特徴②）である。
[25] 前掲注6）レッドソール商標事件審決、及びレッドソール商標事件判決

ただし、不正競争防止法2条1項1号については、商品等表示が不適切に主張されること自体が、前述したように、被告の負担を重くするという問題を生ずるのであり、複数商品形態ルールには、原告が商品等表示を適切に特定するように促す効果を期待することができる[26]。そのため、このルールのような規律の必要性は、不正競争防止法2条1項1号による保護の場合に、商標法による保護の場合よりも高いということができよう。

5．おわりに

以上、商品の部分の形態に対する標識法による保護を検討したが、この問題については、位置商標としての保護及び立体商標としての保護が令和2年の商標法施行規則改正により始まったばかりであることもあって、いまだ十分な議論が行われていない。本稿が議論の呼び水となることができれば、望外の喜びである。

---

[26] 前掲注23）青木105頁参照

意匠法3条2項の判断手法について

弁理士法人藤本パートナーズ 副所長 弁理士　野村 慎一

1．はじめに

　意匠法3条2項は、新規であっても容易に創作できる意匠については登録を認めない、意匠登録を無効とすべく、意匠登録出願時の登録要件、無効審判時の無効理由として定められたものであるが、昭和34年の現行法制定後、時代の趨勢に対応すべく2回の法改正を経て現在のように制定されている。

　各改正時点における出願意匠の属する分野における状況や当業者のレベル等が異なるため一概には言えないが、近似、意匠審査基準の改訂に関係なく、審査において出願意匠が創作容易であると判断されるケースが増加しているように思われる。また、出願意匠に対して、各構成はそれぞれ部分的に公知であるとして複数の公知意匠などを提示し、当業者であれば容易に創作できるとする判断、査定不服審判ではあるが出願意匠の創作容易性の判断において、「公然知られた意匠に出願意匠のような態様とすることについて動機付けは存在しない」[1]、といった特許の進歩性で用いられている判断手法が採用されるなど、意匠の審査実務が特許化しているようにも思われる。

　本稿では、意匠法の改正経緯と意匠審査基準の成立及び改訂経緯を整理した上で、意匠の出願実務において創作非容易性の判断手法について検討すべきと思われる私見について述べてみたい。

---

[1] 不服2021-13018
本願意匠は、搬送用ロボットが研削砥石用ドレスボードを吸着保持するために、プレートの上面部中央部にドレス用砥石を設けず、フラットな露出面が表れる態様とした点に着想の新しさないし独創性があるものであって、たとえ意匠1が公然知られていたものであったとしても、これにプレートの上面部中央部にある砥石整形ドレスを取り外すような動機付けは存在せず、また、意匠1の存在が本願意匠を創作する契機となり得るものでもない。

2．意匠法の改正経緯
（1）意匠法3条2項の制定
　現行法が制定された昭和34年の意匠法改正以前には創作非容易性について具体的な規定はなく、同改正によって、「意匠登録出願前にその意匠の属する分野における通常の知識を有する者が日本国内において広く知られた形状、模様、若しくは色彩又はこれらの結合に基づいて容易に意匠の創作をすることができたときは、その意匠については、…意匠登録を受けることができない」として3条2項は創設された[2]。なお、法案の初期では、現行特許法29条2項、実用新案法3条2項と同様に、新規性の判断基準の「『公然知られた意匠』『公然実施をされた意匠』『刊行物に記載された意匠』」に基づいて、と、「公知意匠」を基準にしていたようであるが、このように基準を設けると意匠では外国公知まで含むことになり、基準としては大きすぎるのではといった意見から、「日本国内において広く知られた形状、模様若しくは色彩又はこれらの結合」、すなわち「周知形態」に基づくものに修正された経緯にある[3]。

（2）平成10年改正
　意匠法が制定以降35年以上も抜本的改正がなされなかったことから、デザイン活動の実態と保護の現状に乖離があるのではないか、との問題意識がきっかけとなって設置された意匠制度ラウンドテーブルによってまとめられた「魅力ある意匠制度の確立に向けて」との報告書において、「意匠権強化の観点から、創作水準の高い意匠登録の率の拡大を図るため、創作容易性の要件を周知形態に限らず『先行する公知意匠から容易な創作』に改めるべきである」との指針が早期保護の要請などとともに我が国の意匠保護の現状と問題点の一つとして出され、その後に開催された意匠制度検討特別委員会（平成8年10月から平成9年9月に開催）、意匠制度ワーキンググループ（平成9年に開催）、工業所有権審議会意匠小委員会（平成9年に開催）においても創作非容易性

---
[2] 高田忠『意匠』213頁（有斐閣[1969]）
[3] 特許庁意匠課「意匠制度120年の歩み」61頁[2009年]

の要件を引き上げる、創作容易性の判断基準を引き上げるとの議論が行われた。

その結果、平成10年改正（平成10年5月6日法律第51号）により、我が国産業の発展に資する創造的デザインの創作を促すために、創作性の高い意匠の的確な保護を図ることを目的として、3条2項に規定される創作容易性の要件を引き上げて、公知の意匠やモチーフに基づいて容易に創作できた意匠も拒絶・無効の対象となるように改められた[4]。

（3）令和元年改正

情報技術の発達により、より多くのデザインが刊行物やインターネット上で公開されるようになっているところ、これらのデザインに基づいて容易に意匠の創作をすることができた場合には独自の創作性を有さず、意匠権による保護に値しない。しかし、単に刊行物やインターネット上で公開された意匠については、必ずしも「公然知られた」ということはできないため、これらの意匠に基づいて容易に創作することができた意匠についても意匠登録を受けられない旨を明記し、創作非容易性の要件を引き上げるべく、令和元年改正（令和元年5月17日法律第3号）により、「頒布された刊行物に記載され、又は電気通信回線を通じて公衆に利用可能となった形状等又は画像に基づいて容易に創作できた意匠」についても登録を受けることができないものとされた[5]。

この令和元年改正の背景には、出願意匠に対して引用例に記載された意匠が公然知られたものとなったと断言することはできないなどといった主張を排斥する狙いもある。前記のような主張としては、例えば出願意匠の出願日から37年前に公開された公開実用新案公報に掲載された意匠（図面）と、28年前に公開された公開実用新案公報に掲載された意匠（図面）に基づいて、当業者であれば容易に創作できた意匠であるとされた審決に対して、「意匠法3条2項は、出願前に『日本国内又は外国において公然知られた形状、模様若しくは色彩又はこれらの結合に基づいて』当業者が容易に意匠の創作をす

---

[4] 前掲注3）77-89頁
[5] 『逐条解説』1255頁

ることができたときは、意匠登録をすることができないと規定しているのであり、出願前に『日本国内又は外国において頒布された刊行物に記載された意匠に基づいて』当業者が容易に意匠の創作をすることができたときは、意匠登録をすることができないとは規定していない。『日本国内又は外国において公然知られた形状、模様若しくは色彩又はこれらの結合』とは、その形態自体が不特定多数の者にとって現実に知られている状態にあることをいうのであり、単に知られ得る状態にあるだけでは成立しないことである以上、その形態を記載した頒布刊行物がたとえ公然知られた状態にあったものであるとしても、その大冊な公報の内部の1頁に記載されている一図面を、特定の形態自体が公然知られたものとなったと断定することはできない。被告が引用した意匠図面が記載されている公開実用新案公報が、実際に一般第三者によって閲覧されたという具体的事実の証明がなされない限り、『公然知られた』ことを要件とする意匠法3条2項は適用されるべきではない」と原告が主張しているものがある[6]。なお、本事件については、最高裁判所に上告受理の申立てを行ったようであるが[7]、判決は出ていないため棄却されたものと思われる。

(4) 私見

　令和元年改正以前は、主張が認められるか認められないかは置くとして、上記のように「公然知られた」について争うことは条文上可能であったが、

---

[6] 知財高判平成30.05.30 平30(行ケ)10009
なお、裁判所は、「意匠法3条2項は、公然知られた形状等に基づいて容易に意匠の創作をすることができたときは、意匠登録を受けることができない旨を規定している。公然『知られた』との文言や、同条1項が、刊行物に記載された意匠（同条1項2号）と区別して『公然知られた意匠』（同条1項1号）を規定していることと対比すれば、『公然知られた』というためには、意匠登録出願前に、日本国内又は外国において、現実に不特定又は多数の者に知られたという事実が必要であると解すべきである」とした上で、引用意匠が公開されてからの経過年数、特許庁発行の公報の意義等の事実を総合して、「引用意匠1及び引用意匠2の記載された公報が、いずれも、本願意匠の登録出願時まで長期にわたって公然知られ得る状態にあって、現実に不特定又は多数の者の閲覧に供されたことが認められる。そして、これらの事実によれば、これら公報に記載された引用意匠1及び引用意匠2に係る形状が、現実に不特定又は多数の者に知られた事実を、優に推認することができる」と判断して、原告の主張を退けている。
[7] 牛木理一「意匠法第3条第2項の適用矛盾－最高裁判断への疑問－」(「知財ぷりずむ」17巻201号26-36頁[2019])

今回の改正によって、頒布された刊行物に記載され、又は電気通信回線を通じて公衆に利用可能となった形状等に基づいて容易に創作できたかどうかが判断される以上、上記のように争うことは難しい。しかし、入手が極めて難しい古い外国のカタログ等、その意匠の属する分野において入手困難な刊行物等で創作容易とすることや、情報技術が急速に発達して膨大な情報が錯綜している現代において、当業者が簡単には探し出せないインターネット上の情報等によって創作容易とすることは、創作保護の観点からすれば現実問題として検討する余地があると考える。

3．意匠審査基準の成立及び改訂経緯
（1）意匠審査基準の成立
　意匠審査基準は昭和43年6月に公表されており、当時の基準では「法第3条第2項に規定する容易な創作と認められるもの」として、次のように定められていた[8]。

① ありふれた形状や模様に基づくものの場合
　三角形、長方形、円、梅形、円筒体、錐体、正多面体、直方体、水玉模様、市松模様、紋章の丸に三巴、下り藤などありふれた形状や模様であっていろいろな物品に用いられているものを殆どそのまま物品に表した程度にすぎないもので、当業者が容易に創作できると認められるもの。

---

[8] 前掲注3）591-594頁
今回「意匠審査基準」を公表することとなったが、この骨子はすでに昭和5年頃より、「意匠審査取極」として存在しており、その内容は審査部内での条文解釈の統一的見解および取り扱い方について規定されていた。旧法に関しては、これにもとづいて運用されてきたが、現行法は法体系および条文において、多分に異なっているため、その条文解釈および運用に関し、統一的なものを作成する必要があり、また外部からも、それを求める声が強かった。そのため当初は内部の統一見解をまとめるということを主眼として作業をすすめ、昭和40年に、「意見書徴集」の章に関して、内部検討が終了した。これを「審査基準案」として昭和40年12月に発表し、これに対する特許協会、弁理士会、及び審判部の意見をもとめ、これらを参酌の上、今回発表の「審査基準」が作成されたのである。

② 自然物ならびに有名な著作物及び建造物などの模倣の場合

自然物（動物、植物、もしくは鉱物）ならびに有名な著作物及び建造物などの全部又は部分の形状、模様などを殆どそのまま物品に表した程度にすぎないもの。

③ 商慣行上の転用の場合

非類似の物品の間に転用の商慣行がある場合において、非類似の物品の形状、模様、もしくは色彩又はこれらの結合を物品に商慣行上通常なされる程度に変化させて表したにすぎないもの。

（2）平成10年改正及びその省令改正への対応

「意匠登録に係る創作容易性水準の引き上げ」が行われた平成10年改正を受けて、「平成10年改正意匠法 意匠審査の運用基準」が公表された。この運用基準は、平成10年の改正意匠法及びその省令改正に対応した「部分意匠の導入」「意匠登録に係る創作容易性水準の引き上げ」「物品の機能を確保するために不可欠な形状のみからなる意匠の保護除外」「組物の意匠の適切な保護」「類似意匠制度の廃止と関連意匠制度の創設」などについて、平成11年1月1日の施行を控えて、意匠審査実務が行われる前に、意匠審査実務に係る各種の判断基準、取扱いなどを定めたものである[9]。

現在の意匠審査基準の基となる置換の意匠や寄せ集めの意匠などが3条2項における創作が容易な意匠として規定され、容易な創作と認められる意匠の類型及びその具体的事例が盛り込まれた。各事例の説明では「当業者にとってありふれた手法」であるかどうか、例えば置換の意匠の事例であれば、「当該物品分野において、公知の意匠の装飾板部分を単に他の装飾板に置き換えて構成することは当業者にとってありふれた手法である」などといった判断手法が盛り込まれた。

---

[9] 平成10年改正意匠法 意匠審査の運用基準 特許庁ウェブサイト
「本運用基準は、平成12年度末までを目途に、新たな制度下における実際の意匠登録出願の実務を踏まえて、意匠審査の基準の統一を図る『意匠審査基準』及び意匠審査の実務を行う上で必要な関係法令や各種取扱いを解説した『意匠審査便覧』に組み替える予定」とされていた。

（3）平成11年改正への対応

　平成11年の改正意匠法の施行日である平成12年1月1日を控えて、意匠審査実務が行われる前に意匠審査実務に係る各種の判断基準、取扱い等を定めた「平成11年改正意匠法意匠審査の運用基準」[10]が公表され、改正条文の解釈及びその運用に関して統一的な運用が図られていたが、審査実務においては、それらに加えて既存の「意匠審査基準」をも併せ読む必要があった状況を踏まえ、既存の「意匠審査基準」と平成10年、同11年に公表された両運用基準に基づいて意匠の審査実務に関わる条文ごとに「意匠審査基準」を再編集し、平成14年1月に公表された意匠審査基準において[11]、「創作容易な意匠というためには、当業者にとってありふれた手法によって創作されたという事実を要する。したがって、意匠法第3条第2項の規定により拒絶の理由を通知する場合は、原則、当業者にとってありふれた手法であることを示す具体的な事実を出願人に提示することが必要である。ただし、その手法が当業者にとってありふれたものであることが、審査官にとって顕著な事実と認められる場合、例えば、玩具業界において、本物の自動車をそっくりそのまま自動車おもちゃに転用するという手法等の場合には、必ずしもその提示を要さない」との規定が設けられ[12]、意匠登録出願に係る意匠が創作容易な意匠であると判断するためには、原則として創作非容易性の判断の基礎となる資料の提示が必要であることが明記された。

（4）平成18年改正への対応

　また、画像を含む意匠の創作非容易性の判断基準については、平成18年改正（平成18年6月17日法律第55号）によって2条2項が追加されたことを受け（令和元年改正で削除されている。）、平成19年に改訂された意匠審査基準において、容易に創作することができる意匠と認められるものの例が追加

---

[10] 平成11年改正意匠法 意匠審査の運用基準 特許庁ウェブサイト
[11] 意匠審査基準（平成14年1月）意匠審査基準について
[12] 意匠審査基準（平成14年1月）第2部第3章23.7

されたが、創作非容易性の判断基準については、画像を含まない意匠の全体意匠と部分意匠を参照するように規定されているだけであった[13]。

しかし、平成28年の一部改訂によって、付加機能を有する電子計算機を保護対象とするといった規定の追加とともに、「意匠法第3条第2項の規定の適用についての判断は、画像を含む意匠（意匠法第2条第1項及び第2項により認められるもの全て。）の構成態様において、それらの基礎となる構成要素や具体的態様が本願出願前に公然知られ、又は広く知られており、それらの構成要素を、ほとんどそのまま、又は当該分野においてよく見られる改変を加えた程度で、当該分野においてありふれた手法である単なる組合せ、若しくは、構成要素の全部又は一部の単なる置換えなどがされたにすぎないものであるか否かを判断することにより行う」といった規定が追加された[14]。

（5）令和元年改正への対応

以上のような改訂を経て、令和元年改正に対応させるべく令和2年3月19日に意匠審査基準の大幅改訂が行われ、「平成10年改正意匠法 意匠審査の運用基準」で盛り込まれた3条2項に規定する容易な創作と認められる意匠の類型及びその具体的事例が刷新された。

また、「当業者にとってありふれた手法」であるかどうかの判断については、上記したように改訂前は容易な創作と認められる意匠の類型の具体的事例で示されていたが、同改訂によって、「創作非容易性の判断に係る基本的な考え方」との項目を設け、「出願された意匠が、出願前に公知となった構成要素や具体的態様を基礎とし、例えばこれらの単なる寄せ集めや置き換えといった、当該分野におけるありふれた手法などにより創作されたにすぎないものである場合は、創作容易な意匠であると判断する」「上記の判断に関し、出願された意匠において、出願前に公知となった構成要素や具体的態様がほ

---

[13] 意匠審査基準（平成19年4月）第7部第4章74.4.3
[14] 意匠審査基準（平成28年3月）第7部第4章74.4.3
「容易に創作することができる意匠と認められるものの例」の追加や修正も行われている。

とんどそのままあらわされている場合に加えて、改変が加えられている場合であっても、当該改変が、その意匠の属する分野における軽微な改変にすぎない場合は、なおも創作容易な意匠であると判断する。

　ただし、当業者の立場からみた意匠の着想の新しさや独創性が認められる場合には、その点についても考慮して判断する」といった考え方が明確に規定された[15]。

　この点について、「『基準』は、意匠法3条2項の創作非容易性の判断手法について、3段階で説明する。第一は、『ありふれた手法など』による創作か否かという基本的判断基準であり、第二は、公知形状等が『ほとんどそのままあらわされている』という条件であり、第三は、『意匠の着想の新しさや独創性』という考慮事項である」として、「創作非容易性の判断に係る基本的な考え方」を紹介しているものもある[16]。

　なお、「創作非容易性の判断に係る基本的な考え方」を受ける形で、「創作非容易性の具体的な判断」との項目が設けられ、「創作非容易性の判断の基礎とする資料」及び「ありふれた手法と軽微な改変」について個別に説明がされており、前者について改訂前は、「公然知られた形状、模様若しくは色彩又はこれらの結合」「広く知られた形状、模様若しくは色彩又はこれらの結合」「公然知られた意匠又は広く知られた意匠」が基礎となる資料として項目別に規定されていたが[17]、令和元年改正に準じて、「日本国内又は外国において公然知られ、頒布された刊行物に記載され、又は電気通信回線を通じて公衆に利用可能となった形状、模様若しくは色彩若しくはこれらの結合（形状等）又は画像」が基礎となる資料に改訂された。

---

[15] 意匠審査基準（令和2年3月）第Ⅲ部第2章第2節3.
令和元年改正以前に出願を行い、改正後に審決が出ている不服審判請求においても「着想の新しさないし独創性」（不服2020-5340）、「着想の新しさや独創性」（不服2019-8328）が合議体によって判断されている。ただし、前者は改正後に不服審判請求を行っている。また、改正日以前に審決が出ていても「改変」かどうか合議体によって判断されているものも多数ある（不服2015-12902、不服2017-14162、不服2018-12744など）。
[16] 梅澤修「意匠法の問題圏（第30回）意匠の創作非容易性①」（「Design protect」35巻4号19頁[2022]）
[17] 意匠審査基準（平成31年4月）第2部第3章23.4.1、23.4.2、23.4.3

なお、上記した創作容易な意匠であると判断する考え方、加えられた改変が軽微な改変にすぎないかどうかといった判断の考え方以外については、表現の修正は行われているが考え方自体に変わりはなく、別項目として設けられていた資料の提示方法についても表現の修正は行われているが、提示方法自体に変わりはない。

　また、後述するが当業者にとってありふれた手法であることの提示についても、「軽微な改変」に関する考え方が追加され、表現の修正は行われているが、提示の考え方自体について基本的に変わりはない。なお、この改訂以降、意匠審査基準は4回改訂されているが[18]、創作非容易性の判断基準について加筆修正は行われていない。

4．意匠法3条2項の判断手法
（1）判断主体
① 判断主体の選定

　創作非容易性の判断主体については、意匠審査便覧など[19]でも紹介されている可撓性ホース事件[20]において、「意匠法3条1項3号は、意匠権の効力が、登録意匠に類似する意匠すなわち登録意匠にかかる物品と同一又は類似の物品につき一般需要者に対して登録意匠と類似の美感を生ぜしめる意匠にも、及ぶものとされている（法23条）ところから、右のような物品の意匠について一般需要者の立場からみた美感の類否を問題とするのに対し、3条2項は、物品の同一又は類似という制限をはずし、社会的に広く知られたモチーフを

---

[18] 意匠審査基準の改訂について　特許庁ウェブサイト
令和2年12月16日には「第Ⅲ部第3章 新規性喪失の例外」の改訂、令和3年3月31日には「第Ⅰ部第2章 意匠審査の手順」、「第Ⅱ部第2章 意匠ごとの出願」、「第Ⅶ部 パリ条約による優先権」の改訂、令和5年3月22日には「第Ⅶ部 パリ条約による優先権」、「第Ⅸ部 国際意匠登録出願」の改訂、令和5年12月15日には「不正競争防止法等の一部を改正する法律」（令和5年6月14日法律第51号）による意匠法等の改正に伴うものに加え、明確化の観点から、第Ⅳ部第1章「画像を含む意匠」の改訂が行われている。
[19] 意匠審査便覧 付属書A「意匠審査基準」参考審判決例集 6頁、梅澤修「意匠法の問題圏(第32回) 新規性と創作非容易性との関係」(「Design protect」36巻2号2-3頁[2023]）など
[20] 最判昭和49.03.19 民集28巻2号308頁

基準として、当業者の立場からみた意匠の着想の新しさないし独創性を問題とするものである」と判示されて以降、創作非容易性について争われた判決では可撓性ホース事件について引用されることが多く[21]、実務においても創作非容易性の判断主体を当業者とすることは常識化している。

　意匠審査基準における創作非容易性の判断主体について、令和2年3月19日の改訂以前では、条文の解説として、「その意匠の属する分野における通常の知識を有する者（以下「当業者」という。）は、創作非容易性を判断する主体である。当業者とは、その意匠に係る物品を製造したり販売したりする業界において、当該意匠登録出願の時に、その業界の意匠に関して、通常の知識を有する者をいう」と規定されており[22]、改訂後は「創作非容易性の判断主体」との項目を設けて基本的には同じように規定されているが、「審査官は、出願された意匠の創作非容易性について、当業者の視点から検討及び判断する」との説明が追加されている[23]。出願実務では、出願意匠の属する分野において通常の知識を有する者を基準として創作容易かどうか判断することになるが、「その意匠の属する分野」（出願意匠の属する分野）とはどのような分野までを含むのか、選定が非常に悩ましい。

　例えば包装体（パッケージ）について考えた場合、意匠に係る物品としては包装用箱、包装用容器、包装用袋等があり、包装する対象物が食品と電子部品等のように全く異なる分野の製品であっても、包装する点で共通しているとして広義に考えると様々な分野が入ることになると思われる。また、包装体の製造は主として包材メーカーによって行われるのが一般的であるが、包装する対象物の製造メーカー、例えば食品分野であれば食品メーカーが包装体を製造するケースもあり、単に業界（業種）で棲み分けすることも難しいと思われる。「その意匠の属する分野」をどのように選定するかによって、判断主体となる当業者も左右されることになると考えるが、意匠審査基準に沿えば、出願意匠に係る物品

---

[21] 知財高判令和05.05.31 令5(行ケ)10001、知財高判令和元.11.26 令元(行ケ)10089、知財高判令和元.07.03 平30(行ケ)10181 など
[22] 意匠審査基準（平成31年4月）第2部第3章23.2
[23] 意匠審査基準（令和2年3月）第Ⅲ部第2章第2節2.

を製造したり販売したりする業界が基準となるため、単に「その意匠の属する分野」を基準とするよりも判断主体となる当業者の選定が行いやすくなる。ただ、製造したり販売したりする業界とするのは、物を提供する側を軸とする考え方であると思われるが、デザインは物の提供を受ける側のことも考慮して行われるのが一般的である。すなわち、具体的な使用方法や使用目的、使用方法などに目を向ける購入者や使用者のことも考慮してデザインされるのが一般的であろうから、この点も考慮して当業者を選定する必要はあると考える。そのため、判断主体となる当業者とは、「その意匠に係る物品を製造したり販売したりする業界において、当該意匠登録出願の時に、その業界の意匠に関して、需要者の視点を併せ持った一般的な知識を有する者をいう」などと考えてもよいであろう。

② **判断主体への指摘**

判断主体については、「審査基準の定義からは、当業者が『その業界の意匠に関して、通常の知識を有する者』であることはわかるが、『どんな能力を有する者』か（創作能力）については必ずしも明らかではない」[24]と指摘しているもの、「主体的基準はそれほど単純ではない」として、「創作非容易性要件の判断対象は、意匠全体の美感を起こさせるものである。美感は需要者の美感である。したがって、判断対象認定の主体的基準（看者）は、『需要者』と思われる。（中略）創作非容易性判断の主体的基準は当業者であるが、その判断の基礎となる当該意匠の認定の主体的基準は需要者であり、需要者の美感を把握しなければならない」[25]と指摘するものがある。

よって、「通常の知識」についてどのように考えるか更に検討は必要であるが、出願意匠に係る物品等の購入動機などといった需要者視点も考慮し、ある程度広い視野を持つ者を当業者と捉えるのも一つの考え方ではないかと考える。

また、当業者は、出願に係る意匠の属する分野における意匠創作について

---

[24] 寒河江孝允＝峯唯夫＝金井重彦『意匠法コンメンタール〔新版〕』［足立卓司］238頁（勁草書房［2022］）
[25] 前掲注16

平均的な知識を有するデザイナーであるとする見解と、当該意匠に係る物品を製造したり販売したりする業界の意匠に関して通常の知識を有する者と解する見解を引用して後者のようにデザイナー以外の者が含まれるとすることは、文言に反する問題が生じ、前者のように平均的なデザイナーと解しても僅少な意匠しか保護されないという不適当な結果を生じることにはならないと思われるとするものもある[26]。

ただ、「例えば機械部品などの分野においては、デザイナーではなく技術者が意匠を創作するのが一般的であるから、技術者を基準とするのが適切な場合もあろう」[27]との指摘があるように、デザインが完成する現場では、技術者や開発者だけでなく、営業マンといったデザインに関して多くの知識を持ち合わせていない者が創作者となるケースも現実にはあるため、当業者は創作された物品等に応じて臨機応変に考えてよいと思われる。

③ **私見**

実際の出願実務、具体的には出願意匠の創作性を判断している審査（拒絶理由通知）や審判（審決）において、当業者について言及されることは少ないのが現状である。令和元年改正法が施行された2020年4月1日以降に出願され（優先日が4月1日以前のものを含む。）、審査で創作容易であると判断されて不服審判請求を行い、2023年末までに登録審決になったもので、かつ、原査定の理由について記載されている別表に示す77件に限られるが、当審の判断で具体的な当業者について言及しているものは8件あるものの（以下、審決について触れる場合は別表に示す77件に基づいている。）[28]、原査定の理由で具体的な当業者について言及されているものはない。

---

[26] 茶園成樹「意匠法3条2項の創作非容易性要件について」〈『知的財産法の挑戦Ⅱ』151頁（弘文堂［2022］）〉
[27] 前掲注24
[28] 不服2022-18586では「本願意匠の当業者とは、自動車用部品の開発・設計を行う自動車パーツの専門家であるといえる」、不服2022-16348では「本願意匠に係る物品の当業者は、主に腐食型センサーを設計する技師が想定され」、不服2023-1625、1626の2件では「本願意匠の当業者とは、画像を含む意匠に関する通常の知識を有する者、すなわち、アプリケーションソフトウエアを開発・製造・販売等する業界において、『情報表示用画像』を含むユーザーイ

また、出願意匠と引用意匠の用途及び機能が異なるため、当業者が引用意匠に接したとしても出願意匠の創作を容易になし得るとはいうことはできない、と当業者にウエートを置いていると思われる審決、画像意匠に関するものであるが、出願意匠と引用された複数の各意匠とでは当業者が相違するため、この点も踏まえて創作容易ではないと判断している審決などもある[29]。

　審査段階で出願意匠に対して、当業者にとってありふれた手法かどうかに基づいて創作容易であるか判断して登録性を否定するのであれば、判断主体となる当業者によって、出願意匠に対する創作非容易性の判断結果が左右されることとなるため、拒絶理由通知書において具体的な当業者について言及し、その当業者の視点からどのように創作非容易性について検討及び判断したのか言及すべきであると考える。

（２）創作非容易性の具体的な判断

　上記したように、「創作非容易性の具体的な判断」との項目を設けて、「ありふれた手法と軽微な改変」については個別に説明されているが、「審査官は、出願された意匠が、出願前に公知となった構成要素や具体的な態様を基本として創作されたものであると判断した場合、その意匠の属する分野における『ありふれた手法』により創作されたものか否かを検討する」との説明や、「審査官は、出願された意匠について、当該意匠の属する分野の創作の実態に照らして検討を行う」との説明が令和２年３月19日の改訂で追加されている[30]。

　また、「当該分野においてありふれた手法等であることの提示」との項目を新たに設けて、「意匠法第３条第２項の規定により拒絶理由を通知する場合、

ンターフェースについての設計・製作を行う者であるといえる」、不服2022-10051、10052の２件では「本願意匠に係る物品の当業者は、主に建築材料の設計や住宅の施工を行う者が想定され」、不服2022-8729では「本願意匠に係る物品の当業者は、ヒューズの設計をする技術者等であり」、不服2021-10900では「本願意匠の当業者とは、デジタルカメラの設計及び製作を行う技術者であって、また、本願部分の創作についても考慮すればデジタルカメラのユーザーインターフェースについての設計製作を行う者であるといえる」などと当業者について言及されている。
[29] 不服2023-4553、不服2022-3417
[30] 意匠審査基準（令和２年３月）第Ⅲ部第２章第２節4.2.1

原則、出願された意匠の創作の手法が、当該分野におけるありふれた手法であることを示す具体的な事実を出願人に提示することが必要である。一方、その手法が当該分野においてありふれたものであることが、審査官にとって顕著な事実と認められる場合、例えば、玩具の分野において、本物の自動車の形状等をほとんどそのまま自動車おもちゃの意匠に転用するという手法等の場合には、必ずしもその提示を要さない」と規定がされているが[31]、上記した平成14年1月に公表された意匠審査基準で明記された説明から若干表現の修正は行われているが、提示の考え方自体について基本的に変わりはない。

そのため、出願意匠に対して3条2項によって拒絶理由を通知するには、創作の手法がありふれたものであることが顕著な事実と認められる場合を除き、前提として出願された意匠の創作の手法がその意匠の属する分野においてありふれた手法であることを示す具体的な事実を出願人に提示する必要がある。すなわち、「ありふれている（ありふれる）」とは、「どこでも見掛ける。ありきたりである。珍しくない」などを意味するものであるため、出願意匠が頒布された刊行物に記載された形状等を単に寄せ集めたにすぎないと判断するのであれば、寄せ集めることが出願意匠の属する分野においてどこでも見掛ける手法（ありふれた手法）であることを例示するなどして、出願人にその事実を具体的に示す必要があるが、ほとんど提示されないのが現状である。例えば複数の公知意匠などを例示し、出願意匠の各部はそれぞれ公知であるため、それらを寄せ集めれば容易に創作することができるなどのように、ありふれた手法であることについて言及されていない判断が多く、言及されていても複数の公知意匠を寄せ集めることがなぜありふれた手法であるのか、複数の公知意匠に基づいて創作することがなぜありふれた手法であるのか、具体的な事実を提示するものはほとんどない。

別表に示す77件のうち、原査定において出願意匠がありふれた手法により創作されたとするものは3件あったが、この3件についてもありふれた手法であることを示す具体的な事実は提示されていない[32]。

---

[31] 意匠審査基準（令和2年3月）第Ⅲ部第2章第2節5.2
[32] 不服2023-1626（情報表示用画像）、不服2023-1625（情報表示用画像）、不服2021-17671（オ

例えば3件のうちの1つである不服2023-1626では、「情報表示用画像」についてのものであるが、「本願意匠の意匠登録を受けようとする部分は、単純な幾何学形状である楕円形図形を画像の上方中央に配置したものと認められます。しかしながら、画像の分野において、楕円形図形を配置することは意匠1及び2に見られるように公知の手法であり、画像中の図形のサイズを変更すること、また当該図形の配置を各所に変更することは例を挙げるまでもなく、ありふれた手法です。そうすると、本願意匠の意匠登録を受けようとする部分は、出願前より見られる楕円形図形を、出願前よりありふれた手法により、画像の上方中央に配置したにすぎず、格別の創意を要するとは認められず、本願意匠は当業者であれば容易に創作をすることができたものと認められます」というように、楕円形図形の配置について2つの公知意匠を例示してはいるが、図形のサイズと配置の変更については例を挙げるまでもなくありふれた手法であるとしている。

　しかし、なぜ当業者にとって図形のサイズや配置の変更は例を挙げるまでもなくありふれた手法であるのか具体体な言及はなく、不服審判では具体的な配置は意匠2には見られないなどとして、創作性が肯定されている。

　なお、出願された意匠の創作の手法が当該分野においてありふれたものであることが、審査官にとって顕著な事実と認められる場合、具体的な事実を出願人に提示する必要はないと規定されているが、例示のようなケース（本物の自動車の形状等の自動車おもちゃの意匠への転用）であれば、どこでも見掛ける創作の手法であるため提示は不要かもしれないが、顕著とは「際立って目につくさま。著しいさま」などを意味するものであるから、その意匠の属する分野において周知といえるほどに当業者が把握している創作の手法でもない限り、顕著な事実と認められる場合は多くはないと考える。

　ましてや「審査官にとって」と規定するのであれば、日々の審査実務や情報収集などによって審査官が多くの知識を有しているとしても、創作の現場

フィスの打合せエリアの内装）

に携わることはほとんどないはずであるため、審査官の立場で顕著な事実と認められるとするには、かなりハードルは高いように思われる。

　この点について、「『当業者にとってありふれた手法といえるか』の判断は、非常に難しい。なぜなら、判断主体である審査官、審判官、裁判官は、通常、デザイナーや設計者ではなく、本件物品分野の意匠に関する通常の知識や創作能力を、持ち合わせていないからである。だからこそ、審査官、審判官、裁判官は、『ありふれていること』について慎重に検討すべきであるし、『当業者にとってありふれた手法である』との結論を下す場合には、具体的かつ明確な証拠を提示すべきである」[33]「創作非容易性レベルが高い意匠だけを保護する場合、レベルは低いが新規で意匠的価値の高い意匠までも保護されないこととなり、かえって産業発達を阻害する可能性が懸念される」[34]と指摘するものもあり、指摘されているとおりである。

　顕著な事実と認められるのであれば例示は簡単にできるはずであり、「例を挙げるまでもなく」などとするのではなく、出願人が納得できるようにその意匠の属する分野においてありふれた手法であることを示す具体的な事実は提示すべきである。また、ありふれた手法により創作されたものか否かを検討する際に、上記したように「審査官は、出願された意匠について、当該意匠の属する分野の創作の実態に照らして検討を行う」との規定が追加されているが、どのような創作の実態に照らして判断したのかについても具体的に提示するべきである。なお、別表に示す77件の原査定において、出願された意匠の創作の手法が当該分野においてありふれたものであることが顕著な事実と認められるとするものはなかった（ただし、先に触れたように「例を挙げるまでもなく」などとするものはある。）。

　よって、繰り返しにはなるが3条2項によって拒絶理由を通知する場合には、その意匠の属する分野においてありふれた手法であることを示す具体的な事実を出願人に提示しなければならず、創作の手法がありふれたものであること

---

[33] 前掲注24）264頁
[34] 前掲注16）15頁

が顕著な事実と認められるのであれば、そのことについても例示すべきである。

　なお、令和2年3月19日の改訂で「軽微な改変」が新たに追加されたことで、出願された意匠がありふれた手法などによってそのままあらわされているのではなく、改変が加えられていてもその改変が軽微な改変であれば創作性が否定されることになるが、上記したありふれた手法と同様、「意匠法第3条第2項の規定により拒絶理由を通知する場合、原則、出願された意匠の創作の手法が、当該分野における軽微な改変などにすぎないものであることを示す具体的な事実を出願人に提示することが必要であり、軽微な改変などにすぎないことが、審査官にとって顕著な事実と認められる場合には必ずしもその提示を要さない」[35]と規定されている。

　そのため、軽微な改変であることを理由として出願意匠の創作性を否定するのであれば、前提として出願された意匠の創作の手法がその意匠の属する分野においてありふれた手法であり、かつ、頒布された刊行物に記載された形状等と相違があっても、その相違が軽微な改変である必要がある。例えば出願意匠が頒布された刊行物に記載された形状等を単に寄せ集めて軽微な改変をしたにすぎないなどと判断するのであれば、寄せ集めることが出願意匠の属する分野においてどこでも見掛ける創作の手法であることと、出願意匠と頒布された刊行物に記載された形状等に相違があっても軽微な改変であることの双方を提示する、すなわち、ありふれた手法であることと軽微な改変であることについて具体的な事実を出願人に提示する必要があるため、単にありふれた手法であると判断するより更にハードルは高くなり、双方について顕著な事実と認められるとするには更にハードルは高くなるはずである。

　まだ運用が始まって間もないためであるからか、別表に示す77件の原査定において、軽微な改変などにすぎないとしているものは見られなかったが、今後軽微な改変であるとして登録性を否定する場合も具体的な事実を提示すべきであると考える。

---

[35] 前掲注31

なお、画像意匠については、上記したように平成28年の一部改訂によって、改変について規定されたこともあって、原査定で「本願意匠は公然知られた形態や変化の態様を組み合わせて、そこに容易に想到できる僅かな改変を施し」としているもの[36]、答審の判断で「軽微な改変かどうか」「僅かに改変した程度かどうか」などと言及しているものは3件あり（1件は物品の部分としての画像を含む意匠）、物品の意匠でも3件あった[37]。

5．おわりに

冒頭でも触れたように意匠審査基準の改訂に関係なく、複数の公知意匠等を提示して当業者であれば容易に創作できるとする判断が目立つ傾向にあるように思われる。3条2項が「意匠登録出願前にその意匠の属する分野における通常の知識を有する者が日本国内又は外国において公然知られ、頒布された刊行物に記載され、又は電気通信回線を通じて公衆に利用可能となつた形状等又は画像に基づいて容易に意匠の創作をすることができたときは、その意匠（前項各号に掲げるものを除く。）については、同項の規定にかかわらず、意匠登録を受けることができない」と規定されている以上、出願時に当業者が刊行物等を見た事実は必要とならないが、上記したように、ありふれた手法により創作されたものであるかについて検討する際に、「当該意匠の属する分野の創作の実態に照らして検討を行う」との規定をあえて追加したのであれば、およそ探し出せないような刊行物等で登録性を否定する是非について検討を行う必要はあると考える。

また、実際にデザインが行われている現場では、全体のバランス等も考慮してデザインされるものであり、複数の公知意匠等から部分的に形状等を抽出して全体のデザインを行う手法は多くはないはずである。そのため、出願意匠の各構成がそれぞれ部分的に個別に公知であるため、ありふれた手法に

---

[36] 不服2021-13022
[37] 画像意匠：不服2023-1625、不服2022-15503
　　物品の部分としての画像を含む意匠：不服2022-3417
　　物品の意匠：不服2021-17599、不服2021-10495、不服2021-10494

よって創作されたなどと判断して創作性を否定するのであれば、ありふれた手法であることを示す具体的な事実、創作の手法がありふれたものであることが顕著な事実と認められるのであれば、顕著な事実を出願人に必ず提示する必要があると考える。ただその一方で、創作性が低い権利が乱立することは避けなければならないため、日本経済が低迷している今だからこそ、意匠法1条の趣旨に沿って創作を奨励する上で、今一度3条2項の判断手法については検証していくべきである。

なお、現行の意匠審査基準に例示されている軽微な改変の例は単純なものであるため[38]、軽微な改変の例を含めた創作容易な意匠の例についての事例開示や、拒絶理由通知書において、ありふれた手法であることを示す具体的な事実を例示するなど、創作性を否定する理由を具体的かつ明確に記載する運用となることを期待する。

---

[38] 意匠審査基準（令和2年3月）第Ⅲ部第2章第2節4.2.2
　(a) 角部及び縁部の単純な隅丸化又は面取り
　(b) 模様等の単純な削除
　(c) 色彩の単純な変更、区画ごとの単純な彩色、要求機能に基づく標準的な彩色
　(d) 素材の単純な変更によって生じる形状等の変更

別表（77件）

審判番号	審決日	出願日	意匠に係る物品
2023-6852	2023.11.21	2021.10.22	オフィスの内装
2023-6331	2023.10.24	2021.10.04	オフィスの執務室の内装
2023-6330	2023.10.12	2021.10.04	オフィスの執務室の内装
2023-2738	2023.09.27	2022.02.28	清掃具用粘着テープロール
2023-4553	2023.09.06	2021.12.02	セラミックス製ヒーター
2023-4184	2023.09.06	2022.01.24	セレクタスイッチ
2023-5796	2023.08.24	2021.08.24	カード情報表示用画像
2023-6496	2023.08.18	2021.12.09	テレビ台
2023-4063	2023.08.02	2021.07.15	テーブル
2023-307	2023.06.27	2021.11.10	歯ブラシ用毛材
2022-20592	2023.06.20	2022.03.03	換気口
2022-18586	2023.05.29	2021.05.10	車両用積載物支持金具
2023-1625	2023.05.17	2021.08.02	情報表示用画像
2023-1626	2023.05.17	2021.08.02	情報表示用画像
2022-15360	2023.05.09	2021.06.14	施工管理機能付き情報端末機
2022-16348	2023.04.12	2021.10.15	腐食型センサー
2022-19034	2023.03.29	2022.02.17	クッション材
2022-15503	2023.03.22	2021.05.17	鼓膜移動度測定値表示用画像
2022-12496	2023.02.22	2021.06.28	エレベータのかご用操作盤
2022-17614	2023.02.14	2021.08.20	炊飯器
2022-12251	2023.01.05	2021.04.08	オフィスの執務室の内装
2022-10052	2022.12.21	2021.02.15	壁板
2022-12816	2022.12.20	2021.07.07	タティングシャトル
2022-10051	2022.11.16	2021.02.15	壁板
2021-17671	2022.11.09	2020.10.15	オフィスの打合せエリアの内装

2022-11463	2022.10.18	2021.02.02	釣り針
2022-3445	2022.10.12	2020.08.20	複合建築物
2022-8729	2022.10.07	2021.01.18	ヒューズ
2022-11455	2022.10.06	2021.03.08	配線器具用プレート
2022-14456	2022.10.06	2021.03.08	配線器具用プレート
2022-6527	2022.08.18	2021.08.02	半導体製造用粘着テープ材
2022-3693	2022.08.17	2020.10.21	フレーム付デッキ
2022-3417	2022.07.27	2020.09.29	細胞画像解析装置
2022-6094	2022.07.27	2020.07.27	テレビスタンド
2022-1467	2022.07.20	2021.02.25	情報操作補助用パネルの進退のためのタブ用画像
2021-12122	2022.07.20	2020.05.13	文書間の関連を示す画像を表示可能な情報端末機
2021-17599	2022.07.07	2020.09.11	唐草
2021-15964	2022.07.07	2017.09.27	自動車用情報表示機
2021-12813	2022.06.07	2020.04.01	プラントのコントロールルームの内装
2021-12837	2022.06.07	2020.04.01	プラントのコントロールルームの内装
2022-2161	2022.05.25	2020.12.11	縫合針
2022-2160	2022.05.25	2020.12.11	縫合針
2021-18063	2022.05.11	2020.12.25	クリーニングタグ
2021-17559	2022.05.10	2020.12.17	土木工事用袋体の吊りロープ
2021-13163	2022.05.10	2020.05.01	タンブラー
2021-13035	2022.04.22	2020.08.11	加速度表示用画像
2021-13018	2022.04.20	2020.02.26	研削砥石用ドレスボード
2021-13022	2022.04.20	2020.04.23	スケール認識用画像
2021-17073	2022.04.14	2020.12.11	縫合針
2021-17074	2022.04.14	2020.12.11	縫合針

2021-10900	2022.04.13	2020.07.27	デジタルカメラ
2021-16039	2022.04.12	2020.10.24	付け毛
2021-13187	2022.03.30	2020.04.01	車両情報表示用画像
2021-12549	2022.03.30	2019.10.11	Clog（訳：サンダル）
2021-10696	2022.02.24	2020.06.10	防災支援システム機能付き電子計算機
2021-11396	2022.02.22	2020.04.07	包装用容器
2021-11395	2022.02.22	2020.04.07	包装用容器
2021-14406	2022.02.08	2020.09.25	輸液バッグ
2021-10226	2022.01.25	2020.07.02	折り畳み固定鏡
2021-9466	2022.01.19	2020.05.27	研究室用情報表示画像
2021-12301	2021.12.23	2020.06.29	コンタクトレンズ
2021-12298	2021.12.23	2020.06.29	コンタクトレンズ
2021-12299	2021.12.23	2020.06.29	コンタクトレンズ
2021-12600	2021.12.23	2020.06.29	コンタクトレンズ
2021-12329	2021.11.24	2020.11.20	注射筒
2021-12330	2021.11.24	2020.11.20	注射筒
2021-10495	2021.11.17	2020.07.17	冷蔵庫
2021-10494	2021.11.17	2020.07.17	冷蔵庫
2021-7240	2021.11.09	2020.04.07	装飾物用保持容器
2021-7241	2021.11.09	2020.04.07	装飾物用保持容器
2021-8642	2021.10.05	2020.07.01	薬剤投与デバイス
2021-7791	2021.10.05	2020.06.15	ピットホルダー
2021-6467	2021.08.18	2020.07.27	擁壁用ブロック
2021-6466	2021.08.18	2020.07.27	擁壁用ブロック
2021-5457	2021.07.20	2020.05.14	カテーテル
2021-17586	2021.06.22	2020.06.24	指圧器具
2021-2168	2021.06.02	2020.05.22	重し用袋体

建築物の意匠登録は景観を変えるか

京都市立芸術大学 名誉教授　藤本 英子
(一般社団法人日本景観文化研究機構 代表理事)

1. はじめに　～「景観」分野の基本的理解～

　これまで、デザイン業界で仕事を続けているが、分野によって意匠登録の重要性が異なることを感じている。今回、改正された意匠法の中で「建築」分野が新たに加わり、その意匠登録の重要性と、著者自身が専門としてきた「景観」分野との関係性について、解き明かしていきたい。

　大学でデザインを学んだ後、家電メーカーでデザイナーを務めていた頃、常に製品の新たなデザインでは、意匠権とのにらめっこで他社の権利に低触しないところで検討するという段階があり、常に意識しながらデザイナーを続けていた。厄介なものと思いながらも、自分の名前が登録された時には、喜びが込み上げてきたことを記憶している。

　その後、公共空間のデザイナーとして独立してからは、とにもかくにも日本の公共の空間が美しくなるために、思い付くあらゆる建築、土木、都市計画分野のデザインにアプローチしてきた。平成に入った頃で、正にバブルからその終焉時に向っていた頃である。この分野には全く意匠権が関わりなく、日本もイケイケドンドンの開発を目指す時代であった。

　その後、長く自治体などの景観行政に関わってきたが、とにかく美しい町並みや、各地の屋外空間を整えるというところに、仕事の焦点を合わせてきた。時に店舗のファサードに関わることもあり、屋外広告物の画像としての権利など、僅かには接点があったが、改めて、この機会に新たに設定された「建築」分野の意匠権と、著者が専門とする「景観」分野との関係性を紐解いていきたいと思い、今回の執筆に至った。

2．日本が美しい国になるために　～美しいまちとは～

　平成の初め頃、安倍晋三氏が2006年の総理大臣時代に提唱されたキーワードに「美しい国づくり」があった。これはそれに先立つ2003年に国土交通省が発表した「美しい国づくり政策大綱」がベースといわれているが、この頃ようやく、日本の景観の美しさが重要という意識が、国民の中に広がったと感じた時代であった。その後、2004年に「景観法」が施行され、地方公共団体ごとで具体的な景観政策が進むことになった。

　では、美しい国とは、どういったものであろうか。何を基準として美しいと捉えるのか、ここが大変重要になってくる。何を目指したらよいのか、その共通の目標が見えないと、政策として進めることができない。しかし、景観法には、進めるための手法は記されているものの、何が美しいかを示すものはなく、「美しい国づくり政策大綱」の中でも、自然景観の保全や電柱などの景観阻害要因の除去が示されているにとどまる。

　時には、景観の良しあしが個人の感覚であるなどといわれたりすることもある個人の部屋の好みの話ではなく、景観は公共の場のことで、そこに共通の志向の方向性と、より美しいと感じる共通の感覚が存在するのである。

　では、どこにその指標を求めたらよいのであろうか。優れた景観を評価する「景観賞」が、各地で制定されている。著者も大阪の府市がともに実施している「大阪まちなみ賞」の審査員を長年続けているが、2012年拙著の中で、全国の景観賞における選定基準の調査に基づき、「良い景観」の指標を下記のように示している。

① 周辺景観との調和を図っている。
② 地域特性（自然・風土・歴史・文化）を活かし、地域性のある景観をつくり出している。
③ 緑化、オープンスペースなどにより、潤い、ゆとりのある景観をつくり出している。
④ 住民が参画し、親しまれ、誇りを持てる景観づくりが進められている。
⑤ 良好な維持管理が図られている。

⑥ 活力を生み出す景観をつくり出している。
⑦ 優れたデザインにより新しく魅力ある空間をつくり出している。
⑧ 町並みの形成に貢献している。

　この中でも、全国の景観賞の指標に必ず入っていたものが、①の「周辺景観との調和を図っている」である。単体のデザインの良さ、美しさの基準ではなく、2つ3つと立ち並ぶときに、その美しさの基準は、その関係性の良さになるのである。ここが、単独で見たときの美しさの基準と集合した時の美しさの基準の、大きな差である。
　今回、話題にしたいのは、建築分野の意匠権で担保される美しさの基準は、景観の美しさを問うときに、どのように関係してくるかである。
　建築分野の意匠権では、その独自性や新規性を評価して、それに類似するものを排除していくことになる。この事実だけを安易に捉えると、同じ系統のデザインを持つ建築物は、権利を持つ事業者による連続的な建設でないと、良い景観、美しい景観として成立しにくいという結論に達しそうになるところである。どうやら、それぞれ異なる権利を持つ建築物が立ち並んでも、違和感なく調和することが求められることになる。それぞれが独自の権利を保持しながら、美しい景観をつくり出すには、どのように捉えたらよいのであろうか。
　ここではその他の指標についても、意匠権との関係性を探求してみることにする。
　指標②の「地域特性を活かし、地域性のある景観をつくり出している」では、それぞれの地域の個性ある特性を、意匠権として登録していく意義はありそうである。その地域の個性をどのように建築物の意匠として読み取ったのか、その独自性を権利にして公表することで、地域個性の客観的な認知にもつながる。
　指標③「緑化、オープンスペースなどにより、潤い、ゆとりのある景観をつくり出している」では、緑化の方法やオープンスペースとの関係性が、意匠権として登録可能かもしれない。

ただ、その優れた方法や関係性のつくり方は、ぜひ特定事業者の権利とせず、オープンリソースとして、多くの活用を望むところである。
　指標④「住民が参画し、親しまれ、誇りを持てる景観づくりが進められている」は、建築物の意匠というより、活動の方法としての異なる手法の権利に紐付けられていることであろう。指標⑤「良好な維持管理が図られている」も、維持管理の手法などは、異なる権利に関係しているものである。
　指標⑥「活力を生み出す景観をつくり出している」が、最も意匠権と親和性がよいように思われる。公共空間で活力を生み出すものの多くが、商業的な利用であったり、催事に関わる建築物であったりする。これは、事業の成果を上げる意味で、その発案者に対して独自性を認め、権利を保持する意義がありそうである。例えば店舗のファサードデザイン、店舗の屋外広告物のデザインなど、それに抵触するようなものをデザインされるよりも、権利を固定することで、更に独自性を持った新たな工夫がつくり出される可能性が高まるといえる分野である。
　指標⑦「優れたデザインにより新しく魅力ある空間をつくり出している」では、2つの思いが交錯する。1つは指標⑥のように、優れたデザインを創造した作者について、その権利を与えるべきであるという思いで、また、それに倣うのでではなく、異なる手法で優れたデザインを生み出すという連鎖が生まれ、更なる優れた意匠権が増えるという捉え方である。その一方、指標①で記したように優れたデザインの建築物は、幾つ並んでも問題なく、またその連続性こそが良い景観をつくり出していくところである。ゆえに一事業者による権利の確保ではなく、より多くの事業者が、よく似た形で連続していく美しさが、求められるところである。
　指標⑧「町並みの形成に貢献している」については、特に意匠権との関わりはないが、複数の棟としての登録の時に、そのデザインによっては、町並みの形成に貢献するものとなる。
　このように良い景観の指標の中でも、建築単独での権利が、調和を基本とする景観分野の中でどのように必要とされているかについて、次の章では美

しさの異なる視点から、また検討していきたい。

3．建築の意匠権とデザインの質から考える
〜技術・配慮・センス〜

　建築物として登録できる建築物（単体）の、優れたデザインはどのように評価されるのであろうか。先に挙げた各地の景観賞の前身の多くが建築賞であったが、時代を経て公共空間の質は、単独の建築物だけではなく、それが立ち並ぶ景観の質が重要であるという視点から、景観賞に変化してきた。その後、景観賞の中にも、活動部門の賞が加わり、ハードや空間そのもののデザインよりも、そこに関わり地域の人々が活動を行うところに、評価の視点が移ってきている。こう見ていくと、優れた景観づくりには、建築の意匠権の必要性がますます求められないように思えてくる。

　良い景観の指標を、次はそれを構成する建築物そのものの質に焦点を合わせて、見ていきたい。

　改正後、意匠法上の建築物の意匠を構成するための要件は、① 土地の定着物であること、② 人工構造物であること、土木構造物を含む、とあり、その種別事例として挙げられているものが「住宅」「校舎」「体育館」「オフィス」「ホテル」「百貨店」「病院」「博物館」「橋りょう」「ガスタンク」などとなっている。

　著者は良いデザインとは、質の高いデザインと表現し、それを生み出すために重要な視点として「技術・配慮・センス」を挙げている。「技術」とは、正にこれまで優れたデザインとして評価されてきた黄金比などの形の基準や、優れた色彩の組合せとされてきた基準や、視認性や人間工学に基づくサイズの基準など、それにふさわしいとされ、数値化されたものに基づいたデザインをその知識に基づいて取り入れることである。例えば住宅であれば、ドアのサイズ、屋根の勾配、強度に基づく形状などがこの視点である。

　次に「配慮」という視点がある。技術はあっても、その使い手にとって問題のないデザインか、景観的に迷惑にならないデザインか、メンテナンスへ

の工夫がされているかなどの視点である。極端に言えば中の見えるトイレ建築を建てない、キャラクターの形のガスタンクはつくらない、こういった視点である。この視点は、いくら技術を持っていて、設計できるものであっても、配慮がなければ質が高い建築物にならないというところである。

　最後が「センス」の視点である。これが一番判断しにくいもので、そもそもセンスがないと良いセンスのものを評価できない。これは生まれつきでもあるかもしれないが、著者は個々人に育っていくものであると捉えている。例えば幼い頃から博物館、美術館で多くの評価が高いものに接してきたとか、美術大学の入試のために限りなく描くトレーニングを重ねてきたなど、いかに良きものを多く見てきたか、観るトレーニングをしてきたかという、個人の資質に宿るものであると捉えている。そのため、自身でセンスに自信がないという場合は、よりセンスのある他者の判断に頼ることが求められるが、このセンスの視点は数値化されないが、重要な視点である。

　では、この優れたデザインの視点は意匠権の中で、生かされるのであろうか。「技術」の判断は、判定官の知識などに基づき、常識外れのものを判別されることを望むところである。「配慮」については、判断側のそれこそ配慮への理解が求められる。社会の常識に対して、いかに心をかけているかにかかっている。だが、この「センス」に至っては、全くといって関係がないところである。どんなにセンス悪く設計された建築物であっても、他と抵触せず独自性があれば、それは権利が認められることになる。意匠権の審査の及ばない分野といえる。

　次に、建築物として登録できる建築物（集合体）の、優れたデザインはどのように評価されるのであろうか。「技術」については、単独での要件に加えて、組合せとしてのレイアウトや、デザインの統一感を生み出すための要件が加わる。集合体として整えるノウハウは存在するので、その判断が求められる。「配慮」についても、単体と同じ内容とともに、それぞれの間隔についてのスケールの配慮のようなものが加わるのであろう。そして「センス」これについても、単体と同じく、意匠権の獲得に係るものではない。

このように「技術・配慮・センス」の3つの視点からは、意匠権の存在が美しいデザインのために役立つかどうかは、「技術、配慮」の視点において、判定側がどれだけそこを判断できるかにかかっているといえる。ただ、景観にふさわしいデザインの統一感を持たない場合、様々な配慮がない場合についても、独自性が求められると、権利を取得できることになる。「センス」については、その効果は見込めないと判断した。

4．美しいまちのためのデザインは意匠が守られた建築群で形成されるのか　～良いデザインと権利～

　あらためて、美しい景観は建築物の意匠登録で推進されることになるのであろうかと問う。「2．日本が美しい国になるために」では、美しい景観には「調和」が求められることが明確になっている。そこで問題になるのが、意匠権の目指すところの「独創性」「新規性」とは相反することが多いというところである。建築物の立ち並ぶ条件ではなく、山の中や広い海辺など、自然に囲まれた場所にある単独の建築物であれば、その「独創性」「新規性」が生かされることになる。また、シティーホールなど、その地域のシンボルとなる建築物や、シンボリックな橋りょうなどでは、その意義が認められる。

　しかし、景観の中には、連続性こそ美しいという分野がある。町並みとして類似のものが立ち並ぶ住宅地の景観や、連続性が求められる高速道路など、高架道路のデザインである。建設が長期にわたる道路建設などでは、区間ごとに発注先が変わることも日常で、その時に区間ごとにそれぞれの事業者が異なる登録意匠で建設することになると、その連続性が失われることになる。

　住宅地では新たに建設されるまとまった開発では、ある特定の事業者が自社の持つ意匠権で町並みをつくる場合は、何の問題もないように思われるが、一般的には既存の町並みにおいて新たな住宅が入り込む場合に、発注者が隣接して異なる事業者に依頼した場合、その調和を図るためにより工夫が求められることになる。ケース・バイ・ケースではあるが、その連続性への貢献が、意匠権があるために支障となることもあるかもしれない。

また、「3．建築の意匠権とデザインの質から考える」では、センスについての判断は意匠権の判定に加わらないことが明確であり、建築物の質について、意匠権を持つことが必ずしもそのデザインの質に関わらないことが明確になってきた。そしてその「技術」と「配慮」を、その「高さ」や「大きさ」、そして「色彩」では明度の基準で判断する必要があり、ここについては外部からその判断基準を推測するしかない状況にあると著者は捉えている。

今、あらためて、意匠権が支える町並みデザインがあるのか、そしてそれば美しいものといえるのか。「美しいまちのためのデザインは意匠が守られた建築群で形成されるのか」。このことを問いたいと思う。

5．おわりに

今回は、これまで捉えたことのない意匠権と景観について、探究の機会をいただいたことに深く感謝したい。

日本では、四季を通じて自然のうつろいの美しさが「景色」として語られるものの、人工物の入った「景観」については、ともすると欧米の景観に比較して、美しいものとされない場合が多くあった。特に新しく開発された都会の中心部での再開発などで、まとまった美しいエリアが形成される場合は別として、旧市街や普通の駅前、一般的な住宅街では、その美しさが際立つことは余りなかった。よく話題にされる電線、電柱の地中化も遅々として進まず、屋外広告物の乱立をコントロールする行政力も及ばず、負の遺産の中で私たちの日常の暮らしが行われている感さえある状況が続いている。

また、地方では、農地の耕作放棄地の広がりや、観光地の衰退による放置された大型宿泊施設など、まだまだ解決しなければならない景観の課題は、日本中に散見される。

このような中、長年「景観」の向上に取り組んできた著者は、その向上に資する法律や政策が少しでも広がることを願うところである。今回、新たに整備された建築物の意匠登録が、どれだけ景観の向上に役立つのか、今回の分析でもまだ明確にはなっていないが、建築物の意匠権をきっかけに、建築

物のデザインについての関心が少しでも事業者や、国民に広がることになればうれしい。そして、設計者がより美しいデザインの力を磨くきっかけとなれば有り難い、そのようなことを思う。

デザインの分野では、昔のように意匠権を主張することをよしとする場合だけでなく、ソーシャルデザインの視点に立つ時、むしろその意匠を誰もが使えるものとして、解放する視点も生まれている。特に災害時の関連や、バリアフリーの視点に関わる分野から、広がっている。そう考えると、この景観の分野は、最もソーシャルな分野のデザインと捉えられるために、あえて意匠登録を勧める選択が、ふさわしくないのではないかとさえ、現時点では思うところである。

また、意匠権を専門とする皆さんとの交流を通じて、更に探求を深めていきたいと思う。

参考資料
・ウィキペディア「美しい国」
・拙著『市民のための景観まちづくりガイド』(学芸出版社[2012])

日本らしい屋並みを守る倉敷の景観

機能に関連した形態は保護されないか

室谷法律事務所 弁護士　室谷 和彦

1. はじめに

　製品のデザイン（プロダクト・デザイン）においては、その製品としての機能が確保される必要があり、その造形において美が追求される。その意味で、プロダクト・デザインは、機能と美の調和により成り立っている。

　製品のデザインは、意匠法をはじめ、不正競争防止法2条1項3号、1号、商標法、著作権法により保護[1]されるが、いずれの制度においても、機能的な形態については、特別な配慮が必要である。特許制度、意匠制度との調和や、自由競争阻害防止のためと説明されている。

　その特別な配慮が、各制度においてどのように表れているのか、漠然とイメージはできるものの、明確に把握できていないのは、著者だけではないと思われる。

　そこで、以下では、各制度における機能的な形態の取扱いに注目して、機能に関連した形態は保護されないのか（どのような場面で、どのような位置付けで）について、裁判例を中心に検討を試みる。

2. 意匠法における機能的形状

（1）意匠法5条3号

① 概要

　物品の機能を確保するために不可欠な形状のみからなる意匠については、

---

[1] プロダクト・デザインについて、意匠法、不正競争防止法2条1項3号、1号、商標法、著作権法を、横断的に検討する論考として、早川尚志「形態の保護についての横断的比較の試み」（「別冊L＆T」8号93頁[2022]）、茶園茂樹＝上野達弘『デザイン保護法』31頁以下（勁草書房[2022]）の第1章「プロダクト・デザイン」が参考となる。

意匠登録を受けることができない（5条3号）。平成10年の部分意匠制度導入の際、新設された。

「本号を設けた趣旨は、物品の機能を確保するために不可欠な形状のみからなる意匠に意匠権が設定されると、第三者がその機能を有する物品を実施しようとする場合、この意匠権の侵害になってしまうため、経済活動を不当に制限し、かえって産業の発達を阻害する要因になりかねないことに基づくものである」（『逐条解説』1263頁）[2]

物品の機能を確保するために不可欠な形状としては、① 物品の技術的機能を確保するために必然的に定まる形状、② 物品の互換性確保等のために標準化された規格により定まる形状が想定され（審査基準第Ⅲ部第6章 意匠登録を受けることができない意匠）、これらの形状のみからなる意匠は、拒絶（17条1号）、無効（48条1項1号）の対象となる。

機能にのみ基づく意匠が登録された場合の効力については、規定はない[3]が、無効事由となっている（48条1項1号）ことからすれば、権利行使は制限されることになる（意匠法41条、特許法104条の3）。

② 審決・判決例

実務において、意匠法5条3号が問題となった例は僅かである。以下に紹介する。

ア．無効2004-35078 審決平成17.03.15〔マンホール蓋事件〕

請求人は、本件登録意匠について、引用意匠と類似するとして3条1項3号該当性を主張する（無効理由1）とともに、意匠法5条3号違反（無効理由2）を主張した。

---

[2] なお、技術的機能から必然的に導かれる形状に、実質的に美的な創作が付加されていない創作が意匠法により保護されれば、特許法及び実用新案法の保護対象である「技術的思想の創作」に対して意匠法が独占排他権を付与することになる可能性があることも考慮された。
[3] 平成10年改正時に規定を設けるか否かについて議論されたが、規定は置かれなかった（『逐条解説』1264頁参照）。

特許庁は、無効理由2について、次のように判断し、意匠法5条3号違反を否定している。

「請求人は、本件登録意匠の出願日とほぼ同時期の平成13年8月17日に、本件登録意匠出願人が特許出願したものの公開特許公報（特開2003-55996号：甲第9号証）を挙げて、まず、当該発明の具体例として図1～図4に示された実施例1の形状が本件登録意匠と一致し、発明の効果の記載から、開口の形状は、甲第9号証に開示された実施例に限らず、物品の技術的機能を確保するために必然的に決まる形状である旨主張する。

そこで、意匠法第5条第3号を適用するにあたっては、物品の形態は、機能的な要請に基づくものであっても、同時に、その意匠的効果をもたらすことは当然であるから、意匠審査基準にも記載されているが、『その機能を確保できる代替的な形状が他に存するか否か。』を考慮して、厳格に適用するのが相当である。これを前提に請求人の主張を検討するに、同公報の図5に示されているように、実施例2の開口の形状として、実施例1の形状と異なるものが表されていること、また、原告も『開口の形状は、甲第甲9号証に開示された実施例に限らず、』として、その他の形状も存することを認めているところであるから、本件登録意匠の開口部の形状は、物品の技術的機能を確保するために必然的に定まる形状に該当するものとはいえないものである」

イ．無効2007-880005 審決平成19.12.25〔平板瓦事件〕

請求人は、引用意匠と類似する（3条1項3号）、引用意匠に基づいて当業者が容易に創作できる（3条2項）と主張するとともに、意匠法5条3号違反を主張した。本件登録意匠に係る意匠登録出願は、同法13条1項の規定により特許出願から出願変更されたものである。

特許庁は、次のように判断し、意匠法5条3号違反を否定している。

「請求人は、本件登録意匠は使用時に他の瓦の一部を係止することを用途とするフックの機能を確保さるために不可欠な形状のみからなる部分意匠で

あるので、意匠法第5条第3号の規定により意匠登録を受けることができないものである旨主張するので、この点について検討する。

　瓦に関して使用時に他の瓦の一部を係止することを用途とするフックの機能を確保するための形状としては、平成8年特許出願公開第158542号の公開公報に掲載された意匠（引用意匠3　別紙第5参照）のように、本件登録意匠とは別の形状を取り得るものをあることから、本件登録意匠は物品の機能を確保するために必然的に定まる形状のみからなる意匠とは認められないことから、意匠法第5条第3号の規定に該当するものとはいえない」

ウ．東京地判平成20.11.13　平18(ワ)22106〔顕微鏡事件〕

　原告が被告らに対して、被告製品（簡易顕微鏡）を製造販売する行為が特許権、意匠権を侵害するとして、製造販売等の差止め、損害賠償等を求めた事案である。意匠権侵害（本件カード意匠と本件レンズチップ意匠）について、被告は、意匠の類否を争ったほか、無効理由を多数挙げた。意匠法5条3号違反は、その一つである。

　この点について、裁判所は、「被告らは、本件カード意匠及び本件レンズチップ意匠は、いずれも、物品の性能を確保するために不可欠な形状のみからなる意匠である旨主張する。しかしながら、本件カード意匠における具体的構成態様及び本件レンズチップ意匠における具体的構成態様は、いずれも、カード型の単式顕微鏡の部品としての機能を確保するために不可欠な構成のみから成るものであるとは認められない」と判示するのみであり、その判断基準は明らかにされていない。

③　実務の動向について

　上記の審決例では、意匠法5条3号について限定的に解釈しているといえる。すなわち、「代替的形状が他に存する」「本件登録意匠とは別の形状を取り得る」ことを理由として、「機能確保のための必然的形状」ではないとして、

意匠法5条3号該当性を否定している[4]。

このように、実務上は、機能による保護対象の限定には消極的であり、むしろ、次に述べるように、機能的な形状は類否判断の考慮要素として働いているといえる[5]。

（2）類否判断における機能的形状

類否判断において、機能的な形状は、対比される両意匠において共通していても、評価されない[6]。また、機能に関する形状は、他の同種製品で採用されている場合には、ありふれているとして、要部から除外されやすい。

このような判断がなされている裁判例は多数あるが、紙面の関係上、2つの裁判例を挙げる。

ア．大阪地判平成19.12.11 平18（ワ）14144〔カーテンランナー事件〕

カーテンランナーに関する意匠権侵害が問題となった事案である。

---

[4] 審査基準（第Ⅲ部第6章3.4(1)）においては、必然的形状か否かの判断基準として、「…特に次の点を考慮するものとする。(イ) その物品の機能又は建築物の用途を確保できる代替可能な形状が他に存在するか否か。(ロ) 必然的形状等以外の意匠評価上考慮すべき形状を含むか否か。」とされているが、上記事案においては、(イ)の基準のみを考慮して、(ロ)の基準については、考慮していない。
このような実務の動向に対しては、「同じ技術的機能を発揮する他の代替的形態が存在したとしても、当該形態が専ら技術的機能によって定められていないことを証明できない」として、「同じ機能を発揮する他の代替的形態が存在するというだけで、5条3号の適用を否定することは適切でない」「意匠法と特許法の区別は厳格に行い、意匠法によって機能にのみ基づく意匠が事実上保護されることがないようにすべきである」とする見解もある〈麻生典「機能にのみ基づく意匠の保護除外の基準について」（『特許研究』66号32頁［2018］）〉。

[5] 審査基準（第Ⅲ部第2章第1節2.2.2.6(3)(a)）には、意匠の類否判断の基準として「機能的な要求の実現に造形的な自由度があり、その形状でなければならない必然性がない場合の形状については、その造形的な特徴を考慮する。ただし、物品等の機能を確保するために不可欠な形状のみからなる意匠は、意匠法が本来保護を予定しない技術的思想の創作に対して排他的独占権を付与することになるため、保護しない（意匠法第5条第3号）。また、視覚に大きな影響のない僅かな形状の相違について、その相違が機能に大きく関わっていても、ことさら重要視しない」としている。

[6] 知財高判平成23.03.28 平22（ネ）10014〔マンホール蓋用受枠事件〕において、「物品の機能を確保するために不可欠な形状のみからなる意匠につき、意匠登録を受けることができないこと（意匠法5条3号参照）等からすれば、本件登録意匠Aと被告意匠Aの機能的な共通点を強調する旨の控訴人の主張は、意匠の類否の判断においては妥当でなく、採用することができない」と判示している。

裁判所は、ランナー部と支軸部の構成は、公知意匠も具備していることを根拠に、要部ではないとした上で、「本件登録意匠は、ランナー部・支軸部とフック部とを組み合わせて一体とした点において、従前のカーテンランナーにない構成を有すると認められる。しかしながら、ランナー部とフック部とを組み合わせること自体は、カーテンの取付けをＳ字状フックを用いることなくワンタッチで行うための技術思想にすぎず、意匠権によって保護されるものではない。したがって、本件登録意匠の特徴的部分（いわゆる要部）は、上記構成にあるとはいえず、ランナー部とフック部とを組み合わせる上での具体的構成の点にあるというべきである」と要部認定をなし、「イ号製品の意匠は、従来のありふれたカーテンランナーにフックを取り付けたものとの印象を生じるのに対し、本件登録意匠では、フックが連結環を介さずに直接支軸部に挿通されていることから、ランナー部とフック部との連結に従来にない一体的な印象が生じると認められる」と判断して、イ号製品の意匠は本件登録意匠に類似しないとして、請求を棄却した。

【意匠登録第1218001号】　【イ号物件　斜視図】　【公知意匠】

参考斜視図　　　（裁判所ウェブサイト 判決書別紙及び J-PlatPat 判定 2007-600035 別紙から引用）

イ．知財高判平成20.03.31 平19（行ケ）10344〔自動二輪用タイヤ事件〕

Ｘが自動二輪用タイヤについて意匠出願（意願2005-317号）をしたところ、拒絶査定を受けたので、これに対する不服審判（不服2006-9504号事件）を請求したところ、特許庁は不成立審決をなした。そこで、Ｘが、当該審決の取消しを求める訴訟を提起したのが本件事件である。

【本願意匠　正面図】　【引用意匠　正面図】

(裁判所ウェブサイト 判決書別紙から引用)

　審決は、本願意匠は引用意匠と「トレッド部中央に周方向に走る中央溝を有し、当該中央溝の両サイドに主傾斜溝及び副傾斜溝が設けられている」との共通点が存するとして両意匠は類似する旨判断した。

　これに対して、Xは、「自動車用タイヤでは、その用途及び機能は走行時の操縦安定性や駆動力の確保にあるから、用途及び機能を確保するためには、意匠の創作の幅も狭まり、上記の態様において共通となる。『トレッド部中央に溝を有し、当該中央溝両サイドに傾斜溝が設けられている点』において共通するにもかかわらず、登録された先行意匠例は多数存在する」として、上記の点はありふれた形態であり、類似するとの判断に誤りがあると主張した。

　知財高裁は、「本願意匠は、溝のすべてが直線で構成され、主傾斜溝に突出溝が設けられていること、主傾斜溝における突出溝が、副傾斜溝における『ヘ』ないし『逆ヘ』文字と対応するように配置されていること、他方、側面視において主傾斜溝と副傾斜溝とは交互に等間隔で平行に伸びていること等を総合すると、同意匠は、全体として、『ゴツゴツ』とした、荒削りで、男性的な印象を与えているとともに、規則的な模様であるとの美的な印象を生じさせている。これに対して、引用意匠は、溝のすべてが、細く柔らかい

曲線で構成され、先端がすぼまり、最先端が尖っていること、他方、主傾斜溝は副傾斜溝より長く伸びて、その傾斜角度が同一でないために、伸びる方向が不揃いであること等を総合すると、同意匠は、全体として、柔らかく、繊細で洗練されていて、女性的な印象を与えているとともに、不揃いで、不規則的で、より自由な模様であるとの美的な印象を生じさせている」と認定し、本願意匠と引用意匠は類似しないと判断して、審決を取り消した。

3．不正競争防止法2条1項3号における機能的形態
（1）不正競争防止法2条1項3号括弧書
① 概要

不正競争防止法（以下、「不競法」という。）2条1項3号は、他人の商品の形態を模倣した商品を譲渡等する行為を、不正競争として規制している。資金や労力を投下した先行者の利益を保護する趣旨である[7]。

同号の保護対象である「他人の商品の形態」から、「商品の機能を確保するために不可欠な形態」は除外されている（不競法2条1項3号括弧書）。平成17年改正により、「通常有する形態を除く」から変更されたものである。

「商品の機能を確保するために不可欠な形態」が除外される趣旨は、「その形態をとらない限り、商品として成立しえず、市場に参入することができないものであり、特定の者の独占的利用に適さないものであって、その模倣は競争上不正とはいえない」（『不競法 逐条解説』92頁）とされている。

② 裁判例
ア．東京地判平成23.02.25 平21（ワ）31686〔美顔パック事件〕

---

[7] 知財高判平成31.01.24 判時2425号88頁〔サックス用ストラップ事件〕は、3号の趣旨について、次のように判示している。「不競法2条1項3号は、他人が資金、労力を投下して商品化した商品の形態を他に選択肢があるにもかかわらず、ことさら模倣した商品を、自らの商品として市場に提供し、その他人と競争する行為は、模倣者においては商品化のための資金、労力や投資のリスクを軽減することができる一方で、先行者である他人の市場における利益を減少させるものであるから、事業者間の競争上不正な行為として規制したものと解される」

原告は、平成18年12月頃から原告商品（金箔を素材とした美顔パック）を販売していたところ、被告が、平成19年12月頃から被告商品を販売した行為について、不競法2条1項1号及び3号に基づいて、差止め・損害賠償を求めた事案である。

【原告商品】　　　　　　【被告商品】

（裁判所ウェブサイト 判決書別紙から引用）

　裁判所は、次のように判示して、原告商品の形態は、「商品の形態」に該当しないとして、3号に基づく請求を否定した。なお、1号に基づく請求についても、独自の特徴も周知性も欠くとして、否定されている。

　「このタイプの顔パックは、呼吸や視野を確保しつつ1枚の膜状のもので顔面全体を覆うことによってパックをするという商品の性質、機能から、a．全体形状を顔の輪郭に合わせた丸みを帯びた略四角形状とし、b．中心部で顔に載せたときの鼻の位置に当たる部分に鼻の輪郭に沿って切れ込みを入れ、c．顔に載せたときの目の位置に当たる部分（左右対称に2か所）を目の形状に合わせて横長楕円形状にくり抜き、d．顔に載せたときの口の位置に当たる部分を口の形状に合わせて横長楕円形状にくり抜いた形状を不可避的に採用することになる（甲87、乙1の1、7、8の1～6、24の1～4、弁論の全趣旨）。

　そうすると、原告が主張する原告商品の形態のうちの①の『ほぼ人の顔の大きさの丸みを帯びた四角形状』及び②の『目と口の部分を横長楕円型にくり抜き鼻の輪郭に沿って切れ込みを入れ』は、同種の商品の基本的な機能や効果を果たすために不可欠な形態であるから、不競法2条1項3号で保護される『商品の形態』には当たらない。また、①及び④の『金箔』は、パック

の素材として『金箔』を選択したという機能及び効用に関わる事項であるところ、従来からパックに金箔（いわゆる『エステ箔』）が使用されていたことは上記2（2）のとおりであり、このような一般的な素材の選択自体を不競法2条1項3号の『商品の形態』ということはできない。③の『台紙』及び④の『薄紙』は、素材として金箔を採用したことから、商品を保護するため、すなわち、商品としての機能及び効用を果たすために不可避的に採用しなければならないと認められるから、不競法2条1項3号による保護から除外されるというべきである。そして、③の『接着』は、これが商品の形状に表れる特徴となっているとは認められないから、不競法2条1項3号の『商品の形態』ということはできない」

イ．東京地判平成24.03.21 平22（ワ）145〔車種別専用ハーネス事件〕

Xは、ドライビングアシストコントローラーを製造販売しているところ、Yも同種商品を販売していた。Xは、ホームページやYの取引先に対して、Y製品はX製品の部品（車種別専用ハーネス）を模倣したものである旨、告知、流布した。Yが、Xに対して営業誹謗の差止め、損害賠償等を求めたところ、XがYに対し反訴を提起し、不競法2条1項1号及び3号に基づき譲渡等の差止め、損害賠償等を求めた。

裁判所は、車種別専用ハーネスのコネクターについて、「車種別専用ハーネスは、各自動車メーカーの純正品としてもともと自動車に設置されているオス、メスの各コネクターに直接接続するものであり、メーカー純正品のコネクターと形状が異なれば端子を接続することができなくなる可能性や使用中に外れてしまう危険性があることから、車種別専用ハーネスのコネクターの形状は、その機能を確保するためには、各自動車メーカーの純正品のオス、メスの各コネクターとほぼ同一の形状にするのが最も合理的」として、「自動車のアクセル部に接続して使用するという商品の機能及び効用を確保するために選択された不可欠な形態というべきであり、不競法2条1項3号の『商品の形態』には当たらない」と判示した。

【X製品の車種別専用ハーネスの形態】

(裁判所ウェブサイト 判決書6頁から引用)

（2）実質的同一性の判断

① 機能・効用と不可避的に結び付いた部分の形態

機能・効用と不可避的に結び付いた部分の形態は、実質的同一性を判断する場面では、商品の形態から除外して考えることになる。

ア．東京高判平成16.05.31 平15(ネ)6117〔通気口フィルター事件〕

マンション等の吸気口に設置することにより粉塵、花粉等が室内に流入するのを防止するための通気口用フィルターについて、意匠権侵害、不競法2条1項3号違反、不法行為が問題となった事案である。

裁判所は、3号違反について、「3号は、…『形態』の模倣を禁止するものであって、商品としての機能又は効用をもたらすアイデアそれ自体を保護するものではないから、控訴人商品と被控訴人商品との間において、当該商品の機能ないし効用と不可避的に結び付いた部分において形態の共通性が認められたとしても、そのことをもって、3号にいう形態の実質的同一性を基礎付けることはできないと解すべきである。このことは、たとえ、控訴人商品が、それまで同一の機能や効用を有する商品が存在しない『全く新規な商品』であると認められる場合であっても同様というべきである。なぜならば、当該商品の機能ないし効用と不可避的に結び付いた部分において形態の共通性が認められることを根拠に、3号にいう形態の実質的同一性が認められるとすれば、知的財産権によることなしに、当該機能や効用自体を先行者に独占させ、取引社会における自由かつ公正な競争を阻害するという不当な結果

を招くからである」と述べた上、「本体の形状が円形であることやその外形寸法の点は、…両商品の基本的な機能及び効用と不可避的に結び付いた部分であると認められ…両商品の形態の実質的同一性を基礎付けることはできないというべき」などと認定し、スリット状開口部の模様に顕著な差異があるとして、実質的同一性を否定した（一審：請求棄却、控訴審：控訴棄却）。

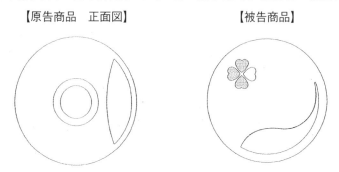

（裁判所ウェブサイト　原審：東京地方裁判所平成15.10.31 平14(ワ)26828から引用）

イ．大阪地判平成19.04.26 平18(ワ)1806〔電解水生成器事件〕

電解水生成器（一般的には、電解助剤等を加えるなどして、水を電気分解する装置であり、生成された電解水は飲料等に使用される。）について、不競法2条1項3号違反が問題となった事案である。

裁判所は、従来の製品と共通する形態は、「同種商品が通常有する形態」であるとして、「同種商品が通常有する形態を除いた原告商品と被告商品の共通点は、その形態について他の選択肢がないとはいえないにせよ、しばしば見られる一般的な形態で、普通に想定される形態の選択肢の中の一つにすぎないというべきもの、細部にわたる小さいもの、目立たないものが多いことを考慮すると、これら共通点が、両商品の相違点を圧倒して無視できるほどのものとまでいうことはできないから、原告商品と被告商品が実質的に同一であるとすることはできない」と判示して請求を棄却した。

平成17年改正前においては、機能及び効用を奏するために不可避的に採用しなければならない形態については、通常有する形態として、実質的同一性

を判断する対象から除外していた。本判決は、改正後のものであるが、従前と同様の判断をなしている。

② ありふれた形態

ありふれた形態は、需要者の注意を引かないとして、形態上の特徴からは捨象され、その部分が共通であっても、実質的同一性の判断に重視されない。機能に関する形態は、同種商品において採用され、ありふれた形態となっていることが多い。

ウ．東京地判平成24.12.25 判時2192号122頁〔コイル状ストラップ付タッチペン事件〕

コイル状ストラップ付タッチペンについて、不競法2条1項3号違反が問題となった事案である。

裁判所は、「ゲーム機本体に収納可能なタッチペンをコイル状ストラップと結合させたことを特徴とする商品には、タッチペンを構成するペン先、ペン胴及びペン尻、コイル状ストラップのコイル部を構成するコイル、接合部等の形状、材質等において多様な選択肢があり得る」とした上で、被告による「ありふれた形態」との主張を排斥し、ほとんどの構成が共通しており、

【原告商品】

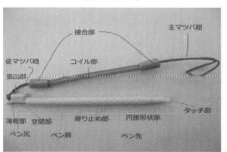

(裁判所ウェブサイト 判決書3頁から引用)

【被告商品】

(裁判所ウェブサイト 添付文書1から引用)

差異点は注意して観察しなければ気付かないとして実質的同一性を肯定した。

4．不正競争防止法2条1項1号における機能的形態
（1）周知商品等表示
　不競法2条1項1号は、他人の周知商品等表示と同一又は類似の商品等表示を使用等して、混同を生じさせる行為を不正競争と定めている。

　商品の形態は、本来的には商品の出所を表示するものではないが、① 特定の商品の形態が同種の商品と識別し得る独自の特徴を有し、かつ、② それが長期間にわたり継続的にかつ独占的に使用され、又は短期間であっても強力に宣伝されるなどして使用された結果、それが、商品自体の機能や美感等の観点から選択されたという意味を超えて、自他識別機能又は出所表示機能を有するに至り、需要者の間で広く認識された場合には商品等表示性が認められる[8]。

（2）技術的機能に由来する形態について「商品等表示」として保護されるか
　この点について定めた条文はない。裁判例に変遷があるので、簡単に紹介する。

① 従来の裁判例
　技術に由来する形態について商品等表示としては保護しないとした最初の裁判例は、組立式押入タンスセット事件[9]である。同裁判例においては、工業所有権法との調整を理由に、技術的機能に由来する形態に関しては不競法による商品等表示としての保護を否定した。

② 会計用伝票事件
　その後、会計用伝票事件をめぐり、技術的形態除外論の可否が論じられた。

---

[8] 知財高判平成24.12.26 判時2178号99頁〔眼鏡タイプルーペ事件〕、知財高判平成30.03.29 平29（ネ）10083〔ユニットシェルフ事件〕等
[9] 東京地判昭和41.11.22 判時476号45頁〔組立式押入タンスセット事件〕
[10] 東京高判昭和52.12.23 無体裁集9巻2号769頁〔第1次会計用伝票事件（第一審）〕

第1次会計用伝票事件一審[10]においては、技術的形態除外の立場から当該伝票の商品等表示性を否定した。

これに対して、第1次会計用伝票事件控訴審[11]においては、不競法による商品等表示としての保護と工業所有権法による保護とでは趣旨を異にするものであって、両者の競合を排除する規定もないということを理由に、調整不要として、技術的機能に由来する形態も商品等表示になり得るとした。もっとも、控訴人が主張する商品形態は、商品等表示としての表現能力・吸引力あるいは周知性がなかったとして、控訴棄却となった。

第2次会計用伝票事件[12]では、原告商品形態の特徴は相当高度な技術的機能に由来しているから、原告商品の販売方法その他の諸事情を考慮しても出所表示機能を保有するに至っていないとして商品等表示性を否定した。

第3次会計用伝票事[13]では、当該形態は技術的機能に由来する必然的な形態ではないとして、会計用伝票の形態に基づく請求が認容された。

③ その後の裁判例

その後の裁判例は、技術的機能及び効用を達するため必然的な形態であることを理由に商品等表示として保護することに慎重な姿勢を示しているものが多い[14]。

ア．東京地判平成13.03.27 判時1750号135頁〔システム什器事件〕

裁判所は、「商品の形態が当該商品の機能ないし効果と必然的に結びつき、上記形態を保護することによってその機能ないし効果を奏し得る商品そのものの独占的・排他的支配を招来するような場合には、自由競争のもたらす公衆の利益を阻害することになるから、このような機能ないし効果に必然的に

---

[11] 東京高判昭和58.11.15 無体裁集15巻3号720頁〔第1次会計用伝票事件（控訴審）〕
[12] 福岡地判昭和60.03.15 判時1154号133頁〔第2次会計用伝票事件〕
[13] 東京地判昭和61.01.24 判時1179号114頁〔第3次会計用伝票事件〕
[14] 裁判例の動向の詳細については、宮川美津子「商品等表示性の認定判断（不正競争防止法2条1項1号）」（『知的財産法の理論と実務. 第3巻（商標法・不正競争防止法）』241頁以下（新日本法規出版[2007]）を参照されたい。

由来する形態については、上記条項による保護は及ばないと解すべきである」と判示して、工業所有権法との調整という観点ではなく、自由競争のもたらす公衆の利益という観点から、「機能ないし効果に必然的に由来する形態」について、除外している。

イ．大阪地判平成23.10.03 判タ1380号212頁〔水切りざる事件〕

裁判所は、「柔軟性があり、変形させることができるという形態的特徴は、原告商品の機能そのもの又は機能を達成するための構成に由来する形態」であり、不競法2条1項1号の「商品等表示」には当たらないと判示した。

他方、3号該当性については、原告商品形態は、他の選択肢があることを前提に、「商品の機能を発揮するために不可欠な形態」には当たらないとし、被告商品形態について、形態模倣を肯定している（損害賠償請求について一部認容）。

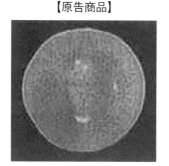

【原告商品】　　　　　【被告商品】

（判タ1380号212頁から引用）

ウ．知財高判平成28.07.27 判時2320号113頁〔練習用箸事件〕

知財高裁は、次のように述べて、工業所有権制度との調整を根拠に、「技術的な機能及び効用を実現するために他の形態を選択する余地のない不可避的な構成に由来する場合」か「他の形態を選択する余地がある場合」かを区別の基準として、前者の場合には商品等表示に当たらないとしている。

「…商品の形態が商品の技術的な機能及び効用を実現するために他の形態を選択する余地のない不可避的な構成に由来する場合、そのような商品の形

態自体が『商品等表示』に当たるとすると、当該形態を有する商品の販売が一切禁止されることになり、結果的に、特許権等の工業所有権制度によることなく、当該形態によって実現される技術的な機能及び効用を奏する商品の販売を特定の事業者に独占させることにつながり、しかも、不正競争行為の禁止には期間制限が設けられていないことから、上記独占状態が事実上永続することなる。したがって、上記のような商品の形態に『商品等表示』該当性を認めると、不競法２条１項１号の趣旨である周知な商品等表示の有する出所表示機能の保護にとどまらず、商品の技術的な機能及び効用を第三者が商品として利用することまで許されなくなり、それは、当該商品についての事業者間の公正な競争を制約することにほかならず、かえって、不競法の目的に反する結果を招くことになる。

したがって、商品の形態が商品の技術的な機能及び効用を実現するために他の形態を選択する余地のない不可避的な構成に由来する場合には、『商品等表示』に該当しないと解するのが相当である。

他方、商品の形態が商品の技術的な機能及び効用に由来するものであっても、他の形態を選択する余地がある場合は、そのような商品の形態が『商品等表示』に当たるとして同形態を有する商品の販売が禁止されても、他の形態に変更することにより同一の機能及び効能を奏する商品を販売することは可能であり、前記イのような弊害は生じない。

したがって、商品の形態が商品の技術的な機能及び効用に由来するものであっても、他の形態を選択する余地がある場合は、当該商品の形態につき、前記アの特別顕著性及び周知性が認められれば、『商品等表示』に該当し得る。もっとも、商品の形態が商品の技術的な機能及び効用に由来する場合、同形態が客観的に他の同種商品とは異なる顕著な特徴を有していることはまれであり、同種商品の中でありふれたものとして特別顕著性が否定されることが多いものと思われる」

裁判所は、原告商品形態について、「一般に正しいとされる持ち方で箸を使用する練習をさせる練習用箸という原告商品の技術的な機能及び効用に由

来するものであることは、明らかである。一方、…原告商品形態が、上記機能及び効用を実現するために他の形態を選択する余地のない不可避的な構成に由来するものということはできない。しかし、…原告商品形態は、同種商品の中でありふれたものというべきであり、特別顕著性を認めることはできない」として、商品等表示性を否定した。

【原告商品形態の一例】

(裁判所ウェブサイト 原審：東京地判平成28.02.05 平26(ワ)29417 判決書別紙から引用)

(3) 技術的機能に由来する形態と特別顕著性、類否判断

上述のように、最近の裁判例は、① 商品の形態が商品の技術的な機能及び効用を実現するために他の形態を選択する余地のない不可避的な構成に由来する場合は、商品等表示該当性を否定し、② 他の形態を選択する余地がある場合であっても、商品の形態が商品の技術的な機能及び効用に由来する場合には、ありふれた形態か否かを検討し、ありふれている場合には特別顕著性を否定するという判断手法を用いている[15]。

また、商品形態に技術的機能に由来する形態が含まれ、その構成がありふれている場合には、それ以外の特徴点を商品等表示として抽出すべきであり、当該形態のみが原告商品と被告商品の形態の共通点である場合には、類似性が否定されることになる。

---

[15] なお、知財高判平成30.02.28 平29(ネ)10068・10084〔テラレット事件〕においては、原告商品形態について、他の形態を選択する余地があると認定した上で、さらに、特別顕著性、周知性も認められるとして、「商品等表示性」を肯定し、請求を認容している（第一審、控訴審とも）。
　テラレット（不規則充填物）は、充填塔内部において気液接触効率を向上させることを目的とする充填物であるところ、技術的機能（容量係数、圧損失、塔重量等）を具体的に捉えると、原告商品形態は、その機能を実現するために不可避であるが、抽象的に捉えると選択の余地があることになる。裁判所は、具体的に捉える理由がない（それゆえ、選択の余地あり）と判断した。このように、上記基準も、曖昧な点があることは否めないといえよう。

東京地判平成17.02.15 判時1891号147頁〔マンホール用足掛具事件〕

　裁判所は、①「商品の形態が商品の技術的な機能及び効用を実現するため他の形態を選択する余地のない不可避な構成に由来するときは、結果的に、特許権等工業所有権制度によることなく、永久にその形態によって実現されるのと同一の機能及び効用を奏する同種の商品の販売が禁じられ、第三者の市場への参入を阻害し、これを特定の事業者に独占させることになる」とした上で、②「商品の形態が商品の技術的な機能及び効用に由来する場合には、商品の形態が客観的に他の同種商品とは異なる顕著な特徴を有していることは稀であり、同種商品の中でありふれた形態であることが多いと思われ」、このような場合には、特別顕著性の要件を欠き「商品等表示」に該当しないと述べ、原告商品の基本構成について、商品等表示性を否定し、具体的構成については、商品等表示性を肯定したが、類似性を否定した。

【原告商品目録　図2】　　　【被告商品目録　図1】

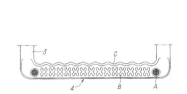
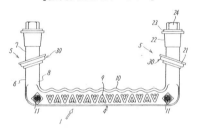

（裁判所ウェブサイト　判決書別紙から引用）

5．商標法における機能的形状

（1）立体商標と機能

　平成8年の商標法改正により、商標の構成要素として立体的形状が加えられ、立体商標も商標登録の対象となった（2条1項）。

　その際、立体的形状について普通に用いられる方法で表示する標章については、登録されないこととされた（3条1項3号）。もっとも、同号に該当する場合であっても、使用により特別顕著性を獲得した場合には、商標登録を受けることができる（3条2項）。

このように特別顕著性を獲得した商標であっても、その商品又は商品の包装の機能を確保するために必ず採らなければならない不可避的な立体的形状のみからなる商標については、商標登録を受けることができない（4条1項18号）。

(2) 商標法3条1項3号
① 概要
立体的形状について普通に用いられる方法で表示する標章については、登録を受けることができない。すなわち、商品の形状や商品の包装の形状そのものの範囲を出ないと認識されるにすぎない立体的商標は、自他商品の識別力を有しないとして登録を受けることができない。

② 裁判例
知財高判平成23.06.29 判時2122号33頁〔Yチェア立体商標事件〕

原告が、Yチェアの立体的形状について商標出願をしたところ、識別力の欠如を理由として拒絶査定を受け、拒絶査定不服審判でも請求不成立審決を受けたため、当該審決の取消を求めて請求された事件である。

【本願商標】

（裁判所ウェブサイト 判決書別紙から引用）

裁判所は、① 商品等の機能又は美観に資するという目的のために採用された形状、② 同種の商品等について、機能又は美観上の理由による形状の

選択と予測し得る範囲の形状については識別力を欠くとした上で、さらに、③商品等に、需要者において予測し得ないような斬新な形状が用いられた場合であっても、当該形状が専ら商品等の機能向上の観点から選択されたものであるときは、商標法3条1項3号に該当するというべきとの基準を示した。

そして、本件について「本願商標の形状における特徴は、いずれも、すわり心地等の肘掛椅子としての機能を高め、美感を惹起させることを目的としたものであり、本願商標の上記形状は、これを見た需要者に対して、肘掛椅子としての機能性及び美観を兼ね備えた、優れた製品であるとの印象を与えるであろうが、それを超えて、上記形状の特徴をもって、当然に、商品の出所を識別する標識と認識させるものとまではいえない」として商標法3条1項3号に該当すると判示した。

また、特別顕著性も発生していないから商標法3条2項の適用により登録を受けられるべきものにも該当しないと判示した。

（3）商標法4条1項18号
① 概要

商標法4条1項18号は、商品等が当然に備える特徴のうち政令で定めるもののみからなる商標について、商標登録を受けることができないものと定め、商標法施行令1条の2は、「…政令で定める特徴は、立体的形状、色彩又は音（役務にあっては、役務の提供の用に供する物の立体的形状、色彩又は音）とする」と定めている。

立体的形状について、上記を言い換えると、商品又は商品の包装の機能を確保するために必ず採らざるを得ない不可避的な立体的形状のみからなる商標については商標登録を受けられないということになる。

その趣旨は、「商標権は存続期間の更新を繰り返すことによって半永久的に所有できる権利であることから、このような商標について商標登録を認めることとすると、その商品又は商品の包装についての生産・販売の独占を事実上半永久的に許すこととなり、自由競争を不当に阻害するおそれがあるこ

とに基づくものである」[16]

② 裁判例

知財高判令和元.11.26 令元(行ケ)10086〔ランプシェード審決取消請求事件〕

Yは、デンマークのデザイナーAがデザインした商品（PH5）として宣伝され販売されたランプシェードの立体的形状につき立体商標として登録を得た商標権者である。Xは、本件登録商標につき無効審判請求を行った者である。特許庁は、無効審判請求につきXの請求不成立の審決を行った（無効2017-890023号）。本件事件は、当該審決の取消しを求めて請求された事件[17]である。

【本件商標　登録第5825191号】

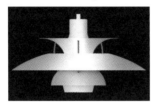 

（裁判所ウェブサイト 判決書別紙から引用）

知財高裁は、3条1項3号該当性について、本件商標は、「上部に小さな凸部を有する5層構造のランプシェードの立体的形状からなり、上から1層目の円筒状の形状と2層目から5層目が組み合わさった4枚のシェードの形状から構成されたものであり、本件商標の指定商品『ランプシェード』の形状を普通に用いられる方法で表示したもののみからなる商標であるから、商標法3条1項3号に該当する」と判示し、3条2項該当性について、約40年にわたり日本国内で販売され、世界のロングセラー商品であり、宣伝広告が継続的に行われていることを理由に、本件商品の立体的形状は周知著名とな

---

[16] 『逐条解説』1557頁
[17] Xがリジェネリック・リプロダクト品を、低価格で販売していたのに対して、Yが本件商標権を取得し、本件商標権に基づき権利行使をした関連事件（東京地判平成30.12.27 平29(ワ)22543）においても、商標法3条1項3号、同条2項、4条1項18号の該当性について同様の判断がなされた上、商標権侵害が肯定されている。

り自他商品識別力を獲得したとして3条2項該当性を肯定した。

次に、4条1項18号該当性について、本件商標は、「上部に小さな凸部を有する5層構造のランプシェードの立体的形状からなり、上から1層目の円筒状の形状と2層目から5層目が組み合わさった4枚のシェードの形状から構成されたものであるところ、X主張の上記機能を発揮するためのランプシェードの立体的形状は、シェードの枚数、形状、向き又はそれらの組合せなどにおいて本件商標の立体的形状以外にも様々な構成を採り得ることは明らかであるから、本件商標の立体的形状は、上記機能を発揮させるために不可欠な形状であると認めることはできない」として、4条1項18号該当性を否定した。

6．著作権法における機能的形態
（1）概要
① 位置付け

著作権法上での機能的形態については、実用品のデザインが、著作物として保護されるか（応用美術の著作物性）という形で議論されている。

実用品のデザインは、思想・感情が表現されていないのが通常であるが、思想・感情が表現されている実用品について、どの範囲で著作物として保護されるかについて、従来から見解が分かれている。

② 裁判例の流れ

実用品に美術あるいは美術上の感覚・技法を応用したものが「応用美術」[18]とされ、応用美術に関し、著作物性を認めるための判断基準としては、「純粋美術と同視」できるかどうかとの基準を採用されることが多い。

---

[18] 応用美術には、定まった定義はないが、① 美術工芸品、装身具等実用品自体であるもの、② 家具に施された彫刻等実用品と結合されたもの、③ 文鎮の型など量産される実用品のひな型として用いられることを目的としているもの、④ 染織図案等実用品の模様として利用されることを目的とするものが含まれるとされている〈中山信弘『著作権法（第2版）』165頁（有斐閣［2014］）〉。美術の著作物には美術工芸品を含む（著作権法2条2項）とされているが、美術工芸品以外の応用美術については、特段の規定がないため、様々な議論がなされている。

そして、「純粋美術と同視」できるか否かの判断基準として、① 独立して美的鑑賞の対象となるだけの美術性があるか否かを基準とするもの（従来の裁判例）と、② 実用的機能を離れて美的鑑賞の対象になり得るような美的特性を備えているか否かを基準とするもの（近時の裁判例）が存在する。

②の考え方の、代表的な裁判例が、知財高判平成26.08.28 判時2238号91頁〔ファッションショー事件〕である。同判決は、「実用目的の応用美術であっても、実用目的に必要な構成と分離して、美的鑑賞の対象となる美的特性を備えている部分を把握できるものについては、上記2条1項1号に含まれることが明らかな『思想又は感情を創作的に表現した（純粋）美術の著作物』と客観的に同一なものとみることができるのであるから、当該部分を上記2条1項1号の美術の著作物として保護すべきであると解すべきである」と述べ、「実用的機能を離れて美的鑑賞の対象になり得るような美的特性」の有無を著作物性の判断基準を採用している[19]。

これに対して、上記と異なる考え方を示した判決として、知財高判平成27.04.14 判時2267号91頁〔TRIPP TRAPP事件〕が挙げられる。応用美術に一律に高い創作性を求めるべきではないとして、「個別具体的に、作成者の個性が発揮されているか否かを検討すべき」とする。

もっとも、その後の裁判例において、これと同様の判断基準を採用した裁判例は存在せず、上記②の見解が主流である。

③ 実用品における機能的形態

上記②の見解からすれば、実用品における機能と結び付いた部分は、著作物性を否定する方向に働き、実用的機能を離れて美的鑑賞の対象になり得るような美的特性を備えた部分は、著作物性を根拠付けるものといえる。

---

[19] 同様の基準を採用するものとして、大阪地判平成27.09.24 判時2348号62頁〔ピクトグラム事件〕、東京地判平成28.01.14 判時2307号111頁〔加湿器事件〕、東京地判平成28.04.21 判時2340号104頁〔ゴルフシャフト事件〕等がある。

（2）近時の裁判例

ア．知財高判令和03.12.08 令3(ネ)10044〔タコの滑り台事件〕

本件事件は、タコを模した滑り台について著作物性が認められるか否かが争いになった事案である。

裁判所は、「応用美術のうち、美術工芸品以外のものであっても、実用目的を達成するために必要な機能に係る構成と分離して、美的鑑賞の対象となり得る美的特性である創作的表現を備えている部分を把握できるものについては、当該部分を含む作品全体が美術の著作物として、保護され得ると解するのが相当である」と判示した上、次のように当てはめて、著作物性を否定している。

「本件原告滑り台のタコの頭部を模した部分のうち、上記天蓋部分については、滑り台としての実用目的を達成するために必要な機能に係る構成と分離して把握できるものであるといえる。しかるところ、上記天蓋部分の形状は、別紙1のとおり、頭頂部から後部に向かってやや傾いた略半球状であり、タコの頭部をも連想させるものではあるが、その形状自体は単純なものであり、タコの頭部の形状としても、ありふれたものである。

したがって、上記天蓋部分は、美的特性である創作的表現を備えているものとは認められない。そして、本件原告滑り台のタコの頭部を模した部分のうち、上記天蓋部分を除いた部分については、上記のとおり、滑り台としての実用目的を達成するために必要な機能に係る構成であるといえるから、これを分離して美的鑑賞の対象となり得る美的特性である創作的表現を備えているものと把握することはできないというべきである。以上によれば、本件原告滑り台のうち、タコの頭部を模した部分は、実用目的を達成するために必要な機能に係る構成と分離して、美的鑑賞の対象となり得る美的特性である創作的表現を備えている部分を把握できるものとは認められない」

【原告滑り台】

(裁判所ウェブサイト 判決書別紙1から引用)

イ．東京地判令和05.09.29 令3(ワ)10991〔リゾートガール事件〕

本件は、被告が販売するTシャツが、原告のイラストにかかる原告の著作権・著作者人格権（複製権、翻案権、譲渡権、同一性保持権）並びに商標権を侵害しているかが争われた事案である。

【原告イラスト2】　　　　　　　　　　　【被告Tシャツ】

(裁判所ウェブサイト 判決書別紙から引用)

裁判所は、「原告イラスト2は、実用性を有する有体物であるTシャツ等に印刷して利用することが予定されているところ…、このような場合に上記の要件を充たすか否かを判断するに当たっては、実用性が当該有体物の機能に由来することに鑑み、実用目的を達成するために必要な機能に係る構成と分離して、美術鑑賞の対象となり得る美的特性を備えている部分を把握できるか否かという基準によるのが相当である。

これを原告イラスト2についてみると、…原告イラスト2は、Tシャツ等

の衣類の胸元等に印刷されていたことが認められるところ、当該Tシャツ等が上衣として着用して使用するための構成を備えていたとしても、イラストとしての美的特性が変質するものではなく、また、当該Tシャツ等が店頭等に置かれている場合はもちろん、実際に着用されている場合であっても、その美的特性を把握するのに支障が生じるものでもないから、実用目的を達成するために必要な機能に係る構成と分離して、美術鑑賞の対象となる美的特性を把握することが可能であるといえ、上記の要件を充たすものと認められる」として、分離された美的特性を肯定した上で、さらに、創作性についても肯定し、著作物に該当すると判示した（請求一部認容）。

7．おわりに－若干の整理として

　以上の検討からすると、応用美術はさておき、それ以外の制度における、機能的形態についての取扱いは、次の２点から整理することができる。

　第１は、機能を確保するために不可欠な形態であり、意匠法、不競法２条１項３号、１号、商標法のいずれの制度においても、このような形態（形状）については、特定の者の独占的利用には適していない（独占を認めると経済活動を不当に制限することになる。）ため、保護対象から除外されている[20]。

　第２は、機能に由来する形態であり、意匠法、不競法２条１項３号、１号、いずれにおいても、機能に由来する形態が共通していることは、類似を基礎付けるものではない。すなわち、対比において重視されるべき特徴ある形態（あるいは、要部、商品等表示）から、機能に由来する形態は除外されることになる[21]。

　また、機能に由来する形態は、標識法である商標法や不競法２条１項１号

---

[20] 意匠法５条３号、不競法２条１項３号括弧書、同法同項１号についての裁判例、商標法４条１項18号。なお、応用美術については、このような議論はなされていないが、機能を確保するために不可欠な形態を保護するとアイデアを保護することになるとして、著作物性は否定されるであろう。

[21] 応用美術に関して、TRIPP TRAPP 事件のように考える場合は、機能に由来する形態は、創作性ある部分から除外されることになろう。そのため、機能に由来する形態が共通していることは、類似性を基礎付けることにはならないといえる。

では、それを備えた構成はありふれているとして、特別顕著性が否定されやすくなる。

　分離可能性説からは、機能に係る構成と分離して美術鑑賞の対象となり得る美的特性については、創作性を有している限り、著作物として保護されるのに対して、機能に由来する形態からなる製品デザインは、著作権法の保護対象から除外されることになる。機能確保に不可欠な形態ではなく、機能に由来する形態を、保護対象から除外している点で、他の制度とはアンバランスな取扱いとなっている。

意匠制度135年の変化

東海大学 総合科学技術研究所 教授 弁理士　山田 繁和

1．はじめに

　我が国は明治21(1888)年にデザインを保護する意匠条例を創設し、以来、135年にわたって運用してきている。令和2(2020)年に意匠法改正が行われているが、現行法の基礎となっているのは昭和34年意匠法であり、この昭和34年意匠法は、戦後の昭和25(1950)年4月に特許庁内に工業所有権制度改正調査審議室を設けて体制を整え、通商産業大臣の諮問機関として「工業所有権制度改正調査審議会」を設置し、5年以上にわたって深い議論を積み重ねて作られている。

　この昭和34年意匠法において、藤本昇先生は長きにわたって企業のデザインの保護や意匠法の解釈に尽力されてきている。

　著者は、特許庁にて意匠出願、審判請求を受けて意匠法の審査・審判実務を行う立場や平成時代の意匠法改正、意匠行政に携わり、意匠法を研究する立場から、藤本昇先生の喜寿を祈念し、我が国の意匠制度の歴史と変化について寄稿する。

2．我が国近代の産業財産権制度の創設とデザイン保護
(1) 意匠条例の制定に至る経緯

　我が国の歴史を紐解くと、明治時代に政府は「富国強兵」「殖産興業」をスローガンとして欧米の諸法制及び技術の移植を行うことによって近代化を図り、明治4(1871)年に専売略規則（特許）の発行と執行停止を経て明治18(1885)年に専売特許条例が制定された3年後の明治21(1888)年がデザイン保護の始まりである。

それまでは、慶応3（1867）年の第2回パリ万博に我が国の漆器、織物、織機を出品し、欧州で人気を博したが、一方で粗悪な模倣品が海外で出回り、我が国の国内でも贋作品を作る者が現れ始めたことから、1885年6月頃に漆器集談合、織物集談合が開催され、輸出入品の粗製濫造の弊害をなくすことが話し合われ、同業組合の間で新しいデザインの保護について建議（同業種内の規定）が設けられた。

　しかし、この当時は家内制手工業から工場制手工業、工場制機械工業へと変革して、模倣や類似品が出回る状況であったことや、建議には罰則等がなかったことから、実状では漆器や織物に限らず、デザイン模倣を止めることはできなかったといわれている。

　1885年4月に初代の専売特許所長の高橋是清は、欧米視察を行っているが、1885年11月に欧米視察中のドイツ・ベルリンで、欧州諸国を巡って日本の伝統的な織物の注文を受けていた京都の織物業者の川島という人物に会い、欧州での織物地の図柄の盗用の話を聞き、意匠特許の重要性を認識したことが、意匠制度を制定するきっかけになったといわれている。

　専売特許所長の高橋是清の帰国後、農商務省において意匠条例制定のための建議が作成され、1887年12月2日に内閣総理大臣に提出して、以下を意匠条例の制定の理由としている。

① 新たな創作発明について創作発明者に権利を認めるのは、知的財産の安全、殖産を進めるため。
② 意匠の考案には多くの資材、時間と能力が費やされることであるから、他人の侵害を許すようではそれを償う途がなく、新たな意匠を創作する者がいなくなる。
③ 近年日本の工業が粗製濫造気味であり、模倣を規制する法律がないため。
④ 民間で意匠保護の必要性の気運が高まっていること。

　上記の理由は、現在の意匠制度の目的と何ら変わるものではなく、我が国の意匠制度は、産業界におけるデザイン模倣対策と新たなデザイン創作の促進による産業の発達にあることが分かる。

(2) 明治21(1888)年の意匠条例

　1887年12月2日に内閣総理大臣に提出された建議は、法制局審議、元老院審議、帝国議会での議論を経て、1888年12月18日に意匠条例が制定されることになり、日本で初めてデザイン保護が開始された。

　この明治21年意匠条例の主な特徴は以下のとおりである。

① 保護対象：「工業上ノ物品ニ應用スヘキ形状模様若クハ色彩」

　物品に応用するとした上で、形状、模様若しくは色彩を保護の対象とし、当時は明確に物品を保護対象としていなかった。

② 登録要件：「新規ノ意匠」

　意匠条例における登録要件は新規性であり、創作非容易性は要件ではなかった。

③ 一意匠一出願：「一意匠毎ニ明細書及圖面ヲ添ヘ農商務大臣ニ出願スヘシ但其願書明細書及圖面ハ特許局ニ差出スヘシ」

　意匠出願は、願書、明細書と図面を農商務大臣宛てに、特許局に提出することとしており、意匠出願の料金は、物品類別を1つ指定するごとに50銭（現在の約1万円）であった。

④ 先願主義：「二人以上同一又ハ類似意匠ノ登録ヲ出願スル者アルトキハ願書日附ノ先ナルモノヲ登録ス」

　特許条例と同様に、意匠条例の施行当初から先願主義を採用していた。

⑤ 権利期間：「意匠専用ノ年限ハ三年五年七年及十年ノ四種ト爲シ原簿登録ノ日ヨリ起算ス」

　意匠権の権利期間は、原簿の登録日から3年、5年、7年、10年の4種類を選ぶことができ、3年を5年に、5年を7年にすることなどもできた。

⑥ 権利範囲:「意匠ノ専用ハ農商務大臣ノ定ムル物品類別ニ於テ出願人ノ指定シタル物品ニ限ルモノトス」

意匠条例実施細則18条で22の物品類別を定め、出願人は願書に物品類別の指定を記載することとして意匠権の範囲は「指定する物品類」に限っており、物品類別表に属している物品に権利が及ぶこととしていた。

⑦ 権利効力

意匠条例では、権利者に対して損害賠償請求できる(21条)とし、侵害者の損害賠償の責は3年(22条)とし、3年を超えた分は免除となっていた。

この当時の特許条例、意匠条例では、「犯罪ハ被害者ノ告訴ヲ待テ其罪ヲ論ス」とする親告罪としており、告訴人の請求によって裁判官は侵害疑義物品の販売を差し止めることができるとしていた(25条)。そして、没収したものは権利者に給付し、売りさばかれているものに対しては代償を追徴して権利者に給付するとしていた。

⑧ 罰則

意匠条例には、最初から罰則が設けられており、他人の登録意匠であることを知りながら(故意)、同一物品にデザインを応用してこれを「販売」した者、デザイン盗用して作られていること知りながら「受託販売」した者は、15日以上、6月以内の重禁固又は十圓以上、百圓以下の罰金(現在の約20万円以上、約200万円以下の罰金)としていた。

(特許は、1月以上、1年以下の重禁固又は二十圓以上、二百圓以下の罰金(現在の約40万円以上、約400万円以下の罰金))

上記のほか、意匠登録出願は、色付きの図面や見本も受け付けていたが、カラー印刷が困難であったことを要因として、しばらくは権利付与されたことだけを示す公報が発行されていた。

【意匠条例の総括】

我が国は明治に入り、欧米諸国と肩を並べるために、様々な法律を制定し、運用していた。当時は家内制手工業、家内制工場工業が中心であり、同じ製品を大量に生み出すのではなく、伝統や匠の継承が重んじられていたため、発明やデザインが多種多様に創出されてはいないが、特許条例や意匠条例のように、国民の権利を認める法律を早くから制定していた。

意匠条例が運用された頃の出願件数は、年間約300件程度であった。

＜明治21年意匠条例の意匠登録例＞

日本政府が1873年のウィーン万博に初めて公式参加して以来、日本の織物や陶磁器、漆器が欧州で人気を博し、明治21年意匠条例が施行された頃には、海外への主力輸出品ともなっていた。意匠登録第1号は栃木県足利市の雲井織の「織物縞」の意匠であり、意匠登録第1号から100号のうち、約半数に当たる43件が織物に関するものであった。

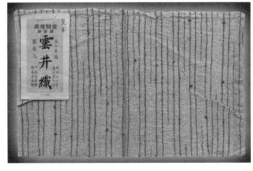

意匠登録第168号（明治24年）織物模様
桜花の輪郭を重ね合せて連続させ、この桜花の輪郭内に広狭不整の模様縞を表わした曲線直線併用の織物。川島甚兵衛による登録。

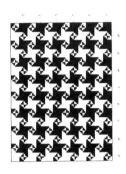
意匠登録第15号(明治22年)織物模様
細かい格子地を明暗によって千鳥形状に連ねた織物模様に係るもので,足利の木村寅之助による登録。直線による模は,ほとんどが縞・格子などを題材とするものである。

意匠登録第70号(明治23年)織物模様
蝶模様の輪郭を6種の向きに変え、これを斜めに配置しその間の霞形を置いて輪郭内に直線模様を現したもので、京都の伊達彌助による登録である。曲線直線併用の模様は幾何模様に属するものが最も多く、花、古代紋、器財、植物、文学、動物を題材とするものがこれに次ぐ。

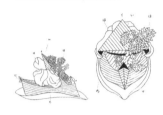
意匠登録第100号(明治23年)婦人帽子
洋服の流行を反映した洋風婦人帽子。

(意匠制度120年の歩みより)

(3) 明治32年意匠法改正

我が国は、明治期に入って以後、江戸幕府が締結した日米和親条約や日米修好通商条約などによる「外国人に日本の法制が一切及ばないという治外法権」「日本が関税を決めることができないという関税自主権の喪失」といった不平等条約を改正するために欧米諸国と交渉していた。

一方、明治中期になると、我が国では外国人に特許権や意匠権を認めていなかったことから、欧米先進国の製品や技術、デザインの日本人による模倣や類似品が横行し始めていた。

こうした状況の中、欧米からは、不平等条約の改正条件の一つとして、特許権や意匠権を外国人にも認めることやパリ条約への加盟が要求されていたといわれ、1894年に英国との間で日英通商航海条約が結ばれて、治外法権の廃止、関税自主権の一部回復が行われたことから、明治32(1899)年にパリ条約に加盟すべく、特許条例、意匠条例、商標条例を改正し、外国人にも権利を認めたほか、法律名を特許法、意匠法、商標法と改称した。

なお、米国との不平等条約が撤廃されるのは、明治44(1911)年に、日米通商航海条約等の締結によって関税自主権の完全回復を待つことになる。

主な明治21年意匠法改正の内容は以下のとおりである。

① パリ条約加盟のための優先権制度の導入

パリ条約加盟国の国民に対し、自国での意匠出願から4か月以内に日本に意匠出願をした場合、優先権を認めるとした。

② 類似意匠制度の導入

明治21年意匠条例には、意匠権の専用範囲が類似する意匠にまで及ぶと明確に規定されていなかったことから、意匠が類似する範囲を確実に専用できるよう、新規性の例外規定の形式で類似意匠登録制度が採用された。

明治32年に導入された類似意匠制度では、登録意匠に類似する意匠（物品意匠に類似する意匠）のほか、類似意匠に類似する意匠の登録も認められており、令和5年に改正された「関連意匠にのみ類似する意匠」の登録を認めた制度は、言わば明治32年法意匠法の復活のような形となった。

③ 意匠権の存続期間の変更

意匠権の存続期間を原簿の登録日から最長10年に変更し、3年、5年、7年、10年の4種類の選択を廃止した。

④ 弁理士制度の導入

明治32年の「特許代理業者登録規則」施行に伴い、意匠法に特許代理業者に関する規定が設けられた。なお、明治32年に138人の代理業者（弁理士）が登録されている。

⑤ 意匠出願の「明細書」の廃止と「登録の請求の範囲」新設

意匠条例では願書に図面を添付するとともに、権利を請求する区域を示す明細書を添付することとしていたが、これを廃止した上で、願書に「登録ノ請求範囲」の項目を設けて権利を請求する区域を示す記載をすることとした。

【明治32年意匠法の総括】

明治32年意匠法改正では、登録対象を一部変更しているものの登録要件に大きな変化はなく、権利化後の権利が及ぶ範囲に着目した改正がされている。

また、明治42年意匠法改正では、秘密意匠制度の導入、意匠登録料の減額（10年間で計52圓→計17圓）のほか、明治38（1905）年に導入された実用新案制度の調整規定を設けるなどの改正がなされ、日本の産業の急速なグローバル化に意匠法を対応させた時期といえる。

＜明治32年意匠法での登録例＞

明治中期から後期になると、織物の意匠出願のほか、扇子や洋傘といった身の回りの雑貨や洋灯や置時計などの意匠出願も増え、日露戦争後には意匠登録出願が年平均1000件を超えるようになった。

意匠登録第1233号（明治25年）洋燈
柱上部の平行線を火屋側面の斜線によってやわらげ、台ైには連続するハート状型を設けた座敷用のもの。

意匠登録第1490号（明治36年）豆洋燈
火屋を菊花状凸凹とし油壺をこれに相応する形状とした机上用のもの。

意匠登録第2166号（明治37年）壁掛用洋燈
花托状の油壺受座としたもので、これは壁掛用としたものであるが、他に34件の類型が登録されている。

意匠登録第3345号（明治39年）
置時計
清国輸出向けの置時計に関するもので、十二支の動物を模様として配置したものである。

意匠登録第4552号（明治41年）
置時計
厳上郡猿を置いて装飾としたもの。置時計に用いられたモチーフとしては、鹿、唐獅子、牡丹、蘭、梅、菊、日、月などがある。

（意匠制度120年の歩みより）

（4）大正10年意匠法改正

　大正3（1914）年の第一次世界大戦は、我が国に膨大な貿易黒字をもたらし、輸出超過となっていた。第一次世界大戦が終わると欧州産業が落ち着きを取り戻し、輸出超過で製品を粗製濫造していた日本製品に強い批判がされるようになったことから、当時の日本政府は重要輸出品の検査・取締りを厳しくしている。

　この状況を踏まえ、デザインを復興・近代化させて日本製品の信頼を取り戻すべく、大正10年に意匠法改正が行われている。

　主な大正10年意匠法改正の内容は、以下のとおりである。

① 意匠の定義の明確化

　意匠法が保護する対象は、物品と離れて「抽象的」に存在するものではなく「物品」であること、美術に属するものは著作権で保護され、意匠法は「工業的物品」を保護することを明確化している。

② 拒絶理由通知と意見書の提出の導入

　大正10年改正前は、審査では意匠出願に対して登録か拒絶かの直接査定がなされ、不服があるときには、再審査を請求する仕組みであったが、これを廃止し、拒絶理由通知制度が新設された。

【大正10年意匠法の総括】

　大正10年意匠法改正では、登録対象は模様そのものなどの抽象的なものを保護するのではなく、工業的物品を保護することを明確化したほか、手続面が改正されて、現行法の基礎といえる内容となった。

　その後、大正から昭和初期にかけて、数回にわたり軽微な改正が行われたが、第二次世界大戦時に意匠法は執行が停止され、根本的な意匠法の改正は、昭和21（1946）年意匠出願受付再開後の戦後復興を待つことになる。

＜大正10年意匠法での登録例＞

　大正時代の第一次世界大戦後には、セルロイド製玩具、ぜんまい仕掛けの玩具が代表的な輸出品目となり、玩具や電気器具の意匠出願が増加して年平均3000件を超えるようになった。

意匠登録第26745号（大正14年）飛行機形蜻鈴

意匠登録第25765号（大正13年）シャープペンシル

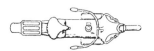

意匠登録第28137号（大正14年）鞍型ノ発動機カバー付自動自転車

意匠登録第31726号（大正15年）型式電話機

意匠登録第26683号（大正14年）電気ストーブ

直線を強調し簡明な印象を与えるセセッション式の反射型電気暖炉ストーブである。

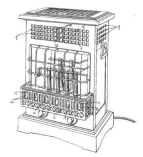

意匠登録第27966号（大正14年）電気ストーブ

外国人（ウェスチングハウス・エレクトリック・エンド・マニュファクチュアリング・コンパニー）による反射・対流混合型ストーブである。

（意匠制度120年の歩みより）

3．我が国現代の産業財産権制度の創設とデザイン保護
（1）昭和34年意匠法改正

　戦後の昭和21(1946)年に再開した意匠登録出願は、繊維や雑貨の出願が増加し、昭和30年には戦前最高の出願件数である1万4000件に達した。

一方で戦後の産業復興のなかで、欧米デザインの模倣・盗用問題が発生し、例えば昭和23年、英国のマンチェスター商工会議所から日本の輸出繊維のデザイン模倣の申告、昭和26（1951）年には輸出陶磁器の意匠が問題となっている。
　この状況の下、日本政府は昭和24（1949）年12月の閣議で、工業所有権制度について根本的に検討することを申し合わせ、数年にわたる審議会での議論を経て、昭和34（1959）年に意匠法が改正されている。

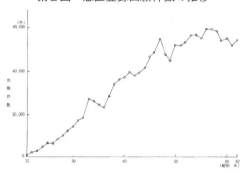

第2図　意匠登録出願件数の推移

（意匠制度120年の歩みより）

　主な昭和34年意匠法改正の内容は、以下のとおりである。

① 意匠の定義
　意匠法2条に「定義」を独立して規定し、3条に「意匠登録要件」と分け、「意匠とは物品の形状、模様若しくは色彩又はこれらの結合であつて、視覚を通じて美感を起こさせるもの」と規定して、大正10年意匠法の意匠の定義を明確化している。

② 意匠登録の要件（創作非容易性の新設）
　既存のデザインの組合せや製品の一部分のデザインを他の物品に用いるなどの部分的なデザイン盗用などに意匠権を与えないように、創作非容易性に関する規定を創設した。

③ 一意匠一出願

明治32年意匠法に導入された、権利を請求する区域を示す「物品類別」の願書への記載は、外国でも採用する国がなく、流通取引の実情とは合わないことからこれを廃止し、意匠は物品と図面で判断する一意匠一出願を採用した。

④ 存続期間

明治21年意匠条例創設以後、最長の存続期間は設定の日から10年としてきたが、諸外国の意匠権の存続期間と調和させるため、存続期間を設定の日から15年に延長した。

なお、海外においては、実体審査を行う国はおおむね15年、無審査国では25年以上としていたことから、実体審査を行う国との調和を図ったものと考えられる。

⑤ その他の改正

上記の改正に加え、「組物の意匠」「新規性喪失の例外」が導入されている。

【昭和34年意匠法の総括】

昭和34年意匠法は、その後、平成10年まで実質的に改正は行われなかったが、昭和40年代前半から増大する意匠出願に対し、意匠審査の運用を明確化するために、昭和43年に意匠審査基準を公表した。この意匠審査基準は、大正10年意匠法の審査運用について、戦後に意匠審査官の審査運用にばらつきが生じないように、昭和25年に内部規定として作成された「意匠審査取極」を条文ごとに運用方法を詳細化したものといわれている。

＜昭和34年意匠法での登録例＞

昭和34年意匠法改正後に、「いざなぎ景気」によって、住宅やアパート、マンションなどの建築ラッシュがあり、土木建築、住宅設備や家電製品のデザインは多種多様化し、意匠出願が年々増加した時代である。

昭和34年意匠法改正後の1955年に始まる高度経済成長期には、我が国は固定相場に守られていたことから衣類や生活家電が盛んに輸出され、新しくユニークなデザインが多数創出されて意匠出願件数は年間4万件に達した。昭和50(1975)年代から昭和終期のバブル前夜の時期は、世界経済が低迷する中、我が国は不況をいち早く脱して家電などの電気・電子、照明や家具などの住宅設備、土木・建築産業が盛況となり、意匠出願件数は年間約6万件となった。

意匠登録第205483号（昭和36年）冷蔵庫
操作部付きトップテーブルを設けた1ドア電気冷蔵庫
このタイプでは、操作部やトップテーブル」もデザインポイントとなる。意匠登録226247号類似第1号、意匠登録157355号類似第1号も同タイプのものである。

意匠登録第203769号（昭和36年）
電気炊飯器
胴部下げ手付きの電気炊飯器。

意匠登録第244670号類似第5号
（昭和43年）乗用自動車
日本で初めてのハードトップスタイルの乗用車。

（意匠制度120年の歩みより）

（2）平成10(1998)年以降の意匠法改正

昭和34年意匠法制定時以降、我が国の産業は欧米からの技術の導入、大量生産・大量消費による効率化、低価格化、品質管理等によるキャッチアップ型の発展を遂げてきたが、約40年間にわたって意匠法は改正されず、産業界が求めるデザイン保護とは乖離が生じ、当時の意匠法では、製品デザインの開発手法や実態に即応したデザイン保護とはいえず、途上国の巧妙で悪質な模倣品やデッドコピー品を抑えることができなくなってきていた。

また、昭和後半に年間6万件に達した意匠出願の審査が遅延して平成初期には出願から権利化までの期間が約3年と長期化し、意匠権が模倣に間に合わないことが大きな問題となり、平成初期のバブル崩壊もあいまって、意匠出願件数は激減して平成10年には年間4万件を割り込むようになった。

こうした中、制度ユーザーから広く強い意匠権によりデザインの保護強化を図るニーズが高まり、現代のデザイン開発の実態に即応した法的保護を実現するため、昭和63年に特許庁内に意匠制度検討委員会が設置され、様々な検討がなされ、『意匠登録制度改正に関する中間報告書』にまとめられた。

こうした特許庁内での検討が後に開催される平成6(1994)年の意匠制度ラウンドテーブルでの検討、平成8(1996)年の意匠制度検討特別委員会での検討に引き継がれ、平成9年4月には工業所有権審議会法制部会の下に意匠小委員会が設置されて意匠制度の在り方に関し、幅広い観点から本格的な調査・検討が開始され、平成10年意匠法改正が行われている。

意匠登録出願件数（1998年〜2007年）

年	件数
1998	39,352
1999	37,368
2000	38,496
2001	39,423
2002	37,230
2003	39,267
2004	40,756
2005	39,254
2006	36,724
2007	36,544

（特許行政年次報告書 2008 より）

主な平成10年意匠法改正の内容は、以下のとおりである。

① 部分意匠制度の導入

従来は、物品全体の形状等を保護していたが、物品の特徴となるデザインの部分が全体のデザインに埋没し、意匠登録を受けられないケースに対応できるよう、物品の部分に係る形状等についても「部分意匠」として、意匠登録を受けられることとした。

② **類似意匠制度の廃止と関連意匠制度の創設**

昭和34年意匠法で設けられた類似意匠制度は、本意匠だけが権利行使でき、類似意匠として登録された意匠は本意匠の権利範囲を確認するもので独自に権利行使できなかったため、この類似意匠制度を廃止し、同一デザインコンセプトから同時期に創作された意匠は同等の価値を有するものとして保護できるよう、本意匠も関連意匠もそれぞれ独自の権利行使を可能とする関連意匠制度を創設した。

ただし、類似する意匠が同一出願人によって同日に出願された場合に限って関連意匠として意匠登録を受けることができる制度とし、本意匠に類似するもののみを関連意匠として認めるものとしている。

主な平成18年意匠法改正の内容は、以下のとおりである。

③ **画像デザインの一部保護**

2000年以降、ネットワークとスマートフォンの普及による社会全体の情報化により、家電機器等にも画像デザインが多く用いられるようになったことから、意匠の定義を見直し、物品の一部として画像デザインの一部を保護対象とした。しかし、この改正では、ウェブサイトやインターネットを介して表示される画像そのものは、産業界が保護を望まず、保護対象とはしていない。

④ **意匠権の存続期間の延長**

製品デザインのライフサイクルが長くなってきていることや、デザインによるブランディングが進むよう、設定登録の日から15年であった意匠権の存続期間を20年に延長した。

⑤ **関連意匠制度の見直し**

関連意匠が認められる時期を「本意匠と同時」から「本意匠の公報の発行の日の前まで」と緩和した。

【平成10年以降の意匠法改正の総括】

　平成10年、平成18年意匠法改正後も我が国の意匠出願全体は緩やかに減り続け、平成26(2014)年には、2万9738件と3万件を割り込み、昭和後期の頃の出願件数の約50%となっている。

　一方、平成10年意匠法改正で導入された部分意匠制度は、現在、各国での導入も進み、2021年に中国でも導入された。我が国では、部分意匠制度を活用して、物品の一部の特徴部分のデザインを独占することでデザインブランドを形成する意匠権活用がなされ、部分意匠の出願は全体の出願の約25%にまで増加し、2019年には約40%に達している。

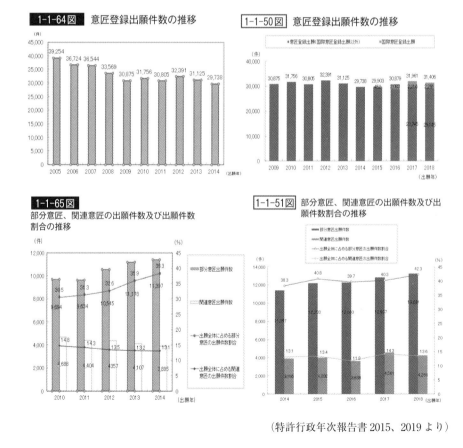

（特許行政年次報告書 2015、2019 より）

現在までに数度にわたって改正されている関連意匠制度は、平成10年改正当初は、本意匠に類似する意匠は本意匠の出願時に同時に出願しなければならないとし、それまでの類似意匠制度と手続は大きく異なっていた。

当初の関連意匠制度は、ユーザーにとっては、製品の市場投入後にデザインをマイナーチェンジしたものを権利化できず、利用しにくい制度となっていたことから、関連意匠出願は全体出願の約15％にまで落ち込み、平成18年意匠法改正によって、本意匠の公報の発行の日までに緩和されたが、海外に関連意匠制度がない国も多く、海外出願に対応できないこともあって、その後も関連意匠の出願件数は伸びていない。

＜平成10年以降の意匠登録例と意匠審査＞

平成10年意匠法改正とともに、特許庁が独自に掲げた「意匠登録１年化計画」等の成果により、平成19(2007)年には平均審査順番待ち期間（FA期間）は、約７月となり、その後、現在に至るまでにFA期間は７月を下回り安定した審査期間となっている。

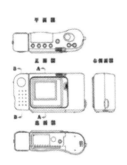

意匠登録第950593号類似第4号（平成6年）液晶表示画面付き電子スチルカメラ
世界で初めて背面に液晶パネルを装備し、撮影した画像をその場で確認できるようにしたデジタルスチルカメラ。

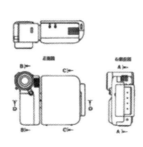

意匠登録第892644号類似第1号（平成4年）モニターテレビジョン受像器及びテープレコーダー付きテレビカメラ
4型カラー液晶を内蔵し、本体部に回転機能を有するようにしたビデオカメラ。

意匠登録第1345261号（平成20年）デジタルカメラ
一眼レフ型のデジタルカメラ。

（意匠制度120年の歩みより）

【登録番号】意匠登録第1467516号
【出願日（出願基準日）】2012.12.06
【分類】G2-29330 W
【意匠に係る物品】建設機械用モニタ
【意匠に係る物品の説明】この意匠に係る物品は「建設機械用モニタ」であり、本体正面部に配置された画像表示部において建設機械の状態に関する各種情報を表示するためのものである。
【意匠の説明】色彩を付して表した画像表示部が、部分意匠として意匠登録を受けようとする部分であり、破線で表した部分は画像表示部以外の本体部である。
【部分意匠】

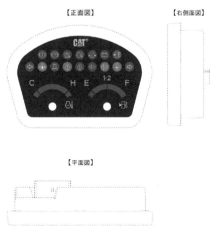

（特許庁 HP 画像登録事例集について〈平成26年3月公開〉より）

（3）平成26年意匠法改正

　2010年代に入ると企業のグローバル化がより一層進み、模倣対策のために各国で意匠権を取得する自動車産業、電気電子機器産業といった我が国の基幹産業をはじめとする多くの産業界から、特許や商標と同じように意匠の国際出願に対する強い要望が出され、知的財産推進計画2011において、我が国のジュネーブ改正協定加入の是非を検討し、短期間で結論を出すことが定められた。

　これを受け、特許庁では平成23(2011)年12月から、我が国のハーグ協定ジュネーブ改正協定（意匠の国際登録制度）への加入の是非、加入に際しての課題と解決策について、産業構造審議会意匠制度小委員会で十数回にわたって議論を行い、ハーグ協定ジュネーブ改正協定に加入するという結論を得た。

　これを背景として、平成25(2013)年6月に国家方針である「日本再興戦略」の計画の一つに、デザインによるグローバルな経済活動の拡大を図るために「製品等のデザインを国際的に保護しやすくするため、ハーグ協定に対応した意匠制度の見直しについて今年度中に成案を得て、その後関係法改正案を速やかに国会に提出する」こととされ、平成26(2014)年3月に関係法案を国会に提出し、4月に意匠法改正案が承認され、5月にはジュネーブ改正協定に加入することが国会で承認された。

平成27(2015)年2月に世界知的所有権機関（WIPO）に加入書を提出し、同年5月13日から意匠の国際登録制度が利用できるようになった。

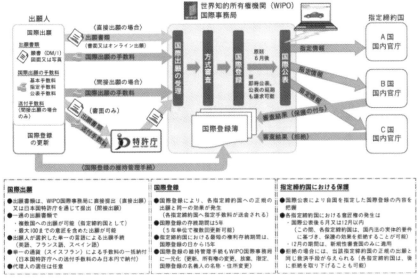

（特許庁行政年次報告書より）

主なハーグ協定ジュネーブ改正協定への加入対応は、以下のとおりである。

① **複数意匠一括出願**

意匠国際出願は、国際分類の同一クラスであれば、100意匠を1の願書に記載できる仕組みであり、日本を指定する意匠国際出願に対応するため、国際出願に限り複数意匠一括出願を認め、国内段階で特許庁が一意匠一出願にばらし、審査することとした。

② **意匠権の国際事務局での一括管理と我が国の登録簿の維持**

ハーグ協定ジュネーブ改正協定では、国際登録されると国際登録簿で一元管理され、権利の更新や移転手続は国際事務局に対して行う。しかし、国際登録簿と我が国の登録簿の記載項目が一致するものとしないものがあったた

め、国内にも意匠登録簿を持ち、国際登録簿に記載されていることは複写し、我が国固有の権利設定項目については独自に管理することとした。

③ 特許庁を通じた間接出願

意匠の国際出願を国際事務局に直接提出するルートだけでなく、日本の特許庁を通じて国際出願を提出する間接出願を認めた。

④ 国際出願をする際、自国指定を禁止しないこと

産業構造審議会意匠制度小委員会の議論では、日本人が国際出願した際に、自国を指定することを禁止しないと、商標のマドリッド・プロトコルに加入したときのように出願の減少を懸念して反対する意見がごく一部からあったが、産業界や有識者の多くは、ユーザーの手続の簡素化のメリットを望んだことから、国際出願をする際、自国指定を禁止しないこととした。

【平成27(2015)年のジュネーブ改正協定加入後の状況】

ハーグ協定加入後は、年間約3万1000件の意匠出願件数で令和2年意匠法改正まで推移している。しかし、国内ユーザーの意匠出願は、緩やかに減少しており、意匠出願の構造はハーグ協定加入前の外国人による日本への意匠出願は約10％であったが、2022年には外国人による意匠1万件を超え、出願全体の約30％に達している。

1-1-50図【意匠登録出願件数の推移】

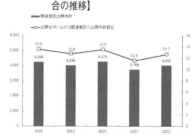

1-1-51図【関連意匠の出願件数及び出願件数割合の推移】

(特許行政年次報告書2023年版より)

1-1-58図【日本における意匠登録出願構造】

(備考)・国別内訳は筆頭出願人の国籍でカウントしている(国際意匠出願については筆頭出願人の住居国に基づく)。
(資料)・第2部第2章4.(3)を基に特許庁作成。

実体審査国での登録例

DM/206 640
HYUNDAI MOTOR COMPANY
KIA MOTORS CORPORATION
US, EM

DM/204 581
LG ELECTRONICS INC.
US, CA, KR, EM

DM/202 573
Koninklijke Philips N.V.
TR, RU, JP, GB

(意匠の国際登録制度(ハーグ制度)について「制度概要・オンライン出願・データベース編」より)

(3) 令和2年意匠法改正

　平成30(2018)年12月の第10回産業構造審議会意匠制度小委員会で提示された報告書「産業競争力の強化に資する意匠制度の見直しについて」によると、「近年、AIやIoTといった技術が浸透する中、日本企業が生き残っていくためには、デザインを中心に据えた戦略の重要性が益々高まっている」とし、「イノベーション及びブランド構築に資する意匠制度を整備すべく」、意匠制度の見直しについて提言され、令和2年意匠法改正が行われている。

　主な改正としては、物品から離れた画像デザイン、つまり画像そのものを保護することや、これまで不動産として扱われてきた建築物や建造物のデザインやインテリアデザインを保護対象にしたことのほか、関連意匠の出願時期等の緩和や権利期間の見直しといった手続面の改正が行われた。

主な令和2年意匠法改正の内容は、以下のとおりである。

① 意匠の定義

平成18年意匠法で物品の一部として保護する画像デザインを拡充して、画像そのものも保護できるようにしたほか、従来の販売時に動産として取り扱われる組立家屋に加えて、土地に定着した不動産である建築・建造物やインテリアデザインなどの内装の意匠を意匠法の保護対象とした。

ただし、画像デザインについては、壁紙等の装飾的な画像や、映画・ゲーム等のコンテンツ画像等は、画像が関連する機器等の機能に関係がなく、機器等の付加価値を直接高めるものではないとして、保護対象とはしなかった。

② 関連意匠制度の見直し

令和2年意匠法改正における関連意匠制度の見直しでは、関連意匠にのみ類似する意匠も関連意匠として登録を受けられるようにしたほか、本意匠の出願の日から10年以内であれば、関連意匠の登録を認めることとした。

③ 意匠権の存続期間の延長

これまで、実体審査国は無審査国に比べて権利期間が短かったが、我が国の製品もロングライフなデザインが多くみられるようになったことから、欧州等の権利存続期間と同じにし、特許と同様に起算日を「出願から」に改めて最長で出願から25年間とした。

④ 複数意匠一括出願の導入

諸外国や意匠の国際登録制度では、複数意匠の一括出願が認められ、我が国も国際出願については既に複数意匠一括出願が認められており、特許庁の電子出願システムにもめどが立ったことから、国内の出願についても、複数意匠を一括出願できるようにした。

【令和2年意匠法改正後の状況】

　関連意匠については、特許庁特許行政年次報告書を見る限りにおいて、増加しているとはいえず、画像デザインについて、出願件数が増加しているものの、建築物や建造物、内装の意匠は、出願が伸び悩んでいる。

　これを踏まえると、建築・建造物やインテリアデザインの創作を行う設計者、実際に施工する建設業者や内装業者、不動産を流通させる不動産業者、建築物やインテリアの実際の利用者に、権利を活用するに当たり、どのような保護ニーズがあるのかについて、権利の譲渡や移転などの管理面や権利の実施面から再検討し、意匠制度の見直しをする必要があると考える。

　画像デザインについても、特許権侵害訴訟で海外のサーバーにあるものにも、専ら我が国で表示、利用されるのであれば、権利は及ぶとする判決が当てはまるのか、令和2年意匠法改正においても保護対象としなかったゲームの画像デザインの著作権や不正競争防止法でどこまで保護できているのか、そのほかAI生成物について調査し、海外の保護の動向を注視しておく必要があると考えている。

＜令和2年意匠法改正の意匠登録例＞

【登録番号】	意匠登録第1677889号
【出願日(出願基準日)】	2020.7.14
【意匠分類】	N3-12W
【Dターム】	N3-12VGC、N3-12VGM、N3-12VNC
【意匠に係る物品】	アイコン用画像
【意匠に係る物品の説明】	住宅の住み心地をシミュレーションするソフトの起動操作のためのアイコン用画像である。
【図面】	
【画像図】	

【登録番号】　　　　　　意匠登録第１６８４７４２号
【出願日（出願基準日）】　2020.4.2
【意匠分類】　　　　　　N3－12W
【Dターム】　　　　　　N3－12VKA、N3－12VKB、N3－12VLA、N3－12VLJ、N3－12VMB、N3－12VNA
【意匠に係る物品】　　　経路誘導用画像
【意匠に係る物品の説明】この画像は、経路誘導用画像であって、例えば、対応する位置検出システム等から受信した指示に基づいて、特定の場所に人を誘導する機能を発揮するための表示画像である。具体的には、この画像は、駅構内や公共施設等といった人が集まる施設の地面や床面等に表示される。
【図面】
【画像図】　　　　　　　　　　　　　　　　　【使用状態を示す参考図】

【登録番号】　　　　　　意匠登録第1680025号
【出願日(出願基準日)】　2020.10.2
【意匠分類】　　　　　　L3-21
【Dターム】　　　　　　L3-21A、L3-21B、L3-21VZB
【意匠に係る物品】　　　集合住宅
【意匠に係る物品の説明】この建物は複数世帯が居住できる集合住宅である。
【意匠の説明】　　　　　底面図は重量物のため省略する。
【図面】
【正面図】　　　　　　　　　　　　　　　【背面図】

【左側面図】　　　　　　　　　　　　　　【右側面図】

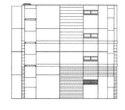 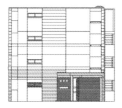

【平面図】　　　　　　　　　　　　　　　【1階部分の参考平断面図】

 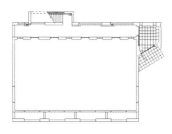

【2階部分の参考平断面図】

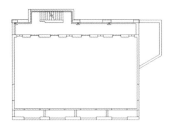

【3階部分の参考平断面図】

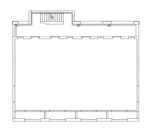

【4階部分の参考平断面図】

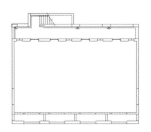

【使用状態を表す右斜め正面側から見た参考斜視図】

【登録番号】	意匠登録第1673700号
【出願日(出願基準日)】	2020.4.1
【意匠分類】	L3-7
【Dターム】	L3-7VZA
【意匠に係る物品】	オフィスの執務室の内装
【意匠に係る物品の説明】	この内装は、異なるフロアを繋ぐ階段部分を含むものであり、階段の周囲は、例えば打合せや休憩等に使用することが可能である。
【意匠の説明】	紫色で着色された部分以外の部分が、意匠登録を受けようとする部分である。各図の表面部全面に表された濃淡は、いずれも立体表面の形状を特定するためのものである。「透明部を示す参考斜視図」において水色で着色された部分は、透明である。

【図面】
【斜視図(1)】　　　　　　　　【斜視図(2)】

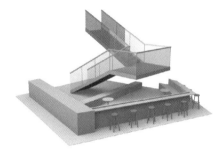
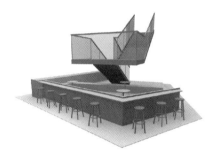

【斜視図(3)】　　　　　　　　【平面図】

【正面図】　　　　　　　　【背面図】

【左側面図】　　　　　　　【右側面図】

【透明部を示す参考斜視図】

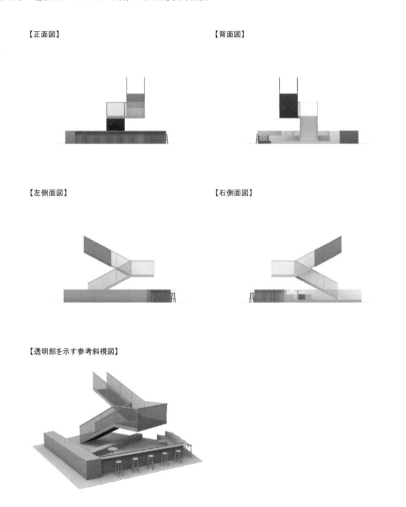

4．おわりに

　我が国意匠法は、我が国の技術進展のほか、経済発展やビジネスのグローバル化に合わせ、近年に保護対象や手続など、権利取得の場面に関する制度の見直しが行われている。

　本稿では、意匠制度の創設からの歴史と変遷を述べたが、権利化後の実効面の規定における分析評価については、またの機会に行いたいと考えている。

　権利化後の実施の側面の規定について、我が国は意匠制度創設時から侵害

に対して民事的措置のほか、刑事罰があって非親告罪で自ら告訴する必要はないが、米国、欧州、中国の意匠制度には、民事的措置は規定されているものの、刑事罰は規定されていない。

ビジネスにおいて、デザイン模倣は経済的な損失を与えるだけでなく、悪質な模倣を我が国ではれっきとした犯罪とし、近年はその取締りも強化されている。

これに対し、多くの国では民事的措置しかなく、ビジネスにおいて模倣が発生した際には、権利者自らが食い止めるほかない。

なお、この民事的措置を講ずる場面においても、我が国は実体審査を行っていることから、デザインの侵害を問う場面において過失の推定が働き、権利者は侵害を立証する必要がなく、ユーザーは手続が簡単である一方、欧州のように実体審査を行わず無審査で登録し、裁判等で意匠法上の意匠であるか、権利が有効であるかを自ら確認した上で、類似するデザインが侵害していることを立証するなど、複雑な手続が必要であり、権利の実施の場面では国際調和は図られていない。

ビジネスが急速にグローバル化する中、意匠の保護対象や手続の調和については、意匠法条約の発効が遅れているものの、今後、国際事務局を中心に議論されていくと考えられる。

我が国は、意匠権の実施や権利行使の面からの見直しは、長く行われてきていないため、今後は、まず国内のマーケティングやブランディングにおける知的財産権の実施の場面での効力や権利行使に視点を当て、研究することを考えている。

ファッションアイテムの商品等表示性についての一考察

大阪工業大学 知的財産学部 准教授　吉田 悦子

1. はじめに

　近年のグローバル化やデジタル技術の発展は、ファッション業界でも様々な対応が求められるようになっている。経済産業省は、「ファッションローガイドブック2023〜ファッションビジネスの未来を切り拓く新・基礎知識〜」[1]を公表し、ファッション分野のビジネス展開を積極的に支援している。他方、ファッションデザインのデッドコピーは多発しており、ファッション分野における法的保護の必要性は高まっている。

　一般にファッションアイテムとは、衣服、鞄、靴、帽子、アクセサリーなどを指す。これらのデザインが模倣された場合に備えて、幾つかの法律での保護手段が考えられる。すなわち、知的財産法による保護の場合、① 意匠権、商標権の登録による独占権の設定、② 著作権による保護、③ 不正競争行為を規制することによる商品等表示や形態の保護である。

　もっとも、流行に左右されやすい傾向や製品サイクルの短さなどから、①②の保護が適しないことも少なくない。①の場合には設定登録を要するため一定の時間が必要とされる。②の場合は、応用美術としての保護が考えられるが、実用目的に必要な構成と分離して美的鑑賞の対象となる美的特性が求められる[2]。

　本稿では、③の不正競争防止法（以下、「不競法」という。）による保護に着目し、近時の裁判例からブランド靴の事例を題材として、ファッションアイテムの商品等表示性について整理し、若干の検討を行う。

---

[1] 経済産業省では、2022年「ファッション未来研究会〜ファッションローWG〜」を立ち上げ、ファッション分野のビジネス展開を促進するためのガイドブックを公開した（2023年3月31日）。
[2] 知財高判平成26.08.28 判時2238号91頁〔ファッションショー事件〕

2．商品形態と周知表示混同惹起行為

　不競法2条1項1号（以下、「1号」という。）は、他人の周知な商品等表示と同一若しくは類似の商品等表示を使用等して、需要者に誤認混同を生じさせることを不正競争として規定している。同号の趣旨は、他人の営業努力により築かれた業務上の信用を化体する周知商品等表示と同一若しくは類似のものを使用する者が混同を惹起することにより、周知商品等表示主体の無断利用を防止することにある[3]。つまり、1号の誤認混同を生じさせる行為とは、周知商品等表示主体と類似商品等表示の誤認混同ではなく、商品・営業出所について、類似の商品等表示の使用者が、需要者に誤認混同を生じさせることを指す。また、「表示」の概念については、認識可能な表示が全体として一体性を有し、独立の個別性を有するものを、1号では商標と同様の機能、すなわち商品を表示するものとして例示列挙している[4]。商品形態が1号の商品等表示に該当することは、裁判例・通説ともに争いがない[5]。

（1）商品形態と商品等表示該当性

　商品形態は、一般に商品の機能向上や美感を起こさせる目的で採用されるため、本来的には商品の出所を表示するものではないが、特定の出所を需要者が認識する場合がある。商品形態の商品等表示が認められた事例には、長年継続しての排他的使用、短期間の強力な宣伝、形態が極めて特殊で独自なもののいずれかにより商品であることを示すものとして広く認識されたと認められた例[6]、形態の特異性に段階を設け、出所表示機能の獲得を区別した例など[7]、必ずしも一貫性のある判断が示されているわけではないが、比較的多いのが、商品等表示の判断において、①特別顕著性と②周知性を検討する立場である[8]。

---

[3] 茶園成樹「混同要件」〈『現代知的財産法講座Ⅰ　知的財産法の理論的探究』405頁（日本評論社［2012］）〉
[4] 小野昌延＝松村信夫『新・不正競争防止法概説〔第3版〕上巻』97頁（青林書院［2020］）
[5] 前掲注4）109頁
[6] 東京地判昭和48.03.09 無体裁集5巻1号42頁〔ナイロール眼鏡枠事件〕
[7] 東京高判平成14.05.31 判時1819号121頁〔電路支持材事件〕
[8] 知財高判平成24.12.26 判時2178号99頁〔ルーペ事件〕ほか多数

近時の事案として、東京地判令和元.06.18 平29(ワ)31572〔BAO BAO ISSEY MIYAKE事件〕では、① 商品の形態が客観的に他の同種商品とは異なる顕著な特徴を有しており（特別顕著性）、かつ、② その形態が特定の事業者によって長期間独占的に使用され、又は宣伝広告や販売実績が大きい（周知性）として、商品等表示に該当すると判断された。

（2）商品形態の変化と商品等表示

　商品形態の商品等表示については、上記の2要件を満たした場合であっても、商品形態が技術的機能に由来する商品等表示である場合には、不競法上の商品等表示から排除される見解（技術的形態除外説）は従前から議論されてきたところであるが[9]、近年のファッション分野は、商品形態に新たな変化を提供する分野の一つとして挙げられる。例えばポリエステル100％の生地からなる婦人服の独自のプリーツ加工に商品等表示を認めた事例[10]やジーンズの後ろポケット部分の刺繍に商品等表示を認めた事例がある[11]。

　いずれの事例においても他者の商品等表示には見られない独自性、長期間の継続的使用や短期的かつ集中的な広告・宣伝などによって、需要者は当該商品の2次的出所表示機能により識別していることが考えられる。

（3）混同惹起行為

　1号の「混同を生じさせる行為」とは、前述のとおり、商品や営業の出所の混同を生じさせる行為で、現実に混同が生ずる必要はなく、混同のおそれがあればよいと解される[12]。このような周知商品等表示に化体した信用の冒用行為は、周知商品の出所表示機能を害するのみならず、営業上の利益にも影響を及ぼし、ひいては公正な競争秩序を損なうことにつながる[13]。

---

[9] 谷有恒「周知商品等表示混同惹起行為(1)」《知的財産訴訟実務大系Ⅱ》345頁（青林書院[2014]）
[10] 東京地判平成11.06.29 判時1693号139頁〔プリーツ・プリーズ事件〕
[11] 東京地判平成12.06.28 判時1713号115頁〔ジーンズ刺繍事件〕
[12] 前掲注4) 192頁
[13] 横山久芳「不正競争防止法2条1項1号における『混同』と『営業上の利益』の関係性」(「パテント」76巻12号44頁[2023]〈別冊29〉)

また、出所の混同の判断においては、商品等表示の周知性と類似性の判断をすることによって、識別力を有する場合には保護すべき商品等表示であることが肯定され、混同についての判断要素となる[14]。周知性と類似性が肯定される場合には、混同要件も肯定される裁判例が多くあることは、これまでにも指摘されている[15]。次節では、商品形態の商品等表示性が争点となったブランド靴の裁判例を基に商品等表示性の判断について検討する。

3．商品等表示性の検討
（1）近時の裁判例
① 知財高判令和05.11.09 令5(ネ)10048〔ドクターマーチン事件〕[16]

　（第一審）東京地判令和05.03.24 令2(ワ)31524

　事案は、「Dr. Martens」又は「ドクターマーチン」のブランド名で靴商品等を製造・販売していた英国法人X（被控訴人）が、Y（控訴人）の販売するブーツは、被控訴人が販売するブーツと類似するとして、不競法2条1項1号・2号に該当するとして、販売又は販売のための展示の差止め及び廃棄を求めたものである（図1）。本判決の主な争点は、Xのブーツの形態が商品等表示に該当するか、すなわち、特別顕著性及び周知性があるか否かである。本判決及び第一審では、Xのブーツの形態について、（ア）黄色のウェルトステッチ、（イ）ソールエッジ、（ウ）ヒールループ、（エ）ソールパターン、

---

[14] 商品等表示性の判断が混同のおそれの判断要素となることについて、商標法4条1項15号に関するレールデュタン事件（最判平成12.07.11 民集54巻6号1848頁）で「『混同を生ずるおそれ』の有無は、当該商標と他人の表示との類似性の程度、他人の表示の周知著名性及び独創性の程度や、当該商標の指定商品等と他人の業務に係る商品等との間の性質、用途又は目的における関連性の程度並びに商品等の取引者及び需要者の共通性その他取引の実情などに照らし、当該商標の指定商品等の取引者及び需要者において普通に払われる注意力を基準として、総合的に判断されるべきである」と述べており、共通する判断枠組みといえる。
[15] 田村善之「裁判例にいる不正競争防止法2条1項1号における規範的判断の侵食」〈『知的財産法の理論と現代的課題 中山信弘先生還暦記念論文集』410頁〔弘文堂〔2005〕〕〉
[16] 生田哲郎＝川瀬茂裕「知的財産権判例ニュース ブーツの形態が『商品等表示』に該当すると認められた事例」（「発明」121巻2号43-45頁〔2024〕）；田中浩文「不正競争防止法2条1項による商品形態の保護─ドクターマーチン事件（控訴審）─知財高裁令和5・11・9」（「ジュリスト」1595号8-9頁〔2024〕）；市橋景子「ブーツの形態に『商品等表示』該当性を肯定した事案─ドクターマーチン黄色ステッチ事件─」（「知財管理」74巻5号601-613頁〔2024〕）

(オ)アウトソール踵部分の傾斜、(カ)靴の全部、(キ)ピューリタンステッチ、(ク)8ホールの8つが認定された。

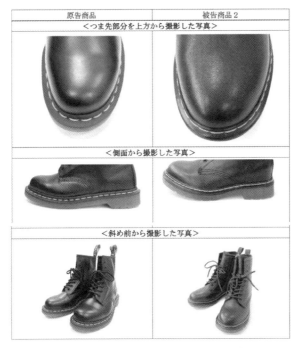

図1　令2(ワ)31524 別紙 商品対比表2

　本判決では、特に(ア)〜(ウ)の形態について、「他の同種商品とは異なる顕著な特徴を有し、強い出所識別力を発揮している」と認めた。

　(ア)黄色のウェルトステッチ「靴の外周に沿って、アッパーとウェルトを縫合している糸がウェルトの表面に一つ一つの縫い目が比較的長い形状で露出し、ウェルトステッチが視認できること、また、ウェルトステッチには、明るい黄色の糸が使用されており、黒色のウェルトとのコントラストによって黄色のウェルトステッチが明瞭に視認できることがそれぞれ認められる」

　(イ)ソールエッジ「垂直方向において接地面に向けて黒色から明るい半透明色へグラデーションにより変化しているような外観を有するとともに、

ソールエッジに接地面に対して水平に細い溝が何重にも彫り込まれているものであることが認められる」

（ウ）ヒールループ「原告商品の履き口の踵側に長さ約10センチメートルのヒールループが設けられ、その表面には黒地に黄色の糸で、裏面には黄色地に黒色の糸で、それぞれ『AirWair WITH Bouncing SOLES』と刺繍のように織り出されていることが認められる」

特別顕著性については、第一審では（ア）の形態のみ特別顕著性を認めたことに対し、「個別にみればさほど特徴的な形態とまではいえない形態（エ）～形態（ク）とも組み合わせて全体的に観察すれば、他の同種商品（ブーツ）には全く見られない顕著な特徴を有するものといえる。すなわち、上記の形態（ア）～（ク）の特徴を全て備える被控訴人商品は、いわゆる特別顕著性を備えるものと認められる」と判示した。

周知性については、「被控訴人商品を含む『1460 8ホールブーツ』は、昭和60年以降現在に至るまで、被控訴人の日本子会社であるドクターマーチンジャパンを通じて我が国において販売されていること、その販売チャンネルは、同社の運営する実店舗72店舗及び公式オンラインストアのほか、靴小売りチェーン、セレクトショップ等の正規取扱店が含まれること、『1460』シリーズの売上げは、令和３年度だけで10万足近く、販売額で14億円余りに上ること、ドクターマーチンジャパンは、ファッション雑誌を中心に『ドクターマーチン』の広告を継続的に掲出しており、被控訴人商品の写真が掲載されたものもあること、被控訴人商品は、雑誌等メディアにも再三取り上げられており、その中には、『一目でドクターマーチンだとわかる黄色のウェルトステッチやロゴ入りのヒールループなど…も特徴』、『ドクターマーチンのトレードマークともいえるイエローステッチ』など、特に形態（ア）に具体的に言及し、これがドクターマーチンのブーツの最大の特徴であるとの趣旨のコメントをするものが多いことが認められる。さらに、被控訴人の依頼により行われたアンケート調査（本件被控訴人調査）では、『店舗、通信販売サイト、雑誌等で革靴やブーツを見たり、過去１年以内に革靴やブーツを購入した15歳か

ら59歳までの全国の男女』を対象に（1019人から回答）、被控訴人商品の写真を示した上で、当該写真のように靴の外周に沿って黄色のステッチのある革靴やブーツはどこのブランドの商品だと思うかと質問したところ、『ドクターマーチン』を想起できた者は、30.7%（自由回答式）～37.6%（選択式）であったというのである（前記引用に係る認定事実）。以上によれば、形態（ア）～（ウ）の特徴を備える被控訴人商品の形態は、需要者の間に広く認識されており、周知の商品等表示に該当するものと優に認められる」と判示した。

類似性については、「被控訴人商品は、形態（ア）～（ク）の特徴を全て備えるものとして周知の商品等表示該当性が認められるものであるが、被疑侵害商品が上記の特徴を全て備えていない場合であっても、同一性はともかく類似性が当然に否定されるものではない。その類否の判断に当たっては、被控訴人商品の形態の最大の特徴というべき形態（ア）（黄色のウェルトステッチ）がいわば要部となり、最も重視されるべきであるが、それ以外の形態も含めた総合的な判断が求められると解される」

「次に、控訴人商品2については、ヒールループ（形態（ウ））を除く部分は控訴人商品1と同様であるが、被控訴人商品のヒールループには被控訴人標章が刺繍のように織り込まれているのに対し、控訴人商品2のヒールループは、黒っぽい無地の素材が使用され、長さも被控訴人商品のものの半分程度である点で異なっている。しかし、このような違いはあっても、ブーツの履き口の踵側に、上方に向けて立ち上がるヒールループが設けられているという基本的な形態においては共通しており、上記の違いは、需要者において、同じシリーズ商品の異なる型番商品の細部のデザインの違いと認識する程度のものと解される。

そして、上記の相違点のほか、控訴人商品2が被控訴人商品の形態（ア）、（イ）、（エ）～（ク）の特徴を全て備えること、特に被控訴人商品の最大の特徴と考えられる黄色のウェルトステッチ（形態（ア））において共通の特徴があることを踏まえて総合的に検討すれば、控訴人商品2の形態も被控訴人商品の形態と類似するものと認められる」と判示した。

② 知財高判令和04.12.26 令4(ネ)10051（第一審：東京地判令和04.03.11 判時2523号103頁）〔ルブタンレッドソール事件〕[17]

事案は、控訴人Xはクリスチャン ルブタンのデザイナーで、クリスチャン ルブタン エス アー エスの代表者であった。Xは、女性用ハイヒールの靴底にパントン社が提供する色見本「PANTONE 18-1663TPG」（以下、「原告赤色」という。）を付した商品等を製造・販売していた。控訴人らが、被告商品は周知著名な原告表示と類似した商品等表示を使用した商品であり、被告商品の製造・販売及び販売のための展示は、原告商品と混同を生じさせるなど、不競法2条1項1号及び2号に掲げる不正競争に該当すると主張して、不競法3条1項及び2項に基づき、被告商品の製造・販売又は販売のための展示の差止め及び廃棄を求めたものである（図2）。

図2　平31(ワ)11108 別紙

本判決の主な争点は、Xのハイヒールの靴底部分の赤色の商品等表示性、周知著名性、被告商品との形態類否、混同等についてであったが、控訴審では、混同を生じさせる行為についての検討から示している。

需要者について、「原告表示は、『女性用ハイヒール靴底にパントン社が提

---

[17] 詳細については、山本真佑子「商品に付した単一色で構成される表示につき、混同のおそれと著名性を否定することにより不正競争防止法2条1項1号・2号の保護を否定した事例」（「特許研究」75号75-97頁[2023]）；青木大也「女性用ハイヒールの靴底部分に付した赤色をめぐる商品等表示該当性等が争われた事例」（「L&T」99号98-106頁[2023]）を参照されたい。なお、商品等表示該当性の判断基準については以下が詳しい。黒田薫「商品等表示該当性の判断基準」〈『多様化する知的財産権訴訟の未来へ：清水節先生古稀記念論文集』880頁（日本加除出版[2023]）〉。

供する色見本「PANTONE 18-1663TPG」(原告赤色)を付したもの』であり、この原告表示は、女性用ハイヒール(原告商品)に付されることから、需要者は、ハイヒールを購入する女性の一般消費者であり、主たる需要者層は、20代から50代の女性であるといえる(前記1 ア)。また、被告商品も、女性用ハイヒールであるから、主たる需要者層は原告商品と同じである」とした。

　また、商品の価格帯について、原告商品が8～10万、被告商品が1万6000円～1万7000円であることから「被告商品と原告商品は、価格帯が大きく異なるものであって市場種別が異なる。また、女性用ハイヒールの需要者の多くは、実店舗で靴を手に取り、試着の上で購入しているところ、路面店又は直営店はいうまでもなく、百貨店内や靴の小売店等でも、その区画の商品のブランドを示すプレート等が置かれていることが多いので、ブランド名が明確に表示されているといえ、しかも、それぞれの靴の中敷きにはブランドロゴが付されていることから、仮に、被告商品の靴底に付されている赤色が原告表示と類似するものであるとしても、こうした価格差や女性用ハイヒールの取引の実情に鑑みれば、被告商品を『ルブタン』ブランドの商品であると誤認混同するおそれがあるといえないことは明らかというべきである」「また、普段は被告商品のような手ごろな価格帯の女性用ハイヒールを履く需要者の中には、場面に応じて原告商品のような高級ブランド品を購入することもあると考えられるが、こうした需要者は、原告商品が高級ブランド(控訴人らが主張するように『ルブタン』がラグジュアリーブランドであり、日本だけではなく世界中の著名人や芸能人が履くというイメージがあればなおさらである。)であることに着目し、試着の上で慎重に購入するものと考えられるから、被告商品が原告商品とその商品の出所を誤認混同されるおそれがあるとはいえない」と判示した。

(2) 商品等表示性の判断についての比較

　前述の2つの裁判例は、ブランドを象徴する視覚的要素を備えた製品で、同じような取引の実情があり、類似品を販売等する業者に対して、不競法に基づく販売差止め等を求めたものであったが、対照的な評価がされている。

ドクターマーチン事件においては、商品等表示性の検討をした上で混同の判断がなされている。第一審では、黄色のウェルトステッチにのみ特別顕著性を認めていたが、控訴審において「『黒色のウェルトと明るい黄色の糸のステッチ』という形態だけを単独で取り上げれば、靴製品のパーツ（ウェルト、ステッチ糸）において普通に使用されることが想定される、ありふれた色彩のうちの任意の組合せにとどまるものであり、それだけから特別顕著性を認めることは、過剰な独占を認める結果になり相当でない」として、Xのブーツの形態(ア)〜(ク)を組み合わせて全体的に観察することで、特別顕著性を肯定した。また、販売数、販売期間、アンケート調査結果等に基づき周知性を肯定し、両商品の形態の類似性から誤認混同を生じさせるものと認定した。このように混同が生じているか否かを判断する上での前提として、特別顕著性、周知性、類似性を考慮している。なお、知財高判令和05.08.10 令5(行ケ)10003〔ドクターマーチン位置商標事件〕において、黄色のウェルトステッチの位置商標についての審決取消請求が棄却されていることからしても、単一色の表示については慎重な判断が示されていることがうかがえる。

　一方で、ルブタンレッドソール事件においては、商品等表示性や類似性の判断を経ずに、価格帯が大きく異なるため市場種別が異なること、女性用ハイヒールの需要者の多くは、実店舗で実際に試着の上で購入していること、実店舗では、その商品ブランドを示すプレート等が置かれているので、ブランド名が明確に表示されていることなどの取引の実情から混同の判断を示している。なお、ルブタンの表示については、知財高判令和05.01.31 令4(行ケ)10089〔ルブタン商標事件〕において、「商標法3条2項の趣旨に照らせば、自由選択の必要性等に基づく公益性の要請が特に強いと認められる、単一の色彩のみからなる商標が同条同項の『使用をされた結果需要者が何人かの業務に係る商品又は役務であることを認識することができるもの』に当たるというためには、当該商標が使用をされた結果、特定人による当該商標の独占使用を認めることが公益性の例外として認められる程度の高度の自他商品識別力等を獲得していること（独占適応性）を要するものと解するべきである」

として、商標法3条2項に該当しないとして請求が棄却されている。

ドクターマーチン事件とルブタンレッドソール事件に共通することは、色彩を含む商品等表示であり、いずれも商標出願においては厳しい判断が示されていることである。1号の商品等表示には、商標法2条1項の商標を含むものであるので、単一の色彩の混同を否定した背景には、商標事件の影響を指摘する意見もある[18]。

（3）単一色の商品等表示

不競法上の商品等表示には、商標が含められていることから、色彩を含む商標の場合には、その色彩が商品等表示に当たるかどうかが問題となる[19]。本来、色彩は商品等の美感を高めるために使用されるが、特に単一の色彩は、古来から存在するもので、誰でも自由に選択して使用してきた。このようなものに独占を認めた場合、第三者の選択の余地が狭くなるとする指摘もある[20]。

ドクターマーチン事件においては、第一審では黄色のウェルトステッチだけを取り上げて商品等表示性を判断したものであったが、控訴審において認定された形態（ア）～（ク）の特徴を全て組み合わせて、特別顕著性を認めている。

これまでに複数の色の組合せでは商品等表示に該当するとした事例はあるが[21]、ルブタンレッドソール事件のように、単一の色彩について保護された事例は見当たらない。

大阪高判平成09.03.27 知的裁集29巻1号368頁〔it's事件〕において、「色彩は、古来存在し、何人も自由に選択して使用できるものであり、単一の色彩それ自体には創作性や特異性が認められるものではないから、通常、単一の色彩の使用により出所表示機能（自他識別機能）が生じ得る場合というのはそれほど多くはないと考えられる。また、仮に、単一の色彩が出所表示機能

---

[18] 宮脇正晴「不正競争防止法2条1項1号における『混同』の判断手法」（「L&T」102号30頁〔2024〕）
[19] 髙部眞規子『実務詳説 商標関係訴訟〔第2版〕』331頁（金融財政事情研究会〔2023〕）
[20] 土肥一史「新商標の識別性と類似性」〈『はばたき－21世紀の知的財産法：中山信弘先生古稀記念論文集』787頁（弘文堂〔2015〕）〉
[21] 大阪地判昭和58.12.23 無体裁集15巻3号894頁〔ウエットスーツ事件〕

（自他識別機能）を持つようになったと思われる場合であっても、色彩が元々自由に使用できるものである以上、色彩の自由な使用を阻害するような商品表示（単一の色彩）の保護は、公益的見地からみて容易に認容できるものではない。こうした点からすれば、単一の色彩が出所表示機能（自他識別機能）を取得したといえるかどうかを判断するにあたっては、その色彩を商品表示として保護することが、右の色彩使用の自由を阻害することにならないかどうかの点も含めて慎重に検討されなければならない」と示している。

また、「単一の色彩が特定の商品に関する商品表示として不正競争防止法上保護されるべき場合があるとしても、当該色彩とそれが施された商品との結びつきが強度なものであることはもちろんとして、①〔該色彩をその商品に使用することの新規性、特異性、② 当該色彩使用の継続性、③ 当該色彩の使用に関する宣伝広告とその浸透度、④ 取引者や需要者である消費者が商品を識別、選択する際に当該色彩が果たす役割の大きさ等も十分検討した上で決せられねばならず、それが認められるのは、自ずと極めて限られた場合になってくるといわざるを得ない（これを前提とすれば、いわゆる『色彩の涸渇』の点は必ずしも大きな問題になるものではないと考えられる。）」と判示している。

以上のことから、ルブタンレッドソール事件においても、まずは靴底の色彩表示の識別力を検討することで、商品等表示性についての判断を示して、混同惹起行為が生じているか否かの判断を行うべきであったように思われる。また、「商品等表示」該当性を主張する際、靴底よりもハイヒールの形状とするなど商品の形態的特徴の捉え方も慎重に検討する必要があろう。

4．おわりに

商品等表示の識別力を判断することは、混同惹起行為を判断するための前提であり、ひいては1号の解釈の予見可能性を高めることにもつながると考えられる。また、ファッションアイテムには、ブランドの象徴的模様や形をモチーフとして取り入れることがあるため、その部位が色彩のみである場合には、商品全体を商品等表示とするなどの工夫が必要であると考えられる。

第IV章

AI・著作権

AIから生成AIに関する著作権問題の概要

吉備国際大学 非常勤講師　生駒 正文
（前大阪工業大学 知的財産学部 教授）

1．はじめに

　昨今、対話型AIであるChatGPTをはじめとした生成AI（Generative Artificial Intelligence）に関する言葉をニュース、新聞、インターネット等で見聞きしない日はないほどで、学習データから文章、画像、音声等の内容を生成する生成AIは急速な進化とともに広く発展、普及するようになってきている（今までの第3世代から第4世代の評価も）。

　一方で、生成AIに入力する文章を使用してもよいのか、また、AI生成物を公表する場合の法律上の違反等、生成された内容には著作権法違反を含む内容の文章が生成される事例も相次いでいる。

　現時点では、生成AI自体を直接の規制対象とする法律が制定されていないため、生成AIを生成・利用する場合には既存の法律や規制が各個別の場面ごとに多く適用されている。

　内閣総理大臣を本部長とする2023年6月9日開催の「知的財産戦略推進計画2023」では、AI技術の進歩を促進することとクリエーターの権利を保護することの双方に留意し、生成AIと著作権の関係については具体的な事例に即した整理、必要な対策を検討する方向性の3つの論点を提示した。

① AI生成物が著作物と認められるための利用者の創作的寄与に関する考え方
② 学習用データとして用いられた元の著作物と類似するAI生成物について、著作権侵害の判断材料となる「類似性」「依拠性」に関する考え方
③ AI（学習済みモデル）を作成するために著作物を利用する際の、著作権法30条の4ただし書に定める「著作権者の利益を不当に害することとなる場合」についての考え方

これらの点を基に、本稿では、生成AIが著作権といかに関わっていくのか、その概要を明らかにするとともに、今までのAIと生成AIとの技術と普及の違いを簡単に述べる。

2．これまでのAIから生成AI技術の普及・相違

AIそれ自体は、意外にも半世紀以上の歴史を有している。Artificial Intelligenceという言葉が初めて使用された1956年の米国ダートマス大学での研究者たちによる呼び掛け、いわゆる「ダートマス会議」において、既に「人間の脳をコンピュータで再現する」という現在のAI（人工知能）に対するのと同様の構想が練られ、大いなる楽観を持って期待されていたという。

しかし、**AIに人間同様の知識を持たせようとする場合、あらゆる方面から対象を厳密に限定しなければ対処できないという「フレーム問題」に苦しんだ第1世代**（1960年代〜1974年）、次に、その反省から狭い専門分野に対象を絞り込み、AIが最も得意とする分野である**計算、推論、分析に特化**した、いわゆる「エキスパートシステム」（**AIに専門家のような「知識」をルールとして教え込み、問題解決させようとする技術**）の**第2世代**（1980年代〜1987年）があり、最後は第3世代（2006年代から）の時代といわれている。

AI第3世代は大量のデータを超高速で分類・整理する「機械学習」が、統計学の手法から確率的な推論を繰り返して精度を向上させることで、AIへの関心を引き戻すことに成功した（**機械学習の実用化**）。さらに、その発展形として人間の脳神経回路の仕組みを利用した「ディープラーニング（深層学習）」により、革新的な飛躍を遂げることになった（**深層学習の登場**）。それまでは、人間がAIに対して学習すべきデータに関する様々なルール、枠組み、特徴等を教え込む必要があり、指示者の範疇を超えることはなかったが、これ以降、大量のデータ、いわゆる「ビッグデータ」をディープラーニング（深層学習）の手法で超高速処理をする中で、AI自体が自律的に特徴、アルゴリズム等を見いだすことが可能となったのである。加えてAIのデータ処理が単に自律的なだけではなく、人間が見落としていた規則性等を見い

だすことが可能となり、また、囲碁のような複雑なルールの対戦でも名人に勝ち続けるなど、いよいよもって人間を凌駕する片鱗を多様な場面で示したことが、一挙に注目と期待を加速させたことは疑いない（図表1）。

図表1　これまでのAIと生成AIの相違

	従来のAI	生成AI
学習の視点	情報の整理・分類・検索	パターンや関係の学習
出力の目的	特定や予測	創造
ビジネスインパクト	決められた行為の自動化	新しいコンテンツの生成
学習データ	具体的なデータセット	構造化されないデータセット

出所）https://www.nri.com 野村総合研究所・一部変更

　最近、ChatGPT 等の生成 AI に関する話題がマスメディアで大きく取り上げられることが多くなっている（**2022年から第4世代の評価も**）。魅力のポイントは、ChatGPT に対して、自然言語（100か国以上の言語に対応している。）で質問すると、専門分野の種類を問わず、その質問に対する回答を滑らかな自然言語で返してくることにある。それ以外の生成 AI には、画像生成、動画生成、音声生成等、様々な種類がある。

　しかし、注目や期待、世間の関心がいくら強くても、それだけでは経済的価値のための切り札とはなり得ない。生成 AI を利活用したビジネスが瞬く間に産業界を席巻することになったのは、先に述べたディープラーニングによる生成 AI の進化だけが要因ではない。

　人間は様々な経験を通して学ぶことにより物事を推測し、判断を行うが、生成 AI はビッグデータと呼ばれる膨大なデータ群の超高速解析により学習し、判断する。そのため、データが多ければ多いほど、生成 AI の判断の精度が向上することとなる。初期の頃には、生成 AI にとって言わば栄養同然のデータが不足していたが、インターネットという画期的なネットワークの誕生以来、飛躍的に増大したデータ量が蓄積されることとなり、更に近年、

様々なものにインターネットが接続するIoT（Internet of Things）により質、量ともにビジネス活動上の有用なデータをAIに与えることが可能となったのも重要な要因である。

　また、生成AIを実際に動かすハードウエアについて、コンピュータに用いられているCPU（Central Processing Unit）や画像認識処理のためのGPU（Graphics Processing Unit）等が高性能かつ安価に提供されるようになったことも挙げられる。さらに、クラウド生成AIのサービスが出現したことで、自社専用の生成AI構築のための初期投資に耐える財務基盤を持ち、専門的かつ優秀なスタッフを多数擁する企業でなくとも、月極料金で誰もが生成AIの活用が可能になったことのインパクトも大きい。

　このように、生成AIそれ自体の進化のみならず、取り巻く様々な要素の相乗効果があいまって、産業革命、インターネット革命にも匹敵するともされる。

3．著作権法の保護対象

　我が国著作権法1条は、「この法律は、著作物並びに実演、レコード、放送及び有線放送に関し著作者の権利及びこれに隣接する権利（著作隣接権）を定め、これらの文化的所産の公正な利用に留意しつつ、著作者等の権利の保護を図り、もつて文化の発展に寄与することを目的とする」と規定している。これは文化的な所産はまず著作物であって、その著作者の経済的利益（著作「財産」権：複製権、上演権、公衆送信権等の支分権）あるいは人格的利益（著作者人格権：公表権、氏名表示権、同一性保持権）の保護を第一義とする。

　一方、著作隣接権とは、著作物の著作者が有する著作権とは別に存在する権利で、著作物の公衆へ伝達する役割を果たす実演家、レコード製作者、放送事業者、有線放送事業者に認められる権利である（89条）。脚本の演じ方によっては、公衆の受け止め方が異なり、ここに著作物の創作行為に準じた一種の精神的創作行為を認め、これを保護するものといえる。

これらのことから著作隣接権が認められている。この権利は著作権に隣接する権利であって、著作権とは別個独立の権利である（90条）。

著作隣接権の保護には、著作権の場合と同様に無方式主義（著作隣接権は実演等が行われたときから自動的に発生し、保護される原則）を採用している。著作権法は「著作物」を保護する法律で、当該法の中心となる著作物とは、「思想又は感情を創作的に表現したものであつて、文芸、学術、美術又は音楽の範囲に属するものをいう」と定義している（2条1項1号）が、諸外国の法律を考慮する上で一般的とはいえない。この定義が判例に基づくものである点は、大いに誇示することができる（大阪高判昭和11.05.19 法律新聞4006号12頁〔訟廷日誌事件〕）。著作物は、人マネではなく、考えや気持ちが独自に外部表現された「作品」であると考えてよい。したがって、小説家や画家のようなプロの創作だけではなく、小学生の作文や幼稚園児の絵も著作物である。

著作権は、著作物の創作という事実のみにより享有する。これは、我が国が著作権の保護を受けるための条件として、ベルヌ条約の原則である無方式主義を採るからである。著作者と著作権者の関係性は、第一次的には著作者＝著作権者である（映画の著作者を除く。）。しかし、著作権発生後は、著作（財産）権と著作者人格権との帰属主体が異なることを認めている。それは、著作（財産）権の譲渡及び相続等の承継により、著作者からその権利を取得できるためである。

そして、著作物を創作し、著作者たり得るのは、「思想又は感情を創作的に表現」できる主体、すなわち自然人である人間とされている。したがって、法人著作のような一部例外を除き、自然人である人間が「思想又は感情を創作的に表現」した著作物を広く世に供給することで文化の発展に寄与し、一方、提供者である著作者には著作物を勝手に他人によって改変されない権利や、他人によって無許諾で著作物を複製されない権利等、保護法益が全く異なる人格権及び財産権の両面の保護が与えられるという構成となっている。

よって、人格権に抵触する事例の場合、著作者の許諾を得られなければ著作者以外の者は利用することができなくなるため、AIに限らず人格権を持つ

可能性があり得る主体について、著作権においては敏感にならざるを得ない。

そのような事情から、AIによって生み出される生成物の取扱いに関する論点のうち、AIが著作者となり得るか否かという観点には、その根底に人格権への対処における危惧が、より多く含まれているものと解される。

つまり、もしもAIが人間と同じように自律的に著作物を創作することが可能であり、著作者として認められるとすれば、人間とは比較にならない速度で生み出される著作物が怒涛の勢いで市場に出回り、かつ、それぞれが一切の手続不要で多種類の権利から構成される著作権を有することとなる。

4．著作権侵害
（1）侵害行為の態様

著作権者の許諾を得ない著作物の無断利用は著作権侵害となる。ただし、著作権法は、著作物の公正な利用により文化の発展に寄与するために、著作物を自由利用できる場合には、著作権者の許諾を得なくても著作権侵害とはならない（30条〜47条の7）。

（2）著作権の直接侵害とみなし侵害

著作権法には、権利侵害については明文上の規定がない。ただし、著作物を自由利用できる場合には、著作権者の許諾を得なくても著作権侵害とはならない（30条〜47条の7）。一方、許諾を得た者が許諾の範囲外の著作物を利用等する場合は著作権侵害に当たる。

著作権者の許諾を得ない著作物の無断利用には、次の2種類がある。
① 他人の著作物を利用者本人の著作物であるかのように利用する場合（盗作か剽窃）
② 他人の著作物にそのまま著作者名・著作権者名を掲載して利用する場合（海賊版）

そこで、著作物の無断利用を基に、著作権侵害を主張する場合には、次の要件を充足することが必要である。

1）著作権侵害を主張する者が当著作物の権利者であること（**著作権帰属**）

　著作物（思想又は感情の表現）を創作する著作者は（権利の主体となることのできる法律上の資格たる権利能力を要する。）、創作という事実によって著作（財産）権と著作者人格権を享有する（例外：法人著作、映画の著作物）。権利侵害の紛争があった場合に、自分の著作物であるといっても、証拠がなければ権利が侵害されたと主張することは困難なので、著作権法は、著作物に著作者の表示がなされていれば、その者を著作者とする推定規定を設けている。すなわち、著作物の原作品に、又は著作物の公衆への提供・提示の際に、実名又は変名として周知のものが著作者名として通常の方法により表示されている者は、その著作物の著作者であると推定している（14条）。

　著作物に著作者名が表示されている場合には、反証のない限り、その氏名が表示されている者に著作者としての地位が与えられる。著作者の推定は、著作物の原作品（絵画のカンバス）に表示しておくか、又は複製物（書籍の奥付）に表示しておけばよい。著作物の無形利用（上演、上映、放送）においては、公衆への提示の際、演奏会のプログラム、興行の立看板、放送のアナウンス等によって著作者名が明らかにされていれば著作者の推定を受ける。

　著作権帰属は権利を主張する者が権利を取得したことを主張立証する必要がある。

2）侵害者が権利者の著作権に依拠して著作物を創作したこと（**依拠性**）

　複製・侵害を否定するものとして、依拠しているかどうかが決め手となる。最判昭和53.09.07 民集32巻6号1145頁〔ワン・レイニー・ナイト・イン・トーキョー事件〕では、「**既存の著作物に接する機会がなく、従って、その存在、内容を知らなかった者は、これを知らなかったことに過失があると否とにかかわらず、既存の著作物に依拠した作品を再製するに由ないものであるから、既存の著作物と同一性のある作品を作成しても、これにより著作権侵害の責に任じなければならないものではない**」として、**依拠性とは、無意識であれ既存の著作物を基に著作物を創作し、利用すること**と判示している。

3）侵害者の著作物が権利者の著作物に似ていること（**類似性**）

従来の判例である最判昭和55.03.28 民集34巻3号244頁〔パロディ写真事件〕では、類似性について、「自己の著作物を創作するにあたり、他人の著作物を素材として利用することは勿論許されないことではないが、右他人の許諾なくして利用をすることが許されるのは、**他人の著作物における表現形式上の本質的な特徴をそれ自体として直接感得させないような態様においてこれを利用する場合に限られる**」と判示している。

また、平成の判例である最判平成13.06.28 民集55巻4号837頁〔江差追分事件〕でも、「**著作権法は、思想又は感情の創作的な表現を保護するものであるから（著作2条1項1号参照）、既存の著作物に依拠して創作された著作物が、思想、感情若しくはアイデア、事実若しくは事件等表現それ自体でない部分又は表現上の創作性がない部分において、既存の著作物と同一性を有するにすぎない場合には、翻案には当たらないと解するのが相当である**」

「本件ナレーションが本件プロローグと同一性を有する部分のうち、江差町がかってニシン漁で栄え、そのにぎわいが『江戸にもない』といわれた豊かな町であったこと、現在ではニシンが去ってその面影はないことは、一般的知見に属し、江差町の紹介としてありふれた事実であって、表現それ自体ではない部分において同一性が認められるにすぎない」と判示している。すなわち、**著作権者の著作物の本質的特徴が同一であって、侵害者の著作物に接した者が著作権者の本質的な特徴を直接感じる、思い出すほどに似ている場合には、類似性が判断される。**

4）権利者の著作物を無断利用していること（**無断利用**）

無断利用行為は、著作権法上の支分権（21条〜28条）に規定された利用行為のうち、著作権者の許諾を得ておらず、又はその著作物を自分が創作したものであると偽って利用する行為である。なお、既存の著作物に類似であっても、既存の著作物に依拠せず、全く独自に創作した著作物であるときは著作権侵害とはならない（著作権法は模倣を禁止する法律）。

しかし、画風や作風自体を模倣しても著作権侵害とはならない。もっとも著作権の直接侵害（複製権、公衆送信権、譲渡権等）には該当しないが実質的には著作権侵害と同等、すなわち著作権者の経済的利益を侵害するおそれがあるものは、法律によって、侵害とみなす行為とされている（113条）。

次に生成AIの生成物についての著作物・著作者の扱いについて触れる。

5．生成AIによる生成物の取扱いと著作者（著作権者）

生成AIが自律的に生成した作品について、著作物となり得るのかというと、著作物とは、「思想又は感情を創作的に表現したもの」である以上、思想又は感情を持たない生成AIは生成物である作品に思想又は感情を創作的に表現することが不可能だからという確固たる前提が存在した。ところが、生成AIの進化の速度はドッグイヤーどころの話ではなく、超高速で休むことなく学習し続けることから、これまでに誰も想像し得なかった単位、言わば「AIイヤー」で状況が変化することが大いにあり得る。

例えば生成AIは僅か8分で1曲を作曲するし、絵画であればレンブラントの作品を学習し、本物と見紛う作品を短時間で作り上げてしまう。こうした生成AIによる作品が質・量ともに爆発的に供給される状況が容易に予測された。

文化庁著作権審議会第9小委員会（コンピュータ創作物関係）報告書71頁では、AI生成物を生み出す過程において、学習済みモデルの利用者に「**創作意図**」（AIを使用して自らの個性の表れとみられる何らかの表現を有する結果物が作られるという程度の意図）があり、同時に、具体的な出力であるAI生成物を得るための「**創作的寄与**」（人間がAIによって作品を生成するためのデータを選択・修正してAIに与え、学習させた場合の関与）があれば創作性が認められ、利用者が思想又は感情を創作的に表現するための「**道具**」として生成AIを使用して当該AI生成物を生み出したものと考えられることから、当該AI生成物には著作物性が認められ、その著作者は利用者となるとされた（図表2を参照）。

図表2　深層学習を利用したAIを道具として利用した創作

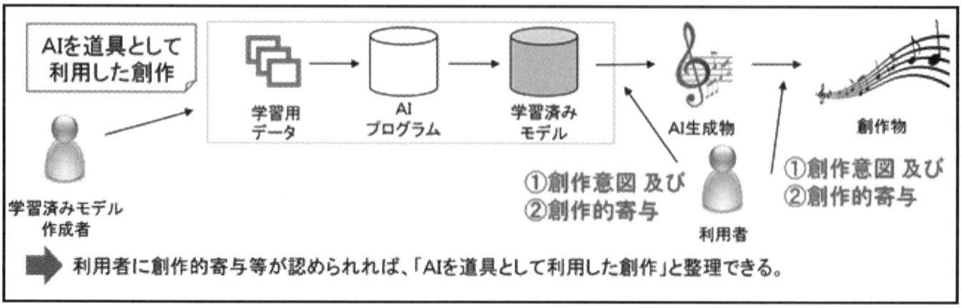

出所）知的財産戦略本部検証・評価企画委員会「新たな情報財検討委員会報告書」36頁（2017年3月）

　具体的にどのような創作的寄与があれば著作物性が肯定されるかについては、例えば利用者が学習済みモデルに画像を選択して入力する行為や、大量に生み出されたAI生成物から複数の生成物を選択する行為について、「選択を含めた何らかの関与があれば創作性は認められるとの指摘があった一方で、単にパラメータの設定を行うだけであれば創作的寄与とは言えないという指摘」も検討されている（知的財産戦略本部検証・評価企画委員会「新たな情報済検討委員会報告書」37頁「データ・人口知能（AI）の利活用促進による産業競争力強化の基礎となる知財システムの構築に向けて」）。

　創作的寄与とは、思想又は感情そのものの創作性を保護するものではなく、それを表現する過程において創作者の精神的労苦や工夫の成果が認められなければならない。すなわち、著作者の個性が著作物の中に何らかの形で表現されていることが必要である。

　生成AIが自律的に生成した生成物は、人間が具体的な表現結果に創作的な関与をしていないため著作物に該当しないと考えられることになる。

　例えば人間が何ら指示を与えず、又は簡単な指示文（短い単語からなるプロンプト入力）を与えるにとどまり、「生成」のボタンを押すだけで生成AIが生成した生成物は著作物とは認められない（図表3を参照）。逆に生成AIの関与に長さや表現内容において工夫があれば創作的寄与が認められるであろう。

創作的寄与の具体的内容については、「指示・入力（プロンプト等）の分量・内容、生成の試行回数、複数の生成物からの選択、生成後の加筆・修正」が検討されることが示されている〈文化審議会著作権分科会法制度小委員会（第1回）資料3「AIと著作権に関する論点整理について」5頁（2023年7月）〉。

図表3　深層学習を利用したAIのAI創作物

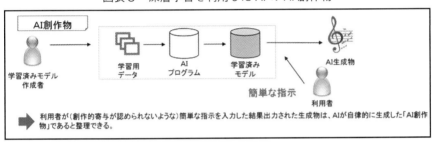

出所）知的財産戦略本部検証・評価企画委員会「新たな情報財検討委員会報告書」36頁（2017年3月）

したがって、簡単な指示、単なるデータ（事実）やアイデア（作風・画風等）は著作物として保護されない。このようにAI生成物が著作物性に該当しない場合は、パブリックドメインとなり、誰もが自由に利用できることになる（最判昭和59.01.20民集38巻1号1頁〔顔真卿自書建中告身帖事件〕）。しかし、AI生成物（＝非著作物）に価値がある場合、所有権としての作用で他人にその複製・許諾の利用の契約によって対価が保たれる場合があろう。

なお、AI生成物の著作物性・著作権が問題となる場合のリスク対策として、創作活動の過程を記録し、もし裁判になった場合には、その創作活動の過程における創作意図・創作的寄与の証明ができるようにしておくことが必要となろう。

次に、生成AIが著作権法の平成30年改正に与えた影響について、平成30（2018）年著作権法改正の内容が、生成AI利活用促進のための便宜を図ることが強く意識されていることを理解しておきたい。

6. 生成 AI が著作権法の平成30年改正（2018年）に与えた影響

　著作権法では、究極的には文化の発展に寄与することを目的としている（1条）。そこで、同法は権利者の許諾なく利用できる場合に関する規定として、**権利制限規定を置いている**。例として、**私的使用のための複製の制限等（30条～47条の7）**があり、ほかにも利用の目的や場面ごとに個別具体的に定められた権利制限規定が存在する（米国著作権法における権利制限規定はフェアユースという考え方の包括的規定で、限定列挙型の日本著作権法と大きく異なる。）。デジタル化・ネット化に対応した権利制限規定には、旧30条の4（技術の開発又は実用化の試験の用に供するための利用：利用目的が「技術開発」等に限定、基礎研究等は対象外となる可能性がある。）、旧47条の7（電子電算機による情報解析のための複製等：情報解析の方法が「統計的な」解析に限定され、生成 AI 開発のディープラーニングで用いられる「代数的」「幾何学的」な解析は対象外になる可能性がある。）、利用方法が「複製・翻案」に限定され、生成 AI 開発用データを事業者間で共有するための「公衆送信権」は対象外となる可能性があったが、これらの権利制限規定に条文化されていない利用行為、とりわけ過去に存在しなかった新しい概念のサービスやビジネスが出現した場合、当然、権利制限規定にない利用態様として、形式的に違法行為とならざるを得ない。そのことがビジネス活用への萎縮効果や技術、パラダイムシフト等、イノベーション全体を阻害することになるとの懸念が、特に IT 化、デジタル化により社会変化の速度の推進とともに増大してきた。

　著作権法は、とりわけこの近年、改正の頻度を増し、権利制限規定を拡充することで社会の要請に応えようとしてきたが、立法機関を通しての条文の新設や改正には時間がかかるため常に後追いとなってしまい、新しいビジネスの先駆者・開拓者に資することとならなかった。その結果、我が国では、いわゆる「GAFAM（米国の IT 企業である Google、Amazon、Facebook、Apple、Microsoft の5社の頭文字を列記）」に代表されるような巨大情報プラットフォーム企業を育むことができず、周回遅れの地位に甘んじることとなってしまった。

そこで、利用目的や利用の態様に関し、個別具体的な要件を課した従来の権利制限規定（旧30条の4、旧47条の7）と異なる、**より包括的な制限規定が改正30条の4「著作物に表現された思想又は感情の享受を目的としない利用」、改正47条の4「電子計算機における著作物の利用に付随する利用等」が新設され**（電子計算機における著作物利用の権利制限規定として、旧著作47条の4、47条の5、47条の8、47条の9が存在したが、目的や利用方法が限定されているため権利制限の対象外となってしまう不都合があり、これに伴い、当該旧法条文は削除）、**また、改正47条の5「新たな知見・情報を創出する電子計算機による情報処理の結果提供に付随する軽微利用等」**（軽微利用の範囲で、既存著作物を情報解析《機械学習》として複製し、公衆送信及び複製物の頒布することが可能となる。）が規定された（これに伴い旧47条の6が削除された。）。

30条の4の要旨は以下のとおりである。

著作物は、次に掲げる場合その他の当該著作物に表現された思想又は感情を自ら享受し又は他人に享受させることを目的としない場合には、その必要と認められる限度において、いずれの方法によるかを問わず、利用することができる。ただし、当該著作物の種類及び用途並びに当該利用の態様に照らし著作権者の利益を不当に害することとなる場合は、この限りではない。

一　著作物の録音、録画その他の利用に係る技術の開発又は実用化のための試験の用に供する場合

二　情報解析の用に供する場合

三　前二号のほか、著作物の表現についての人の知覚による認識を伴うことなく当該著作物を電子計算機による情報処理の過程における利用その他の利用に供する場合

当該30条の4の内容では、「著作物に表現された思想又は感情を享受することを目的としない場合」という目的の限定をした上で、「利用方法を限定せず、必要と認められる限度内で」権利者の許諾を必要とせず、著作物を利用することを可能とした。

著作権の権利制限が個別条項でなく、フェアユース条項という包括的な制限規定（1．利用の目的と性格〈利用が営利性を有するか、非営利の教育目的かという点も含む。〉、2．著作権のある著作物の性質、3．著作物全体との関係における利用された部分の量及び重要性、4．著作物の潜在的利用又は価値に対する利用の及ぼす影響）で運用する米国著作権法（裁判所の判断により著作権の行使が制限されるため、いち早く社会の要求を完結できる。）に倣った日本版フェアユースの検討が再々なされてきたが、ここで一部に包括的規定が実現する運びとなった（30条の4、47条の4、47条の5）。

　30条の4（著作物に表現された思想又は感情の享受を目的としない利用）の学習データの利用方法の例として、「情報解析」「人の知覚による認識を伴わない利用」において、著作物に表現された思想又は感情の享受を目的としない利用行為は原則として著作権者の許諾なく利用することが可能である。この意味するところは明白で、生成AIの精度向上に不可欠な、ビッグデータを用いた「ディープラーニング（深層学習）」に対し、著作権が及ぼす制限を取り除き、情報プラットホームサービスの轍を踏むことなく、今後の生成AI事業を強く推し進め、我が国がリードしていきたいという産業政策意思の表れである。

　そして、ただし書に「必要と認められる限度」を超える場合や「著作権者の利益を不当に害することとなる場合」は、当規定の対象とはならないとされているが、その解釈が不明確であるため、同条を利用した著作物の利用には慎重である必要があろう。

　また、生成AIの発達により、人間自らの創作機会が奪われ、創作活動が困難となる可能性が高くなるため、生成AIに対して著作権法上の適正な利用や法解釈・法整備を求める声が上がっている。

　そこで、生成AIの具体的な議論として「開発・学習段階」と「生成・利用段階」に関する著作権の検討を次に述べる（問題になり得る法律問題は多種多様存在する。例えば著作権以外の知的財産権、人格権関連の権利・利益、個人情報データに関する保護等）。

7. 生成AIと著作権の検討（2023年12月末日時点の文化庁等の情報）

図表4　AIと著作権の関わり

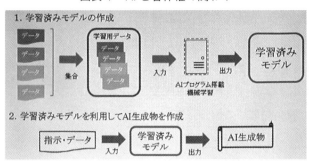

出所）日本弁理士会「機械学習の3つの要素（学習用データ、学習済みモデル、AI生成物）と著作権の関係を考える」（2017.5.16）

　生成AIと著作権を議論する場合は、「**開発・学習段階**」と「**生成・利用段階**」を分けて検討することが重要である。

〇開発・学習段階（学習済みモデルの作成）

　既存の著作物等を収集・加工した**学習用データセット**（データの集合物：知財、個人情報、人格権関連の権利・利益、契約上取扱いが制限等）を用いて、**学習前の学習プログラム（AIプログラム）**に特定の機能を持たせることを目的として学習を行い、**学習済みモデル・生成AI開発**を行う（開発・学習段階の一連の行為にはAIデータ提供者・AI開発者・AI学習者等のAI制作者が関与）。生成AIに活用されているデータ分析手法は主に「**ディープラーニング（深層学習）**」と呼ばれる機械学習の手法である。このように開発された学習済みモデル（生成AI）を組み込んだサービス（＝AIサービス提供者又はAI制作者）が利用者に提供される。

　開発・学習段階では、主として著作物の複製又は改変その他の利用に関して、著作権の行使を制限する30条の4の適用の問題がある（ほかに問題のある条文として47条の5が存在する。）。

○生成・利用段階（学習済みモデルを利用してAI生成物を作成）

　学習済みモデルの利用者は、学習済みモデルにプロンプトを介して新たなデータや命令文・指示文を入力し、当入力データを用いた推論が行われた結果、AI生成物を出力する。

　生成・利用段階では、主として**AI利用者等が学習済みモデルにプロンプトを介して命令文・指示文のデータを入力する場合に、著作物の複製、改変に当たり著作権侵害**の問題がある。また、**学習済みモデルから出力されたAI生成物は誰に帰属するのか**、生成AIが出力するAI生成物の生産過程等の不確実性に起因した場合のAIデータ提供者・AI開発者・AI学習者等のAI制作者、AIサービス提供者の責任問題（利用規約等の契約上の問題が存在するが、ここでは割愛する。）、**AI生成物が他人の著作物と類似している場合の著作権侵害**の問題がある。

（1）生成AIの開発・学習段階における著作権の検討

　図表4で見ると、学習済みモデルの制作については、インターネット上で公開されている既存著作物等を収集・加工し、学習用データセットに入力する。そして、学習用プログラム（機械学習）を介して学習済みモデル＝生成AIを制作する。その学習データ過程で既存の著作物等を複製（21条）・改変（27条、28条）する行為により、著作権侵害が発生し（開発・学習の一連の行為をAI制作者が行う場合）、Web上等の譲渡・配信については公衆送信（23条）の侵害の可能性があろう（AI制作者からAIサービス提供者に提供される場合）。生成AIの開発・学習段階では、30条以下に定められる権利制限規定の30条の4と47条の5の適用により生成AIの学習用データとして既存の著作物を利用する行為が原則として認められている。

　1）47条の5（特に同条2項：学習段階等での準備を行う者が対象）
　47条の5（電子計算機による情報処理及びその結果の提供に付随する軽微利用等）は旧47条の6がインターネット情報検索のための複製等に限定され

ていたところ、アナログ情報も含めた検索サービスや情報解析サービス（書籍の検索サービス、論文剽窃検証サービス、政令で定めるサービス等）へと利用目的が広範囲に拡大し、著作権者の利益を害することなく利用方法は限定しないという、当該規定が平成30年改正法で設けられた（これに伴い47条の6は削除された。）。

権利者に及び得る不利益が軽微な利用であるが、社会的に有用な知見又は情報の提供を目的とすることによって著作物の利用の促進に資する行為の規定が具体例として挙げられている場合には、大量の論文や書籍等をデジタル化して検索可能とした上で、鑑賞したい論文について、他の論文等からの剽窃の有無や剽窃率といった情報の提供と併せて、剽窃箇所に対応するオリジナルの論文等の一部を表示するAIを作成する場合、かかる既存の著作物の利用に関しては複製権侵害の問題があるが、47条の5の要件を充足する場合にはこの限りでないとされている。

47条の5第2項の規定は、コンピュータを用いて新たな知見・情報を提供することを目的として適法に公表された既存の著作物を用いる学習データセットの準備を行う者による著作物の利用を認める作成・取引を行う規定（30条の4、47条の7によっても可能）で、生成AIの開発・学習段階での軽微利用の準備行為としての学習用データセット等が想定される対象ともなる。ただし書により、「著作権者の利益を不当に害することとなる場合」の適用はない。

ここで問題となる点は軽微利用の場合で、当該利用は著作物のうち、利用に供される部分の割合、表示の精度（画素数等）その他の要素に照らして軽微なものとされる。

例えば小説や新聞記事の250字以内の範囲（抄録：著作物の紹介程度）ならば提供することができると考えられている。しかし、250字以内であっても、著作物は創作的表現、すなわち形式に重点を置いているため、著作者の創作的個性の保護が中心であり、かかる核心部分を提供すれば、著作権者の利益を害することになろう。

2）30条の4

30条の4では、生成AIの開発・学習の場合、1号「著作物の録音、録画その他の利用に係る技術の開発又は実用化のための試験の用に供する場合」、2号「情報解析（多数の著作物その他の大量の情報から、当該情報を構成する言語、音、影像その他の要素に係る情報を抽出し、比較、分類その他の解析を行うことをいう。第47条の5第1項第2号において同じ。）の用に供する場合」、3号「前2号に掲げる場合のほか、著作物の表現についての人の知覚による認識を伴うことなく当該著作物を電子計算機による情報処理の過程における利用その他の利用（プログラムの著作物にあつては、当該著作物の電子計算機における実行を除く。）に供する場合」において、当該著作物に表現された思想又は感情を自ら享受し、又は他人への享受を目的としない著作物の利用であれば、著作権者の許諾なく利用することができる。

ただし、その「必要と認められる限度」を超える場合や「当該著作物の種類及び用途並びに当該利用の態様に照らし著作権者の利益を不当に害することとなる場合」はこの規定の対象とはならない。

AIにおける機械学習技術は、30条の4が定める2号の「多数の著作物その他の大量の情報」の学習セットによる各種パラメータを調整する要素が含まれるため、ほとんどが「情報解析」に該当するであろう。しかし、少量情報の学習用データセットを用いている場合は問題になるところである（後述）。2号の情報解析に該当しない場合であっても、他の1号や3号、柱書（著作物に表現された思想又は感情を自ら享受し、又は他人に享受させることを目的としない場合）に該当する場合には、30条の4の適用が可能とされる。

よって1号、2号、3号のいずれかに該当するか否かにより、次の享受の有無と非享受目的の利用の必要な範囲の判断となろう。

① 機械学習技術と享受の有無や非享受目的の利用の必要な範囲

1号、2号、3号に該当しない場合でも、「著作物に表現された思想又は感情を自ら享受し又は他人に享受させることを目的としない場合には、その

必要と認められる限度において、いずれの方法によるか問わず」、30条の4の適用を受ける可能性がある。

　30条の4の立法段階における文化庁の改正説明は、享受の有無について、「著作物の表現について人の知覚による認識を伴う場合は、著作物の種類や用途、利用行為の態様、利用に至る経緯、利用の前後の利用者の言動、著作物に表現された思想又感情の享受を防ぐための措置が講じられているか否か等の諸事情を勘案して、**当該行為が単に表現の認識にとどまるものであるのか、著作物に表現された思想又は感情を受け入れ味わい楽しむといった作用をも含むものであるのかによって、当該行為が『享受』目的であるか否かが判断される**」としている。さらに、「機械学習の過程において通常著作物が人の知覚に認識される形で再現されること（ディスプレーへの表示等）は想定されないため、AIによる機械学習は、著作物の利用は伴うものの、著作物の表現についての人の知覚による認識を伴うものではない」と判断している。

　AIによる機械学習自体では、一般的に著作物の収集・加工による学習データが人の知覚に認識される形でディスプレーへの表示等がされることはないため、享受目的がないとされ、かつ、同データを用いて、学習前の学習プログラムに特定の機能を持たせることを目的として学習を行う学習済みモデルの制作についても、学習データにおける表現形式上の本質的な特徴が再現されることはほぼないため、**人の知覚による認識を伴うものではないという利用で、30条の4第3号の柱書に該当し、同条が適用される**。

　「享受」とは、著作物の視聴等（文章の場合、読むこと、美術・音楽・映画の場合、鑑賞すること）を通じて、視聴者等の知的・精神的欲求を満たすという効用を得ることに向けられている行為（プログラム著作物については実行行為）と考えられるか否かという観点から判断されている。その該当性には行為者の主観に関する主張のほか、利用行為の態様や利用に至る経緯等の客観的・外形的な状況も含めて総合的に考慮されている。よって、1号、2号、3号に該当するか否かを判断し、該当しない場合には柱書の非享受目的の有無や各種事情を総合的に考慮の上、検討することが妥当であろう。

著作権法上、著作物には、視聴等を通じて、知的・精神的欲求を満たすという効用があり、著作権者の労作には、かかる効用の対価として市場における経済的・財産的利益が認められている。そのため、著作物の本来的な効用を得ることに向けられていない行為は、非享受目的として、形式的な複製等の利用行為に該当するとしても、これによる著作権者の市場における経済的・財産的利益が損なわれるものではない。

30条の4第1号、2号、3号には非享受目的（思想又は感情の享受を通じた効用を得ることを目的としない行為）に該当しない場合を列挙しているが、各号に該当しなくても非享受目的が認められれば30条の4の適用を受けることができる（同条柱書）。当該条文を含めても、特に開発・学習段階での非享受目的が認められれば、ただし書が適用される範囲は限定的であろうと認められ、著作権が及ぶことはない。

開発・学習段階の機械学習については、30条の4第2号の「情報解析（多数の著作物その他の大量の情報から、当該情報を構成する言葉、音、影像その他の要素に係る情報を抽出し、比較、分類その他の解析を行うこと）」の利用に該当し、学習データの収集・加工が複製・改変に該当しない可能性が高い。

また、問題となる機械技術が情報解析に該当しなくても、機械学習の性質は、30条の4第2号の著作物の表現についての人の知覚による認識を伴わない利用の3号及び柱書の非享受目的の利用に該当するとされる。

なお、AI制作者が自ら学習用データセットを作成し、その学習用セットを生成AIサービス提供者にWeb上で提供する場合（譲渡、公衆送信の関係）は上述したように、平成30年改正法30条の4は、その前身の47条の7を引き継いで権利制限の権利範囲が拡大され、機械学習に際してのデータの複製・翻案だけではなく、学習用データの譲渡・公衆送信も可能とされている。30条の4は利用の態様には制限がなく、享受目的・非享受か否かの判断基準が存在するのみであって、享受目的がない限りは、当然、営利目的が存在してもよいことになる。

機械学習との関係では、著作物利用の主たる目的が非享受目的であるとし

ても、同時に享受目的が併存するような場合、30条の4の情報解析が非享受目的を明示する条文解釈とするものであるから、非享受目的と享受目的の併存は認められないであろう。

② 著作権者の利益を不当に害する

権利制限規定による要件を充足しても、著作物をAI学習段階等に利用できない問題「当該著作物の種類及び用途並びに当該利用の態様に照らし**著作権者の利益を不当に害する**」といえるか否かの規定による制約がある。

その著作権者の利益を不当に害する場合の不当性について、「**著作物の本来的市場（著作物をその本来的用途に沿って作品として享受させることを目的として公衆に提供・提示する市場）と競合・衝突しない利用であるか**」あるいは「**将来における著作物の潜在的市場を阻害しない利用であるか**」（文化庁著作権課「デジタル化・ネットワークの進展に対応した柔軟な権利制限規定に関する基本的な考え方」9頁）**という観点からの判断**がなされている。

利用される著作権者の著作物の利用市場や将来の潜在的な需要を阻害してまでも、権利制限を認めるべきではないという点を考慮した規定でもある。この点に関する文化庁の例として、大量の情報を容易に情報解析に活用できる形で整理したデータベースの著作物が販売される場合に、当該データベースを情報解析目的で複製利用する行為は、当該データベースの著作物に関する販売の本来的市場と衝突する行為を挙げている。

文化庁は2023年11月20日、どのような場合に著作権者の利益を不当に害するのか、具体的事例に即した考え方を文化審議会の小委員会に示しているが、まだ現時点では公表されていない。

福岡真之介＝松下外『生成AIの法的リスクと対策』97頁（日経BP[2023]）によれば、著作権者の利益を不当に害することとなる場合の例として、「権利者から適法に購入したデータを他者が公開している場合」や「第三者が無断でデータを公開している場合」とされ、そのデータ利用される場合には（著作権法上のデジタル消尽の制度がない－原則、著作権侵害可能）、著作権侵害の主

張が可能ならば30条の4ただし書の適用の問題になるであろうとされているが、まだ先例がないので判断が難しい問題と述べられている。ただし、違法にアップロードされた著作物を学習に利用している場合には、30条の4ただし書の適用の問題があり、直ちに学習への利用を停止する必要がある。

なお、著作権侵害を主張された場合には、30条の4ただし書「当該利用の態様」に照らし、意図的に著作権を侵害するものではないと説明できるように裏付けしておくことも重要であろう。

上述「**開発・学習段階**」の際、47条の5と30条の4とともに、著作権の権利制限が認められる場合の例外規定として、**著作者の利益を不当に害する場合には、他の要件を充足した場合であっても、権利制限の対象とはならないとされ、著作権侵害が認められ、差止請求（112条）、損害賠償請求（114条）を受ける可能性があるとともに、刑事罰の対象（119条、親告罪・両罰規定）にもなり得る。**

（2）生成AIの生成・利用段階における著作権の検討

図表4で見ると、生成AIの生成・利用段階では、AIサービス提供者からの生成AI（学習済みモデル）にプロンプトのデータとして、AI利用者が著作物等の命令文・指示文を入力（生成段階）して、その出力されたAI生成物を利用する流れ（利用段階）となる。かかる場合に、AI利用者が生成AIに著作物等の命令文・指示文の入力やAI生成物の利用によって著作権等を侵害した場合、AI利用者の問題だけではなく、前述のように、著作権等を侵害するような生成AIを提供したことに対するAIデータ提供・AI開発者・AI学習者・AIサービス提供者等のAI制作者の責任が問われることになろう。

1）AI利用者の著作権の関係
① AI利用者のプロンプト入力行為

AI利用者等が学習済みモデルに、他人の著作物等の命令文・指示文を与えるプロンプトの入力を行う場合には（生成段階）、著作物の複製・改変に

当たり著作権侵害になるか否かが問題となる。特に他人の著作物等の生成AIへの命令文・指示文を与えるプロンプトの入力として、その結果、それと類似する著作物を生成AIが出力として生成させる行為については、権利制限規定（30条以下）の適用がない限り、著作権侵害（既存の著作物との類似性と依拠性が認められること）となる。ここで問題となるのは、生成AIのプロンプトに既存の著作物を入力する行為が30条の4第2号の情報解析に該当するか否かである。プロンプトに指示文を入力する場合、コンピュータに一定の機能を実行させるために簡素化された文章であることから創作的表現は否定され、情報解析には該当しない可能性が高いであろう。

　プロンプトに入力する指示文・命令文は、基本的には創作的表現が大きくなく、著作物になる可能性は少ないであろう。しかし、AI利用者により回答の精度を上げるために、命令文・指示文の目的の明確化や情報の具体化を図り、プロンプト内容を工夫して創作的表現を充実させることが行われる。そのためプロンプト内の作成された文章が著作物となるおそれがある。この場合には著作権者の許諾、著作権法上の権利制限規定の適用が行われるかどうかの問題がある。

　そこで、AI開発・学習段階と同様、まず30条の4の情報解析の利用（プロンプトに既存の著作物を入力する行為）による例外があり、情報解析等の他人の知覚による認識が伴わないコンピュータによる情報処理の過程における著作物の利用など、著作物に創作表現された思想又は感情の自らの享受又は他人に享受させることを目的としない場合の著作物の利用であれば、当該著作物の種類及び用途並びに当該利用の態様に照らし、著作権者の利益を不当に害しない限り、著作権者の許諾がなくても著作物を利用することができる。

　ただし、AI利用者の生成段階（プロンプトの入力）については、現時点での見解や判例がなく、基本的に創作的表現が大きくないため著作権侵害とはならない可能性があるが、全てのプロンプトへの入力行為について情報解析等の利用行為として権利侵害にならないと考えない方が妥当であろう。

しかし、機械学習・AIの開発者が行った場合は30条の4第2号の適用があり、AI利用者が行った場合は適用がないというのはアンバランスという意見も成り立ち得るとされている〈寺島英輔＝小谷野雅晴『法律事務所のためのChatGPT利活用ガイドブック』（日本加除出版［2023］）〉。

今般、非常に特徴的なことは技術の進歩が激しさを増す中で、この著作権の制限規定がまだ緩過ぎたり、あるいは事情が変わって制限が厳し過ぎるようになったりして、しばしば法改正を経験することである。

そこで、著作権者の利益を尊重しながら利用者の便宜に留意し、一般消費者あるいは消費者の利益のために著作物の利用に専念する者の利益も考慮する必要があろう。いずれも保護期間の決定が著作権の制限と関係するものと思われる。

② AI利用者の利用行為

AI生成物の利用行為、AI生成物の利用は一般的に享受目的で利用するために30条の4は適用されないが、著作権法においては、既存の著作物の同一又は類似の著作物がAIの利用により生成された場合、当該著作物の権利侵害（21条の複製権侵害、27条及び28条の翻案権侵害）等になるか否かが問題になる。

複製や翻案の一般論（AI生成物も同様の解釈）として、判例上、**複製とは、「既存の著作物に依拠し、その内容及び形式を覚知させるに足りるものを再製することをいう」**とされている（前掲〔ワン・レイニー・ナイト・イン・トーキョー事件］）。すなわち、複製というためには、**同一性と依拠性が必要**となる。同一性とは、完全に同一物を再製する必要性はなく（完全に同一）、**加えられた増減修正によっても創作性が認められない限り、同一物の複製に当たる**（実質的に同一）。

依拠性とは、既存の著作物に接して作品を創作する。複製は公に行われることを要しない。これが複製（有形的利用、有形利用）と上演、演奏、公衆送信権等の無形的利用との相違である。

判例上、**翻案**とは「**既存の著作物に依拠し、かつ、その表現上の本質的な特徴の同一性を維持しつつ、具体的表現に修正、増減、変更等を加えて、新たな思想又は感情を創作的に表現することにより、これに接する者が既存の著作物の表現上の本質的な特徴を直接感得することのできる別の著作物を創作する行為である**」とされる（前掲〔江差追分事件〕）。したがって、既存の著作物も増減修正によって創作性が認められ、かつ、既存の著作物の表現上の本質的な特徴を直接感得ができない限り、全く別個独立の著作物となる。また、創作性があると言い得るためには、模倣・盗用でないことが要求される。

複製権の侵害を否定するものとして、**依拠しているかどうかが決め手となる。依拠とは、無意識であれ既存の著作物を基にして著作物を創作し、利用することをいう。**

文化庁では、これまでの裁判例上、次の要素を総合的に考慮して依拠性を判断するとしている（文化審議会著作権分科会法制度小委員会〈第1回〉資料3「著作権に関する論点整理について」4頁）。

「●後発の作品の制作者が、制作時に既存の著作物（その表現内容）を知っていたか（既存の著作物に接する機会があったこと、既存の著作物が周知・著名だったこと等）

●後発の作品と、既存の著作物との同一性の程度（経験則上、依拠していない限りこれほど類似することはないといえる程の顕著な類似性があること、誤植・透かし・無意味な部分などを含めて既存著作物と一致していること等）

●後発の作品の制作経緯（既存の著作物に依拠せず専ら独自制作した経緯を合理的に説明できていること、制作の時系列等）」

以上のように、AI利用者が学習済みモデル（プロンプト）に他人の著作物を入力する場合には、意図的に利用するため、依拠性が認められる。

なお、問題はAI利用者が他人の既存の著作物を認識しておらず、具体的な指示を与えていないものの、学習用データセットの中に、著作権侵害が主張されている他人の既存の著作が入っている場合に、当AIツールを利用した場合に、依拠性を認めるべきか否かである。

この問題における依拠肯定説は、「著作物が学習済みモデル内に創作的な表現の形でデータとしてそのまま保持されている場合は依拠を認めるべきとの指摘や、そのまま保持されていなくとも学習用データに含まれている等の元の著作物へのアクセスがあれば依拠を認めてもよく、侵害の成否については類似性のみで判断すればよい」との指摘があった。

　また、これに対して依拠否定説は、「著作物が創作的表現としてではなくパラメータとして抽象化・断片化されている場合等は、アイデアを利用しているにすぎず依拠を認めるべきではないのではないか」「人間の創作における依拠とパラレルに考えた場合、仮に著作物へのアクセスがあれば依拠があると認めてしまうと、著作権法上独自創作の抗弁が機能しなくなり、表現の自由空間が狭まるおそれもある」との指摘があった。

　そのほかにも、パラメータ生成寄与説〈横山久芳「AIに関する著作権法・特許法上の問題」(「法律時報」91巻8号52頁[2019])〉、依拠性推認説〈愛知靖之「AI生成物・機械学習と著作権法」(「パテント」73巻8号144頁[2020]〈別冊23〉)〉が存在する。

　このように、生成AIに取り込まれた学習済みモデル内の既存の著作物の依拠性の判断基準については見解が分かれていて、今後いかに判断されるかである。

　しかし、前掲〔ワン・レイニー・ナイト・イン・トーキョー事件〕では、「既存の著作物に接する機会がなく、従って、その存在、内容を知らなかった者は、これを知らなかったことにつき過失があると否とにかかわらず、既存の著作物に依拠した作品を再製するに由ないものであるから、既存の著作物と同一性のある作品を作成しても、これにより著作権侵害の責めに任じなければならないものではない」と判示し、創作とは消極的には既存の著作物に依拠してなされたものでないことで、その存在を知らなかったものは同一性のあるAI生成物を作成しても著作権侵害とはならないとして、その著作物性を肯定している。かかる場合、AI生成物に類似していたとしても、それが偶然出会って、たまたま似ていても著作権侵害とはならず、著作物性を肯定している。

しかし、学習済みモデル（プロンプト）にAI利用者が具体的に特定の作家名、作品名、作風を指定して、それに似せた作品が出力された場合、著作物そのものに接する機会がなくとも依拠性が認められ、AI生成物に、創作者の著作権が及ぶとも検討されている（文化審議会著作権分科会法制度小委員会の素案）。

「AI生成・利用段階」の際、AI生成物について、複製・翻案（既存の著作物との類似性や依拠性）要件が充足されれば著作権侵害となり、差止請求（11条）、損害賠償請求（114条）を受ける可能性とともに、刑事罰対象（119条、親告罪・両罰規定）にもなり得る。

③ AI利用者の権利制限規定の適用
2）私的使用の例外（30条）
著作権の目的となっている著作物は、個人的に又は家庭内その他これに準ずる限られた範囲内（少数の友人間等）において使用する目的の場合、その著作物を複製できる。

私的使用は著作権によって利用を許される最小限度の範囲である。著作権といえどもプライバシーの領域を侵して個人の利用を制限することはできない。そうでないと個人は複製物を所持していても何の利用もできないことになる。

AI生成物が他人の著作物と類似性・依拠性があっても、個人だけで楽しむというだけの複製であれば、その著作物を私的使用のために自由に複製が可能である。また、その著作物については、翻訳、編曲、変形、翻案しても利用できる（47条の6第1項）

ただし、私的使用については、30条の条文から複製を対象とするものであるから、他人の著作物をWeb上にアップロードすること（公衆送信）は認められていない。そのためには著作権者の許諾が必要となる。しかし、技術の進歩はこのような領域を超えて利用を可能にするので、絶えず見直しを迫られるのである。企業内の複写は私的使用の範囲には属しないから、日本複写権センターによる使用料の徴収の範囲に入る。官公庁も対象となる。

3）47条の5第1項

47条の5第1項では、コンピュータを用いた情報処理によって、新たな知見又は情報を創出する1）所在検索サービス、2）情報解析サービス、3）政令で定めるサービスのいずれかの行為を行う者で、政令に定める基準に該当する者は、公衆への提供・提示が行われた著作物を、行為の目的上必要と認められる限度において、利用方法を問わず、著作権者の利益を不当に害しない限り、著作権者の許諾なく、軽微な利用ができる（図表5を参照）。47条の5は適用要件が厳格なので、この規定により他人の著作物の利用が無許諾で可能になる範囲は限定されている。

行為主体については、1）から3）に掲げる行為の「一部を行う者」も主体に含まれるから、自ら情報解析を行わず、情報解析の結果のみを享受する者でも、47条の5第1項の適用を受ける可能性がある。ここでの利用行為は「軽微」なものに限られ、軽微であるか否かは、利用に供される部分の量、その利用に供される際の表示の精度等の外形的な要素に照らして最終的には司法の場で具体的に判断されることになる（文化庁著作権課「デジタル・ネットワーク化の進展に対応した柔軟な権利制限規定に関する基本的な考え方」19-23頁）。

図表5 「柔軟な権利制限規定」による対応が求められている新たなニーズの例

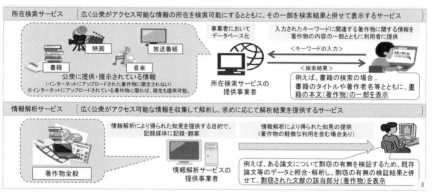

出所）文化庁「著作権法の一部を改正する法律について概要説明資料」7頁

8．おわりに

　近年の生成 AI は、Web 上の情報を収集し、加工して、学習済みモデルを生成し、人間の質問に対して回答できるように深層学習を重ねた結果、人間の質問に対して確率的・統計的にもっともらしい回答が得られることになった。これら生成 AI を利用することにより、問題解決に必要な検索、回答等を効率的に出力できる上に、更なる人間の日常生活や知的レベル向上に役立てることができるであろう。

　しかし、生成 AI の普及により生成 AI の使用による情報の無断使用、偽情報の拡散が行われ、プライバシー侵害、名誉棄損、著作権侵害等のおそれがあり、今後、利用者側ではかかる問題が起こらないように、AI の情報の入力時、利用時に最大限の注意を払い、問題が生ずるおそれがある情報の利用について、従来のオプトアウト方式からオプトイン方式に移行することを通じて、第三者の権利・利益が侵害されないような注意義務を負う必要があろう。

　生成 AI の開発状況や受容状況が進歩することに疑う余地はないが、生成 AI に関する議論は現時点では始まったばかりであり、事業者向けの資料や著作権に関する資料が取りあえず作成されてはいるが、その具体的な内容は不明である。例えば著作物を生成 AI 学習に無断利用できない「著作権者の利益を不当に害する場合」とはどのような場合か、既存の著作物と類似の AI 生成物が侵害か否かをいかに判断するか、著作権侵害の場合の差止請求をどの範囲まで認めるか、生成 AI にどの程度まで具体的に指示すれば、生成物が著作物と認められるか等である。

　今後、生成 AI のメリット／デメリットを把握し、生成 AI の利用者がうまく利活用できるようにすることが必要であるとともに、そのあたりの啓発教育をすることも必要となろう。

　また、海外にビジネスを展開する各企業については生成 AI に対する考え方が各国によって異なるため、各国の規制を把握し、社員教育を進めていく必要があろう。

参考文献

(刊行誌等)
- 文化庁「著作権審議会第9小委員会(コンピュータ創作物関係)報告書」(1993.11)
- 内閣府知的財産戦略本部「知的財産推進計画2016」(2016.5.9)
- 知的財産戦略本部検証・評価企画委員会新たな情報財検討委員会「新たな情報財検討委員会報告書」(2017.3.13)
- 文化審議会著作権分科会「文化審議会著作権分科報告書(2017.4)
- 知的財産戦略本部「知的財産推進計画2017」(2017.5.16)
- 文化庁「著作権法の一部を改正する法律案概要説明資料6」(2018.3.19)
- 知的財産戦略本部「知的財産推進計画2018」(2018.6.18)
- 文化庁「デジタル化・ネットワーク化の進展に対応した柔軟な権利制限規定に関する基本的な考え方」(2019.10.24)
- 文化庁著作権課HP「令和5年度著作権ンセミナー『AIと著作権』」(2023.6.18開催)
- 知的財産戦略本部「知的財産推進計画2023」(2023.6.23)
- 文化審議会著作権分科会法制度小委員会(第1回)資料3「AIと著作権に関する論点整理について」(2023.7.26)
- 鳥居恵美子弁護士HP「平成30年著作権法改正によって、企業の実務はどう変わるか」(2018.8.23)
- 生駒正文＝土井典子「AI(人工知能)創作物と著作権」(「特許ニュース」14953号[2019.06.19])
- 横山久芳「AIに関する著作権法・特許法上の問題」(「法律時報」91巻8号52頁[2019])
- 愛知靖之「AI生成物・機械学習と著作権法」(「パテント」73巻8号144頁[2020]〈別冊23〉)
- 柿沼太一弁護士HP『生成AIと著作権侵害』の論点についてとことん検討してみる」(2023.7.3)
- スター綜合法律事務所HP「著作権法改正新47条の5」(2023.8.29)

(書籍)
- 生駒正文＝久々湊伸一『著作権法要論』(マスターリンク[2012])
- 半田正夫＝松田正行『著作権法コンメンタール2[第2版]：26条～88条』(勁草書房[2015])
- 吉備国際大学大学院知的財産学研究科編集局『知的財産法学の世界：吉備国際大学知的財産学研究科10周年記念、土井輝生先生追悼記念、久々湊伸一先生米寿記念論文集』(マスターリンク[2020])
- 増田雅史＝輪千浩平ほか『ゼロからわかる 生成AI法律入門』(朝日新聞出版[2023])
- 福岡真之介＝松下外『生成AIの法的リスクと対策』97頁(日経BP[2023])
- 寺島英輔＝小谷野雅晴『法律事務所のためのChatGPT利活用ガイドブック』(日本加除出版[2023])

20年後の弁理士のあるべき姿
"Chance! Challenge! Change!" 昇先生 IZM を受けて

One Global Ip 特許事務所 所長 弁理士　豊山 おぎ

1．はじめに

　まずは藤本昇先生及び御家族の皆さまに心から喜寿のお祝いを申し上げます。

　振り返れば、著者が大学在学中に弁理士試験を目指していた時に藤本先生と出会い、それから間もなく30年になろうとしている。

　藤本先生には受験生時代、藤本先生の行きつけで、おいしいお任せ料理でお腹いっぱいにしてくれる心斎橋の小料理屋によく連れて行ってもらったことを覚えている。

　そこでいつも藤本先生が、「弁護士は紛争を解決する事後対応だが、弁理士はビジネスを守る予防法務！　これからは弁理士が大いに活躍する時代だ！」と、知財を担う弁理士について熱弁を振るわれるのを聴いて、私も企業ビジネスに貢献したいとワクワクする気持ちになり、早く弁理士になりたいという思いに駆られた。また、藤本先生は、会う度に「しっかりやれよ！」と応援してくださり、藤本先生に言われると不思議と前向きな気持ちになって力をもらえた。今でも先生に会うと変わらず元気が湧いてきて、弁理士として、より向上したいという気持ちになる。

　これまで様々な特許事務所の所長にたくさんお会いしてきたが、藤本先生には他の先生方とは全く違う熱さと、人を引き付ける圧倒的な魅力がある。

　著者が藤本先生を尊敬するのは、ON の時には熱血な仕事の鬼でも、OFF ではガラッと変わって人懐っこい笑顔を見せて人付き合いをされるところと、とりわけ、著者を含む所員外の者にも同じ弁理士として力強いエールを送ってくれたり、仕事で相談事があったときにはいつも親身になって聴いてくれたりするところで、懐の深さがある点である。

こんなに素敵な藤本先生に30年近くも長くお付き合いをしていただき、藤本先生の事務所の方々をはじめとする他の先生方とともに喜寿をお祝いできることは、本当に幸運で光栄なことだとつくづく思う。

藤本先生のキャッチコピーは、「チャンスを見付けて、チャレンジして、チェンジする！」という"Chance！ Challenge！ Change！"である。

弁理士になる前から先生が言われてきたこのフレーズは、勝手ながら（一応先生にもお断りした上で）自分のキーフレーズにさせていただいている。

このようなすばらしい記念の論文集に寄稿できる機会を頂いたことに感謝し、「昇先生IZM」を受けた後輩の一人として、拙稿ながら20年後の弁理士のあるべき姿について述べたいと思う。

2．過去30年の知財の動きと弁理士の役割り

過去30年の日本の知財を振り返ると、バブル崩壊後も知財活動自体は成長期にあったと思われる。1990年後半頃から知財制度改革が進められ、2002年に知財立国宣言がなされてから、産業界は自社の知財の保護に邁進してきた。

具体的には、総務部等に所属させていたいわゆる「昔の特許部」を知的財産部に昇格させるとともに技術開発部門に所属又は併設させ、人材を強化してきた。著者も弁理士試験の合格後、2001年にパナソニックとして初の弁理士採用で入社した一人であり、それ以降、非常に優秀な後輩が続々と入社してきた。

その頃の日本の特許出願件数はピークで約44万件に達し、バブル崩壊後であったにもかかわらず知財制度改革に並走するように出願件数が伸びていたことから、知財力強化のための企業の投資意欲がいかに高かったかが伺える。

その後、特許出願件数は2006年を境に下降し、2009年までの約3年で35万件を切っている。2020年に入ってからは29万件弱付近で横ばいとなっている。世界における出願件数を競ってきた日本の電気機械メーカー等が「量より質」をうたい始め、対象を絞って出願するようになった影響が最も大きいと思われるが、バブル崩壊後、知財強化の対応とは裏腹に、日本経済が低迷の一途をたどってきた事実も少なからず反映しているともいえよう。

企業活動を取り巻く外部環境の大きな変化と新たな産業構造、旧来からの組織体制やマインドを変えられない企業があることによるところが大きいとはいうものの、知財強化をもってビジネス強化を追求してきた専門家の立場としては、これまでやってきたことは何であったのかという感を覚えずにはいられない。

　規制緩和による国際競争の激化、各種技術分野における新興国の台頭といった外部環境の変化への対応については行政等に委ねられるとして、第4次産業革命の到来といわれているICTやAIによる技術開発及び知財活動の新たな時代にしっかりと対応していくことは、弁理士として必須であると考える。そこで、特にAIに関連して、これから弁理士としてどのような対応が必要か、今後の課題について考える。

3．AI時代における弁理士の課題

　AI時代において弁理士に迫られる対応は、大きく2つに分けられると考える。1つは、（1）知的財産保護の相談を受ける専門家としての対応、すなわちAI及びAIを用いて創出された知的財産をどのように保護していくかという課題への備えである。もう1つは、自己の業務効率の向上、すなわち（2）知財業務の革新的変化への対応である。

　AIは、2016年に「アルファ碁」がトップ棋士の李世乭（イセドル）を破り、2022年11月頃にChatGPTが発表されてから巷でも大きな注目を集めるようになったが、そもそもいつから研究され、どのように発展してきたものなのか。

（1）AIにより創出された知的財産の保護

　AIの開発は、実は古く1950年代に始まり、1950～1960年代の第1次人工知能ブーム（探索と推論で特定の問題に対して解を示せるが単純な仮説の問題を取り扱えるレベル）、1980年代の第2次人工知能ブーム（知識を与える、すなわち専門分野の知識をベースに推論できるが、コンピュータ自体が自ら必要な情報を収集して蓄積できるレベルではない。）を経て、2000年代から現在に至って第3次人工知能ブーム（機械学習及びディープラーニングの実現）が続いている[1]。

ディープラーニングによるAIは、上記したように2016年に囲碁でプロ棋士に勝利し、2017年に将棋で名人棋士に勝利するなど、近年急速に進化している。産業分野でも、自動車の自動運転、画像診断、商品の検品、システムの異常検知、メーカーのウェブサイトにおけるチャットボット、文書・画像作成などの様々な分野で広く活用されている。ほかにも、疾患と関連する遺伝子やタンパク質を特定する創薬ターゲット探索や熟練工の技術の再現など、医薬品等の開発でAIが活用されている。近年のAIの劇的な進化を考えると、近い将来、AIが従来技術の課題に対して解決手段を提示する、すなわち発明をすることも可能になると考えられている。

　AIが自ら複雑な判断ができなかった第2次人工知能ブーム又は第3次人工知能ブームでの機械学習においては、与えられた課題に対してAIが自ら発明をすることは困難であったため特段問題にならなかったが、ディープラーニングによりAIが発明をすることができるようになり始めた今、AIがした発明の取扱いについて特許法上の検討課題が生じている。

　AIがした発明の保護に関する主な論点としては、① 特許法上、AIが用いられた発明（以下、「AI生成発明」という。）について、AIは発明者になれるか、又は自然人を発明者と認めるために、発明に対する自然人の関与がどの程度必要かという点と、② AIによりなされた発明の特許性とがある。

　これらの論点は、今後AIがますます活用されることが想定される中で、AI生成発明は従来の特許出願の主体及び審査における取扱いを大きく変え、ひいては特許制度そのものの趣旨に影響を与えかねない内容である。

　① AIの発明者適格については、各国で大きな議論を呼んだいわゆる「DABUS出願」がある。DABUSとは、Stephan Thalar氏が開発した人工知能であり、DABUS出願は、Thalar氏らが2023年12月20日にAI"DABUS"を発明者及び特許を受ける権利を有する者として（Thalar氏自身は発明者

---

[1] 総務省　情報通信白書平成28年版ポイント　第1部　特集 IoT・ビッグデータ・AI〜ネットワークとデータが創造する新たな価値〜第2節　人工知能（AI）の現状と未来(2)人工知能（AI）研究の歴史　https://www.soumu.go.jp/johotsusintokei/whitepaper/ja/h28/html/nc142120.html

でないとした。)、英・米・EPO・PCT・豪・日等に提出された[2]。

　この出願に対し、オーストラリアを除き、日本を含む各国特許庁は、結論としておおむね同様に、AIは発明者になれないとした。具体的に、欧州特許庁は、発明者の表示について規定する欧州特許条約（EPC）81条及び発明者の指定について規定する規則19(1)に基づき、発明者は機械ではなく人間でなければならず、AIを発明者とした場合、EPCの要件を満たさない、として出願を拒絶した。英国特許庁は、英最高裁が2023年12月に発明者は人間か企業でなければならないとして、AIシステムが考案した発明品の特許登録を認めない判断を示した。米国特許商標庁は、特許法において「発明者とは、発明の主題を発明又は発見した個人又は共同発明の場合にはその個人の総称」（35USC§100）と明確に定義されていることを根拠に、AIの発明者適格性を否定した。

　日本においても、AIは、人工知能が自律的に生成した創作物（発明・デザイン等）について、「産業上利用することができる発明をした者（特許法29条1項柱書）」にいう自然人ではないため、発明者適格を有さず、発明者に認められる「特許を受ける権利を有する者」にもならないと考えられている[3]。

　一方、オーストラリアのみ、特許庁としては、AIは発明者たり得ないとして発明者名の記載がないことを理由に出願を却下したが、連邦裁判所は、AIが発明者たり得ることを認め、特許庁の処分を覆している。

　以上のとおり、オーストラリアを除き、日本を含む諸外国においては、現時点でAIは発明者適格を有しないと判断されている。その結果、日本の現行法では、AI生成発明の完成における自然人の寄与度がないといえるような場合には、その発明について発明者不在となり、現行特許法の下では保護されないという事態が生ずる。また、自然人の寄与度が幾分かはあっても本質的な部分についてはAIの貢献がほとんどであるといった場合、自然人のみが唯一の発明者となることについても疑問が生ずる。

---

[2]「英国最高裁判所、AI『DABUS』を発明者とする特許出願について判決」2024年1月8日JETROデュッセルドルフ事務所 https://www.jetro.go.jp/ext_images/_Ipnews/europe/2024/20240108.pdf
[3] 知的財産戦略本部検証・評価・企画委員会次世代知財システム検討委員会「次世代知財システム検討委員会報告書」（2016年4月）22頁注33。

この点、願書に記載された者が真の発明者であるかどうかは方式審査において実質的に審査されるわけではないので、日本の特許出願では願書に自然人の氏名を記載しておけば実務上の問題は生じないようにも思われる。しかし、発明が実質的にAIのみによってなされたものであることが特許権の発生後に証明された場合には、特許法29条1項柱書違反として無効理由が生ずることになる（123条1項2号）。また、発明者が存在しない以上、そもそも特許を受ける権利は生じていないため、特許が「特許を受ける権利を有しない者の特許出願に対してされた」（123条1項6号）こととなり、冒認にも該当し得る。ただ、特許を受ける者が不在のため、無効審判が請求されることはない（123条2項）[4]という法の想定外の状態となる。

　また、米国においては、実質的な発明を成したのはAIであるにもかかわらず安易に自然人を発明者として願書に記載した場合、ディスカバリー制度によってAI発明であることが暴かれ、特許無効とされてしまう可能性があることにも注意が必要であろう。

　以上のとおり、AIが単独で成したAI生成発明は特許権による保護を受けられないことになるが、他国と同様に日本は国としてもAIの利活用を推進しており、発明に対する人間の実質的な貢献なくAIが単独で創作する発明は近い将来実現し、増加していくことが予想される。

　AI生成発明に関して自然人を発明者と認めるためには発明に対する自然人の関与はどの程度必要か、又はAIを発明者とみなすべきかどうかは、産業の発展のためにどのような発明を保護していくべきかという特許制度の本質に関わり得る。これをどのように考えるべきかについては、AI生成発明の進歩性の考え方にも関係している。

　そこで次に、② AI生成発明の特許性について検討する。

　特許要件の一つである発明の進歩性は、その発明が属する技術分野における通常の技術水準を有する者、いわゆる当業者が既存の技術（公知技術）に基づいて容易に発明をすることができたか否か、に基づいて判断される。

---

[4] 中山一郎「AI関連発明の発明者」（「パテント」74巻11号50頁［2021］〈別冊26〉）

仮にAIを発明者とみなす場合、AIは当業者とみなされそうであるが、AIは現行法において自然人ではないので、当業者にはならない。そうとすると、設定されたアルゴリズムに基づいて圧倒的な量の蓄積データを処理可能であり、技術課題への解を容易に提示することができるAI生成発明の特許が氾濫する事態が生じてしまう。これに対しては、AIを言わば技術水準の一つと捉え、発明をするために「当業者がどのような手段を備えているか」を考慮し、当該技術分野における当業者がどのような者であるかを評価する際には、技術の発展全般、特にAIの利用も考慮に入れるべきであるとする考え方がある[5]。

　この考え方によれば、AIを利用することが関連技術分野における通常の実験手段となっているかどうかを基準として、「AIを利用することが関連技術分野における通常の実験手段でない場合には、(出願の発明者がAIを利用していたとしても) AIを利用しない当業者にとってその発明が自明でなければ特許を付与することができる。逆に、AIの利用が関連技術分野における通常の実験手段である場合には、当業者の技量が引き上げられ、AIの利用が考慮されることになる。このため、(たとえ出願の発明者がAIを利用していなかったとしても) AIを利用する当業者にとって発明が自明である場合には特許が許されず、発明が自明ではない場合に特許が付与される。そして、AIの利用度は、業界の動向について調べ、研究することを通じ、その分野における一般的な発明慣行を参照することで決定すればよい」と提言されている[6]。

　確かにある程度系統立ったデータが蓄積されやすくAIが利用されやすい技術分野と、系統立ったデータの蓄積が困難又は容易ではないためAIが利用されにくい技術分野が存在する。前者としては例えば医薬品開発や化学分野があり、後者としては例えば機械構造技術がある。

　よって、AIが利用されやすい分野と利用されにくい分野もある程度は分類できそうに思われる。

---

[5] アナ・ラマルホ「AIにより生成された発明の特許性－特許制度改革の必要性」(2018年3月、平成29年度産業財産権制度調和に係る共同研究調査事業調査研究報告書
[6] 同上

技術水準の判断要素の一つにAIの利用可能性を加えることが可能であれば、特許要件において進歩性を求める意義、すなわち既存技術に基づき容易に想到し得る発明を保護することによる弊害の防止の趣旨に沿うように思われる。しかし、AIの利用は、利用される発明創造の段階や利用の度合いによっても異なる。また、どのようなAIが当該技術分野で一般的に利用されているのかについて、審査において把握することは困難であろう。

したがって、進歩性の判断基準に創作時におけるAI利用度を取り込むことは、決して容易ではないと思われる。ただし、有用な技術や知的財産を生み出していくディープラーニングをするAIが普及するのはこれからであり、どのように発展するかは未知数であるので、ディープラーニングのAIが普及して一般的になれば、各分野におけるAIの技術水準が分かりやすくなるかもしれない。

AIが単独で発明を次々に創出するのはまだ先であるとしても、AIは、一層の進化を遂げれば、人に実質的な発明能力がなくてもこれまでの進歩性の基準を容易に超えてくる発明を簡単に生み出す可能性もある。また、特許制度の趣旨は、人が知的な創作活動の結果として生み出した有用な発明を世の中に開示する対価として発明者に独占排他権を付与することにある。

これらの点を踏まえると、特に発明能力を有しない者が優れたAIを用いて容易に成した発明に特許権を付与する意義があるのか、知的財産法の考え方から変わっていく可能性も考えられる。したがって、10年から20年後に産業及び知的財産システムがどのように変わっていくのかを検討し、積極的に新たなサービスの形を作り出していくことが知的財産の保護を担う弁理士に求められよう。

（2）知財業務の革新的変化への対応

次に、AIの進化による知財業務の革新的な変化への対応としては、前述した知財システムの変化への積極的な対応に加え、業務の一部がAIによってできるようになることへの対応がある。

現状として、知的財産分野においても、既に特許明細書作成や機械翻訳などで一定程度 AI の活用が進んでいる。自動翻訳ツールなどは、完璧ではないものの 5 年ほど前と比較すると飛躍的に正確性が向上した。一方、民間企業が提供している明細書自動作成ソフトは、まだ進化の途上にあるといわれている。現在提供されている明細書自動作成ソフトは、発明について利用者が設定した仮クレームに関連して技術的に近い先行文献を可能な範囲で多く抽出し、仮クレームの各文言を説明していると考えられる先行文献内の記載の候補を提示し、最も説明にふさわしい記載を利用者に選定させてシステム上で明細書内に反映していくことで、特許明細書を半自動で作成できるようにしている。

　恐らく現行のソフトは、先行文献調査及び「仮クレームの各文言を説明していると考えられる先行文献の記載の候補を提示する」という工程において AI を用いていると思われるが、全工程における AI の活用割合及び AI が利用されているプロセスの精度を総合的に見て、現時点での明細書の自動作成ツールは、特許明細書作成における 10％から 50％程度の労力削減にとどまり、実用化レベルに達しているとまではいえないと思われる。

　しかし、AI の急速な進化を考えると、5 年後から 10 年後にはより高度な出願書類の作成等が可能になっていくのではなかろうか。なお、特許明細書の作成業務その他の業務において積極的に AI を利用していくことは非常に重要であると思われるが、特許明細書の作成は、自らの頭を使って最も適切な表現を考えて文章を起こしていくことで、当該技術をより深く、かつ、細部にわたって理解することができ、記載される技術内容の一層の充実化を図ることができるものと考えている。

　したがって、特許明細書の作成を AI に頼り過ぎると、他者がした技術理解の結果の文章を用いて「コピペ」により技術説明を組み立ててしまうことになるため、安易に表現を選択してしまいがちになる上、権利化したい技術の理解を深掘りする機会が損なわれ、文章の作成能力及び発明を研ぎ澄ます力が低下することも若干懸念される。

ただ、いずれにしても、AIが従来の弁理士業務を大きく変化させていくことは確実であるので、AIの活用をポジティブに捉え、業務が大幅に削減されることにより、重要な業務により多くの時間を充てることが可能になると考えるべきであろう。

実際、特許事務所及び企業の知財部門における業務には、両者が重複して行っている作業を含む無駄や、人手よりも機械でミスなく進めるべきルーティン業務が相当量存在する。また、企業全体の90％以上を占め、日本産業を支えているといわれる中小企業においては、知財対策が十分に行き届いているとはいえない。

したがって、弁理士としては、AIを極力活用してこれらの点に積極的に取り組み、より充実したサービス、ひいては知財システムを構築していくことで、将来を見据えたより有意義な対応ができるようになると思われる。

内閣府が開示している白書[7]にも示されているように、ICT及びビッグデータをインターネット等を通じて集約・分析及び活用することによる新たな経済価値の創出、並びにAIによる複雑な判断を伴う労働やサービスの機械による提供はコアとなる技術革新であり、この技術革新による第4次産業革命は既に到来している。そして、産業界においても、AIが人の発明能力を超えて、あるいは人の発明能力なしに発明してしまうという点で、現行の知的財産法では対応し切れなくなるであろうAI時代が目前に迫っている。したがって、AI自体及びAI生成発明の日本社会における位置付けを明確にし、10年後又は20年後を見据えた制度設計を早期に進めていくことは喫緊の課題であると考える。

そして、個々の弁理士としては、急速なAI技術の広がりへの対応として、AI関連技術をいかに登録させるかといった手近な出願業務に終始せず、AIによって企業の技術開発が20年後にどのように変わり、それに伴って知的財産保護のシステムがどのようになっていくかを想定し、企業の知的財産保護

---

[7] 日本経済2016－2017 第2章 新たな産業変化への対応（第1節）第1節 第4次産業革命のインパクト

をどのように変化させていくべきか、弁理士としてどのような役割を果たしていくべきかを考えていかなければならない。そのためにも、内閣府の知財戦略本部が推進する会議等において、弁理士が実質的な議論にもっと参画していかなければならないと思う。

　意外なことに、2023年の時点で、知的財産戦略会議の構想委員に弁理士が1人しか明記されていない（タイトルとして弁理士を記載されていない方がいる可能性はあるが、弁護士は少なくとも3人在籍している。）のであるが、第4次産業革命といわれる大きな転換期を迎えていることを考えると、日本弁理士会全体としても、もっと視点を先に据えて、積極的にAI時代を迎えて変革を支えるべく貢献する余地があるように思われる。

3．おわりに

　特許明細書の作成以外の業務を直ちに始めることや、AIのみによって発明が次々と生まれる時代に一足飛びに対応することを直ちに検討する必要はないかもしれないが、予防法務を担う弁理士としては、第4次産業革命によって変わっていく10年から20年後の新時代に沿うよう、AIによる進化の中にチャンスありと考え、自らチャレンジして、チェンジしていくことで、新たに求められる企業ビジネスの保護に寄り添うことができ、将来にわたって企業に求められる存在であり続けられるのではないかと考える。

工業デザインの著作権による保護

若本法律特許事務所 代表弁護士　若本 修一

1．はじめに

　本稿は、古くから議論されている工業デザインの著作権法による保護について判例及び学説を整理するとともに、「TRIPP TRAPP」控訴審判決後に出された裁判例を振り返り、著作権法による保護が認められるか否か、認められるとした場合の要件について検討を加えるものである。

　工業デザインを保護する法律として、まず検討されるのは意匠法であるが、意匠法による保護を受けるためには意匠登録が必要となり、意匠登録を受けるためには新規性と創作非容易性という要件を満たさなければならない。

　しかし、製品が一旦市場に流通すれば新規性が失われ、原則として意匠登録を受けることができなくなる。一方、ライフサイクルが短い製品であれば、時間や費用の面から意匠出願を控えることも無理からぬところである。

　こうした製品のデザインを保護するために検討されるのが、著作権法である。著作権法は、登録手続を経ることなく著作物であれば保護されるため、製品のデザインが著作権の保護対象となれば、デザインする側にとって極めて有効であるが、従来の判例は、量産される実用品に用いられたデザインについて、「純粋美術と同視できる」ことを必要とするなど、限定的にしか著作物性を認めないという立場をとっていた。

　このような判例と立場を異にする判断を下したのが、「TRIPP TRAPP」控訴審判決（知財高判平成27.04.14 判時2267号91頁）である。

　同判決は、実用に供され、あるいは産業上の利用を目的とする表現物についても、通常の著作物と同じく創作性の判断によるべきことを示し、幼児用椅子のデザインに著作物性を認めたものであり、実務上大きな影響を与えている。

第Ⅳ章　AI・著作権

　この問題は、従来、応用美術の著作権法による保護の問題として扱われてきたため、本稿においても、応用美術と著作権に関する従前の判例・学説を概要したのち、「TRIPP TRAPP」控訴審判決とその後に出された裁判例を検討し、併せて今後の保護の在り方について考察する。

2．応用美術の著作物性に関する学説及び従来の判例
（1）現行法の条文

　著作権法2条1項1号は、「著作物」について、「思想又は感情を創作的に表現したものであつて、文芸、学術、美術又は音楽の範囲に属するものをいう」と規定している。そして、著作物の例示として、同法10条1項4号に「絵画、版画、彫刻その他の美術の著作物」が挙げられている。

　ここでいう「絵画、版画、彫刻」は鑑賞を目的として作成されたものであり、「純粋美術」と呼ばれている。

　では、「美術の著作物」として保護されるのは、純粋美術に限られるのか。

　同法2条2項は「『美術の著作物』には、美術工芸品を含むものとする」と規定している。起草者によると、「美術工芸品」とは、「壺・壁掛けなどの一品製作の手工的な美術作品」と説明されているが、「美術工芸品」に当たらない応用美術が美術の著作物として保護されるか否かは明らかではない。

　この点に関しては、保護対象となる応用美術を美術工芸品に限定した規定であると解する限定説と、同条項の美術工芸品は例示であり、美術工芸品に当たらない応用美術も著作物として保護され得ると解する例示説の対立があるが、例示説が多数説であり、判例も同様である。

　そこで問題となるのは、美術工芸品以外の応用美術が著作物となり得るとした場合の判断基準である。この点については、応用美術を純粋美術と区別して取り扱う区別説と、応用美術であっても他の著作物と同様に創作性が認められれば著作物として保護されるとする非区別説の対立がある。

　従来の代表的な裁判例は前者の区別説の考え方をとっていたが、「TRIPP TRAPP」控訴審判決では裁判例で初めて後者の非区別説が採用された。

(2) 区別説と非区別説
ア．区別説

　従来の伝統的な考え方[1]は、美術工芸品以外の応用美術は、原則として著作権法ではなく意匠法により保護されるものとし、ただ、応用美術であっても「純粋美術と同視できる」場合には美術の著作物として保護されるというものである。応用美術の著作物性について、通常の著作物と区別して特別の要件を要求する考え方といえる。

　この区別説の中でも、「純粋美術と同視できる」かどうかの判断基準は識者によって異なり、判例も一致しているとまではいえないものの、①「高度の美的表現」「高度の芸術性」「美的創作性」を備えていることを要するとするものや、② 実用目的に必要な構成と分離して美的鑑賞の対象となる美的特性を備えていることを要するとするものがみられる。

　具体的に見ていくと、①については、以下のように判示するものがある。
　「図案・デザイン等は原則として意匠法等の保護の対象とのみなることは勿論のこと、工業上画一的に生産される量産品の模型あるいは実用品の模様として利用されることを企図して製作された応用美術作品も原則的に専ら意匠法等の保護の対象になるわけであるが、右作品が同時に形状・内容および構成などにてらし純枠美術に該当すると認めうる高度の美的表現を具有しているときは美術の著作物として著作権法の保護の対象となりうるわけである」[2]

　「実用品の模様などとして用いられることのみを目的として製作されたものであっても、例えば著名な画家によって製作されたもののように、高度の芸術性（すなわち、思想又は感情の高度に創作的な表現）を有し、純粋美術としての性質をも肯認するのが社会通念に沿うものであるときは、これを著作権法にいう美術の著作物に該当すると解することもできる」[3]

　「当該作品が独立して美的鑑賞の対象となり得る程度の美的創作性を備え

---

[1] 区別説と非区別説の対立を整理したものとして、金子敏哉「日本著作権法における応用美術－区別説（類型的除外説）の立場から－」（「著作権研究」43号88頁［2016］）がある。
[2] 神戸地判姫路支部昭和54.07.09 無体裁集11巻2号371頁〔仏壇彫刻事件〕
[3] 東京高判平成03.12.17 知的裁集23巻3号808頁〔木目化粧紙事件〕

ている場合には、著作権法上の著作物として同法による保護の対象となり得るものと解する」[4]

また、②については、「実用目的の応用美術であっても、実用目的に必要な構成と分離して、美的鑑賞の対象となる美的特性を備えている部分を把握できるものについては、上記2条1項1号に含まれることが明らかな『思想又は感情を創作的に表現した（純粋）美術の著作物』と客観的に同一なものとみることができるのであるから、当該部分を上記2条1項1号の美術の著作物として保護すべきであると解すべきである」[5]と判示するものがある。

区別説では、上記①や②の基準により「純粋美術と同視できる」場合には、「美術…の範囲に属する」著作物（2条1項1号）として著作権法の保護対象となるが、応用美術に限り、創作性（2条1項1号）の要件に加えて「純粋美術と同視できる」という要件を課することになる。

イ．区別説の根拠

区別説が「純粋美術と同視できる」という要件を要求する背景には、通常よりも高い創作性がなければ応用美術に著作物性は認められないとするドイツの「段階理論」[6]の影響を受けているものと考えられるが、その実質的根拠として、① 意匠制度との関係性や、② 応用美術を著作権で保護することによる弊害という点が挙げられる。

まず、①の「意匠制度との関係性」であるが、意匠法の保護を受けるためには設定登録が必要となり、存続期間は出願日から25年である（意匠法21条1項）。

これに対して、著作権法の保護を受けるのに設定登録は不要であり、保護期間も創作時から著作者の死後70年を経過するまでと長期に及ぶ（著作権法51条2項）。

---

[4] 東京地判平成15.07.11 平14(ワ)12640〔レターセット事件〕
[5] 知財高判平成26.08.28 判時2238号91頁〔ファッションショー事件〕
[6] ドイツにおける段階理論については、本山雅弘「応用美術に関するドイツ段階理論の消滅とわが解釈論への示唆」〈『Law&Technology No.64』41頁（民事法研究会[2014]）〉。なお、現在ドイツでは段階理論は採られていない。

しかるに、応用美術が意匠法だけでなく、著作権法の保護対象にもなるのであれば、設定登録をすることなく意匠法よりも手厚い保護を受けることになるため、意匠法の存在意義が失われることになる[7]。

すなわち、意匠法は市場における適正な競争を確保するため、設定登録を受けたものに限り、比較的短期の存続期間を設けているが、意匠法の保護対象となる実用品の美的創作物を著作権法でも保護するならば、早期のパブリックドメイン化により自由競争を促進して産業の発達に寄与することを目的とした意匠法の制度趣旨に反することになる。

次に、②の「著作権法で保護することによる弊害」については、著作者人格権により流通・利用・改良品の開発が阻害される点や、写り込み等の問題が挙げられる。

著作者人格権には保護期間の制限がない。したがって、極めて長期間存続することになる著作者人格権が実用品に認められるとするならば、同一性保持権のために流通過程において正規品に加工ができなくなり、模倣や改良によって産業が発達するという経済原理に反することになる。

また、実用品に広く著作権を認めるとすれば、例えば部屋の写真を撮影してSNS等に掲載すると、そこに家具や服、椅子などが写り込み、著作権侵害が多発するおそれが生ずるとの指摘もある。

ウ．区別説に対する批判

区別説に対しては、応用美術に限り「純粋美術と同視できる」という要件を要求すべきではなく、他の著作物と同様、応用美術についても創作性要件の問題として捉えるべきであるとの批判が非区別説の立場からなされている[8]。

まず、上記イ．①の「意匠制度との関係性」については、応用美術に特別の要件を課する理由にならないとする批判である。

---

[7] 中山信弘『著作権法（第3版）』202頁（有斐閣[2020]）
[8] 例えば吉田和彦「応用美術と著作権について（日本法の観点から）」〈『著作権研究 43』117頁（著作権法学会[2016]）〉では、「応用美術であるからといって、特別の要件を要求すること（特に美術性の程度を高く要求すること）は、問題であるように思われる」とする。

すなわち、「著作権法と意匠法とは、趣旨、目的を異にするものであり（著作権法1条、意匠法1条）、いずれか一方のみが排他的又は優先的に適用され、他方の適用を不可能又は劣後とするという関係は、明文上認められず、そのように解しうる合理的根拠も見出し難い」（前掲「TRIPP TRAPP」控訴審判決）ため、応用美術に著作権法と意匠法との重複適用を避けるために特別の要件を課する理由がないとされる。

また、応用美術は不正競争防止法（2条1項1号、3号）や商標法（2条1項柱書、5条2項1号、2号）でも保護され得るものであるから、意匠法との関係でのみ重複保護を重視する必要性は減っているとの指摘もある[9]。

次に、上記イ.②の「著作権法で保護することによる弊害」に対しては、創作性の要件や保護範囲の設定（実用品は創作幅が狭く侵害とされる範囲も狭くなる。）、権利制限規定の柔軟な解釈により対応すべきであると主張されている。

このうち著作者人格権の点については、著作権法19条3項による氏名表示権の制限や同一性保持権に関する同法20条2項4号の「やむを得ないと認められる改変」の解釈によって、また、写り込みの問題についても同法30条の2の適用あるいは同法46条の拡張解釈によって対応すべきであるとの主張がなされている[10]。

さらに、区別説に対しては、「純粋美術と同視できる」との判断基準が不明確であるとの批判がある。

区別説のうち、「高度の美的表現」「高度の芸術性」等を備えていることを要するとする見解に対しては、美的表現や芸術性の高低を裁判官に判断させることになり適切ではないとの指摘がなされている。また、実用面からの分離可能性を問題とする見解に対しては、一般的な創作性の判断、あるいはアイデア・表現二分論の判断枠組みにおいて、表現の選択の幅の制約を問題とすれば足り、特別の要件として扱う必要がないとの指摘もある。

---

[9] 前掲注8）118頁
[10] 前掲注1）90頁

エ．非区別説

以上の伝統的な見解に対し、応用美術特有の要件を要求せず、他の著作物と同様、表現に創作性（著作権法2条1項1号）が認められれば著作物として保護されるとする非区別説が有力となっている。

非区別説は、上記区別説への批判のほか、同じような美的な表現であるのに、実用品として製作されると著作権法による保護が受けにくくなるのは不当である点を根拠とする。

例えば漫画やテレビアニメが先行し、その中のキャラクターを人形として製作すれば創作性だけが要件とされるにもかかわらず、最初から人形として製品開発・製作した場合は実用品として特別の要件が課されるというのは、同じ人形であるのに不合理であるとする。

「TRIPP TRAPP」控訴審判決は、この非区別説の立場に立つものである。

3．「TRIPP TRAPP」控訴審判決とその評価、考察
（1）概要

「TRIPP TRAPP」控訴審判決では、従来の裁判例と異なり、非区別説に立つことを明らかにした上で、実用品である幼児用椅子のデザインに著作物性を認めた。もっとも、被控訴人製品は、控訴人製品の著作物性が認められる部分と類似しているとはいえないとして、結論として著作権侵害は否定されている。

この事案で第一審[11]は、「原告製品は工業的に大量に生産され、幼児用の椅子として実用に供されるものであるから…、そのデザインはいわゆる応用美術の範囲に属するものである。そうすると、原告製品のデザインが思想又は感情を創作的に表現した著作物（著作権法2条1項1号）に当たるといえるためには、著作権法による保護と意匠法による保護との適切な調和を図る見地から、実用的な機能を離れて見た場合に、それが美的鑑賞の対象となり得るような美的創作性を備えていることを要すると解するのが相当である」

---

[11] 東京地判平成26.04.17 平25(ワ)8040

「本件についてこれをみると、原告製品は、…幼児の成長に合わせて、部材G（座面）及び部材F（足置き台）の固定位置を、左右一対の部材Aの内側に床面と平行に形成された溝で調整することができるように設計された椅子であって、その形態を特徴付ける部材A及び部材Bの形状等の構成…も、このような実用的な機能を離れて見た場合に、美的鑑賞の対象となり得るような美的創作性を備えているとは認め難い。したがって、そのデザインは著作権法の保護を受ける著作物に当たらないと解される」と判示して、著作物性を否定していた。

控訴審判決は、応用美術の著作物性を創作性要件の問題と捉え、作成者の個性が発揮されたものか否かという他の表現物と同等の基準で著作物性を判断すべきと判示して、非区別説の立場に立つことを明らかにした。

また、この控訴審判決では、応用美術につき、高い創作性や、実用的な機能からの分離可能性を要件とする従来の考え方は相当ではないこと、「美的」という概念が主観的評価に係るもので判断基準としてなじみにくいことが指摘されている。

さらに、区別説の根拠とされる意匠法と著作権法の重複適用による弊害に対しても、現実的なおそれは認め難いと述べており、従来の裁判例とは対照的な判断を行っている。

（2）判旨
ア．応用美術の著作物性について

「…いわゆる応用美術と呼ばれる、実用に供され、あるいは産業上の利用を目的とする表現物…が、『美術の著作物』に該当し得るかが問題となるところ、応用美術については、著作権法上、明文の規定が存在しない」

「しかしながら、著作権法が、『文化的所産の公正な利用に留意しつつ、著作者等の権利の保護を図り、もって文化の発展に寄与することを目的と』していること（同法1条）に鑑みると、表現物につき、実用に供されること又は産業上の利用を目的とすることをもって、直ちに著作物性を一律に否定す

ることは、相当ではない。同法2条2項は、『美術の著作物』の例示規定にすぎず、例示に係る『美術工芸品』に該当しない応用美術であっても、同条1項1号所定の著作物性の要件を充たすものについては、『美術の著作物』として、同法上保護されるものと解すべきである」

「著作物性の要件についてみると、ある表現物が『著作物』として著作権法上の保護を受けるためには、『思想又は感情を創作的に表現したもの』であることを要し（同法2条1項1号）、『創作的に表現したもの』といえるためには、当該表現が、厳密な意味で独創性を有することまでは要しないものの、作成者の何らかの個性が発揮されたものでなければならない。表現が平凡かつありふれたものである場合、当該表現は、作成者の個性が発揮されたものとはいえず、『創作的』な表現ということはできない」

「応用美術は、装身具等実用品自体であるもの、家具に施された彫刻等実用品と結合されたもの、染色図案等実用品の模様として利用されることを目的とするものなど様々であり…、表現態様も多様であるから、応用美術に一律に適用すべきものとして、高い創作性の有無の判断基準を設定することは相当とはいえず、個別具体的に、作成者の個性が発揮されているか否かを検討すべきである」

イ．控訴人製品は著作物か

控訴人製品の形態的特徴を、「①『左右一対の部材Ａ』の2本脚であり、かつ、『部材Ａの内側』に形成された『溝に沿って部材Ｇ（座面）及び部材Ｆ（足置き台）』の両方を『はめ込んで固定し』ている点、②『部材Ａ』が、『部材Ｂ』前方の斜めに切断された端面でのみ結合されて直接床面に接している点及び両部材が約66度の鋭い角度を成している点」と認定し、これらの点が、作成者である控訴人の「個性が発揮されており、『創作的』な表現というべきである」として著作物性を肯定し、「美術の著作物」に該当すると認定している。

ウ．応用美術の著作物性が肯定されるためには、実用的な機能を離れて見た場合に、美的鑑賞の対象となり得るような美的創作性を備えていることを要するとの考え方に対して

「…応用美術には様々なものがあり、表現態様も多様であるから、明文の規定なく、応用美術に一律に適用すべきものとして、『美的』という観点からの高い創作性の判断基準を設定することは、相当とはいえない」

「実用品自体が応用美術である場合、当該表現物につき、実用的な機能に係る部分とそれ以外の部分とを分けることは、相当に困難を伴うことが多いものと解されるところ、上記両部分を区別できないものについては、常に著作物性を認めないと考えることは、実用品自体が応用美術であるものの大半について著作物性を否定することにつながる可能性があり、相当とはいえない」

「加えて、『美的』という概念は、多分に主観的な評価に係るものであり、何をもって『美』ととらえるかについては個人差も大きく、客観的観察をしてもなお一定の共通した認識を形成することが困難な場合が多いから、判断基準になじみにくいものといえる」

エ．著作権法及び意匠法の重複適用は相当ではなく、著作権法上保護されることによって当該応用美術の利用、流通に係る支障が生ずることを甘受してもなお、著作権法を適用する必要性が高いものに限り、著作物性を認めるべきとする考え方に対して

「著作権法と意匠法とは、趣旨、目的を異にするものであり（著作権法1条、意匠法1条）、いずれか一方のみが排他的又は優先的に適用され、他方の適用を不可能又は劣後とするという関係は、明文上認められず、そのように解し得る合理的根拠も見出し難い」

「意匠権は、他人が当該意匠に依拠することなく独自に同一又は類似の意匠を実施した場合であっても、その権利侵害を追及し得るという点において、著作権よりも強い保護を与えられているとみることができる。これらの点に

鑑みると、一定範囲の物品に限定して両法の重複適用を認めることによって、意匠法の存在意義や意匠登録のインセンティブが一律に失われるといった弊害が生じることも、考え難い」

「以上によれば、応用美術につき、意匠法によって保護され得ることを根拠として、著作物としての認定を格別厳格にすべき合理的理由は、見出し難いというべきである。

かえって、応用美術につき、著作物としての認定を格別厳格にすれば、他の表現物であれば個性の発揮という観点から著作物性を肯定し得るものにつき、著作権法によって保護されないという事態を招くおそれもあり得るものと考えられる」

「応用美術は、実用に供され、あるいは産業上の利用を目的とするものであるから、当該実用目的又は産業上の利用目的にかなう一定の機能を実現する必要があるので、その表現については、同機能を発揮し得る範囲内のものでなければならない。応用美術の表現については、このような制約が課されることから、作成者の個性が発揮される選択の幅が限定され、したがって、応用美術は、通常、創作性を備えているものとして著作物性を認められる余地が、上記制約を課されない他の表現物に比して狭く、また、著作物性を認められても、その著作権保護の範囲は、比較的狭いものにとどまることが想定される」

「以上に鑑みると、応用美術につき、他の表現物と同様に、表現に作成者の何らかの個性が発揮されていれば、創作性があるものとして著作物性を認めても、一般社会における利用、流通に関し、実用目的又は産業上の利用目的の実現を妨げるほどの制約が生じる事態を招くことまでは、考え難い」

オ．工業製品一般に広く著作権を認めることになれば、著作権の氾濫という事態を招来するとの考え方に対して

「著作物性が認められる応用美術は、まず『美術の著作物』であることが前提である上、…その実用目的又は産業上の利用目的にかなう一定の機能を発揮し得る表現でなければならないという制約が課されることから、著作物

性が認められる余地が、応用美術以外の表現物に比して狭く、また、著作物性が認められても、その著作権保護の範囲は、比較的狭いものにとどまるのが通常であって、被控訴人主張に係る乱立などの弊害が生じる現実的なおそれは、認め難いというべきである」

カ．著作権侵害の有無

著作権侵害の有無を判断するに当たっては、控訴人製品において著作物性が認められる上記イ．①②の形態的特徴につき、控訴人製品と被控訴人製品との類否を検討すべきであるとした上で、被控訴人製品は、①の点で控訴人製品と相違することが明らかであると認定した。

一方、②の点は控訴人製品と共通ないし類似性が認められるが、脚部の本数に係る①の相違は、椅子の基本的構造に関わる大きな相違といえ、その余の点に係る共通点を凌駕するものというべきであり、被控訴人製品は、控訴人製品の著作物性が認められる部分と類似しているとはいえないとして、著作権侵害を否定した。

（3）評価

この判決に対しては、以下のような指摘がなされている。

まず、区別説の立場から、著作権法による保護を認めた場合の弊害は回避できるとする点に対する懸念である。

本判決は、「著作物性が認められる応用美術は…その実用目的又は産業上の利用目的にかなう一定の機能を発揮し得る表現でなければならないという制約が課されることから、著作物性が認められる余地が、応用美術以外の表現物に比して狭く、また、著作物性が認められても、その著作権保護の範囲は、比較的狭いものにとどまるのが通常であって、被控訴人主張に係る乱立などの弊害が生じる現実的なおそれは、認め難い」と述べている。

しかし、保護範囲の限定によって、著作権保護の弊害に対応し切れるのか疑問である。実用品において機能に係る部分とそれ以外の部分を峻別することは実際上難しく、アイデアと評価されるべき機能が著作物として保護されてしまうことに対する懸念もあり、「著作権保護の範囲は、比較的狭いものにとどまるのが通常であって、…乱立などの弊害が生じる現実的なおそれは、認め難い」とまではいえないのではないかと思われる。

　また、保護範囲が限定されるとしても、実用品について70年もの長期間にわたり、類似品の流通・利用が禁止されることは応用美術の発展の妨げになる。

　殊に著作物には人格権が認められているが、実用品に対して人格権を認めると、改良品の開発にも支障が生じ、流通が阻害されることになる[12]。

　次に、本判決は、他の幼児用椅子に見られない形態的特徴（前記（２）判旨イ「控訴人製品は著作物か」記載の①②）に個性の発揮が認められ、創作性の要件を満たすと判示しているが、これらの形態的特徴が、アイデアあるいは機能に係る部分として評価されるべきではなかったかという疑問である。

　本判決は、控訴人製品の形態的特徴①②が、幼児用椅子としての機能に係る制約により選択の余地（左右一対の部材の２本脚でない構成、溝に沿って座面や足置き台をはめ込まない構成、ＡＢ両部材の角度が66度ではない構成）がなく、必然的に導かれるものということはできない（＝選択の余地がある。）として、創作的な表現であると認定した。

　しかし、本判決で形態的特徴として選択の余地があるとされたものは「表現」ではなく、アイデアにすぎないとの批判がある[13]。

　著作権法では表現のみが保護され、アイデアは保護されないとする一般的な考え方（アイデア・表現二分論）の運用には、どのようなものに著作物性を認め、どのようなものを保護しないかについての共通認識を必要とするが、

---

[12] 中山信弘「応用美術と著作権」（「論究ジュリスト」18号104頁［2016］）
[13] 奥邨弘司「ファッションショーにおけるモデルの化粧や髪型と衣服やアクセサリーのコーディネートの著作物性が否定された事例」（「判例評論」678号154頁［2015］）

本件の幼児用椅子の形態的特徴とされた①②については、アイデアあるいは幼児用椅子としての機能に由来する部分であると評価する意見があっても不思議ではなく、この点の検討がなされるべきであったとの指摘もある[14]。

　さらに、本判決に対しては、以下のとおり「美術…の範囲」（著作権法2条1項1号）の要件についての検討がなされていないとの指摘がある。
　本判決は、「実用品である控訴人製品が、『美術の著作物』として著作権法上保護され得るかが問題」とした上で、「同法2条2項は、『美術の著作物』の例示規定にすぎず、例示に係る『美術工芸品』に該当しない応用美術であっても、同条1項1号所定の著作物性の要件を充たすものについては、『美術の著作物』として、同法上保護されるものと解すべきである」と述べる。
　そして、「著作物性の要件についてみると、ある表現物が『著作物』として著作権法上の保護を受けるためには、『思想又は感情を創作的に表現したもの』であることを要し（同法2条1項1号）、『創作的に表現したもの』といえるためには、当該表現が、厳密な意味で独創性を有することまでは要しないものの、作成者の何らかの個性が発揮されたものでなければならない。表現が平凡かつありふれたものである場合、当該表現は、作成者の個性が発揮されたものとはいえず、『創作的』な表現ということはできない」と述べた上で、「控訴人製品の形態的特徴は、①『左右一対の部材A』の2本脚であり、かつ、『部材Aの内側』に形成された『溝に沿って部材G（座面）及び部材F（足置き台）』の両方を『はめ込んで固定し』ている点、②『部材A』が、『部材B』前方の斜めに切断された端面でのみ結合されて直接床面に接している点及び両部材が約66度の鋭い角度を成している点において、作成者である控訴人オプスヴィック社代表者の個性が発揮されており、『創作的』な表現というべきである」と述べ、「したがって、控訴人製品は、前記の点において著作物性が認められ、『美術の著作物』に該当する」と結論付けている。

---

[14] 金子敏哉「応用美術の保護－TRIPP TRAPP 事件控訴審判決をふまえて－」（「パテント」69巻4号111頁［2016］〈別冊14〉）

このように、本判決においては、「文芸、学術、美術又は音楽の範囲に属するもの」という要件について具体的に検討することなく、「作成者の何らかの個性が発揮されたもの」であれば「創作的に表現」の要件を満たし、著作物性が肯定されるとの構成をとっている。

　しかし、著作権法は、著作物について「思想又は感情を創作的に表現したものであつて、文芸、学術、美術又は音楽の範囲に属するものをいう」（2条1項1号）と定義付けており、この文言から見ると、創作的な表現の全てが保護されるのではなく、「文芸、学術、美術又は音楽の範囲に属する」創作的表現のみが著作物になるものと解される。

　そうすると、「文芸、学術、美術又は音楽の範囲に属する」との要件を欠く表現は著作権法の保護対象とはならないため、「文芸、学術、美術又は音楽の範囲に属する」をどのように解釈するのかについて検討し、応用美術が「文芸、学術、美術又は音楽の範囲」に該当するか否かを判断する必要があったのではないかと思われる。

4．「TRIPP TRAPP」控訴審判決後の裁判例

　「TRIPP TRAPP」控訴審判決は、非区別説を採用し、従来の裁判例とは異なる立場に立つことを明らかにした。

　しかし、その後、応用美術の著作物性が争われた裁判例では、「TRIPP TRAPP」控訴審と同じ知財高裁第2部によるものを除けば、非区別説の立場を踏襲せず、実用性や機能性の面を離れて独立して鑑賞の対象となるか否かを基準とする従来の裁判例と同じ構成によっている。

（1）大阪地判平成27.09.24 判時2348号62頁〔ピクトグラム事件〕

　情報や案内などを簡単な絵や図形で表したピクトグラムについて著作物性を認め、著作権侵害を肯定した。

　この裁判例では、ピクトグラムは、「掲載された観光案内図等を見る者に視覚的に対象施設を認識させることを目的に制作され、実際にも相当数の観

光案内図等に記載されて実用に供されているものであるから、いわゆる応用美術の範囲に属するものである」と述べ、「応用美術の著作物性については、…それが実用的機能を離れて美的鑑賞の対象となり得るような美的特性を備えている場合には、美術の著作物として保護の対象となると解するのが相当である」として分離可能性の判断基準を示した上で、「本件ピクトグラムについてこれをみると…その実用的目的から、客観的に存在する対象施設の外観に依拠した図柄となることは必然であり、その意味で、創作性の幅は限定されるものである」が、「それぞれの施設の特徴を拾い上げどこを強調するのか、…どの角度からみた施設を描くのか、また、どの程度、どのように簡略化して描くのか、どこにどのような色を配するか等の美的表現において、実用的機能を離れた創作性の幅は十分に認められる。このような図柄としての美的表現において制作者の思想、個性が表現された結果、それ自体が実用的機能を離れて美的鑑賞の対象となり得る美的特性を備えている場合には、その著作物性を肯定し得る」とし、本件ピクトグラムについても「その美的表現において、制作者…の個性が表現されており、…実用的機能を離れて美的鑑賞の対象となり得る美的特性を備えている」として著作物性を肯定した。

（2）加湿器事件

コップ等に入れて使用する試験管様のスティック形状の加湿器のデザインについて著作物性が争われた事案である。

ア．第一審：東京地判平成28.01.14 判時2307号111頁

原告加湿器は、「加湿器として実用に供されるためにデザインされたものであるから、いわゆる応用美術の領域に属すると認められる」とした上で、応用美術の著作物性について、「実用に供され、産業上利用される製品のデザイン等は、実用的な機能を離れて見た場合に、それが美的鑑賞の対象となり得るような創作性を備えている場合を除き、著作権法上の著作物に含まれない」と述べ、分離可能性の基準によることを明示した。

その上で、原告加湿器が「従来の加湿器にない外観上の特徴を有しているとしても、これらは加湿器としての機能を実現するための構造と解されるのであって、その実用的な機能を離れて見た場合には、原告加湿器…は細長い試験管形状の構造物であるにとどまり、美的鑑賞の対象となり得るような創作性を備えていると認めることはできない」として、著作物性を否定した。

イ．控訴審：知財高判平成28.11.30 判時2338号96頁

　「TRIPP TRAPP」控訴審と同じ裁判長による判決である。同控訴審判決と同じく非区別説を採用し、下記のとおり述べた上で、本件加湿器は、著作権法における個性の発揮を認めることはできないとして、著作物性を否定した。
　「（応用美術の）著作物性を肯定するためには、それ自体が美的鑑賞の対象となり得る美的特性を備えなければならないとしても、高度の美的鑑賞性の保有などの高い創作性の有無の判断基準を一律に設定することは相当とはいえず、著作権法2条1項1号所定の著作物性の要件を充たすものについては、著作物として保護されるものと解すべきである」
　「応用美術は、実用に供され、あるいは産業上の利用を目的とするものであるから、美的特性を備えるとともに、当該実用目的又は産業上の利用目的にかなう一定の機能を実現する必要があり、その表現については、同機能を発揮し得る範囲内のものでなければならない」
　「応用美術の表現については、このような制約が課されることから、作成者の個性が発揮される選択の幅が限定され、したがって、応用美術は、通常、創作性を備えているものとして著作物性を認められる余地が、上記制約を課されない他の表現物に比して狭く、また、著作物性を認められても、その著作権保護の範囲は、比較的狭いものにとどまることが想定される。そうすると、応用美術について、美術の著作物として著作物性を肯定するために、高い創作性の有無の判断基準を設定しないからといって、他の知的財産制度の趣旨が没却されたり、あるいは、社会生活について過度な制約が課されたりする結果を生じるとは解し難い」

（3）ゴルフシャフト事件

ア．第一審：東京地判平成28.04.21 判時2340号104頁

ゴルフクラブのシャフトのデザインについて、「実用に供され、産業上利用される製品のデザイン等は、実用的な機能を離れて見た場合に、それが美的鑑賞の対象となり得るような創作性を備えている場合を除き、著作権法上の著作物に含まれない」と述べて分離可能性の基準によることを明示した上で、「本件シャフトデザイン及び本件原画は、ゴルフクラブのユーザーの目を引くことなど専ら商業上の目的のため、発注者である被告の意向に沿って、実用品であるシャフトの外装デザインとして作成されたことが明らかである。…本件シャフトデザイン及び本件原画が、シャフトの外装デザインという用途を離れて、それ自体として美的鑑賞の対象とされるものであることはうかがわれない」と認定して、本件シャフトデザインとその原画について著作物に当たらないと判示した。

イ．控訴審：知財高判平成28.12.21 判時2340号88頁

「TRIPP TRAPP」控訴審と同じ裁判長による判決である。

「TRIPP TRAPP」控訴審判決と同じ一般論を展開した上で、本件シャフトデザイン等に創作的な表現は認められないとして、著作物性を否定した。

（4）幼児用箸事件

ア．第一審：東京地判平成28.04.27 平27(ワ)27220

幼児が食事をしながら箸の正しい持ち方を簡単に覚えられることを目的とした幼児の練習用箸の著作物性に関し、「実用に供される機能的な工業製品ないしそのデザインは、その実用的機能を離れて美的鑑賞の対象となり得るような美的特性を備えていない限り、著作権法が保護を予定している対象ではなく、同法2条1項1号の『文芸、学術、美術又は音楽の範囲に属するもの』に当たらない」と述べて分離可能性の基準によることを示した上で、「いずれも…幼児の練習用箸としての実用的機能を実現するための形状ないし構

造であるにすぎず、他に、原告各製品の外観のうち、原告が被告各商品と共通し同一性があると主張する部分を見ても、際立った形態的特徴があるものとはうかがわれない。そうすると、原告各製品が、上記実用的機能を離れて美的鑑賞の対象となり得るような美的特性を備えているということはできない」として、原告製品の著作物性を否定した。

なお、この判決では、「実用に供される機能的な工業製品やそのデザインであっても、他の表現物と同様に、表現に作成者の何らかの個性が発揮されていれば、創作性があるものとして著作物性を肯認すべきである旨主張するけれども、著作権は原則として著作者の死後又は著作物の公表後50年という長期間にわたって存続すること…などをも考慮すると、…現行の法体系に照らし著作権法が想定していると解されるところを超えてまで保護の対象を広げるような解釈は相当でないといわざるを得」ないとして意匠法との棲み分けに配慮し、「TRIPP TRAPP」控訴審判決の考え方を否定している。

イ．控訴審：知財高判平成28.10.13 平28(ネ)10059

控訴審では、原判決の理由付けに加えて、「実用品であっても美術の著作物としての保護を求める以上、美的観点を全く捨象してしまうことは相当でなく、何らかの形で美的鑑賞の対象となり得るような特性を備えていることが必要である（これは、美術の著作物としての創作性を認める上で最低限の要件というべきである）。したがって、控訴人の主張が、単に他社製品と比較して特徴的な形態さえ備わっていれば良い（およそ美的特性の有無を考慮する必要がない）とするものであれば、その前提において誤りがある」との判断を付加している。

そして、当てはめにおいて、控訴人が特徴的な形態と主張する点は、アイデアであって表現ではなく、あるいは美的鑑賞の対象となり得るような何らかの創作的工夫がなされているとは認め難いなどとして、美術の著作物としての著作物性を否定している。

(5) 鞄の形態の著作物性に関する判例（東京地判令和元.06.18 平29(ワ)31572）

三角形のピースを敷き詰めるように配置することなどからなる形態を備える鞄の著作物性が問題となった事案において、「実用目的で工業的に製作された製品について、その製品を実用目的で使用するためのものといえる特徴から離れ、その特徴とは別に美的鑑賞の対象となる美的特性を備えている部分を把握できないものは、『思想又は感情を創作的に表現した美術の著作物』ということはできず著作物として保護されないが、上記特徴とは別に美的鑑賞の対象となる美的特性を備えている部分を把握できる場合には、美術の著作物として保護される場合があると解される」「中に入れる荷物に応じて外形が立体的に変形すること自体は物品を持ち運ぶという鞄としての実用目的に応じた構成そのものといえるものであるところ、原告商品における荷物の形状に応じてピースの境界部分が折れ曲がることによってさまざまな角度が付き、鞄の外観が変形する程度に照らせば、機能的にはその変化等は物品を持ち運ぶために鞄が変形しているといえる範囲の変化であるといえる。上記特徴は、著作物性を判断するに当たっては、実用目的で使用するためのものといえる特徴の範囲内というべきものであり、原告商品において、実用目的で使用するための特徴から離れ、その特徴とは別に美的鑑賞の対象となり得る美的構成を備えた部分を把握することはできない」として、分離可能性の基準により著作物性を否定している。

(6) 東京地判令和03.04.28 判時2514号110頁〔タコの滑り台事件〕

タコの形状を模した滑り台の著作物性が問題となった事案いて、ゴナ書体事件の最高裁判決（最判平成12.09.07 民集54巻7号2481頁）を引用した上で、「上記の最高裁判決の判示に加え、同判決が、実用的機能の観点から見た美しさがあれば足りるとすると、文化の発展に寄与しようとする著作権法の目的に反することになる旨説示していることに照らせば、応用美術のうち、『美術工芸品』以外のものであっても、実用目的を達成するために必要な機能に

係る構成と分離して、美術鑑賞の対象となり得る美的特性を備えている部分を把握できるものについては、『美術』『の範囲に属するもの』…である『美術の著作物』…として、保護され得ると解するのが相当である」と述べ、分離可能性の基準によることを示した。

その上で、タコの頭部を模した部分、タコの足を模した部分、空洞（トンネル）部分、及び滑り台全体の形状等のそれぞれにつき、「実用目的を達成するために必要な機能に係る構成と分離して、美術鑑賞の対象となり得る美的特性を備えている部分を把握できるものであるか否か」について検討し、「原告滑り台は、その構成部分についてみても、全体の形状からみても、実用目的を達するために必要な機能に係る構成と分離して、美術鑑賞の対象となり得る美的特性を備えている部分を把握できるものとは認められないから、『美術の著作物』として保護される応用美術とは認められない」と結論付け、著作物性を否定した。

5．考察

（1）区別説、非区別説のいずれの立場によるべきか

「TRIPP TRAPP」控訴審判決後に出された裁判例は、「TRIPP TRAPP」控訴審と同じ裁判長によるもの2例（4(2)イ及び(3)イ）を除けば、非区別説の立場を採用せず、分離可能性を要求する構成によっており、従来の裁判例と同じ立場を踏襲している。

最高裁判所の判断は出ていないが、応用美術の著作物性をめぐる下級審の立場は固まりつつあるともいえる。

既に述べたとおり、「TRIPP TRAPP」控訴審判決にも問題点や課題があることからすれば、あえて非区別説によらずとも、区別説を前提に、どのような場合に応用美術の著作物性を認めればよいのかについて具体的基準を探求する方が合理的ではないかと思われる。

（２）意匠制度との関係性を重視すべきか否か

　応用美術の著作物性を検討するに当たり、最大の争点は意匠法との棲み分けの問題である。

　非区別説に立つ「TRIPP TRAPP」控訴審判決は、「著作権法と意匠法とは、趣旨、目的を異にするものであり（著作権法1条、意匠法1条）、いずれか一方のみが排他的又は優先的に適用され、他方の適用を不可能又は劣後とするという関係は、明文上認められず、そのように解し得る合理的根拠も見出し難い」と述べる。

　しかし、現行著作権法の立法過程においては、美術工芸品以外の実用品は、純粋美術としての性質を有するものに限り保護されることが前提とされていたとみる見解もあり、この考え方からすると、応用美術の保護は意匠法によることが予定されていたといえる。

　また、こうした立法経緯を置くとしても、意匠法の保護対象とされる応用美術を著作権法でも広く保護することは、産業の発達に寄与することを目的とする意匠法の立法趣旨を害することになるとする区別説の論拠には首肯できるものがある。応用美術一般に著作物性を認めると、保護期間を短期に設定し、早期のパブリックドメイン化による自由競争を促進しようとした意匠法の想定を大きく超えてしまうことになるため、意匠法と著作権法との相互の調整を図ることは必要と考えるべきであろう。

（３）著作権保護による弊害に対する非区別説の考え方に対して

　著作権保護による弊害について、非区分説からは、創作性や保護範囲の判断、権利制限規定の解釈等によって対応可能であるとの反論がなされている。

　すなわち、創作性の判断において機能による制約を考慮し、創作性の低い著作物についての保護範囲をほぼデッドコピーの場合に限定するなどの解釈を行うことは可能とされる[15]。著作者人格権に対しても、著作権法19条3項による氏名表示権の制限や、同一性保持権に関する同法20条2項4号の「やむを得ないと認められる改変」の解釈によって、さらに、写り込みの問題に

ついても同法30条の2の適用あるいは同法46条の拡張解釈によって、弊害に対応はできるとの主張がなされている[16]。

しかし、そのような解釈が理論的に成り立つとしても、具体的な事案において裁判所が採用する保証はない[17]。

非区別説に立つのであれば、現行法の解釈のみならず、権利制限規定の見直しや保護期間の減縮など立法論により対応することが必要になると思われる。

（4）TRIPP TRAPP 控訴審判決において創作性が認められた形態的特徴は著作憲法で保護される「表現」といえるか

「TRIPP TRAPP」控訴審判決に対しては、実用品である幼児用椅子のうち、創作性が認められた形態的特徴は、表現ではなくアイデアとして評価されるべきではないかという疑問が拭い切れない。

当該特徴部分に選択の幅があり、創作的であると認められるとしても、やはりそれは表現ではなく、アイデアとしての個性が発揮されていると評価でき、著作物性は否定されるべきであったとする考え方が妥当であるように思われる[18]。

（5）区別説に対する批判とそれに対する反論

著作権法では、創作的な表現が全て保護されるわけではない。創作的表現のうち、「文芸、学術、美術又は音楽の範囲に属する」もの（2条1項1号）のみが保護対象とされる。

---

[15] 上野達弘「応用美術の著作権保護－「段階理論」を越えて－」（「パテント」67巻4号113頁［2014］〈別冊11〉）
[16] 前掲注1）90頁
[17] 前掲注1）91頁では、46条の類推適用や貸与権についての消尽論の適用について「解釈論としてかなり難しいものであろう」と述べている。
[18] 奥邨弘司「応用美術」《『法学教室』426号12頁（有斐閣［2016］)》は、「TRIPP TRAPP 事件知財高裁判決が、創作性を認めた部分には、確かにデザイナーの個性の発揮が認められるかもしれないが、それらは、実用性や機能から分離できない部分であり、本来著作権法で保護されるべき対象ではない」とする。

応用美術についても、創作性要件を満たすことを前提に、この「美術…の範囲に属する」との要件により保護範囲が限定され、その場合、区別説が主張する「純粋美術と同視できる」という基準により、「美術」の範囲に該当するかどうかを判断することが相当である。

これに対しては、応用美術に限って「純粋美術と同視できる」という要件を課することや「美的」という観点からの要件を課することへの批判もある。

しかし、こうした要件を満たせば、既存の「美術」の著作物の範疇に属するとしているだけで特に過重な要件を課するものとはいえないし、「美的」とは客観的・外形的に「美感を起こさせるような意図が読みとれるもの」と解され、裁判所が美的価値そのものを判断することを意味しないから[19]、批判は当たらない。

「純粋美術と同視できる」か否かの具体的な判断基準については、ファッションショー事件で採用された「実用目的に必要な構成と分離して、美的鑑賞の対象となる美的特性を備えていることを要する」との基準が、「TRIPP TRAPP」控訴審判決以降の裁判例の趨勢となっている。

これについても判断基準として抽象的であるとの批判[20]が考えられるが、どのような場合に美的特性を備えているといえるかについては、問題となる実用品の性質や事案の特性に応じた裁判例の集積を待つほかない。

ただ、非区別説の立場によっても、「文芸、学術、美術又は音楽の範囲に属する」かどうか、あるいは、創作性の具体的な判断基準については明確にされていないのであって、いずれの立場に立つにせよ、具体的な基準の設定は今後の課題といえる[21]。

---

[19] 前掲注12) 100頁及び103頁
[20] 「TRIPP TRAPP」控訴審判決は、実用品自体が応用美術である場合、当該表現物につき、実用的機能に係る部分とそれ以外の部分とを区別できないものについて「常に著作物性を認めないと考えることは、実用品自体が応用美術であるものの大半について著作物性を否定することにつながる可能性があり、相当とはいえない」と述べる。これに対し、区別説の立場から、創作的表現がおよそ著作物として保護されかねないことへの懸念が指摘されている。
[21] 純粋美術と同視し得るかどうかの判断要素を述べたものとして、榎戸道也「著作権法による応用美術の保護」〈『知的財産法の理論と実務4（著作権法・意匠法）』42頁（新日本法規[2007]）〉

6．おわりに

「TRIPP TRAPP」控訴審判決は、非区別説の立場を明示し、実用品である幼児用椅子の形態的特徴について著作物性を認めたが、結論として著作権侵害を否定した。

また、それ以降の裁判例は、2例を除いて従来の考え方を踏襲して、実用品の著作物性そのものを否定しており、依然として応用美術の著作権法による保護のハードルは高い。

今後、残された課題としては、実用品のデザインが著作権法で保護を受けるための基準の明確化や権利制限規定の解釈論、更にはデザイン保護法全体の在り方を踏まえた立法論が議論の中心となってくるはずであり、裁判例の動向にも注目が集まるものと考えられる。

第Ⅴ章

知財紛争・
知財訴訟(損害賠償等)

知的財産紛争と ADR
~国際特許ライセンス紛争の仲裁による解決~

GBC ジービック大貫研究所 代表　大貫 雅晴

1．はじめに

　国際経済社会の構造変化に伴い、企業のグローバル化の進展、知的財産を重視する傾向を反映して国際特許ライセンスビジネスは多様化、進展、拡大している。特許などの知的財産を含む技術の標準化が進展し、特許ライセンスビジネスのグローバル化に伴い、そこから発生する特許権等の知的財産をめぐる紛争が世界各所で発生している。例えば標準必須特許（SEP）をめぐる国際的な紛争は、複数の国で多数の特許権に関する紛争が発生するため、各国の管轄裁判所で争われ、各管轄裁判所で異なる判決が下されることも多く、裁判では、解決までに長期間を要することになり、それにかかる費用も大きく膨れ上がることになる。

　多数の特許権が対象となる SEP をめぐる紛争の早期解決に向けては、仲裁や調停等の ADR が有用な解決手段となるといわれるようになっており、知的財産の紛争における国際仲裁の利用促進が期待されている。特許制度委員会がまとめた報告書[1]には、「多数の特許権が対象となる標準必須特許を巡る紛争の早期解決に向けては、調停や仲裁等の ADR の利用を促進することが有効である」、また、「標準必須特許をはじめとした知的財産関連の紛争においても、国際仲裁の利用促進が図られることが期待される」と述べられている。

　仲裁は、複数の国で多数の権利をめぐる紛争を1か所で一括して解決することができるメリットがある。

---

[1] 産業構造審議会知的財産分科会特許制度小委員会では、平成28年6月より平成29年12月まで、第四次産業革命等への対応のための知的財産制度の見直しに関して審議し、報告書「第四次産業革命等への対応のための知的財産制度の見直しについて」を平成30年2月に公表している。

また、仲裁判断は確定判決と同一の効力があり、当事者を最終的に拘束することになる。しかも、170を超える国や地域が加盟するニューヨーク条約によって国際的に強制執行が可能であるので、紛争の迅速、実効的、かつ最終的解決が見込まれる。

　仲裁のメリットとしては、専門性、柔軟性、国際性、非公開性、中立性、迅速性等が挙げられる。また、特許などの知的財産紛争では、裁判所による差止命令や資産保全措置などの法的措置が必要となるケースもある。仲裁においても、仲裁廷は暫定保全措置命令を出す権限があり、仲裁廷の暫定保全措置命令も執行力が付与されている。日本では「仲裁法の一部を改正する法律」（令和5年法律第15号）が成立した（以下、同法による改正後の仲裁法を「改正仲裁法」という。）。改正仲裁法では、仲裁廷による暫定保全措置命令に執行力を付与する規定を設けている。最近では、知的財産の国際紛争を扱う仲裁機関も増えており、特許権などの国際ライセンス契約に仲裁条項が規定されるケースも増加している。

　一方、特許権等の国際ライセンス紛争を国際仲裁で解決する上での制約や問題もある。仲裁は当事者合意に基づく当事者自治による解決であるため、仲裁申立ては当事者間の仲裁合意を要件とする制約がある。また、特許権侵害や特許の有効性をめぐる争いを仲裁で解決することが法的に可能であるのかという仲裁適格性の問題もある。

　本稿では、国際特許ライセンスから発生する紛争の解決手段としての国際仲裁を取り上げて、国際仲裁による解決の可能性を探り、その将来性を展望する。

2．ADRとは

　裁判外紛争解決手段（ADR：Alternative Dispute Resolution）は当事者合意に従い、多様なアプローチによるフレキシブルな手続が可能である。その種類は、仲裁（arbitration）、調停（mediation）、裁定（adjudication）、紛争処理委員会（dispute board）、その他、多種多様である。ADRの典型例が仲裁と調停であるが、仲裁は拘束的（binding）ADR、調停は非拘束的（non-binding）ADRであり、両者はその性格や機能において大きく異なる。

（1）仲裁

仲裁とは、当事者間の紛争に関して、当事者の合意により公平・中立な第三者（仲裁人）を選任して、その仲裁人に当事者間の紛争の解決を委ね、その仲裁人が下す判断（仲裁判断）に当事者が服従することで最終的に解決する手続をいう。仲裁手続では、代理人弁護士と仲裁人が中心となり、当事者がコントロールする場面は少ない。

（2）調停

調停とは、当事者間の紛争の解決につき、公平・中立な第三者（調停人）に入ってもらい、その調停人の仲介により、当事者が紛争解決の交渉をして協調的・建設的に解決する方法である。調停人の役割は当事者の話合いを促進して和解に導くことにある。調停人は、紛争解決の判断を下す権限はない。調停人からは当事者に対して和解案が提示される場合が多いが、その和解案を受け入れるか否かは当事者の自由であり、その和解案に強制されることはない。調停は当事者コントロールの性格の強い手続である。

（3）ミーダブ（Med-Arb）、アーブ・メッド・アーブ（Arb-Med-Arb）

ミーダブは、非拘束的ADRである調停と拘束的ADRである仲裁を組み合わせた解決方法である。手続としては、仲裁を行う前に、又は仲裁の手続途中に調停を行い、調停で解決ができない場合には、拘束的かつ最終的解決手続である仲裁に移行する方法である。

また、調停が成立した場合に、その和解合意の内容を仲裁判断（consent award）にして執行力を持たせることを目的に、仲裁に移行する方法がとられることもある。

ミーダブの利点は、調停と仲裁の利点を上手に組み合わせているところにある。調停は、拘束的手続ではないが、うまくいくと短時間で解決できるため、時間と費用の大幅な節約が可能となる。

最近になって開発されたアーブ・メッド・アーブという解決手法は、仲裁

の申立てを受けた後、仲裁人は仲裁手続を中断して調停機関に移送し、調停人を選任して調停を試みて、調停が不調となった場合には仲裁手続に戻り、仲裁手続を再開して審理手続を経て仲裁判断を下す仕組みである。

3．国際仲裁の法的枠組みと日本の改正仲裁法

　仲裁は私的自治による解決手段であるが、仲裁の法的地位、有効性を監督する国内及び国際の法的枠組みが必要である。この法的枠組みは仲裁合意、仲裁手続、仲裁判断の最終性と執行力に及ぶ。法的枠組みとしては、国際条約、UNCITRAL国際商事仲裁モデル法、各国の仲裁法がある。

（1）条約

　日本が加盟する国際商事仲裁に適用される国際条約は、ジュネーブ議定書（1923年）、ジュネーブ条約（1927年）、ニューヨーク条約（1958年）、日本との間に締結された二国間条約、例えば日米通商航海友好条約がある。これらの条約のうち、国際商事仲裁に関して最も影響力を持つ条約がニューヨーク条約である。同条約の正式名称は「外国仲裁判断の承認及び執行に関する条約（Convention on the Recognition and Enforcement of Foreign Arbitral Award）」で、1958年に発効している。なお、ジュネーブ議定書及びジュネーブ条約は、ニューヨーク条約締約国がこの条約により拘束されるときから、及び限度において、それらの国の間で効力を失う（ニューヨーク条約7条2項）。

（2）UNCITRAL国際商事仲裁モデル法

　仲裁法の国際的標準化に最も影響を与えているのが、UNCITRAL国際商事仲裁モデル法（モデル法）である。モデル法は条約ではなく模範法である。国連国際商取引法委員会（UNCITRAL）により1985年に採択された国際商事仲裁に関するモデル法である。同法は2006年に改正モデル法が採択されている（2006年改正モデル法）。数多くの国が、モデル法を採用して近代的、国際標準の仲裁法を施行している。

（3）国家法（国内仲裁法）―日本の改正仲裁法―

　国際商事仲裁を規律する法律には各国の仲裁法がある。各国の仲裁法は、標準化に向けて、改正モデル法を採用した近代的、国際標準の仲裁法を立法化しており、国際仲裁法のグローバル・スタンダード化が進んでいる。

　日本でも、改正モデル法を採用した近代的仲裁法の整備の要望が高まり、仲裁法の改正がなされた（2024年4月1日施行）。改正の概要は以下のとおりである。

① 仲裁合意の書面性の改正

　書面によらないでされた契約において、仲裁合意を内容とする条項が記載され、又は記録された文書又は電磁的記録が当該契約の一部を構成するものとして引用されているときは、その仲裁合意は、書面によってされたものとみなす（改正仲裁法13条6項）。

② 仲裁廷の暫定的保全措置命令の執行力の付与

　暫定保全措置の定義と発令要件及び暫定保全措置命令の執行等認可決定の規律を置く（同47条）。

③ 仲裁関係事件手続に関する規定

　仲裁地が日本国内にあるときは、東京地方裁判所及び大阪地方裁判所にも競合管轄を認める規定を新設。両裁判所には、英語を理解し、仲裁制度の認識のある仲裁専門官を配置する（同5条2項）。

④ 仲裁関係事件手続における外国語資料の訳文添付の省略

　裁判所が相当と認めるときは、仲裁判断執行決定申立てにおける仲裁判断書の日本語翻訳文の提出を省略でき、外国語で作成された書証の翻訳文の添付を省略することもできる（同46条2項）。

（4）仲裁廷による暫定保全措置—日本の改正仲裁法—

① 仲裁廷による暫定保全措置

　仲裁廷は、裁判所と同様、暫定保全措置の命令を下す権限がある。暫定保全措置は、仲裁判断がなされる前に、現状の維持や仲裁手続に対する妨害の予防、仲裁判断で示される賠償請求などに充てるための財産保全や証拠保全などの目的での執行が可能となる[2]。例えば損害賠償・ロイヤルティー支払を回避するための資産の移動、知的財産権に係る侵害の証拠隠滅などを阻止できる。

　当事者としては、裁判所に保全処分の申立てを行うことも、仲裁廷に暫定保全措置を求めることもできる。仲裁合意の存在は、本案訴訟を不適法とするが、裁判所に対する保全処分の申立てを不適法とするものではない。改正仲裁法15条（仲裁合意と裁判所の保全処分）では、「仲裁合意は、その当事者が、当該仲裁合意の対象となる民事上の紛争に関して、仲裁手続の開始前又は進行中に、裁判所に対して保全処分の申立てをすること、及びその申立てを受けた裁判所が保全処分を命ずることを妨げない」と定めている。

　仲裁廷による暫定保全措置の条件（要件、内容）は各国の法制度、仲裁法、仲裁機関の仲裁規則により異なる。暫定保全措置命令を当事者が仲裁廷に求めることができる条件（要件、内容）は適用される仲裁法、仲裁規則に基づき、仲裁廷の合理的な判断により決定されることになる。

② 改正仲裁法の暫定保全措置規定

　日本の改正仲裁法のトピックスは、改正モデル法を採用した、仲裁廷による暫定保全措置の類型の整備と仲裁廷の暫定保全措置の執行力付与規定である。

ⅰ）暫定保全措置の類型の整備

　改正仲裁法では、仲裁廷が出す権利・証拠を保全するための暫定保全措置命令を以下の類型、予防・回復型と禁止型に分類、整備している。

---

[2] 拙著『国際商事仲裁の基本実務講座』118頁（同文舘出版［2024］）

① 予防・回復型：対象物の権利について、著しい損害又は急迫の危険を避けるために必要な措置・原状回復措置
② 禁止型：財産の処分などの禁止、審理妨害行為の禁止、証拠の廃棄行為等の禁止措置に分類

改正仲裁法24条では、「仲裁廷は、当事者間に別段の合意がない限り、仲裁判断があるまでの間、その一方の申立てにより、他方の当事者に対し、次に掲げる措置を講ずることを命ずることができる」と定めている。
① 金銭の支払を目的とする債権について、強制執行をすることができなくなるおそれがあるとき、又は強制執行をするのに著しい困難を生ずるおそれがあるときに、当該金銭の支払をするために必要な財産の処分その他の変更を禁止すること。
② 財産上の給付（金銭の支払を除く。）を求める権利について、当該権利を実行することができなくなるおそれがあるとき、又は当該権利を実行するのに著しい困難を生ずるおそれがあるときに、当該給付の目的である財産の処分その他の変更を禁止すること。
③ 紛争の対象となる物又は権利関係について、申立てをした当事者に生ずる著しい損害又は急迫の危険を避けるため、当該損害若しくは当該危険の発生を防止し、若しくはその防止に必要な措置をとり、又は変更が生じた当該物若しくは権利関係について変更前の原状の回復をすること。
④ 仲裁手続における審理を妨げる行為を禁止すること（次号に掲げるものを除く。）。
⑤ 仲裁手続の審理のために必要な証拠について、その廃棄、消去又は改変その他の行為を禁止すること。

ⅱ）仲裁廷の暫定保全措置命令の強制執行

改正仲裁法では、仲裁廷による暫定保全措置命令の執行等が規定されている。同法47条（暫定保全措置命令の執行等認可決定）では、「暫定保全措置

命令（仲裁地が日本国内にあるかどうかを問わない。以下この章において同じ。）の申立てをした者は、当該暫定保全措置命令を受けた者を被申立人として、裁判所に対し、次の各号に掲げる区分に応じ、当該各号に定める決定（以下『執行等認可決定』という。）を求める申立てをすることができる」と定めている。

① 暫定保全措置命令のうち第24条第1項第3号に掲げる措置を講ずることを命ずるもの　当該暫定保全措置命令に基づく民事執行を許す旨の決定
② 暫定保全措置命令のうち第24条第1項第1号、第2号、第4号又は第5号に掲げる措置を講ずることを命ずるもの　当該暫定保全措置命令に違反し、又は違反するおそれがあると認めるときに第49条第1項の規定による金銭の支払命令を発することを許す旨の決定

4．仲裁合意と特許権侵害、特許有効性の争いの仲裁適格性
（1）仲裁合意

仲裁は当事者合意に基づく当事者自治による解決であるため、仲裁申立ては当事者間の仲裁合意を要件とする制約がある。仲裁合意のない仲裁はあり得ない。仲裁合意に基づいて仲裁手続が行われ、仲裁判断がなされる。仲裁判断は最終であり当事者間を拘束する。仲裁判断は、確定判決と同一の効力を有する（改正仲裁法45条1項）。

日本の改正仲裁法では、「『仲裁合意』とは、既に生じた民事上の紛争又は将来において生ずる一定の法律関係（契約に基づくものであるかどうかを問わない。）に関する民事上の紛争の全部又は一部の解決を1人又は2人以上の仲裁人にゆだね、かつ、その判断（以下『仲裁判断』という。）に服する旨の合意をいう」と定義している（2条1項）。

仲裁合意の形態は、① 当事者間で既に発生している紛争を仲裁に付託する合意である仲裁付託合意（submission）、② 将来発生するかもしれない紛争を仲裁で解決する旨の合意がある仲裁条項（arbitration clause）がある。仲裁合意は、通常、当事者間が締結する契約書中に仲裁条項として設けられ

る。例えば国際特許ライセンス契約書中に仲裁条項が規定される。

仲裁条項の多くは仲裁機関、仲裁規則の採用合意規定が置かれている。例えば仲裁地を日本とする日本商事仲裁協会の商事仲裁規則に基づく仲裁合意は以下のとおりである。

"All disputes, controversies, or differences which may arise between the parties out of or in relation to or in connection with this Agreement shall be finally settled by arbitration in accordance with the Commercial Arbitration Rules of the Japan Commercial Arbitration Association. The place of arbitration shall be (name of city), Japan."

「本契約から又は関連して当事者間に発生することのある全ての紛争、論争又は意見の相違は、日本商事仲裁協会の商事仲裁規則に従って仲裁によって最終的に解決されるものとする。仲裁地は、日本、(都市名)とする」

契約書中に仲裁条項が規定されていれば、仲裁合意の主たる効果として、仲裁条項を含む契約から発生する紛争につき、一方当事者が訴訟を提起した場合は、被告となる当事者は当該仲裁条項が存在することを理由に、その訴訟の却下又は停止を求めることができる。これを仲裁合意の妨訴抗弁という。妨訴抗弁の主張を受けた裁判所は、当該仲裁条項が適切、有効であることを前提に、当該訴訟を停止又は却下することになる。

改正仲裁法では、「仲裁合意の対象となる民事上の紛争について訴えが提起されたときは、受訴裁判所は、被告の申立てにより、訴えを却下しなければならない」(14条1項)と定めている。

(2) 仲裁合意の効力の範囲
―特許権侵害、特許有効性をめぐる争いの仲裁適格―

仲裁で解決できる紛争の範囲(仲裁適格)については、各国の仲裁法、法政策により異なる。日本では、仲裁合意の効力の範囲は、当事者が和解をすることができる民事上の紛争に限りその効力を有するとされる(改正仲裁法13条1項)。

国際特許ライセンス契約から発生する争いの中で、ライセンサーが、ライセンシーに対して特許権侵害を主張し、これに対して、ライセンシーが当該特許の無効を主張することがある。

このような紛争を仲裁に持ち込まれた場合、仲裁廷は果たして特許有効性をめぐる紛争の判断権限があるのか否かという仲裁適格の問題がある。この問題の対応は国により異なり、当該国の仲裁法、法政策を調査、検討する必要がある。

日本では、特許権の付与は行政機関である特許庁の行政処分によるものである。特許権に無効理由があるときは専門技術官庁である特許庁に第一次的判断を委ねており、審決に不服がある当事者は知的財産高等裁判所に審決取消訴訟を提起することができる。したがって、行政機関である特許庁が第一次的判断権を有しており、特許権侵害訴訟おいて裁判所は特許無効の判断ができないとされることから、仲裁適格を否定する説が有力であった。

しかし、最判平成12.04.11 民集54巻4号1386頁〔キルビー事件〕で、特許に無効理由が存在することが明らかであるときは、特許権侵害の主張は権利の濫用に当たり許されないとして、裁判所は特許無効の主張を判断することができるとされた。その後、この判決を受けて特許法104条の3に「特許権又は専用実施権の侵害に係る訴訟において、当該特許が特許無効審判により又は当該特許権の存続期間の延長登録が延長登録無効審判により無効にされるべきものと認められるときは、特許権者又は専用実施権者は、相手方に対しその権利を行使することができない」と明文規定が設けられ、裁判所が特許の有効性につき判断できることが明らかになった。

仲裁廷の権限は裁判所の権限と同等と考えられるが、近年では、特許権侵害、特許有効性をめぐる紛争の仲裁適格を肯定する説が有力視されている。

米国では、国際仲裁の振興を目的として仲裁合意の効力の範囲を広く認める風潮にあり、裁判所は特許の無効主張の問題について判断権限を有しているとされるが、仲裁においても、裁判所と同様、仲裁廷は特許権侵害をめぐる争いで、当事者の一方が特許無効の主張をしているときでも、権利範囲の適切な認定を通じて仲裁により解決することが可能であるとされている。

1982年2月27日に連邦特許法が改正され、同294条：任意仲裁（USC294:Voluntary Arbitration）が追加された。

　同条〈294(a)〜(e)〉では、① 特許を含む契約基づき生ずる特許の有効性ないし侵害に関する紛争を仲裁に付する旨の仲裁条項、及び仲裁付託合意の2種類の仲裁合意を有効としている。② そのもとでなされた仲裁判断は当事者間では最終であり、拘束力がある。しかし、第三者にはその効力の影響を及ぼさない、③ 仲裁判断で効力が判断された特許につきその後裁判所が異なる判断をした場合には当事者の申立てによって裁判所が仲裁判断を変更することができる旨をあらかじめ合意しておくことができる、④ 仲裁判断がなされたときは特許商標庁長官に通知がなされねばならず、仲裁判断はその通知を特許商標庁長官が受領することで強制力を持つことになるなどの規定を設けた[3]。

　スイスでは、国際仲裁については国際私法に関する法律（PILA）第12章によって規律されている。PILA 177条1項（仲裁適格）では、「経済的利益に関するあらゆる請求について、仲裁に付託することができる」と定めている。仲裁に付託される紛争は、経済的利益に関するあらゆる請求（あらゆる財産権上の請求）が仲裁適格を有するとして、仲裁で解決できる紛争を広範に受け入れている。知的財産権に関しては、登録された知的財産権の有効性を含め仲裁適格を有するとされる。

　香港では、知財仲裁の合法性が法律で明示的に認められている。2017年の「仲裁条例」の改正により、知財章を新設。Part 11Aに「知的財産権関連仲裁（Arbitrations Relating to Intellectual Property Rights）」という章が設けられた。同章は、全ての知財紛争が仲裁可能であることを確認し、知財紛争の仲裁判断が香港で執行することは公序に反しないことを明示的に定めている。

---

[3] 拙稿「特許紛争と仲裁－米国特許法294条（任意仲裁）－」（「パテント」39巻3号36頁[1986]）、拙稿「特許紛争と仲裁－侵害訴訟における仲裁契約の抗弁－」（「パテント」40巻4号32頁[1987]）、谷口安平「ライセンス契約と仲裁条項」《『判例ライセンス法：山上和則先生還暦記念論文集』537頁（発明協会[2001]）》

香港では、それまでも仲裁を通じて知財紛争を解決すること自体は可能であった。他方で当該修正には、「知財紛争を仲裁で解決可能であること」と「知財が関わった仲裁判断の強制執行は公共政策（Public Policy）に反するものではないこと」を明文化している。

シンガポールでは、知財紛争の仲裁適格に関する問題は明確ではなく、商標と特許の有効／無効の紛争の仲裁適格は否定的であったが、シンガポールは香港に追随し、国際仲裁法2019年改正では、Part Ⅱ A「ARBITRATIONS RELATING TO INTELLECTUAL PROPERTY RIGHTS」（26A～26G）が追加され、知財紛争の仲裁適格を認める明文規定を定めている。

5．国際的知財紛争を仲裁、調停で解決する ADR 機関

国際的知財紛争を仲裁、調停で解決する ADR 機関は、WIPO 仲裁、調停センターをはじめ世界各所で増えている。以下に主要 ADR 機関を紹介する。

（1）WIPO 仲裁、調停センター

国連の関係機関である世界知的所有権機関（WIPO）は知財専門機関として知財仲裁、知財調停を実施している。WIPO 仲裁、調停センターでは、特許権、商標権、情報通信技術、著作権等の多くの知財紛争事件を取り扱っている。その内訳は、特許関係事件が25％、情報通信技術関係事件が22％、商標関係事件が20％、商事関係事件が17％、著作権関係事件が17％である[4]。

（2）その他の主要機関

① 米国仲裁協会／国際紛争解決センター（AAA／ICDR）

米国仲裁協会（AAA）は、特許権、知的財産紛争の仲裁、調停を積極的に行っている。同協会では、特許紛争仲裁の規則（supplemental rules of patent dispute, January 1,2006）、特許仲裁人リストも備えており、特許紛争仲裁の推奨仲裁条項も公表している。

---

[4] 2021年 WIPO 仲裁ガイドブックより引用

② 国際商業会議所(ICC)

ICCは世界最大の国際仲裁、調停機関であり、年間約1000件の仲裁事件を受け付けている。その中で、特許権、ノウハウ等の知的財産紛争の仲裁、調停も数多く行っている。

③ 香港国際仲裁センター(HKIAC)

HKIACは香港の代表的な国際仲裁機関であり、数多くの国際仲裁事件を扱っているが、特に中国企業と外国企業との間の紛争の仲裁機関として定評がある。同センターは知的財産紛争に注力しており、「知的財産紛争仲裁人パネル」(panel of arbitrator for Intellectual Property Disputes)を備えて積極的に知的財産紛争仲裁の振興を図っている。

④ シンガポール国際仲裁センター(SIAC)

SIACは国際仲裁機関として飛躍的に発展した機関であり、現在では、ICCと並びアジアを代表する世界的仲裁機関として数多くの国際仲裁事件を扱っている。同センターでは「知的財産紛争仲裁人パネル」を備えて積極的に知的財産紛争の振興を図っている。

(3) 日本の主要機関

日本では、日本商事仲裁協会(JCAA)と日本知的財産仲裁センター(JIPA)が主要なADR機関として挙げられる。

① 日本商事仲裁協会(JCAA)

JCAAは、国際商事紛争を仲裁、調停で解決する日本を代表するADR機関である。同協会に2013年～2022年に申し立てられた仲裁事件は166件であり、そのうち、特許権、ノウハウ、商標権、著作権に関するライセンスあるいは譲渡契約に関する紛争が27件(約16％)である[5]。

---

[5] JCAAでの聞き取り調査による。

JCAAの仲裁手続は弁理士による代理が認められている。弁理士法4条2項2号で、知的財産紛争の裁判外紛争解決手続（ADR）の業務を公正かつ適確に行うことができると認められる団体として経済産業大臣が指定するものが行うものについて弁理士の代理が認められるが、JCAAは認定機関である。

② 日本知的財産仲裁センター（JIPA）

JIPAは、日本弁理士会と日本弁護士連合会が1998年3月に工業所有権の分野での紛争処理を目的として「工業所有権仲裁センター」という名称で設立し、知財紛争を仲裁、調停で解決する機関である。同センターでは、主に特許権、商標権、意匠権、著作権関係の紛争を扱っている。弁理士代理について、日本知的財産仲裁センターも認定機関である。

6．おわりに

国境を越える紛争（cross-border dispute）の解決手段では、裁判ではなく、国際仲裁、調停が最も好まれるとされる。国際仲裁、調停に関する世界的に信頼性の高い調査報告書 "2021 International Arbitration Survey: Adapting arbitration to a changing world"（「調査報告書2021」[6]によると、紛争解決手段として回答者の9割が仲裁単独又は仲裁と調停との組合せ（ミーダブ）を選択している。

国際仲裁は、国際ビジネスにおける紛争解決のグローバル・スタンダードとなっているが、日本ではいまだ低調に推移している。このような状況を踏まえて、日本政府は、「国際仲裁の活性化に向けて考えられる施策」を取りまとめている。

その中では、人材育成、広報・意識啓発、施設整備等のインフラ整備を官

---

[6] 調査報告書2021は、ロンドン大学クイーンメリー校（Queen Mary University of London）と世界的に著名な法律事務所ホワイト・アンド・ケース（White & Case）が、2020年10月から2021年3月の期間に行った共同調査報告書である。調査対象者は、アフリカ、アジア太平洋、欧州、北米、中東諸国の弁護士、企業内弁護士、仲裁機関事務局、仲裁人等である。オンラインによる質問に対する1218人の回答者の回答をまとめている。

民が連携して進めるとともに、最新の国際基準に見合った法制度の整備が必要であるとしている。国際仲裁の法整備では改正モデル法を採用した、近代的国際標準の仲裁法に改正、国際調停の法整備では、調停に関するシンガポール条約に加盟[7]、グローバルに対応する法整備を推進している。

　国際仲裁の対象となる国際知的財産紛争の解決手段として、国際仲裁、調停は魅力的であり、国際仲裁、国際調停の法整備、人材育成などのインフラ整備がグローバルに進められている中で、日本も、国際仲裁、調停振興の一環として、知的財産紛争仲裁、調停の振興が求められる。

　普及・振興施策の一環として、特許権侵害、特許無効主張をめぐる紛争の仲裁適格問題は、ほぼ解決されており、世界に向けた情報発信が求められる。

　また、国際仲裁では、当事者が知的財産の専門家を仲裁人として選任することができるメリットがある。知的財産の専門家である弁理士も国際仲裁に参加することが求められる。弁理士の国際仲裁への参加は、知的財産紛争仲裁、調停の人材育成、人材プールにおいて大きな影響を与えることになるであろう。

---

[7] 日本は、調停による国際的な和解合意に関する国際連合条約（調停に関するシンガポール条約）への加盟を果たし、2024年4月1日に発効した。この条約は、商事紛争の解決方法としての調停の利用を促進するため、調停による国際的な和解合意の執行等に関する枠組みについて定めるものである。日本は12番目の締約国となった。

知的財産権侵害と取締役等の責任の新局面

小松法律特許事務所 所長 弁護士・弁理士 小松 陽一郎

1．はじめに

特許権等の知的財産法の侵害、特に損害賠償請求訴訟では、直接の侵害主体が企業等の法人である場合、その法人以外に、代表取締役等が共同被告となり法人との連帯債務責任が認められている事案が散見される。

ところで、令和3(2021)年6月に、直接的には東京証券取引所に上場されている企業に適用される「コーポレートガバナンス・コード」が改訂[1]され（以下、「2021CGコード」という。）、そこに「知的財産」という用語が明文化された。また、それを受けて令和5年3月27日には、政府の政策会議が、「知財・無形資産の投資・活用戦略の開示及びガバナンスに関するガイドライン」（略称「知財・無形資産ガバナンスガイドライン」）Ver.2.0を策定し、公表するなどの動きもあり、知財の側面からも一層の企業統治（コー

---

[1] 正確には、株式会社東京証券取引所（JPX）2021年6月11日「コーポレートガバナンス・コード〜会社の持続的な成長と中長期的な企業価値の向上のために〜」であり、最初に、「コーポレートガバナンス・コードについて本コードにおいて、『コーポレートガバナンス』とは、会社が、株主をはじめ顧客・従業員・地域社会等の立場を踏まえた上で、透明・公正かつ迅速・果断な意思決定を行うための仕組みを意味する。本コードは、実効的なコーポレートガバナンスの実現に資する主要な原則を取りまとめたものであり、これらが適切に実践されることは、それぞれの会社において持続的な成長と中長期的な企業価値の向上のための自律的な対応が図られることを通じて、会社、投資家、ひいては経済全体の発展にも寄与することとなるものと考えられる」と説明している。
[2] 企業統治と内部統制との関係については、例えば金融庁による令和5年12月27日内閣府令第87号「企業内容等の開示に関する内閣府令」（「開示府令」）の第2号様式（有価証券報告書）の「（記載上の注意）」「(54)コーポレート・ガバナンスの概要」では、「a …企業統治に関するその他の事項（例えば、内部統制システムの整備の状況、リスク管理体制の整備の状況、…について、具体的に、かつ、分かりやすく記載すること」、同「b 提出会社が上場会社等以外の者である場合には、提出会社の企業統治に関する事項（例えば、会社の機関の内容、内部統制システムの整備の状況、リスク管理体制の整備の状況、…）について、具体的に、かつ、分かりやすく記載すること」と定め、内部統制を企業統治の一つとして位置付けている。
また、金融商品取引法でも内部統制システムについて定められている（24条の4の4第1項等。脚注16を参照されたい。）。なお、コンプライアンス研究会『内部統制の本質と法的責任

ポレートガバナンス）や内部統制[2]が求められる時代となってきている[3]。

そのため、知的財産権への投資や活用戦略との関係で、知的財産権の保有情報等の開示などとともに、企業の役員等の責任がより一層重視・加重されると思われるので、表題の「知的財産権侵害と取締役等の責任の新局面」というテーマを取り上げることとする。

2．ディープ・ポケット理論と訴訟戦略としての被告の選択
（1）ディープ・ポケット

ディープ・ポケット（deep pocket）とは、深い懐、すなわち十分な財力・資力を持っている組織や人を指す[4]といわれている。

（2）被告の文献

例えば不法行為や債務不履行等を理由とする損害賠償請求訴訟等を提起すべきか否かという場面に遭遇した場合、想定する相手方に対し、損害賠償請求権が成り立つかどうかの検討をするが、それが成り立ち得ると考えた場合、次に検討するのは、債権回収の実効性・実益性をも考慮して誰を被告とすべきか、ということである。

知的財産法については後述するとして、広く市民生活を規制する基本法である民法や会社法等が関係する一般的な法的紛争が生じた場合、直接に侵害行為をした人・組織（法人）以外にも賠償責任が認められ得る。

例えば民法の不法行為の規定のうち、714条は責任無能力者の監督義務者等の責任を規定しており、典型例としての学校事故と親権者の責任等に関する紛争・判例が多数存在する（国公立の学校の場合には、国家賠償法も関係する。）。同法715条では使用者責任が規定されており、取引的不法行為にも

～内部統制新時代における役員の責務～』（経済産業調査会[2009]）も参考となる。
[3] 最近でも、例えば加賀屋哲之「ガバナンス改革のもとでの知財部門の役割」（「知財管理」74巻1号5-16頁[2024]）では、情報活用委員会第1小委員会「改訂コーポレートガバナンス・コードに適した知財情報開示に関する研究」（同91頁以下）等の論考が発表されている。
[4] 例えばBLACK'S LAW DICTIONARYには「deep pocket」の用語が出てくる。

適用され得る。同法719条では、教唆・幇助を含めた共同不法行為責任が認められている。

また、知的財産法の侵害では、会社法429条1項等の役員等（なお、同項は「役員等」の第三者に対する損害賠償責任を規定しており、「執行役」等も含まれる。後述の判例⑤に出てくる同法597条は、合資会社の有限責任社員や合同会社の社員についての同様の規定である。）の第三者に対する損害賠償責任の規定が使われることも多い。

（3）有用性

このディープ・ポケット理論選択の有用性の最たるものは、侵害主体の法人が倒産しているような場合である[5]。

例えば大阪地判令和03.09.28 令元(ワ)5444〔二酸化炭素含有粘性組成物事件：後述の判例⑧〕[6]では、被告会社のうちの1社の代表取締役と取締役（しかも単なる名目的取締役[7]）が被告とされ、両被告の連帯責任が認められたというものであるが、ここでは、その被告会社が破産手続開始決定を受け、破産財団もほとんどない、というものであった（取締役に損害賠償責任を認めた具体的な理由については、後に紹介する。）。

なお、役員等の責任追及の可否を検討する場合、実例としては、保有する金銭的なものの把握は難しいことが多いが、不動産所有の有無を調査すること[8]等が考えられる。

---

[5] 例えば岩原紳作『会社法コンメンタール9』339頁（商事法務[2014]）は、「中小企業が倒産して会社から債権を回収できなくなった会社債権者が取締役の個人責任を追及しようとする場合に用いられることが多い」と指摘している。
[6] 判例評釈として、例えば飯島歩「特許権侵害と取締役の対第三者責任」（「知財管理」72巻8号971頁[2022]）（同983頁では、CGコードとの直接的な関連性は少ないものと思われるとの指摘がなされている。）、生田哲郎＝寺島英輔「知的財産権判例ニュース 特許権侵害の不法行為により特許権者に損害を与えた会社の役員個人に対し、会社法429条1項に基づく損害賠償責任を認めた事例」（「発明」119巻1号41頁[2022]）、菱田昌義「会社法429条1項の損害認定における特許法102条2項の適用の可否」（「金判」1685号2頁[2024]）
[7] 従業員の過労死に関するものではあるが、名目的代表取締役に対し会社法429条1項の損害賠償責任が肯定されたものとして、東京高判令和04.03.10 判時2543・2544号合併75頁、東京高判令和04.03.10 金判1649号34頁があり、会社は株主総会決議により解散して清算会社となっていた。
[8] 商業登記等から代表取締役等の住所を調べることができるが、商業登記規則31条の3の追加改正

また、会社等の資産内容に問題がないとしても、役員等を共同被告とすることにより、法的紛争の解決の可能性が高まることがあると指摘されたりもする。

3．取締役等の損害賠償責任が追及された判決例

知的財産権侵害事件において会社法429条1項等を根拠とする取締役等の損害賠償責任が問題となった判決例を概観する（ただし、直接的に民法709条を根拠とする場合もあり、会社法429条1項と予備的ないしは選択的な請求権とされることもある。）。

そして、知的財産権侵害訴訟において、取締役等が被告（共同被告）とされている判例はそれほど珍しくはないので、以下では、令和元年以降の判例[9]を中心に、知的財産権侵害（いわゆる侵害論）が肯定された上で、取締役等の責任が否定された例と肯定された例を紹介する。

（1-1）取締役等の責任が否定された例
判例①：東京地判令和元.10.30 平28(ワ)10759〔スクラブ石けん事件〕

事案の概要は、スクラブ石けんに関する各特許権を共有する原告らが、被告会社による被告製品の製造・販売は特許権侵害の共同不法行為に当たると主張して、被告製品の製造・販売等の差止め及び廃棄を求めるとともに、損害賠償を求め、さらに、被告会社の<u>代表取締役（被告A）</u>に対し、会社法429条1項に基づき、損害賠償を求めたというものである。

この事件では、被告Aは、原告からの原告の販売する製品が被告の特許権を侵害している旨の警告書を受領したが、製造元である被告Bに問い合わせたところ、製造方法が異なるため特許権侵害に当たらない旨の説明を受けており、

がなされたため、把握できなくなる可能性がある。
[9] 古くから取締役等の損害賠償責任を肯定した判決がある。一例として、大阪地判平成15.10.23判時1883号104頁〔アドビ等事件〕では、「被告会社はコンピュータスクールであり、本件プログラムの利用を前提とした各講習を業としているのであるから、その代表取締役である被告Aとしても、その職務上、自己又はその被告会社従業員をして、本件プログラムの違法複製を行わないように注意すべき義務があったのにこれを怠り、被告Aは、自ら本件プログラムの違法複製を行ったか又はその被告会社従業員がこれを行うのを漫然と放置していたのであるから、被告Aに少なくとも重過失があったことは明らかである」として損害賠償責任を認めている。

被告Aにおいて被告製品の具体的な製造方法について更に問合せをする必要があったとまではいえず、被告Aの損害賠償責任が否定された、というものである。

裁判所の判断の概要

「被告A社は被告B社との間で被告製品に係るOEM契約を締結してその製造を委託し、被告B社が製造した被告製品を販売していたにすぎず、被告B社における石けんの製造方法等についての専門性、知見を有していたと認めるに足りる証拠はなく、被告A社が被告製品の製造方法について被告B社に指示をしていたことを示す証拠もない。

また、被告Aは、その陳述書において、原告から本件警告書を受領した後、被告B社に問い合わせ、製造方法が異なるため特許権侵害にならない旨の説明を受けたと述べているところ、同被告において、被告B社に対し、被告製品の具体的な製造方法について更に問い合わせをする義務があったとまでは認められない」

判例②：東京地判令和03.06.04 平27(ワ)30656〔自動包装機械事件〕

事案の概要は、原告が、元従業員らの転職先の被告会社、その取締役、関連会社の取締役、元従業員ら合計14人に対し、原告の営業秘密の不正取得、不正開示・不正使用等があったとして、不正競争防止法4条、民法709条、715条、会社法429条に基づき損害賠償請求等をしたというものである。

多くの被告に損害賠償責任等を認めたが、別会社の取締役等の責任については、以下のように判断して、その責任を否定した。

裁判所の判断の概要

「新規の事業展開には様々な方法があるのであり、通常は、転職者が転職元の営業秘密を大量に違法に持ち出して新たな事業に使用することなどは想定し得ないところ、…別会社の取締役が、被告会社の従業員らがそのような行為に及ぶことを容易に認識し得たということはできず、また、…別会社で

ある被告Iにおける本件データの不正開示及び不正使用を阻止すべき一般取引上の注意義務を負っていたと解することもできない。また、…被告Iの業務における違法行為の是正は、本来的には被告Iが対応すべきものであり、関連会社の取締役である被告が、直ちに何らかの行動をとらなかったからといって、それが不法行為又は被告Kの取締役としての任務懈怠に当たるということはできない」

(1-2) 判例①、②について

上記判例①は、製造元ではなく特許製品の専門性や知見を有していなかった販売元の代表取締役等の責任が否定された例であり、特許製品の販売先にすぎないという取引形態はしばしばあるので参考となる。

判例②は、営業秘密漏洩事件であり、多数の関係者が被告となったが、別会社（関連会社）の取締役等の責任は否定された例であり、典型例からは少し距離があると思われる。

(2-1) 取締役等の責任が肯定された例

判例③：知財高判平成30.06.19 平30(ネ)10001〔生海苔の共回り防止装置事件〕

事案の概要は、特許権を有する一審原告が、被告製品の譲渡等は本件特許権を侵害する行為であると主張して、一審被告会社、その代表取締役等に対し、特許権侵害の共同不法行為による損害賠償等を求めたというものである。

この事件では、裁判所による仮処分命令が出たにもかかわらず、専門家の意見を聴かないまま取引を継続してることや装置の型式名について工作をしていることから取締役に会社法429条1項の悪意又は重過失を認めた。

裁判所の判断の概要

「一審被告Aは平成26年…には本件仮処分決定について知ったものと認められるから、これによって被告装置が本件特許権を侵害するおそれが高いこ

とを十分に認識することができたと認められる。ところが、一審被告Aは、本件仮処分決定を踏まえて、中立的な専門家の意見を聴取するなどの検討をした形跡もないまま、取引を継続し、さらに被告装置の型式名について工作をするなどしているのであり、…本件仮処分決定前後の経過に照らせば、同月以降の一審被告Bによる被告装置の販売を中止するなどの措置をとらなかった一審被告Aには、一審被告Bによる本件特許権侵害について悪意又は少なくとも重大な過失があったというべきである」

判例④：知財高判令和元.05.30 平30(ネ)10081・10091〔マリオカート事件：中間判決であり、終局判決は令和２年12月24日〕

　事案の概要は、一審原告が、一審被告会社が被告の周知・著名なマリオカート等の表示と類似する被告標章の営業上の使用行為及び商号としての使用行為が、不正競争防止法２条１項１号又は２号の不正競争行為に該当するなどとして、被告会社やその取締役に対し損害賠償請求等をしたというものである。
　取締役の責任が肯定されたが、次の事件等でも出てくるように、被告会社が小規模であること等も考慮されたようである。

裁判所の判断の概要

「一審被告会社は、もともとは小規模な会社であったと認められる上、一審被告Ｙが一審被告会社の設立当初から現在まで一審被告会社の唯一の取締役兼代表取締役であったことも踏まえると、一審被告Ｙは、…一審被告会社の商号の決定、本件商標に係る権利の取得、本件レンタル事業の遂行における被告標章やドメイン名の使用といった重要な事項に関する意思決定に関与していたものと認めることができる。そして、…一審被告Ｙはマリオカートの表示等の著名性や周知性を知悉していたと認められ、…取締役としては、会社が不正競争行為を行わないようにする義務があるところ、…一審被告Ｙにはそのような義務に違反した点について、悪意又は少なくとも重過失があるものといえ、一審被告Ｙは、会社法429条１項に基づく責任を負うというべきである」

判例⑤：知財高判平成元.10.10 平30(ネ)10064・平31(ネ)10025〔浄水器事件〕

　事案の概要は、一審原告が、ショッピングモールに設けられた仮想店舗において、一審被告らが、原告商標と類似し、また、一審原告の著名又は周知な商品等表示と類似する被告標章を使用して家庭用浄水器の交換用ろ過カートリッジを販売していると主張して、被告会社の不正競争防止法上の周知表示混同惹起行為を認め、一審被告らに対しては民法709条・同法719条1項前段に基づき、その<u>業務執行役員</u>である一審被告Yに対しては選択的に会社法429条1項及び同法597条に基づき損害賠償請求等をしたというものである。

　この事件では、業務執行社員について、直接に民法709条の不法行為を肯定している。

裁判所の判断の概要

　「一審被告Yは、一審被告Gの唯一の業務執行社員であり、また、一審被告Kの代表取締役であった。そして、これらの会社のその資本金額や一審原告との交渉に一審被告Y自らが当たっていることなどからすると、一審被告G及び一審被告Kは、いずれも小規模な会社であると認められる。これに加えて、…一審被告らが、…被告ウェブページ等における被告標章の使用については、一審被告Yが自ら意思決定をしていたものと推認することができる。したがって、一審被告Yは、少なくとも過失により本件不競法該当行為を行ったということができるから、民法709条及び同719条1項に基づき、本件不競法該当行為について、一審被告Gらと共に損害賠償責任を負う」

判例⑥：知財高判令和02.03.25 令和元(ネ)10058〔地盤強化工法事件〕

　事案の概要は、被控訴人が、控訴人らが一体となって、複数特許権の共有持分を購入すれば、近日中に大幅に価値が上がり、高額なロイヤリティを受け取れるなどと虚偽の事実を述べて購入を勧誘し、購入代金名下に金員を騙取したとして、控訴人会社に対しては民法709条等、<u>取締役6人</u>等に対しては会社法429条1項等に基づく取締役の任務懈怠による損害賠償請求をした

というものである。

直接には知的財産権侵害の事案ではないが、知的財産権の（誤った）活用をさせようとしたという点では、関連性があるといえよう。

裁判所の判断の概要

「控訴人Ｘ３は取締役であり、代表取締役である控訴人Ｘ２の業務執行が適正に行われるよう監視すべき義務がある。しかるところ、控訴人Ｘ３は、控訴人Ｘ２が特許権の共有持分権を譲渡していることを認識していたことが認められるから、控訴人Ｘ２の業務執行について監視を行うことが可能であったものと認められる。もっとも、…控訴人Ｘ３は控訴人Ｘ２と別居中である旨の記載があるが、…直ちに控訴人Ｘ２の業務執行についての監視が困難であったものと認めることはできない。他にこれを認めるに足りる証拠はない。

そうすると、控訴人Ｘ３は、控訴人Ｘ２らが関与した本件各特許権の共有持分の不正な販売行為に関し、取締役としての控訴人Ｘ２に対する監視義務の履行を怠ったことについて重大な過失があったものと認められるから、被控訴人に対し損害賠償責任を負うものと解するのが相当である」

判例⑦：知財高判令和02.10.06 令2(ネ)10018〔同人誌事件：控訴審の知財高判令和02.10.06も結論肯定〕

事案の概要は、一審原告が、一審被告会社が運営するウェブサイトに、一審原告が著作権を有する漫画を含む同人誌等を無断で掲載し、一審原告の著作権（公衆送信権）を侵害したと主張して、一審被告会社及び一審被告会社の現在の代表取締役Ｙ１及び元代表取締役Ｙ３等に対し、一審被告会社の法令遵守体制を整備する義務違反等を理由に、会社法429条１項に基づき損害賠償請求をしたというものである。

裁判所の判断の概要

「被告会社の従業員数が約30名程度であること、役員構成が不変であった

ことなどに照らすと、本件各漫画等の違法な掲載について代表取締役である亡Z及び被告Y1は認識し、仮に認識していなかったとしても容易に把握し得る状況にあったと考えられる。

取締役は、会社に対し、善管注意義務を負い（会社法330条、民法644条）、会社の事業において第三者の著作権等の権利を違法に侵害しないよう注意する義務を負うところ、被告Y1らが、被告会社による本件各漫画に係る公衆送信権侵害行為を防止する措置を何ら講じなかったことは任務懈怠に当たり、悪意又は少なくとも重過失が認められる」

判例⑧：前掲〔二酸化炭素含有粘性組成物事件〕

事案の概要は、特許権者であった原告が、特許権侵害を理由として、主位的には、代表取締役及び取締役に対し、会社法429条1項と予備的には民法709条に基づき損害賠償請求を求めたというものである。

被告会社（破産）のうちの1社の<u>代表取締役と取締役（しかも単なる名目的取締役）</u>が被告とされ、会社法429条1項に基づく損害賠償の連帯責任が認められたのであるが、自社の行為が第三者の特許権を侵害する可能性のあることを指摘された取締役として考慮することを下記のとおり種々列挙し、善管注意義務の内容を特定した上、被告取締役がとり得る経営判断のいずれをもとらずに被告製品の製造・販売を継続していること等から役員の責任を認めている。

裁判所の判断の概要

「特許権者が被疑侵害者に特許権侵害を通告したからといって、被疑侵害者の立場で、いかなる場合であっても、その一事をもって当然に実施行為を停止すべきであるということはできないし、逆に、被疑侵害者の側に、非侵害又は特許の無効を主張する一定の論拠があるからといって、実施行為を継続することが当然に許容されることにもならない。

自社の行為が第三者の特許権侵害となる可能性のあることを指摘された取締役としては、侵害の成否又は権利の有効性についての自社の論拠及び相手

方の論拠を慎重に検討した上で、前述のとおり、侵害の成否または権利の有効性については、公権的判断が確定するまではいずれとも決しない場合があること、その判断が自社に有利に確定するとは限らないこと、正常な経済活動を理由なく停止すべきではないが、第三者の権利を侵害して損害賠償債務を負担する事態は可及的に回避すべきであり、仮に侵害となる場合であっても、負担する損害賠償債務は可及的に抑制すべきこと等を総合的に考慮しつつ、当該事案において最も適切な経営判断を行うべきこととなり、それが取締役としての善管注意義務の内容をなすと考えられる。

　具体的には、〔１〕非侵害又は無効の判断が得られる蓋然性を考慮して、実施行為を停止し、あるいは製品の構造、構成等を変更する、〔２〕相手方との間で、非侵害又は無効についての自社の主張を反映した料率を定め、使用料を支払って実施行為を継続する、〔３〕暫定的合意により実施行為を停止し、非侵害又は無効の判断が確定すれば、その間の補償が得られるようにする、〔４〕実施行為を継続しつつ、損害賠償相当額を利益より留保するなどして、侵害かつ有効の判断が確定した場合には直ちに補償を行い、自社が損害賠償債務を実質的には負担しないようにするなど、いくつかの方法が考えられるのであって、それぞれの事案の特質に応じ、取締役の行った経営判断が適切であったかを検討すべきことになる」

判例⑨：東京地判令和03.11.29 令元(ワ)30282〔Attractions事件〕

　事案の概要は、原告が、被告が代表取締役を務めていた株式会社が、商標登録の取消審判事件において虚偽の事実を主張し、また、原告が使用していた標章の使用差止仮処分を申し立てるなどしたことについて、損害賠償請求をしたというものである。

裁判所の判断の概要

「被告は、被告会社が第三者に対して不法行為に及ぶことのないように、従業員らに業務の遂行を任せきりにすることなく、適時適切に裁判上及び裁

判外の権限を行使するべき善管注意義務を負っていたというべきである。しかるに、…被告は、Bから、少なくとも、Ⅰ社が保有する本件商標権が無断で他社に使用されていることや、これを原因とする損害賠償金がⅠ社に支払われる見通しであることを聞いていたにもかかわらず、当該係争に関する業務執行について何ら意を用いることなく、当該係争の対応をB及びF弁護士に漫然と任せきりにした結果、代表取締役としての権限を行使することなく、Ⅰ社による一連の不法行為を惹起させるに至ったものである。以上によれば、被告は、Ⅰ社が第三者に対して不法行為に及ぶことのないように適時適切に権限を行使するべき善管注意義務に違反し、その職務を怠るという任務懈怠に及んだと認められ、かつ、上記任務懈怠について、少なくとも重大な過失があったと認めるのが相当である」

判例⑩：東京地判令和04.05.27 令元(ワ)26366〔住宅地図事件〕

　事案の概要は、原告が、被告が原告の作成等に係る住宅地図を複写等し、住宅地図に係る原告の著作権（複製権、譲渡権、貸与権及び公衆送信権）を侵害したとして、被告会社及びその<u>代表取締役</u>の被告Aに損害賠償請求をしたというものである。これも小規模の会社の役員の責任を肯定している。

裁判所の判断の概要

　「被告会社は、資本金500万円の有限会社であり、従業員数は39名とさほど大きくはないことが認められる。そうすると、被告Aは、被告会社が原告の著作権を侵害したことについて、被告会社の代表取締役として阻止すべき任務を負っていたにもかかわらず、これを悪意により懈怠したと認めるのが相当である」

判例⑪：東京地判令和05.05.18 令3(ワ)20472〔さくら事件〕

　事案の概要は、被告会社がウェブサイト上に原告が著作権を有する写真を掲載した行為が公衆送信権侵害を構成すると主張して、被告らに対し、連帯して、被告会社については民法709条及び著作権法114条3項に基づく損害

賠償請求を、被告会社の代表取締役である被告Bについては、会社法429条1項に基づく損害賠償請求をそれぞれ求めたというものである。

裁判所の判断の概要

「被告会社は、デザインの企画・制作等を目的とする株式会社であり、日本たばこ産業株式会社から受託された『さくら』の小冊子を作成するために、原告から、本件各写真の利用許諾を受けたのであるから、その代表取締役である被告Bは、本件各写真を本件ウェブページに掲載することができるかどうかを確認すべき注意義務があったものといえる。

しかるに、被告Bは、原告に容易に確認できるにもかかわらずこれを怠り、本件各写真のデジタルデータに複製防止措置を何ら執ることなく、漫然と約7年間も本件ウェブページに継続して違法に掲載し、その結果、本件各写真のデジタルデータがインターネット上に原告名が付されることなく相当広く複製等されたことが認められる。

これらの事情を踏まえると、被告Bに少なくとも重過失があったことは明らかであり、著作権の重要性を看過するものとして、その責任は重大である。…被告Bが、本件ウェブページ掲載当時に知的財産権保護体制の構築を主たる職務としていなかったとしても、デザイン制作等を目的とする株式会社において、デザイン制作等に当たり著作権、肖像権その他の知的財産権を侵害しないようにする措置を十分に執ることは、取締役の基本的な任務であるといえるから、被告Bの主張を十分に踏まえても、被告Bの責任は免れない。また、原告に何ら確認することなく、本件各写真のデジタルデータが複製防止措置を何ら執られることなく本件ウェブページに7年以上も漫然と掲載されていた事情等を踏まえると、…知的財産権の侵害を防止するための社内体制が不十分であったとの謗りを、免れることはできない」

判例⑫：知財高判令和02.10.06 令5(ネ)10004〔オンラインストア事件〕

事案の概要は、控訴人会社が、著作権を有する画像の複製物を被控訴人会

社がウェブサイトに掲載して著作権（複製権、公衆送信権）等を侵害したとして、控訴人会社及びその<u>代表取締役</u>である被控訴人Ｙに対し、損害賠償請求等をしたというものである。

会社法429条１項による取締役等の第三者に対する損害賠償責任が認められる根拠としての取締役等の善管注意義務及び忠実義務について少し丁寧に触れている。

裁判所の判断の概要

<u>「会社の代表取締役は、会社に対して受任者として善良な管理者の注意義務（会社法330条、民法644条）及び忠実義務（会社法355条）を負っているところ、悪意又は重大な過失によりこれらの義務に違反し、これによって第三者に損害を被らせたときは、取締役の任務懈怠と第三者の損害に相当因果関係が認められれば、第三者に対して損害賠償義務を負う（同法429条１項）」</u>

「被控訴人Ｙは被控訴人会社の代表取締役であり、かつ、被控訴人○の責任者であって、…被控訴人会社が本件画像を被控訴人○に掲載したことを認識していたと推認され、この推認を覆す事情は認められない。また、本件画像は、その内容からして控訴人会社が著作権を有する可能性があると容易に認識し得るものであり、被控訴人Ｙも上記可能性を認識したか、又は容易に認識し得たと認められる。

以上の事実によれば、被控訴人Ｙは、被控訴人会社の代表取締役として、…本件画像の複製物を、被控訴人会社が被控訴人○に掲載しないようにさせるべき義務があったにもかかわらず、この義務を怠ったものであり、この任務懈怠について少なくとも重大な過失があると認められる」

判例⑬：東京地判令和05.08.21 令3(ワ)13692〔NMN事件〕

事案の概要は、原告が、被告会社による原告商品の商品名や包装を模倣した被告商品の製造・販売により損害を受けたとして、被告会社とその<u>代表取締役</u>である被告Ａに対し、損害賠償請求をしたというものである。

なお、原告は被告会社には民法709条、710条、715条に基づく請求しかなかったが、被告Aに対しては会社法429条1項に基づく請求をしていた。裁判所は、被告の主張を善解し、被告会社に対して不正競争防止法2条1項3号の商品形態模倣行為を認めた。

裁判所の判断の概要
（被告の代表取締役については）「被告商品が大量に収納された段ボールが被告会社の社内に置かれていたことなどに鑑みると、少なくとも被告会社従業員による原告商品の形態模倣につき、被告Aには、その職務を行うについて悪意又は重過失があったと認めるのが相当」とした。

（2-2）判例③〜⑬について

役員等の損害賠償責任を認めた判例③〜⑬のうち、特許権侵害事件は、判例③、⑧であり、ほかは不正競争防止法違反や著作権法違反等（判例⑥、判例⑨は少し特殊な事案）である。

取締役等の責任の有無を検討する際には、容易に侵害判断ができそうな場合（例えばデッドコピーと評価されやすそうな場合）とそうでない場合という視点も考慮されるべきであろう。

判例③は、特許権侵害事件であり、仮処分命令が出たのに<u>専門家の意見を聴かず</u>に取引を継続したり、侵害品に工作をしたりしていることから、<u>代表取締役に会社法429条1項の悪意又は重過失が肯定された例</u>である（以下も、特に指摘しない限り、会社法違反の事例である。）。

判例④は、周知・著名な表示と類似する標章を使用等したことから不正競争防止上の周知表示混同惹起行為等が問題とされたものであり、被告会社が小規模であること等から、被告の取締役は被告の行為の意思決定に関与していたと認められること等も考慮して、同人に法違反を行わないようにする義務を肯定したものである。

判例⑤も判例④と同様に小規模の会社であること等から、不正競争防止法

上の周知表示混同惹起行為について自ら意思決定をしたとして、業務執行役員に対し、直接に民法701条等を適用している。

判例⑥は、直接的には知的財産権の侵害事件ではないが、代表取締役の責任を認めるとともに、取締役に対し、代表取締役の業務執行についての監視義務違反を肯定している。

判例⑦は、判例④や判例⑤と同様に小規模な被告会社の事案であり、漫画の公衆送信権侵害という違法判断が容易であったと思われる事案である。取締役に、会社が第三者の著作権等の権利を違法に侵害しないよう注意する義務を負い、被告会社による違法行為を防止する措置を何ら講じなかったことは任務懈怠に当たる、と判断している。

判例⑧は、代表取締役及び取締役に損害賠償責任を認めたが、被告会社が破産している事案であり、各取締役に対して善管注意義務の内容を種々想定し、とり得る経営判断のいずれをもとらなかったこと等からその責任を肯定した。ディープ・ポケット戦略がとられた典型的な事例といえよう。

判例⑨は、直接に知的財産権の侵害行為が問題となったものではないが、従業員らが不法行為を構成する訴訟活動等を行ったことについて、代表取締役には、それらを任せきりにするのではなく、不法行為を防止すべく適宜適切に権限を行使すべきであったとして責任を認めた。

判例⑩は、判例④、判例⑤及び判例⑦と同様に小規模な被告会社の事案であり、理由付けはシンプルであるが、代表取締役に、著作権侵害について違法行為を阻止すべき任務の懈怠があったとした。

判例⑪は、ウェブサイト上に許可なく写真を掲載し続けた行為が著作権侵害に当たるとしたものであり、侵害は明白であったとも思われるが、判決では、代表取締役に対し、「…デザイン制作等を目的とする株式会社において、デザイン制作等に当たり著作権、肖像権その他の知的財産権を侵害しないようにする措置を十分に執ることは、取締役の基本的な任務である」「…知的財産権の侵害を防止するための社内体制が不十分であったとの謗りを、免れることはできない」として、コーポレートガバナンスや社内統制に関連する

指摘もなされている。

判例⑫は、判例⑪と同様にウェブサイトに許可なく画像を掲載した事案であるが、判決は、<u>代表取締役</u>に対し、「本件画像は、その内容からして控訴人会社が著作権を有する可能性があると容易に認識し得るものであり、被控訴人Ｙも上記可能性を認識したか、又は容易に認識し得たと認められる」と指摘して侵害認識の容易性に触れている。

判例⑬は、理由はシンプルであるが、被告商品が大量に収納された段ボールが被告会社の社内に置かれた事実を捉えて、<u>代表取締役</u>の損害賠償責任を認めている。

4．改訂された2021CGコードとその射程距離

（1）改訂された2021CGコードと知的財産等（補充原則3-1③と同4-2②）

2021CGコードは基本原則と補充原則を規定しているが、改訂によって「知的財産」の用語が登場したのは、補充原則3－1③と4－2②である。

そこで、ガイドラインのうち知的財産に関連する部分を中心に紹介する[10]。

（2）補充原則3－1③

2021CGコードの「第3章 適切な情報開示と透明性の確保」では、「【基本原則3】上場会社は、会社の財政状態・経営成績等の財務情報や、経営戦略・経営課題、リスクやガバナンスに係る情報等の非財務情報について、法令に基づく開示を適切に行うとともに、法令に基づく開示以外の情報提供にも主体的に取り組むべきである。その際、取締役会は、開示・提供される情報が株主との間で建設的な対話を行う上での基盤となることも踏まえ、そうした情報（とりわけ非財務情報）が、正確で利用者にとって分かりやすく、情報として有用性の高いものとなるようにすべきである」と規定し、この基本原則の「考え方」として、「上場会社には、様々な情報を開示することが求められている。これらの情報が法令に基づき適時適切に開示されることは、投資家保護や資

---
[10] 例えば浜田宰『コーポレートガバナンス・コードの解説』（商事法務[2022]）等

本市場の信頼性確保の観点から不可欠の要請であり、取締役会・監査役・監査役会・外部会計監査人は、この点に関し財務情報に係る内部統制体制の適切な整備をはじめとする重要な責務を負っている。また、上場会社は、法令に基づく開示以外の情報提供にも主体的に取り組むべきである。更に、我が国の上場会社による情報開示は、計表等については、様式・作成要領などが詳細に定められており比較可能性に優れている一方で、会社の財政状態、経営戦略、リスク、ガバナンスや社会・環境問題に関する事項（いわゆるESG要素）などについて説明等を行ういわゆる非財務情報を巡っては、ひな型的な記述や具体性を欠く記述となっており付加価値に乏しい場合が少なくない、との指摘もある。取締役会は、こうした情報を含め、開示・提供される情報が可能な限り利用者にとって有益な記載となるよう積極的に関与を行う必要がある。法令に基づく開示であれそれ以外の場合であれ、適切な情報の開示・提供は、上場会社の外側にいて情報の非対称性の下におかれている株主等のステークホルダーと認識を共有し、その理解を得るための有力な手段となり得るものであり、「『責任ある機関投資家』の諸原則《日本版スチュワードシップ・コード》」を踏まえた建設的な対話にも資するものである」と説明している。

次に、「【原則3－1．情報開示の充実】」の項では、「上場会社は、法令に基づく開示を適切に行うことに加え、会社の意思決定の透明性・公正性を確保し、実効的なコーポレートガバナンスを実現するとの観点から、（本コードの各原則において開示を求めている事項のほか、）以下の事項について開示し、主体的な情報発信を行うべきである。

（ⅰ）会社の目指すところ（経営理念等）や経営戦略、経営計画
（ⅱ）本コードのそれぞれの原則を踏まえた、コーポレートガバナンスに関する基本的な考え方と基本方針
（ⅲ）取締役会が経営陣幹部・取締役の報酬を決定するに当たっての方針と手続
（ⅳ）取締役会が経営陣幹部の選解任と取締役・監査役候補の指名を行うに当たっての方針と手続

(ⅴ) 取締役会が上記(ⅳ)を踏まえて経営陣幹部の選解任と取締役・監査役候補の指名を行う際の、個々の選解任・指名についての説明」
を定め、「補充原則3-1③」では、「上場会社は、経営戦略の開示に当たって、自社のサステナビリティについての取組みを適切に開示すべきである。また、人的資本や知的財産への投資等についても、自社の経営戦略・経営課題との整合性を意識しつつ分かりやすく具体的に情報を開示・提供すべきである」と指摘している。

(3) 補充原則4-2②

同様に、2021CGコード「第4章 取締役会等の責務」では、「【基本原則4】上場会社の取締役会は、株主に対する受託者責任・説明責任を踏まえ、会社の持続的成長と中長期的な企業価値の向上を促し、収益力・資本効率等の改善を図るべく、

（1）企業戦略等の大きな方向性を示すこと
（2）経営陣幹部による適切なリスクテイクを支える環境整備を行うこと
（3）独立した客観的な立場から、経営陣（執行役及びいわゆる執行役員を含む）・取締役に対する実効性の高い監督を行うこと

をはじめとする役割・責務を適切に果たすべきである」と規定し、この基本原則の「考え方」として、「…また、本コードを策定する大きな目的の一つは、上場会社による透明・公正かつ迅速・果断な意思決定を促すことにあるが、上場会社の意思決定のうちには、外部環境の変化その他の事情により、結果として会社に損害を生じさせることとなるものが無いとは言い切れない。その場合、経営陣・取締役が損害賠償責任を負うか否かの判断に際しては、一般的に、その意思決定の時点における意思決定過程の合理性が重要な考慮要素の一つとなるものと考えられるが、本コードには、ここでいう意思決定過程の合理性を担保することに寄与すると考えられる内容が含まれており、本コードは、上場会社の透明・公正かつ迅速・果断な意思決定を促す効果を持つこととなるものと期待している」と説明している。

次に、「【原則4-2．取締役会の役割・責務（2）】」の項では、「取締役会は、経営陣幹部による適切なリスクテイクを支える環境整備を行うことを主要な役割・責務の一つと捉え、経営陣からの健全な企業家精神に基づく提案を歓迎しつつ、説明責任の確保に向けて、そうした提案について独立した客観的な立場において多角的かつ十分な検討を行うとともに、承認した提案が実行される際には、経営陣幹部の迅速・果断な意思決定を支援すべきである」と定め、「補充原則4-2②」では、「取締役会は、中長期的な企業価値の向上の観点から、自社のサステナビリティを巡る取組みについて基本的な方針を策定すべきである。また、人的資本・知的財産への投資等の重要性に鑑み、これらをはじめとする経営資源の配分や、事業ポートフォリオに関する戦略の実行が、企業の持続的な成長に資するよう、実効的に監督を行うべきである」と指摘している。

（4）知財投資・活用戦略の具体的イメージ

上記2021CGコードの知財関連規定等は、知財・無形資産が企業の国内外の競争力を高める重要な資源となっているという（再）認識の下に定められたと考えられ、政府による2002年の「知財立国宣言」の延長線上の面を持つとも評価できよう。

そして、内閣府の「知財投資・活用戦略の有効な開示及びガバナンスに関する検討会」は、令和3年9月24日に「今後の知財・無形資産の投資・活用戦略の構築に向けた取組について～改訂コーポレートガバナンス・コードを踏まえたコーポレート・ガバナンス報告書の提出に向けて～」[11]を公表したが、その中で、「いかなる業種に属する企業であっても、経営と関係し、競争力に資する何らかの知財・無形資産を保有していると考えられ、あらゆる業種の企業に、知財・無形資産の投資・活用戦略の構築・実行の必要性が考えられる」「③ 競争優位を支える知財・無形資産の維持・強化に向けた戦略の構築企業は、将来の競争優位・差別化を支える知財・無形資産の維持・強化に向け、どの

---

[11] これもネット上で公開されている。

ような投資を行い、あるいはその損失リスクに対してどのような方策を講じていくかについての戦略を構築することが期待される。そのためには、今後どのような知財・無形資産の投資を行う必要があるのか（顧客ネットワークの維持・強化、研究開発による自社創造、M&Aによる外部からの調達など）、<u>自社の知財・無形資産を守るためにどのような方策をとるべきか（他社による侵害への対応など）</u>について検討する必要がある」等が指摘されている。

これらからは、自社の知財資産等を維持・強化し、侵害から守る対応との視点が強調されているが、損失リスクに対してどのような方策を講じていくかについての戦略との関係では、侵害リスクへの対応策の重要性も求められていると考えられる。

5．役員等の第三者に対する責任と会社法429条1項[12]

（1）会社法429条1項

会社法429条1項（平成17年改正前商法では266条ノ3）は、明治32年商法制定の際に同様の規定が定められたものであり、その由来は古い。また、一般社団法人（一般社団法人及び一般財団法人に関する法律117条）や各種の中間法人の役員等についても同様の連帯責任規定（農業協同組合法35条の6第8項等）がある。

（2）責任の性質等（最高裁大法廷昭和44年11月26日判決）

役員等の第三者に対する責任の性質について、最判昭和44.11.26 民集23巻11号2150頁は、（以下は、現在の会社法等の条文を括弧書で加える）「商法（会社法）は、株式会社の取締役の第三者に対する責任に関する規定として266条ノ3（会社法429条）を置き、同条1項前段において、取締役がその職務を行なうについて悪意または重大な過失があつたときは、その取締役は第三

---

[12] なお、例えば大江忠『要件事実知的財産法』（第一法規[2002]）や、伊藤滋夫ほか『民事要件事実講座2 総論Ⅱ 多様な事件と要件事実』（青林書院[2005]）等では、知的財産権と関連させた役員等の責任については特に取り上げられていないようである。

者に対してもまた連帯して損害賠償の責に任ずる旨を定めている。もともと、会社と取締役とは委任の関係に立ち、取締役は、会社に対して受任者として善良な管理者の注意義務を負い〈商法254条3項（会社法330条）、民法644条〉、また、忠実義務を負う〈商法254条ノ2（会社法355条）〉ものとされているのであるから、取締役は、自己の任務を遂行するに当たり、会社との関係で右義務を遵守しなければならないことはいうまでもないことであるが、第三者との間ではかような関係にあるのではなく、取締役は、右義務に違反して第三者に損害を被らせたとしても、当然に損害賠償の義務を負うものではない。

しかし、法は、株式会社が経済社会において重要な地位を占めていること、しかも株式会社の活動はその機関である取締役の職務執行に依存するものであることを考慮して、第三者保護の立場から、取締役において悪意または重大な過失により右義務に違反し、これによつて第三者に損害を被らせたときは、取締役の任務懈怠の行為と第三者の損害との間に相当の因果関係があるかぎり、会社がこれによつて損害を被つた結果、ひいて第三者に損害を生じた場合であると、直接第三者が損害を被つた場合であるとを問うことなく、当該取締役が直接に第三者に対し損害賠償の責に任ずべきことを規定したのである。

…したがつて、…取締役がその職務を行なうにつき故意または過失により直接第三者に損害を加えた場合に、一般不法行為の規定によつて、その損害を賠償する義務を負うことを妨げるものではないが、取締役の任務懈怠により損害を受けた第三者としては、その任務懈怠につき取締役の悪意または重大な過失を主張し立証しさえすれば、自己に対する加害につき故意または過失のあることを主張し立証するまでもなく、商法266条ノ3（会社法429条）の規定により、取締役に対し損害の賠償を求めることができるわけであり、また、同条の規定に基づいて第三者が取締役に対し損害の賠償を求めることができるのは、取締役の第三者への加害に対する故意または過失を前提として会社自体が民法44条（一般社団法人及び一般財団法人に関する法律78条）の規定によつて第三者に対し損害の賠償義務を負う場合に限る必要もないわけである。…もともと、代表取締役は、対外的に会社を代表し、対内的に業務全般の執行

を担当する職務権限を有する機関であるから、善良な管理者の注意をもつて会社のため忠実にその職務を執行し、ひろく会社業務の全般にわたつて意を用いるべき義務を負うものであることはいうまでもない。したがつて、少なくとも、代表取締役が、他の代表取締役その他の者に会社業務の一切を任せきりとし、その業務執行に何等意を用いることなく、ついにはそれらの者の不正行為ないし任務懈怠を看過するに至るような場合には、自らもまた悪意または重大な過失により任務を怠つたものと解するのが相当である」と説示している。

以上によれば、会社法429条1項の責任の性質としては、上記最高裁は、「株式会社が経済社会において重要な地位を占めていること」とその職務執行機関である取締役の職務の重要性等から役員等に民法709条の不法行為責任とは別の特別責任（特別法定責任説[13]）を認めていると理解される。

そして、役員等に、会社に対する任務懈怠と悪意・重過失があり、その結果第三者に損害が生じた場合に損害賠償責任が発生することとなる。

なお、上記大法廷判決の「会社業務の一切を任せきりとし、その業務執行に何等意を用いることなく、ついにはそれらの者の不正行為ないし任務懈怠を看過するに至るような場合」には悪意・重過失があるとする具体的な指摘には留意が必要である。

（3）取締役等が遵守すべき「法令」の範囲（最高裁平成12年7月7日判決）

では、取締役が遵守すべき「法令」の範囲については、どのように考えられているのであろうか。

この点については、株主代表訴訟に関するものではあるが、最判平成12.07.07民集54巻6号1767頁は、「株式会社の取締役は、取締役会の構成員として会社の業務執行を決定し、あるいは代表取締役として業務の執行に当たるなどの職務を有するものであって、商法266条（会社法423条）は、その職責の重要性にかんがみ、取締役が会社に対して負うべき責任の明確化と厳格化を図るものである。本規定は、右の趣旨に基づき、法令に違反する行為をした取締役はそれ

---

[13] 最高裁判所判例解説民事篇昭和44年度（下）1085頁

によって会社の被った損害を賠償する責めに任じる旨を定めるものであるところ、取締役を名あて人とし、取締役の受任者としての義務を一般的に定める商法254条3項（民法644条、会社法330条）、商法254条ノ3の規定（会社法355条）（以下、併せて「一般規定」という。）及びこれを具体化する形で取締役がその職務遂行に際して遵守すべき義務を個別的に定める規定が、本規定にいう『法令』に含まれることは明らかであるが、さらに、<u>商法その他の法令中の、会社を名あて人とし、会社がその業務を行うに際して遵守すべきすべての規定もこれに含まれるものと解するのが相当である</u>。けだし、会社が法令を遵守すべきことは当然であるところ、取締役が、会社の業務執行を決定し、その執行に当たる立場にあるものであることからすれば、<u>会社をして法令に違反させることのないようにするため、その職務遂行に際して会社を名あて人とする右の規定を遵守することもまた、取締役の会社に対する職務上の義務に属するというべきだからである</u>。したがって、取締役が右義務に違反し、会社をして右の規定に違反させることとなる行為をしたときには、取締役の右行為が一般規定の定める義務に違反することになるか否かを問うまでもなく、本規定にいう法令に違反する行為をしたときに該当することになるものと解すべきである」と判示し、取締役は、全ての法令を遵守して業務執行をする義務があるとしている[14]。

なお、「法令」の範囲について最高裁判所判例解説民事篇平成12年度（下）603頁以下は、従来の議論をまとめている。

したがって、排他的独占権を認めている特許法等の知的財産法もこの「法令」に属することとなる。

（4）「直接損害」類型としての知的財産権侵害と内部統制違反

悪意・重過失によって直接に第三者が損害を被る場合（直接損害）に関して、会社法の基本書でも、例えば著作権侵害や内部統制システム不整備等で損害賠償責任が認められた例[15]が紹介されている。

---

[14] 取締役が遵守すべき「法令」の範囲について、上記最高裁平成12年7月7日判決についての最高裁判所判例解説民事篇平成12年度（下）603頁以下は、従来の各説をまとめている。

すなわち、会社法429条1項との関係で、直接侵害類型における任務懈怠類型の一つとして、「内部統制システムの構築・整備・運用義務違反」が取り上げられ、会社の損害を防止するために適切な内部統制システムの構築・運用する義務があると理解されるようになってきたとされている[16]。

6．知的財産権侵害と取締役等の知財マインド
（1）知的財産権侵害の特殊性

　知的財産権の活用場面を想定すると、せっかくすばらしい発明や工業的意匠・ネーミング等を創出したのに特許・実用新案・意匠・商標などの工業所有権を取得しなかったため、類似品が出てきても排除する手段を欠いてしまったという事例もよくある。あるいは、知的財産権を保有していても競業行為を認識したのに排除せず放置していることから営業上のダメージを受けた、あるいは次の事業展開がスムーズに進まない、という事態も考えられる。知財裁判は時間がかかる、勝訴率が低い、費用がかさむという思い込み[17]から積極的な対応をとらない企業も多いといわれている。このような場合には、企業の株主等のステークホルダーからすれば、企業価値を損なっているのではないかと追及したくなることもあろう。

　また、他社の知的財産権を不用意に侵害してしまうというパターンがある。特許権侵害を例にとれば、本来は不法行為であるから故意・過失が要件と

---

[15] 江頭憲次郎『株式会社法〔第8版〕』536頁（有斐閣[2021]）は、「直接侵害の例」として「著作権侵害（長野地判平成14・12・27判タ1158号188頁、（前述の）大阪地判平成15・10・23金判1185号44頁）、内部統制システム不整備による名誉毀損の惹起（東京地判平成21・2・4判時2033号3頁）」を挙げている。
[16] 例えば岩原紳作『会社法コンメンタール9』374頁以下（商事法務[2014]）。また、内部統制システムの整備義務については、会社法でも規定されている。同法416条1項1号ホ（指名委員会設置会社の取締役会の権限）、348条4項・同3項4号（大会社における取締役の業務執行）、362条5項・同4項6号（大会社における取締役会の権限）等。実際には、最判平成21.07.09 集民231号241頁では、架空売上げによる有価証券報告書の不実記載と代表取締役の責任が問題となった（ただし、最終的に責任は否定された。）。また、内部統制システムについては、金融商品取引法でも定められている（24条の4の4第1項等。前掲注2）。なお、いわゆる経営判断原則は直接侵害の場面では関係しない（同368頁）。
[17] 知的財産高等裁判所のウェブサイトの「詳しく知りたい方へ」⇒「統計」の欄には、平均審理期間や損害額の統計等の資料が出ており、審理期間は想像以上に短く、判決で認容された金額や和解において支払うことが約された金額について驚かれる方も多い。

なるが、過失が推定され（特許法102条）、無過失とされる例はほとんど存在しない[18]。そして、侵害品に対して差止請求権が認められているため（同法100条）、侵害すれば企業にとっての主力商品の製造・販売も禁止されてしまう。さらに、侵害による損害賠償としては、実施料相当額は最低限の損害賠償額であって、逸失利益の補填として今日では純利益説ではなく限界利益をベースに損害額が算定される（同法102条）。企業活動における損益計算書では、売上総利益（売上高－売上原価）⇒ 営業利益 ⇒ 経常利益 ⇒ 税引前当期純利益 ⇒ 当期純利益とされ、最終的には純利益だけが手元に残るのが通常であるが、特許権侵害の場合は、平易にいえば「売上総利益」＝粗利相当額が損害賠償額となり得るというものである（もちろん、限界利益そのものが損害として認定されるのではなく、特許法102条１項の場合は「販売することができないとする事情」の主張・立証に成功すれば減額され、同条２項でも限界利益から推定覆滅事由が認められれば減額される。）。

　そして、特許権侵害の有無については、文言侵害の有無と均等論、無効の抗弁（特許法104条の３）、内外国の消尽論等が関連し、専門家であってもなかなか容易に判断ができない。意匠権侵害の有無では意匠権の効力範囲（意匠法23条、特に類似の範囲）等、商標権侵害の有無では商標の類似の有無（商標法37条等）等についても固有の論点や判例がある。不正競争防止法違反の有無では、例えば周知商品等混同惹起行為（同法２条１項１号）の周知性の獲得の有無や混同の有無、商品形態模倣行為（同２条１項３号）における模倣と実質的同一性の幅、営業秘密漏洩行為（同１項４号以下）における秘密管理性、広告内容と品質誤認惹起行為（同１項20号）にいう誤認の有無、安易に販売先に警告した場合の営業誹謗行為（同21号）成立の可能性等、著作権法違反の有無では、例えば他人の著作物の確認の困難さや著作物性（著作権法２条１項１号）の有無・程度、原著作物の翻案（改変）（同法27条）の有無、応用美術該当の有無等がしばしば問題となる。

---

[18] 取締役等の任務懈怠による連帯責任の場合にこの過失推定規定が類推適用されるかについては、会社法429条１項では「職務を行うについて悪意又は重大な過失があったとき」との要件を定めていることとの関係でも、肯定される余地があると思われる。

自社取扱いの製品には、ほとんど単一の特許権等が問題となるものがあれば、携帯電話の例のように、内部には多数の特許権があり、その形状やネーミング等には意匠権・商標権・不正競争防止法上の利益等が重畳的に関係するパターンもあり、気が付けば、知的財産を踏んでしまったということにもなりかねないリスクがある。

　このように、ビジネスと直結する知的財産権の影響力は極めて高いが、知的財産権の活用を十全になし得ることにはかなりの困難性があるという特殊性を役員等は再認識すべきである。

(2) 知財マインドの醸成と2021CGコード

　企業は利益獲得を大きな目標としているので、営業力が重要であることは当然であるが、よく、営業部隊と知財部隊とで意見の衝突が生ずる。もし役員等に知的財産の価値に対する認識等が不十分であれば、あるいは人任せにすれば、下手をすると任務懈怠として知的財産権侵害について連帯責任を負わされることとなる。

　そして、2021CGコードでは、知的財産も取り上げられることとなった。

　言わば企業の外部との関係での企業統治とそれを実行あらしめるリスク管理として会社法等でも規定されている内部統制システムを充実させようとするものであるから、2021CGコードの法規範性を否定する見解もあるが、役員等の善管注意義務・忠実義務の内容をなすものと考えることもできると思われる。

　このことは、大企業や上場企業の場合には、代表取締役、取締役、執行役員等が対象とされる可能性があり、そうでない企業の役員等への責任追及の場面でもこの2021CGコードの趣旨が主張されることが考えられ、さらには、規模が小さければかえって違反行為防止の管理がしやすいということから損害賠償責任を認める際の加点事由となり得よう。

(3) 透明・公正かつ迅速・果断な意思決定の必要性

　前述のとおり、2021CGコードは、「透明・公正かつ迅速・果断な意思決定」

を求めている。

　では、取締役等が責任を回避するための妙案があるかといえば、なかなか難しいことではあるが[19]、前述のとおり知的財産侵害の有無の判断には相当に高度なスキルが求められるので、内部統制システムの一つとして社内外のチェック体制を明文化するなりして構築しておき、具体的な問題に遭遇した場合には、専門家の意見を聴き、より重要な事案については更に他の専門家からのセカンド・オピニオン等を求めることが有効ではないかと考えられる[20]。

　いずれにせよ、知的財産権侵害訴訟では現に役員等の責任追及がなされており、連帯責任を認めている判例も多数存在するので、遵守すべき法令の中に知的財産法が含まれ、更に2021CGコードも含まれると解される可能性が高まった今日では、改めて役員等には知財マインドの醸成がより一層求められる新局面になった、というべきであろう。

7．おわりに

　2021CGコードに知財条項が取り入れられたことにより、今後は、知財紛争が発生した場合に企業の取締役等の損害賠償責任（連帯責任）がますますクローズアップされると考えられる[21]。

　今までは必ずしも重視されていなかった感がある企業における知財のリスクマネジメントについて、真正面からこの問題に取り組んでいくべき時代が到来したといえよう。

---

[19] 損害賠償責任のリスク回避の一手段として、会社役員賠償責任保険（D&O保険）への加入が考えられる。
[20] 前掲注15）493頁では、取締役が業務執行の際にどの程度の情報・調査等を行えばよいかについて、弁護士等の専門家の知見を信頼した場合は、専門家の能力を超えると疑われるような事情があった場合を除き、取締役の信頼の保護の観点から善管注意義務違反にならない、と指摘している。知的財産権侵害問題では通常はこの考えが通用すると解される。
[21] 例えば2021CGコード改訂の経緯や、知財情報を経営情報等と組み合わせて分析し、それを経営層や事業部門で共有するIPランドスケープ等について説明し、「今後は知財に注意を払うのは取締役の義務であると考えられる」とする「Special Interview　コーポレートガバナンス・コードと知財情報分析」（「発明」121巻2号9-13頁［2024］）や、松田誠司＝大草康平「知財を強みとする法務パーソンのための実務ポイント（第1回）　特許権侵害警告への対応と役員の責任」（「NBL」1239号26頁［2023］）も今後の対策について参考となる。

プロダクト・デザインを保護対象とする場合の損害論の一考察

協和綜合法律事務所 弁護士 白木 裕一

1. はじめに

　プロダクト・デザイン[1]の実効的な法的保護を図るためには、意匠権等の侵害訴訟において販売や製造等の差止請求が認められるだけではなく、権利者が適正な損害賠償を受けられることが必要不可欠である。

　特許権侵害訴訟においては、令和2年4月1日、令和元年改正特許法が施行され、その前後で損害論に関する3件の知財高裁大合議判決[2]が出ており、推定の覆滅や併用の可否などの重要な論点につき、続けて判断が示された。

　一方、プロダクト・デザインを保護対象とする侵害訴訟においては、損害論に関し、いかなる判断がなされているのであろうか。本稿は、直近10年分(平成26年～令和5年)のプロダクト・デザインを保護対象とする侵害訴訟のうち、意匠権侵害、不正競争防止法(以下、「不競法」という。)違反、又は商標権侵害が認められた裁判例を抽出し、これらの裁判例の損害論に関する判断内容を紹介・分析しつつ、最近の判断傾向を考察するものである。

2. 意匠権侵害に対する損害賠償
(1) 意匠法によるプロダクト・デザインの法的保護

　プロダクト・デザインは、意匠法が従来ほぼ唯一の保護対象としてきたものであり、現在も同法の主たる保護対象である。

---

[1] (本来多義的ではあるが)一般に、大量生産を前提とする製品のデザインを指す〈茶園成樹=上野達弘『デザイン保護法』31頁(勁草書房[2022])〉。本稿も同様の意義で使用する。
[2] ① 知財高判令和元.06.07 判時2430号34頁〔二酸化炭素含有粘性組成物事件〕、② 知財高判令和02.02.28 判時2464号61頁〔美容器事件〕、③ 知財高判令和04.10.20 判時2588号26頁〔椅子式マッサージ機事件〕

本稿においても、まず、意匠権侵害に対する損害賠償請求を検討する。そして、意匠権侵害を理由とする損害賠償請求は、民法709条を根拠条文とするが、損害論の審理の中心は、逸失利益算定の特則である意匠法39条の解釈及びその当てはめである。以下、同条に関する裁判上の解釈及び認定内容について項ごとに紹介する。

（２）意匠法39条１項に基づく損害賠償請求
① 本条項の意義
本条項は、権利者が侵害品の譲渡数量を立証できた場合には、これに権利者製品１個当たりの利益の額を乗じた金額を損害の額とできる旨を規定する。

一方で、本条項は、権利者に実施能力がない場合及び侵害品の譲渡数量の全部や一部に相当する数量を権利者が販売することができない事情がある場合、当該数量分まで賠償の対象とすることは、権利者に過大な保護を与えることになるので、損害算定に当たり、当該数量分を控除できる旨を規定する。

そして、控除対象となった数量相当分の実施料相当額の損害賠償が認められるか否か、従来は解釈上の争いがあったが、令和元年改正により、（実施許諾し得たと認められない場合を除き）認められることが明文化された。

②「（単位数量当たりの）利益の額」
（ア）その意義と限界利益説の解釈運用
「利益の額」が何を指すのか従来は議論があったが、現在、製造販売に直接関連して追加的に必要となった経費を控除した利益とする見解（限界利益説）が特許権侵害訴訟同様、意匠権侵害訴訟においても定着している。

それを前提に裁判所は、被告が「利益の額」から控除を主張する費用項目が製造・販売数量と直接連動しているか否かについて厳格に認定している。

例えば④ 東京地判平成27.02.26 平24(ワ)33752〔体重測定器付体組成測定器事件〕は、被告が主張する広告宣伝費（チラシ、雑誌、カタログ等）につき、原告製品の販売台数に関わりなく支出が見込まれるものであり、売上げ

台数が増加するたびに増加するという性質のものといえないことから、利益の額から控除することを否定した。

また、⑤ 大阪地判令和元.11.14 平30(ワ)2439〔食品包装用容器事件〕においても、（原材料の費用としての）シート加工賃及び金型成型加工賃、直接労務費及び電気代を控除すべきである旨の被告の主張に対し、通常の労務費とは別に発生するとは考えられず、また、原告の製造する食品包装用容器全体のうち、原告製品の占める割合は僅かであることから、原告製品の販売数量の増加に伴って追加的に発生する変動費に該当しないとして、「利益の額」の控除を否定した。

(イ) 登録意匠が部分意匠である場合の「利益の額」

登録意匠が部分意匠である場合、「（単位数量当たりの）利益の額」をどのように認定すべきかが問題となるが、従来の裁判例では、容積割合や価額割合から寄与率という概念を持ち込み、逸失利益にこれを乗じて「利益の額」を算定した（⑥ 東京地判平成25.04.19 判タ1416号366頁〔サンダル事件〕）。

しかしながら、登録意匠である部分意匠が容積割合や価額割合の面で被告製品全体の一部にとどまるとしても、需要者の注意を引き、強い購入動機になる場合には限界利益全体、又はその多くが意匠権侵害の利益と評価し得る。

前掲⑤大阪地判〔食品包装用容器事件〕は、「被告意匠は、被告製品において、需要者の注意を引き、美感に訴えるという点で、最も重要な位置を占めている」旨を判示し、被告意匠の面積が製品全体の50％であるが寄与率を用いて減額すること及び推定の覆滅を行うことを否定した。

③「実施の能力に応じた数量（実施相応数量）」

本条項は、製造・販売能力に応じた数量（実施相応数量）を超えない範囲で、単位数量当たりの利益の額を乗じて（逸失）利益を算定する旨を規定する。この実施相応数量は、裁判上、意匠権侵害時において、実際に製造販売していた数量に限られず、潜在的な実施能力[3]も含めて認定されている。

例えば前掲⑤大阪地判〔食品包装用容器事件〕は、「原告は、食品用包装容器を多種類製造しており、その中において原告製品の占める割合はわずかであることから、製造ラインを適宜調整することにより、被告製品の販売数量に相当する受注に応じることは可能であった」旨を判示し、原告の潜在的な製造能力を前提に原告が受注に応じることは可能である旨を認定している（⑦ 控訴審判決・大阪高判令和02.10.30 令元（ネ）2739・2765も同旨）。

④ 「販売することができないとする事情」の意義及び当てはめ

（侵害者の営業努力や競合品の存在が含まれるか否かに関連して）「販売することができないとする事情」の意義が従来は議論となった。（特許の事案ではあるが）前掲②知財高判〔美容器事件〕は、特許法102条１項の「販売することができないとする事情」について「侵害行為と特許権者の製品の販売減少との相当因果関係を阻害する事情」をいい、例えば１）特許権者と侵害者の業務態様や価格等に相違が存在すること（市場の非同一性）、２）市場における競合品の存在、３）侵害者の営業努力（ブランド力、宣伝広告）、４）侵害品及び特許権者の製品の性能（機能、デザイン等、特許発明以外の特徴）に相違が存在するなどの事情がこれに該当する旨を判示し、かかる議論は決着したとされている（寒河江孝充＝峯唯夫＝金井重彦『意匠法コンメンタール〔新版〕』726頁〈勁草書房［2022］〉参照）。

前掲④東京地判〔体重測定器付体組成測定器事件〕においても、被告ブランドの顧客吸引力の貢献及び競合品の存在等を販売することができない事情と認定しつつも、以下のとおり、被告と原告の市場シェアが相当高いこと、デザインも購入動機になり、かつ、競合品において本件登録意匠と同一・類似の意匠の製品がなかったことなどから、競合品の存在による因果関係欠如の範囲を極めて限定的なものとした。

---

[3] （特許法102条１項の解釈が問題となった事案であるが）前掲②〔美容器事件〕においては、「…この『実施の能力』は、潜在的な能力で足り、生産委託等の方法により、侵害品の販売数量に対応する数量の製品を供給することが可能な場合も実施の能力があるものと解すべきであり、その主張立証責任は、特許権者側にある。」と判示されている（下線は著者において加筆）。

その上で、同判決は、被告製品の譲渡数量のうち、50％に相当する数量について原告が譲渡することができない事情がある旨を認定した。

「被告は、原告製品1及び2には被告製品の他に競合品があると主張する。…平成23年の体組成計の年間シェアは被告が38.7％で1位、原告が32.3％で2位あり、3位の企業は14.5％であることが認められ、被告と原告とで体組成計の年間シェアの71％を占めていることからすると、被告製品がなかった場合、被告製品の購入者の大部分は被告が販売する製品か原告が販売する製品を購入するものというのが相当である。そして、前示のとおり被告製品を購入した者はメーカー名よりもデザインに着目して購入しているところ、…被告製品以外の体組成計にその意匠が本件意匠2と同一又は類似するものがあるとは認められないのである。そうすると、原告製品1及び2には被告製品の他にも競合品があるという事情は、…被告製品がなかったとしても被告製品の譲渡数量の全てについて原告製品1又は2が購入されたということはできない（しかし、大部分は原告製品1又は2が購入されたといえる。）という程度において、原告が被告製品の譲渡数量の全部又は一部を譲渡することができないとする事情として考慮することができるにとどまるというべきである」

（3）意匠法39条2項に基づく損害賠償請求
① 本条項の意義

本条項は、権利者において被疑侵害者が侵害行為により受けた利益の額を立証した場合にはその利益の額を損害の額と推定できる規定である。

②「利益の額」について
（ア）その意義と限界利益説の解釈運用

本条項の「利益の額」も従来その意義が問題となったが、1項と同様、現在は「限界利益」を指すと解されており、かかる見解が定着している（⑧大阪地判令和02.05.28 判時2538号68頁〔データ記憶機事件〕及び⑨大阪地判令和04.02.10 令元（ワ）10829〔マッサージ器具事件〕等）。

そして、本条の「利益の額」を認定するに当たっても、裁判上、製造販売に直接関連して追加的に必要となった経費を控除した費用に該当するかという点について、厳格に認定されている。

例えば前掲⑧大阪地判〔データ記憶機事件〕は、被告が利益の額から控除することを主張した販売手数料（システム利用料、出店費用等）につき、被告製品との具体的な関係が証拠上明らかではなく、被告製品の販売に直接関連して追加的に必要となったと認められない旨を結論付けた。また、前掲⑨大阪地判〔マッサージ器具事件〕においても、輸入経費、倉庫保管料及び配送費用とともに、デザイン・金型費用等についても請求書に他の製品に関するものが含まれていたことから、被告製品の販売に直接関連して追加的に必要になった経費とはいえない旨を判示した。

(イ) 推定の覆滅及びその検討

本条項により被告が受けた利益が原告の損害の額と推定されるが、擬制されるわけではないため、被告が得た利益の額が原告の被った損害の額を超えることを立証すれば、推定の全部又は一部は、覆ることになる。

そのため、前掲⑧大阪地判〔データ記憶機事件〕においても、以下のとおり、被告において得た利益の一部又は全部について原告が受けた損害との相当因果関係が欠けることを主張立証した場合には、その限度で上記推定は覆滅されることを判示するとともに、因果関係が阻害される事情も例示列挙した（前掲⑨大阪地判〔マッサージ器具事件〕も同様）。

「『利益の額』（意匠法39条2項）とは、原則として、侵害者が得た利益全額であり、これについて『損害の額』として推定が及ぶものの、侵害者の側で、侵害者が得た利益の一部又は全部について、意匠権者が受けた損害との相当因果関係が欠けることを主張立証した場合には、その限度で上記推定は覆滅されるものと解される。推定を覆滅させる事情としては、侵害者が得た利益と意匠権者が受けた損害との相当因果関係を阻害する事情、例えば、意匠権者と侵害者の業務態様等の相違（市場の非同一性）、市場における競合

品の存在、侵害者の営業努力（ブランド力、宣伝広告）、侵害品の性能（機能、性能等意匠以外の特徴）等が挙げられる」

続けて、前掲⑧大阪地判〔データ記憶機事件〕は、以下のとおり、本件意匠が具体的な製品イメージの形成に直接関わるものであり、被告製品の売上げに対して相応に貢献してはいるものの、被告製品の需要者は、一次的には製品の機能を、二次的にはデザイン性を、また、販売価額をも考慮に入れつつ評価し、その購入動機を形成する旨を判示した。同判決は、その上で7割の推定覆滅を認めた（控訴審判決⑩ 大阪高判令和03.02.18 判時2538号64頁も結論を維持する。）。

「…もっとも、原告製品及び被告製品が属する商品カテゴリであるデータ記憶機（HDD製品）においては、需要者がこれを購入するに当たり、意匠のみならずその機能面、具体的には、用途との関連におけるデータ容量、接続予定の機器との接続可能性、データ転送速度、耐久性や静音性等も、重要な商品選択の要因となる。…こうした事情に鑑みると、需要者は、HDDの購入に際し、デザイン性と機能とでは、第一次的には機能を、第二次的にデザイン性を考慮するものと見るのが適当である。

もとより、販売価格も重要な商品選択の要因であることには多言を要しないところ、需要者は、製品購入に当たり、当然、販売価格と自己の求める機能及びデザイン性とのバランスを考慮することとなる。

したがって、被告製品の需要者は、第一次的には製品の機能を、第二次的にデザイン性を、販売価格をも考慮に入れつつ評価し、その購入動機を形成するものと考えられる」

一方、前掲⑨大阪地判〔マッサージ器具事件〕は、上記例示列挙した4つの事情につき、以下のとおり、覆滅事由の該当性及び覆滅の程度を認定し、被告製品1（頭部マッサージ具）につき、6割の推定の覆滅を認めた[4]。

---

[4] 意匠に係る物品を「組立家屋」として意匠登録された意匠権の侵害が初めて肯定された⑪東京地判令02.11.30 平30(ワ)26166〔組立家屋事件〕は、本件意匠が被告の利益に与えた寄与度を10％とし、90％は上記の推定が覆滅される旨を結論付けた。同判決は、本件意匠が販

1）業務態様等の相違

業務態様・販売チャンネルの違い及び価額差があるが、被告製品1と原告製品1は、廉価な生活雑貨品のカテゴリーに分類され、市場で競合することから、損害の額の推定を覆滅すべき事情とはいえないか、いえるとしてもその程度は限られる。

2）競合品の存在

ウェブサイト掲載の商品は、原告製品1及び被告製品1の競合品と認められ、損害の額の推定を一定程度覆滅させる事情として考慮すべきである。

3）被告の営業努力等

被告ブランドは一定程度需要者に認知されていることが認められるものの、被告製品1が主力商品として販売されていることや特化した宣伝広告等がされたことなどが認められず、被告の営業努力等は、損害の額の推定を覆滅すべき事情とはいえないか、いえるとしてもその程度は限られる。

4）侵害品の性能

被告製品1は、原告製品1とは、その具体的な使用方法において異なり、この使用方法の相違は、実用品である被告製品1の機能に関わるものである。実用品である以上、商品の機能性は、デザインと同等かそれ以上に需要者の商品選択において重要な要因として位置付けられる。原告製品1と被告製品1の具体的な使用方法の相違すなわち機能面の相違は、損害の額の推定を相当程度覆滅すべき事情といえる。

（ウ）登録意匠が部分意匠である場合の「利益の額」

本条項においても登録意匠が部分意匠である場合、「利益の額」をどのように認定すべきかが問題となる。

売に寄与する面があると認めつつも、本件意匠は、原告製品全体を占めるものではなく建物の外観の一部を占めるにすぎず、また、需要者は、建物の外観のデザインだけなく、立地、間取り、価格、屋内設備等の仕様などを総合的に考慮して購入決定するものであるなどの事情を認定し、被告が受けた利益の全額に本件意匠が寄与したとは認められず、当該寄与をしていない部分は、意匠法39条2項の推定覆滅事情として認めるのが相当であるとした。

この点、意匠に係る物品を「爪切り」とし、その操作レバーとカバー部を意匠の対象とする部分意匠に係る意匠権の侵害が認められた⑫ 大阪地判平成31.03.28 平29(ワ)5011〔爪切り事件〕は、表面積や製造原価の割合を重視すべきでなく、顧客吸引力の観点から本件侵害部分の貢献割合によって決定すべきである旨を判示した。

その上で、同判決は、「被告製品1の意匠全体の美感に対して本件意匠権侵害部分が与える影響は、高いというべきであり、被告が指摘する表面積や製造原価の点を考慮したとしても、被告製品1の意匠全体に占める本件意匠権侵害部分の割合は、7割と認める」と結論付けた[5]。

(4) 意匠法39条3項に基づく損害賠償請求

① 本条項の意義

本条項は、権利者に生じた損害の立証を容易にする規定であり、実施料相当額を最低限度の損害賠償額とする趣旨の規定である。平成10年改正で「通常」の語句が削除され、さらに、侵害行為の遣り得を防ぐため、令和元年特許法等改正に伴い、本条4項が新設された。

② 実施相当額の料率について

実施相当額の料率は、実施許諾契約の実施料率のみでなく、業界における実施料の相場等も考慮に入れつつ、当該意匠自体の価値、当該意匠を当該製品に用いた場合の売上げ及び利益への貢献や侵害の態様、意匠権者と侵害者との競業関係や意匠権者の営業方針等訴訟に現れた諸事情を総合的に考慮して、合理的に設定する必要がある。

また、本条4項は、意匠権侵害があったことを前提として合意した場合の実施料相当額（いわゆる「侵害プレミアム」）を考慮できる旨を規定する。

---

[5] 更に同判決は、他の推定覆滅事由も検討し、その推定覆滅率を60％とした。

前掲⑧大阪地判〔データ記憶機事件〕は、本条項及び4項の趣旨を受けて、以下のとおり、意匠権侵害をした者に対して事後的に定められるべき実施料率は、通常の実施料率に比べておのずと高額になることを考慮すべき旨を判示した。

　そして、同判決は、1）特許権の技術分類を器械とする項目の「ロイヤリティ料率アンケート調査結果」[6]を参照しつつ、2）被告製品の需要者は、第一次的には製品の機能、第二次的にはデザイン性を、販売価額を考慮に入れて評価してその購入動機を形成していること、3）原告製品も被告製品もHDD製品であり直接競業関係にあり、原告が被告に本件意匠を実施許諾する場合には通常より高額になることも考慮して5％の実施料率を認定した（前掲⑩大阪高判〔データ記憶機事件〕は、上記アンケート調査結果が実施料率の参考資料にとどまるとしつつも、結局は実施料率5％の判断を維持した。）。

　また、前掲⑨大阪地判〔マッサージ器具事件〕においても、1）業界相場を参照しつつ、2）被告製品1の需要者は、製品の機能を中心にデザイン及び価格性を総合的に考慮した上で商品選択を行うものと見られること、3）対象製品がいずれも頭部マッサージ具であり、取扱商品や販売店舗の出店先が相当程度に重複していることから、高い程度で競合関係にあり、原告が被告に対し、本件意匠権1に係る実施許諾契約を締結するならば、その実施料は高めに設定されるのが通常であること、4）原告は自己の保有する登録意匠に係る侵害品の防止に積極的に努めていること等を総合的に考慮して5％の実施料率を認定している。

③ 意匠法39条2項と本条項の併用

　令和元年改正により、意匠法39条1項については、推定の覆滅した数量相当分の実施料相当額の損害賠償が認められることが明文化されたが、同条2項は、改正によって3項が適用されるか否かについては明示されていない。

---

[6] 上記アンケート調査結果によれば、特許権のみの場合のロイヤルティ料率と特許権と意匠権を組み合わせた場合のロイヤルティ料率が示されており、前者は、平均値が約3.5％、中央値が約3.3％であり、後者は、平均値が約3.1％、中央値が約2.9％であった。

この点、前掲⑧大阪地判〔データ記憶機事件〕は、「法39条2項による損害額の推定覆滅に係る部分については、同項に基づく推定が覆滅されるとはいえ、無許諾で実施されたことに違いはない以上、当該部分に係る損害評価が尽くされたとはいえない。したがって、当該部分については、同条3項が重畳的に適用されると解するのが相当である」旨を判示した（前掲⑩大阪高判も同旨である。）。また、前掲⑨大阪地判〔マッサージ器具事件〕についてもほぼ同様の理由から同条2項と3項の併用を肯定している。

ただし、本条項で推定の覆滅があった場合の全てにおいて同条3項の適用が認められるわけではないことは、本条1項と同様である（実施許諾をし得たと認められない場合）。いかなる場合に3項の併用が否定されるかは、今後の裁判例の集積を待たざるを得ない。

（5）プロダクト・デザインを保護対象とする意匠権侵害訴訟における損害論の傾向分析

プロダクト・デザインを保護対象とする意匠権侵害訴訟の損害論において、裁判所は、以下のとおり、判断する傾向にあるものと分析する。

① 意匠法39条1項及び2項の「利益の額」の意味及び解釈運用

「限界利益」とする見解が定着しており、控除し得る費用の認定においては、製造・販売数量と直接連動しているか否かにつき厳格に認定する。

② 実施相応数量

意匠権侵害時において自社ではなく生産委託も含めるなどして潜在的な実施能力を含めて広く認定されている。

③ 登録意匠が部分意匠である場合

製品全体に対する容積割合等と関係なく需要者の注意を引き、強い購入動機になる場合は限界利益全体又はその多くを「利益の額」と評価する。

④ １項「販売することができないとする事情」及び２項の推定覆滅事由の意義及び検討

（ア）意義

侵害行為と権利者の製品の販売減少との相当因果関係を阻害する事情と広く解され、１）意匠権者と侵害者の業務態様等の相違（市場の非同一性）、２）市場における競合品の存在、３）侵害者の営業努力（ブランド力、宣伝広告）、４）侵害品の性能（機能、性能等意匠以外の特徴）等が推定の覆滅事由の該当性及び覆滅の程度が個別具体的に検討されている。

（イ）推定覆滅の有無及び程度に関する具体的な検討結果

１）意匠権者と侵害者の業務態様等の相違（市場の非同一性）

商品の価額差が一定あっても著しいとまでいえない場合は、市場の競合が認められ覆滅事由に該当しない、又は覆滅の程度は弱い（前掲⑨⑫事件）。

２）市場における競合品の存在

覆滅事由として認められることが多いが、当事者のシェアが大きい、競合品が原告意匠と類似しない等の事情がある場合、覆滅の程度は弱い（前掲④事件）。

３）侵害者の営業努力（ブランド力、宣伝広告）

被告ブランドが一定程度認知されていたとしても被告製品を主力商品として販売しておらず、特化した宣伝広告等をない場合には、推定の覆滅事由に該当しない、又は覆滅の程度が弱い（⑨事件）。

４）侵害品の性能（機能、性能等意匠以外の特徴）

機能等デザイン以外の要素（登録外のデザイン部分も含む。）が、プロダクト・デザインよりも需要者の購入動機形成に強く影響する場合には、推定の覆滅の程度が大きく認定され得る（例１・前掲⑧⑩事件・製品の機能により７割覆滅、例２・前掲②事件・登録意匠以外の外観デザイン、立地、間取り、屋内設備等の仕様などにより９割覆滅）。

また、侵害品の性能などデザイン以外の要素が覆滅事由に該当すること及び覆滅の程度について侵害者において立証責任を負っているものの、裁判上、

厳密な立証を求められておらず、比較緩やかに認定されている。
 5）覆滅事由のまとめ
 1）ないし4）のいずれも覆滅の程度も含め具体的に検討されるが、4）の事情が覆滅割合の数値決定に最も強く影響を及ぼす因子である。

⑤ 意匠法39条3項
実施料相当額の料率は、業界における相場等をベースにしつつも侵害プレミアムが考慮されることが多く、原則、意匠法39条2項と併用し得る。

3．不競法違反に基づく損害賠償請求
（1）不競法によるプロダクト・デザインの法的保護及び損害賠償請求
不競法2条1項3号は、他人の商品の形態を模倣した商品を譲渡する等の行為を不正競争行為と規定する。

また、不競法2条1項1号は、他人の周知な商品等表示と同一・類似の表示を使用して他人の商品等と混同させる行為を不正競争行為である旨を規定するが、商品形態も、特別顕著性及び周知性の要件を満たし、自他商品識別機能を獲得している場合には、商品等表示に該当し得ると解されている（⑬知財高判平成28.07.27 判時2320号113頁〔幼児用箸事件〕等）。

不競法は、これらの不正競争行為を損害賠償請求の対象としており、不競法2条1項3号や同条項1号の適用を通じてプロダクト・デザインの法的保護を図ることは可能である。そして、損害論の審理の中心は、逸失利益算の特則である不競法5条の解釈及びその当てはめであり、同条に関する裁判上の解釈及び認定内容について紹介する。

（2）不競法5条1項に基づく損害賠償請求
① 意義
本条項は、被侵害者が侵害品の譲渡数量を立証できた場合にはこれに被侵害者製品1個当たりの利益の額を乗じた金額を損害の額とできる旨を規定する。

また、被侵害者の販売その他の行為を行う能力に応じた額を超えない限度に限られ、侵害品の譲渡数量の全部又は一部に相当する数量を被侵害者が「販売することができないとする事情」がある場合には、損害算定に当たり当該数量分を控除する旨が規定されている。

②「(譲渡数量当たりの) 利益の額」
(ア) 限界利益説及びその解釈運用

前掲②知財高判〔美容器事件〕判決を受け、不競法5条1項の「単位数量当たりの利益の額」についても「被侵害者の商品の売上高から被侵害者において上記商品を製造販売することによりその製造販売に直接関連して追加的に必要となった経費を控除した限界利益」の額をいうと解されており、限界利益説が定着している（⑭ 東京地判平成30.02.27 平28（ワ）10736〔折り畳み傘事件〕及び⑮ 東京地判令和02.11.11 平30（ワ）29036〔化粧水事件〕等）。

また、裁判上、製造販売に直接関連して追加的に必要となった経費を控除した費用に該当するか、厳格に認定する運用がなされている。

前掲⑭東京地判〔折り畳み傘事件〕、前掲⑮東京地判〔化粧水事件〕のいずれも限界利益の算定に当たり、広告費用につき原告商品を販売する際に「追加的」に必要になると認められないことから、利益の額からの控除が否定されている。

(イ) 販売その他の行為を行う能力

裁判所は、「販売その他の行為を行う能力」についても、実施の能力を現在の能力に限定することなく、潜在的な能力で足りると解する傾向にある。例えば⑯ 東京地判平成30.08.30 平28（ワ）35026〔ZARA事件〕は、過去の最大の売上げ納品数を認定した上で、原告の製造・販売能力に制限があることをうかがわせる事情がないことから、原告において「販売その他の行為を行う能力」を有する旨を認定している。

③「販売することができないとする事情」の意義及び裁判上の認定結果

前掲⑮東京地判〔化粧水事件〕は、不競法５条１項ただし書の「販売することができないとする事情」の意義について「不正競争行為と被侵害者の商品の販売減少との相当因果関係を阻害する事情」である旨を判示し、その具体的事情として１）被侵害者と侵害者の業務態様や価格等に相違が存在すること（市場の非同一性）、２）市場における競合品の存在、３）侵害者の営業努力（ブランド力、宣伝広告）、４）商品の性能（機能、デザイン等商品等表示以外の特徴）に相違が存在することなどの事情を例示列挙した。

本稿では侵害者が主張する事情が「販売することができないとする事情」に該当するか、また、どの程度覆滅されるかにつき直近の裁判例をまとめ、本稿末尾に表形式で添付した。少しでも参考になれば、幸甚である。

（3）不競法５条２項に基づく損害賠償請求

① 本条項の意義

本条項は、被侵害者において侵害者の侵害行為により受けた利益の額を立証した場合には、その利益の額を損害の額と推定できる旨を規定する。本条項は、不競法２条１項（１号及び３号を含む。）各号全ての行為を対象としているため、プロダクト・デザインを保護対象とする侵害訴訟において侵害者の行為が不競法２条１項１号又は３号の不正競争行為に該当する場合においても不競法５条２項に基づく損害賠償請求を行うことができる。

②「利益の額」

（ア）限界利益及びその解釈運用

本条項の「利益の額」も、１項と同様に「限界利益」を指すと解されており、かかる見解を前提とした損害の額の算定がなされている（⑰ 大阪地判平成26.08.21 平25(ワ)7604〔くまのぬいぐるみ事件〕及び⑱ 東京地判令和元.12.18 平30(ワ)8414〔LEDペンライト事件〕等）。

そして、本条の「利益の額」の認定に当たっても、裁判上、製造販売に直

接関連して追加的に必要となった経費を控除した費用に該当するか、厳格に認定を行う運用がなされている。

例えば前掲⑱東京地判〔LEDペンライト事件〕において、検品の作業内容や支払金額について記録が残っていない分について、これを費用として計上することはできないとした。

また、同判決は、被告製品の梱包・発送業務などのため、新たに雇用した従業員の人件費も控除すべきとする被告の主張に対しても、当該従業員の業務の具体的内容や被告主張の業務に対する従事状況は明らかではないから、当該人件費が被告製品の販売のため追加的に必要となった費用ということはできない旨を結論付けている。

（イ）推定の覆滅

（プロダクト・デザインの事案ではないが）⑲知財高判令和元.10.10 平30（ネ）10064〔浄水器交換用カートリッジ事件〕は、「不競法5条2項における推定の覆滅については、侵害者が主張立証責任を負うものであり侵害者が得た利益と周知な商品等表示の主体が受けた損害との相当因果関係を阻害する事情がこれに当たると解される」旨を判示する。不競法5条2項は、特許法102条2項と同旨の規定であるから、前掲①知財高判〔二酸化炭素含有粘性組成物事件〕と同様に、4つの事情（市場の非同一性、市場における競合品の存在、侵害者の営業努力及び侵害品の性能）等を中心に覆滅事由の有無及び覆滅の程度を検討することになる。

プロダクト・デザインを対象とする下記2事例は、被告が主張した事情が推定覆滅事由に該当しない旨を判示し、推定の覆滅を一切認めなかった。

1）前掲⑱東京地判〔LEDペンライト事件〕

「被告が、被告製品の販売による利益には、商品の形態による顧客誘引力のみに限らず、卸売先との信頼関係などが寄与した部分もあると主張する。しかし、本件においては、<u>原告製品と被告製品の形態が同一であることに照</u>

らすと、需要者はむしろ原告製品と同一の形態であることから被告製品を購入したと考えるのが自然であり、被告の主張する上記の事情が被告製品の販売に寄与したと認めるに足りる的確な証拠もない」

2）前掲⑫大阪地判〔爪切り事件〕

「(a)…被告製品2の販売が原告製品の商品形態との関係で1号の不正競争行為に当たることを前提とする以上、原告製品が爪切りであれば当然有する構成を備えていることだけで推定が覆滅されるとはいえない。

（中略）

(c)…被告製品2の店頭販売価格は798円（税抜）であるのに対し、原告製品1のドン・キホーテにおける上代価格は1100円である。しかし、ここでの原告製品は、…ドン・キホーテの各店舗でも販売されており、上代価格も他の爪切りと同様の価格帯であるから、販売価格の差がさほど大きいとはいえない。これらからすると、原告製品と被告製品2の価格差によって推定が覆滅されるとはいえないというべきである」

（4）不競法5条3項に基づく損害賠償請求

① 本条項の意義

本条項は、被侵害者が侵害者に対し、使用料相当額を損害の額として請求できることを規定する。不競法2条1項1号及び同項3号の不正競争行為は、本条項の対象であるため（1号及び2号）、プロダクト・デザインを保護対象とする場合、不競法5条3項に基づく損害賠償請求を行うことも可能である。

② 使用料相当額の料率

（プロダクト・デザインの事案ではないが）⑳知財高判令和02.01.29 平30（ネ）10081〔マリカー事件〕は、本条項の使用料相当額の料率について、「①当該商品等表示の実際の許諾契約における料率やそれが明らかではない場合には業界における料率の相場等を考慮に入れつつ、② 当該商品等表示の持つ顧客吸引力の高さ、③ 不正競争行為の態様並びに当該商品等表示又はそれに

類似する表示の不正競争行為を行った者の売上げ及び利益への貢献の度合い、④ 当該商品等表示の主体と不正競争行為を行った者との関係など訴訟に現れた諸事情を総合考慮して、合理的な料率を定めるべきである」旨を判示した[7]。

また、㉑ 東京地判令和04.09.22 令2(ワ)15955〔台所用多機能スタンド事件〕は、業界相場の実施料率を3.5％としつつも、原告商品が独特の形態であること及び原告商品が雑誌やテレビで紹介されたこと、被告が原告商品を認識していたことなどが考慮され、最終的に5％と認定した。

㉒ 知財高判平成28.11.30 判時2338号96頁〔加湿器事件〕は、「被控訴人商品の内部構造等に取り立てて特徴があるとは、認められず、需要者が着目するのは主に外観の形状であると認められるから、その購買意欲の形成に被控訴人商品の形態が相当程度寄与したものといえる」旨を認定し、控訴人らが主張する5％を下回ることはないと結論付けている。

③ 本条1項又は2項と本条項の併用

不競法5条1項において推定の覆滅が認められた後に本条項の適用があるか否かの点につき明文規定がなく争いがあったが[8]、令和5年改正により意匠法39条1項2号と同旨の規定が設けられ、併用できることが明らかになった。

また、本条2項の推定覆滅があった場合においても特許法104条2項や意匠法39条2項と同様に本条項との併用が認められるものと想定されるが、本条項で推定の覆滅があった場合の全てにおいて、同条3項の適用が認められるわけではないことは、本条1項と同様である。いかなる場合に3項の併用が否定されるかについては、今後の裁判例の集積を待って検討せざるを得ない。

（5）プロダクト・デザインを保護対象とする不競法違反に基づく損害賠償請求訴訟の損害論の傾向分析

---

[7] 令和元年特許法改正では規定されなかったが、不競法においても侵害プレミアムが考慮されてきた。令和5年改正により、明文化された（新4項）。
[8] 前掲㉑東京地判〔台所用多機能スタンド事件〕は、不競法5条1項と3項の併用を認めた。

① **不競法5条1項及び2項の「利益の額」の意味及び解釈運用、販売その他の行為を行う能力に応じた数量、及び不競法5条3項の解釈**

不競法5条についても、これらのいずれの論点においても意匠法39条の解釈と同様の文言解釈及び認定がなされているといい得る。

② **不競法5条1項「販売することができないとする事情」及び2項の推定覆滅事由の意義及び検討**

（ア）「販売することができないとする事情」及び2項推定覆滅事由の意義
1）市場の非同一性、2）市場における競合品の存在、3）侵害者の営業努力、4）商品の性能（機能、デザイン等商品等表示以外の特徴）に相違が存在することなどの事情を中心に推定の覆滅事由の該当性及び覆滅の程度が個別に検討される。

（イ）推定の覆滅が否定される、又は覆滅割合が小さい事案が多いこと

本稿末尾添付の別表記載の事件及び本文中の⑬ないし⑳の事案からは、意匠権の侵害訴訟と比較して不競法違反の侵害訴訟の方が覆滅が否定される事案、又は覆滅の度合が低い事案が多いことが分かる。

これは、権利者のプロダクト・デザイン（商品形態）が特別顕著性及び周知性の要件を満たして識別機能を獲得している場合（2条1項1号）、又は侵害者に形態模倣行為が認められる場合（同項3号）には、意匠権侵害の際に覆滅の度合いを決定するのに支配的であった4）商品性能等デザイン以外の要素や、3）侵害者の努力（とりわけブランド）が強く作用しないことに起因しているものと思われる。

そして、このような場合に高い覆滅率が認められる事案は、著しく大きな価額差が認められ、市場が同一と評価し難い場合（本稿末尾添付の別表㉗事件等）、また、被告の別商品の「おまけ」として侵害品が無償譲渡していた場合（前掲㉑事件）など、被告の侵害行為がなければ、原告商品が販売できていたとは言い難い特段の事情がある場合に限られるものと思われる。

4．商標権侵害に対する損害賠償
（1）立体商標登録によるプロダクト・デザインの保護

　商標法3条1項3号は、「その商品の産地、販売地、…形状（包装の形状を含む。…特徴、数量若しくは価格を普通に用いられる方法で表示する標章のみからなる商標」は商標登録できない旨を規定し、プロダクト・デザインは、通常これに該当するため登録できない。

　しかしながら、同一形式での長期間の使用や多大な宣伝広告によって識別力を獲得した場合には、商標法3条2項が適用され、立体商標の登録が可能となる。そして、立体商標登録ができたプロダクト・デザインは、商標権侵害に基づく損害賠償請求を通じて法的保護を図ることができる。

（2）プロダクト・デザインを保護対象とする商標権侵害訴訟に関する損害論の傾向分析
① 一般論

　プロダクト・デザインを保護対象とする商標権侵害訴訟そのものが少なく、意匠権侵害訴訟や不競法違反の損害論と同様の解釈がなされることになるのか断言はできない。しかし、商標法38条1項ないし4項は、いずれも特許法102条1項ないし4項と同旨の規定であるから、基本的には意匠権侵害訴訟と同様に、特許権侵害訴訟の3つの大合議判決やその他直近の特許権侵害訴訟と同様の条文解釈及び当てはめがなされる可能性が高いものと想定される。

　例えば㉓ 東京地判平成30.12.27 平29（ワ）22543〔ランプシェード事件〕は、ランプシェードを指定商品とする立体商標に係る商標権侵害訴訟の事案であるが、商標法38条2項に基づく損害の額の算定において「侵害品の売上額から控除すべき経費は侵害品の販売のために直接要した変動費である」と判示し、「利益の額」を限界利益とすることを明らかにした。また、被告から公認会計士が作成した報告書に基づき人件費その他の管理費（荷造運賃、インターネット経費、広告宣伝費等）を利益の額から控除する旨の主張があったが、同判決は、侵害品の販売のために直接要した変動費に該当しないとして、

控除を否定している。これらの解釈及び認定の内容は、意匠法39条1項や不競法5条1項における損害論のそれと何ら差異がない。

② 推定の覆滅

商標権は、特許権等の工業所有権とは異なり、それ自体に創作的価値があるわけではなく、商品又は役務の出所である事業者の営業上の信用等と結び付くことで初めて一定の価値が生ずるという性質を有する。そのため、商標権が侵害された場合に侵害者の得た利益が当該商標権に係る登録商標の顧客吸引力のみによって得られたものとは必ずしもいえない場合が多い。

商標権が侵害された場合に、侵害者の得た利益が当該商標権に係る登録の顧客吸引力のみによって得られたものではない場合において、近時、推定覆滅の割合が大きく認められた事例は少なくない（髙部眞規子『実務詳説商標関係訴訟【第2版】』141頁〈金融財政事情研究会[2023]〉も9割以上の推定覆滅が認められた複数の裁判例を紹介する。）。

一方で、㉔東京地判令和05.03.09 令3(ワ)22287〔バーキン・ケリー事件〕は、「販売価格[9]並びにデザイン及びサイズにおける相違が及ぼす影響もなお無視し得ず、上記推定を覆滅すべき事情として」考慮した上で、「原告商標ないし原告商品の周知著名性からそのブランド及び全体のデザインが需要者の購買動機形成に及ぼす影響は相当に大きいとみられる」とした上で、被告商品の利益の額に対する原告商標（バーキン及びケリー）のいずれの貢献割合も8割と認定し、推定の覆滅割合を2割にとどめる判断を行った。

同判決は、逸失利益の算定に当たって商標の有する顧客吸引力以外の要素が大きく推定を覆滅させることが多いという商標権侵害訴訟の一般的傾向がプロダクト・デザインを保護対象とする立体商標に係る商標権侵害訴訟においては、妥当しない場合が多くあることを示唆する。

---

[9] 同判決によれば、バーキンは100万円、ケリーは50万円を超えるものが大半という高級ハンドバッグであることに対して、他方、被告商品の販売価格はいずれも1万5180円であり、その価格差が大きい旨を認定している。

とりわけ、同判決は、原告商標ないし原告商品が周知著名である場合には、価額差が相当大きなものであっても、販売方式が共通し、顧客層が一定重複することを観念し得る限り、意匠権侵害や不競法違反の場合と比しても、推定覆滅の割合が低く認定し得ることを示している。

5．おわりに

　プロダクト・デザインを保護対象とする侵害訴訟において、意匠法39条、不競法5条の各文言の解釈及び判断手法は、特許法102条と基本的には変わりがなく、商標法38条についても同様のものと思われる。

　一方、損害賠償額を大きく左右する推定の覆滅割合は、（部分意匠の事案を除いても）意匠権侵害の事案の方が、不競法違反及び立体商標に係る商標権侵害の事案より大きく認定される傾向にあるように思われる。

　このことは、不競法違反及び商標権侵害の事案と比して、意匠権侵害の事案は、（ⅳ）商品の性能（機能、性能等の意匠以外の特徴）及び（ⅲ）被告のブランド力といった購入動機を強く形成し得る事情を比較検討すべき事案が多いことに起因しているものと思われる。また、裁判所は、意匠法39条1項「販売することができないとする事情」及び同条2項の覆滅事由の対象を限定しない半面、覆滅事由の該当性及び覆滅の程度の立証のハードルを比較的緩やかに設定していることも原因の一つと思われる。

　需要者の購入動機形成に関わる客観的証拠の提出は、被告において困難な場合が多いが、意匠以外の事情を広く考慮し、市場実態に即した柔軟な損害の額の認定こそが損害の公平な分担の観点から望ましいと捉え、被告の立証のハードルを比較的低く設定する現行の運用をよしとするか、はたまた、推定事由の該当性及び覆滅の程度も、被告に、他の事実と同じレベルで証明を求めることが望ましいか…。どちらが正しくどちらかが間違っているという性質のものではないが、今後の意匠権侵害訴訟の損害賠償額は、この舵取りにより、大きく変動するものと思われる。

別表【販売することができないとする事情が争点となった裁判例】

裁判所・判決日及び事件名	推定覆滅事由に該当する事情が否か及びその程度（推定覆滅事由に該当する場合は○。該当するが限定的な効果の場合は△。該当せずは●。逆に推定を強める事由は×。⇒の部分は、裁判所の評価・認定	覆滅の割合
（Ⅰ）㉕知財高判　平成26.02.26　電気マッサージ機事件	（○）原告商品が百貨店や大型電機製品量販店等で広く販売される物でなく販売先が限られていた。 （△）原告が新たな販売先を開拓できなかった。 （●）一部競合商品の存在が認められるものの、その販売数量等の詳細は不明である。	30%
（Ⅱ）㉖東京地判　平成30.04.26　パーティドレス事件	（○）被告商品は原告商品に比して相当安価であって両者にはかなり価格差があり、需要者層が異なる。 （○）被告会社がほとんどインターネット（楽天市場等）上で被告商品を販売しているのに対し、原告は、主として実店舗で原告商品を販売している。 （○）市場には、原告商品や被告商品と一定程度類似し、競合するような商品が多数存在している。 （●）被告商品の一部はバリエーションがあり、この点に応じた別個の需要があった。⇒価格差以上に消費者が原告商品でなく被告商品を選ぶ動機にならない。 （●）被告商品は原告商品とはサイズ展開が異なる点や原告商品の一部につき既に販売が終了していた。⇒被告商品販売開始時直近まで原告商品を販売していた。 （●）楽天市場でのシェアが原被告間で差がある。⇒楽天市場以外シェアを根拠付ける資料がない。 （×）原告が被告会社よりも相当大きく、原告は被告会社よりも多額の広告費用をかけており、商品の製造・販売体制も整っている。	50%
（Ⅲ）⑯東京地判　平成30.08.30　ZARA事件	（●）原告商品は長袖の上着であり、被告商品が販売開始したのは、2月下旬以降である。⇒原告商品は、3月以降も追加注文の可能性があった。 （△）原告商品は被告商品の7倍程度の販売価格であり、原告の知名度はそれほど高くないのに対して、被告	50%

		のブランド「ZARA」は人気ブランドである。 (○or△)被告商品の形態と異なり印象も異なるが、ベースとなる形態の同一性から被告製品より手頃な価格の競合品を購入した者がいた可能性がある。 (○)被告が展開するブランド「ZARA」は、全国99店舗を有し、意識調査においても「好きなブランド」あるいは「よく買うブランド」として首位になるなど著名な人気ブランドである。	
(Ⅳ)	㉗東京地判 令和01.06.18 BAOBAO事件	(○)被告商品の上記価格と比べ、原告商品の小売店での販売価格は、価格差の割合が最も小さいものでも約9倍（被告商品8と原告商品4）であり、多くの商品が約13倍を超え、それが約23倍であったもの（被告商品3と原告商品3）もあり、これらの価格差は相当に大きい。	90%
(Ⅴ)	⑮東京地判 令和02.11.11 化粧水事件	(●)商品名の相違⇒原告が自らの商品を販売し得たかの問題であり被告ブランド使用の有無は関係ない。 (●)市場の非同一性：ア）需要者が異なるとはいえないこと、イ）販売態様・販売方法は大きく相違していないこと、ウ）価格帯はいずれも若年女性層が日常的に使用する化粧水として購入可能な範囲内で購買層が大きく異なるといえないこと、エ）原告商品と混同が生ずるほど外箱及び容器が類似している競合品は被告商品以外に存在しないこと、オ）原告の営業力では被告商品の譲渡数量を販売し得ないとまでいえないこと、カ）用途、効能の共通性に照らすと、その成分に差異があるとしても両商品は化粧水市場において競合品といえ、相互補完的な関係にあることなど。	0%
(Ⅵ)	㉘東京地判 令和04.08.04 携帯用ディスポーザブル低圧持続吸引器事件	①(○)担当者が事前説明やサンプル提供するなどしており、被告商品は、原告商品と混同しない側面がある。 ②(●)被告商品を原告のカテーテルに接続できなかった旨のクレームがない。⇒<u>原告商品と誤認混同が生じていないとまではいえない。</u> ③(●)被告の医療機器メーカーとしての信用力・ブランド力も大きく寄与している。⇒<u>原告商品の形態が出所</u>	40%

		表示するものとして広く認識されており誤認混同のおそれが大きく低減させてはいない。 ④(●)複数のGPOに推奨商品として採用された。⇒<u>GPO推奨商品であることを理由に被告商品を購入したものとみることは必ずしもできない。</u> ⑤(●)被告商品から形状を大きく変更した被告商品の後継の新型商品の販売数量は被告商品を大きく凌駕していること⇒<u>被告商品が形状ではなく機能等により需要されたことを必ずしも意味しないなど。</u>	
(Ⅶ)㉑東京地判 令和04.09.22 台所用多機能 スタンド事件	(○)被告は、(被告商品と別商品である)被告フライパンの特徴や宣伝広告により、フライパンを求める顧客に対する顧客吸引力を獲得してこれを多数販売し、被告フライパンの購入者に「おまけ」として被告商品を無償で譲渡するに至ったといえる。	85%
(Ⅷ)㉙大阪地判 令和04.12.08 女性用下着事件	(○)原告商品の小売価格は1980円、被告商品の小売価格は1280円であり、明らかな価格差がある。 (○)原告商品の市場占有率は低く、市場における競合品は、原告商品よりもはるかに多い。 (●)被告の営業努力の内容が不明確である。	25%
(Ⅸ)㉚知財高判 令和05.03.23 (Ⅵ)の控訴審	(●)上記(Ⅵ)事件の①の事情⇒<u>不競法2条1項1号は、現実に混同が生じたことを要件としておらず、現実の混同の有無を前提とした主張は採用できない。</u> (×)控訴人等が医療機関等の担当者に対し、被控訴人商品から控訴人商品への切替えを促すという販売方法で控訴人商品を販売していたことからすれば控訴人商品の販売が行われなければ、控訴人商品の販売数量と同じ数量の被控訴人商品が販売されたと推認できる。	0%

パブリシティ権侵害に対する損害賠償額の認定

早稲田大学 名誉教授・創英国際特許法律事務所
上席弁護士　高林　龍

1．はじめに

　パブリシティ権は最判平成24.02.02 民集66巻2号89頁〔ピンクレディ de ダイエット事件〕上告審（以下、「ピンク・レディ最一判」という。）が、人の氏名、肖像等の有する顧客吸引力を排他的に利用する人格権に由来する権利、と明確に定義しており、これが人格権に由来するとの法的性質から物権法定主義との関係からも差止請求等もできる排他的な「権利」であると構成される[1]一方で、顧客吸引力といった経済的利益を保護対象とする財産上の「権利」であると構成されることは、現行法の解釈として既に確立しており、異論のないところである。

　また、人格権に由来する権利であることの帰結として、権利の譲渡や相続については否定的[2]であるが、著作権について財産権と人格権との一元論に立つドイツにおいても、権利の許諾が認められているのと同様に、経済的利益を保護対象とする人格権に由来するパブリシティ権についても、財産権的側面につき、利用許諾をすることはできると解される[3]。

---

[1] 物権以上の法的保護客体である人格を棄損する場合には物権的請求権以上の権利としての法の存否にかかわらず妨害排除請求等が可能である（拙著『標準著作権法〈第5版〉』318頁（有斐閣[2022]）（以下、「高林・標準著作権法」という。）。中島基至『最高裁判所判例解説 民事篇 平成24年度』69頁（法曹会[2015]）（以下、「中島・最判解説」という。）なども参照。また、ピンク・レディ最一判後の東京地判平成25.04.26 判時2195号45頁〔嵐お宝ブック事件〕も差止請求を認容している。

[2] ただし、後述のように利用許諾をすることができるのに、後に権利者が死亡した場合にパブリシティ権が相続されることなく直ちに消滅してしまうことを避ける必要があるとして、ドイツ法を参照しつつ、一定期間（例えば死後10年間）に限り相続を認めるべきとする立場〈茶園茂樹「パブリシティ権の現状と課題」（「コピライト」60巻708号17頁[2020]）（以下、「茶園・コピライト論考」という。）もある。

[3] 高林・標準著作権法323頁、茶園・コピライト論考17頁、中島・最判解説61頁など、ほぼ異論のないところであり、後述のとおりパブリシティ権侵害に対して著作権法114条3項の類推適用を認める近時の下級審判決は、パブリシティ権が他者に許諾し得る権利であることを当然の前提としているものである。

2．パブリシティ権侵害による損害

　パブリシティ権は、人格権そのものというべき肖像権・名誉権と密接な関係を有するプライバシー権とは異なる経済的利益を対象とするものであるから、その侵害に対して精神的苦痛を補填する慰謝料請求はできないとする立場が主流であるが[4]、前述のとおり利用許諾ができる財産的権利であることの帰結として、その侵害に対して得べかりし利益としての使用料相当額の請求ができることは当然と考えられてきた。この点、ピンク・レディ最一判以降の下級審判例として、当初は著作権法の規定を類推するなどせずに、少なくとも民訴法248条により使用料相当額が請求できるなどとしていた[5]が、近時は著作権法114条3項の類推適用を明示する判決も登場している[6]。

　このようなパブリシティ権と著作（財産）権侵害による損害の類似性に思いを致すならば、著作権法114条3項ばかりではなく、同条2項の類推適用の可能性も否定できず、その可能性を認める下級審判決も現れている[7]。

　そこで、本稿では、パブリシティ権侵害に対する損害賠償として、著作権法114条3項が類推適用できるのは当然としつつ、同2項の類推適用の可否と、同2項、3項を類推適用する場合の留意点について以下で検討を加えることとする。

3．著作権法114条3項の類推適用による相当使用料額の賠償請求
（1）2000（平成12）年著作権法114条3項の改正とその後の運用

　著作権法114条3項は、立法時においては、著作権等の侵害者に対してその行使につき通常受けるべき金銭の額に相当する額の賠償を求めることがで

---

[4] 中島・最判解説56頁は「心を痛めて肖像権侵害を主張する者は、肖像等を公開して金とすることを望まないと思われる一方、金を求めてパブリシティ権侵害を主張する者は、顧客吸引力を有する肖像等を公開しても心を痛めるとは思われない」と指摘している。この点は本稿で扱うテーマではないので検討は省略するが、パブリシティ権侵害により精神的損害を被る場合もあるとする立場（茶園・コピライト論考15頁、堀江亜以子「パブリシティ権侵害と損害賠償」〈『知的財産法研究の輪　渋谷達紀教授追悼論文集』761頁（発明協会［2016］）〉もある。
[5] 前掲注1）〔嵐お宝ブック事件〕や同日の東京地判平成25.04.26 判タ1416号276頁〔ENJOY MAX 事件〕などを参照されたい。
[6] 東京地判令和05.01.20 令元（ワ）30204〔FEST VAINQUEUR 事件〕
[7] 前掲注6）〔FEST VAINQUEUR 事件〕。なお、同控訴審知財高判令和05.09.13 令5（ネ）10025も同判示部分を引用している。

きると規定されていた。この規定は「使用料相当額」の賠償責任と説明されるが、2000(平成12)年の同項改正後においては「相当使用料額」の賠償責任と定義する立場[8]もある。

　その定義の変更は同項の改正経緯と関係している。すなわち、改正前同項の「通常受けるべき金銭の額」とは、これから使用許諾を得ようとする場合の契約例や業界における相場といった平均的な使用料（例えば書籍出版に際して契約で一般的に支払われる書籍販売価格の10％の印税額）としての「使用料相当額」と理解されてしまう余地があった。しかし、それでは誠実な者が事前に契約を締結して著作権者に支払うべき使用料と、侵害行為をした者が著作権者に訴訟で支払うべき賠償額が同額となってしまい、侵害を助長することになりかねない[9]。そこで、このような危惧を解消するため、2000(平成12)年著作権法改正により「通常の」との文言を削除したのである[10]。

　この改正は、著作権法114条3項により支払われる使用料は、侵害行為が行われた後に、その賠償として支払われるべき「相当」な「使用料」であって、侵害行為の態様等をも考慮して規範的に算定されるべきものであるとする趣旨を示したものということができる。とはいえ、特許法102条3項の改正も同様に、条文から単に「通常の」との文言を削除したにすぎない改正であったため、実務や学説においても、両法の改正の趣旨が正しく理解されて運用されてきたとはいえない状況も生じていた。

　この点は特許法102条3項の解釈において一層問題化しており、後述のようにその趣旨を明確化するための知財高裁大合議判決や102条4項の新設に至った経緯がある。

---

[8] 例えば高林・標準著作権法290頁
[9] 例えば東京地判昭和59.08.31 無体裁集16巻2号547頁〔藤田嗣治全集事件〕でも、侵害者は訴訟において（現行）著作権法114条3項の通常使用料を支払うと主張しているが、権利者は事前の許諾を強く拒否していたことから、侵害後に通常使用料の賠償しか認められないのでは、事前に許諾を拒否することが無意味になってしまうと主張していた。そこでこの事件では、権利者が書籍出版等をしていなくとも（現行）著作権法114条2項による賠償請求ができるとの判断を示した。この点は後述する。
[10] 本文記載の著作権法114条3項の改正は、1998(平成10)年の特許法改正で102条3項の「通常の」との文言が削除されたのと平仄を合わせるものであった。

一方で、著作権法114条3項の解釈においては、事前に使用許諾を得る場合の契約例や業界における相場といった平均的な使用料ではなく、侵害行為が行われた後に、侵害行為の態様等をも考慮して規範的に算定される使用料であるとする下級審判決も散見されていた。例えば知財高判平成21.01.29 判タ1304号282頁〔黒澤映画事件〕は、不当廉売されたDVDについて、正式な事前の契約においては現実の販売価格ではなく、表示販売価格を基準として使用料率が算定されていた等の事情を参酌して、廉売価格ではなく真正品の表示販売価格を基準として使用料を算定しており[11]、また、知財高判平成22.11.10 判時2102号136頁〔SL世界の車窓事件〕も不当廉売されたDVDの販売価格ではなく、貴重なSLが収録されたDVDであり、同種のDVDの価格等を参酌するならば1枚4000円を基準とするのが相当であるとして、その5％を損害額と算定している[12]。これらの判決の趣旨に沿うならば、著作物を不当廉売した侵害者は、売れば売るだけ、侵害者の得た利益よりも多くの賠償額を支払うこともあり得るから、改正後著作権法114条3項が、規範的損害賠償額の算定を志向したものであることが明確になっているといえる。

（2）知財高大判〈二酸化炭素含有粘性組成物事件〉と2019（令和元）年特許法改正による102条4項の新設

1998（平成10）年特許法改正で102条3項から「通常の」との文言が削除されたが、著作権法114条3項から「通常の」との文言が削除されたことから同項の賠償額が事前の契約交渉等により定められる使用料とは異なるものであることを示す前述の下級審判決が登場していた状況とは異なり、改正特許法102条3項により算定される相当実施料が改正前に比して必ずしも高額化する傾向は見られなかったようである[13]。その趣旨を明確化し、特許法102条3項により認められる相当実施料は、事前の契約により定められる実施料

---

[11] 同判決判批・東海林保『著作権判例百選〈第6版〉』191頁（有斐閣[2019]）。
[12] 同判決判批・宮脇正晴『特許判例百選〈第5版〉』84頁（有斐閣[2019]）。なお、高林・標準著作権法291頁も参照されたい。
[13] 拙著『標準特許法〈第8版〉』319頁（有斐閣[2023]）（以下、「高林・標準特許法」という。）参照

よりも当然に高額になると明示したのが知財高大判令和元.06.07 判時2430号34頁〔二酸化炭素含有粘性組成物事件〕である。

同知財高大判は、特許権侵害をした者に対して事後的に定められるべき相当実施料率は、むしろ通常の実施料率に比べておのずと高額になるであろうことを考慮すべきであるとした上で、① 当該特許発明の実際の実施許諾契約における実施料率や、それが明らかでない場合には業界における実施料の相場等をも考慮に入れつつ、② 当該特許発明自体の価値、すなわち特許発明の技術内容や重要性、他のものによる代替可能性、③ 当該特許発明を当該製品に用いた場合の売上げ及び利益への貢献や侵害の態様、④ 特許権者と侵害者との競業関係や特許権者の営業方針等訴訟に現れた諸事情を考慮して、合理的な料率を定めるべきである、と判示した。同知財高大判は、2019（令和元）年の新設特許法102条4項の施行前のものであるが、同改正はその趣旨も踏まえて、相当実施料の算定に当たっては、侵害があったことを前提として、侵害者との間での合意をするとしたならば、特許権者が得ることになるその対価を考慮するものとすると規定している。

結局、特許法102条4項新設によって、同3項の相当実施料の算定に当たっては、権利者の実施状況や市場開発努力、特許発明の技術内容や重要性、他の者への実施許諾の状況などを考慮して決定されることになるが、侵害者が特許発明を実施して得た利益額も重要な考慮要素になる[14]。

（3）2023（令和5）年著作権法改正による114条5項の新設

2023（令和5）年著作権法改正では、前述の特許法102条4項の新設と平仄を合わせる趣旨で、著作権法114条5項が新設され、同3項の算定に当たっては、侵害があったことを前提として、侵害者との間で権利行使の対価につ

---

[14] 高林・標準特許法319頁。特許権侵害行為により侵害者が利益を得ている場合には、この利益額を考慮した上で相当実施料額は算定されるべきことになる。私見としては、後述のとおり、特許権侵害行為により侵害者が利益を得ている場合には、その利益額は特許権者の損害額として特許法102条2項によって賠償させるべきことになるが、いずれにせよ特許権侵害行為によって侵害者が得た利益を侵害者が留保することは許されず、これを特許権者に補填させるのは法の正義に沿った解釈論であるといえよう。

いて合意をするとしたならば、得ることになる対価を考慮するものとすると規定している。その趣旨は特許法102条4項と同様であるが、著作権侵害に対する114条3項に規定する相当使用料額が規範的に算定されるべきものであることが一層明らかになったといえる。

（4）パブリシティ権侵害に対する著作権法114条3項及び5項の類推適用

　パブリシティ権侵害に対する損害賠償の算定に当たって著作権法114条3項が類推適用されることは前述のとおり、ほとんど争いのないところであり、同項の解釈に当たっては特許法102条3項の改正や同4項新設に伴う解釈の推移も当然に参酌される。そして、2023（令和5）年改正で新設された著作権法114条5項の趣旨も踏まえるならば、パブリシティ権侵害に対して著作権法114条3項を類推適用するに当たっては、事前の誠実な交渉相手との契約によって決定される使用料（例えば書籍出版に際して契約で一般的に支払われる書籍販売価格の10％の印税額）とは全く異なり、侵害行為があったこと、すなわち侵害プレミアムを考慮した結果、これより当然に高額であり、侵害者が侵害行為によって得た利益額等をも考慮した上で算定される相当使用料額となる。

　この点、注5記載の東京地判平成25.04.26〔ENJOY MAX 事件〕は、著作権法114条3項の類推適用を認めた判決ではないが、使用された写真の量により書籍販売価格の20％、表紙については30％の高額な使用料の賠償を認めているのも同様の趣旨を採用した結果であろうかと思われるし、特許法102条3項の相当実施料額の算定の事案であるが、東京地判令和04.12.15 判タ1517号147頁〔レーザ加工装置事件〕は、対象発明の技術内容や重要性、本件発明を被告製品に用いた場合の売上げ及び利益への貢献や侵害態様など諸事情を考慮して、相当実施料を30％の高額と認定しているのも参考になる。

4．著作権法114条2項の類推による侵害者利益額の賠償請求
（1）はじめに
　著作権法114条2項を適用する場合においては、著作権者が侵害者と同様

の著作物の利用行為をしていることが要件とはならないとする前掲東京地判昭和59.08.31〔藤田嗣治全集事件〕もあったが、その後も利用必要説を採用した下級審判決がむしろ主流といえる状況が生じていた。また、同様の趣旨を規定する特許法102条2項の解釈においても、同項を適用する場合には、特許権者が侵害行為と同様の特許発明の実施行為をしていることが要件となるとの説（実施必要説）が主流となっていた。

　しかし、その後、特許法102条2項の解釈が著作権法114条2項の解釈に先行して変遷していったので、以下ではまず特許法102条2項の解釈の変遷について説明し、その後に著作権法114条2項の解釈の変遷、更には同項をパブリシティ権侵害の場合に類推適用する場合の留意点について述べることとする。

（2）特許法102条2項適用のための要件に関する解釈の変遷

　特許法102条2項の立法当初の理解は、権利者が特許発明を実施していることを前提として、侵害者による侵害行為によって権利者の特許発明実施品が販売できなかったために、侵害者が侵害によって得た利益額は権利者が得られたであろう利益額であるとの推定が成り立つとする、差額説に立った「実施必要説」によって説明されていた。この点について注目される判断を示したのが知財高大判平成25.02.01 判時2179号36頁〔紙おむつ処理容器事件〕である。同知財高大判は、特許法102条2項の適用に当たっては、侵害行為がなかったならば特許権者が利益を得られたであろうとする事情が認められれば足り、特許権者において、当該特許発明を実施していることを要件とするものではないと判示して、実施必要説を明確に否定した。しかし、同判決は、特許権者は海外で製造した特許発明の実施品を、我が国で独占的販売店契約を締結している者を通じて国内で販売しているものといえるとの補強的な事実も認定していたことから、特許法102条2項適用のためには、特許権者が特許発明を実施していることは必要とされないとしても、侵害者の侵害行為によって権利者が製造販売している何らかの製品の売上げが減少するとの関係が必要であるとするいわゆる「競合品説」も唱えられていた。

そして、その後の前掲知財高大判令和元.06.07〔二酸化炭素含有粘性組成物事件〕も、前掲知財高大判平成25.02.01〔紙おむつ処理容器事件〕と同様に「実施必要説」を否定する判示をしていたが、同事案では特許権者は特許発明を実施していたため、両知財大判の判示が「競合品説」や「条件不要説[15]」のいずれによるのかは明らかではなかった。

この点で踏み込んだ判断を示したのが、知財高大判令和04.10.20 判時2588号26頁〔椅子式マッサージ機事件〕判決である。同知財高大判は、特許法102条2項により推定される損害は、特許権者の売上げ減少による逸失利益であるから、侵害品の存在により売上げが減少するという関係にある製品（需要者が共通する製品、同じ需要が向く製品＝競合品）を特許権者が販売していれば、特許権者に損害が発生したことが基礎付けられるとして、「競合品説」を採用すべきことを明示した[16]。

（3）著作権法114条2項適用のための要件に関する解釈

著作権法114条2項適用のためには、前述のとおり著作権者が侵害者と同様の著作物の利用行為をしていることを要件とする立場が下級審判決ではむしろ主流といえる状況が生じており、（2）で検討したように、特許法102条2項の解釈として知財高大判が「実施必要説」を否定し、その後「競合品説」へ移行したような解釈変更の大きな流れは著作権法114条2項においては見

---

[15] 条件不要説とは、特許権者が特許発明を実施していることや競合品を製造販売していることは特許法102条2項適用のための要件とならないとするものであって、特許権が市場を独占する権利であることに着目して、同項は差額的な損害でなくとも特許権の価値の棄損行為に対する損害の填補を認めるものであると構成する説〔拙稿「特許法102条2項の再定義」《中山信弘先生古稀記念論文集》456頁（弘文堂［2015］）〕参照）である。なお、拙稿「特許権侵害の損害賠償に関する2件の知的財産高等裁判所大合議判決回顧」（「Ｌ＆Ｔ」別冊8号51頁以下［2022］）や、田中孝一「特許法102条2項と、侵害行為がなかったならば利益が得られたであろうという事情」（「Ｌ＆Ｔ」別冊7号52頁以下［2021］）も参照
[16] 前述のように著者（高林）は「競合品説」ではなく「条件不要説」によるべきものと考えているが、この点の詳細は前掲論考に譲ることとし、以下では「競合品説」に立った場合について検討を加えることとする。ただし、「競合品」といえどもその競合の範囲は明確とはいえない。例えば特許権者が展開している侵害者と同種同質の事業に用いられている製品の売上げに何らかの影響が生じる場合も包含されると説明する〈前掲注15）田中「Ｌ＆Ｔ」59頁参照〉ならば、競合の範囲は非常に広くなり、「条件不要説」に近くなるように思われる。

られなかったように思われる。

　しかし、東京地判平成12.12.26 平11(ワ)20712〔キャンディ・キャンディ事件〕のように、著作権者は著作物を利用する権利を専有するものであり、市場において当該著作物の利用を通じて独占的に利益を得る地位を法的に保障されていることに照らすならば、侵害者が著作権を侵害する物を販売等する行為は、市場において侵害品の数量に対応する真正品の需要を奪うことを意味するものであり、著作権者は、侵害者の右行為により、現在又は将来市場においてこれに対応する数量の真正品を販売等する機会を喪失することで、右販売等により得られるはずの利益を失うことによる損害を被ると解するのが相当であるとして、侵害者が侵害品の販売等を行った時期に著作権者が実際に著作物の利用行為を行っていなかったとしても、著作権者において著作権の保護期間が満了するまでの間に当該著作物を利用する可能性を有していたのであれば、侵害者の行為により著作権者に損害を生じたということができるとして、言わば「蓋然性説」の立場を述べる判決もある。また、東京地判平成17.03.15 判時1894号110頁〔燃えつきるキャロル・ラスト・ライブ事件〕も「蓋然性説」を採用して、著作権者は他社と契約すること等により、DVDを製造販売する方法を有しているので、侵害者と同様の方法で著作物を利用し、同様の利益を得られる蓋然性があったとしている。この場合の「蓋然性説」は、特許法102条1項が特許権者に侵害品相当数量の特許発明を実施する能力があることを要件としている（著作権法114条1項が著作権者に侵害品相当数量の著作物販売等能力を要件としているのも同様）が、解釈上は、現実に実施できることは要件とされておらず、将来的に実施できる蓋然性があれば足りると解釈されている[17]のと類似する要件ということができよう。

　そこで、特許法102条2項の解釈において実施必要説が知財高裁の大合議判決で明確に否定され、競合品説が大合議判決で採用されるに至った経緯等を参照するならば、著作権法114条2項の解釈においても同様に競合品説若

---

[17] 高林・標準特許法310頁参照

しくは蓋然性説が採用されるべきことになろう〈後記（4）参照〉が、さらに、芸能人個人が権利主体に限られるパブリシティ権において著作権法114条2項を類推適用する際に、競合品説ないしは蓋然性説を採用するに当たっては、著作権とは異なる更なる検討を要する点〈後記（5）参照〉がある。
　以下、検討する。

（4）パブリシティ権侵害に対する損害賠償と著作権法114条2項類推の可否

　パブリシティ権侵害に対して著作権法114条2項が類推適用できることを明示する下級審判決が登場していることは前述した（注7記載の東京地判令和05.01.20〔FEST VAINQUEUR事件〕）が、それ以前においてもパブリシティ価値の棄損といった積極損害に対する賠償を認めた下級審判決（注5記載の東京地判平成25.04.26〔ENJOY MAX事件〕）もある。同判決は、パブリシティ権は、肖像等の顧客吸引力を排他的に利用する権利であるから、その権利の内容として肖像等の顧客吸引力を棄損するような使用態様を排除することができるとして、そのパブリシティ価値を棄損した場合には損害が認められるとした。しかし、パブリシティ権は現時点ではその価値を算定する手法がないから、損害額を立証することは極めて困難である[18]として、民訴法248条を適用してその棄損に係る損害額を算定している。なお、注15記載の著者（高林）の意見は、市場を独占する権利である特許権の価値を棄損した結果による積極損害に対する賠償を、その価値を利用したことによって侵害者が得た利益額をもって算定できると解するものである。人体を棄損したことによる積極損害をその人体が生み出す価値をもって算定する「労働能力喪失説」の考えから導かれた論理構成であって、その価値棄損の損害額の算定が困難であるとして民訴法248条に逃げ込むことを避けた方策ということができる。
　また、パブリシティ権侵害に対して著作権法114条2項が類推適用できることを明示した前掲東京地判令和05.01.20〔FEST VAINQUEUR事件〕は、

---

[18] 中島・最判解説71頁も同東京地判を引用して、その趣旨に賛同している。

被告がパブリシティ権を侵害して得た利益は、権利者の肖像等を転写したグッズの販売によってもたらされたものであるが、権利者がその肖像等を利用したグッズを市場において販売したと認めるに足りる証拠はないから2項を類推適用する基礎を欠くと判断しており[19]、前述の「競合品説」や「蓋然性説」については検討されていない。しかし、これは同事案がパブリシティ権の主体であるミュージシャンとその元所属していたプロダクション間の訴訟であるから、ミュージシャン個人がその所属していたプロダクション等を通じてグッズ等を販売できる蓋然性がそもそも低かったという特殊事案であったからではないかと思われ、パブリシティ権侵害に対して著作権法114条2項を類推適用するに当たっても、「競合品説」や「蓋然性説」が採用されること自体には異論はないものと思われる。

（5）パブリシティ権侵害に対して著作権法114条2項を類推適用する場合の特殊性

人格権に由来するパブリシティ権の主体は芸能人等の個人に限られ、法人等は主体となることはできない。著作権の場合も、個人が著作者の場合はパブリシティ権と異ならないが、職務著作として法人が権利を取得する場合や著作権が法人に譲渡された場合は、法人たる著作権者が著作権法114条2項による賠償請求をすることが当然にできることになる。

しかし、パブリシティ権の権利主体は飽くまで芸能人等の個人に限られ、パブリシティ権を法人が取得したりこれを法人に譲渡したりすることはできないから、権利者が著作権法114条2項による賠償請求をする場合に前掲東京地判令和05.01.20〔FEST VAINQUEUR事件〕のように同項の類推適用を認めつつも、その要件として侵害者が製造販売している肖像等を利用した商品と同様の商品をパブリシティ権の帰属主体である個人が販売しているこ

---

[19] なお、中島・最判解説71頁も権利者がグッズ等商品を市場で現実に販売していない場合には著作権法114条2項は類推適用されず、同3項が類推適用されることになると述べるが、同記述は2015年時点における見解であることに留意すべきである。

とを要件としたならば、結局はパブリシティ権侵害による権利者個人の救済として著作権法114条2項を類推適用できる場合はほとんどないことになってしまうであろう。実際に現代のエンターテインメント業界において、芸能人が個人としてパブリシティ権の財産的価値の活用を行うことは不可能に近く、歌手や俳優といった芸能人は芸能プロダクションとマネジメント契約を締結し、芸能プロダクションが芸能人の育成からその活動全般に関わり、その一環として芸能人のパブリシティ権を管理し、独占的に行使して、芸能人の氏名・肖像を使用した商品を製造してファンに販売するとのマーチャンダイジング・ビジネスを展開すること[20]が常態化している。

そこで、パブリシティ権侵害に対して著作権法114条2項の類推適用の可否を検討するに当たっては、パブリシティ権行使において芸能人からパブリシティ権の財産的価値の独占的利用を許諾されている芸能プロダクションの法的地位の特殊性について検討しておく必要がある。

先に結論を述べるのであれば、パブリシティ権においては、芸能プロダクションは芸能人個人を代位する立場として、あるいは芸能人個人の分身（手足）として、芸能人のパブリシティ権の財産的価値を活用したグッズ等を販売していると構成することで、この問題は解決することができる。

まず、この問題の解決に当たっては、パブリシティ権は主体が芸能人個人に限られている特殊な判例上創設された権利であることと、その芸能人の育成からその活動全般に関わり、芸能人のパブリシティ権の財産的価値の利用を独占的に許諾され、許諾契約を結ぶだけでなく、実際にもこの権利を独占的に行使して、グッズ等の販売行為をしている芸能プロダクションが特殊な地位にあることの2点についての配慮が必要となる。

そもそも、法定された著作権の場合においても、著作権者からその利用を独占的に許諾されているライセンシーは単なる債権契約関係にあるにとどまらない地位を認められてきた歴史がある。すなわち、利用許諾契約は債権契

---

[20] 安藤和宏『エンターテインメント・ビジネス～産業構造と契約実務～』71頁（リットーミュージック［2024］）等参照

約であるから、これが独占的利用許諾といえども物権設定行為である出版権とは異なり、第三者による債権侵害が不法行為となる場合は限られるとするのが伝統的な考えであったが、近時の通説や下級審判決は独占的利用被許諾者固有の損害賠償請求を認めており、著作権法114条2項とその立法趣旨を同じくする特許法102条2項において通説や下級審判決は、同項の類推適用を独占的通常実施権者に認めている[21]。著者（高林）としても、単に契約により独占的利用の許諾を受けただけの者ではなく、現実に著作権を独占的に利用してその独占的利益を得ているといった事実状態にある者に限るとの要件を付した上であれば、著作権の独占的利用被許諾者固有の損害賠償請求をすることも可能であろうと考えている[22]。

　しかしながら、パブリシティ権の財産的価値の利用を独占的に許諾されている芸能プロダクションが著作権法114条2項の類推適用により侵害者の得た利益の賠償を求めることは容易ではない。そもそも、著作権法114条2項ばかりではなく、同3項の類推適用により相当使用料を芸能プロダクションが請求できるとした下級審判決も管見の限り見当たらない[23]。

　これは、パブリシティ権は法定された著作権とは異なり、主体が芸能人個人に限られている特殊な判例上創設された権利であることに起因しているものと考えられる。

---

[21] 中山信弘ほか《『新注解・特許法〈第2版〉中巻』［飯田圭］1906頁以下（青林書院[2017]）》参照
[22] 高林・標準著作権法222頁のほか、中山信弘『著作権法〈第4版〉』809頁（有斐閣[2023]）、島並良ほか『著作権法入門〈第3版〉』255頁（有斐閣[2021]）等参照
[23] 東京地判平成31.02.08 平28(ワ)26612・26613〔JILL STUART事件〕は、芸能人個人である原告及び原告個人からパブリシティ権の管理委託を受けて独占的利用権を有する原告会社がパブリシティ権侵害に基づく損害賠償を請求した事案について、原告だけでなく原告会社もパブリシティ権侵害に基づく損害賠償請求をなし得るというべきであり、その損害賠償請求権は原告らの不真正連帯債権となると解されると判示しているが、同判決では原告個人と原告会社による著作権法114条3項による相当使用料請求は否定されており、事案の特殊性を検討した上で民法709条による損害賠償が認められたものである。また、中島・最判解説66頁は、独占的利用許諾を許された芸能プロダクションが、現実に肖像等の商品化ビジネスを展開し、侵害者に侵害行為の停止を求める警告状等を送付しても同侵害者が侵害行為を継続するような場合には、固有の損害を被ったとして、侵害者に対して損害賠償を請求することができるとしているが、この場合の損害も事案の特殊性を勘案した上でのものなのではないかと思われる。

そうすると、パブリシティ権侵害に対して著作権法114条2項を類推適用するに際して、侵害者がパブリシティ権を侵害して得た利益は権利者の肖像等を転写したグッズを販売したことによるものであるとの前掲東京地判令和05.01.20〔FEST VAINQUEUR事件〕の説示によった上で、グッズ等を実際に販売等している芸能プロダクションは同項の類推適用の要件を具備していないと解し、更にパブリシティ権の権利主体である芸能人個人も同項の類推適用の要件を具備していないとしてしまったならば、侵害者が不当に得た利益の回収は同項をもってしては不可能となってしまうであろう。

パブリシティ権は主体が芸能人個人に限られている特殊な判例上創設された権利であることから、法定された著作権に関する解釈法理をそのまま適用しても妥当な解決に導けない側面が当然にあり、その一つが、侵害者がパブリシティ権の財産的価値を冒用して得た利益額をいかに被害者の救済に充てるかといった問題である。パブリシティ権の権利主体は個人であり、自らがそのパブリシティの財産的価値の活用を行うことは不可能に近く、実際にもその価値の独占的利用許諾を得た芸能プロダクションを通じてその価値の活用を行うほか術がないのが実情であるといった特殊性に着目するならば、パブリシティ価値の独占的利用を許諾された芸能プロダクションが、単に許諾を得ているというだけでなく、これを実際に独占的に行使しているといった客観的な事実状態がある場合であれば、芸能プロダクションがパブリシティ権侵害に対して損害賠償請求をすることができるか否かにかかわらず、芸能プロダクションと芸能人を一体のものと理解して、芸能プロダクションは芸能人個人を代位する立場として、あるいは芸能人個人の分身（手足）として、芸能人のパブリシティ権の財産的価値を活用したグッズ等を販売しているとして、芸能人個人が著作権法114条2項類推適用の要件を具備していると構成することで、この問題は解決することができる。

この場合に、前述の「蓋然性説」や「競合品説」の立場を加味するならば、芸能プロダクションは、パブリシティ権の侵害者が行っているパブリシティ権の財産的価値の侵害態様と全く同様の価値利用行為を現に行っておらず

も、これと競合する利用行為を行っている（例えば侵害者は肖像写真誌を発行販売しているが、芸能プロダクションは肖像を用いたキーホルダーを販売しているというような場合＝競合品説）場合や、あるいはこれらの行為を直ちに行う十分な企画力、実行能力等を有している場合であるならば（＝蓋然性説）、著作権法114条2項類推適用の要件を充足するものとしてよい。

(6) 小括

以上検討してきたとおり、パブリシティ権侵害に対する損害賠償の算定に際しては著作権法114条2項を類推適用することができ、その場合に原告（芸能人）個人がパブリシティ価値を活用する商品化事業を営んでいなくとも、同人からその権利の独占的利用許諾を得ている芸能プロダクションが実際にもこれを独占的に利用した商品化事業を営んでいる場合や、被告の侵害行為と同様の商品の事業化だけでなく、これと競合する商品を事業化している場合、あるいはそのような事業展開をする蓋然性がある場合においては、原告個人は同項の類推適用により損害の賠償を請求することができる。

5．おわりに

パブリシティ権は、人の氏名、肖像等の有する顧客吸引力を排他的に利用する人格権に由来する権利であり、創作された表現を保護する著作権法とはその出自を異にしているが、権利の保護と利用間のバランスを図ることを根本理念としている著作権法における権利制限規定や侵害された場合の損害賠償額の算定規定の解釈においては共通しており、これを参照することが可能である[24]。著作権の侵害判断においても、これを利用する側の表現の自由等との対抗利益とのバランスから、著作権制限規定は杓子定規的でなく融通性をもって解釈されるべき場合も多い[25]が、著作権侵害が認定される場合、特に例えば海賊版DVDの廉価販売等に見られるような、製造等にほとんど経

---

[24] 高林・標準著作権法320頁
[25] 高林・標準著作権法164頁

費を要することなく、著作権の侵害行為によってのみ利益を得ているような故意的な侵害が認められる事案においては、表現の自由等の対抗利益に対する配慮は全く不要であって、その行為によって得た利益を侵害者に留保させておくことは、著作権法の理念や同法1条が規定するその目的からも許されるものではない。そして、このことは前述の著作権法114条3項の法改正の経緯や同条2項と同趣旨を規定している特許法102条2項の解釈についての知財高裁大合議判決の変遷の経緯等からも明らかといえる。

パブリシティ権侵害に対する損害賠償においても状況は著作権侵害の場合と同じということができる。ただし、パブリシティ権侵害について著作権法114条2項を類推適用するに当たって、パブリシティ権の権利主体である個人が侵害行為と同様の肖像等の利用に関する事業を展開していることを要するか否かという点は残された問題である。

著者（高林）は、基本的には前述のとおり特許法102条2項の解釈において「条件不要説」を採用するのと同様に、著作権法114条2項の解釈においても、権利者は侵害者同様の著作物の販売等の利用行為を行っていることは要しないと解している[26]が、仮にこのような立場が現在の判例実務によっては採用し難いとしても、「蓋然性説」や「競合品説」の立場を参照することによって、パブリシティ権の商品化を独占的に許諾され、これを実行している芸能プロダクションと芸能人との特殊かつ密接な関係に着眼して、パブリシティ権の権利主体である個人も同項の類推適用による賠償請求を可能とするものである。

本稿が、パブリシティ権侵害に対する適正な損害額填補のための良策となることを期待している。

---

[26] 高林・標準著作権法288頁

知財紛争処理についての実務上の考察
～代理人の立ち位置から～

中之島シティ法律事務所 パートナー 弁護士・弁理士　三山 峻司

1．はじめに

　本稿は、知財全般にわたり、代理人として事件処理に迫られる一人の実務家の目に映った知財実務の研究ノートである。

　これまで著者が意識的に関心を持って実務（特に知財案件）について断片的にではあるが考えてきたことを、良い機会を頂いたと捉え、まとめて整理させていただいたものである[1]。

2．代理人としての立ち位置
　　－当事者視点（課題中心アプローチ）－

（1）代理人としての立ち位置からの見方とは

　実務の現場では生の事実が提示され、何がそもそも法的に問題か否かの問いから始まり、情報が全てそろうことはなく、得られた情報が確かかどうかも分からない、「今、ここ」で直面する法律紛争（課題）に焦点を当て、時間的制約と限られた資源の中で、どのように判断するかを迫られる。そして、当事者の視点から、法律紛争（課題）解決の途を「対処療法的（臨床的）」に探り出し、解決への糸口を見付け出していかなければならない。

　このような当事者視点を「課題中心アプローチ」と称する。

　この視点から知的財産権の係争がどのように映るか、そして、この視点からの法律紛争（課題）の適切な対応とはどのようなものか、に一考察を加えるのが本稿である。

---

[1] 講演会や研修会で触れ発表した内容と一部重なる記載もあるが、お許し願いたい。

（2）知財実務処理のイメージマトリクス

実務の処理で難しい判断に迫られるのは、情報をできるだけ蒐集した後にも視界がクリアでない領域での判断である。その判断の下で方向性を示す決断を行わなければならない。そのような状況を可視化したのが、以下の知財実務処理のイメージマトリクスである。

図1　知財係争リスクのイメージ　　　図2　訴訟提起リスクのイメージ

図1は、知的財産権が問題となったときの知的財産権侵害リスクのイメージである。侵害かどうかという判断をするときに、下から上に行けば行くほどリスクが低く、上から下に行けば行くほど侵害のリスクが高くなることを示している。

まず、無方式主義で登録が権利の成立要件となっていない著作権の実務処理をイメージマトリクスに当てはめて説明する。この場面では、次の（i）～（iii）に指摘するような点から著作権侵害の判断をつけていく。

(i) 相手方が主張する表現物がそもそも著作権で保護される「著作物」といえるか否か、「著作物」の定義を具体的事例に当てはめる作業で、ここに応用美術の問題も絡む。

(ii) 「著作物」といえるとしても当方の表現物に類似しているといえるか否か。「似ている／似ていない」という類似の判断基準（「表現上の本質的特徴を直接的に感得できる」か否か）の境界領域での判断が難しく、また、著作物の種類（カテゴリー）によって保護される著

作物の対象が絞られ、仮に保護されるとしても、権利の及ぶ射程（類似範囲）を見極めなくてはならない。この点では裁判例の傾向を認識することが重要である。

（ⅲ）著作権法が定める各制限規定の範囲内のケースかという要件の当てはめ。

以上のような検討を踏まえて侵害しているかどうかの濃淡を付けていくことになる。

次にこれを方式主義＝登録を権利の成立要件としている産業財産権の中の特許権の実務処理に当てはめると、成否のところは、まずは登録された権利があるという前提が出発点となる。その上でクレーム解釈としての権利範囲の検討と無効の抗弁の成否及び無効審判請求への配慮等のダブルトラックの問題が入ってくる。

著作権の方が、侵害リスクに関する権利の成否判断について段階的なグラデーションが付くので、このイメージがより分かりやすい。

図２は、訴訟提起リスクのイメージである。訴訟をするには、時間と費用と労力がかかる。そこで、提訴されるリスクがどの程度になるかということを描いている。

図１と図２を重ね合わせたものが、図３の知的財産権の実務処理イメージマトリクスである。

A（セーフティー）ゾーンからBCゾーン、Dゾーンへと行くに従って徐々にリスクが高まり、最後がE（リスキー）ゾーンになる。悩ましいのは、B〜Dのゾーンにある案件である。

このB〜Dゾーンでは評価的な要素が含まれるため、責任を伴う判断が求められる。

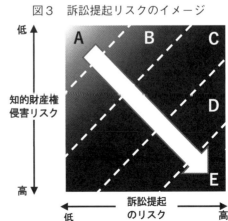

図３　訴訟提起リスクのイメージ

では、どのような対処のアクションがあるのか、以下に①～③の対応パターンの典型と思われるバリエーションを挙げてみる。

> ①のパターン
>   a）すぐに相手方に連絡対応し、かつ、早急に行為をやめる（改善する）。
>   b）当方への中止による影響を最小化する。
>   c）相手方の面子に配慮する。
>   d）費用対効果 → ただし、金額面の対応交渉は慎重に。
>
> ②のパターン
>   a）相手方への連絡はしない。
>   b）しかし、念のため、適宜に行為をやめる（改善する）。
>   c）その上で相手の出方を見る。
>
> ③のパターン
>   a）放置する。
>   b）そして、行為は続行する。

留意が必要なのは、侵害リスクは高いが訴訟提起リスクが低い場合（図3のイメージマトリクスのCの左下ゾーン）であり、提訴される可能性は低い（あるいは極めて低い）から放置してよいのかというと、企業のコンプライアンス上の（知財）対応が問われるので、侵害している違法行為を放置することはできない。訴訟提起されるかどうかにかかわらず、コンプライアンス上の問題として適切な処理をしなければならない。

また、知的財産権の中でも人格権的要素の強い著作権侵害紛争では、逆に侵害リスクは低いが訴訟提起リスクが高い場合（図3のCの右上ゾーン）も考えられる。この場合は、訴訟が提起されること自体を放置してよいか否か（上記③のパターンの対応でよいか否か）の見極めが求められる。提訴されたときの資源の有効利用（どこまで対応するかの限界）を考えて訴訟提起されることを放置するかどうかも実務の一応の課題となる。

このイメージマトリクスの当てはめから過去に取り扱った案件で、話合いで解決すべきであり、解決できればよかったと思う事件もある。

しかし、現実には、当事者双方が共通のイメージを持ったとしても、それぞれの内部事情もあり、イメージどおりに事が運ばない場合もある[2]。

3．知財紛争に関係する幾つかの実務上の考察等
（1）裁判例の研究について（裁判例の読み方[3]）
① 当事者視点（課題中心アプローチ）からの裁判例の読み方

当事者視点（課題中心アプローチ）から裁判例の次のような検討の仕方もあるのではないかと考える。

裁判例研究において、どのような論理でどのような結論が導かれたかを理解することがまず何よりも第一である。裁判所が当事者のどのような主張に着目してどのような判断を下したか、諸判例の中での当該裁判例の位置付けを理解することが最重要である。

同時に裁判例のケースから「もし…こうしておけば…」という想像を働かせた検討（思考実験）が、実務には大切ではないかと個人的に考える。誤解を恐れずに述べると、冷静で事後的な客観的視点ではなく、我が身のこととして訴訟等の各進行の時点で主観的に当該裁判例のケースを見るとどうなるかという見方である。

裁判例研究で実務家は無意識のうちにいつも臨場臨床的なアプローチを行っている作業と思われるが、強調しておきたい。

このようなアプローチ、つまり、事件を我が身のこととして、その時点の当事者の立場に身を置き換えて検討すると、見え方も違ってくる。

判決は、当事者が主張したフレームワークの範囲の中で、それを前提とした判断という土俵を外せない。

---

[2] 著作権紛争の事案で、侵害がある程度明白であり損害額も大きくない事案で、当方は和解による決着を望んでも、相手方に関係者が複数存在し、相手方の責任の所在が不明確で、結局、相手方に紛争を取りまとめる者が不在で和解できず訴訟になる事案など。
[3] 中野次雄ほか『判例とその読み方 三訂版』116-127頁（有斐閣[2009]）の「第八 判例の読み方」には、「研究的な判例の読み方」「判例に内在するものを中心とした読み方」「批判的な読み方」「学問上の理論研究のためにする読み方」が紹介されている。角田政芳「知財判決の読み方」（「知財管理」69巻2号222-231頁[2019]）は、実務における判例の研究ないし分析のポイントを紹介する。

しかし、当事者の視点から見ると、そもそもなぜ原告はそのような主張の枠組みを用意したのか、その組立ての中で、どのような主張の展開をたどったのかという、訴訟の組立て自体の部分にも視野を広げることができる。

ここは、想像するしかない部分であるが、当事者目線で当該ケースに直面した当時の当事者の立場に身を置き、「我が身のこととして」臨場的に裁判例を検討するのである[4]。このように読み込むと、判決で一蹴されている当事者の主張や訴訟の組立て方にも当事者の料理の仕込みの苦労が読み取れ、レシピ的な隠し味の工夫に気付くことがある。

また、判例評釈の対象として十分取り上げられていない争点化された当事者の主張の中にも実務上の重要な検討課題があると考えさせられることもある。

② **幾つかの事例**

上記の裁判例研究の例は幾つも見付けることができる。

事案の内容は直接判決に当たっていただくとして、2、3の具体例について要点となる視点を掲げる。

ア．大阪地判平成30.11.05 判時2422号95頁〔BELLO事件〕

この事件は、「BELLO」登録商標権者が、キャラクターグッズに使用されていた「BELLO」標章の被告各商品（Tシャツ・インナー・トランクス・帽子・靴下・フード付きトレーナー・トレーナー・フード付きポンチョ等）につき、差止め等を求めた。

---

[4] 事後的な裁判例研究では、争点（論点）自体が明瞭になり法的な問題自体が明らかにされてその論点の判断が示され、それが検討の対象となる。しかし、現実の提訴の前後の場面では、当事者（原告）が論点となり得る法的問題を予測しつつ、これを有利に導くために訴訟上の主張を組み立て、相手方（被告）との論争の中で曖昧な問題点が明確化されていく。当初に論点をどのように予想し、それに即した主張と証拠をどのように提示していくかは、実務の工夫のしどころの一つといえる。

　もっとも、判決書から当事者の主張の詳細を理解することには限界がある。特に新様式判決による判決書のスタイル（「民事判決書の新しい様式について」＝東京高・地裁民事判決書改善委員会／大阪高・地裁民事判決書改善委員会，判タ715号4頁以下）になり、「争点に関する各当事者の主張」が簡略化されている。判決書の様式の変遷と新様式判決の現状と課題につき、司法研修所『民事第一審訴訟における判決書に関する研究〜現在に至るまでの整理と更なる創意工夫に向けて〜』4-33頁（法曹会[2022]）。最終的には訴訟記録の閲覧も必要となる。

裁判所は、結論的には、被告各商品の販売の局面で被告各標章は出所表示として機能しておらず、被告各標章は「需要者が何人かの業務に係る商品…であることを認識することができる態様によって使用されていない」（商標法26条1項6号）として、請求を棄却している。

　当事者視点（課題中心アプローチ）から訴訟提起時の被疑侵害対象標章の対象商品の提出の在り方、特定の仕方に関心を向け、仮にこの事件で、ウエストゴム（平ゴム）の部分に「BELLO！」が記されているトランクスのみの一商品だけを被疑侵害対象商品として提訴すれば、どのように展開していたか？　と思考実験をしてみるのである。トランクスの一般的な商標の使用のありよう（トランクスではウエストゴムに商標が付されていることが珍しくない。）や、それに即した主張や証拠の展開を予想してみるのである。

イ．東京地判令和04.01.31 令2（ワ）1160〔KENT BROS. 事件〕

　この事件では、原告登録商標1、2を有する原告が、被告に対し、被告が被告商品に被告標章1、2が付された被告各商品を販売等する行為は原告商標権を侵害すると使用の差止めを求めたが（損害賠償請求は求めていない。）、裁判所は被告標章1、2が原告各登録商標と類似するとして請求を認容した。

原告商標1（登録第653109号）

原告商標2（登録第5037926号）

被告標章1　　　被告商品1　　　被告標章2　　　被告商品2

被告登録商標（登録第5225111号）

KENT BROS.
ケントブロス

原告登録商標と被告登録商標は並存していた（被告登録商標は原告登録商標とは非類似で登録に至っている。）。被告は、被告標章1と2の使用につき、「登録商標使用の抗弁」を主張している。裁判所は、被告標章1、2は、被告登録商標と外観上相違し…取引実情に鑑みて社会通念上、同一と認識されることはないと認定し、この抗弁は認めていない。

この事案で原告が被告登録商標について、「不正使用取消審判請求」を提起していたらどうなったかと思考実験してみる。また、被告が、このような態様の登録商標（二段書き、上段は欧文字の中央空白の分離で、下段は片仮名一連一体）を出願した理由等々に想像をたくましくして展開を予測してみるのである。

ウ．最判令和04.10.24 民集76巻6号1348頁／知財高判令和03.03.18 民集76巻6号1448頁／東京地判令和02.02.28 民集76巻6号1377頁〔音楽教室事件〕

この事件は、JASRAC（被告）の原告ら（音楽教室を運営する者）に対する被告の管理する音楽著作物の著作権（演奏権）の侵害を理由とする不法行為に基づく損害賠償請求権等の不存在確認請求訴訟である。不存在確認を求めた原告側は、控訴審・一審での請求の立て方について主位的請求と予備的請求[5]の構成をとり、主位的請求も予備的請求も更にそれぞれ細分化して請求内容を立てた。

一審は、「生徒の演奏」の場面でも原告らが利用主体であるとし、二審は、予備的請求の別紙著作物使用態様目録の1と4の録音物の再生を行わないレッスン及び個人教室のレッスン場面で、生徒の演奏について、その利用主

---

[5] 予備的請求は、法律上両立し得ない複数の請求の申立てに順序を付し、主位的請求が認容されることを予備的請求の審判申立ての解除条件とする併合形態で、その順序付けに裁判所は拘束されると説明される。この事件では、法律上両立し得ない複数の請求の申立てとは考えられない。言わば不真正の予備的請求である。一審判決の理由中の「第2 事案の概要」の「2 請求の趣旨について」の「(2) 予備的請求について」には「予備的請求である第5項ないし第8項は、レッスンの種類による区分ではなく、参加人数（生徒の人数）、演奏者（教師及び生徒）、演奏対象（小節数）、再生対象（市販CD等とマイナスワン音源）により細かく態様を分けたものであり、同第1項ないし第4項の一部請求である（第7回弁論準備手続調書）」と判示している。

体は当該生徒であり、「公衆に直接聞かせる目的」で演奏するものではないから、その演奏は演奏権の行使に該当せず演奏権の侵害は生じないとして、一審の判断を覆した。最高裁は教師の演奏及び録音物の再生に関して原告側の上告受理申立てを不受理決定し、他方、生徒の演奏に関して被告（JASRAC）の上告を棄却した。

ところで、なぜこのような請求内容の組立てを行ったのか、主位的請求と予備的請求のこの組立てが結論にどのように影響しているのか。主位的請求においても予備的請求においても演奏の長さや演奏の実施態様を細分化したのはなぜか。本事件で当事者（特に不存在確認を求めた原告側）は何を到達目標としているか（JASRAC使用料規程への影響等）。この判決の結果をそのまま現実の音楽教室で行われているレッスンに当てはめ、執行の場面まで考えるとどうなるのか。訴訟の組立て自体に興味深い検討のテーマがあるように思える[6]。

エ．知財高判令和04.10.20 判時2588号26頁〔椅子式マッサージ機事件〕

前記したとおり、判例評釈の対象として取り上げられていない争点化された当事者の主張の中にも実務上の重要な検討課題がある。この事件は、特許法102条2項により推定される損害額の推定覆滅部分に対する同条3項の併用・重畳適用の在り方が主要な論点の一つである。

しかし、次の点も重要な検討課題ではないかと思われる。

（ⅰ）競合品が損害賠償を求める相手方の特許権侵害品であるときの損害賠償請求額の認定の在り方[7]
（ⅱ）裁判所は102条2項の適用を肯定したが、「輸出」と同条項の推定規定の適用について正面から判示しているようには見受けられない。「輸出」という実施行為について、特許権の独占権が及ばない海外市

---

[6] 清水節「著作権侵害訴訟における裁判所の審理判断について」（「コピライト」63巻753号21頁以下）は、この点に言及している。
[7] 管見の限りでは、田村善之『知的財産権と損害賠償（第3版）』419-420頁（弘文堂[2023]）が触れておられる。

場での共通の仕向国での損害賠償請求の推定規定は、どのような論理によって適用できるのか。単に被疑侵害製品が輸出されなければ輸出することができたという競合が認められるだけでは、仕向国における他の競合品の関係は無視あるいは等閑視されることになる。そこには、やはり、何か海外での市場との関係をつなぐ理屈が必要なのではなかろうか[8]。

(ⅲ) 「競合製品の存在とその内容」についての立証責任（推定規定との関係及び海外市場の場合）

知財高判令和02.02.28 判時2464号61頁〔美容器事件〕は、4つの事情〈(a) 市場の非同一性、(b) 市場における競合品の存在、(c) 侵害者の営業努力（ブランド力、宣伝広告）、(d) 侵害品及び特許権者の製品の性能（機能、デザイン等、特許発明以外の特徴）に相違が存在すること。〉が推定覆滅事由となるとした。

椅子式マッサージ機事件判決は、(b) の推定覆滅事由に関して「…被告製品1が輸出された米国その他の各仕向国の市場における椅子式マッサージ機のシェア、控訴人以外の他社（国内外のメーカー）の『肘掛部に前腕部をマッサージする前腕施療機構を備えている椅子式マッサージ』製品の販売状況等を認めるに足りる適確な証拠はない」と判示し、極めて高い立証のハードルを課している。

解釈で示された推定覆滅についてどこまでの立証が要求されるかは、実務では切実な課題である[9]。

---

[8] Y製品の日本での生産・日本からの輸出が侵害であるとして、Xが「海外市場向け販売」のためにY製品を排してY製品と同数のX製品を日本で生産し、海外に向けて日本から輸出したと仮定しても、独占排他権を有しない海外市場において、XがY製品を含む他の競業製品を排してX製品が販売できたという関係は成立し得ない。特許権が「市場機会の排他的利用権」であって、特許権侵害が「特許権者の許諾なく市場機会を利用する行為」であり、特許権者の「市場機会の利用可能性を喪失せしめる行為」であるとすれば、日本の特許権の及ばない海外市場においては、Xは、当該特許権によって、X製品について市場機会を利用するということはなく、市場機会の利用可能性を喪失したという主張をすることはできない。

[9] 船越隆司『実定法秩序と証明責任』257、272頁（尚学社［1997］）は、「民事裁判における裁判官の心証度を一般に『合理的な疑いをこえた確信』で表現するならば、推定覆滅の場合の心証度は、疑いは存するがどちらかといえば推定事実は不存在という程度（優越的蓋然性）で足りると思われる。推定規定は、法規の構造上、障碍事由として定立された但書規定とは明確に異なる」と述べる。

③ このような裁判例研究の効用

このような裁判例研究の効用は、何度も繰り返すうちに習慣化され、様々なケースに直面しても多様な見方や議論ができるようになる点にある。骨の折れる事件に直面した際にも、その取扱いに堪えられる対応をとれることを示せるようになる。そして、そのような事件を取り扱う機会の巡り合わせがあれば、関係する当事者の目線に立って事件処理について当事者本人と様々な観点からの得失を踏まえた検討を行うことが実際にできると考える。

（2）知財訴訟について

① 訴訟の提起の前後の在り方

訴訟の提起「前」と「後」について、訴訟「前」はできるだけ慎重に熟考し、訴訟提起「後」は一気にやり切る、という対応スイッチのオン・オフの切替えが大切である。訴訟の提起「前」は、提訴のプラス・マイナス、提訴のタイミング、勝訴・敗訴の可能性、訴訟提起後の（相手方の立場に立った）展開予想など、でき得る限りの想定を行い熟考する。

しかし、一旦、提訴に踏み切った暁には、提訴「前」の事情を蒸し返し、繰り言を持ち出さないことである。そのためには現場の担当者と上司との意思疎通が重要である。

この点が不十分な場合、訴訟提起「後」になって、「こんなはずではなかった」「訴訟前には○○と言っていたのではないか」等々、訴訟提起「前」の事情をあれこれ持ち出され、部内の担当者が消耗する事例がある。一旦、決断して訴訟を提起した以上は、「脱兎の如く」やり抜く覚悟でかからなければならない。

② 訴訟提起「後」の心構えについて

諸先輩等からこれまで知財訴訟に当たる心構え等を教えていただいた。以下では、その含蓄のある意味を実感する戒めや警句、あるいは指針的なものを言い表したフレーズを紹介したい。

◆フレーズ1 「最善手より悪手を打たない」

　相手に揚げ足を取られる、あるいは派生問題を誘発するような主張や挙動（悪手）を行ってはならない。また、どんでん返しのような主張（妙手）はないと心得、コツコツ証拠と照らし合わせ、工夫を重ねた主張を積み重ねていくことが大切である。何よりも悪手を打たないことである。

◆フレーズ2 「訴訟で負けてもビジネスで勝っているときがある（訴訟に勝ってもビジネスで負けるときがある）」

　この警句は、訴訟は飽くまで手段であってビジネスに役立って「ナンボのもの」であるということを教えている。訴訟の勝敗のこだわりもさることながら、ビジネスにおいて訴訟にどのような利用価値があるかを常に意識して行動することが大切である。

　例えば勝敗が確定するまでの間に装置特許の関係諸取引先の工場等での前後のラインが出来上がり稼働していて趨勢が結着し、特許権での牽制が遅きに失する。また、訴訟を行っている事実を当事者以外の第三者（公的機関等）がどのように受け止めて行動するかにより趨勢が決まってしまう。更には訴訟決着が灰色で視界不良であること自体にビジネス上のメリットを見いだすこともあるのである。

◆フレーズ3 「全部勝つ必要はない」

　フレーズ2と関係する。ビジネスにどのような影響を及ぼすかを前提に考える必要がある（前掲〔BELLO事件〕も参照）。

◆フレーズ4 「準備書面の主張は上下左右から書け」

　知財訴訟の準備書面は相当量の頁数になることが珍しくない。その上、裁判所の理解を得るために当事者の主張を様々な角度から伝えようとすると頁数が更に増える。この点に関し、一般の民事訴訟に関する準備書面の長さ（頁数）について、手持事件の件数や判決起案等に取られる時間等の制約の実情を踏まえ、最近の複数の裁判官の御発言で「準備書面は長くとも○頁まで」との声を耳にする。

　このフレーズは今も通用するのかが気になるところである。

◆フレーズ5「訴訟はもう終わり、と思ったところがスタート。当方がしんどい時は相手方もシンドイ」

訴訟活動においてピークを過ぎたと思って気を抜いてはならない。高名の木登りではないが、最後の最後に心証が変わることもある。最後まで優勢であっても劣勢であっても気を抜いてはならないという警句である。

◆フレーズ6「勝つべき事件については油断することなく勝つ／負けるべきときには悔いなく負ける（訴訟にも負け方がある）」

実務は限られた時間内にどれだけ納得のいく処理ができるかである。微妙な訴訟事案では努力次第で勝敗が分かれることもある。ある事件で、「どうせ〇〇だから」と手を抜くと、他の事件でもその癖が付き、事件を精一杯処理したという燃焼感も納得感もなくなってしまう。骨の折れる事件を思い切りトライしてやり切ってこそ工夫も生じ、力が付いてノウハウも得ることができる。また、クライアントにもこのような対応への熱意は伝わる。

◆フレーズ7「勢尽くすべからず」

伸び切ったままのゴムは切れてしまうので余力を残しておくようにという警句である。余力を出し惜しみ、全力を尽くすなということではない。余裕や柔軟性を保つことで良い仕事ができるという意味だと理解している。心理的安全性を考えて100％張り詰めず仕事に当たれということかもしれない。

知財訴訟は総力戦の様相を呈することもある。案件によるが、何人で担当するのが適当か、複数人と組むことが必要か（力仕事と複数でチェックする作業）、また、クライアント（担当者）・弁護士・弁理士三者の間の連携（ゴールデントライアングル）をどのように作り上げていくかにも関係する。

◆フレーズ8「裁判は勝つか負けるかしかない」

前記フレーズ4～6の対応で真剣になればなるほど、判決の結果が気にかかる。当事者は無論、代理人も判決の期日が迫ってくるとその結果が気になって眠れない時もある。その際、先輩から教わった気持ちを落ち着かせてくれるのが魔法のフレーズ8である。この言葉で腹落ちして心が静まるから不思議である。

③ 訴訟を通じて気付くものと得るもの

　訴訟対応の過程で、苦労するも解決への理屈の筋道が見付からず、実務上の座りがどうしても悪く、今後とも問題提起したいようなテーマにぶつかることがある。(独り善がりの場合もあるが)それが課題だと気付くことがある。

　実務に携わった当初は、「解」がどこかにあるのではと、基本書や諸論文に当たり、諸先輩の知恵をお借りしたくあれこれと尋ね回ったことを想起する。時間をかけて調べても「解」は出てこない。また、尋ね回っても不明なものは不明である。求める「解」は与えられるものではないという単純なことに気付く。結局は、このような論点はこれまで取り上げられておらず、「急がば回れ」で、「急がば自分で考えろ」ということに気付く。そして、これが実務から問題提起する課題となる。自分で挑んでみて納得して事件の処理に当たることで、やはり得られるものがある。真剣に事件と対峙して、あれこれ考え抜く繰り返しの中で見付かるもの、これが大切な宝物になり、知財訴訟に関わる興味を持続させる原動力になるのではないかと思う。

　このような課題のごく一部であるが、例えば① 特許に関し、公然実施物の写真・資料(「物」自体は入手できない＝実施物そのものが入手できず一部構造を明らかにできない部分があるが、外形からは当該構造を採用していることが推定できる。)によって、どこまで公然実施そのものと立証が可能か。

　また、上記写真・資料の新規性欠如の文献資料としての利用との関係はどのように整理すべきか。

　② 意匠の関係では、登録意匠の書式上の意匠図面と当該物品の大小・質量等に表された意匠が、現実に需要者の目に映る意匠として、これによる意匠の類否判断への影響をどのように理解できるか。

　③ 商標との関係では、シールやステッカーに関する商標法上での法的な処理のありようについてどのように考えればよいか[10]。

---

[10] 東京地判平成16.05.24 平16(ワ)6516〔セコム事件〕は、商品ステッカーに登録商標がある典型的な事案である。この事件でも損害賠償額の算出には難しい問題がある(長塚真琴「判例評釈(134)警備会社ステッカーの偽造販売と商標権侵害－セコム事件(東京地判平16・5・24)」(「発明」102巻5号93頁[2005])。

④ 不競法との関係では、周知著名性の立証（2条1項1号・2号）の在り方については一般的・継続的な課題である[11]。また、「虚偽陳述流布行為」（不競法2条1項21号）について、うっかりすると引っ掛かる派生問題[12]（場外戦）を起こさない工夫・留意としてどのような点があるか[13]。

さらに、⑤ 著作権での関係では、視覚的な表現物のうち応用美術について、著作権の成否や類否判断を経た侵害の可能性、程度（知財実務処理の侵害リスクの大小）を把握する便宜的な方法はないか[14]。などを一例として挙げておきたい。

悩ましいのは、商品ステッカーには登録商標はなく、登録商標と同じ図柄や文字を記したステッカーを様々な商品にアイロン転写プリントするような場合である（毎日新聞2016（平成28）年1月21日夕刊）。このステッカーが外国で指定されたステッカー〔大きさ（サイズ）・色・枚数・艶あり／なしなど〕として作成され、画像を発送するというサービス提供をするという事案の処理はどうあるべきか。参考裁判例として東京地判平成05.11.19 判夕844号247頁〔プラスチックモデルカー事件〕では、原告は被告の使用する被告標章の構成が原告商標（Marlboro）の構成と寸分違わないものである場合には、原告の原告商標権についての準占有（民法205条）を侵害するものであるとして、準占有訴権による準占有の妨害により被告標章の使用の差止めを求めることができると主張した。しかし、裁判所は、「…商標権の準占有の妨害（侵害）とは、その商標をどのような態様であれ使用する事実をいうものではなく、その商標の指定商品について、商標として使用する事実を指すものである」とし、「被告による被告商品についての被告標章の使用は、商標としての使用とはいえない」として原告の主張を排斥した。

[11] 知財高判平成25.03.28 平24（ネ）10067〔日本車両事件〕［認容］／東京地判平成24.07.19 平23（ワ）7924［請求棄却］につき、熊倉禎男＝富岡英次＝小林正和『「日本車両」事件』〈『知的財産訴訟の現在－訴訟代理人による判例評釈』453頁以下（有斐閣[2014]）〉

[12] 業界新聞の掲載の在り方につき（大阪地判平成13.03.01 平10（ワ）7820・11259［環状カッタ事件］、遊技機の特許訴訟の内容・背景を説明した記者会見における発言につき（東京地判平成13.08.28 判時1775号143頁［認容］／東京高判平成14.06.26 判時1792号115頁［逆転］）、特許権に関するプレスリリースをめぐり（大阪地判平成27.02.19 平26（ワ）3119〔発光ダイオードプレスリリース事件〕［一部認容］／知財高判平成28.02.09 平27（ネ）10109［逆転］）、確定判決の存在を奇貨とした非侵害改良品への侵害告知につき（東京地判令和04.10.28 判時2554号92頁［一部認容］）、インターネット上のウェブサイトへの投稿記事につき（大阪地判令和05.03.16 令3（ワ）11152［一部認容］）、アマゾンに対する著作権侵害申告行為につき（大阪地判令和05.05.11 令3（ワ）11472［一部認容］）

[13] 21号を意識した警告書の発送の実務的な工夫・手順につき、拙稿「特許権の侵害警告が不正競争行為及び不法行為に該当するか否かが争われた事例」（『最新判例知財法 小松陽一郎先生還暦記念論文集』566頁以下（青林書院[2008]）。なお、警告書の発送は、相手方に不存在確認訴訟の提起の機会を与えることも常に意識しておく必要がある。

[14] 応用美術に対する実務の対応策として帰納的方法の有用性につき、拙稿「知財係争における著作権法の実務処理上の立ち位置について～いくつかの裁判例と実務上の事例を手掛かりとして～」（「コピライト」62巻734号14-17頁[2022]）

(3) 和解について

　和解の場面では、当該時点での諸要素の中で優先順位を付けて、何についてどのようにどの程度に互譲するかということが問われ、ゼロサム的な思考にこだわらないことが大切である。言うまでもないが、一方当事者に極端に有利な条件は、他方当事者に極端に不利な条件を突き付けることになる。極端に不利な条件を突き付けることは、他方当事者に和解が決裂してもやむを得ないとの覚悟を決めさせる状況に追い込むことになる。視界が明瞭でない中で手探りではあるが、和解では対向する当事者双方が左右に乗るシーソーの釣り合う均衡点をどのように見いだしていくかということが重要である。

① 訴訟提起「前」の和解の在り方

　ここでは３点を掲記したい。

ア．限られた時間と効率的に労力を注力する中で蒐集される情報が判断の前提となる

　判断を下す前のこの段階では、当事者の有利（プラス）不利（マイナス）の評価をひとまず置いて得られる限り多くの客観的情報の蒐集に努める。情報の質量は時間の経過と相手方との交渉内容により刻々と変化する。そして、その都度都度において情報を吟味する必要がある。

イ．蒐集された情報を基にメリット項目・デメリット項目の得失バランスシートを作る

　一般的に和解による解決では、当事者双方のメリットとして、（ⅰ）迅速な早期解決、（ⅱ）解決コストの軽減化（時間と労力及び費用の節約）が挙げられる。コストとしては、訴訟を想定した原被告の当事者双方にかかる弁護士等費用のほかに機会費用（従業員を本業ではなく訴訟遂行に充てるための費用）を特に意識する必要がある。上記の一般的なメリット項目のウエートから、例えば著作権侵害事例の著作物性や表現の類似性において第三者（裁判所）の判断を仰いでチャレンジしたいと考えても、そのためのコストが得ら

れる成果に比して余りにも均衡を失する場合は、著作物性や表現の類似性の点は曖昧にしたままリーズナブルな解決金で早期に和解を図るという選択肢も検討に値する。

　権利者側（履行を求める側）としては、任意な履行が期待できるというメリットもある。個別事案では、各得失点の「重み付け」をして、メリット項目・デメリット項目の得失バランスシートを作成すると理解がより進む。

　個別事案の「重み付け」をどうするかは、当事者の意向を十分把握することが大切である。「重み付け」は、思考の整理のためであり、主観的であることは否定できないが、代理人の立場から述べると当事者であるクライアントとの打合せで軽重を決めていけばよい。例えば「非常に重要：3点／重要：2点／得られるに越したことはない：1点」などとしてもよい。大きな方向性を見いだすための決断に資する思考のためのツールであり、何よりも堂々巡りの議論を繰り返すことを避ける効用がある。そして、余り複雑になり過ぎないようにすることが肝要である。

　そして、＋（プラス）の1つと－（マイナス）の1つが同等と思われる際には双方の項目を相殺抹消し、＋（プラス）の「重み付け」が2で－（マイナス）の「重み付け」が1の場合は－（マイナス）の「重み付け」が1の2つの項目と＋（プラス）の「重み付け」が2の1つの項目を相殺して抹消する。そして、最終的な＋（プラス）と－（マイナス）の項目のバランスシートを把握する。バランスシートの「重み付け」は、相手方には分からなくとも当方側で帳尻が合っていればよい。

図4　得失バランスシート

⊕（プラス）		⊖（マイナス）	
メリット項目	重み付け	デメリット項目	重み付け
A	2	D	1
		E	1
B	1	1	1
C	1		
プラス	1		

ウ．決断

　この段階に至ると分析的能力とともに実践的能力の発揮が必要となる。完全な情報が得られない環境の中で、今後展開する事態の可能性とそこから予測できる結果を推測し、どのように決断するかが問われる。決断は想像力とそこから予測できる結果を推測して選択する力といえる。

　この際に留意すべきは、相手方の立場に立って相手方の得失バランスシートの損得を忖度して過大視しないことである。時に「相手方が得をすることは許せない」、あるいは「相手方にとって楽過ぎて相手方が苦労しないのは許せない」などという点が和解の障害になる事態を見受ける。しかし、対立する相手方のために熱くなり過ぎて自身の髪の毛を焦がしては何にもならない。飽くまで、決断する側である当方側のバランスシートの帳尻が合うか否かに焦点を合わせることが大切である。

② 訴訟提起「後」の「訴訟上の和解」の在り方

　訴訟提起「後」は、訴訟提起「前」とは得失バランスシートの項目が変わり、その様相も変わる[15]。また、訴訟提起「後」は、双方の当事者が常に次の諸点を意識せざるを得なくなり、和解の着地点を見付ける作業になる。

ア．明確化した獲得目標の一つが増える

　原告となる権利者側の当事者としては、差止請求・損害賠償請求等の認容判決の獲得。被告となった被疑侵害者側の当事者としては請求の棄却の獲得を目指すことになる。

---

[15] 和解の観点から知財訴訟の目的を次のように整理することができる。
　A　知財紛争解決個別型（当該事案が個別にさえ解決できれば目的が達成される案件）
　B　知財紛争解決基準作り型
　（a）判例による基準作り型（裁判例が分かれている事案や裁判例が存在しない事案において基準作りをも念頭に提起されるもの）
　（b）同種事案牽制型（当該事案の後方に何らかの背景があり、それに大きく影響を与え１つの個別解決がほかに事実上の大きな影響を与えるもの）
　B（a）は、基準作りを目的の一つとしているので、判決をもらうこと自体に意味を見いだす訴訟であり、この類型の和解は相当困難である。B（b）のような個別解決がほかに事実上の大きな影響を与える案件では、当事者の和解に何を求めるかの重み付けが変わってくる。

イ．訴訟の趨勢と勝敗の見込み（当該訴訟の進め方自体）が常に意識される

訴訟になった場合にお互いに負けるわけにはいかず、その趨勢と勝敗の見込みを常に意識しつつ、目標の獲得に向って全力を傾注することになる。

ウ．訴訟費用（コスト）の負担と訴訟の勝敗によって得られる成果

訴訟に進んでしまった以上、アを獲得するためには、費用の点は互いにかさ張ることを覚悟せざるを得ないが、イを見据えつつ、ウの点は絶えず意識されることになる。

エ．訴訟による時間の経過とその間の市場状況の変化（オとも関連する）

市場状況によって訴訟を行っている意味や価値が変化することもある。

オ．訴訟がマスコミに取り上げられたり、同業者が注目したりするものである場合の結着の在り方

訴訟の結着が関係者にどのように受け取られて影響し、どのように情報開示するかに注意を払わなければならないケースがある。

（4）裁判所の知財調停について

当事者視点から、ここでは知財調停の利活用の在り方として実感するところを述べる[16]。

① 利活用するために

知財調停は、専門調停であり、一般の民事調停とは違い当事者双方に代理人が就くことがほとんどである。利用に先立ってクライアントがどのような解決を目指すかという意向の方向性とADR利用の得失の理解が何よりも大切である。

---

[16] 著者は調停委員として、これまでに特許権・著作権等を対象とする複数の知財調停のケースに関与した経験がある。

知財調停では代理人の役割が大きく、代理人の力量が問われる部分があると実感する。代理人が当事者の視点から、知財調停の利活用の在り方を、まずはよく心得、どのような局面でどのようなメリットがあるかを利用者に説得的に説明し、理解してもらう必要がある。訴訟の単なる前哨戦という位置付け（例えば「調停は申し立てて駄目なら不調になるだけで何の不利益もないので、やってみたら？」という利用の位置付け）で、しばしばそのように利用を勧める。もちろん、不調になれば訴訟に持ち込めるので、クライアントには、「ダメ元」でデメリットも少ないと説明することは誤りではない。

しかし、それだけで単線的に調停を説明するのは間違っているとまではいえないが、その利活用のメリットは生かし切れないと思われる。申立て時に、申立人側が、知財調停の得失をよく理解し、何のために申し立てるか（単なる前哨戦ではない。）、そこで行われたことを申立人・相手方が、（裁判所や調停委員の心証や意見を虚心坦懐に聴き）それぞれ自己の判断のための有力で公平な資料として汲み取れるか否か。それをその都度都度に代理人が申立本人・相手方本人に十分伝え、検討する必要がある。それだけの妙味が知財調停にはあることを実感してもらうことが大切である。

訴訟と同じ延長で自己の主張のみを言い張るだけでは、単なる時間の無駄となり、ある意味で、さっさと見切りをつけて「不調」として終わらせて訴訟に移行するという対応を考えた方がよい。

② **利活用に適すると思われる類型の事件**
（ⅰ）審理の非公開性を利用できる事案
（ⅱ）リピュテーションリスクを考える必要のある事案
（ⅲ）交渉が完全決裂している場合でなく、交渉の延長線上に位置付けられる紛争事案
（ⅳ）職務発明事案（言わば対内的争い）／アの類型の一つ
（ⅴ）商標権あるいは著作権侵害事件で損害賠償額が高額にならない事案／本稿2（2）も参照されたい。

上記のような類型であって、当事者双方が積極的に調停による解決を望み、双方に知財案件の処理に明るい代理人弁護士が就任している場合には、調停成立の可能性は高い。

（5）知財関係契約のドラフトについて

　ここでは自社（あるいは自身）が契約の当事者となった視点から述べる。契約の当事者同士の間でのドラフトのやり取りでは、いちいち相手に「塩を送る」ようなことはしないし、それぞれの知識と工夫で成案になった内容で差がつくという現実がある。すなわち、分かっていてもあえて不利なことは相手方に伝えず条項化しない一方、有利な点は明確に条項化しておくのが実際である。書式を利用する意味も、この脈絡の中で一方の当事者の立場に立ってどのように条項にバリエーションを付けていくかが出発点である。考える好例はいくらでも見受けられる。以下に「仲裁」の合意条項例を挙げる。

- 「甲及び乙は、本件契約から生じた紛争は、**仲裁によって解決**するものとする」
- 「本契約に疑義が生じた場合、甲乙当事者は誠実に協議し、解決に努めるものとする。これによっても解決できないときは、**仲裁によって解決**するものとする」

　上記で甲を個人又は中小零細企業、乙を大企業と想定し、甲が乙に供与した技術の成果をめぐって争いとなった場合、仲裁で解決しようとする甲はどのように対処することになるか。これを甲の立場に立って具体的にイメージできなければ条項の意味が理解できない。甲がこの約定に従って仲裁を利用する場面となった場合、どのように手続に乗せていくかを念頭に置く必要がある。憶測の域を出ないが、条項を作成した乙側が、争い自体を訴訟化して公にしたくないという配慮[17]があってドラフトしたのであれば、その目論見は達成されている。

---

[17] 守秘義務・秘密保持性については各国の仲裁法を具体的に見る必要があり、必ずしも仲裁＝非公開・秘密保持性の保持というわけではない。日本商事仲裁協会（JCAA）の仲裁規則42条1項には仲裁手続及び記録を非公開とする旨の規定と、同条2項には仲裁人、当事者、その代理人等に守秘義務を課す規定がある。

しかし、それ以上に甲側に争う手段を実際には封じてしまっているという点に問題がある[18]。

4．おわりに

AIは、「接続性」と「更新可能性」があり、「繰り返し反復」のルーティンの作業に優れている。判例検索や知財関係の文献調査はもちろん、簡単な文書作成や個別企業に合わせた定型契約書、情報整理について、「法務」の代替化は時間の問題と衆目が一致している[19]。知財法務はビジネスに関係するだけにその進展や利用も速い。

AIは、前代未聞のデータの処理能力を与えられ、生化学的なメカニズムの理解が深まり、脳と人間の感情の謎を解き明かし、バイオテクノロジー革命が情報テクノロジー（AI）革命と融合すると、「人間の直感」も実際には「パターン認識」にすぎないとして、個々の人間にAIが取って代わるシンギュラリティ（技術的特異点）に到達するという研究者[20]もいる。しかしまた、それを否定する研究者[21]もあり、生成AI・ChatGPTの情況がどこまでどのようになっていくかは、まだ誰にも分からない。

仮に本稿のテーマである知財紛争処理の現場における実務対応がAIに取って代わられることがあるとしても、それまでにはまだ時間がかかるのではなかろうか。

---

[18] 争いの対象となる金額によっては、コストの面から仲裁は不向きである。そもそも当該条項の有効性も問題となるかもしれない。甲としては妨訴抗弁の出ることを覚悟して、あえて訴訟を提起する手段も考えなくてはならないかもしれない。そうであるならば、やはり契約締結の段階で条項の持つ意味が分かっていなかったということになる。
[19] AI等を用いたリーガルテックに関し、令和5年8月に法務省「AI等を用いた契約書等関連業務支援サービスの提供と弁護士法第72条との関係について」指針を示した。
[20] ユヴァル・ノア・ハラリ『21 Lessons 21世紀の人類のための21の思考』（河出書房新社／訳者柴田裕之［2019］）39-45頁。同書には「あらゆる芸術的形態のうち、音楽は、おそらく、ビッグデータ分析が最もしやすいと思われる。なぜなら、入力と出力の両方を、厳密に数学的に表せるからだ」（47頁）と述べられている。「AI生成楽曲と著作権」（JASRACシンポジウム2023年3月14日開催）においても、その懸念が作詞・作曲に携わっているパネリストから現実に表明されている。
[21] マルクス・ガブリエル　毎日新聞2023（令和5）年7月17日朝刊。

第VI章

海外

韓国における技術流出防止法制

法務法人(有限)太平洋 代表弁護士・弁理士　李 厚東(イ フドン)
法務法人(有限)太平洋 パートナー 弁護士・弁理士　金 楫煥(キム チャンファン)

1．はじめに

朝鮮戦争が終わり[1]、何もない廃墟の中で労働集約型の軽工業から出発した韓国の産業は、絶え間ない技術開発とこれらの技術を具現する良質の労働力を基盤として発展を続け、鉄鋼、船舶、機械、電子、石油化学等の重化学工業へ領域を広げるとともに、先進国の先発企業を相手に「追い付き追い越せ」と邁進してきた。1990年以降、半導体や情報通信産業においても急速な発展を遂げ、21世紀に入ってからは、半導体、ディスプレー、無線通信、二次電池、造船、原子力等の諸分野において"fast follower"を超えて"first mover"の地位を確立した企業が続出している。継続的な研究開発によって確保した最尖端技術[2]が、これらの産業発展を支えているのである。

グローバル技術の覇権競争で先陣を切るための「尖端技術の開発」及び「開発された技術の厳格な保護」は、韓国だけにとどまらず、世界各国が追求している政策的かつ法律的基調であるところ、最近では「尖端技術の開発」に劣らず「保有技術の保護」が国の産業発展の成否を決める核心的課題であるとみて「技術流出の防止」に一層心血を注ぐ雰囲気が形成されている[3]。

韓国もこうした流れに歩調を合わせ、「産業技術R&Dイノベーション及び知的財産保護の強化」を国政課題の一つとするなど、国家発展の核となる原動力である尖端技術を保護するために政府レベルで政策上、多くの試行錯誤を重ねてきたところ、その取組は現在も続いている。

---

[1] 国際法上の判断とは別に、「事実上の戦争状態が終わっている」という意味である。
[2] 最先端技術のこと。日本語の「先端」は、韓国の漢字表記では「尖端」となる。
[3] 1996年の米国の「連邦経済スパイ法（Economic Espionage Act）」の制定等。

立法面においては、1991年に「不正競争防止及び営業秘密保護に関する法律」(以下、「不正競争防止法」という。)の改正により営業秘密を定義して保護を始めて以降、1993年の「対外貿易法」改正及び2006年の「防衛事業法」制定をもって防衛産業物資や国防科学技術、戦略物資等の保護を図った。

2000年代に入り、産業技術全般にわたり違法な海外流出が頻発したことを受けて、2006年に「産業技術の流出防止及び保護に関する法律」(以下、「産業技術保護法」という。)を制定し、2009年に「外国人投資促進法」を改正して核心技術を保護し、国の産業競争力を強化することはもちろん、技術移転や輸出等の不正な方法によらない技術流出行為についても規制するとともに、2022年には「国家尖端戦略産業の競争力強化及び保護に関する特別措置法」(以下、「国家尖端戦略産業法」という。)を制定して尖端戦略技術を特別な保護対象とするなど、一群の「技術流出防止法制」を形成するに至った。

そこで、本稿では、これらの技術保護への取組の産物である韓国における技術流出防止に係る主な法律の内容について紹介したい[4]。

2．韓国の技術流出防止法制
(1) 産業技術保護法
① 立法趣旨

不正競争防止法を通じて営業秘密が法律による保護を受けられるようになったが、次のような問題が提起された。

---

[4] 不正競争防止法は、「公然と知られておらず、独立した経済的価値を有するものであって、秘密として管理されている生産方法、販売方法、その他営業活動に有用な技術上又は経営上の情報」を営業秘密と定義しており、これを不正に取得・使用・開示する行為等を営業秘密侵害行為として規律しているが、日本の法制と類似しているため、ここでは紹介を省く。

[5] 営業秘密の成立要件のうち「秘密管理性」は、「相当な努力によって秘密として管理される」ことを求めており、その成否を過剰に厳しく規定しているという批判が上がり、① 2015年に「相当な努力」を「合理的な努力」に改正し、② 2019年には「合理的な努力」をも削除し、単に「秘密として管理される」に改正した。しかし、このように緩和された要件を成立させるのにもそれなりの費用を必要とし、中小企業にとっては負担となる可能性がある。実際、どの程度の管理をすれば緩和された要件を満たすと認められるのかについても法院の具体的な判断の蓄積を待つ必要がある。

すなわち、不正競争防止法2条2号で定める① 非公知性、② 経済的有用性、③ 秘密管理性[5]といった営業秘密の成立要件を備えることができない場合には法律による保護を受けるのが難しいこと、保護したい技術上の情報が営業秘密の成立要件を備えているかどうかを判断する上で相当な時間と労力を要すること、単なる私人の営業秘密ではなく、国の経済や安全保障に多くの影響を及ぼす技術が絶えず開発されており、これについては別途保護や管理が求められることなどの問題である[6]。

　そのため、不正競争防止法による技術保護の限界を克服することに加え、広く一定水準の技術を「産業技術」として包括的に保護し、更には国の経済と安全保障に直接影響を及ぼす技術については「国家核心技術」に指定して海外への流出を防止するなど、産業技術及び国家核心技術へのセキュリティ意識拡散及び制度的基盤を構築すべく、2006年に産業技術保護法が制定されて2007年4月28日に施行され、数回の改正を経て現在に至っている[7]。

② 保護対象

　産業技術保護法において保護される技術は、「産業技術」と「国家核心技術」とに分かれる。

ⅰ) 産業技術

　産業技術とは、製品又は役務の開発・生産・普及及び使用に必要な諸方法ないし技術上の情報であって、産業競争力の向上や流出防止等のために、産業技術保護法又は他法、あるいはその下位法規(大統領令、総理令、部令に限る。)に基づいて指定・告示・公告・認証した技術をいう(産業技術保護法2条1号)。

　産業技術は「製品又は役務の開発・生産・普及及び使用に関する方法ないし技術上の情報」に限定されるという点で、技術上の情報に加えて経営上の

---

[6] シン・アルチャン=クォン・ソル「韓国産業の技術流出防止のための現行法制の検討及び改善策に対する考察－刑事的な規制拡大を中心に」(「韓国産業保安研究」5巻1号19-20頁[2015])
[7] イ・クァンジェ議員代表発議「産業技術の流出防止及び保護支援に関する法律案」議案番号第764号(2004年11月9日);前掲注4) 20頁参照

情報を包括する概念である不正競争防止法上の営業秘密とは区別され、かつ、営業秘密管理性を要件としない[8]。

具体的には、①「産業技術保護法」上の「国家核心技術」、②「産業発展法」上の「尖端技術」、③「産業技術革新促進法」上の「新技術」、④「電力技術管理法」上の「新しい電力技術」、⑤「環境技術及び環境産業支援法」上の「新技術」、⑥「建設技術振興法」上の「新しい建設技術」、⑦「保健医療技術振興法」上の「保健新技術」、⑧「基幹産業振興と尖端化に関する法律」上の「コア基幹技術」等がこれに含まれる。

また、ほかにも技術流出を防ぐための産業技術保護法の目的を踏まえて、産業全般の関連技術がその対象になることができる（同法2条1号ジャ目）。

ⅱ）国家核心技術

産業技術保護法上、産業技術の下位カテゴリーの一つである「国家核心技術」とは、国内外の市場に占めるその技術的・経済的価値が高いか、関連産業の潜在成長力が高く、海外に流出した際は国の安全保障や国民の経済発展に重大な悪影響を及ぼしかねない技術であって、産業技術保護委員会の審議を経て産業通商資源部長官が指定した技術をいう（同法2条2号、9条）。

国家核心技術は、その輸出、買収・合併、合弁投資等が行われる場合に国家レベルでより強力に保護・規制される点において一般の産業技術と差があり、その選定は「必要最小限」の範囲により行われなければならない（同法9条2項）。

2024年1月現在において、国家核心技術は、半導体、ディスプレー等、計13分野で75件の技術が指定及び告示されている[9]。

---

[8] チェ・ウンリョル＝イ・ヨンイル＝ソン・ボンギュ「国家核心技術の保護水準とセキュリティ要因との関係の研究」（「韓国公安行政学会報」20巻3号371頁［2011］）
[9] 具体的には、① 半導体：11件、② ディスプレー：2件、③ 電気・電子：4件、④ 自動車・鉄道：9件、⑤ 鉄鋼：9件、⑥ 造船：8件、⑦ 原子力：5件、⑧ 情報・通信：7件、⑨ 宇宙：4件、⑩ 生命工学：4件、⑪ 機械：7件、⑫ ロボット：3件、⑬ 水素：2件（「国家核心技術の指定等に関する告示」、産業通商資源部告示第2023-60号（2023年4月6日施行）4条による別表参照）。

③ 特徴及び構成

民間ではなく国レベルで保護する必要がある技術について定義し、その保護に向けた国の役割及び責務を定めたのが、産業技術保護法の重要な意義といえる。同法では、国の安全保障及び国民経済に大きな影響を及ぼし得る技術を第三者による侵害から保護し、当該技術を流出し、及び不当に使用するなどの行為を処罰するほか、技術保護のための産業保安技術の開発及び専門人材の養成を支援する内容も定めることにより、政府が技術流出の予防等の業務を統合・体系的に遂行することができる根拠を設けている（同法16条、36条等）。ゆえに、産業技術保護法を「産業技術の保護に向けた総合支援法」あるいは「技術保護及び流出防止に関する基本法」と位置付けることもある[10]。

産業技術保護法（2023年4月4日法律第19166号）は全6章からなっており、その中でも、産業技術及び国家核心技術の指定、流出防止及び管理等を定める第3章「産業技術の流出防止及び管理」が中核をなしている。同法の下に「施行令」（2021年1月5日大統領令第31380号）と「施行規則」（2022年1月21日産業通商資源部令第448号）等を置いており、これに加え、国家核心技術の選定基準、一覧、判定申請等に係る内容を定める「国家核心技術の指定等に関する告示」（2023年4月6日産業通商資源部告示第2023-60号）と国家核心技術の判定・登録、保護措置、国家核心技術の輸出・買収・合併に対する承認・申告手続、侵害申告の対応等に関する内容を定める「産業技術保護指針」（2023年7月26日産業通商資源部告示第2023-151号）が設けられている。

④ 主要な規定

ⅰ）輸出：産業技術保護法11条

11条では、国家核心技術を有する対象機関[11]が外国企業等に当該技術を売却又は移転等の方法で輸出する場合における、① 輸出手続（同条1項、2項及び4項）、② 事前検討（同条6項及び11項）、③ 輸出制裁（同条5項及び7項）、

---

[10] ノ・ホレ「産業技術流出犯罪に対する政策的対応策」(「韓国公安行政学会報」17巻1号70頁[2008])
[11] 技術を保有する企業・研究機関・専門機関・大学等をいう（産業技術保護法2条4号）。

④ 委員会の意見聴取（同条8項）等を定めており、施行令、規則、告示、指針等に関連内容が詳しく定められている。また、同条3項では、対外貿易法、防衛事業法等の関連する他法律との関係を定めている。

　ここで、当該国家核心技術が、国から研究開発費の支援を受けて開発されたかどうかに応じてその輸出の規制方法が異なる点に注意する必要がある。国から研究開発費の支援を受けて開発された国家核心技術を有する機関が海外に当該技術を輸出する場合には、産業通商資源部長官の「承認」を得なければならない（同条1項）。かかる承認は、国の安全保障及び国民経済の発展という公益的な観点から技術輸出契約の許容の有無を決めて法律上の効力を完成させるものであり、その法的性格が認可に該当するといえる[12]。

　他方で、国から研究開発費の支援を受けずに開発された国家核心技術を輸出する場合には、産業通商資源部長官に「事前申告」をしなければならない（同条4項）。このとき、申告が「自己完結型の申告」なのか「受理を要する申告」なのかが問題とされるが、単に産業技術保護法11条4項の文言からすれば、自己完結型の申告とみることもできる。ただし、「産業技術保護指針」23条1項では産業通商資源部長官の検討を経て申告受理の有無を決めることができる旨が規定されており、国家核心技術の輸出については国の安全保障や国民経済の発展という公益的な側面での判断が必要なことなどを考慮すれば、受理を要する申告に該当するとみるべきである[13]。

ii）海外買収・合併：産業技術保護法11条の2

　11条の2では、国家核心技術を有する対象機関が海外買収・合併、合弁投資等の外国人投資を誘致しようとする場合において、これに関する① 買収・合併、合弁投資等の外国人投資手続（同条1項ないし6項及び11項）、② 事前検討（同条8項）、③ 買収・合併等の制裁（同条7項及び9項）、④ 委員

---

[12] キム・ミンホ「放送法第9条における許可・承認・登録の法的意義に関する研究」（「成均館法学」25巻3号115-116頁［2013］

[13] ソン・ドンス＝チェ・ヨンウ「『産業技術保護法』上の産業技術範囲の再確立」（「東亜法学」95号243-244頁［2022］）。

会の意見聴取（同条10項）等を定めている。また、各項目に関しては施行令、規則、告示、指針等が追加で設けられている。

　国家核心技術を有する対象機関は、海外買収・合併、合弁投資等の外国人投資を誘致しようとする時点で産業通商資源部長官の承認を取得するか申告を要する（同条１項及び５項）のに加え、外国人によって海外買収・合併等が行われることを知った時点でも遅滞なく産業通商資源部長官に申告しなければならない（同条２項及び６項）。産業通商資源部長官は、委員会の審議を経て承認申請又は申告された海外買収・合併等について中止・禁止・原状回復等の措置を命ずることができる。また、この規定は、11条の輸出[14]とは異なり、海外買収・合併、合弁投資等の承認時に必要な条件を付加することがある旨を法律で明示的に定めている（同条４項）。

ⅲ）罰則：産業技術保護法14条、34条及び36条ないし39条

　同法では、技術の流出及び侵害行為に対する制裁として罰則を定めている。これによると、産業技術又は国家核心技術に関する、① 不正な方法による取得・使用・開示、② 秘密保持義務者による流出・開示・使用、③ 不正承認による輸出、④ 不正承認・申告による海外買収・合併等、⑤ 秘密保持義務者の資料返還・削除の拒否及び保有、⑥ 目的外の情報使用・開示、⑦ 秘密保持義務者の秘密漏洩・盗用等の行為（14条及び34条）に対して懲役刑を科しており、一部の犯罪については罰金刑を併科することがある（36条）。

　また、外国での使用を目的とする国家核心技術の流出等の場合には犯罪行為による財産を没収・追徴し、未遂及び予備・陰謀行為も処罰（37条）すると定めている。特に法人又は個人の業務に関して技術流出及び侵害行為があった場合には、当該行為をした法人の代表者、法人又は個人の代理人、使用人、従業員に加え、当該法人又は個人にも罰金刑が科せられることに留意する必要がある（38条）。

---

[14] 産業技術保護法11条における輸出の場合、輸出承認時に産業通商資源部長官が必要な条件等を付加することがある旨は法律ではなく「産業技術保護指針」20条で別途定めている。

（2）国家尖端戦略産業法

① 立法趣旨

　産業技術保護法により「産業技術」及び「国家核心技術」が保護されてはいるものの、半導体、ディスプレー、二次電池などの韓国が最尖端技術を有し、世界をリードする産業分野において、それに伴う経済的波及効果が非常に大きい技術については、当該産業全般の関連技術を保護対象としている「産業技術保護法」よりも一層厳しい戦略的な保護及び規制が必要となるにもかかわらず、これに関する個々の根拠法が存在しないことから特定の尖端産業の育成・支援・保護が体系的に行われることができないという問題が引き続き提起されてきた。

　これに対する答えとして、2022年２月３日に国家尖端戦略産業法が制定され、2022年８月４日に施行された[15]。

② 保護対象

　国家尖端戦略産業法において保護される技術は「国家尖端戦略技術」（以下、「戦略技術」という。）である。「戦略技術」とは、サプライチェーンの安定化などの国・経済の安保に及ぼす影響、及び輸出・雇用などの国民経済的効果が大きく関連産業に及ぼす波及効果が顕著な技術をいうところ（２条１号）、これは同法11条により具体的に指定されている。

　戦略技術は、産業技術保護法における国家核心技術とその定義が類似しているが、「海外流出」に係る言及が抜けている代わりに「サプライチェーンの安定化」が加わっており、保護対象技術を捉える視点が少し違うことが分かる。

　2024年１月現在において、戦略技術は４分野で17の技術が指定及び告示されている[16]。

---

[15] チョ・ヨンスン「国家尖端戦略産業法上の戦略技術の流出・侵害行為及び刑事罰規定に係る問題点と改善方案」（「産業財産権」72号474頁［2022］）

[16] 具体的には、① 半導体：８件、② ディスプレー：４件、③ 二次電池：３件、④ バイオ：２件（「国家尖端戦略技術の指定等に関する告示」、産業通商資源部告示第2023-108号（2023年６月２日施行）３条による別表参照）。

③ 特徴及び構成

 産業技術保護法が技術保護のための一般法の地位にあるのであれば、国家尖端戦略産業法は戦略技術を対象とする特別法といえる。そのため、両法が競合する場合、「特別法優先の原則」によって国家尖端戦略産業法が優先して適用されることになる。

 一方、国家尖端戦略産業法は、① 戦略技術開発事業の推進・支援及び関連特例（同法5章）、② 戦略産業に関する専門人材の養成と誘致のための支援及び関連特例（同法6章）等に関する規定を設けており、産業技術保護法とは異なり、技術の保護だけでなく産業育成も一緒に取り扱っている[17]。

 また、戦略技術に対する保護措置として、当該技術を担当する専門人材の指定（国家尖端戦略産業法14条2項）、専門人材の支援（同条3項）、専門人材の離職制限（同条4項）、専門人材への出入国情報提供の申請（同条5項）等、専門人材の管理に関する定めを新たに導入したことが特徴である。

 さらに、国家尖端戦略産業法によれば、戦略技術の流出及び侵害行為に対して産業技術保護法よりも重い法定刑を定めている（50条）。

 国家尖端戦略産業法（2023年12月14日法律第19438号）は全8章からなるところ、技術保護の面から見れば、産業技術保護法と同様に戦略技術の指定、流出防止及び侵害行為の類型等を定める第3章「戦略技術の指定及び管理」が中核をなしている。

 国家尖端戦略産業法の下に、「施行令」（2023年12月14日大統領令第33899号）と「施行規則」（2023年7月5日産業通商資源部令第515号）、並びに戦略技術の一覧、範囲、判定手続、海外買収・合併等の事前検討などに関する内容を定める「戦略技術の指定等に関する告示」（2023年6月2日産業通商資源部告示第2023-108号）がある。

---

[17] チョ・ヨンスン「国家尖端戦略技術の指定・管理及び保護措置に関する考察－国家尖端戦略産業法と産業技術保護法との比較を中心に－」（「産業財産権」71号237頁［2022］）

④ 主な規定

ⅰ）輸出：国家尖端戦略産業法12条

12条では、戦略技術を有する者が外国企業等に当該技術を売却又は移転等の方法で輸出しようとする場合において、これに関する① 輸出手続（同条1項及び2項）、② 輸出制裁（同条4項及び6項）、③ 他法との関係（同条3項及び5項）等を定めており、輸出手続については施行令、規則に詳細な規定が設けられている。

国家尖端戦略産業法上の戦略技術は、産業技術保護法とは異なり、国の研究開発費支援の有無によって区別されないため、当該技術の輸出時にいずれも産業通商資源部長官の承認を得なければならず、申告による場合はないことに注意を要する（同条1項）。

国家尖端戦略産業法上における輸出への承認が下りれば、産業技術保護法上の承認や申告があったものとみなされ（同条5項）、戦略技術の輸出中止・輸出禁止・原状回復等の手続に関しては、産業技術保護法上の規定が準用される（同条6項）。

ⅱ）海外買収・合併：国家尖端戦略産業法13条

13条では、戦略技術を有する者が海外買収・合併、合弁投資等の外国人投資を誘致しようとする場合において、これに関する① 買収・合併、合弁投資等の手続（同条1項ないし4項）、② 事前検討（同条6項）、③ 買収・合併等の制裁（同条5項、7項及び9項）、④ 他法との関係（同条8項）等を定めている。

前記①や②については、施行令や規則に詳細事項が定められている。買収・合併等に対する制裁手続に関しては産業技術保護法が準用され（同条9項）、国家尖端戦略産業法上の買収・合併等に対する承認が下りれば、産業技術保護法上の承認や申告があったものとみなされる（同条8項）。

ⅲ）罰則：国家尖端戦略産業法10条、15条、50条及び51条

国家尖端戦略産業法でも産業技術保護法と同様に国内外への技術流出及び侵害行為を制裁するための罰則を定めている。

　外国で使用する目的で戦略技術を不正に取得・流出・使用・開示した行為に対して5年以上の懲役及び20億以下の罰金を併科するなど、技術流出及び侵害行為に対する法定刑を産業技術保護法よりも高く定めており（国家尖端戦略産業法50条）、緊急需給安定化のための調整資料及び情報の不正な取得・使用・開示行為も処罰対象としている（同条5項）。

　一方、産業技術保護法とは異なり、犯罪収益の没収・追徴、未遂犯及び予備・陰謀の処罰、両罰規定等は設けていない。

（3）その他の主な法律
① 対外貿易法
　国際貿易環境の変化に能動的に対応して輸出における対外信用を高めるため、1986年に「対外貿易法」を制定した。以後、1989年に「対外貿易法施行令」と「対外貿易管理規程」に「戦略物資輸出許可制度」を導入し、1992年に「対外貿易法」の改正を通じて「戦略物資輸出許可」の根拠規定を設けた。

　対外貿易法（2024年2月20日法律第20319号）において、技術流出の保護は、戦略物資の告示・輸出許可及び取消し、判定、輸出入管理等を定める第3章「輸出入取引」、特に第3節「戦略物資の輸出入」に規定されている。

　対外貿易法の下に「施行令」（2023年12月19日大統領令第33995号）と戦略物資の輸出入統制に関し、その判定・許可等の手続を定める「戦略物資の輸出入告示」（2023年4月24日産業通商資源部告示第2023-75号）等を置いている。

　対外貿易法の保護対象は、国際輸出統制体制の原則に基づいて国際平和及び安全維持と国家安保のために輸出許可等の制限が必要であると産業通商資源部長官が指定した物品等、すなわち「戦略物資」である（同法19条1項）。

　これらの戦略物資には「戦略技術」、すなわち国際輸出統制体制において定める物品の製造・開発又は使用等に関する技術として産業通商資源部長官が告示する技術[18]が含まれる（対外貿易法施行令32条の2）[19]。

対外貿易法が規制する対象は技術の輸出であるところ、「戦略技術」を含む「戦略物資」を輸出しようとする場合には、産業通商資源部長官又は関係行政機関の長の許可を得なければならない（同法19条2項）[20]。貿易取引者は、産業通商資源部長官又は関係行政機関の長に対し、輸出しようとする物品がこれらの許可を要する戦略物資かどうかについて判定を申請することができる（同法20条）。

また、産業通商資源部長官又は関係行政機関の長は、戦略物資等が不正な方法により許可を得て輸出されることを防ぐために、適法な輸出が確認される時まで戦略物資等の移動中止命令を出すことができ（同法23条）、輸出許可の後に不正に許可を得た事実が明らかになったり、戦争やテロ等、国の安全保障又は国際情勢に変化があったりする場合には、その許可を取り消すことができる（同法24条の3）。

一方、戦略物資の輸出入統制業務に関わる公務員、戦略物資管理院の役職員、判定業務に関連する者などに対しては、業務遂行上知り得た営業秘密に対する秘密遵守義務が課せられる（同法27条）。

② 防衛事業法及び防衛産業技術保護法
ⅰ）防衛事業法

2006年、防衛事業を専担する防衛事業庁の新設に伴い、防衛事業に関する基本事項を体系化し、防衛事業を推進するに当たり透明性、専門性、効率性の向上をもって防衛事業の競争力を高めるために既存法令を統合して同年1月2日に防衛事業法を制定及び施行した。

---

[18] 具体的な戦略物資及び戦略技術の一覧は「戦略物資輸出入告示」（2023年4月24日産業通商資源部告示第2023-75号）［別表1 戦略物資・技術の索引より確認することができる。
[19] ただし、このうち、① 一般に開示された技術、② 基礎科学研究に関する技術、③ 特許出願に必要な最小限の技術、④ 対外貿易法19条2項に基づき輸出許可を得た物品等の設置、運用、点検、維持及び保守に必要な最小限の技術は除かれる（対外貿易法施行令32条の2各号参照）。
[20] 2014年1月31日に改正された対外貿易法では、① 対価の支給とは関係のない戦略物資の移転、② 国内の外国人に対する情報伝達も戦略物資の輸出範囲に含ませることにより戦略物資の輸出の範囲を拡張した〈ソン・スンウ＝キム・ソンウォン＝ユ・ヒョス「技術の輸出統制に関する法的考察－国家核心技術と戦略技術を中心に」（「韓国産業保安研究」6巻1号90頁［2016］）〉。

防衛事業法（2023年9月21日法律第19476号）の下に「施行令」（2023年9月21日大統領令第33666号）、「施行規則」（2023年7月7日国防部令第1121号）と、防衛事業推進のための必要手続及び防衛産業技術保護のための技術移転に関する事項を定める「防衛事業管理規程」（2023年12月29日防衛事業庁訓令第831号）等がある。

　防衛事業法上の保護対象は、武器体系に分類された物資の中で安定した調達源の確保及び厳格な品質保証等のために必要な物資である「防衛産業物資」（同法34条）と、軍事目的で活用するために同法3条2号に基づく軍需品の開発・製造・稼働・改良・改造・試験・測定等に必要な科学技術である「国防科学技術」（国防科学技術革新促進法2条2号）である（防衛事業管理規程168条）。

　また、防衛産業物資を生産するために施行令で定める施設基準とセキュリティ要件等を備えて産業通商資源部長官から指定を受けた業者である「防衛産業業者」（防衛事業法35条）も保護対象になる。

　防衛産業法は、関連技術等の輸出及び買収・合併をいずれも規律する。

　まず、「防衛産業物資」及び「国防科学技術」を国外に輸出したり、その取引を仲介したりしようとする場合には、海外派兵の国軍に提供するなどの例外を除いて防衛事業庁長の許可を要し（同法57条2項）[21]、例外事由に該当して許可なく輸出した場合には輸出後7日以内に防衛事業庁長に「輸出取引現況」を提出しなければならない（同法57条5項）。

　次に、「防衛産業業者」を売買・競売又は買収・合併したり、その他の事由で経営支配権の実質的な変化が予想されたりする場合であって、施行令で定める基準に該当するときは、当該防衛産業業者とその経営上の支配権を取得しようとする者は、事前に防衛事業庁長と協議した産業通商資源部長官の承認を得なければならないが、外国人投資促進法6条上の産業通商資源部長官の許可を得た場合には、この限りでない（防衛事業法35条3項及び4項）。

---

[21] 当該輸出行為及び取引仲介を「業として」行おうとする者は、防衛事業庁長に申告しなければならない（防衛事業法57条1項）。

ⅱ）防衛産業技術保護法

防衛産業の輸出対象国が2006年の47か国から2013年に87か国に増加するに連れ、防衛産業技術が複製されたり、対応技術又は妨害技術が開発されたりしてその価値と効用が低下することを防ぐ必要性が生じたが、「産業技術保護法」「防衛事業法」「対外貿易法」等、既存の法律による保護や規制には限界があったことから、防衛産業技術に特化した体系的な保護に向けて2015年に防衛産業技術保護法を制定し、2016年6月30日に施行した。

防衛産業技術保護法（2021年6月23日法律第17683号）の下に「施行令」（2023年7月25日大統領令第33642号）、「施行規則」（2021年6月23日国防部令第1055号）と防衛産業技術保護に必要な方法と手続等を定める「防衛産業技術保護指針」（2023年5月16日防衛事業庁訓令第797号）等がある。

防衛産業技術保護法上の保護対象は、防衛産業に関連する国防科学技術のうち、国の安全保障等のために保護されるべき技術である「防衛産業技術」（同法2条1号）である。防衛産業技術は8分野で128件の技術が指定及び告示されている[22]。

防衛産業技術保護法では、防衛事業庁長に防衛産業技術の保護に関する総合計画を策定及び施行する義務を、防衛産業技術を有する対象機関の長には防衛産業技術の流出を防止するために「防衛産業技術保護体系」を構築及び運営する義務を課している（4条及び13条）。

また、防衛産業技術を輸出し、又は国内で移転する場合、当該技術を有する対象機関の長は、当該技術の流出及び不正取得等の侵害が発生しないよう技術保護に必要な対策を樹立しなければならない（同法9条1項）。

防衛産業技術の輸出手続及び規制については、防衛事業法57条、対外貿易法19条が準用され、国内移転の手続及び規制については、国防科学技術革新促進法13条3項が準用される（同条2項）。

---

[22] 具体的な技術の内容は「防衛産業技術指定告示」、防衛事業庁告示第2023-3号（2023年6月15日施行）［別紙］防衛産業技術一覧を参照されたい。

ⅲ）外国人投資促進法

　外国人投資促進法は、外国人投資を支援し、外国人投資の誘致を促進及び活性化して国民経済の健全な発展に資するために1998年に制定され、韓国の経済発展に大きく貢献したが、時間の経過とともに国の安全保障と保有技術の保護が重要視されるようになり、最近では外国人投資に対する制限及び規制が強調されている[23]。

　外国人投資促進法（2023年12月14日法律第19438号）の下に「施行令」（2023年12月14日大統領令第33899号）と「施行規則」（2023年8月3日産業通商資源部令第518号）、外国人投資が制限される場合や外国人投資申告・許可手続等を定める「外国人投資に関する規程」（2021年6月17日施行産業通商資源部告示第2021-106号）等を置いており、技術保護に関しては、外国人が一定の技術を有する国内企業の支配権を取得しようとする場合、これに関する審議手続を定める「外国人投資の安保審議手続運営規程」（2022年8月22日産業通商資源部例規第2022-115号）が設けられている。

　外国人が、①　国内法人又は企業の株式若しくは持分の取得、②　外国人投資企業に5年以上の貸付け、③　研究人材・施設等に関して協力関係構築を目的とする出捐（しゅつえん）、④　外国人投資企業の工場新設・増設に未処分利益余剰金の使用、⑤　外国人投資委員会が外国人投資と認めた非営利法人に対する出捐等を行おうとするときは、産業通商資源部長官に申告しなければならない（外国人投資促進法5条及び2条1項4号）。

　しかし、外国人が①　防衛事業法3条7号、②　対外貿易法19条、③　国家情報院法4条1項2号、④　産業技術保護法2条2号の関連技術等を所有した法人又は企業（外国人投資促進法施行令5条1項2号）に対し、ⅰ）国内法人又は企業の株式等を売買・交換・合併・担保実行・代物弁済受領等、その他の方式によって100分の50以上を所有し、又はⅱ）営業の全部・主要な部分の譲受・賃借又は経営受任の方式で事実上経営するなどにより経営上の

---

[23] チェ・チャンス「外国人投資規制に対する比較法的研究－中核技術、主要基盤施設、データ及び医療分野保護のための法令改正を中心に」（「経済規制と法」14巻1号116頁[2021]）

支配権を実質的に取得しようとする場合（外国人投資に関する規程6条）には、外国人投資の安保審議手続を経なければならず（外国人投資の安保審議手続運営規程2条）、これによって当該外国人投資が国の安全維持に支障を来すと判断された場合、その投資は制限される（外国人投資促進法4条2項及び同法施行令5条1項2号）。

3．技術流出防止法制の改正
（1）制度改善の必要性

前述したとおり、1990年以降、技術開発と市場開放が本格化し、尖端技術の保護の必要性が高まるに連れて韓国の技術流出防止法制は発展を重ねて現在に至っている。しかし、技術は絶えず進歩しており、企業や経済状況の継続的な変化により現実と法制との乖離が生ずるなど、制度の改善の必要性は常に存在している。

依然として海外への技術流出に係る事件や事故が各種メディアで随時報道されている現状において、技術流出等の侵害行為に対する民事・刑事上の制裁を強化すべきという主張が強まる一方、保護対象技術からの解除を求める[24]など、保護対象及び範囲を狭めようという見方も出ている。

これは、技術流出防止法制が保護と規制が混在する領域であるため、国レベルでの技術保護のための措置が、当該技術保有者にとっては企業活動への制約になり得るという点から、避けられないものであるといえる。

これらの問題を解決するために、韓国においては政策の伸縮的な運用に加えて技術流出防止に関する法律の改正を引き続き推進しており、多様な改正の議論が行われているところ、以下では産業技術保護法を中心に最近の状況について見ていく。

---

[24] 例えば韓国の製薬・バイオ分野の主な輸出品の一つであるボトックス（ボツリヌス毒素製剤）の生産技術は2010年に、その菌株は2016年に国家核心技術に指定されたが、現在、関連業界から当該製品の海外進出に障害になるという理由で解除を求める声が高まっている。

（２）産業技術保護法の改正案

　技術保護措置義務の対象者の明確化、技術保有機関等に投資する外国人の範囲の調整、技術流出行為に対する制裁の強化等、関連業界において提起される様々なニーズや問題点を改善するために、2023年の１年間、国会で計13件（政府案１件、議員案12件）の産業技術流出防止法の改正案が発議された。産業通商資源中小ベンチャー企業委員会による審議の過程で改正法律案の不備点を改善、補完及び統合して、2023年11月30日、改正法律案の代案が提示され、現在委員会で審査中である[25]。

　代案は、産業技術保護法上の現行制度の運営に関する一部不備を改善・補完し、技術流出等の侵害行為の範囲及び処罰対象を拡大してより強化された技術流出防止策を設けることを骨子とした。主な内容は以下のとおりである[26]。

【産業技術保護法一部改正法律案（代案）】

No.	内容	関連規定案
1	産業通商資源部長官が対象機関に対して国家核心技術の該非判定を申請するよう通知することができる。	9条の2 **新設**
2	国家核心技術保有機関の登録・管理に関する根拠規定の整備	9条の3 **新設**
3	承認対象となる国家核心技術の輸出に際して事前に承認を要する、及び承認対象外の国家核心技術の輸出に際して事前申告は受理を要することを明確にする。	11条
3	未承認又は未申告の国家核心技術の輸出時において、輸出中止等の必要な措置を命ずることができる。	11条
4	海外買収・合併時において、国家核心技術の保有機関及び外国人が共同で承認申請をしなければならないことを明確にする。	11条の2
4	未承認又は未申告の海外買収・合併時において、海外買収・合併等の中止など、必要な措置を課す。	11条の2

---

[25] 同代案は委員会で審査が進められたが、第21代国会の任期中に改正がなされず、その任期満了日である2024年５月29日に自動廃棄とされた。５月30日に第22代国会が開院したが、いまだ産業技術保護法の改正案は提出されていない（本稿執筆時点）。

[26] 産業通商資源中小ベンチャー企業委員長「産業技術の流出防止及び保護に関する法律一部改正法律案（代案）」、第DD11540号、2023年11月30日参照

5	海外買収・合併等の中止・禁止・原状回復等の措置命令の不履行時において、履行強制金を反復的に科す。	11条の3 新設
6	国家核心技術の保護措置及び国家研究開発事業の保護管理に係る改善勧告の不履行時において、産業通商資源部長官が措置命令を行うことができる。	13条
7	産業技術流出及び侵害行為の拡大	産業技術の秘密保持義務者による特殊媒体記録返還又は産業技術削除要求への拒否・忌避・写し保有行為を追加	14条3号
		産業技術へのアクセス権限者による産業技術の指定場所外への無断流出、目的外の使用又は開示行為を追加	14条4号
		産業技術の流出又は目的外の使用・開示行為等の紹介・斡旋・誘引行為を追加	14条5号
8	産業技術侵害行為により作られた物の差押え可能	14条の2第2項
9	産業通商資源部長官に対し、産業技術の海外流出現況を国会所管常任委員会に提出する義務を課す。	17条の2
10	国家核心技術の判定、保有機関登録、措置命令に係る業務遂行者に対し秘密保持義務を課す。	34条
11	故意による産業技術侵害行為に対する損害賠償額の上限を5倍に引き上げる。	22条の2第2項
12	国家核心技術及び産業技術の外国での使用を知りつつも技術流出行為をした者に対する罰金をそれぞれ65億ウォン以下と30億ウォン以下に引き上げる。	36条1項及び2項

　上記代案には、これまで産業技術保護法について提起されてきた様々な問題点を改善する内容が盛り込まれている。

　特に① 産業通商資源部長官に対し、技術保有機関をして国家核心技術の該非判定を申請するよう先駆けて通知できる権限を付与したこと、② 国家核心技術の輸出時の事前承認と海外買収・合併時の外国人との共同承認を明確化したこと、③ 承認又は申告なしの輸出及び海外買収・合併時において当該行為の中止等の必要な措置の賦課を明示的に定めたこと、④ 産業技術

流出及び侵害行為の類型を拡大して関連処罰を大幅に強化したこと、⑤ 秘密保持義務者の範囲を拡大したことなどに注目する必要がある。

(3) 今後の検討事項

　尖端技術の確保に向けた世界各国による無限の競争の中で、流出技術も発展を遂げ、流出行為の新しい類型や方式が登場したことにより、既存制度の弱みが明らかになり、その補完の必要性が強調されている。また、急変する世界経済及び関連業界の状況に応じて保護対象のタイムリーな選定及び迅速な対応が求められ、具体的な規制手段や範囲等を下位法令に委ねる必要性も少なくないところ、その委任の範囲をいかに定めるかも重要な論点となる。

　具体的には、産業技術保護法及び国家尖端戦略産業法に対しては、前述した代案に含まれる内容のほかにも、技術保有機関に投資する外国人の概念の定義及び範囲に関する調整、技術保有機関と技術管理機関の区分及び概念の定義、保護対象技術のタイムリーな選定及び管理のため、定期的に技術指定及び解除を議論する手続の整備、技術保有機関の未登録及び保護対象技術判定手続の不遵守に対する制裁整備等について、更なる検討が必要な論点として提起されている。外国人投資促進法に対しては、外国人による間接的な経営権の取得に対する規制の要否及び範囲の設定、職権による安保審議実施の有無、安保審議の実効的な運営に向けた手続補完等、職権の認定範囲に関して更なる検討が必要とされる。

　一方、これらの技術流出防止法制は、流出又は侵害の主体はもちろん、当該技術の保有者もやはり規制の対象にせざるを得ないところ、これは必然的に技術保有者の経済活動の自由に対する拘束として作用する。国の技術保護という価値と、規制対象の技術保有者及びその取引相手方の企業活動の自由、並びに個人の基本的人権[27]との調和についても関心を払う必要がある。

---

[27] 国家尖端戦略産業法には、戦略技術を取り扱う専門人材に対する海外同種業種への転職の制限、退職後の再就職の情報提供、出入国の情報提供等の内容を定めている。

4．おわりに

　以上に述べたとおり、韓国において技術流出の防止を通じた産業の保護は、不正競争防止法に営業秘密保護の条項を導入したことから始まったが、産業の発展及び国際的な競争環境の変化に伴い、知的財産権の枠組みを超えて国益保護という側面において、尖端技術の開発を支援して確保した技術の流出、特に国外への流出を抑制する方向へと進み、現在に至る。

　先進国に追い付くときは知り得なかった技術流出のリスクが、追い越した後は重大問題として認識され、産業スパイが個々の企業又は民間を超えて国民経済レベルの問題として浮上したことにより、権利の保有を前提として個々の権利者の財産的な利益を保護する知的財産権法の領域を脱して「知的財産」というキーワードに関係なく技術流出の防止を目的とする法制が設けられた。

　産業技術保護法を一般法として、様々な産業分野の重要技術を幅広く保護し、流出した場合に国の安全保障及び国民経済の発展に重大な影響を及ぼしかねない技術は、国家核心技術に指定してより厳しく保護している。

　また、国の経済において戦略的な重要性を持つ一部産業分野の最尖端技術や、国の安全保障に直接影響を及ぼす防衛産業技術等、その技術を保護する必要性は高まりつつあるが、従来の法律による保護では限界があると認められるときは速やかに法律を改正し、又は当該産業及び技術に対する別の特別法を制定して対応している。

　さらに、営業秘密等の知的財産権の侵害、あるいは産業スパイ等の不法行為に限らず、輸出、海外買収合併、外国人投資等の合法的な取引行為も規制の対象とし、抜け目のない技術流出防止法制を整備するために取り組んでいる。この点において、不正競争防止法、外国為替及び外国貿易法及び経済安全保障推進法等の法制を通じて技術流出の防止を図っている日本と軌を一にしているといえる。

　本稿において紹介した韓国の技術流出防止法制の内容及び議論が、日本における関連法制の運用の参考になるとともに、日本企業による韓国ビジネスに少しでも役立つことを期待している。

ASEANの知財関連課題と日本の貢献

一般社団法人発明推進協会 アジア太平洋工業所有権センター
センター長（研究所長）弁理士　扇谷 高男

1．はじめに

　世界経済のグローバル化は着実に進展し、企業等のイノベーション競争は今後ますます激化することが予想される中で、中小・ベンチャー企業を含む日本企業等が、今後とも強い国際競争力を維持・発展させていくためには、イノベーションの創出とともに、グローバルな事業展開を積極的に行っていく必要がある。そして、企業等のグローバルな経済活動を支えるためには、各国の知的財産システムの更なる調和や途上国・新興国等における知的財産のインフラ整備が強く求められている。

　知的財産権の適切な保護・権利行使の強化を通じた途上国等における貿易・投資環境の改善は、それらの国で事業活動を行う日本企業の知的財産権の保護だけではなく、直接投資の拡大による途上国等の経済発展にも寄与するものである。

　途上国等においては、知的財産権の貿易関連の側面に関する協定（TRIPS協定）を遵守するため、知的財産権法制度は一定程度整備されてきたが、引き続き法制度の拡充と運用体制の強化のための支援をしていく必要がある。

　また、近年では、経済発展の著しい新興国での審査官の採用拡大に伴う人材育成への支援、経済活動や安全を阻害する模倣品対策への支援、グローバル化する特許出願を効率的に審査するために各国間での審査協力を推進するための支援等、その支援における課題も多様化している。

　このような状況に的確に対応するためには、途上国等における知的財産権制度の整備・強化、権利行使の適切な運用を支援することが極めて重要となっている。

特許庁は、国際協力の一環として、アジア太平洋地域を中心とした途上国等における産業財産権[1]に係る人的インフラの整備拡充を積極的に支援すべく、産業財産権関連人材に必要な研修（JPO／IPR研修）を提供する事業を進めている。本事業について、2022年度に、より効果的な研修の在り方等を検討すべく、途上国等における産業財産権に携わる各方面からのニーズを様々な観点から調査分析するとともに、途上国等の産業財産制度整備によって裨益（ひえき）を受ける日本企業等の要望等も調査分析し、より効果的な研修の在り方や手法について仮説を立て、研修の実施を通して検証した。

2022年度の調査では、まず途上国等における産業財産権をめぐる諸課題を調査するため、各国・地域の知的財産庁及び関係省庁・公的機関のウェブサイトに掲載されている情報（年次報告書等を含む。）を中心に、公開情報に基づき、最近の状況を探る「公開情報調査」を行ったが、本稿では対象国をASEAN諸国から先進国であるシンガポール、ブルネイ及び知的財産制度が十分整備されていないミャンマーを除く7か国として、再度、公開情報調査を行い、その結果も踏まえて仮説及び検証の妥当性を確認したので、その結果を報告する。

次に、調査対象国にビジネス拠点を置くか、調査対象国に製品を輸出している日本企業の知的財産部門責任者、若しくはその経験者、調査対象国の知的財産制度及び運用について精通している弁理士等の実務者及び学識経験者から、調査対象国の知的財産権制度・運用に関する課題、改善要望等を聴取する「専門家・有識者へのヒアリング」を行ったので、その結果を報告する。

その上で、これらの結果から抽出した検証すべき課題及び仮説を設定し、その仮説の実証として「研修の運営」を行うとともに、本事業の研修の修了生を対象に「研修効果測定分析」を行ったので、その結果を報告する。

さらに、2018年度と2022年度の修了生に対し、帰国後の研修成果の業務への反映状況等について2023年度にアンケートを実施したが、その結果から、仮説検証の更なる効果確認を行ったので、その結果も併せて報告する。

---

[1] 知的財産権のうち、特許庁が所管する特許権、実用新案権、意匠権及び商標権を指す。

2．調査結果報告
(1) 公開情報調査

各国の産業財産権制度の課題点を洗い出して類型化することで、日本企業が各々の出願国に対して抱えている課題を特定するため、先進国であるシンガポール、ブルネイ及び知的財産制度の整備が不十分なミャンマーを除く7か国で公開情報調査を実施した結果、以下のような課題を見いだすことができた。

① 課題1：審査遅延

産業財産権の権利化に時間を要し、日本企業が各国へ進出する際の足枷になっていないかどうかを調査した。公開情報を入手できた各国の権利化までの平均的期間は以下のとおりである。

〔特許〕

国名	出願から要する期間	
インドネシア（2021年）	3.2年[2]	出願から登録まで
マレーシア（2021年）	6.6年[3]	
フィリピン（2021年）	6.1年[4]	
タイ（2021年）	8.3年[5]	
ベトナム（2021年）	約4年（50か月）[6]	出願から最終査定まで

特許については、出願から登録までの期間が、全体的に日本の審査請求から権利化までの期間よりも長かった。中でもマレーシア、フィリピン、タイは、出願から登録までに6年以上を要していた（日本の審査請求から権利化までの期間平均は15.2か月[7]）。なお、カンボジア、ラオスについては統計情報が公開されていないため、正確なデータを把握することはできなかった。

---

[2] 日本貿易振興機構「ASEAN産業財産権データベースから得られる特許および実用新案の統計情報」（2022年3月）15頁
[3] 前掲注2）60頁
[4] 前掲注2）109頁
[5] 前掲注2）109頁
[6] 前掲注2）187-188頁
[7] 日本特許庁「ステータスレポート2023」49頁

〔意匠〕

国名	出願から要する期間	
インドネシア（2019年）	1.4年[8]	出願から登録まで
マレーシア（2019年）	1.5年[9]	
フィリピン（2019年）	0.0年[10]	出願から最終査定まで
タイ（2021年）	2.2年[11]	
ベトナム（2021年）	1.3年[12]	

意匠については、それほどの審査遅延問題は生じていない。フィリピンでは、ほとんど出願日＝登録日となっている（日本の出願から権利化までの期間平均は7.1か月[13]）。

〔商標〕

国名	出願から要する期間（商標）	
インドネシア（2019年）	3.4年[14]	出願から登録まで
マレーシア（2018年）	2.1年[15]	
フィリピン（2019年）	1.1年[16]	
タイ（2021年）	1.3年[17]	出願から最終審査まで
ベトナム（2021年）	2.2年[18]	
カンボジア（2019年）	1.8年[19]	出願から登録まで
ラオス（2019年）	1.8年[20]	出願から最終審査まで

---

[8] 日本貿易振興機構「ASEAN産業財産権データベースから得られる特許および実用新案の統計情報」（2021年3月）53頁
[9] 前掲注8）106頁
[10] 前掲注8）159頁
[11] WIPO「World Intellectual Property Indicators 2022」117頁
[12] 前掲注11）117頁
[13] 日本特許庁「ステータスレポート2022」59頁
[14] 前掲注8）58頁
[15] 前掲注8）111頁
[16] 前掲注8）164頁
[17] 前掲注11）82頁
[18] 前掲注11）82頁
[19] 前掲注8）316頁
[20] 前掲注8）325頁

商標については、インドネシア、マレーシア、ベトナムで権利化に要する期間が2年を超過していた（日本の出願から権利化までの期間平均は11.2か月[21]）。

② 課題2：模倣品

日本企業が各国へ進出する際に、模倣品の横行が障害となっていないかどうかを調査した結果、インドネシアについては、米国通商代表部（USTR）の格付けにおいて、最も懸念の大きい優先国に継ぐ、優先監視国に指定されている。タイやベトナムも監視国とされている。しかし、マレーシアのように「改善の傾向あり」としてUSTRのリストから削除された国や、監視対象外の国においても、依然として個別の模倣品問題を抱えている。

ア．USTRにおける模倣品問題の優先監視国等（2022年）[22]

格付け	対象国
優先監視国 （7か国）	アルゼンチン、チリ、中国、インド、インドネシア、ロシア、ベネズエラ
監視国 （20か国）	アルジェリア、バルバドス、ボリビア、ブラジル、カナダ、コロンビア、ドミニカ共和国、エクアドル、エジプト、グアテマラ、メキシコ、パキスタン、パラグアイ、ペルー、タイ、トリニダード・トバゴ、トルコ、トルクメニスタン、ウズベキスタン、ベトナム

イ．税関登録制度の使いにくさ（インドネシア）[23]

インドネシアにおいては、2018年6月から税関総局に知的財産権の登録申請を行うことができるようになっている。しかし、実際にこの登録制度を利用して模倣品の差止めを行うに当たり、以下の手続面等において、敷居の高さが目立ち、実効力のあるものにはなっていない。

---

[21] 前掲注13) 63頁
[22] Office of the United States Trade Representative「USTR Releases 2022 Special 301 Report on Intellectual Property Protection and Enforcement」（2022年4月27日）
[23] 工業所有権情報・研修館 新興国等知財情報データバンク「インドネシアにおける商標権の権利行使と模倣意匠への対応」（2021年6月24日）

- （登録業者は）インドネシアに所在する法人でなければならない。
- 税関からの通知から2日以内に権利者が確認しなければならない。
- 保証金1億ルピア（約75万円）が必要である。

③ 課題3：法制度上の課題

日本企業が各国へ進出する際に、日本とは異なる法制度上の要因から参入が妨げられている可能性があるものとして以下のものを挙げておく。

ア．ハーグ未加盟

マレーシア、インドネシア、タイは、2022年時点でハーグ協定への加盟を果たしていない。

イ．実体審査制度（意匠）の不実施

マレーシアにおいては意匠の実体審査を行っておらず、権利の安定性を欠く状態が続いている。

ウ．意匠公報公開延期制度の未整備

マレーシア、インドネシア、ベトナムでは、意匠公報公開延期制度（日本の「秘密意匠制度」に相当）を採用していない。

（2）ヒアリング調査

調査対象国にビジネス拠点を置くか、調査対象国に製品を輸出している日本企業の知的財産部門責任者、若しくはその経験者、調査対象国の知的財産制度及び運用について精通している弁理士等の実務者及び学識経験者に対して、調査対象国の知的財産権制度・運用に関する課題、改善要望等を聴取した。

その結果、挙げられた課題・改善点は、以下のとおりである。

① 調査対象国の知的財産制度及び運用についての課題・改善点
ア．審査処理について
・最近、各国とも審査処理件数の増大に意欲的に取り組んでいることは評価するが、日本と比べると、まだまだ不十分と言わざるを得ない。
・特許審査ハイウェイ（PPH）や、他国の審査結果の活用等により、外国出願の処理は進むが、自国の出願が後回しになっているという実情もある。
・日本企業の立場としては、厳密に特許審査されるよりも PPH を利用して日本の審査結果を参照し、権利付与してもらえる方が、都合が良いという事情もあり、PPH 制度は日本企業にとって非常に有効に機能している。

ただし、問題もある。翻訳文の提出に際し、本来は日本側で特許になった案件を翻訳し直さなければならないが、米国などの結果を代わりに提出しているケースも見受けられ、訴訟などの段階になって本来の権利と内容が異なることが発覚する場合がある。
・PPH のもう一つの問題として、現地語への翻訳の際に誤訳が発生していることが挙げられる。したがって、重要な案件については出願段階から誤訳の訂正のため、目を光らせておく必要がある。

イ．審査の質について
・電子出願が可能になり制度の改善がなされているが、審査レベルは日本に追い付いていないように思われる。
・最近、インドネシアの知財庁などは審査件数の増大に意欲的に取り組んでいるが、審査品質の面からはいまだ疑問符が付く。
・権利化がサプライチェーンに組み込まれつつあり、審査もしっかりしなければならないというモチベーションは向上しているが、国内事情に鑑みると予算の問題が足を引っ張っている。各国の国内企業が意欲的に出願すれば状況も変わると思うが、外国企業中心の今の出願状況では（外国特許を参照する）現状でよしとする風潮になってしまう。
・審査のばらつきや品質の悪さの根本原因は、審査官の経験不足である。

これは審査官の（待遇の低さゆえの）定着率の悪さに起因する。日本で研修したという実績はキャリア形成の一環として有効なので、民間企業や別の役所への転職に有利に働く。国によっては、JPO／IPR研修を受けて帰国後、審査官として残っている人が少ないのではないか。
・各国に実質上「審判制度がない」ことが挙げられる。制度としては存在しても実態としてほとんど活用されていない（例：マレーシアでは、拒絶査定不服審判の代わりに裁判所へ出向かなければならない。）。審判制度が機能していないから知財庁内で高度な審査に関する経験が蓄積されず、審査官にフィードバックもされない。
・特許審査のばらつきについては、どこの国でも発生している事態である。現在、タイは特許法の改正案を検討中であり、これまで不満とされてきた条項がかなり改善される見込みである。パブリックコメントの募集に対して、日本知的財産協会が見解を公表している。
・タイでは出願公開の定めがなく、審査請求期間は公開から5年以内であるため、権利になるまで出願から10年かかり、最大の遅延国となっている。遅延解消のため審査官を大量採用したが、審査にばらつきがあるようである。日本からの出願が4割近くを占めており、日本とのPPHを通じて審査のばらつきをなくし、出願から18か月で公開する法制度の導入を望みたい。

ウ．権利行使について
・日本企業が困っていることとして権利行使が挙げられる。訴訟体系が機能していないため、権利行使をしても無駄に終わってしまうケースが多く、特許を取得することの意義が問われている。
　標準化やライセンス契約、スタートアップビジネス等の関係上、特許を取らないとビジネスを有利に進めることはできないが、「侵害を排除するため」という目的であれば無駄なことと認識されてしまうのが実態ではないか。

② **本事業に対する要望・改善提案**
ア．研修の内容について
- 欧州特許庁、中国、韓国も知財人材育成のための支援をしており、同様のことをしても日本の支援の成果や効果が分かりづらく、埋もれてしまう。
- 高度な審査に関する講義は技術的な理解が必須であり、学習するために文献や審査基準を読み込むだけでは足りない。審査実務は実務によって磨かれるものであるため、ケーススタディーの充実は有効であろう。
- 限られた期間で学んでも帰国後に経験を積まなければ真の知財スキルの向上にはつながらない。その中で確実に効果があるのはケーススタディーの充実だと考える。
- JPO／IPR 研修の思想として、「日本の審査基準を各国に学ばせ、日本に準じた審査を広めてもらうことで、日本で権利化された出願が各国でも権利化されやすくなる」といった蓋然性を導きたいという狙いがあると聞く。特許審査実践研修（OPET）コースなどで実施している日本の事例ではなく、各国の事例を日本の審査基準に基づいて再検討するプロセスは、研修生にとって有益だと思う。
- 日本の産業界が海外に進出したときに現地の審査官や代理人から知財のサポートがあることが直接的な効果になるので、もっとその色彩を強くしてほしい。日本企業の工場見学や知財部の方とのコミュニケーションの場を設けてほしい。その際に日本企業は面倒に思うかもしれないが、将来的に役立つことを説明し、プッシュしてほしい。
- 研修の場を霞が関に限定せず、地方も含めて広く求めるのがよいと思う。例えば地域団体商標を学ぶコースで東京に講師を招くなど、オンラインによる座学だけで済ませるのではなく、実際にブランド化を推進している地域団体に見学に行って実物を見ながら講義を受けることが、帰国後も研修生の強い動機付けになるのではないだろうか。
- 調査対象国は日本の産業の国際展開に重要な国であり、改善すべき法制度、運用を認識してもらう研修も充実・強化すべきである。

イ．研修後のフォローアップについて

・修了生のその後について観察し、フォローしていく仕組みづくりが必要である。日本のことが好きな「日本通」を増やすことが大事であろう。

・修了生が、その後、各国知財庁で出世していくのは本事業にとって良いことだと思う。研修終了後も日本から情報発信を行い、修了生の心をつなぎ止めておく努力が必要であり、審査官（修了生）の離職を防ぐことにもつながる。各国審査官の能力は一朝一夕に向上するものではないが、少なくとも日本で研修を受けた審査官が長く知財庁に在籍することで、長期的に見れば知財庁のレベルアップに寄与してくれる。

ウ．フォローアップセミナーについて

・対象国において知財に関する課題を共有し、議論するためにもフォローアップセミナーの開催に期待したい。

・来日した研修生が帰国後も長く日本との窓口になってくれるような取組が必要である。そのためには修了生に義務ではなく報酬を与えるような仕組みになるとよい。

　具体的には修了生に対して事あるごとに気に掛けている姿勢を見せ、あるいは優秀な人材であるとアピールしたり、優遇措置を講ずることによって修了生の職場での立場が向上する手助けをしたりするとよい。その意味で修了生の実力を見込んで講師を依頼している本事業のフォローアップセミナーは、正しく機能していると思う。

・環太平洋パートナーシップ（TPP）協定や新規に開始されたインド太平洋経済枠組み（IPEF）のように今後は更に経済連携も増えていき、日本企業は海外事業を拡大する流れになっていく。途上国の人材育成についても、中国や韓国と異なる支援活動を行うべく、フォローアップセミナーにおける日本知的財産協会とのタイアップなど、日本は官民を挙げて海外に対する仕掛けをしていく必要がある。

エ．外部への情報発信について

- 各国とも、知財の制度的には整備されつつあるが、運用の実態が不透明である。そこで大事なのが情報であり、各国がどのように情報を出してくれるのかという点が問題だと思う。日本は特許庁が精力的に情報発信しているが、各国とも日本ほど情報の集積、整理、発信力に優れているわけではない。例えば年次報告書を出している国と出していない国が混在していたりする。そこで、各国の情報発信力を向上させるためのプログラムが必要だと思う。具体的には「外国（先進国）からの投資を呼び込むにはこういう情報を発信してあげましょう」といった内容の講義を研修に設ける。より詳しく言うと、日本のJ-PlatPatや特許庁ウェブサイトを説明し、「日本ではこういう情報を発信している」と紹介しつつ、更に各国の研修生に自国知財庁のウェブサイトについても説明してもらう。日本や他国の情報発信状況と自国のそれを比較することにより、研修生の自国においても情報発信が重要であることを理解してくれるはずである。例えばカントリーレポートの発表項目に含めるなどの手段が考えられると思う。

- 日本の情報発信力にも課題はあると感じる。特許庁はともかく、知財に関わる他のセクション（知財高裁の審決取消訴訟など）の情報を英語で入手するのは困難であり、日本の知財を総合的に研究したい外国人にとっては情報が足りないということになる。知財の重要判決について英語版の抄録などを公開し、日本の知財の運用に関して情報提供できるとよい。最近の例を挙げると、エチオピアコーヒーに関する商標が特許庁で拒絶査定され、審決取消訴訟で覆ったケースがあるが、そういった対外的に影響の大きい事例も世界に公開するとよいと思う。

- この研修で日本企業が対応した結果、企業が海外で活動する際に現地からサポートを受けられたというコメントが寄せられれば、研修の効果が印象付けられ、本事業の効果的な宣伝材料になる。これにより日本企業も研修に協力しようという流れに結び付いていくと思う。研修生にも研修期間が楽しい思い出になるようにしてほしい。

③ その他

- 研修生（修了生）が継続的に日本とつながっていられるシステムの構築が必要だと思う。人的交流の発展形として、修了生同士で研究会などの専門性の高いコミュニティーを形成できるとよい。
- 以前、大学で受け入れている留学生を本事業に参加させてもらったが、それと同様に知財を学ぶ海外留学生を広く受け入れるようになるとよい。

（3）課題の特定及び検証すべき仮説の設定

　公開情報調査、及び専門家・有識者への事前ヒアリングの結果から見いだされた課題を類型化し、それぞれの課題を解消するために期待される項目を検討した。その上で、実証調査として実施する研修という場において、それらの項目を達成（課題を解消）するための仮説を設定した。

① 審査遅延（審査における量的処理能力の増進）に係る調査結果及び考察

　公開情報調査により、特許の審査遅延がASEAN諸国で発生している実態が浮き彫りになった。審査遅延を解消するには審査における量的処理能力の増進が求められる。特許審査の迅速化のために、本事業で採用可能な個々の審査官の審査効率向上を図ることは、各国においても審査遅延を解消するために有益となる可能性がある。具体的には、サーチ能力や専門的な判断能力の向上を図ることが有効であると考えられる。

　そこで、仮説として、ケーススタディー、サーチ演習等の時間を増やすことにより、サーチ能力や判断能力が向上することを想定した。

② 審査品質の向上に係る調査結果及び考察

　事前に実施したヒアリングにおいて「電子出願が可能になり制度の改善がなされているが、審査レベルは日本に追い付いていない」「最近、インドネシアの知財庁などは審査件数の増大に意欲的に取り組んでいるが、審査品質の面からはいまだ疑問符が付く」など、審査品質を不安視する声が複数寄せられた。

日本特許庁においては、個々の審査官の審査品質を維持向上させるため、審査基準やマニュアル、ハンドブック等を作成し、度々改訂している。これらの審査基準やハンドブック、それに加えて出願人に事例集等を公開し、審査の透明性の担保を図っている。

そこで、仮説として、日本の基準・判断手法を学ばせることにより審査・審判の品質が向上することを想定した。

③ 模倣品対策に係る調査結果及び考察

公開情報調査により、複数の調査対象国において模倣品被害が確認された。日本においては、以下のように模倣品対策として様々な対応を行っている。
・政府間協議や官民一体となった相手国政府への働き掛け
・海外での取締体制の支援促進のための人材育成
・現地における普及・啓発活動の推進
・現地における知的財産権制度、被害実態等に関する調査の実施

各国においても横断的な模倣品根絶のための働き掛けを強化充実していく必要があるが、そのためには日本における対策を紹介して推奨することにより、各国の官民における模倣品対策についての意識向上を図っていくことが有効ではないかと思われる。

そこで、仮説として、各国の課題と取組について情報共有（意見交換）するとともに、事例に基づく包括的な日本のサポートを紹介することにより、模倣品対策に対する理解が深まることを想定した。

（4）仮説の検証

2022年度には、全16コースの研修を実施したが、その全てのコースで、先に示した仮説を検証した。以下、16コースの中から、「特許審査実践研修」「商標実体審査コース」及び「実務者向け模倣品対策コース」について、その結果概要を報告する。

①「特許審査実践研修」

本コースでは、仮説1のケーススタディーやサーチ演習等の時間を増やせばサーチ能力や判断能力が向上すること、及び仮説2の日本の基準・判断手法を学ばせれば審査・審判の品質が向上することについて検証した。

具体的には、仮説1について、特許庁の現役特許審査官が講師となって、OJTによるサーチ演習・特許審査実務指導を行った。

これに対して、研修生からは以下のような高い評価が得られた。

- J-PlatPatを使用したFタームとFIタームについて理解が深まり、多くのことを学んだ。内容は非常に詳しく、先行技術の検索で役立つものだった。自国に戻ったら利用してみる。
- 先行技術の検索は非常に役立った。講師にたくさん質問をしたが、そのほとんどで丁寧かつ明確な回答を得た。
- 講義はインタラクティブで、トレーニング用にたくさんの事例が示され、ケーススタディーで進歩性を評価する際の包括的な視点を学んだ。

仮説2について、具体的には、共通課題として講師から出された課題（事例）に対して各自が検討し、後にグループディスカッションを通じて意見を集約する講義を実施し、個別課題として、研修生が過去に担当した審査事例をそれぞれ提出してもらい、講師の個別指導の下、日本の基準で再検討（再審査）してもらうという2種類の課題に取り組んだ。このいずれの課題も指導教官が担当し、コースの序盤、中盤、終盤と継続的にセッションが配置されたが、どの講義も非常に高く評価する声が研修生から寄せられた。

- 私の事例の細かな点まで解説してくれた講師に心から感謝する。講師はとても助けになり、私の全ての質問に答えてくれた。
- 各事例で、特に進歩性の判断の仕方を詳しく学んだ。また、各国の進歩性に関する実務の違いも学ぶことができた。
- 研修生全員が自国の審査について意見を述べたので、とても興味深い講義だった。講師は各事例について尋ね、経験に基づいてコメントや疑問を述べ、研修生が審査事例を理解できるようにしてくれた。

②「商標実体審査コース」

本コースでは、仮説2の日本の基準・判断手法を学ばせることで審査・審判の品質が向上することについて検証した。具体的には、特許庁の現役商標審査官が講師となって識別性や類否判断等についてケーススタディーを行い、演習を中心とした講義を行った。また、自国で審査済みの案件について、日本独自の類似群コードを用いて再審査させる等の実践的研修を実施した。

このような取組に対し、研修生から多くの前向きなコメントを得た。

- 講師のほとんどが日本特許庁の審査官であったため、私たちが理解できていない部分を明確にし、質問に答えてくれた。また、研修生同士の活発な意見交換を行うことができ、非常に有意義であった。
- 日本の商標制度の概要やケーススタディーの講義は充実しており、実際の審査官と対面して話し合えたことは、貴重な経験だった。
- 日本で行われている商品役務の分類・類似群コードについては、異なるクラスで類似商品を比較するのに役立ち、興味深い。

③「実務者向け模倣品対策コース」

本コースでは、仮説3の各国の課題と取組について情報共有するとともに、事例に基づく包括的な日本のサポートを紹介して意見交換することによって、模倣品対策に対する理解が深まることについて検証した。

具体的には、カントリーレポートの発表において、研修生が自国の模倣品に関する課題及び取組を発表して情報共有を図るとともに、日本での税関、警察及び特許庁の役割及び取組、知財権利者の取組（ウオッチング、真贋判定）等について、多くの事例を紹介しつつ解説するとともに、複数の知財権利者との直接的な意見交換を行った。

これに対して、研修生からは以下のような高評価が得られた。

- インタラクティブな講義手法は、知識を広げたり、新しくすばらしいアイデアを聞いたり、今後、学んだ内容を取り入れることを検討したりするのに最適である。

- このトレーニングプログラムでは、国際色に富む研修生とチームを組んで課題に取り組んだり、他の研修生の経験から学んだり、様々なテーマに関するアドバイスや意見を得る機会が提供され、極めて有意義であった。
- 知財権利者と直接ディスカッションができるすばらしい経験だった。
- 権利者から模倣品の識別に関する知識を得られ、とても興味深かった。

（5）その後の追跡調査及び結果概要

　2023年8月から9月にかけ、修了生に対して研修成果の活用等についてアンケート調査を行った。2018年度の修了生386人（政府系283、民間系103）と2022年度の修了生304人（政府系253、民間系51）、合計690人にアンケートを送付した結果、2018年度の修了生160人（政府系115、民間系45）、2022年度の修了生211人（政府系174、民間系37）、合計371人から回答を得た。

　このアンケートの回答結果から、先の3つの課題、すなわち審査遅延、審査品質の向上、及び模倣品対策に関する回答結果について解説する。

① 審査遅延

　自国での審査処理を促進するために研修で学んだ事柄を活用したか、審査処理の促進にどのように役立っているかとの質問に対しては、「審査の判断が速くなった」「迅速にサーチを行えるようになった」という回答が多かったが、いずれも2022年度の修了生の方が2018年度の修了生より数値が高く、2022年度の修了生で「活用しなかった」と回答した人は全体の5.5％にとどまっている。

　また、個別の自由記載として、以下のような回答を得ている。

- J-PlatPatから日本の新規出願をサーチすることができる。そこから得た情報を出願審査に用いることができる。
- 研修により、従来の方法に従うべきか、それとも研修で学んだ新しい手法を用いるべきか、審査手法を選択できるようになった。
- 参加した研修では、マドリッドプロトコルを用いた国際商標出願の概要を学んだ。それにより、出願の審査実務が容易になった。

これは、特に2022年度の修了生が審査処理実務を行っている中で、その迅速化について受講後の成果を実感できていることを示している。すなわち、2022年度の研修において立てた仮説1のケーススタディーやサーチ演習等の時間を増やすことにより、サーチ能力や判断能力の向上が検証されたといえよう。

〔研修で学んだことが審査処理の促進にどのように役立っているか〕

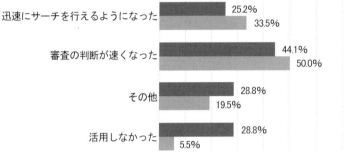

② 審査品質の向上

自国での審査の判断について、日本の基準・判断手法や管理手法を活用したか、審査品質や管理の向上にどのように役立っているかとの質問に対しては、2018年度の修了生よりも2022年度の修了生の方が「審査の精度が向上した」「審査の品質管理が上手にできるようになった」との回答が多かった。

また、個別の自由記載として、以下のような回答を得ている。

・研修で学んだ優れた先行技術調査を行うことで、審査プロセスの精度が増している。
・商標審査で、審査中の国際商標に制限、取消し、無効がないか等の判断に、より注意を払っている。
・管理者向け特許審査マネジメントに関する日本特許庁の研修を受講したが、JPOや他国の品質管理方法など、研修で得た知識を自分の業務に活用できるようになった。

これらの結果を見ると、特に2022年度の修了生は、審査品質に対する意識が高まっているということができる。2022年度の研修において立てた仮説２の日本の基準・判断手法を学ばせることにより審査・審判の品質が向上することが、検証されたといえよう。

〔研修で学んだことが審査品質や管理の向上にどのように役立っているか〕

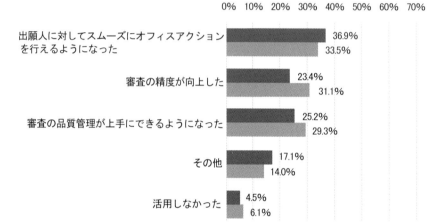

③ 模倣品対策

研修受講後、模倣品対策について学んだことで何か変化はあったかとの質問に対する回答を、政府系と民間系に分けて集計した。

「模倣品や権利行使に対する意識が高まった」「模倣品対策について研修で学んだ事柄を（同僚などの）他者に共有した」「模倣品対策の普及啓発活動に取り組んだ」のいずれの問いに対しても、2022年度の修了生の方が、2018年度の修了生より数値が高く、民間系修了生の方が、政府系修了生よりも高い数値を示している。また、個別の自由記載として、以下のような回答を得ている。

- 所属するオフィスでは、商標の重要性を積極的に社会に浸透させたり、模倣品や悪意の商標登録の理解を促したりしている。
- 研修後、執行部門と共同で、模倣品対策のためのプログラムを立ち上げた。その際、研修教材の事例等の情報と知識を執行部門の担当者に共有した。

これは、仮説として、各国の課題と取組について情報共有（意見交換）するとともに、事例に基づく包括的な日本のサポートを紹介することにより、模倣品対策に対する理解が深まることが検証されたといえよう。

〔模倣品対策について学んだことで何か変化はあったか（政府系）〕

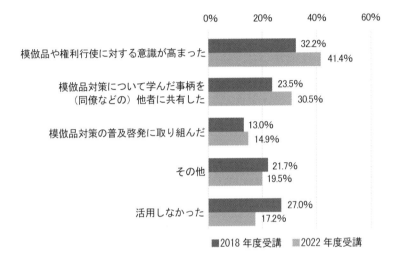

〔模倣品対策について学んだことで何か変化はあったか（民間系）〕

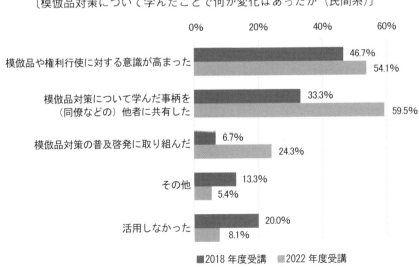

3．考察

本調査においては、公開情報調査、及び専門家・有識者への事前ヒアリングの結果から見いだされた課題を、審査遅延、審査品質の向上、及び模倣品対策の3つに特定し、それぞれに対して研修によって課題を解消するための仮説を設定し、研修プログラムの改善等により仮説を検証した。

その結果、設定した以下の3つの仮説はいずれも実証された。

（1）審査遅延

審査遅延を解消して迅速化を図るためには、個々の審査官の審査効率向上を目指すこと、具体的には、サーチ能力や専門的な判断能力の向上を図ることが有効である。ケーススタディーやサーチ演習等の時間を増やすことによって、サーチ能力や判断能力が向上する。

（2）審査品質の向上

日本特許庁においては、個々の審査官の審査品質を維持向上させるため、審査基準やマニュアル、ハンドブック等を作成し、改訂するとともに、これらに加えて事例集等を出願人に公開し、審査の透明性の担保を図っている。日本の基準・判断手法を学ばせることにより、審査・審判の品質が向上する。

（3）模倣品対策

日本をはじめ、様々な国では、模倣品対策として多種多様な対応を講じている。各国の課題と取組について情報共有（意見交換）するとともに、事例に基づく包括的な日本のサポートを紹介することにより、模倣品対策に対する理解が深まり、意識が高まる。

4．おわりに

今回の調査では課題を3つに特定したが、より詳細に調査していけば、この3つ以外にも解決すべき課題が浮かび上がってくるであろう。

また、この3つの課題をより細かく分析すれば、更に具体的な課題が見えてくるであろうことが予想される。

　そのような課題に対しては、発明推進協会が実施している海外研修生の招聘研修だけでは解消できないおそれもある。例えば公開情報調査で指摘されていた法制度面での課題については、各国の法改正も含め、より広範な解決策を講じる必要がある。

　当協会としては、本招聘研修について、その内容（研修プログラム、講師選定、事例研究・演習の積極的実施等）の更なる充実・改善、研修手法の更なる工夫（例えばオンライン研修と招聘研修の組合せ）、運営方法（指導教官によるコース全体のマネジメント）等の更なる改善を進めていくべきであると考える。また、本招聘研修の実施によって得た新たな知見・ノウハウ等について、研修修了生をはじめ、外部に積極的に情報発信していくべきであると考える。

我が国の法整備支援の現状と課題

明治大学大学院 グローバル・ビジネス研究科 教授　熊谷 健一

1．はじめに

　我が国における法整備支援は、途上国協力の一環として、1994年にベトナムで本格的に開始されたことを端緒としており、その後、アジア諸国を中心に多くの国において行われている。法整備支援は、「法の支配」を実現するために行われているものであるが、各国の実情に合わせ、「法律の整備」「法を運用する組織の機能強化」及び「司法アクセスの向上」の取組が行われるとともに、これらを担う人材の育成も行われている。

　ミャンマーにおいては、2011年の民政移管後に、経済・社会を支える人材の能力向上や制度の整備のための支援として、ミャンマーの民主化・経済改革の後押しをするとともに、我が国の企業を含む外国投資の環境整備にも資するものとして、2013年に法整備支援プロジェクトが本格的に開始された。

　本稿では、ミャンマーにおける法整備支援に参画した経験に基づき、法整備支援の現状と課題について、ミャンマーにおける法整備支援の特徴の一つである知的財産法の制定支援と同時並行的に行われた知的財産に関する司法制度の構築支援について分析することにより、法整備支援の現状と課題について論ずることとしたい。

2．我が国における法整備支援－プロジェクト方式による支援

　法整備支援は、1960年代から法務省において刑事司法分野の本邦研修を中心に行われていたが、現在は、相手国の要請に基づき、独立行政法人国際協力機構（JICA）による法整備支援プロジェクトの形式で行われている。

　同プロジェクトにおいては、我が国の協力機関として、法務省の法務総合

研究所[1]が大きな役割を果たしている。

　同研究所は、従来から国際協力の一環として、アジア諸国から要請を受け、その国の法の支配の確立や市場経済化の発展のための法整備支援活動を進めてきていたが、支援要請が増加の一途をたどったため、一層充実した内容の法整備支援を行うため、この活動を専門に行う部署として、2001年4月に国際協力部を新設し、法整備支援活動の強化を図っている。

　JICAによる法整備支援プロジェクトは、相手国の実情に合わせた支援を行うために、相手国の要請があった後に、事前準備として相手国に調査団を派遣し、現地の実情やニーズを把握し、相手国のカウンターパートと支援の目標と活動についての合意を得た上で開始されることとなっている。合意内容は、R/D（Record of Discussions）にまとめられ、合意内容の目標達成に向け、現地に派遣される長期専門家が現地のワーキンググループや我が国のアドバイザリーグループとの意見交換、現地セミナー及び本邦研修等の支援活動が行われる。そして、支援の実施の過程でカウンターパートと合同で、定期的に進捗を確認（必要に応じ、軌道修正）する「モニタリング」を行い、その後、JICAとカウンターパートが合同で、目標の達成度の確認と支援継続の必要性の検討についての「評価」を行い、支援目標が達成されている場合は支援を終了し、我が国と相手国の対等な関係の相互交流・協力がスタートし、支援継続の要請があった場合は、新たなフェーズ若しくはプロジェクトが開始される[2]。

　このように、我が国の法整備支援は、相手国の実情やニーズを十分に把握した上で、オーダーメード的なR/Dを作成し、多面的な支援を行うことを特徴としており、実効性のある支援の実現を目指している。

　我が国初の法整備支援プロジェクトが行われたベトナムでは、社会主義計画経済に代わり市場経済が導入され、市場経済への移行のための新たな法制度の整備が求められていたことから、1994年にベトナム政府から市場経済

---

[1] 法務省法務総合研究所 Website（https://www.moj.go.jp/housouken/houso_icd.html）参照
[2] 「世界を変える日本式『法づくり』」－途上国とともに歩む法整備支援」独立行政法人国際協力機構（2018）参照

化に向けた法整備支援の要請があり、2年間の準備期間を経た後の1996年に法整備支援プロジェクトが開始されている[3]。

プロジェクトは、「法整備支援プロジェクト」(1996年12月～1999年11月) としてスタートし、ベトナム司法省と「民法改正共同研究会」を設置し、民法改正に向けた共同作業を行った。プロジェクトは、「法整備支援プロジェクト（フェーズ2）」(1999年12月～2002年11月)、「法整備支援プロジェクト（フェーズ3）」(2003年7月～2007年3月)と10年以上にわたる支援が継続されたが、プロジェクトの成果の一つとして、市場経済に適合する新たな規定が盛り込まれた「2005年民法」が成立している。

その後は、「法・司法制度改革支援プロジェクト」(2007年4月～2011年3月)、「法・司法制度改革支援プロジェクト（フェーズ2）」(2011年4月～2015年3月) という新たなプロジェクトが開始され、対象が法令起草を中心とした中央機関に対する支援から地方出先機関に対する法の運用支援に拡大されるとともに法運用の一貫性を高める支援が開始され、さらに、「2020年を目標とする法・司法改革支援プロジェクト」(2015年4月～2020年12月)、「法整備・執行の質及び効率性向上プロジェクト」(2021年1月～2025年12月)と現在まで継続されている。

ベトナムにおける法整備支援プロジェクトは、民法、民事訴訟法等の基本法令の起草支援に始まり、法令を運用する人材育成支援、実務の改善支援等に拡大され、民法、民事訴訟法等の重要法令の制定、法律実務家を対象とした実務マニュアルの共同作成等の成果が得られ、現在では、法令の整合性の確保等を目的とした支援、法曹三者である裁判官、検察官及び弁護士が刑事訴訟法を運用する上での課題について共同活動等に深化している。

法整備支援は、ベトナム以外の国でも行われており、カンボジアでは、1999年に「法制度整備プロジェクト」が開始され、内戦後の国づくりの基盤となる民法と民事訴訟法の起草支援の要請に対し、カンボジア側のワーキン

---

[3] 「法整備支援活動年表」ICD NEWS 94号（2023.3）参照

ググループと我が国の作業部会が共同で検討を行い、2006年に民事訴訟法が、2007年に民法がそれぞれ公布されている。さらに、内戦による司法人材の枯渇という課題に対応すべく、2001年に開始されたJICAと日本弁護士連合会のパートナー事業としての「カンボジア王国弁護士会司法支援プロジェクト」による弁護士養成校の設立と運営の支援、2005年に開始された「裁判官・検察官養成校民事教育改善プロジェクト」による民法・民事訴訟法を適切に運用できる人材養成支援としてのカリキュラムや教材の作成、教官人材の育成等、司法制度を担う人材の養成、2017年に開始された「民法・民事訴訟法運用改善プロジェクト」による民法・民事訴訟法の普及のための関連法令の整備、実務に関する書式の整備、判決公開の開始等、多面的な支援が行われている。

法整備支援プロジェクトは、他の国や地域でも行われており、ラオス（2003年開始）、モンゴル（2004年開始）、中華人民共和国（2004年開始）、ウズベキスタン（2005年開始）、インドネシア（2007年開始）、ネパール（2009年開始）、ミャンマー（2013年開始）、コートジボワールを含む仏語圏のアフリカ諸国（2014年開始）と、対象国は、アジア全域とアフリカの一部にまで拡大している[4]。

3．ミャンマーの法制度と知的財産の保護の概要
（1）ミャンマーの法制度[5]

ミャンマーの法制度は、植民地時代の英国法を基本としており、ミャンマーが英領インドの一部であったことから、英国法の影響を受けたインド法の影響も受けているとされている。

このため、ミャンマーの法制度は複雑であり、1841年から1954年にかけて、主として英国統治下で制定された法律を収めた「ビルマ法典」（全13巻）の相

---

[4] 前掲注1及びJICA法整備支援に関するポータルサイト（https://www.jica.go.jp/activities/issues/governance/portal/index.html）参照
[5] ミャンマーの法制度に関しては、金子由芳「法の実施強化に資する立法支援のありかた －ミャンマー向け経済法制支援を素材として－」（「平成15年度 独立行政法人国際協力機構 客員研究員報告書」5頁以下（2．ミャンマーの法制概要）（平成16年3月）参照。また、法務省「2012年度連邦共和国法制度調査報告書」（http://www.moj.go.jp/housouken/housouken05_00056.html）参照

当部分が主要な法源として通用している一方で、王朝時代から受け継がれてきミャンマー固有の慣習法も存在している。また、1962年に成立した社会主義政権時代には、社会主義式の様々な行政命令等が発出されたが、それらはほとんど適用されておらず、1988年に樹立された軍事政権時代には、行政命令等の形式による立法が継続されたが、ほとんどが公開されていないこともあり、現在、有効な法令の内容を正確に把握することが困難な場合も少なくない。

このように、ミャンマーの法制度は複雑な経緯をたどり、英国法の影響を受けてはいるが、完全にコモンローの形態を採っているわけではなく、ミャンマーの裁判所は、法創造の機能を有さず、飽くまで成文法の解釈を行うものとされている一方で、不法行為法の分野等においては、成文化された実体法が存在しないにもかかわらず、裁判所において一定の救済が与えられており、「ビルマ法典」には、会社法（The Myanmar Companies Act、1914）などの基本法が多く含まれていたが、100年以上前に制定されたものであり、2011年の民政移管後の社会状況に適合していないものとなっていたため、対外開放政策に伴い、大規模な法令改正が必要とされていた。

（2）ミャンマーの法制度[6]

ミャンマーにおける法整備支援プロジェクトが開始される2013年の段階で、成文法と存在していた知的財産法は、1914年に制定された著作権法のみである。ミャンマーが文学的及び美術的著作物の保護に関するベルヌ条約に加盟していないこともあり、外国人の著作物の保護が十分でない等の問題が指摘されていた[7]。また、著作権法以外の知的財産法に関しては、成文法

---

[6] 当時のミャンマーにおける知的財産の保護については、「ミャンマー知的財産庁設立支援調査ファイナルレポート」（https://libopac.jica.go.jp/images/report/12147799.pdf）、「ミャンマー下位法令調査」（https://www.jetro.go.jp/ext_images/world/asia/mm/ip/pdf/report_201508.pdf）、拙稿「ミャンマーにおける知的財産法の整備の現状と課題」（「明治大学社会科学研究所紀要」56巻1号191-206頁[2017]）、上田真誠＝高岡裕美「ミャンマー商標法及び意匠法の概要～地理的表示、商号、知的財産裁判所、税関取締を含む新たな知的財産保護法制～」（「知財ぷりずむ」17巻199号1-9頁[2019]）等参照

[7] ミャンマーがベルヌ条約等の著作権の保護に関する国際条約に加盟しておらず、ミャンマー

が存在しておらず、商標の保護に関しては、コモンローの下で先使用主義が認められ、英国領であった時代に制定された刑法[8]、登録法[9]等による保護がなされていたが、ミャンマーが工業所有権の保護に関するパリ条約（以下、「パリ条約」という。）をはじめとする諸条約に加盟していないこともあり、商標の保護は十分とはいえない状況であった（特許及び意匠に関しては、ミャンマー特許意匠（緊急規定）法が1946年に制定されたが、発効することなく、軍事政権下の州法規復元評議会により廃止された。）[10]。

　ミャンマーで知的財産法を制定する議論が開始されたのは、世界貿易機関（WTO）に加盟した1995年以降であり、GATTの加盟国であったミャンマーはWTOの原加盟国となったことから、TRIPS協定を遵守する知的財産法の制定を行う必要が生じた。このため、1996年に設立された科学技術省（2016年3月の省庁再編により、教育省に統合）が世界知的所有権機関（WIPO）の担当省庁となり、2001年にWIPO設立条約に加盟し、TRPIS協定の当初の履行期限であった2005年を見据え、2004年にWIPO及び法案審査部署である法務長官府の協力の下、2004年10月に知的財産法案の第1次法案が作成され、第7次法案（2005年3月）まで作成されたが、TRIPS協定に基づ

の著作権法による保護は、ミャンマーにおいて最初に公表した作品、未公表の作品である場合は、当該作品の創作の時点で著作者がミャンマーの居住者又は国民であった場合に与えられることとなっており、外国で最初に公表された著作物や外国人の創作した著作物の保護が十分になされるものとはなっておらず、著作者人格権の保護に関する規定も設けられていない。

[8] 商標権侵害に関する規定として、商標の虚偽の商標の使用行為、商標の模倣行為等に対する刑事罰が定められている。具体的には、物品が特定の者の製造物又は商品であることを示すために使用する標章が商標であることが規定されており、ある物をある者が製造したものであると信じさせるため、又はある者の商品であることを信じさせるために、物やその包装に商標を付すことは、虚偽の商標の使用とされ、虚偽の商標の使用行為に対しては、1年以下の禁錮若しくは罰金又はこれらが併科されている。また、商標の模倣行為については、2年以下の禁錮若しくは罰金又はこれらが併科され、公務員による商標の模倣行為に対しては、3年以下の禁錮若しくは罰金又はこれらが併科される。商標を模倣する目的で道具等を製造し又は所持する行為についても、3年以下の禁錮若しくは罰金又はこれらが併科される。

[9] 農業灌漑省の土地記録局の権利・保証登録官室において、商標の登録を行うことが認められており、毎年相当数（5000件以上）の登録が行われているが、登録に関する手続、登録の効果を定めた法律は存在しておらず、商標の登録を行うことにより、権利が発生するわけではなく、登録が権利を有していることの証拠となるにすぎない。

[10] ミャンマーの知的財産の保護の概要については、「ミャンマー知的財産庁設立支援調査ファイナルレポート」（https://libopac.jica.go.jp/images/report/12147799.pdf）、「ミャンマー下位法令調査」（https://www.jetro.go.jp/ext_images/world/asia/mm/ip/pdf/report_201508.pdf）等参照

く途上国に対する移行措置の猶予期限が延長（2013年7月まで延長され、2021年7月に再延長され、現在は、2034年7月まで延長）されたこともあり、知的財産法案の作成への推進力は低下したが、2010年に20年ぶりに行われた総選挙の結果、2011年に民政移管が行われ、テインセイン大統領が就任したことを契機に、本格的な経済改革のための各種の改革が行われたこともあり、知的財産法の成立に向けた動きが活性化し、経済発展に向けた取組の一環として、知的財産法の検討が進んでいた。

4．ミャンマーにおける法整備支援の概要
（1）法整備支援プロジェクトの開始

　2011年3月の民政移管によりミャンマー国内で経済改革の動きが活性化したことを契機に、法整備支援の開始に向けた動きが始まり、2012年以降、現地調査、連邦最高裁判所長官や連邦法務長官等の我が国への招聘等、法整備支援プロジェクトの実現に向けた活動が行われ、連邦法務長官府（2013年11月から）、連邦最高裁判所（2014年1月）をカウンターパートとする「法整備支援プロジェクト」（フェーズ1）が開始され、2018年5月まで、法案の草案の起案等の活動が行われ、2018年6月から「法・司法制度整備支援プロジェクト」（フェーズ2）が開始され、2023年5月まで司法制度の整備に拡大した活動を行うこととなっていたが、2021年2月の軍部クーデターにより、ミャンマーの情勢が急激に変化したこともあり、プロジェクトは、停止を余儀なくされた。

　プロジェクトのカウンターパートである連邦最高裁判所は、民事訴訟法、刑事訴訟法、仲裁法、倒産法等の司法制度に関する基本的かつ重要な法令を所管しており、連邦法務長官府は、同府組織法等を除いて、法令は所管していないが、連邦政府を構成する省庁は、法案起草後に連邦法務長官府に法案を提出して審査を受けることとされており、法務長官府のコメントには法的な拘束力はないが、実務における取扱いとして、尊重されていることから、プロジェクトのカウンターパートとして選ばれた。

知的財産法案の起草は、WIPO及び我が国の知的財産法の所管官庁である特許庁、文化庁が支援し、2013年2月の科学技術省と特許庁長官の会談における知的財産法案についての協力要請を端緒とし、日本国内にミャンマー知的財産制度整備支援チームが結成され、知的財産法案に対する意見交換が行われた。2014年3月には、我が国から知的財産法案を含む知的財産制度構築に向けた提案が提出され、2015年3月には、特許庁審査官がJICAの個別専門家として派遣され、科学技術省に常駐することとなった[11]。

このため、プロジェクト開始当初は、科学技術省と特許庁が開催するセミナー等が主として行われていた[12]。一例を挙げると、2015年9月に開催された科学技術省とのダイアログには、科学技術省の幹部に加え、連邦最高裁判所、連邦法務長官府、税関、警察等の関係者が参加し、我が国からだけではなく、科学技術省からも報告がなされ、知的財産制度の意義、経済発展の礎としての知的財産制度の重要性等の認識の共有がなされた。ミャンマー側のダイアログ参加者の関心は極めて高く、知的財産制度の創設に伴う司法制度の整備が必要であることの認識が共有され、知的財産に関する人材育成システムを構築するために、大学生に対する知的財産教育が必要であることの認識も共有され、日本の大学の貢献への高い期待も表明された。

また、最高裁判所の参加者からは、知的財産に関する紛争処理システムに関する具体的な提案がなされ、法整備支援プロジェクトの一環として、ワーキンググループ（WG）を設置し、検討することへの協力が要請され、法整備支援プロジェクトとしても、積極的に協力することとなった。

そして、同年11月に、第1回のWG及びワークショップが開催され、最高裁判所の上層部等も含め、知的財産に関する紛争処理システムについての意見交換が開始された。知的財産法が施行されていない段階で、知的財産に関する紛争処理に関する検討が開始することは、知的財産の保護の実効性を

---

[11] 詳細については、上田真誠「ミャンマー知的財産行政専門家としての活動」ICD NEWS 第67号（2016.6）参照
[12] 「法整備支援プロジェクト」（フェーズ1）の初期のプロジェクトの活動については、野瀬憲範「ミャンマー知的財産関連分野における協力の概要」ICD NEWS 第67号（2016.6）参照

高める観点から極めて高く評価される。

また、2016年2月には、日本弁護士連合会知的財産センターと弁護士知財ネットによる合同調査[13]が行われ、連邦最高裁判所長官や連邦法務長官への表敬訪問、科学技術省の幹部職員をはじめとする関係者と知的財産制度における代理人制度、商標における経過措置等について、知的財産制度の意義を踏まえた制度設計・運用の重要性を中心に意見交換を行うとともに、連邦最高裁判所の幹部職員をはじめとする関係者と知的財産に関する司法制度に関する意見交換も行われ、知的財産に関する司法制度や人材育成の重要性についての認識が共有された[14]。

さらに、2016年2月下旬から3月上旬に開催された本邦研修[15]においても、知的財産に関する紛争処理がテーマとされ、連邦最高裁判所の参加者からは、ミャンマーにおける知的財産の司法制度に関する具体的提案（侵害訴訟の集中管轄、知的財産庁の処分に対する不服訴訟の高裁への出訴）がなされた。このような提案がなされたことは、法整備支援プロジェクトの大きな成果であるとともに、連邦最高裁判所にWGを設置し、議論を深化させた成果でもある[16]。

---

[13] 詳細については、日弁連知的財産センター＝弁護士知財ネット「ミャンマー知的財産制度の現地調査の概要報告（第1回）、（第2回）、（第3回）」（「知財ぷりずむ」14巻163号1-18頁、14巻164号1-10頁、14巻165号47-63頁［2016］）参照
[14] 知的財産の実務に精通している我が国の弁護士との意見交換は、連邦最高裁判所からも高い評価がなされ、同年5月2日～5月6日に日本弁護士連合会知的財産センター、弁護士知財ネット、法整備支援プロジェクト及び連邦最高裁判所が共催する知的財産に関するワークショップも開催された。詳細については、伊原友己「ミャンマーにおける知的財産法制度整備支援について（弁護士の立場から）」ICD NEWS 第67号（2016.6）参照
[15] 2016年2月22日～同年3月4日まで行われ、法整備支援プロジェクトの実施機関である連邦最高裁判所及び連邦法務長官府のみならず、関連する機関である税関、警察、科学技術省からも職員が研修員として参加し、ミャンマーの知的財産法案が抱える問題点について講義及び協議が行われるとともに、東京地裁、東京地検、警視庁、特許庁、横浜税関、文化庁等の関係機関に加え、民間企業も訪問し、知的財産に関する日本の捜査手法、裁判の実務、取締りの在り方などについての知見の提供が行われた。詳細については、前掲注11参照
[16] 日本国内にも、ミャンマー法整備支援プロジェクト知的財産裁判制度整備アドバイザリーグループが設けられ、実務家、研究者、官庁も含めたオールジャパンの支援体制が整備された。

(2) 知的財産に関する司法制度の検討

既に述べたように、連邦最高裁判所の要請を受け、「法整備支援プロジェクト」（フェーズ１）の支援の一環として、連邦最高裁判所に、知的財産に関する司法制度の検討を行うためのWGが設けられ、知的財産法案が国会に提出される前から、知的財産に関する司法制度の検討が行われており、2018年6月から開始された「法・司法制度整備支援プロジェクト」（フェーズ２）においても、2019年1月から5月にかけて、商標法をはじめとする知的財産法の制定を受け、知的財産に関する訴訟手続についての規則案の検討が継続され、知的財産に関する訴訟に特有な事項を中心に検討が行われるとともに、新任判事用のテキストや知的財産の事件を担当する判事用のテキストの作成も行われた。

WGにおいては、知的財産に関する訴訟について広範な検討が行われ、知的財産法の成立を受け、知的財産に関する訴訟手続についての規則案も完成を目前に控えていたが、軍によるクーデターの発生により、プロジェクトが中止されたため、WGにおける検討も中止せざるを得なくなった。

WGにおいて検討された事項は、以下のとおりである。

①「定義」：商標法をはじめとする知的財産法の規定に基づいて定められる規則であることを明確にするとともに、刑事裁判所、民事裁判所、民事訴訟、司法審査等の用語等を検討

②「管轄」：各種の訴訟が連邦最高裁判所が発する通知で決められた裁判所が管轄すること等を検討；民事訴訟の第一審裁判所は、1つの地方裁判所に管轄集中させること、刑事訴訟の第一審裁判所は、侵害の取締りを行う税関、警察との関係もあることから、各地の地方裁判所に管轄権を与えること、行政庁である知的財産庁及び税関長の決定に対する司法審査は、1つの高等裁判所に管轄させること等を検討

③「刑事手続」：原告適格、登録された代理人又は弁護士による訴訟の遂行等を検討

④「民事手続」：原告適格、訴状の記載事項、裁判所による訴状の事前チェック及び訴状の却下、被告への訴状送達、訴訟費用の支払等を検

討

⑤「暫定措置の申立て」：暫定措置の申立てに必要な要件、証拠保全の申立てに必要な要件、申立書の書式、関係機関の協力義務、暫定措置命令の効力（本訴を提起しなかった場合の暫定措置命令の失効を含む。）、相手方に意見を述べる機会を与えることなく暫定措置命令を出すことができる場合、暫定措置命令によって相手方が損害を被った場合の相手方への損害賠償等を検討

⑥「司法審査」：訴訟提起期限、司法審査の対象、行政庁の決定に対する不服の申立人、被申立人及び代理人、具体的手続（証拠の範囲）、裁判所の判決の効力及び拘束力等を検討

⑦「権利侵害に関する民事事件の審理」：損害賠償訴訟における原告の立証事項、被告による権利無効の抗弁、争点整理の方法、権利の立証に必要な証拠、侵害か否かの判断、損害賠償の算定方法及び算定のために必要な証拠等を検討

（3）法整備支援の課題

　ミャンマーにおける法整備支援は、軍事クーデターの発生により、中止されてしまったが、知的財産法も2019年に成立し、軍政下で、知的財産法の施行は、当初の予定よりも遅れた[17]が2023年に施行され、法整備支援プロジェクトの成果も結実した。知的財産に関する司法制度の整備もこれから結実していくことを期待したい。

　法整備支援プロジェクトは、相手国の要請を受け、相手国の実情を十分に把握した上で行われ、相手国の歴史や文化を尊重し、相手国に合った法律を

---

[17] 2019年1月30日に商標法と意匠法、同年3月11日に特許法、同年5月24日に著作権法が成立した。商標法については、農業感慨省に登録されている既存商標に基づく申請が可能となる「ソフトオープニング」期間が2020年10月1日に始まったが、軍事クーデターの影響もあり、施行が遅れ、2023年4月1日に施行された。意匠法及び著作権法も2023年10月31日に施行され、意匠登録出願の受付も2024年2月1日に開始された。特許法においては未施行の状態が続いていたものの、2024年5月31日にようやく施行された（https://www.jetro.go.jp/ext_images/_Ipnews/asia/2024/mm/20240610.pdf）。

作り、その法律をうまく運用することができるように、相手国と一緒に考えることを特徴としており、我が国の法制度の紹介はしても、強制的に押し付けることはせず、どのような法制度にするかは、相手国に選択してもらうこととしていることが、相手国からも理解され、評価を得ているといえるであろう。

法整備支援の今後の課題[18]としては、法整備支援に対する「(日本)国民の理解」を深めること、国際的プレゼンスを高めるための努力をすること、これまでの経験を総括し、「戦略性」に富んだ支援を行うこと等が提言されている。

法整備支援が国民の税金を原資として行われている以上、国民の理解を深める必要性があることは当然であるが、法整備のための支援、法の適切な運用の確立のための支援、そのための人材育成の支援は、いずれも相当な時間を要するものであり、すぐに顕在化するものでもないが、広報をより充実させることにより、今まで以上に法整備支援に関する理解を深める努力を継続すべきであろう。

また、法整備支援は、我が国のみならず、他国の機関も行っており、ミャンマーにおいても、他国の機関と「競合」することもあったが、明治以降の我が国の経験は、相手国にとって有益であることが少なくないため、現在でも国際的に一定のプレゼンスを有しているものと思うが、国際的プレゼンスをより高め、我が国の法整備支援の「哲学」の醸成を行っていくことは重要であろう。

さらに、どのようなプロジェクトにおいても、今後のプロジェクトをより充実したものとするために、これまでの経験を総括することは不可欠であり、戦略性を高めることも重要であろうが、常に相手国と向き合い、相手国のために法整備支援を行うには、「戦略のための戦略」にならないようにすべきではなかろうか。

---

[18] 前掲注2参照

5．おわりに

　手元には、1冊の古びたパスポートがある。以前持っていたパスポートは失効していたため、2013年にミャンマーを初めて訪問するときに申請し、新たに発行されたパスポートである。ミャンマーを訪問する際には、ビザの取得が必要であるが、2013年の最初の訪問から2020年の最後の訪問までに30枚のビザを取得し、大学の特別研究費や外部資金による訪問も含め、多いときには、年間8回訪問したこともあった。このため、ビザのためのスペースが不足し、増補をしたため、「分厚い」パスポートになっている。

　ミャンマーの国民の皆さんは、穏やかで慎み深い方がとても多いためか、ミャンマーで嫌な思いをしたことはほとんどなかった。また、ミャンマーでは、仏教徒が多く、地方でも「寺小屋」による教育が行われており、識字率も高く、勤勉な国民性であり、若年人口が多く、「限りない未来」を感じる国でもあった。そのような国で法整備支援に携わり、多くのミャンマーの方々との交流を通じ、種々の経験をすることができたことは、著者にとって大きな財産となっている。

　軍事クーデターの勃発により、ミャンマーの「限りない未来」にも暗雲が立ち込めてしまったが、いつか必ず「限りない未来」を感じられる国になることを心から祈っている。

中国実用新案制度についての一考察

弁理士法人藤本パートナーズ 特許第1部・
特許国際部 部門長 弁理士　小山 雄一

1. はじめに

　中国の実用新案制度は、一審で約48億円の損害賠償が命じられた侵害訴訟事件[1]を契機として多くの日本企業にも注目されることとなった。中国の実用新案制度は日本のそれと多くの相違点を有しており、日本の知財担当者が困惑させられることも多いと思われる。日本では実用新案の出願件数は非常に少なく事業の障害となるケースはほとんどないが、中国では特許を上回る膨大な出願件数となっており、無審査で登録された権利であるからといって決して侮ることはできない。中国では実用新案に関する対策及び対応が、ビジネスを行う上で非常に重要となる。

　本稿では、日本と異なる点の多い中国の実用新案制度について概説するとともに、その制度の意義と今後の在り方について考察する。

2. 中国の実用新案制度の現状と概要

　中国における実用新案の保護対象は「製品の形状、構造又はその組合せについてなされた実用に適した新しい技術方案」（専利法2条2項）と規定されており、日本と実質的に同様である。日本で特許出願した発明を、中国では実用新案として出願することも一つの戦略であるが、保護対象の制限については注意が必要である。なお、中国の実用新案は、基本的には無審査登録制度を採用しており、日本と同様に方式審査（中国語では「初歩審査」という。）のみが行われる。

---

[1]「中国における実用新案権侵害に基づく巨額の損害賠償の支払いが認められた事例－シュナイダー事件判決」工業所有権情報・研修館　新興国等知財情報データバンク
https://www.globalipdb.inpit.go.jp/precedent/37937/

保護対象について違反があると意見陳述又は補正するよう通知されるため（専利法40条、専利法実施細則50条）、例えば誤って方法の発明について実用新案出願した場合、新規事項の追加に該当しない限り物の発明に補正できるが、日本のように実用新案出願を特許出願に変更する制度はないため、方法の発明については中国での権利化の機会を逸してしまうこととなる。

　中国における特許及び実用新案の出願件数は2010年頃から急激に増加し始め、2022年の出願件数は、特許が約162万件、実用新案が約295万件となっている[2]。日本では特許が約29万件、実用新案は約4500件にとどまっており、中国とは比較対象にすらならない状況である。

　中国でこのように特許及び実用新案の出願件数が急増したのは、中央政府が知財強国を目指すという国家戦略を打ち立て、それに後押しされた各地方政府が次々と出願助成金政策を推し進めたことや、税率の優遇されたハイテク企業認定を取得するために知的財産権の所有を要件としたこと等が大きな要因となっている。また、各地方政府内での出願件数や登録件数は年次報告において毎年発表されるため、各地方政府は常に出願件数や登録件数を競わされていた、という状況も背景にあるように思われる。

　実用新案は、特許と比べて庁費用も安く、基本的には無審査で登録されやすいという魅力もある。しかし、上記のように、実用新案の出願件数が特許の約２倍近くになっているのは、それ以外にも理由があると考える。

　中国の実用新案は、日本と同じく実体審査されることなく登録される無審査登録制度が採用されている。具体的には、主に形式的要件のみが審査される初歩審査が行われ、実体的要件については不特許事由、発明の単一性、及び明らかな新規性欠如等しか審査されない。そのため、審査に要する期間は短く権利付与が早い（通常、半年程度で登録）という利点がある。

　また、それに伴って実体審査に要する審査請求費用も不要であり、庁費用が安いという利点もある。

---

[2] 国家知識産権局2022年度報告

なお、2021年に第4次改正専利法が施行され、初歩審査の内容についても改正されているが、その点については後述する。

また、中国の実用新案は、無審査で登録されているにもかかわらず、無効審判によって比較的無効とされにくい権利である。これは、中国の実用新案の最も特徴的な点であり、実用新案がよく利用されている要因の一つとなっていると考えられる。日本でも、法律上は特許についての進歩性が、「当業者が公知技術に基づいて容易に発明できないこと」と規定され、実用新案についての進歩性は「当業者が公知技術に基づいてきわめて容易に考案できないこと」と規定されており、法律上は「きわめて」の差として規定されている。しかしながら、審査基準には明確な差が示されていない。

一方、中国では、特許については「既存技術と比べて、当該発明に突出した実質的特徴及び顕著な進歩がある」ことが要件とされ、実用新案については「既存技術と比べて、当該実用新案に実質的特徴及び進歩がある」ことが要件とされ（専利法22条3項）、専利法において異なる規定ぶりとなっているだけでなく、審査指南においても明確な差が示されている。具体的には、技術分野に関して、特許の場合、発明の属する技術分野以外に、それに近い又は関連する技術分野及び当該発明が解決しようとする課題が当業者に対し、技術的手段を模索せしめるその他の技術分野も考慮されるべき、とされているが、実用新案の場合、一般的には、当該実用新案が属する技術分野が優先的に考慮される（ただし、既存の技術に明らかな示唆がある場合、当業者に対し、技術的手段を模索せしめる技術分野を考慮に入れてもよい。）とされている。

さらに、文献の数に関して、特許の場合、1件又は複数の既存の技術の組合せで進歩性を評価することができる、とされているが、実用新案の場合、一般的には、1件又は2件の既存の技術の組合せで進歩性を評価することができる（ただし、従来技術の「簡単な寄せ集め」からなる実用新案に対しては、状況に応じて、複数件の従来技術の組合せで進歩性を評価することもできる。）とされている（審査指南第四部第六章）。

このように、中国においては、条文上だけでなく、審査指南において具体的な進歩性判断の手法に明確な差が示されており、実際の運用面において特許よりも実用新案の方が進歩性のハードルが低く設定されているのである。

また、中国の実用新案の特徴的な点の一つとして、特実併願制度が挙げられる。特実併願制度とは、出願人が、同じ保護対象について特許と実用新案とを同日に出願した場合に、両方の権利が登録される制度である。両方の権利が登録されるといっても、2つの権利が同時に付与されるということではない。先に実用新案が登録された後、実体審査を経た特許を登録しようとする際、先に登録された実用新案権を権利者が放棄することが要件となっている。

つまり、実用新案権から特許権へとシームレスに権利が移行する仕組みである。これにより、出願人は早期権利化という実用新案のメリットを享受しつつ、進歩性の水準の高い発明については特許権を取得することができ、安定的で存続期間の長い権利を得ることができる。

なお、日本において同じ発明（考案）について特許と実用新案を同日に出願した場合、実用新案は審査されることなく登録されるが、特許出願については登録実用新案と同じ発明であることを理由として先願の規定（特許法39条）により拒絶理由が通知されることとなる。この場合、実用新案は既に登録されているため補正できず、特許出願に係る発明を登録実用新案と同一でない発明となるよう補正せざるを得ず、登録実用新案と同じ客体について特許権を取得することはできない。

実用新案権の権利行使に関連する規定として、中国においても日本の実用新案技術評価書と同様の制度（中国では「専利権評価報告」と称される。）がある。しかし、その利用の仕方は、日本とは大きく異なっている。

具体的には、日本では実用新案権に基づく権利行使、例えば被疑侵害者に対して警告書の送付や訴訟を提起する際には、技術評価書を提示する必要がある。しかも、その技術評価書は実用新案権に係る考案が有効であることを示すものでなければならない。

これに対して中国では、実用新案権者が権利行使する際、日本のように技術評価書を提示することまでは義務付けられておらず、侵害訴訟を提起した際に裁判所から提示を求められるまでそれを提示する必要はない。

　さらに、日本では実用新案権者の注意義務についての規定があり、権利行使した実用新案権が権利者の注意義務違反で無効とされた場合、権利行使によって相手方に与えた損害に対する賠償義務が課せられている（実用新案権法29条の3）。このような規定があると、実用新案権者は、たとえ技術評価書の内容が良かったとしても、万一のリスクを考慮して実用新案権の権利行使を躊躇する場合がある。

　これに対し、中国では実用新案権者に対して注意義務を課すような規定はなく、実用新案権者は何ら躊躇することなく権利行使することができる。つまり、実用新案権者は、その権利が実際には進歩性を有していないと認識していたとしても、取りあえず被疑侵害者に対して権利行使することが可能である。

　また、日本では、何人も実用新案技術評価書を請求することができるため、第三者が他人の実用新案権について事前に技術評価書を請求し、権利の有効性に関する特許庁の評価結果を得ることが可能である。進歩性が否定されたものである場合、その実用新案権によって権利行使される恐れがなくなるため、安心して事業を行うことが可能となる。

　一方、中国では専利権評価報告を請求できるのは、権利者又は利害関係人（ここでいう利害関係人は、権利行使を受けた被疑侵害者ではなく専用実施権者等のみである。）に限られる。

　つまり、中国ではクリアランス調査等によって自社の事業の障害となり得る他人の実用新案権を発見した場合であっても、その有効性（新規性や進歩性）について中国特許庁の公的な評価結果である専利権評価報告を得ることができない。

　そのため、実用新案の有効性については自身でそれを見極めざるを得ず、権利侵害のリスクを確実に回避したい場合には無効審判を請求する必要がある。

ただし、上述したように、中国の実用新案の進歩性の判断基準は特許よりも低く設定されているため、無効審判を請求する際には、あらかじめ無効資料調査を行って有力な証拠を入手しておくこと、及びその有力な証拠を用いて実用新案登録に係る考案が容易に想到できた理由について慎重に検討・準備しておくことが必要である。

このように、中国の実用新案は、出願人にとって利用しやすい制度となっており、逆に第三者にとっては対応に苦慮する厄介な制度であるといえる。今後、少なくとも専利権評価報告に関しては、請求人の要件を緩和して「何人も」請求できるよう改正されることが望まれるが、近年の実用新案の登録件数を考慮すると当面は難しいであろうと思われる。

地方政府の補助金政策やハイテク企業認定による税制優遇政策等により、中国の実用新案(及び特許)の出願件数は急増したが、その弊害として金銭目当ての非正常出願も大量に発生しており、その件数は2022年において出願件数全体の約20％を占めると指摘されている[3]。国家知的所有権局は「専利出願行為の規範化に関する規定」を2024年1月20日に施行し、その中で非正常出願を以下のいずれかに該当するものと定義している(同規定3条)。

(一) 出願された複数の専利の発明創造の内容が、明らかに同じであるか、又は異なる発明創造の特徴、要素の単純な組合せで実質的に形成されている場合。

(二) 出願された専利に、発明創造の内容、実験データ若しくは技術効果の捏造、偽造、変造、又は従来技術若しくは従来設計の剽窃、単純な置換、寄せ集め等に類似する状況が存在する場合。

(三) 出願された専利の発明創造の内容が、主にコンピュータ技術等を利用してランダムに生成される場合。

(四) 出願された専利の発明創造が技術改良、設計常識に明らかに適合せず、又は退歩し、言葉を飾り、保護範囲を不必要に減縮限定している場合。

---

[3] 北京品源知識産権事務所「非正常専利出願の認定と不服申立てについて」
http://www.boip.com.cn/news/820.html

（五）出願人が実際の研究開発活動なしに複数の専利を出願し、かつ、合理的な解釈ができない場合。

（六）特定の団体、個人又は地域に実質的に関連する複数の専利を悪意で分散し、前後し、又は異なる地域で出願している場合。

（七）不正の目的で専利出願権を譲渡し、譲り受け、又は虚偽の発明者、考案者に変更した場合。

（八）信義誠実の原則に違反し、専利業務の正常な秩序を攪乱するその他の非正常な専利出願行為

そして、このような非正常出願を行った団体又は個人に対し、行政処罰を実施することとされている（同規定8条）。

中国における専利（特許、実用新案権及び意匠）に対して結審した無効審判（中国語では、「専利無効宣告請求」という。）の件数を表1に示す。

	2022年	2021年
特　許	1691	1671
実用新案	3537	3061
意　匠	2651	2333
合　計	7879	7065

表1　無効審判（専利無効宣言請求）の審決数[4]

この表1から分かるように、特許に対する無効審判よりも実用新案に対する無効審判の件数が約2倍となっている。上述のように、実用新案は実体審査がなく初歩審査のみで登録される。しかも、中国では専利権評価報告の請求は権利者等に限られているため、無効審判の件数が多くなるのは当然のことと思われる。

さらに、2022年に結審した無効審判の審決の内容が発表されており、表2のような数値となっている。

---
[4] 前掲注2

	審決内容	割合（%）
特　許	全部無効	27.9
	一部無効	15.4
	権利維持	56.7
実用新案	全部無効	41.4
	一部無効	18.7
	権利維持	39.9
意　匠	全部無効	53.8
	一部無効	1.4
	権利維持	44.8

表2　2022年に結審した無効審判（専利無効宣言請求）の審決内容[5]

　この表2の結果を見ると、特許で全部無効又は一部無効となった件数は合計約43％であるのに対し、実用新案で全部無効又は一部無効となった件数は合計約60％である。やはり実用新案については特許と比べて無効と判断される割合が多い。ただ、特許と実用新案との差は約17％でしかなく、約40％もの実用新案が権利維持となっている。特許が実体審査を経て登録されたものであり、一方の実用新案が実体審査を経ずに登録されたものであることを考えると、この実用新案の権利維持の割合は予想よりも多いように思われる。上述したように、実用新案の進歩性の判断基準が特許と比べて低く設定されており、比較的無効にされにくいということが審決の統計上にも表れているものと思われる。

　無効審判によって実用新案権の無効化を図ることは、実用新案権者から権利侵害の警告を受けた、あるいは侵害訴訟を提起された被疑侵害者等のとり得る最も典型的な戦略となる。中国では、権利の有効無効に関する判断は、まずは復審及び無効審判部（中国語では「复审和无效审理部」、以下「審判部」

---

[5] 前掲注2

という。）で審理される必要があり、裁判所では無効の抗弁を主張することができない。権利の有効性についての審理を行うのは審判部の専権事項となっているからである。裁判所が受理した実用新案権紛争事件について、被告が答弁期間内に実用新案権の無効審判を請求した場合、通常、裁判所は訴訟を停止するが[6]、専利権評価報告において権利者に不利な意見が提示されていない場合、裁判所は裁判を停止しなくてもよいとされている[7]。

したがって、専利権評価報告において当該実用新案権の進歩性が認められている場合、被疑侵害者又はそれに関連する事業を行う第三者は注意が必要である。対応策としては、より広範囲での無効資料調査を行い、少ない引用文献で進歩性を否定できる理由を準備することである。

3．第4次専利法改正

中国国務院弁公庁が2015年12月に発表した「新情勢下における知的財産強国の建設加速に関する国務院の若干の意見」[8]によれば、「知的財産権の品質を高め、大国から強国へ、量の重視から品質重視への転換を実現」するとされており、量から質への方針転換を図ることが示されている。実用新案は、何よりもその迅速な権利付与という点が出願人にとって大きな魅力であり、それも一つの要因となって出願件数は急増してきたが、上述のように非正常出願が多いという状況を踏まえ、その対策が盛り込まれた内容となっている。

具体的には、2021年6月1日に施行されていた第4次改正専利法に関し、改正された実施細則[9]及び審査指南[10]が2024年1月20日に施行された。実施細則では、専利出願（特許、実用新案及び意匠）は信義誠実の原則を遵守すべきであるとの規定が新たに導入された（実施細則11条）。

---

[6]「最高人民法院による 専利紛争案件の審理における法律適用の問題に関する若干の規定」5条 ジェトロ北京事務所日本語仮訳より
https://www.jetro.go.jp/ext_images/world/asia/cn/ip/law/pdf/interpret/20210101_2.pdf
[7] 同規定5条ただし書（一）
[8] 新情勢下における知的財産強国の建設加速に関する国務院の若干の意見（国務院 2015年）
[9] 専利法実施細則（2023）
[10] 専利審査指南（2023）

また、審査指南では、実用新案の初歩審査において「審査官は得られた関連の従来技術の情報に基づき、実用新案専利出願が創造性を明らかに有しないかどうかを審査することができる」とし[11]、明らかに進歩性を有しない出願についても初歩審査で拒絶できるように改正された。この改正は、迅速な登録が求められる実用新案においては飽くまでも非正常出願を拒絶するための規定と考えられ、通常の実用新案出願についてはよほどのことがない限り、明らかに進歩性を有しないとの理由で拒絶されることはないと思われる。

一方、無効審判における実用新案の進歩性審査に関しては、今回の第4次改正に伴って判断基準は変更されていない。すなわち、技術分野に関しては、一般的にはその実用新案に係る考案の属する技術分野に着眼して考慮すべきとされ、従来技術で明らかなヒントが与えられる場合には、その隣接あるいは関連する技術分野を考慮してもよいとされている。

また、従来技術の数については、一般的に1つ又は2つの従来技術を引用して進歩性を評価でき、従来技術の単純な組合せの場合は状況に応じて複数の従来技術を引用して進歩性を評価できるとされている[12]。ただ、審査指南の判断基準は判断主体による裁量の余地があり、審決や判決の動向を注視していく必要がある。

さらに、専利権評価報告に関しては、改正前は人民法院（裁判所）等が権利者側に対してのみ専利権評価報告を提出するよう要求できるという規定となっていたが、第4次改正専利法では「特許権者、利害関係人又は被疑侵害者は、自発的に専利権評価報告を提示することができる」（66条2項）という規定が追加され、改正された実施細則でも「特許権者、利害関係人、被控訴人が専利権評価報告の作成を国務院専利行政部門に請求することができる」（実施細則62条1項）と規定されることとなった。

このように、専利権評価報告の請求が、権利者側だけでなく被控訴人側にも認められるようになった。

---

[11] 専利審査指南第一部分第二章11
[12] 専利審査指南第四部分第六章

なお、「被控訴人」と規定されているが、審査指南の解説には「請求主体を専利権者、利害関係人から専利権者、利害関係人及び被疑侵害者に拡大した。審査指南では専利法及びその実施細則の改正に適応すると同時に、専利権者が発送した弁護士書簡、電子商取引プラットフォーム告発通知書などを受け取る機関又は個人が被疑侵害者に該当するということを更に明確化した」と記載されており[13]、実用新案権者から権利侵害であると警告を受けた被疑侵害者であれば、請求人としての要件を満たすとされている。

　また、第4次改正では、「出願人は権利登録手続を行う際に、専利権評価報告の作成を請求できる」との規定も新たに設けられた（実施細則62条1項）。しかし、実用新案権者自身が、自らの実用新案権について進歩性がないと評価されるリスクのある専利権評価報告を、わざわざ費用を払って自ら請求するケースは余りないように思われる。

4．実用新案制度の役割

　中国国内の中小企業総数は2006年において4200万社に達し、その総生産高はGDPの60％を占め、都市部では雇用の75％以上を創出しているとの報告もあり[14]、中国においても中小企業が経済成長の重要な推進力となっていると考えられる。

　多くの中小企業にとって、特許及び実用新案は他社に対する競争優位性を維持する有力な手段であり、特に費用が安く、しかも早期に権利化される実用新案は、中小企業にとって特に魅力的な手段となっていると推測される。助成金目当ての非正常出願が多いことも確かではあるが、それを差し引いたとしても実用新案の件数増加は依然として極めて多く、中小企業やスタートアップ企業等が実用新案を活用している状況が見て取れる。

---

[13] 『専利審査指南』（2023）改正についての解説（八）（JETRO提供の日本語訳）
https://www.jetro.go.jp/ext_images/world/asia/cn/ip/law/pdf/section/20240120_25.pdf
[14] 唐斌「中国の中小企業が抱える資金調達問題の現状」アジア経営研究 No.18 2012
https://www.jstage.jst.go.jp/article/jamsjsaam/18/0/18_57/_pdf/-char/ja

ここで、日本や中国と同様に無審査登録制度を採用しているドイツの実用新案の状況について確認すると、特許の出願件数がここ数年は約6万件で推移し、実用新案の出願件数は約1万1000件で推移しており[15]、発明・考案全体の約18％の出願を実用新案が占めていることが分かる。ドイツの実用新案は、6か月間の新規性のグレースピリオドや、特許出願（ドイツ国内特許出願又はEP特許出願）からの分岐（branch-off）出願といった特有の制度を導入し、出願人のニーズに応えて利用しやすい制度へと改正することで一定の役割を果たしていると思われる。

　これに対し、日本では、特許の出願件数は約30万件、実用新案の出願件数は約5000件となっており、実用新案の占める割合は僅か1％にすぎない。これは、小発明の保護に対するニーズが少ないのではなく、日本の実用新案が利用しにくい制度であることが要因となって余り利用されていないからであると考えられる[16]。

　日本の中小企業の数は全企業数の99％以上を占めており、中小企業の雇用者数は全企業の雇用者数の約65％を占めている[17]。中国同様、中小企業の保護及び育成を図ることが日本においても重要課題であり、実用新案を利用しやすい制度へと改正し、中小企業や零細企業、スタートアップ企業における小発明を奨励し、その適切な保護を図ることが有効ではないかと考える。

　そのためには、実用新案権者の責任制度（実用新案法29条の3）の見直し、第4次産業革命における技術革新に係る考案を保護対象とするような見直し、そして、進歩性の判断基準について特許と実用新案とで明確な差別化を図るような見直し等が必要ではないかと考える。

---

[15] 特許行政年次報告書2023年版
[16] 産業構造審議会 知的財産政策部会特許制度小委員会 実用新案制度ワーキンググループ 報告書（案）（平成15年11月）
[17] 中小企業庁統計（令和5年12月13日）

5．おわりに

　中国の実用新案制度は、権利者にとって有利な制度となっており、どちらかと言えば権利者にとって不利な点が多い日本の実用新案制度と対照的である。そのため、日本の実用新案制度に慣れた日本企業にとっては、当惑することが多い制度となっている。

　実用新案の優位性は、保護のスピードが速く小発明に適し、かつ、費用が安価であること等にあるが、権利行使しにくいものであればそれを取得する意義が薄れてしてしまう。ただし、創作レベルの低過ぎる権利の乱立を放置すると、第三者の正当な経済活動に悪影響を及ぼす等の問題が生じ得ることも確かである。

　日本では、無効理由を有するような実用新案権による権利行使を抑制すべく技術評価書の提示を義務化し、かつ、実用新案権者の責任制度を採用したため、権利行使の条件が厳しくなり過ぎ、実用新案制度自体が利用しにくいものとなっているように思われる。

　これに対して中国の実用新案は、特許よりも創作レベルの低い小発明を保護し、かつ、権利行使しやすい仕組みとなっており、第三者側からすると、いささか困惑させられる制度であるため、専利権評価報告の請求要件の緩和など改善すべき点は残されているものの、おおむねその目的に合致した制度となっているように思われる。

　日本においても小発明の受け皿としての実用新案制度を見直し、利用しやすい制度へと修正する必要があろう。中国の実用新案制度には参考にすべき点が多いと思われる。

中国意匠制度及びその沿革

チャイナ(華夏)正合知識産権代理事務所
所長 弁理士　韓　登営

1．はじめに

　1978年末、中国は国内の制度改革により、外国への開放政策を施行し始めた。それに伴う市場経済への移行を背景に、「専利法」は1984年3月12日に全国人民代表大会常務委員会第4回会議により可決され、翌1985年4月1日に施行された。その後、WTO加盟に伴い、2000年に第2次専利法改正が行われ、国際基準に合致する全面的な法改正がなされた。さらに、2008年、2020年に第3次、第4次の法改正がなされ、現行法となった。

　特に2008年、2020年の法改正では、意匠に関する内容が数多く盛り込まれた。2008年の法改正は、技術革新の保護の強化と専利権の質向上の必要性を背景として、主に標識機能の充実を図り、かつ、平面印刷物(ラベルなど)を意匠の保護対象から排除するとともに、従来意匠からの転用と、従来意匠又はその構成による組合せで容易に想到できる意匠を認めないとする内容であった。

　2020年の法改正は、「意匠の国際登録に関するハーグ協定」(以下、「ハーグ協定」という。)への加盟、コンピュータや通信技術の発展に伴う情報処理と関連するヒューマンインタラクション[1]により生まれるグラフィカルユーザーインターフェース（GUI：Graphical User Interface）への保護のニーズ、製品の部分意匠を意匠の対象外とすることによる製品意匠への保護の欠如などの事情を背景として、意匠制度を大幅に改正する内容であった。

---

[1] 人間が手足の動きなどで機械を操作したり、機械が現在の状態や結果を人間の視覚や聴覚、触覚などを通じて知らせたりする手段や装置など、人間とコンピュータの関係を研究すること。

中国の専利法は、特許、実用新案及び意匠に関して定められる法律であり[2]、特許、実用新案及び意匠の制度上の共通点を共通条文にまとめて規定し、その相違点を単独の条文として定めるものである。

本稿は、中国の意匠制度及びその沿革について解説する。

２．中国意匠制度の概要

（１）意匠の保護対象（客体）

意匠は、現行専利法２条で「意匠とは、製品の全体又は局部の形状、図案又はその結合及び色彩と形状、図案の結合に対して行われ、優れた外観を備え、かつ、工業への応用に適した新たな設計を指す」と定義されている。

上記の定義から分かるように、中国では、意匠の対象となるのは、製品又は製品の局部（製品から分割不可能な部分のこと。）である。なお、前記のとおり、製品の局部が意匠の保護対象となったのは、2020年法改正の結果である。

また、中国では、GUIも意匠の保護対象になる（GUI意匠については後述する。）。なお、GUIが意匠の対象となったのは2014年５月１日であり、その日に実施された改正審査指南により規定された。

さらに、専利法25条１項６号では、意匠の保護対象外として「平面印刷物の図案、色彩又は両者の組合せによって作成され、主に表示を機能とする設計」を定めている。平面印刷物を保護対象から排除したのは、前記したとおり、2008年の第３次法改正の結果である。

（２）意匠権の帰属

専利法６条は、職務発明創造を規定するものである。職務発明や職務考案と同様に、職務の遂行による設計や、その所属する部門の物質的条件又は技術的条件を利用して完成した場合の設計について、意匠出願の権利や意匠権はその部門に帰属すると定めるものである。

---

[2] 特許、実用新案及び意匠は「発明創造」、発明創造により生まれた権利が「専利権」と呼ばれる（特許権：発明専利権、実用新案権：実用新案専利権、意匠権：意匠専利権）。

ただし、物質的条件又は技術的条件を利用して設計を完成させた場合、意匠権の帰属は契約によって取り決められる。なお、「部門」とは、企業や大学などのような団体のことを指す。

また、8条は、2つ以上の単位又は個人が共同で発明創造を完成し、又は1つの単位又は個人がその他の単位又は個人の委託を受けて発明創造を完成させた場合、発明創造の出願権や専利権は契約によって取り決められると規定する。ただし、契約で取り決められない場合、出願権と専利権は単独で完成した者、又は共同で完成する部門又は個人に帰属し、意匠もこの規定に従う。

（3）意匠権の譲渡と使用許諾

専利法10条は、専利の出願権と専利権が譲渡できることを規定するものである。専利権の一種としての意匠権の譲渡は契約を締結し、かつ、中国国家知識産権局に登記することをその成立の要件とする。特許権や実用新案権は外国に譲渡される場合、例えば中国の技術輸出入管理条例によって制限されるが、意匠にはこのような制限条件がない。

専利法12条は、専利権の実施許諾について規定するものである。すなわち、いかなる企業、団体又は個人は他人の専利を実施する場合、権利者と契約を締結し、かつ、実施料を支払わなければならない。権利者の許諾がなければ、実施者が他人に当該専利権の実施を許諾することができない。意匠に関しても当該規定に従うものである。

（4）意匠の独占権及びその保護

専利法11条2項は、「意匠権が付与された後、いかなる部門又は個人も意匠権者の許諾を受けずにその意匠権を実施してはならない。すなわち、生産経営を目的として、その意匠製品を製造、販売の申出、販売、輸入してはならない」と規定し、64条2項は、意匠権の保護範囲について、「図面又は写真が示す当該製品の意匠を基準とし、簡単な説明は、図面又は写真が示す当該製品に意匠の解釈に用いることができる」と規定している。

意匠の侵害事件における類否判断は、主に中国最高裁判所による司法解釈によるものである。最高裁判所の司法解釈は、「専利侵害紛争事件を審理する際に適用する法律に関する若干問題の解釈」〈法釈(2009)21号〉と「専利侵害紛争事件を審理する際に適用する法律に関する若干問題の解釈（その２）」〈法釈(2020)19号〉がある。

（5）権利付与の条件

意匠権の付与条件は、現行法23条により定められている。権利付与される意匠は、出願日前に公開された意匠の従来意匠と同一又は実質同一、若しくは類似してはならない。

また、権利付与される意匠は、従来意匠又は従来意匠の設計的な特徴（設計要素）から容易に組み合わされたものではない。また、他の権利である商標権や著作権と抵触するものではない。

（6）意匠出願及びその審査

意匠の出願においては、願書とともに意匠に係る製品の図面又は写真及び意匠の簡単な説明を提出しなければならない。

また、中国では、１つの意匠出願は、１つの製品に限られるが、同一製品の２つ以上の類似意匠又は同一種類をセットで販売又は使用する製品の２つ以上の製品の意匠は、１つの意匠出願として提出することができる。

意匠の審査対象と無効理由を次頁の表にまとめたので参照されたい。

（7）意匠の保護期間

「ハーグ協定」への加盟に伴い、同協定との整合性を図るため、意匠権の保護期間が中国における出願日から起算して10年から15年へと延長された（専利法42条）。

なお、現行法は2021年６月１日に施行されたため、同日以降に出願された意匠の保護期間は15年となる。

【意匠の審査対象と無効理由】

審査内容	審査対象	無効理由
法が保護する意匠であること（2条4項）	◯	◯
部分意匠（2条4項、施行細則30条2項）	◯	◯
公序良俗・公共の利益（5条1項）	◯	◯
信義則（施行細則11条）	◯	◯
他人の権利との抵触（23条3項）	×	◯
平面印刷物の模様、色彩又は両者の組合せにより作成され、主に表示を機能とするデザイン（25条1項6号）	◯	◯
一意匠一出願、セット物の要件、多意匠一出願の要件（31条2項）	◯	×
補正要件（33条）	◯	◯
ダブルパテント（9条）	◯	◯
新規性（23条1項）	◯	◯
意匠の類否（23条2項）	◯	◯
創作容易性（23条2項）	×	◯
願書の記載（施行細則19条）	◯	×
図面若しくは写真の提出（27条1項、施行細則31条1項）	◯	×
図面若しくは写真が明瞭であること（27条2項）	◯	◯
簡単な説明の記載（施行細則31条）	◯	×
分割要件違反（施行細則49条1項）	△	◯

（8）部分意匠制度

　部分意匠制度の導入は、専利法第4次改正において特に重要な点である。同法2条は「意匠とは、製品の全体又は局部の形状、図案又はその結合及び色彩と形状、図案の結合に対して行われ、優れた外観を備え、かつ、工業への応用に適した新たな設計を指す」と改正された。これにより、中国において製品の局部も意匠の保護対象となった。

「局部」とは製品から分割不可能な部分を指すが、以下に該当する場合は、部分意匠として保護を受けることができない。

① **製品において分割可能な独立する部分又は完全なデザイン部分を構成できない部分意匠〈審査指南第一部第三章7.4(10)〉**

「製品において分割可能な独立する部分又は完全なデザイン部分を構成できない部分」とは、例えば製品において稜線（りょうせん）で示された部分、任意に分割された部分などが挙げられる。

これらの具体的な定義は審査指南に記載されていないものの、一般的には製品において明確な境界線があり、視覚的に独立した範囲を構成することが可能な部分や、機能的に他の部分から区別可能な部分と解される。

なお、視覚的に独立した範囲と機能的な部分とは必ずしも一致するとは限らない。また、デザイン上の関連性がなければ、1つの部分意匠として出願できない（審査指南第一部第三章9）。

② **保護を受けようとする部分意匠が、単なる模様又は模様と色彩との結合による部分意匠**

これは平面の模様のことであり、例えばオートバイ製品の表面の模様は保護対象とならない。ただし、立体造形の模様の場合は、保護され得る。

③ **組合せ製品の部材**

例えばジグソーパズルの各部材（ピース）は保護対象とならない。ただし、ジグソーパズル部材の全体としては、保護され得る。ジグソーパズルの各部材を組み合わせた1つのジグソーパズル製品としては意匠の保護対象となるが、単なる部材のみの場合は、部分意匠の対象外となる。

（9）国際意匠出願制度

「ハーグ協定」は、中国では2022年5月5日に発効した。それに伴って、

WIPO国際事務局に提出する意匠出願において中国を指定する場合、同国際事務局による形式審査、国際登録及び公開後、中国国家知識産権局の審査段階に入ることとなる。

中国では、主に中国専利法上に定められた意匠に該当するものであるかどうかや、新規性、単一性及び意匠表現の明瞭さなどを審査する。

国際意匠登録は、上記事項に関して中国国内法の規定を満たさなかった場合、国際公開後の12か月以内に拒絶査定通知書を発行する。一般的に、通知書に対する応答期間は通知書を受け取ってから4か月間である。

なお、国際登録意匠に拒絶理由がなかった場合、当該意匠に対して保護する決定を同国際事務局に通知する。

国際登録意匠において新規性喪失の例外を主張する場合、国際公開後の2か月以内に新規性喪失の例外の証明資料を提出しなければならない。

中国国内法の単一性要件を満たさなかった場合、出願人は審査官の意見に基づいて分割出願をすることができる。また、国際公開後の2か月以内に出願人は自発的に分割出願をすることができる。また、国際登録意匠は、中国で権利付与が公告された後、出願人は、中国国家知識産権局に対して国際登録意匠の登記簿謄本を申請することができる。

なお、国際登録意匠の中国における保護期間は、国際登録日から起算して15年である。

（10）GUI意匠制度

2014年5月1日にGUIは審査指南の改正により意匠の保護対象とされた。GUI意匠は初期段階において製品の局部として出願できるが、製品の意匠として捉える見方が強かった。2020年法改正に伴う部分意匠制度の導入やGUI意匠への認識の深化に連れてGUI意匠への保護が強化された。GUI意匠は、その意匠要部がGUIのみにある場合、部分意匠として出願することも可能である。

GUI意匠を部分意匠として出願する場合は、以下のような形式をとることができる。

① GUIが用いられる製品としての出願

この場合、製品のGUIがある正面図を提出し、GUIの意匠の名称もその製品の名称とGUIの名称の両方を含め、意匠の簡単な説明においてGUIの用途を記載することが可能である。

② GUIのみでの出願

GUIが用いられる製品を特定せず、汎用電子設備に用いられる場合、GUIの図面のみを提出し、製品の名称に電子設備とGUIの名称を含め、意匠の簡単な説明においてGUIの用途を記載することが可能である。この場合、部分意匠として扱われる。

(11) 意匠の遅延審査制度

改正専利法施行細則56条は、出願人が出願に対して遅延の審査を請求することができると規定している。意匠出願の遅延審査は、出願の際に行われなければならない。遅延審査は「月単位」で請求することができ、最長は36か月で、遅延審査の効力が生ずる日から起算される。なお、出願人は、遅延審査の請求を取り下げることもできる。

意匠の遅延審査は、デザインが早期に公表されたくない場合を想定して創設された制度であり、秘密意匠制度のない中国においてデザインの公開の遅延を図ることができる。

3．中国意匠制度の沿革

中国意匠制度の沿革は、保護対象の改正以外に、権利付与に関する意匠の審査方法や、侵害事件において、どのように意匠の類否判断を行うかについての試行錯誤が繰り返された、正に「改正の歴史」であったといえよう。

(1) 意匠の類否判断
① 判断主体の一般消費者

中国では、意匠の類否判断の主体は一般消費者としている。一般消費者の知識レベルと認知能力については、以下のように規定している。

　一般消費者は、出願日前に同種の製品又はその類似製品の意匠の状況及び知られた手法（転用、組合せ、置換え）について常識的な理解があり、意匠製品の形状、模様及び色彩を区別する能力を有するが、些細な変化に注意することはないものとされる（審査指南第四部分第五章4）。

　1993年版審査指南において、類否判断の主体は一般消費者とされたが、一般消費者の知識レベルと認知能力を明記せず、専門家や専門技術者ではないとした。2001年版審査指南において、一般消費者を架空の人物とした上で、一般消費者の知識レベルと認知能力、考慮しない要素、一般注意力を明確にした。

　考慮しない要素としては、意匠製品を購入する際に製品の大小、材料、機能、技術的機能及び内部構造などの要素を考慮せず、かつ、デザインのコンセプト、素材及び文字も考慮しないとされた。

　一般注意力とは、一般消費者が専門家や専門技術者ではなく、一般的な注意力で製品のデザインを分別するが、設計要素の些細な変化については注意しなくてもよいことを指す。2004年の審査指南の改正では、一般消費者の定義から「架空の人物」との表現を削除したが、考慮しない要素と一般注意力の規定内容を、一般消費者の知識レベルと認知能力にまとめただけであり、2001年版の審査指南と余り変わっていないものの、一般消費者の概念はほぼ定着した。

　さらに、現行の審査指南では、2010年に一般消費者の知識レベルとしては、知られた製品デザイン手法である転用、組合せ、置換えについて、デザイン手法への「常識的な理解」との内容を加えた。この改正は2008年法改正により意匠権の付与条件に加えた「既存の設計又は既存の設計的特徴の組合せと比べて明らかな違いがある」内容に合わせたものである。

② **判断原則**

1993年版審査指南において、判断方式の間接対比の説明として、以下のような記載がある。

「間接対比とは、2種類の製品を並べて比較せず、看者が時間的又は空間的間隔を置いて比較を行う際に両者の混同を生じれば類似とみなされる」

上記のように、中国における意匠の類否判断は混同説から始まった。

さらに、2001年版審査指南において判断原則を明確に記載した。審査指南第四部分第五章5．判断原則の節には、以下のように表現されている。

「一般消費者が比較される意匠の製品を購入しようとした際に、比較される製品の意匠が見えない状況でその購買及び使用で残った製品の印象をもって先の意匠を比較される意匠に誤認し、混同を生じれば、比較される意匠と先の意匠とは同一又は類似になる。さもなければ同一ではなく、類似もしない」

2004年版審査指南において、混同説をほぼ放棄し、現在の両意匠の「相違点が製品の全体比較効果に顕著な影響を有するかどうか」に変更した。

具体的には、以下のとおりである。

「一般消費者が比較される意匠と先の意匠を比較することで、両者の相違点が製品の全体視覚効果に顕著な影響がなければ、比較される意匠と先の意匠とは類似する。さもなければ、同一ではなく、類似もしない。一般消費者が比較される意匠と先の意匠を誤認・混同すれば、両者の相違が製品の全体視覚効果に顕著な影響を有しない。ただし、両意匠が一般消費者に誤認・混同させなければ、両者の相違点が必ず製品の全体視覚効果に顕著な影響を有することはない」

なお、2006年版の審査指南は2004年版の審査指南と変わらない。2008年改正法は、意匠権付与の条件に「既存の設計又は既存の設計的特徴の組合せと比べて明らかな違いがある」ことを加えた。

③ 意匠の類否判断の方式

1993年版審査指南において、意匠の類否判断は、「肉眼観察、間接対比」「製品の意匠を判断の客体とする」（デザインの創作方法、創作素材、デザインの考え方などを考慮しない。）、「全体観察、総合判断」「製品の見やすい部分を判断の根拠とする」といった手法が確立された。

その中で、間接対比とは、両意匠の製品を並べて対比するのではなく、時間的・空間的に間隔を置いた状態で対比を行い、一般消費者が混同を生ずるならば、両意匠は類似するとした。

　2001年の審査指南の改正により、判断方式には要部判断の手法が加えられ、本件意匠と引用意匠を誤認・混同する場合、両意匠が類似すると判断原則を明確にした。

　製品において、他の部分より明らかに一般消費者の注意を喚起する部分が存在する場合、このような部分は「要部」と呼ばれ、要部の確定において、製品の使用状態、先行意匠及び全体視覚効果に与える影響を考察する。

　また、「製品の見やすい部分」は要部とされ、製品のありふれた部分は要部とされない。さらに、要部と意匠の類否の関係について、本件意匠と引用意匠の要部が類似しなければ、両意匠は類似しない。

　2004年、意匠の審査指南が大幅に改正された。その背景には裁判所と当時の専利復審委員会の意匠類否判断基準の認識が大きく異なっていたことがある。それは、「小型二輪車意匠権無効事件」に反映された。

　小型二輪車無効宣告決定に不服審判の二審〈(2003)高行終字第15号〉において、裁判所は以下のように判断した。

　「小型二輪車の意匠に一般消費者が関心を持つ要部が多く、要部の比較を行った後に全体観察し、総合判断するという方式に従い、小型二輪車意匠の各図面に記載される二輪車の各構成部分を逐一観察して得られる全体印象を、証拠1に記載された先の二輪車意匠の各構成部分を逐一観察して得られる全体印象と比較し、全体において証拠1に記載された先の二輪車意匠より本件小型二輪車の意匠は簡潔・鮮明な印象を受け、証拠1に記載された先の二輪車意匠と異なる美感に富み、かつ、全体観察、総合判断を行う際に要部比較より得られた二者に呈される区別がなくなることもない」

　この事件において、北京高裁は両意匠の類否を検討した際に、要部判断と全体観察、総合判断の両方の方式で判断を行った。

また、オートバイの尾部に取り付けられる荷物箱に関する事件〈(2004)高行終字第144号行政判決〉において、裁判所と審判部は以下のとおり意匠の類否判断方式の見解が異なった。

裁判所は、「オートバイの荷物箱はその全体外形が従来意匠とほぼ同様であり、円滑な流体形状を呈し、かつ、各図面に示される形状も類似し、本件意匠と引用意匠との正面の半月形状の嵌め部材面と模様、箱カバーにおける凹み部の有無は局部における些細な差異であり、このような差異は全体視覚効果に顕著な影響を有することはなく、全体観察、総合判断の形式によれば、二者が類似する意匠を構成しない」と判断した。

本件事件の一審裁判所である北京第一中級裁判所と二審の北京高級裁判所は、「使用状態において見えない荷物箱の底面を除いてその他の部分は要部であるため、本件意匠は複数の要部があり、要部において本件意匠と引用意匠とに差異があり、要部判断方式を適用すれば両意匠が類似しない」と判断した。

上記2つの判決のうち、小型二輪車行政訴訟では、小型二輪車の類否判断において要部判断方式と全体観察、総合判断方式の両方を適用し、荷物箱意匠行政訴訟では、荷物箱の類否判断において審判部と裁判所は異なる判断方式を採用して異なる判断を下している。このように、実際の運用において、要部判断方式への理解には「ズレ」が生じやすく、法律適用も確実性を欠いていたため、2004年版審査指南では、要部について改正を行った。

2004年版審査指南において、要部を確定するには、製品の使用状態、先の同一又は類似製品に見えるデザイン及び全体視覚効果への影響に基づいて確定することとした。使用状態の要素を検討する際に、例えば特定方向で使用者に向く部分は視覚効果に顕著な影響を有するとされた。

上記のような要部の確定に関して、実際に検討された要素は、全体観察、総合判断にも反映されたようである。例えば全体観察や総合判断において、使用時に見えやすい部分は見えにくい部分より全体視覚効果に対して顕著な影響を有する。

製品における部分が当該種類の製品にありふれた部分である場合、その他の部分に比べて顕著な影響を有する。

上記のように、要部判断方式と全体観察、総合判断方式とは、運用上、その境界線が不明確で混乱を招くおそれがあるため、2006年版審査指南の改正の際、要部判断方式を廃棄し、全体観察、総合判断方式に一般化されて定着した。

また、隔離対比方式は、前記小型二輪車意匠行政訴訟、荷物箱意匠行政訴訟のいずれの判決でも触れられず、2004年版審査指南において廃止された。

④ 侵害事件における意匠の類否判断

専利法11条2項は、権利者の許可を受けずにいかなる者も意匠権を実施してはならないと定めている。また、専利法64条2項は、意匠権の保護範囲は、図面又は写真が示された意匠を基準とする。

しかし、専利法が実施されてから長い間、侵害事件においていかに意匠の保護範囲を解釈するかなどについての法的な規定はなかった。

2009年12月28日に、中国最高裁による「専利侵害紛争事件を審理する際に適用する法律に関する若干問題の解釈」が公表され、初めて侵害事件において意匠権の保護範囲をいかに解釈するかの規定がなされた。

当該司法解釈としては、8条ないし11条では意匠権の保護範囲、製品の類否、一般消費者、類否判断において視覚効果に影響を与える要素について規定した。

意匠製品と同一又は類似する製品において意匠権と同一又は類似するデザインを使用する場合、意匠の保護範囲に含まれる。製品の同一又は類否判断や一般消費者についての規定は、権利付与の審査の場合とほぼ同様である。

また、意匠の類否判断において、意匠の全体視覚効果に影響のある部分は、製品において見えやすい部分、ありふれた部分を除く他の部分であり、この点も権利付与の審査の場合とほぼ同様である。侵害と訴える意匠は全体視覚効果において意匠権と差異がなければ類似と判断される。

また、中国最高裁による「専利侵害紛争事件を審理する際に適用する法律に関する若干問題の解釈（その2）」は、意匠の類否判断においてデザイン

空間の観点を加えて、一般消費者による意匠への知識レベル及び認知能力を裁判所が認定する際に、侵害と訴えられた行為が発生した時点で権利付与された意匠に係る同一又は類似製品のデザイン空間を考慮しなければならない。

デザイン空間が大きい場合、一般消費者が両意匠に存在する小さな差異に気付きにくく、デザイン空間が小さい場合、一般消費者が両意匠に存在する小さな差異に気付きやすい。デザイン空間は侵害判定に関する司法解釈に規定されているものの、意匠の権利付与審査の場合も適用されている。

4．中国意匠制度の課題

中国専利法は、中国改革開放に伴って制定され、中国経済の発展、主要工業国の制度との調和を図って発展してきたものである。GUI意匠制度の導入や部分意匠制度の創設など、意匠の保護対象を拡大してきたが、例えば建物の内装やコンピュータに表現される単なる画面などは依然として保護の対象外である。

GUIは意匠の保護対象とされてから、手厚く保護されるまでに長い時間がかかった。今後、部分意匠制度が導入されたとしても、部分意匠の権利付与審査や権利行使の際、いかに類否判断をするか、その保護範囲の確定には依然として不明なところが多い。これらは将来の課題になるのであろう。

5．おわりに

著者は、2001年に意匠権審決取消行政訴訟の代理人として意匠の仕事を初めて担当し、それ以来、20年余りが過ぎた。そのうち、国際的法律との調和、中国の発展によるニーズに合わせて意匠制度も改正されたところが多い。

その変化の経験者として意匠制度の沿革をまとめれば、史料として有益ではないかと考えていたところ、今回、藤本昇先生の喜寿記念論文集に執筆する機会をいただいた。日本の法曹界において高名な藤本先生への喜寿祝いとして拙作をしたが、読者にとって何らかの役に立てれば幸いである。

アフリカの知財制度と農作物のブランド化～その可能性と課題をめぐる考察～

関西大学 法学部 教授　山名 美加

1．はじめに

　2000年度以降、アフリカは、世界平均を上回る経済成長率を遂げてきた。そして、2023年度に14億人とされた人口は2050年には25億人を超え、中国やインドを上回ると予想される。

　また、2021年1月からは、アフリカ大陸自由貿易圏（AfCFTA）が始動し、アフリカ全域での共通市場化が現実のものとなることから、アフリカの成長には世界から期待が寄せられている。

　しかし、一方で、我々は世界の絶対的貧困層（世界銀行で定められた国際貧困ライン1日当たり1.90ドル未満で生活している者）の半数以上がサブサハラ・アフリカ（サハラ砂漠以南のアフリカ）に居住しているとされる現実にも目を向けなければならない。

　世界銀行の2019年12月20日報告書では、2015年の世界の絶対的貧困層7億3600万人の半数が、南アジアとサブサハラ5か国（インド、ナイジェリア、コンゴ民主共和国、エチオピア、バングラデシュ）に集中していると報じられた。この5か国に他のサブサハラ地域を含めると世界の絶対的貧困層の約85％がそこに居住していることになる（図表1）。

　つまり、サブサハラは、依然として深刻な貧困問題を内在化した地域であり、現在、世界が2030年の達成に向けて目指すSDGs（Sustainable Development Goals：持続可能な開発目標）実現の成否は、いかにサブサハラが持続可能な成長モデルを描きつつ、この絶対的貧困問題解消に乗り出せるのかにかかっているといっても過言ではない。

図表1　世界における貧困層の地域的分布（2015年）

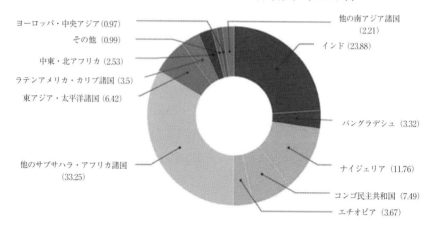

出所：World Bank"Year in Review: 2019 in 14 Charts"（2019）

　そして、アフリカの課題は、その食料自給率の低さにもある。国連貿易開発会議（UNCTAD）のデータによると、2016年から2018年の間をみても、アフリカは主要な食料の82％をアフリカ域外から輸入し（東アフリカにおいては小麦の82％以上を輸入に依存）、年間の輸入額は、約350億ドル、2025年までにその額は、1100億ドルに達すると試算される[1]。

　2021年には、サブサハラでは雇用者の52％が農業に従事し、持続可能な農業生産に適した世界の土地の45％がアフリカにあるとされたが、1人当たりの農業における生産性が最も低いのがアフリカである[2]。そして、アフリカでは、貧困であればあるほど、輸出用のコーヒーやココア、コットンシードオイル等の作物の換金作物の栽培を重視し、主食である小麦やコメ等の穀物は輸入に依存するため食料自給率が上がらないという構造的課題も抱える。

　食料自給率が極めて低いこと、主食穀物の生産性が低いという課題解決のためには、気候風土に適した品種改良や、市場に農作物を配送するインフラ

---

[1] UNCTAD "COVID-19: A threat to food security in Africa"（Aug 11, 2020）, Paul Akiwumi, "Revitalizing African agriculture: Time for bold action", UNCTAD（30 September 2022）, https://unctad.org/news/blog/revitalizing-african-agriculture-time-bold-action
[2] ibid.

の改善、貿易障壁、関税障壁の除去、土地所有権の明確化、農民への技術指導や融資等、多くの課題を克服する手法がこれまでも検討されてきた。しかし、何よりも、食料自給率を向上させるためには、主食である穀物の栽培も重視した農業全般の改革、発展に注力する必要がある[3]。

しかし、一方でアフリカでは農業は2030年までに8800億ドル規模の産業への成長が見込まれるという予測もある。そして、肥料、種子、農薬といった川上と細粒化、バイオ燃料、他の食品加工といった川下をつなぐ新たなバリューチェーン（価値連鎖）が構築できれば、更に2750億ドル規模の収益が期待できるとの試算もある[4]。つまり、農業分野での改革次第で、アフリカは、食料問題の改善とともに農業を経済成長を上昇させる産業に育てることができる可能性があるのである。

では、その農業分野の改革のためには、何が必要となるのであろうか。農業分野の改革には、各国の農業インフラの整備、構造改革等、取り組まなければならない課題は多い。しかし、食料自給率向上や、農産物自体の付加価値化を考える上で、著者は「知財（知的財産権）の活用」こそが重要なキーワードになると考える。けれども、アフリカにおいては、「知財」は、まだまだ産業発展の中核には組み入れられておらず、まして、農業分野においての「知財の活用」となると、更に道のりは遠いようにもみえる。

しかしながら、アフリカにおいても「知財の活用」で、産業発展の可能性を模索する諸国は台頭し始めている。そして、特に農業分野においては、農業の発展に知財の活用を重視する傾向が少しずつではあるがみられる点、また、アフリカ連合（AU；African Union）そのものが、知財を活用した農産物の付加価値化方針を打ち出してきている点は注目すべきである。

---

[3] 世界銀行等も主食穀物については、アフリカ域外からの輸入依存から域内でfonio, teff, sorghum, amaranth, millet等の現地穀物の積極的な域内取引への転換とそれによる雇用の創出を推進している。Monir Ghaedi,"Why is Africa dependent on imported grain?" (June 22 2022) https://www.dw.com/en/with-vast-arable-lands-why-does-africa-need-to-import-grain/a-62288483

[4] McKinsey Global Institute "Lions on the move: The Progress and Potential of African Economies(2010)"p.8.

著者が所属する関西大学においても、大学院法学研究科では、2015年度より、日本の対アフリカ政策の一環として国際協力機構（JICA）により実施されてきたABEイニシアティブ（アフリカの若者のための産業人材育成イニシアティブ）プログラムの下、毎年、留学生を受け入れてきたが、弁護士や裁判官、行政官である彼らの研究テーマも、ほぼ全てが「知財を活用していかにアフリカを発展させるか」であり、その産業発展の主軸には必ず農業が挙げられている。

アフリカにとって、「農業」こそが、その持続可能な発展の基礎に位置付け始められているといっても過言ではなかろう。アフリカ農業の発展において「知財」は何ができるのか、それが本稿における問いである。

本稿では、まずはアフリカにおける知財制度の現状と課題について検討する。そして、少しずつではあるが、新たな知財活用の事例が登場している農産物に焦点を当て、アフリカにおける農産物ブランド化の可能性と課題について論じたいと考える。

2．アフリカ広域知的財産機関（ARIPO）と アフリカ知的財産機関（OAPI）

（1）ARIPO

アフリカにおける知財制度の課題を検討する前提として、アフリカに存在する2つの地域知財庁について振り返りたい。1つ目は、英語圏のアフリカ諸国を主たる加盟国とするARIPOである。その前身はESARIPO（Industrial Property Organization for English Speaking Africa）と称されていたが、1972年に世界知的所有権機関（WIPO）と国連の著作権会議に参加していた諸国間で、英語圏アフリカの地域知的財産庁を設立し、地域特許制度の発展を試みたことにその起源がある。その後、全てのアフリカ統一機関〈OAU：Organization of Africa Unity、後にアフリカ連合（AU）〉の加盟国に加盟を開放したことに伴い、名称をESARIPOからアフリカ地域工業所有権機関（African Regional Industrial Property Organization）に改めた。

そして、その後、再度名称変更を行い、アフリカ広域知的財産機関（African Regional Intellectual Property Organization）となった。本部はジンバブエのハラレであり、22か国から構成される（2024年6月10日現在）[5]。

　ARIPOを設立するに当たり、ルサカ協定が1976年ザンビアのルサカで締結されたが、特許、実用新案、意匠については1982年12月10日に採択されたハラレ議定書、商標については1993年11月19日にガンビアのバンジュールで作成されたバンジュール議定書、さらに、伝統的知識、フォークロアについては2010年にナミビアのスワコプムント議定書[6]、著作権については2021年にウガンダのカンパラ議定書がARIPO所管の条約として締結されている。

　ARIPOシステムの特徴は、各国の知財制度と併存する形の地域知財システムであるという点である。例えば特許については、ARIPO事務局に提出された特許出願は、ハラレ議定書及び同施行規則に基づいて事務局において実体審査がなされ、事務局により特許が付与されるという判断が出た場合、事務局は指定国にその旨を通知し、指定国はその通知日より6か月以内であれば、各領域内で当該特許が効力を有しないものである旨を書面により事務局に通知できることになっている。すなわち、指定国は、事務局からの通知に対して、6か月の応答期間を有することになり、その間に、指定国から事務局に特許化しないという通知が行われなければ、特許は有効なものとして、ARIPO事務局により公開されることとなる（ハラレ議定書3条(6)(7)）[7]。そして、事務局が付与した特許は、それが維持されている限り、各指定国内で登録、付与された特許と同じ効力を有するが（同3条(11)）、一方で、各

---

[5] ARIPO加盟国22か国（2024年6月末現在）は以下のとおり。ボツワナ、カーボベルデ、エスワティニ、ガンビア、ガーナ、ケニア、レソト、リベリア、マラウイ、モザンビーク、モーリシャス、ナミビア、ルワンダ、セーシェル、サントメ・プリンシペ、シエラレオネ、ソマリア、スーダン、タンザニア、ウガンダ、ザンビア、ジンバブエ。ただし、ソマリアとモーリシャスはハラレ議定書（特許及び工業意匠に関するハラレ議定書）を批准していない。
[6] 同議定書は、ARIPO締約国における現地の又は伝統的な地域社会又は個人の伝統的知識及びフォークロアの保護とともに、当該伝統的知識及びフォークロアについての利用許諾の規制を規定している。
[7] 一方で、事務局が出願を拒絶した場合であっても、出願人は、当該拒絶に関する通知を受けてから3か月以内であれば、当該出願をいずれかの指定国の国内法に従って行われた出願として取り扱うよう請求することができる（ハラレ議定書3条(8)）。

指定国において、強制実施権、公益に関わる特許発明の権利の喪失又は利用に関しては、国内法の規定に従うものとなっている（同3条(12)）。

　特許だけでなく、実用新案、意匠、商標についても、各加盟国では、国内の知財庁に各々出願することでも登録が行われるが、ARIPO出願によれば実用新案、商標、意匠についても特許同様に、ARIPOでの審査（実用新案は実体審査、商標と意匠は方式審査）を経て、各指定国に対する通知がなされ、各指定国からの拒絶通知がARIPOに対して所定の期間内（実用新案は6か月、商標は9か月、意匠は6か月）に行われ、それらは加盟国内において付与された実用新案、商標、意匠と同じ効果を有するとされる。ARIPOへの知財出願件数の推移は図表2のようになっている。コロナ禍での影響もあるとは思われるが、伸び率も低調（実用新案、意匠は減少傾向）である。

図表2　ARIPOへの知的財産権出願の推移

年	特許		実用新案	商標	意匠	
2018	831	PCT 772	42	368	111	日本から7
		日本から25				
2019	868	PCT 816	23	408	76	日本から1
		日本から41				
2020	754	PCT 705	14	342	87	日本からデータ無
		日本から49				
2021	833	PCT 791	12	510	85	日本からデータ無
		日本から29				

出所：ARIPO Annual Report 2022 WIPO IP Statistics
注：PCTとは特許協力条約を経由した出願を示す。

（2）OAPI

　2つ目は、アフリカのフランス語圏では、1977年のバンギ協定（Bangui Agreement）により設立されたアフリカ知的財産機関（OAPI：Organisation Africaine de la Propriété Intellectuelle）であり、加盟国は17か国（2024年6月5日現在）である[8]。OAPIの前身は、アフリカの旧フランス植民地国によって

締結されたリーブルヴィル協定の下で1962年9月に設立された「アフリカ及びマラガシイ知的財産局（OAMPI）」であるが、同知的財産局は1977年3月制定のバンギ協定により改名され、OAPIが誕生した。本部はカメルーン首都のヤウンデに置かれている（ただし、同組織の使用言語はフランス語と英語である。）。

OAPIが所管するのは、特許、実用新案、意匠、商標、商号、地理的表示、著作権、不正競争、回路配置、植物新品種登録であるが、OAPIの特徴は、その加盟国においては、知財を管轄する官庁が未整備な国が多いため、OAPI自体が、各国の知財庁的な役割を担っているところにある。つまり、OAPIへの出願は、自動的に全加盟国に対する出願として扱われ、権利の効力も加盟国全域に及ぶこととなる。海外からの国際出願においても、指定できるのはOAPIのみである[9]。OAPIにおける特許、実用新案、商標、意匠の出願件数の推移は以下のとおりである。

図表3　OAPIへの知的財産権出願の推移

年	特許		実用新案	商標		意匠
2018	551	PCT 772	42	6658	域内から4184	275
		日本から25			マドリッド 2474	
2019	514	パリ条約 108	16	7236	域内から4255	245
		PCT 406			マドリッド 2981	
		日本から20（PCT 19、パリ1）				

出所：OAPI ANNUAIRE STATISTIQUE 2019

注：パリ条約とはパリ条約を利用した出願、PCTとは特許協力条約を利用した出願、マドリッドとはマドリッド協定議定書を利用した出願を示す。

---

[8] OAPI加盟国17か国（2024年1月末現在）は以下のとおり（ベナン、ブルキナファソ、カメルーン、中央アフリカ、コモロ、コンゴ共和国、コートジボワール、ガボン、ギニア、ギニアビサウ、赤道ギニア、マリ、モーリタニア、ニジェール、セネガル、チャド、トーゴ）。
[9] OAPI自体はマドリッド協定議定書に2015年3月5日に加盟したが、バンギ協定の規定上、国際登録に根拠が定められていなかったため議定書の効力が有効に発生しない状態であった。それに対応すべく国際登録に関わる規定が2022年1月施行法で導入されている。バンギ協定自体は、TRIPs協定の履行を実現するために1999年に改正され、さらに、2015年には、地理的表示、著作権、不正競争、植物新品種登録関係（2020年11月14日施行）、商標、意匠、商号関係の改正がなされている（2022年1月2日施行）。

OAPIシステムにおいては、侵害訴訟、権利の無効化（利害関係者なら何人も可能）は、各加盟国の管轄裁判所に提起できるが、権利の有効性に関わる加盟国の司法判断は、公序良俗を理由とする以外は、全加盟国に影響を与えると考えられる。出願における実体審査は、特許（施行日未定）、商標（絶対的拒絶理由に関する実体審査は2022年1月より施行）については行われることになったが、実用新案、意匠は方式審査のみである。

バンギ協定の2015年改正では、TRIPs協定が認めた「柔軟性」[10]を利用すべきというスタンスから、強制実施、ボーラー条項、並行輸入（国際消尽）、特許権に対する異議申立て（いかなる利害関係人も特許無効を裁判所に求めることができる旨）も明文化されたが、改正法の施行自体が遅れており、運用実態が明確でない点、域外からの不安は大きい。OAPIにおいても、ARIPO同様、同機関の報告書が毎年発行されてはいるものの[11]、ARIPOに比してデータが網羅的でないこともあり、総じてARIPOよりも知財の権利化、活用の推進という点で制度的な遅れを感じざるを得ないのが現状である。

（3）2つの知財庁とそのPAIPO構想

アフリカの知財制度を語る上で、欠かせない2つの地域知財庁を述べてきたが、最大の課題は、アフリカ大陸の経済規模から見たビッグ5〈GDP（国内総生産）ベース経済規模ランキング〉とされるナイジェリア（世界銀行統計によると2020年度で4322億ドル）、エジプト（同3631億ドル）、南アフリカ（同3019億ドル）、アルジェリア（同1452億ドル）、モロッコ（1128億ドル）がARIPO及びOAPIどちらの知財庁にも加盟していないという点である。

---

[10] 途上国側の事情にも配慮し、TRIPs協定においては、規定に幾つかの柔軟性が残されており「TRIPsの柔軟性」と呼ばれている。主要なTRIPsの柔軟性として、①経過措置期間、②強制実施権、③並行輸入の許容、④特許権の例外、⑤特許対象からの除外、⑥データ保護の限定、⑦ライセンス契約による反競争的行為の競争政策による規制がある。Caroline B. Ncube, Intellectual Property Law in Africa,：Harmonizing Administration and Policy , Routledge, London and New York, 2023,pp18-28

[11] 年次報告書から特許、商標、意匠、地理的表示、植物新品種、商号のそれぞれの年ごとの登録について閲覧できるシステムになっている。http://oapi.int/index.php/fr/component/k2/item/810-bulletin-officiel-de-la-propri%C3%A9t%C3%A9-industrielle-bopi

さらに、アフリカには、東南部アフリカ市場共同体（COMESA加盟国数21）、アラブ・マグレブ連合（AMU加盟国数5）、東アフリカ共同体（EAC加盟国数8）、西アフリカ諸国経済共同体（ECOWAS加盟国数15）、中部アフリカ諸国経済共同体（ECCAS加盟国数11）、南部アフリカ開発共同体（SADC加盟国数16）といった地域経済共同体が「スパゲティボール」[12]といわれるがごとく乱立しているが、同じ経済共同体内でも特にECOWASでは、ARIPO、OAPI加盟国が併存しており、知財制度の地域的調和が図られているとはいえない現状がある（図表4）。

図表4　各経済共同体におけるARIPO又はOAPIへの加盟状況

東アフリカ共同体 （EAC）8か国	西アフリカ諸国経済共同体 （ECOWAS）15か国	南部アフリカ開発共同体 （SADAC）16か国
ブルンジ　未加盟	ベナン　OAPI	アンゴラ　未加盟
ケニア　ARIPO	ブルキナファソ　OAPI	ボツワナ　ARIPO
ルワンダ　ARIPO	カーボベルデ　ARIPO	コンゴ民主共和国　未加盟
ウガンダ　ARIPO	コートジボワール　OAPI	レソト　ARIPO
タンザニア　ARIPO	ガーナ　ARIPO	マダガスカル　未加盟
コンゴ民主共和国　未加盟	ギニア　OAPI	マラウイ　ARIPO
南スーダン　未加盟	ギニアビサウ　OAPI	モーリシャス　未加盟
ソマリア　未加盟	リベリア　OAPI	モザンビーク　ARIPO
	マリ　OAPI	ナミビア　ARIPO
	ニジェール　OAPI	セーシェル　未加盟
	ナイジェリア　未加盟	南アフリカ　未加盟
	セネガル　ARIPO	エスワティニ　ARIPO
	シエラレオネ　ARIPO	（旧スワジランド）
	ガンビア　ARIPO	タンザニア　ARIPO
	トーゴ　OAPI	ザンビア　ARIPO
		ジンバブエ　ARIPO
		コモロ　未加盟

出所：2024年1月末現在で著者作成

---

[12] Bruce Byiers, Sean Woolfrey, Alfonso Medinilla and Jan Vanheukelom、"The political economy of Africa's regional 'spaghetti bowl'" PEDRO Synthesis Report, May 2019, https://www.researchgate.net/publication/367191501_The_political_economy_of_Africa's_regional_'spaghetti_bowl'

それらの課題を解消し、アフリカ経済規模トップ２にある南アフリカとナイジェリアをも引き込んでの統一知財庁の設立は、アフリカの悲願でもあると思われる。AUは、その前身であるOAU発足50周年に当たる2013年にその後50年間のAUの開発目標を示した「アジェンダ2063」を発表したが[13]、同アジェンダの最初の10年計画（2013年～2023年）でも、アフリカにおける統一知財庁に当たる汎アフリカ知的所有権機関（PAIPO：Pan-African Intellectual Property Organization）設立が計画され、2023年までの始動が予定されていた。AUは、その後PAIPO設立法を2016年１月31日アディス・アベバで採択にまで進めたが[14]、署名国は６か国（チャド、コモロ、ガーナ、ギニア、シエラレオネ、チュニジア）のみで批准国がなく、PAIPO構想は現実には挫折している[15]。AU側がARIPO及びOAPIからの十分な理解を得られなかったことに同構想が挫折した最大の理由があるようである。

　PAIPOの重要性はおおむね共有されてはいるようであるが、PAIPO設立法には批判的な見解が強く示されている。批判点としては、同設立法自体が各国の知財庁の役割、ARIPO及びOAPIの自立性は認めたまま、アフリカ全土の知財制度の近代化と調和の必要性、知財管理の効率化等に言及するだけで、2007年に採択されたWIPOのDevelopment Agenda（DA）[16]で言

---

[13]「アジェンダ2063」は2063年までのアフリカの政治、経済、社会に関する長期的なビジョンを示すものとして、2015年１月31日、AU首脳会合で採択された。具体的には、包括的成長、統合された大陸、平和と安定等を軸とした７つの抱負（Aspirations）、20の目標、その目標達成のためにアフリカ域内貿易倍増を目指すアフリカ大陸自由貿易圏（AfCFTA）の設立など、15の旗艦プロジェクトが最優先事項として提示された。
[14] PAIPOの本部は、チュニジアに置かれ、公用語はAU公用語（英語・スペイン語・アラビア語・フランス語・ポルトガル語・スワヒリ語）とされている。そして、その任務としては、知財及びアフリカにおいて知財に関わって生じる問題を所管するとともに、諸国の経済、文化、社会及び技術的発展のためのツールとしての知財制度の効果的利用を促進するものとし、さらに、AUの加盟国、地域経済共同体（RECs）、ARIPO及びOAPIのニーズを反映した知財スタンダードを定めるものとされている（PAIPO設置法＝Statute of the Pan African Intellectual Property Organization 第３条）。
[15] Caroline B. Ncube, Intellectual Property Law in Africa,：Harmonizing Administration and Policy ,op.cit., p195.
[16] WIPO Doc IIM/3/2 Rev.31 July 2005
なお、PAIPO構想については、以下のDAのパラグラフ６及び７との整合性も問われるところである。パラグラフ６では、「アフリカグループは、知財が途上国の創造性、イノベーション、経済発展を促す上での重要な役割を果たし得ること及び果たしていることを認識している」とした上で、「それらの重要性を理解する一方で、知財は発展に向けての多くの手段の一つであることも

及されている「知財は目標そのものではなく、社会、経済、文化的発展というより大きい公的目標に資する手段である」というようなアフリカが世界に向けて提言してきた理念が明確に示されていないこと等が挙げられる[17]。

さらに、PAIPO構想への批判は、TRIPs協定との関わりからもなされている。すなわち、なぜPAIPO構想には、TRIPs協定7条の目的[18]や8条の原則[19]に明文化された途上国側の主張すら盛り込まれないのか[20]、更に前述したTRIPs協定が認めた「柔軟性」やアフリカの悲願である公衆衛生問題への言及もなぜなされないのか等の点で批判がある[21]。

PAIPO構想の実現を考える上で重要になると思われるのが、これまでアフリカグループから示されてきたニーズ、具体的にはミレニアム開発目標(MDGs)、アフリカ開発のための新パートナーシップ(NEPAD) Plan of Action、WIPOのDA等で示されてきたアフリカの発展に即した知財の制度設計へのニーズがいかに盛り込まれていくのかであろう。しかしながら、現時点では、アフリカの統一知財庁設立を目指すPAIPO構想の実現には、「道のり遠し」という印象を受ける。

強調すべきである。知財は、後発開発途上国(LDC)諸国を含めて全ての途上国にとって、特にその人的資源及び天然資源を使った生産力の促進という側面で、道理にかなった経済発展への望みを支援し、それを高めさせるものでなければならない。それゆえに、知財は、正に経済発展のツールとなることで、個々の国々の発展に対して、賛辞の対象(complimentary)であり、その努力の妨げであってはならない」(パラ7)として、アフリカグループの知財制度観が述べられている。

[17] Caroline B. Ncube and Eliamani Laltaika "A new intellectual property organization for Africa?"p.4. https://open.uct.ac.za/server/api/core/bitstreams/2ad1d428-c63a-42d0-9a11-f40a411bb091/content

[18] TRIPs協定7条　知的所有権の保護及び行使は、技術的知見の創作者及び使用者の相互の利益となるような並びに社会的及び経済的福祉の向上に役立つ方法による技術革新の促進並びに技術の移転及び普及に資するべきであり、並びに権利と義務との間の均衡に資するべきである。

[19] TRIPs協定8条(1) 加盟国は、国内法令の制定又は改正に当たり、公衆の健康及び栄養を保護し並びに社会経済的及び技術的発展に極めて重要な分野における公共の利益を促進するために必要な措置を、これらの措置がこの協定に適合する限りにおいて、とることができる。(2) 加盟国は、権利者による知的所有権の濫用の防止又は貿易を不当に制限し若しくは技術の国際的移転に悪影響を及ぼす慣行の利用の防止のために必要とされる適当な措置を、これらの措置がこの協定に適合する限りにおいて、とることができる。

[20] Caroline B. Ncube and Eliamani Laltaika, op.cit.,p.5, Caroline B. Ncube, *Intellectual Property Law in Africa: Harmonizing Administration and Policy*, op. cit., p.205.

[21] Brook K. Baker, "Intellectual Property Policy Incoherence at the African Union Threatens Access to Medicines -Proposed Pan-African IP Organization a Terrible Idea" September 26, 2012, AfricaFocus Bulletin, http://www.africafocus.org/docs12/ip1210.php

そうなると、アフリカの知財制度の発展は既存のARIPOとOAPI機能の更なる充実化という点に帰着せざるを得ないであろう。しかし、既に見てきたように、特に特許、実用新案、意匠分野での出願件数の現状からは、知財活用という点では、アフリカはまだまだ萌芽的な域にあることは否めない。では、知財活用という点で、アフリカの現状は暗いままなのか、という疑問に突き当たる。

しかしながら、冒頭でも問題提起してきた農業との関わりでは、商標や地理的表示（GI）という知財を活用したアフリカの新たな試みが垣間見え始めている。すなわち、アフリカの農作物のブランド化に、知財というキーワードが大きな役割を担い始めているようにも思えるのである。

3．アフリカにおける農産物のブランド化と知財
（1）エチオピアによる「商標登録・ライセンス・イニシアチブ」

その代表的な事例としては、エチオピアの海外における積極的な商標権取得によるコーヒーのブランド化政策が挙げられるであろう。新型コロナウイルス感染症の世界的拡大、そして、2020年11月からの連邦政府と同国北部ティグレ州を拠点とする政党ティグレ人民解放戦線（TPLF：Tigray People's Liberation Front）との間での戦闘激化の影響により、GDP成長率は近年陰りが見られるものの（2022年のGDP成長率は5.3％：世銀統計）[22]、同国が、2004年から2019年までの間、年率約10％近いGDP成長率を示してきたことから、成長するアフリカの象徴的な存在であったことは否めない[23]。

また、アフリカで唯一、植民地化された経験のない国であり、アフリカ55か国から構成されるAU本部が置かれていることからも、エチオピアは自立し、成長するアフリカの象徴という側面を有する国でもある。

一方、2013年10月末に国際通貨基金（IMF）はその調査報告書 "Regional Economic Outlook Sub-Sahara Africa：Keeping the Pace" において、1995

---

[22] https://data.worldbank.org/?locations=ET-XM
[23] ただし、国連開発プログラムのHuman Development Report(2005)によれば、同国経済は177か国中170番目であり、人口の25％が1日1ドル以下で生活する貧困層に該当するとされる。高度経済成長を遂げつつも、依然として最貧国との位置付けにある点は認識しておくべきである。

年以降、アフリカで最も急成長を遂げている12か国のうち、8か国は天然資源に依存していない国であること、つまり、最も急成長を遂げているアフリカの国々は、実際は非天然資源国であって、それらの国々では、マクロ経済政策の改革等により、産油国以上のスピードで成長を遂げ、その成長も安定が見込まれると示した。そこで示された、非天然資源国のうちの安定した高度経済成長率を示す国の代表もエチオピアであった。

そのエチオピアの特筆すべき知財政策の一つが主要産品であるコーヒー豆のブランド化であるといえよう[24]。エチオピアは、世界のコーヒー生産量の5％、サブサハラ産コーヒーの30％を産出するコーヒー大国であり、同国の輸出額の35％がコーヒーにより占められていることからも、コーヒー産業は、同国の経済の根幹と位置付けられる[25]。その中でも代表的な「シダモ」と名付けられたコーヒー豆は米国のスターバックスでは1ポンド当たり約26ドルで販売されていた。

しかしながら、シダモを生産するエチオピアの農家は1ポンド当たり1.45ドルしか得ることができず、その格差は約18倍でもあった[26]。エチオピア政府は、その格差を少しでも是正すべく、シダモ等のコーヒー豆の名称を権利化し、ライセンスを通して、その価値連鎖をコントロールすべく、2004年から"Ethiopian Coffee Trademarking and Licensing Initiative"という商標登録・ライセンス・イニシアチブという政策を展開し始めたのである[27]。

---

[24] https://fpif.org/starbucks_v_ethiopia/
[25] Ashhan Arelan and Christoper P. Reicher, "The Effects of the Coffee Tradmarking Initiative and Starbucks Publicity on Export Prices of Ethiopian Coffee", *Journal of African Economies*, Vol. 20. Number 5, .23 June 2011p.705。
[26] Donald DePass , "Starbucks vs. Ethiopia: Corporate Strategy and Ethical Sourcing in the Coffee Industry" Case Studies in Ethics: Teaching Notes, The Kenan Institute for Ethics, Duke University 2011, p.3.
[27] WIPO, "The Coffee War: Ethiopia and the Starbucks Story",
https://www.wipo.int/web/ip-advantage/w/stories/the-coffee-war-ethiopia-and-the-starbucks-story しかしながら、本政策の背景には、スターバックスが、Shirkina Sun-Dried Sidamoという商標を2004年に独自に取得しようと試み、それに対するエチオピア政府の反発が発端にあるとされている。Donald DePass ,op.cit..p.2.
しかし、同政策を推進するに当たっては、エチオピア政府は国外からの協力も得ている。コーヒー豆の小売価格引上げシステムの立ち上げにはワシントンD.C.に本拠を置くLight Years

エチオピア政府は、まず2006年、米国で商標登録出願を行った。米国特許商標庁（USPTO）によりイルガチェフ（Yirgacheffe）の商標はすぐに登録されたものの、米国のスターバックスを含む全米コーヒー協会（National Coffee Association）は、ハラー（Harar）、シダモ（Sidamo）という名称は既に米国において一般的な名称になっているという理由から、商標登録されるべきではないと異議を示した。全米コーヒー協会からの異議申立てを基に、USPTOもエチオピア政府の登録申請を一度は拒絶したものの、エチオピア政府は諦めずに申立てをし、最終的には、ハラー、シダモについても、商標権を取得することに成功した。そして、商標権の使用契約締結に難色を示していたスターバックスとも2007年6月20日、使用契約に合意するに至っている[28]（ただし、エチオピア政府は登録商標については、より広く当該コーヒーを宣伝し、そのブランドをアピールする目的から、ライセンス使用料を無償とする戦略を打ち出している。シダモの商標が認められた直後から2009年半ばまでに締結された商標使用契約の数は、北米、欧州、日本、南アフリカにおいて総計100件に上るとされる。）[29]。

なお、日本の特許庁においても、2005年9月「シダモ」についての商標出願がなされた（指定区分第30類）。一度は商標登録が認められたものの、その後、特許庁は全日本コーヒー協会の無効審判請求に基づき、「本件商標が取引業者又は一般需要者に単に商品の産地又は品質を表示するものと認識

IP（LYIP）が協力したとされる。Aslihan Arslan and Christoper P. Reicher, "The Effects of the Coffee Tradmarking Initiative and Starbucks Publicity on Export Prices of Ethiopian Coffee",op.cit.,p.705.

[28] Oxfam Americaによるキャンペーン（2006年12月16日を「スターバックスへの抗議の日」と宣言し、貧しいコーヒー農家の生活を改善する取組を尊重するようにとスターバックスの商標使用契約締結を促すキャンペーン）がスターバックスにかなりの影響を与えたといわれる。Oxfamキャンペーン終了までに10万人がスターバックスに抗議を行ったとされている。Aslihan Arslan and Christoper P. Reicher, ibid.p.711
ただし、商標登録という事実のみで商標が付された産品価格が上昇するという因果関係には疑問の余地があり、Oxfamキャンペーンのような大企業の行動に変革を求める世界的な運動を伴ったことが、3商標が付されたコーヒー豆価格を上昇させたとみるべきではないか、エチオピアの商標登録・ライセンス・イニシアチブ自体の効果はまだ限定的なものであるのではないかとする分析もある。ibid.,p.725.

[29] WIPO, " The Coffee War: Ethiopia and the Starbucks Story", op.cit.

される可能性があるから、商標法3条1項3号にいうその商品の産地又は品質を普通に用いる方法で表示する標章のみからなる商標に該当する」として、登録を無効とする審決を行った。それに対して、同政府は、当該審決を不服として知財高裁に審決取消訴訟を提起した。知財高裁は「シダモ」の商標が「コーヒー、コーヒー豆」について用いられた場合、「取引者・需要者は、コーヒー豆の産地そのものというよりは、コーヒー又はコーヒー豆の銘柄又は種類、すなわちエチオピア産（又はエチオピアのシダも地方産）の高品質のコーヒー豆またはそれによって製造されたコーヒーを指すものと認識すると認められ」「本件商標は、自他識別力を有するものであるということができる」として、エチオピア政府の主張を認め、商標登録を無効とした特許庁審決を取り消している（知財高判平成22.03.29 判時2080号80頁ほか）[30]。

エチオピア政府は、外国における他の産品での商標登録にも積極的であり、日本には、2016年に"ETHIOPIAN HIGHLAND LEATHER"を商標登録（指定区分第18類）している。国土の大部分が標高2000mとされる同国で飼育されるヒツジ等の皮革は世界最高級と評されるが、その皮革製品を、日本で本格的に販売すべく、商標登録を行ったと思われる。産品のブランド力向上を商標登録により後押ししようとする同国政府の姿勢がそこには垣間見える。国外でも積極的に産品を商標登録することでブランド力向上を図るエチオピア政府の戦略は、他のアフリカ諸国にも大きな指針を与えるであろう。

（2）モザンビーク及びカメルーンにおける地理的表示（GI）登録

一方で、地理的表示（GI）制度の活用もアフリカにとっては大きな意味

---

[30] ただし、知財高裁は「本件商標は、これをその指定商品中『エチオピア国シダモ地方で生産されたコーヒー豆、エチオピア国シダモ地方で生産されたコーヒー豆を原材料としたコーヒー』以外の『コーヒー豆、コーヒー』について使用するときは、商品の品質について誤認を生じさせるおそれがあるから、商標法4条1項16号が規定する『商品の品質の誤認を生ずるおそれがある商標』に該当するとの審決の判断に誤りがあるということはできない」と特許庁の判断を一部認容している。なお、本件についての評釈として、鷹取政信「判例時報」2099号188-198頁[2011]、加藤暁子「商品の産地又は品質を表す商標に当たらないが、品質の誤認を生ずるおそれがある商標に当たるとされた事例─エチオピア・コーヒー事件」（「知財管理」62巻6号821-831頁[2012]）がある。

を持つと考えられる。GI制度では、長年培われた特別な生産方法や気候・風土・土壌等、当該生産地の特性により高い品質と評価を獲得するに至った産品の名称が知的財産として保護される。豊かな生物資源と伝統を継承してきたアフリカの農産物においてもこの制度の活用余地は大きいはずである。

　日本においては、2014（平成26）年に「特定農林水産物等の名称の保護に関する法律」（地理的表示法）が制定され、農産物のブランド価値を高める制度として定着を見てきた。2024（令和6）年3月27日現在では日本全国で145産品が登録されている。GIを申請できる主体は、生産・加工業者等の団体であるが、申請に当たっては、品質基準を定める必要がある。既存の商標（地域団体商標）では、品質管理は、商標権者の自主性によるものであるが、GI制度の下では、品質管理は登録をした生産者団体が行い、行政側のチェックも義務付けられている。そして、不正使用に対する取締りも行政が行う（日本の場合は、酒類は国税庁、それ以外の産品は農林水産省が取り締まることとなっており、5年以下の懲役又は500万円以下の罰金、団体の場合は3億円以下の罰金が科される。）。生産者は、不正使用対策に講じるエネルギーを農産物ブランドの品質管理に注力できるというメリットがある。

　GIの保護自体はTRIPs協定（22条、23条）でも義務付けられており、世界貿易機関（WTO）加盟国においても制度は定着している。国際的保護は、各国内での保護制度の存在を原則として、同制度を有する諸国間での相互保護の枠組み（条約）を通じて、行われているのが現状である。

　特にEUは、2国間の自由貿易協定（FTA）においてGI条項を含むように積極的に交渉してきた経緯がある。2017年12月に妥結した日本との経済連携協定（EPA）交渉でもGIの保護条項が含まれ、EPA発効（2019年2月）と合わせて保護が開始されている[31]。

---

[31] EUにおける高品質な農産品・食品の名称を保護するための制度としては、「地理的表示保護（PGI：Protected Geographical Indication）」以外にも、原産地呼称保護（PDO：Protected Designation of Origin）」「伝統的特産品保証（TSG：Traditional Specialty Guaranteed）」がある。PDOはPGIに比べて製品と産地の結び付きをより重視し、生産工程（生産、加工、調製）の全てが特定の地理的領域内で行われていなければならない。TSGは、他の類似製品とは区

そのEUがアフリカ産品のGI登録の支援にも乗り出し始めている。具体的には、AfrIPI[32]というEUが資金提供し、主導する国際協力プロジェクト〈EU知的財産庁（EUIPO）も資金協力し、実施期間は、2020年2月より4年間の予定〉を通した農産物のブランド化支援である。AfrIPIは、EUにとっては対アフリカの知財関連最初のアクションと位置付けられている。その代表的な事例としてモザンビークのテテ州のヤギ肉（Cabrito de Tete）とカメルーンのペンジャ・ペパー（Poivre de Penja）のGI登録が挙げられよう。

　ヤギ肉は、鉄とリンを含み、そして高タンパク低脂肪、低カロリーで、不飽和脂肪酸が多く含まれており、近年の健康志向ブームにおいては、他の肉類に比して高く注目されている食材である。世界のヤギ飼育頭数の93％がアジアとアフリカに集中するといわれているが[33]、アジア、アフリカでは、農村部分で主に家族経営でヤギが飼育されており、市場へのアクセスも悪い環境にあるため、市場が求める品質を追求することなく、ヤギ肉の生産が行われてきたという実情がある[34]。

別できる特徴を有していなければならないが、PDOやPGIとは異なり製品と原産地との間に関連性があることは求められていない。PDO及びPGIについては、EU加盟国以外の第三国原産の製品もEUで認定・登録されると、同様にロゴをラベルに表示することができる（ジェトロ・ブリュッセル事務所「EUの地理的表示（GI）保護制度（2015年2月）」4頁）。
工芸品及び工業製品はPGIのみで保護されEU知的財産庁（EUIPO：European Union Intellectual Property Office）が管理しているが、農産物、食品、ワインは、PDO又はPGIのいずれかで保護され、蒸留酒についてはPGIのみで保護され、欧州委員会（European Commission）の所管となっている。
なお、GIについて日本と相互保護関係にある相手国との間では、EUとはEU側の121産品、日本側の108産品の保護を、英国とは英国側の3産品、日本側の47産品の保護を取り決めている（2023年12月現在）。（農林水産省　輸出・国際局「地理的表示(GI)保護制度について」https://www.maff.go.jp/j/shokusan/gi_act/outline/attach/pdf/index-47.pdf）
[32] AfrIPIは、その目標を「アフリカ域内貿易とアフリカ－欧州間貿易の促進を目的として、欧州を含む世界のベストプラクティスに沿って、アフリカ全土の知財の創出、活用、管理、権利の行使を促進し、AfCFTA及びAUの『Agenda 2063』を支えること、アフリカ大陸全土の経済統合のより促進を目指す」としている。
https://www.wipo.int/edocs/mdocs/africa/en/wipo_webinar_rba_2021_1/wipo_webinar_rba_2021_1_p1.pdf
[33] https://www.researchgate.net/figure/The-number-of-goats-around-the-world-according-to-FAO-5_fig1_324786531
[34] UNCTAD "Geographical Indication Protection of Mozambique's Cabrito de tete（Tete Goat）" (Geneva 2023), p.6.

一方で、モザンビーク最北西部のテテ州は、モザンビークのヤギ飼育頭数全体の15％を生産する地であり、同地は標高が低く風の通りにくい渓谷で、乾燥した熱帯気候であるが、そこでBaobab（malanbe）及びMassaniqueira（Massanica）の葉と実、藁や切り株、同地に自生する牧草により生育されたヤギの肉は、脂肪が少ない一方、瑞々しい食感で、独特の甘みが特徴とされるヤギ肉が生産されてきたという伝統があった[35]。

そこで、モザンビーク政府はAfrIPI、WIPO、UNCTAD、国連食糧機関（FAO）の支援を受け、2020年6月15日、ARIPO加盟国としては初めて、テテ州の"Cabrito de Tete"をGIとして登録したのである[36]。この登録が契機となり、モザンビークでは更に同国の「白エビ」についても、GI登録を進めようという動きが見られる[37]。GI登録により、国内市場だけではなく、周辺国や国際市場にもブランド化された農産物を提供することで、経済発展が期待できるのではないかという気運が高まっている[38]。

しかしながら、GI保護においては、品質の維持が必須となる。ブランド化されたヤギ肉を当該地域が持続可能な産品として供給し続けることができるのか[39]、また、個人農家主体の生産体制から、ブランド産品の継続的な供給を可能とする組織化された生産体制へどのように移行して運営され、どのようにサプライチェーン（供給網）改革を実施できるのかという点においても課題があろうことは否めない。

---

[35] ibid., p.16
[36] AfrIPIがGI登録に当たり、生産者団体に対する研修を実施し、技術及び物流面での人材育成にコミットしていると報じられている。AfrIPI, "Support to GI registration Cabrito de Tete（26 October to 6 November 2020）" https://afripi.org/en/events/support-gi-registration-cabrito-de-tete
[37] UNCTAD, "The case for geographical indication protection of the Mozambique white prawn"（Geneva 2022）
[38] UNCTAD, "Geographical Indication Protection of Mozambique's Cabrito de tete（Tete Goat）" op.cit., p.26
[39] エチオピア政府がGIではなく、「商標登録・ライセンス・イニシアチブ」立ち上げをあえて選択した理由もこの点にあったとされる。エチオピアでは、60万人ものコーヒー農家が存在し、コーヒーが特定の地域において産出されるとしても、同じ状況の下で常に産出されているわけではなく、また、何kmにも及ぶ距離をコーヒーの収穫袋が人力で運ばれるので、政府はそれらを細かく管理・監督するのは不可能であると判断し、GIによる保護を見送ったとされる。WIPO, "The Coffee War: Ethiopia and the Starbucks Story", "op.cit.

さらに、当然ながら GI を冠した産品ならすぐに売れるというわけでもない。輸出市場において認知度を高め、産品の魅力を伝えるには、宣伝や販売促進のための投資も必要になり、当該産品の市場が競争市場であればあるほど、更なる多額の投資が必要になり、投資回収にも時間を要する[40]。

　テテ州でのヤギ肉生産、そのブランド維持のための人材育成はもとより、その販路拡大のため、モザンビーク政府、AfrIPI、WIPO、UNCTAD、FAO 等の支援がどのように展開されていくのかまだまだ明確には見えてこない。しかしながら、課題はあるものの、モザンビークという天然資源（主に天然ガス）の輸出に依存し、「知財の活用」とは縁遠かった国においても、GI を使った農産物のブランド化が図られ始めているという点は特筆すべきであろう。

　一方で、GI については OAPI 加盟国でも動きがある。2013年には OAPI で最初の GI として、カメルーン、リトラル州のペンジャ・ペパー（Poivre de Penja）が登録された。ペンジャ・ペパーはカメルーン西部高原に位置する Kupe 山（Mont Koupé）の火山性の土壌で育ち、ミネラル豊富で独特の風味を有し、手摘みの伝統的な手法で収穫されてきたコショウであるが、それも AfrIPI の支援も受け、2022年3月17日には欧州委員会にも地理的表示保護（PGI）として登録され、サブサハラ・アフリカ初の PGI 登録として、欧州における価値も付加されたとして注目を浴びた[41]。"Cabrito de Tete" の事例と同様に、どのように GI を維持し、どのようなサプライチェーンが構築されているのか、著者自身まだ検証を行えていない段階ではあるが、興味深い事例と考えている。

---

[40] 荒木雅也『地理的表示と日本の地域ブランドの将来』82-83頁（信山社[2023]）
[41] AfrIPI, EU and OAPI, "Press Release 'Cameroon's Poivre de Penja' registered in the European Union as the first protected geographical indication from the African Intellectual Property Organisation region", 17 March 2022
https://afripi.org/sites/default/files/2023-04/17032022%20_Press-Release-on-Penja-Pepper_English.pdf
Alissa Nayanah "Penja pepper's GI: a major step forward for African IP", World Intellectual Property Review, (05-04-2022), https://www.worldipreview.com/contributed-article/penja-pepper-s-gi-a-major-step-forward-for-african-ip

アフリカ諸国を見渡すと、Oku White Honey（カメルーン）、Clove（タンザニア）、Cocoa（ガーナ）、Rooibos Tea（南アフリカ）等々、長年培われた特別の生産方法や気候・風土・土壌などの生産地の特性により、高い品質と評価を獲得するに至った農産物は数多く見られる。WTO・TRIPs 協定において GI 制度が規定されて以降、アフリカ諸国のうちの半数では、既に GI に対する保護法制を有していると聞き及ぶが、一方で、GI 制度自体について「欧州の口車に乗って、制度を導入してしまった国もあるのではないか」と揶揄されるほど[42]、活用という点からの意義は長らく見いだせなかったのも事実である。しかしながら、前述したように、近年は AfrIPI 等の欧州の後押しを受けているとはいえ、各国の主体的な政策も見られるようになり、流れは少しずつ変わり始めてきているように思われる。

2017年10月には、AU において「AU 地理的表示に関するアフリカでの大陸的戦略2018－2023」[43]が承認され、更に OAPI、ARIPO、欧州委員会（EC）の各々からのメンバーと WIPO、FAO、フランス開発庁（AFD：The Agence Française de Développement）からのオブザーバーからなる諮問委員会が立ち上げられた。アフリカ大陸を挙げての GI 推進方針がより明確化し始めているようにも見える。

GI を通して、アフリカの農産物により付加価値を与えることで、アフリカの農民や生産者の生活を向上させるとともに、アフリカの農村開発、文化的遺産や伝統の保護、食料安全保障も図れるとするならば、「知財の活用」が SDGs 達成にも貢献する可能性が出てくるであろう。

4．おわりに

前述したエチオピアの事例では、同国は GI ではなく、あえて商標登録を重視する戦略を選択した。

---

[42] 前掲注40）3頁
[43] 'AU Continental strategy for Geographical Indications in Africa 2018-2023'
https://africa-gi.com/en/pan-african-gi/news/endorsement-african-union-continental-strategy-geographical-indications-africa

その背景にあるアフリカ諸国の抱える課題も我々は直視しなければならない。先進国におけるような品質管理や製品のトレーサビリティーを徹底できるインフラが未整備である地域、産品の加工や保存のための電力確保や運搬にも課題が多い地域から産出される産品のGI登録は、先進国におけるGI登録とは異なる次元の課題をその前提に包含していることも理解しなければならない。

　GIで保護され、発展してきたスコットランドのウイスキー産業は、2022年度に71億ポンドの粗付加価値（GVA）を英国経済に与え、英国全土で6万6000人、スコットランドでは4万1000人の雇用を創出し、2018年〜2022年には21億ポンドの投資を誘致する産業となっている。加えて年間220万人もの観光客をその醸造所に呼び込み（2019年実績）、醸造所自体をスコットランドの観光名所としている[44]。

　ARIPO、OAPIに加えて、WIPO、FAOをはじめとする国連組織、EUの関係組織が協同して、アフリカの農産物をGI制度の下、ブランド化する方向性で動き出している点は高く評価したいが、先進国におけるGI制度活用とはインフラも投資環境も全く異なるところからのスタートである点も我々は同時に理解しなければならない。また、GI登録による一時的ブームが生じることで、過度な生産やバランスを欠いた自然環境、社会構造の新たな歪みが生じないように留意しなければならない。

　「知財の活用」という点では、最も末尾に位置付けられてきたアフリカ諸国が、その豊かな自然の恵み、生物多様性、文化と結び付いた伝統的知識を糧にGIという知財制度の活用でその社会経済の発展を目指せる時代になりつつある。しかしながら、そうであるからこそ、先進国（特に欧州）をモデルとするGI制度の単なる踏襲ではなく、アフリカの独自性、特質に即したGI制度活用の在り方を検討し、可能性を示すことも重要であろうと考える。

---

[44] Scotch Whisky Association "Scotch Whisky Economic Impact Report（16 JANUARY 2024）", https://www.scotch-whisky.org.uk/insights/facts-figures/scotch-whisky-economic-impact-report-2024/

日本は、1993(平成5)年よりアフリカ開発会議（TICAD）を主導し、アフリカとの官民挙げての連携を掲げ、独自の対アフリカ政策を実施してきた。

　また、JICAは海外青年協力隊（JOCV：Japan Overseas Cooperation Volunteers）と称するボランティアを1965(昭和40)年より途上国の様々な分野に派遣してきた。現在に至るまで、アフリカの農業指導においても、多くのボランティアが派遣されている。そして、JICA自体、知財分野でも対アフリカに多くの支援事業を実施してきた経緯がある。アフリカが模索し始めた「農産物ブランド化」における「知財活用」に、日本としてもこれまでの対アフリカ協力の実績を踏まえつつ、知財活用という新たな視点から独自に貢献すべき時代にあるのではないかと考えるところである。

第VII章

知財情報の調査・分析

特許権侵害性調査における事前検討と検索式の作成及びその注意点

株式会社ネットス 取締役　田村 勝宏

1．はじめに

　30年ほど前に著者が特許調査会社に入社した時は、大手企業以外ではほとんどの企業は調査を実施していなかった。特許出願を実施するときに特許出願が権利になるかどうかの事前確認をするための「登録性」の調査が実施される程度であった。他方、大手企業では大阪の夕陽丘図書館に全国から来阪して国内だけでなく、海外の出願公報を閲覧しに来ていたことを覚えている。

　当時は「紙公報」と呼ばれる製本された出願公報を閲覧するのが一般的で調査が大変であったと記憶している。その後、世界的にデジタル社会になり、公報が電子データになると急速に企業が特許公報を調査するようになった。それと同時に知財の重要性が高まり、当時は知財部ではなく「特許室」と呼ばれる時代から重要な部署としての地位を確立していった。

　近年、AIが発達したことにより、知的財産における情報の取得はAIが人間に取って代わるといわれている。確かに探したい技術情報を与えることで近似した資料を探してくる時代はすぐにくるかもしれない。

　AIはズバリの単語を探すことや類似の単語を探すのに長けており、また、全く関係のない資料を選択しないので閲覧件数が少なくなり負担が軽減されるという利点がある。しかし、問題点も存在する。特許は助詞が1つ違うだけで権利範囲が変わることから、その判断は人間がしなければならない。文脈から得られる意味が権利範囲になるので、微妙なニュアンスを取ることが難しく、文章の語句だけ見れば関連性が薄いと思われる資料も文脈を読み取ると実は関連性が高いという資料に対して抽出時点で「ノイズ」と判断されている可能性がある。

つまり、曖昧な表現に対しては今のレベルでは難しいと思われる。これらが漏れてもよい調査であるならば、効率の観点を考えれば AI を使用すべきであると思うが、例えば調査漏れが発生し、その結果、侵害行為をしてしまうような「侵害性調査」に関してはフォローのための手段としてならともかく、メイン手段とするのはリスクを伴うのではないかと考える。

現在は特許調査において様々なデータベースが存在するが、効率良く調査ができるようになったと感じるし、経験が浅いサーチャーもそれなりの調査が実施できているように思われる。

しかし、特許調査の重要な点は調査目的に応じて適切な報告や判断ができることである。いかにツールが進化しても、それを使う人間が育たないと意味がないのである。サーチャーとしては、どのタイミングでどのような観点で調査を実施するのかを知識として持っておくことが重要である。

今回は、特に企業にとって重要な「侵害性調査」に注目し、調査を行う上で多目的の調査と何が違い、また、効率良く調査を実施するためにどのような知識が必要であるのかを中心に述べていこうと思う。

2．侵害性調査における事前検討

特許調査には、「テーマ調査（技術動向調査）」「侵害性調査（FTO 調査）」「無効資料調査」と言われる調査があることが一般的に知られている。

これらの調査の違いとして大きくは、特許公報を「権利書」として閲覧するのか、「技術書」として閲覧するのかである。「テーマ調査」は、依頼人が例えば「**技術**」の解決手段を知りたい、特定の成分を使用した製品の他成分の種類を知りたい等の技術情報を主として資料探索を行う調査となる。また、「無効資料調査」も同様で、特定の「**技術**」に関して開示・示唆された資料（刊行物）を探す場合に実施されるため、これも「技術書」という見方になる。

一方で「侵害性調査」では、特許公報に記載されている請求項にどのような「**権利**」が記載されているのかを確認するために「権利書」として閲覧をしなければならない。

つまり、「テーマ調査」を実施する時において権利かどうかは問題視せず、求める技術情報が記載されているか否かが重要であり、「無効資料調査」では必要とする技術が開示されているかどうかが重要であり、「侵害性調査」では、自社が実施する又は実施するかもしれない技術に該当する権利が存在するかどうかが重要となる。

　では、企業としてはどの順序で調査を実施しているのであろうか。

　過去の取引企業との打合せを思い返せば、次のような流れになっていることが一般的であった。企業の製品化の手順に合わせると、研究・開発フェーズにおいて障壁となる技術的課題を検討すべく「テーマ調査」を実施する。その時に合わせて自社実施予定品に関連しそうな出願はチェックしておく。ある程度、製品仕様が決定された時点で「侵害性調査」を実施して障害となる特許をチェックする。障害特許が発見された場合は、設計変更も視野に入れながら「無効資料調査」を実施する。

　その結果、

1）テーマ調査：本来の技術書的利用以外にも侵害を意識してある程度は請求項の記載を意識する。
2）侵害性調査：1）で気になった出願と製品仕様の対比を行うと同時に製品仕様に特化した調査を実施する。この時に侵害とはならない程度で、かつ、構成上近似した出願をチェックし、無効化を意識した準備も同時に行う。
3）無効資料調査：侵害性調査で障害となる特許を発見した時に、新規性・進歩性を考えた公知文献の調査を実施する。

　上記のとおり、テーマ調査は幅広く侵害性調査、無効資料調査へと進むに連れて特定された要素に対する調査になっていくのである。同じ特許調査であっても、その目的が異なることで検索式の作成イメージや求める資料が異なり、この点を理解せず調査を実施した結果、求める資料が発見できないというケースが多々見受けられる。

今回、特に企業にとって重要な「特許権の侵害性調査」を実施する上で、以下の点に関して述べたいと思う。

1）侵害検討をしなければならない状況とは
2）侵害検討以前にできること
3）侵害性調査と無効資料調査の関連性

（1）侵害検討をしなければならない状況とは

　ここで、製品化のめどがある程度たった状況で初めて特定の要素に対する調査が可能になる。「侵害検討をしなければならない」とは、ある程度の製品仕様が確定した時点で初めて検討が開始される。この「ある程度…」が曲者である。仕様の最終決定がなされれば、それをイ号として調査が可能であるが、通常は「設計変更も視野に入れ…」を意識していると思われる。特許調査において「ある程度の製品仕様」とは絶対に変更しない構成が確定された時、つまり、その構成で他社が権利を保有している場合は、設計変更レベルではなく、最初から検討し直さなければならない立ち戻りをするという構成が確定された時点で調査に着手し始める。

　著者が今までに経験した中で、このタイミングで調査を実施せず最終仕様が決定した後に調査依頼がくることが少なからずあった。その場合は、障害となる特許が発見された時には、ほぼクライアントから無効資料調査の依頼がきた。前述のタイミングで調査を実施していれば、設計変更も視野に入れ、無駄な労力もかけないで対応できたのに…と思う。

　侵害検討のタイミングとしては、製品の重要構成の仕様が確定し、かつ、設計変更も検討できる時点がベストであると思われる。

　また、開発フェーズに限らず侵害性調査を実施する際に見落とされるタイミングがある。それは、他社製品が自社開発予定品の重要構成と類似する構成を備えることが分かった時点と、競合他社の論文等で重要構成が開示されていることを確認できたタイミングである。これらの情報を集めることを余り企業では実施していないように感じられるが、とても重要なことである。

特に大手企業であれば、事前に特許を出願している可能性が高い。これを情報として得られたのに調査を実施せず、開発フェーズが進むのはリスクを伴う行為である。

特許は出願後18か月の未公開期間があるので、得られた他社製品情報や論文の発表時期を検討し、出願されたかどうかのウオッチングが必要である。このことから、通常は製品開発のフェーズを意識して侵害性調査のタイミングを検討しながら非特許情報のチェックを行い、関連情報が得られた場合に実施を検討するのが重要である。

（2）侵害検討以前にできること（SDI調査の活用）

では、侵害性調査は上述のタイミングでしかできないのであろうか？

確かに侵害性調査としてはそうであるが、その調査を効率良く、又は精度を高めることは可能である。

一般的に、企業はSDI（Selective Dissemination of Information）調査を実施している。

これは、定期的に自社製品や技術に関連する他社出願をウオッチングし、障害となる特許出願を事前に確認するために用いられている調査である。当然、イ号が定まっていないため広い観点での調査になるが、この情報をうまく活用できていない企業が見受けられる。そのパターンとしては、「定期的に関連部署に報告する」「障害となる特許出願があった場合にフィードバックを受ける」だけで終わらせている場合である。どの点が問題であるかを以下に記載する。

1）関連部署は知財部が報告した資料しか確認しない。
2）関連部署は侵害の判断に長けていない。
3）関連部署は特許公報を読む作業を必要とは思っていない。

必要な資料が抽出される検索式を作成し、ノイズ落としをして必要資料のみ報告していると思うが、「ノイズ」は本当にノイズなのか？

特許調査では一般的に特許分類とキーワードを用いる。特許分類が同じであれば技術分野は共通していることになる。そして、調べたいキーワードで絞り込みをしたならば関連技術である可能性は高い。その中でサーチャーや担当者が閲覧して要／不要の判断をしていると思われるが、不要との判断は何を基準にしているのであろうか。前述したが、SDI調査は広い観点で検索式が構築されている。

　当然、必要な資料を抽出しなければならないが、その検索式から得られた全出願を基に出願人を抽出しておく、検索式で使用しているキーワードの類似語句を控えておく、使用分類以外の分類が付与されている場合は控えておく。こうすることで、実際の侵害性調査時の検索式検討が楽になる場合がある。

　つまり、SDIとしてはノイズであるが、もしその後に侵害性調査を実施する必要がある場合は、この時点で前述のような情報を集めておくことで有効な情報として活用できるのである。同じように、関連部署には検討が必要な出願をチェックしてもらうだけでなく、気になった出願を報告してもらうだけで、その後の侵害性調査を実施するための必要情報が集まることになる。

　そのためには、知財部としては、関連部署に資料チェックをしてもらうときに知財部が気付いた内容を連絡することが重要になってくる。「最近〇〇企業の出願が出てきました」「最近〇〇という語句が使われる出願が多いと感じます」等、サーチャーと関連部署が会話できる環境が非常に重要ということである。知財部から様々な情報を発信し、フィードバックを得ることは最終的に知財部のその後の作業の下準備になり、最近では知財部から発信する情報は関連部署とのコミュニケーションツールとして理解されている。

　また、「侵害とは何か」を理解していない関連部署の方に障害特許になるか否かの判断をさせている企業があるという話もよく聞く。知財部は、関連部署からあがってきた特許のみに対して検討を始めるが、果たしてそれで問題はないのであろうか。SDIを実施しているにもかかわらず障害特許を見落とした案件を多数知っているが、その原因は以下の数パターンが多いと感じる。

1）勝手に構成を足し「特許請求項には記載していない構成を自社は実施しているので」と判断した。
2）特許出願公開公報の請求項を見て何となく違うと判断した。
3）請求項を確認せず、明細書や図面を見て違うと判断した。

　特許を理解できる方なら意味が分からないのではないかと思うが、実際に上記の理由が大半を占める。1）に関しては、自社実施内容を始点にすることで起こった問題、2）と3）に関しては、特許制度を知らないことで起こった問題である。
　1）の状況は、先に自社構成の特定をしてしまい、その後に請求項の構成を当てはめてしまったことが原因である。「自社：ＡＢＣＤ、請求項：ＡＢＣでＤが記載されていないので侵害ではない」との考え方である。修正は簡単で、請求項の構成をスタートとして自社構成をチェックすること、つまり、抽出特許の請求項を分説して自社対象技術を当てはめることを理解することが重要である。「抽出特許の請求項の全構成に該当する場合は侵害の可能性がある」ことを理解してもらう。
　2）と3）に関しては、知財部が社内研修等を実施すれば問題ないと思われる。これらを実施するために知財メンバーと関連部署メンバーが会話できるシチュエーションを作ることが重要であり、交流ができるようになれば関連部署が今必要としている情報が集まり、知財部がある程度の判断をすることで関連部署の負担を減らすことができる。
　このように、知財部が侵害性調査のための情報を事前に集める環境を作っておくことで、いざ侵害性調査を実施するときに効率良く精度を高めて実施できるようになる。

（3）侵害性調査と無効資料調査の関連性

　一般的に、障害となる特許が発見された場合は、侵害性調査 → 無効資料調査 → 新たな侵害性調査の順で調査が実施される。

【図1】侵害性調査と無効資料調査の関連性

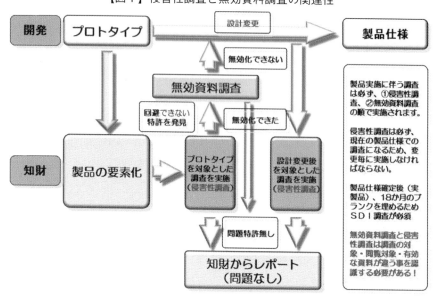

　製品化前の段階で他社特許侵害の可能性を確認するために調査を実施するのであるが、そこで回避できない他社特許を発見した場合、無効資料を探す調査を実施する。その時、単に無効化できる資料を探すだけでなく、少し観点を加えた調査を実施することでその後の負担が小さくなる点を考える。それは、設計変更する必要がある構成以外が開示された資料を探すことである。

　無効資料調査が必要なのは、自社の実施予定品が他社の権利に抵触する場合であり、現在の自社実施予定品を権利範囲から回避できる程度に設計変更しなければならない場合である。無効資料調査を実施して無効化できればよいが、できなければ設計変更が待っているので、設計変更する構成以外の構成が開示されている資料を収集しておき、実際に設計変更がなされた場合に収集した資料を確認するのである。

　例えば自社実施品の構成がＡＢＣＤであり、構成Ｃが回避のための設計変更構成であるとした場合は、ＡＢＤの構成が開示されている資料も収集しておくということである。

実は、サーチャーにとって負担はそれほど増えるものではない。ＡＢＣＤの構成で侵害となる特許とは、ＡＢＣＤが開示・示唆されている他社特許が存在していた場合が多いので、当然、無効資料調査では構成ＡＢＣＤを意識した検索式が検討される。その時に無効化だけを意識した場合は、ＡＢＣＤを無効化できる資料のみが抽出される。サーチャーは全件を閲覧しているので、ＡＢＤが開示された資料をチェックしておくだけでよいのである。

　そうすることで構成Ｃの代替技術Ｅを検討したときに収集しているＡＢＤが開示された資料中にＥが記載されているかどうかを確認するだけで設計変更後のチェックが済むのである。ここで言いたいのは、侵害性調査と無効資料調査は一連の流れで行っているため、調査結果を有効活用して負担を軽減することが重要ということである。

3．検索式の作成及びその注意点

　侵害性調査を実施する上で最初のハードルは調査観点を明確にすることである。特許権侵害において、特許権は文章で表されているので自社対象技術も文章で表現しなければ対比検討ができない。その侵害するかもしれない他社特許を探す調査を実施する場合にも観点を文章で特定しなければならない。この文章化・単語化が非常に難しいのである。

　一般的に勘違いされている内容としては製品を文章化することが侵害性調査観点の文章化であると思われていることである。何が問題かというと、製品を表現する文章は思うままに文章化すればよいが、調査観点は構成要素を明確にしてその中で既知構成と新規構成を明確にする必要がある。つまり、「構成」を意識した文章が求められるのである。

　ここで、既知構成と新規構成を区別する必要があるが、新規構成とは、研究開発した結果、重要な構成（発明でいうところの課題解決するための構成）を意味する。その新規構成を必須要素と（切り離せない）その他要素に区別する。「必須要素＋（切り離せない）その他要素」が新規構成となる。構成は、機能が発現する最低限の要素の集合として考える。

例）ノック式のボールペンでノック部が軸周に存在し、本体部にはノック部をスライドさせる溝が形成されている構成からなり、従来は軸端部にノック部が形成されている場合

新規構成：ノック部が軸周に存在し、本体部にはノック部をスライドさせる
　　　　　溝が形成
必須要素：ノック部が軸周に存在
その他要素：本体部にはノック部をスライドさせる溝

　従来技術がノック部を軸端部に形成していることに対して本技術は軸周に設けているので必須要素は「軸周」となるが、対象の（軸周に設けた）ノック部が（本体溝部に）スライドさせて機能させるので調査観点としては本体溝まで特定しなければならない。
　通常はこの観点で検索式を作成するのであるが、それをそのまま落とし込むと、絞り込み過ぎた検索式になってしまう。これが次のハードルである。
　確かに調査観点は「（筆記具について）ノック部、軸周、本体、スライド、溝」が重要な語句になるが、なぜ必須要素とその他要素に分けたのかを考えていただきたい。
　本体スライド溝は「軸周にノック部が存在」するからこそ機能するものであり、厳密に表現すれば、調査の観点は以下の２つが存在することになる。
　１）筆記具において本体軸周にノック部を設けた
　２）筆記具において本体軸周にノック部を設け、ノック部をスライドさせるために溝部を形成した（ノック部とスライド溝は切り離せない要素）

　この２つの技術のそれぞれが記載された特許を発見した場合は、ともに侵害となるため、調査観点としては必要になる。そのため、この２つの観点を同時に調査する場合は共通部分で調査をしなければならない。とすると、「筆記具において本体軸周にノック部を設けた」部分で検索式を検討しなければならないのである。

今までクライアントから依頼された調査案件で「自社内で調査をしたが漏れがあった」とのことで検索式を見せていただき、その原因を検討した時にこのパターン（限定し過ぎ）が一番多かった。せっかく調査観点が特定できているにもかかわらず、検索式を作成する段階でミスを犯しているのである。

まとめてみると、ノック部がスライドさせることまで意識した調査が必要かどうかはこの場合、軸端部に形成している技術を従来技術として認定しているので、例えば本体に溝が形成されているとの記載はないが、ノック部が軸周に設けられていることを特徴とした権利が存在する可能性がある。とすれば、閲覧時には軸周を抽出観点にして調査を実施しなければならない。必要な抽出条件は「ノック部が軸周に存在することである」となる。

なお、この場合の既知構成は、（ボールペン）本体、芯等製品としての残りの構成を意味する。

【図2】製品の特定と調査観点の特定

「製品の特定」と「調査観点の特定」を同じと考える企業がある。
この違いが明確になっていないために、時には「調査漏れ」と言われる場合がある。

【製品の特定（文章）】

・その製品を思うままに文章にして表現する

・様々な側面から複数の文章を作成していく

・イメージが湧くらい正確に実施内容をトレースした文章で表現する

【調査観点の特定（文章）】

・その製品を思うままに文章にして表現する
（要素を明確にし、その中で既知要素と新規要素を明確にする）

・様々な側面から複数の文章を作成していく
（新規要素が含まれる文章のみを明確にする）

・イメージが湧くらい正確に実施内容をトレースした文章で表現する
（調査の観点を明確にし、無駄な限定がかからないように表現する）

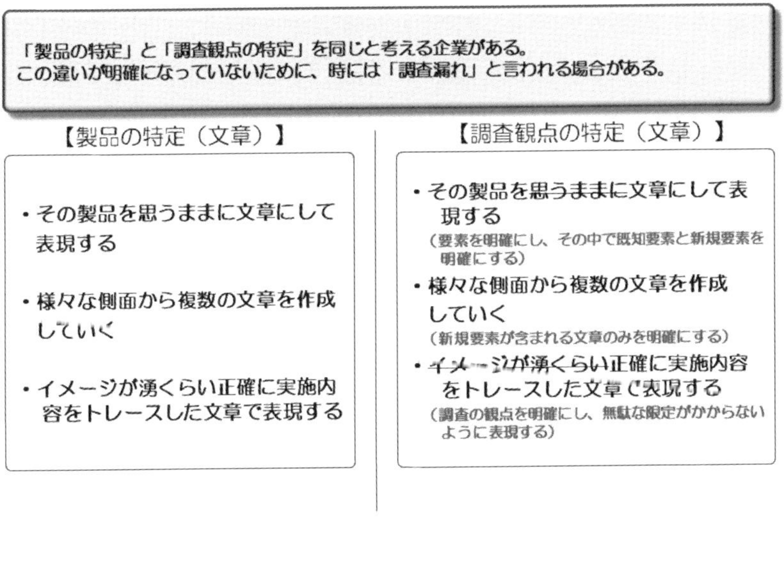

このように調査観点を特定し、必須要素を用いて検索式を作成しないと、全く無意味な調査になってしまう。

調査観点においては、対象技術をトレースするように文章化するのは間違いであり、対象技術を機能が発現する最小構成に分解し、その構成の中で必須要素を中心点に置く。その後、その要素と機能的・作用的に切り離せないその他要素を追加して必要な構成をまとめていく。最後に対象製品を意味する語句を追加して調査観点として設定することが重要である。「**（対象製品）において、新規構成（必須要素）と（切り離せないその他要素）からなる**」と文章化することで調査観点を決定させるのである。

　侵害性調査において一番重要なのは従来と異なる「**他社技術と差別化させるために開発した新規構成**」が他人の権利に抵触しないかどうかであり、言い換えれば「**開発した新規構成**」が記載された特許が存在するのかどうかを確認する調査といえる。これを理解できれば検索式の構築に関してもストーリーが明確になる。

　基本的な検索式の考え方は、前述の文章化した「対象製品」「必須要素」それぞれに対してキーワードと分類を確認する作業を実施する。ここでも調査漏れを誘発する対応をしていることが多い。そのミスとは「ズバリの特許分類を発見した」ことである。調査に慣れてくると分類を探す作業を理解し、技術により近い分類を探すスキルを身に付けることになる。そこに2つの落とし穴が存在する。

　まずは、特許分類には「要素分類」と「用途分類」が存在することである。例えばPET樹脂からなる容器（特徴はPET樹脂組成）を探すとしよう。

　特徴が組成なので調査慣れしているサーチャーは「C08G63/183」（高分子の主鎖にカルボン酸エステル連結基を形成する反応によって得られる高分子化合物；テレフタル酸）を検討するが、製品としては「容器」であり、これは「B65D」（物品又は材料の貯蔵又は輸送用の容器）や「C08J5/00」（高分子物質を含む成形品の製造）等の分類も存在する。

　つまり、用途（容器）と要素（PET）のそれぞれに特許分類が存在し、侵害性調査においてはこれらの分類を使用すべきところ、特徴部分にのみに注目した結果、用途の分類を見落としたパターンである。

これらのミスを防ぐために「(対象製品)において、新規構成(必須要素)と(切り離せないその他要素)からなる」と文章化し、(対象製品)と(要素)の分類をチェックする癖をつける必要がある。

次の見落とし内容は「特許分類は出願の特徴技術を中心に付与される」ことである。例えばB60K17/04@Q(エンジン横置式)という分類がある。この分類の件数と当該分類の関連分類であるB60K17/04？で請求項中に「横置」のキーワードが記載され、かつ、B60K17/04@Qが付与されていない件数を検討した。

※「？」はワイルドカードで前方一致

その結果、B60K17/04@Qは295件、B60K17/04？では47件という結果が得られた。これは発明の特徴が「横置き」に関連する場合、B60K17/04@Qが付与され、対象はエンジン横置き式であるが、特徴が他の構成である場合はB60K17/04@Qが付与されないということである。そもそも、分類は人間が付与するものであるので付与ミスも多く分類の説明が一致するので、その分類「のみ」を使用したというのは漏れを生む原因になる。通常は、ズバリ分類が発見できた場合、その周辺分類を使用することが重要である。これらを意識できるかどうかが調査精度を上げる一つの方法である。

次に、上位分類と該当分類の使い方に関して間違っていることが多い。例えば前述した「ノック式のボールペンでノック部が軸周に存在し本体部にはノック部をスライドさせる溝が形成されている構成」に関して考えてみる。

ここで「ボールペン」の分類を探し出せたとしよう。その上位分類として「筆記具」がある。この「筆記具」の分類を使用するのかしないのかである。発明の特徴は(芯をノックして進退させる)技術である。これは「ボールペン」だけに適用される特徴なのであろうか。

この場合、仮に請求項が「筆記具において芯を進退させるノック部を有する」という特許が発見された場合は権利侵害になる。とすれば「筆記具の分類は必要である」となる。こうした考え方以外の検証の仕方として「ノック部とボールペンは切り離せない構成(要素)なのか」を考えればよい。

この「切り離せない構成」というのが大切で、本件の場合はノック部と切り離せない構成は「筆記具」であるという結論に至れば特許を理解できていると思われる。ノック部は芯を進退させる機構であるので「芯を持つ」ことが重要である。その芯はボールペン以外にも存在するという考えである。

　当然、最終の侵害検討の技術的範囲に属するか否かを検討する段階では「ボールペン」は重要であるが、ここでは、検索式の構築という観点で述べていることに留意されたい。

　このように、特許分類を理解することは重要であり、また、調査観点が適切であることが非常に重要になる。

　次に、分類とキーワードの掛け合わせの考え方に関して述べていく。ここでの漏洩リスクは、「ボールペンの分類」に「ボールペンのキーワード」を掛けてしまうことである。このように書くと**そんなミスはしない**と思われるかもしれないが、非常に頻出するミスである。このようなことが起こるのは特許分類が階層構造になっていることが原因である。該当する特許分類を発見した時はその分類の説明を確認する。通常はそれでよいのであるが、例えば「ボールペンのインキ貯蔵部」を特徴とする資料を探そうとするとB43K7/02（インキ貯蔵部）という分類を発見できる。今回の対象は「ボールペンのインキ貯蔵部」であるから当該分類にキーワードとして「ボールペン」を掛け合わせる式を作る。

　しかし、上位分類であるB43K7は「ボールペン」の分類である。その結果、『ボールペンのインキ貯蔵部 and ボールペン』という不要な限定を演算する式になってしまう。今回は簡単な例を用いて説明しているが、中には複雑な階層構造になっている分類も多く、該当分類の説明だけを確認し、その上位の分類を確認しなかったという事例はたくさん存在する。この点も注意が必要である。

　このように、検索式を作成する上での注意点を述べたが、検索式は結局どのように作成するのがよいのかということになる。最初に述べた「テーマ調査（技術動向調査）」「侵害性調査（FTO調査）」「無効資料調査」では検索概念が異なっていることをまずは理解する必要がある。

【図3】各調査におけるイメージ

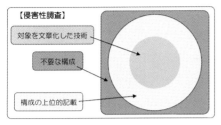

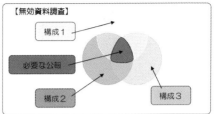

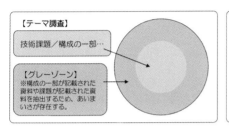

　侵害性調査は調査対象を文章化した技術を探す調査であるが、「**権利**」を確認する調査であり、無効資料調査やテーマ調査のように「**技術**」を探す調査ではない。そのために「**権利範囲**」という解釈的な部分が存在し、文章化した技術単語の上位概念も検索式に組み込む必要がある。つまり、キーワードを特定した場合は必ずその「上位語」を追加しなければならない。

　ただし、他の調査とは異なり、明らかに不要な資料（侵害にならない）も明確にできる。つまり、絶対に実施しない構成が請求項に記載されている特許は、その他の構成が一致していても原則不要なのである。その点を考えると閲覧の判断は比較的楽なのかもしれない。

　ちなみに、侵害性調査において検索式でNOT演算を使用するのは控えるべきである。ほとんどの特許では複数の請求項が記載されているため、例えばそのうちの1つの請求項で実施しない構成が記載されていても、その他の請求項では記載がない場合、検索でヒットしなくなるからである。

　また、検索式を作成する場合は検索イメージを明確にするためにリストを作成するのがよい。

【図4】検索演算式の考え方

調査目的	筆記具	ボールペン	ノック部	本体溝	本体軸周
KW		ボールペン	進退+ノック‥	溝‥	軸周+周方向+サイド+‥‥
分類 FI	B43K	B43K7/00+B43K7/01+B43K7/02+‥‥			
		B43K7/12			
分類 Fターム		***	***	***	***

例）ノック式のボールペンでノック部が軸周に存在し、本体部にはノック部をスライドさせる溝が形成されている

　これを構成要素ごとに分け、その要素に対応するキーワードと分類を確認していく。原則は図中の横並び項目は「and」検索で縦並び項目は「or」となる。このように図示することでイメージしやすく検索式の掛け合わせに関してもミスが少なくなり、また、抽出したい資料イメージをビジュアル化できるのである。社内で調査をする場合、サーチャーの熟練度により差が生ずることが多いが、このように基本設計を共通化することで、ある程度の品質維持にも貢献できる。

4．おわりに

　近年、データベースの発達により誰でも簡単に調査ができるようになった。キーワードを入れれば検索結果も表示されるし、特許分類に関しても生成AIを用いればすぐに関連する分類を教えてくれる。しかし、特許という非常に曖昧な「技術的思想」を表現している文章を対象としていることを忘れてはならない。また、特許調査は単なる情報を収集しているというものではなく、障害特許を見落としたら会社にとって甚大な損害を与えてしまうというリスクがあることを念頭に置いておくべきである。

簡単にできてしまう調査で満足するのではなく、より良い調査を実施するために何を考えなければならないのかを今一度検討すべきである。

著者が約30年間、様々なクライアントと仕事をした中で、企業と調査会社との考え方の違いや実施している内容を検討した結果、調査観点の考え方、調査のタイミング、検索式の考え方において問題があり、今回はそれらの点を中心に述べさせていただいた。簡単に調査ができるからこそ、今一度「特許権侵害の調査」をしているのだと思っていただきたい。

藤本昇先生代理案件の知財ミックス分析

株式会社イーパテント 代表取締役社長
知財情報コンサルタント® 野崎 篤志

1．はじめに

　藤本先生といえば、その著書[1]に代表されるように意匠の大家として著名であるが、1974年に藤本昇特許事務所（現在の弁理士法人藤本パートナーズ）を設立以来、50年にわたって特許、実用新案、意匠、商標の四法の出願・権利化だけではなく、侵害訴訟などの幅広い分野にわたって御活躍されている。

　著者自身このような記念論文集に寄稿させていただくのは初めての経験であり、どのような内容にすべきか迷ったというのが正直なところではあるが、著者は知財情報分析やコンサルティングに従事しているため、他の著者とは異なる切り口で寄稿させていただこうと思う。

　藤本昇先生が弁理士資格を取得された1970年以降に代理された日本の特許、実用新案、意匠、商標について知財ミックス分析[2]を行い、藤本昇先生の足跡をたどり、読者の皆さまとともに今後求められる知財戦略や弁理士の在り方について考えるための材料としていただければ幸いである。

---

[1] 藤本昇『これで分かる意匠（デザイン）の戦略実務 改訂版』（発明推進協会[2020]）、森智香子＝韓登営＝藤本昇＝権鮮枝＝野村慎一『中国デザイン関連法』（発明協会[2012]）
[2] 知財ミックス分析に関するYouTube動画には藤本先生のセミナー動画のほかに、以下のようなものがある。
・藤本昇「知財ミックスによる武器強化戦略 特許×意匠 意匠×商標」
　https://www.youtube.com/watch?v=LriCAvgKOnU
・野崎篤志「チョコレートに関する特許・意匠出願について知財ミックス分析・可視化」
　https://www.youtube.com/watch?v=9D_-bdoCRMs
・野崎篤志「楽器に関するライブ特許分析® 〜特許・意匠の知財ミックス分析」
　https://www.youtube.com/watch?v=rI-Iqy4DpDA
・廣田美穂・野崎篤志「意匠・商標弁理士と身近な商品を例にライブで知財ミックス分析」
　https://www.youtube.com/watch?v=LQm0KPXaHr8
・辻田朋子「知財ミックスって何！？メリット・戦略を事例で紹介！」
　https://www.youtube.com/watch?v=1c03Wy_PBUU

2．分析条件

拙稿の知財ミックス分析を行うに当たって以下の条件で日本の特許、実用新案、意匠、商標データを収集した。

分析条件

四法	データベース	検索日	最先出願日
特許	PatentSQUARE	2024年1月23日	1971年5月29日
実用新案	PatentSQUARE	2024年1月23日	1970年11月16日
意匠	PatentSQUARE	2024年1月23日	1980年1月19日
商標	TM-SONAR	2023年8月23日	1975年12月9日

検索対象の開始期間は特に設定せず、データベースに収録されている全期間を対象にデータ抽出を行った（商標についてはサン・グループの藤本代表からデータを御提供いただいた。）。その結果、上表に示すとおり藤本昇先生が弁理士資格を取得された1970年代以降の特許、実用新案、意匠、商標データを収集することができた。

なお、以下では出願人・権利者名での知財ミックス分析も行っていくが、出願人・権利者名については筆頭出願人・権利者を用いて、著者が簡易的に名寄せを行っている。古い時代の出願人・権利者名はカタカナになっているが、法人は可能な限り正式な社名に修正し（例：テイコクカセイ カブシキガイシヤ→帝国化成）、社名変更している企業は現在の社名に修正している（例：日本フイーダー工業株式会社→タクミナ）。

3．藤本昇先生の最初の代理案件

藤本昇先生が弁理士として最初に代理された案件は以下の実用新案である。藤本昇先生が特許事務所を開設したのは1974年であるが、独立開業前に代理人として出願されたのはゴルフの練習器具であった。

なお、藤本昇先生はゴルフがお好きであることをご存じの方も多いと思うが、最初の代理案件がゴルフ関係であったのは非常に興味深い。

出願番号／出願日	実願昭45-113685　1970/11/16
公開番号／公開日	
公告番号／公告日	実公昭51-13172　1976/04/08
登録番号／登録日	実登第1153462号　1976/12/20
発明の名称	ダルマ形ゴルフの打撃練習用具
出願人・権利者	安久井宥
請求の範囲	底部を重心を有し転倒しても自然に起立可能な球体1の上部に心棒2を介してゴルフボール3を接続し且つ前記球体1をゴルフボール3より大なる大きさに形成してダルマ形の形状にしてなることを特徴とするダルマ形ゴルフの打撃練習用具。
図面	

4．藤本昇先生の代理案件の全体状況

　それでは、藤本昇先生及び特許業務法人藤本パートナーズ、弁理士法人藤本パートナーズが代理された日本の特許、実用新案、意匠、商標の全体状況について見ていこう。

　データベースに収録されている全データを集計すると、累積で特許：1万4947件、実用新案：3163件、意匠：1万1912件、商標：6111件であった。

第Ⅶ章　知財情報の調査・分析

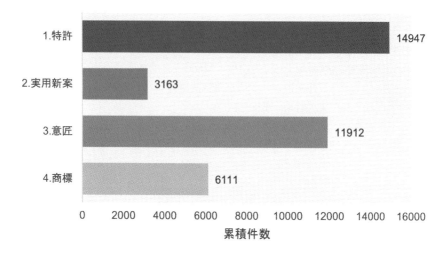

藤本昇先生の国内代理案件累積件数

四法別の件数推移を見ると以下のようになる（商標については基本的に登録年を用いているが、未登録の案件は出願年を用いた。）。

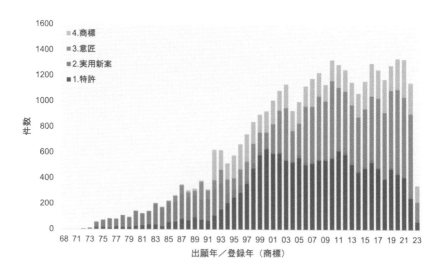

藤本昇先生の国内代理案件推移

1974年の藤本昇特許事務所開設以降、代理案件が増加していき、特に1990年代から2000年代前半にかけて、400件台から1000件台へと急激に増加していることが分かる。

　直近は1300件台前後でコンスタントに推移しているが、注目すべきは意匠の代理件数であろう。冒頭で述べたとおり、藤本昇先生は意匠の大家として著名であるが、1980年代後半から徐々に意匠の代理件数が増加し、直近2022年では特許代理件数が246件であるのに対し、意匠代理件数は648件となっている。

　知財ラボが公表している国内の意匠事務所ランキングを見ても、2020～2021年は1位、2022年も3位にランクインしており、意匠に強い事務所であるということがお分かりいただけるであろう。

意匠 事務所ランキング（登録日基準 出所：知財ラボ[3]）

	2020年		2021年		2022年	
	事務所	件数	事務所	件数	事務所	件数
1	藤本パートナーズ	557	藤本パートナーズ	633	伊東国際特許事務所	583
2	志賀国際特許事務所	531	オンダ国際特許事務所東京オフィス	506	志賀国際特許事務所	562
3	中村合同特許法律事務所	432	中村合同特許法律事務所	460	藤本パートナーズ	538
4	オンダ国際特許事務所東京オフィス	377	志賀国際特許事務所	450	オンダ国際特許事務所東京オフィス	431
5	笹野国際特許事務所	348	創英国際特許法律事務所	397	TRY国際	403

　知財ミックスという観点から年代別に特許、実用新案、意匠、商標の推移を見ると以下のようになる。

---

[3] 知財ラボ（https://jp-ip.com/）では、2020～2022年における国内外の出願人及び事務所のランキングを無料で公開しているので参照されたい。

第Ⅶ章　知財情報の調査・分析

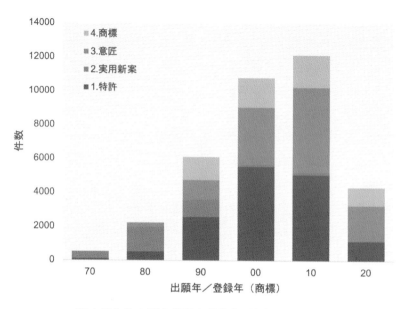

藤本昇先生の国内代理案件推移（年代別／実数）

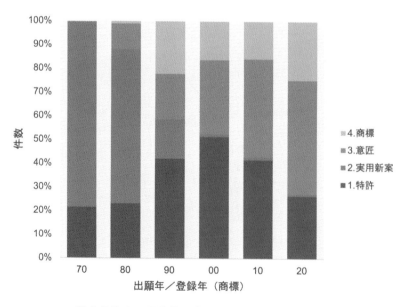

藤本昇先生の国内代理案件推移（年代別／比率）

1970～1980年代は特許・実用新案が中心であったが、1990年代からは特許・実用新案と意匠・商標が約50％ずつ、そして、未確定値を含むが2020年代は特許、意匠、商標が20～40％ずつの配分となり、正に代理案件の知財ミックスになっていることが分かる。

5．藤本昇先生の代理企業

続いて藤本昇先生の代理企業（出願人・権利者）について見ていこう（以降、藤本昇先生の代理案件と述べる場合、特許業務法人藤本パートナーズ、弁理士法人藤本パートナーズの代理案件も含む。）。上述したように、代理企業については著者が名寄せを行い、グループ企業については可能な限り統合している。

下表は四法全ての累積件数の上位代理企業ランキングである。

なお、実数ベースでは特許に比べて意匠代理件数が少なく見えるが、2022年の日本の国内特許出願件数は28万9530件、国内意匠登録出願件数（国際意匠登録出願を含む。）は3万1711件と約10倍の開きがある点を考慮して見ていただきたい。

藤本昇先生の上位代理企業ランキング

	総計	1.特許	2.実用新案	3.意匠	4.商標	1.特許	2.実用新案	3.意匠	4.商標
コクヨ	2572	13		2559		1%	0%	99%	0%
シマノ	2037	465	5	1407	160	23%	0%	69%	8%
エレコム	1394	95	4	1016	279	7%	0%	73%	20%
日東電工	971	729		237	5	75%	0%	24%	1%
神鋼環境ソリューション	828	742	3	54	29	90%	0%	7%	4%
中国電力	772	771			1	100%	0%	0%	0%
住友大阪セメント	715	626	10	70	9	88%	1%	10%	1%
積水化成品工業	714	560	46	108		78%	6%	15%	
フジシールインターナショナル	624	517	91	6	10	83%	15%	1%	2%
GSユアサ	597	479		118		80%	0%	20%	0%
タカノ	520	446	8	12	54	86%	2%	2%	10%
TOYO TIRE	498	9		474	15	2%	0%	95%	3%
エフピコ	462	72		367	23	16%	0%	79%	5%
朋和産業	439	231	28	140	40	53%	6%	32%	9%
ノーリツ鋼機	387	341		46		88%	0%	12%	0%
山善	377	24	12	231	110	6%	3%	61%	29%
タカヤマ金属工業	322	111	89	113	9	34%	28%	35%	3%
グンゼ	302	20		282		7%	0%	93%	0%
ジャヴァホールディングス	290			4	286	0%	0%	1%	99%
シンフォニアテクノロジー	281	168		77	36	60%	0%	27%	13%
フジテック	278	182		96		65%	0%	35%	0%

代理企業ランキングのトップはコクヨ、2位：シマノ、3位：エレコム、4位：日東電工、5位：神鋼環境ソリューションと、各業界・業種における有名企業が名を連ねている。

　特徴的なのはコクヨやエレコム、TOYO TIRE（旧東洋ゴム工業）のように、藤本昇先生が得意とする意匠出願を中心に依頼する企業もあれば、シマノや日東電工、積水化成品工業、GSユアサのように特許と意匠をバランス良く依頼する企業、ジャヴァホールディングス（アパレルメーカー）のように商標を中心に依頼する企業など、様々なタイプが存在することである。

　続いて代理企業の出願年代別件数推移を見ていこう。

藤本昇先生の上位代理企業の出願年代別件数推移

	総計	スパークライン	1970	1980	1990	2000	2010	2020
コクヨ	2572					835	1062	675
シマノ	2037			1	407	1113	434	82
エレコム	1394					113	889	392
日東電工	971				11	338	522	100
神鋼環境ソリューション	828			4	124	406	247	47
中国電力	772					287	458	27
住友大阪セメント	715			4	123	191	336	61
積水化成品工業	714					129	546	39
フジシールインターナショナル	624			29	390	205		
GSユアサ	597					80	441	76
タカゾノ	520				98	224	154	44
TOYO TIRE	498					69	321	108
エフピコ	462				1	78	383	
朋和産業	439				66	188	155	30
ノーリツ鋼機	387				128	258	1	
山善	377				17	208	100	52
タカヤマ金属工業	322			92	124	90	14	2
グンゼ	302					7	206	89
ジャヴァホールディングス	290			1	98	103	77	11
シンフォニアテクノロジー	281					68	198	15
フジテック	278						170	108

　トップのコクヨや3位のエレコムは2000年代から、2位のシマノや5位の神鋼環境ソリューションは1980年代から、3位の日東電工は1990年代からというように、古くから継続的に代理していることが分かる。

中でも1956年創業で精密ポンプ・流体制御機器の製造・販売を手掛けている企業や、1957年創業で種包装機の製造・販売を手掛けている企業は1970年代から直近に至るまで出願を代理しており、地元大阪の企業に寄り添った弁理士活動を継続してきたことがうかがえるデータである。

代理企業との関係性をより定量的に示すため、横軸に述べ代理年数、縦軸に累積代理件数を取ったマップを示す（累積代理件数100件以上）。

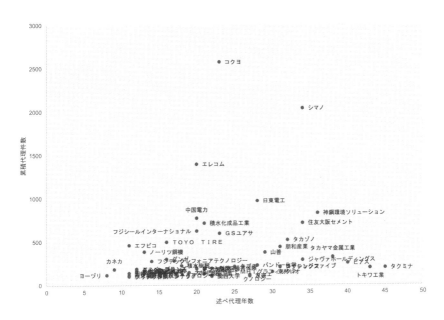

藤本昇先生代理案件の述べ代理年数と累積代理件数

コクヨやシマノ、エレコム、日東電工などの出願規模が大きい企業もあるが、出願規模は小さいながら、長期にわたって代理している中小・中堅企業も存在していることがお分かりいただけるであろう。

特許事務所を経営する際の安定的な顧客基盤を形成し、長期的に顧客との関係性を構築することも重要であるが、新規顧客を開拓し、顧客ポートフォリオを管理する必要もある。

そこで、全期間のうち、2018年以降に代理した出願件数の比率を算出した新規代理企業ランキングを以下に示す。

藤本昇先生の代理企業の出願年代別件数推移（2018年以降出願比率上位）

	総計	2018年以降出願比率	1.特許	2.実用新案	3.意匠	4.商標
健栄製薬	91	100%	0	0	0	91
明電舎	41	100%	0	0	41	0
高周波熱錬	35	100%	5	0	30	0
owlking	33	100%	4	0	21	8
帝人フロンティア	26	100%	9	1	12	4
LIANGE	19	100%	0	0	0	19
積水ハウス	16	100%	0	0	16	0
日本ＰＣサービス	15	100%	0	0	0	15
クリコン	12	100%	2	0	8	2
ジャパンビューティプロダクツ	11	100%	0	0	0	11
コネクテッドロボティクス	11	100%	0	0	11	0
珠海一微半導体	10	100%	10	0	0	0
ダイヤ工務店	10	100%	1	0	5	4
アクアフィールド	10	100%	0	0	6	4
カネカ	184	96%	44	0	140	0

　カネカや帝人フロンティアなどの出願規模の大きい新規顧客においても特許・意匠の知財ミックスで出願を代理しているほか、owlking、LIANGE、コネクテッドロボティクスなどのベンチャー・スタートアップや、中国企業なども新たに代理しており、顧客ポートフォリオマネジメントを着実に行っているといえよう。

6．藤本昇先生の代理案件の対応分野

　藤本昇先生は関西大学法学部を卒業されているが、これまで見てきたように、様々な業界・業種の企業を代理しているので、次に藤本昇先生の代理案件の対応分野について分析した結果を示す。

　皆さまご存じのとおり、特許・実用新案には国際特許分類（IPC）が、意匠には日本意匠分類が、商標には商品・サービス国際分類がある。それぞれ別の分類体系であるため、以下、個別に分析した結果を示していく。

　なお、国際特許分類の分類定義は著者が意訳したものを用いている。まず、特許・実用新案から見ていく。

藤本昇先生の代理案件の筆頭IPCサブクラス出願年代別件数推移（上位17）

	総計	スパークライン	1970	1980	1990	2000	2010	2020
B65D-貯蔵・輸送用容器	1496		65	252	386	451	298	44
B65B-包装機械	526		8	90	175	162	85	6
H01M-バッテリ	503			2	1	64	400	36
A01K-畜産,漁業等	357		4	52	150	127	20	4
B29C-プラスチック加工の成形・接合	331		11	24	27	121	139	9
C02F-水,廃水,下水,汚泥の処理	317			11	61	130	106	9
F16L-管・管の継ぎ手	315		20	84	85	34	60	32
A61K-医薬用,歯科用,化粧用製剤	280			30	47	82	90	31
B01D-分離	279			22	90	68	91	8
A61J-医療・製剤用の容器および経口投	267			1	33	111	96	26
H02G-電気ケーブル・電線	263			1	3	103	151	5
B65G-運搬または貯蔵装置	261		13	31	70	63	65	19
C04B-セメント,セラミックス等の処理	257		3	7	29	82	116	20
G01N-材料の調査・分析	243			5	16	94	106	21
H01L-半導体	230			2	6	78	81	63
A63F-カードゲーム,盤上ゲーム	223		3	11	22	164	23	
C08J-高分子化合物質の仕上げ,混合方	223			1	6	51	141	24

　1970年以降の累積代理件数として突出しているのがB65D（貯蔵・輸送用容器）である。メイングループで見ると以下に関する代理案件が多かった。

・B65D33　大袋・袋の細部・附属品
・B65D85　特定の物品・材料に適した容器・包装体
・B65D81　特別な輸送・貯蔵の問題を示す容器・包装体

　藤本昇先生といえば「おにぎり特許戦争[4]」を想起される方も多いかもしれないが、実は代理件数として最も多いB65D（貯蔵・輸送用容器）は、訴訟の対象となった日本初のおにぎり包装の以下の実用新案権（ただし、藤本昇先生の代理出願ではない。）に付与されているIPCである。

　実際はB65D85/72（・食用または飲用の液体、準液体、または、可塑性なもしくは練状の物質用）だけではなく、A23L1/10（・穀類誘導製品を含有するもの）も付与されている。

---

[4] 大阪地判平成02.02.20 判時1357号126頁をはじめ、藤本昇先生自身が「弁理士藤本昇の知財訴訟シリーズ」として、動画で詳細に解説しているので参照されたい。
　https://www.youtube.com/playlist?list=PLKlbChjaPWj99rPfI68LYuhosB4YywRGS

出願番号／出願日	実願昭53-159907　1978/11/20
公開番号／公開日	実全昭55-75290　1980/04/23
公告番号／公告日	実公昭57-10542　1982/03/01
登録番号／登録日	実登1457618号　1982/10/28
発明の名称	包装兼備の海苔巻握飯製造具
出願人・権利者	昧の万世、オーエルサンド
請求の範囲	先端に切除部3を具備すると共に、袋部4に三角形状の蓋部2、2′を形成した軟質性の合成樹脂材から成る逆円すい形状の袋本体1と前記袋本体1と同素材を用いた同形の中袋5とを設け、この中袋5の外周面に海苔6を巻装して袋本体1の袋部2に挿入し、かつ中袋5を袋本体1の切除部3から引き抜けるようにしたことを特徴とする包装兼備の海苔巻握飯製造具。
図面	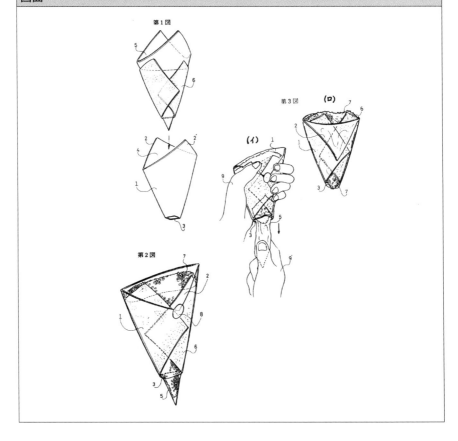

続いて、代理案件で取り扱っている技術の幅を見るため、筆頭IPCサブクラス数の推移を以下に示す。

筆頭IPCサブクラス数が増加しているが、これは年々幅広い技術分野へ対応を拡大してきたことを意味している。2000年以降は130前後ぐらいで推移している（なお、IPCサブクラス数は約650ある。）。

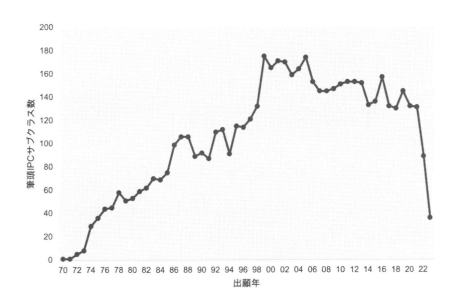

藤本昇先生代理案件（特許・実用新案）の筆頭IPCサブクラス数の推移

続いて、藤本昇先生が代理されている案件で近年急激に伸びている分野を特定するため、横軸に累積代理件数、縦軸に2018年以降出願比率を取ったポジショニングマップを示す。

このマップの左上に位置している筆頭IPCサブクラスが、出願規模は小さいながらも直近の出願が増加している急増領域となる。

以下のマップからB66B（エレベータ・エスカレータ・移動歩道）やH01L（半導体）が急激に増加していることが分かる。なお、この急増領域を依頼している企業は、B66Bがフジテック、H01Lが日東電工である。

第Ⅶ章 知財情報の調査・分析

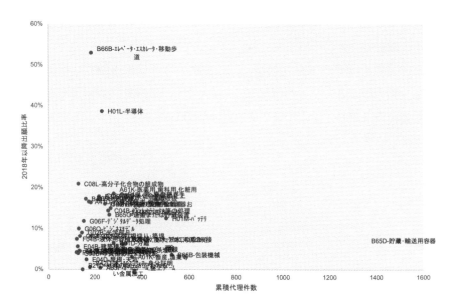

藤本昇先生代理案件(特許・実用)の筆頭IPCサブクラスポジショニングマップ

続いて、藤本昇先生の代理案件の日本意匠分類出願年代別件数推移である(なお、日本意匠分類はハイフン前の先頭2桁、又は3桁を利用した。)。

藤本昇先生の代理案件の日本意匠分類出願年代別件数推移(上位17)

	総計	スパークライン	1970	1980	1990	2000	2010	2020
F4-包装紙、包装用容器等	1646		0	60	111	263	1082	130
K2-漁業用機械器具	1208		0	19	282	511	345	51
D7-家具	1096		0	0	0	388	483	225
H7-電子情報入出力機器	560		0	0	0	119	343	98
G2-車両	551		0	2	22	106	323	98
F3-事務用紙製品、印刷物等	518		0	14	28	63	313	100
H1-基本的電気素子	469		0	0	4	134	176	155
F2-筆記具、事務用具等	460		0	11	12	134	192	111
J7-医療用機械器具	355		0	2	24	142	150	37
B1-衣服	297		0	0	2	102	118	75
分類不明	245		0	2	52	191	0	0
B4-かばん又は携帯用袋物等	239		0	1	1	26	145	66
D6-室内整理用家具・用具	239		0	0	0	81	93	65
L3-建物、屋外装備品等	237		0	3	11	34	63	126
M2-配線、配管用管、管継ぎ手、バルブ	234		0	4	64	39	80	47
K1-利器及び工具	224		0	3	51	65	83	22
L4-建築用構成品	195		0	24	102	41	21	7

特許の累積代理件数トップであったB65D（貯蔵・輸送用容器）と類似しているF4（包装紙、包装用容器等）がトップで、2位はK2（漁業用機械器具）、3位にD7（家具）が続く。

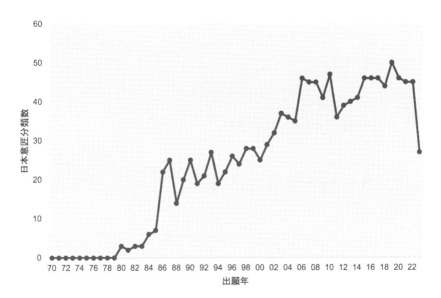

藤本昇先生代理案件（意匠）の日本意匠分類数の推移

　特許と同様に、代理案件で取り扱っている幅を見るため、日本意匠分類数の推移を以下に示す。1980年以降、意匠出願を代理しており、日本意匠分類数が増加しているが、これは年々幅広い分野へ対応を拡大してきたことを意味している。2010年代に入り、約45前後で推移している（なお、日本意匠分類数は84ある。）。

　前述したように、特許・実用新案の筆頭IPCサブクラス数は年々増加していることからも、幅広い技術分野において知財ミックスを実践し、顧客企業を支援してきたといえよう。

　続いて、藤本昇先生が代理されている案件で近年急激に伸びている分野を特定するため、横軸に累積代理件数、縦軸に2018年以降出願比率を取ったポジショニングマップを示す。

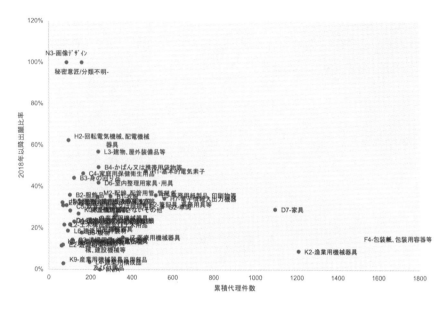

藤本昇先生代理案件（意匠）の日本意匠分類ポジショニングマップ

　上記のマップでは、N3（画像デザイン）が急増している。令和元年意匠法改正において、画像、建築物、内装が新たに意匠の保護対象となったが、N3（画像デザイン）やL3（建物、屋外装備品等）が左上領域に位置しているため、これら新しい意匠に関する対応も進んでいると考えられる。

　最後に商標である。以下は藤本昇先生の代理案件の商品・役務名出願年代別件数推移である。商品・役務名については1出願で複数付与されている場合があるので、筆頭のみに限定せずに個別に集計している。

　商標で特に多いのは、25（被服及び履物）、09（科学用、航海用、測量用、写真用、音響用、映像用、計量用、信号用、検査用、救命用、教育用、計算用又は情報処理用の機械器具、光学式の機械器具及び電気の伝導用、電気回路の開閉用、変圧用、蓄電用、電圧調整用又は電気制御用の機械器具）や35（広告、事業の管理又は運営及び事務処理及び小売又は卸売の業務において行われる顧客に対する便益の提供）の3区分である。

藤本昇先生の代理案件の商品・役務名出願年代別件数推移（上位17）

	総計	スパークライン	1970	1980	1990	2000	2010	2020
25-被服及び履物	766		0	1	123	214	290	138
09-科学用、航海用、測量用、写真用、音	740		0	3	76	174	271	216
35-広告、事業の管理又は運営及び事務	706		0	0	31	179	320	176
03-洗浄剤及び化粧品	532		0	0	33	65	232	202
28-がん具、遊戯用具及び運動用具	492		0	1	133	178	105	75
18-革及びその模造品、旅行用品並び	477		0	0	33	129	208	107
30-加工した植物性の食品(他の類に属	440		0	0	58	99	177	106
41-教育、訓練、娯楽、スポーツ及び文化活	391		0	0	39	160	117	75
16-紙、紙製品及び事務用品	379		1	3	82	118	116	59
42-科学技術又は産業に関する調査研	337		0	0	105	91	65	76
36-金融、保険及び不動産の取引	336		0	0	91	133	92	20
14-貴金属、貴金属製品であって他の	330		0	0	27	100	149	54
43-飲食物の提供及び宿泊施設の提供	305		0	0	0	84	157	64
05-薬剤	278		0	0	15	34	74	155
07-加工機械、原動機(陸上の乗物用の	275		0	2	62	105	69	37
11-照明用、加熱用、蒸気発生用、調理	252		0	1	28	82	83	58
20-家具及びプラスチック製品であって他	243		0	0	39	61	94	49

続いて、代理案件で取り扱っている幅を見るため、商品・役務名数の推移を以下に示す。商品・役務名数が1992年に急増しているのは、1992年にサービスマーク制度が導入され、一気に出願依頼が増加したためであろう。

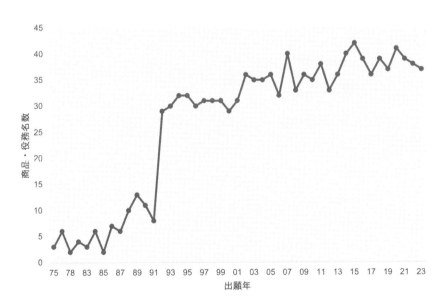

藤本昇先生代理案件（商標）の商品・役務名数の推移

続いて、藤本昇先生が代理されている案件で近年急激に伸びている分野を特定するため、横軸に累積代理件数、縦軸に2018年以降出願比率を取ったポジショニングマップを示す。

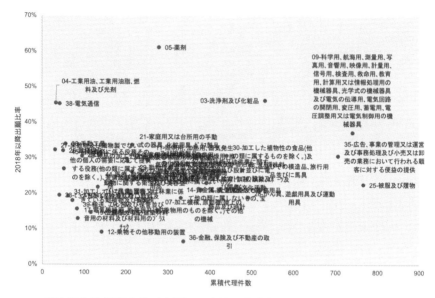

藤本昇先生代理案件（商標）の商品・役務名ポジショニングマップ

上記のマップでは、05（薬剤）のほか、04（工業用油、工業用油脂、燃料及び光剤）や38（電気通信）が急激に増加している。

商標は特許・実用新案や意匠と異なり、なかなかトレンドを把握しにくい面があるが、知財ミックス分析の一例として、こうした可視化の方法もあるということを示させていただいた。

7．おわりに

以上、半世紀にわたる藤本昇先生の弁理士活動の軌跡について、日本の特許、実用新案、意匠、商標の知財ミックス分析を通じて確認してきたが、いかがだったであろうか。

時代の流れとともに技術は進化し、高度化していく。そのため、知財業務も複雑・専門化せざるを得ず、弁理士もそれに対応するため特許弁理士、意匠弁理士、商標弁理士のように特定の領域に特化する傾向にあるが、藤本昇先生は特許・実用新案からスタートして、意匠や商標へむしろ拡大していく傾向にある。

　専門性が求められる時代であるからこそ、自らが複数の専門性を有したプロフェッショナルになると同時に、様々な専門性を有した人材を統合・マネジメントし、クライアントに貢献できるチーム作りが必要である。

　また、大企業だけではなく、中小企業とも長期の関係性を構築し、特許、実用新案、意匠、商標の知財ミックスにより、企業価値の向上に貢献している様子を、藤本昇先生代理案件の知財ミックス分析の結果からその一端を感じていただけたのではなかろうか。

　それでは、この藤本昇先生のプロフェッショナルとしての原動力はどこに由来しているのであろうか。以前、著者が藤本昇先生とYouTubeで対談させていただいた際、記憶に鮮明に残っている先生の言葉を紹介して拙稿の締めとさせていただきたい。

「商売（商い）というものは、飽きてしまったらそれで終わりです。だから"商い（飽きない）"って言うんですよ！」

　拙稿の末尾ながら、改めて藤本昇先生の喜寿をお祝い申し上げます。

---

5 藤本昇、藤本周一「弁理士50周年・藤本昇先生に聞くーイーパテント・トークセッション "THE LEGEND"」https://www.youtube.com/watch?v=2rVUNjbrJIk

知財情報活用の変遷と
知財情報トレンド

サン・グループ 代表　藤本 周一

1．はじめに

　近年、日本国内の特許出願件数は減少傾向にあるが、世界知的所有権機関（WIPO）が2023年3月に公表した2022年の国際特許出願〈特許協力条約（PCT：Patent Cooperation Treaty）〉に基づく国際出願の件数は、図1のように27万8100件（前年比＋0.3％）と過去最高の出願件数となった。

出典：WIPO統計データベース（2023年3月）
図1　PCT出願動向（2012-2022）

　2022年の国別のPCT出願件数上位国については図2にあるように、1位が中国で7万15件（前年比＋0.6％）、2位が米国で5万9056件（前年比－0.6％）、3位が日本で5万345件（前年比＋0.1％）となり、中国が1位をキープしている。

　また、4位の韓国は2万2012件と前年比＋6.2％であり、韓国については国内特許出願件数も近年は増加傾向となっている。

さらに、2022年の全PCT出願のうち、中国や日本などアジア諸国からの出願が54.7％を占める結果となったことにも注目したい。主に中国の出願件数の増加に起因しているが、今後はASEAN諸国からの出願が増加することも考えられる。

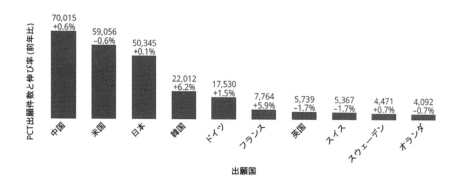

出典：WIPO統計データベース（2023年3月）

図2　PCT出願上位10か国（2022）

企業別の2022年PCT出願件数は図3にあるように、中国のファーウェイが6年連続で1位となっている。韓国のサムスン電子は前年比＋44.3％と急増し、2位につけている。技術分野でみると上位10社のうち6社がデジタル通信分野の企業となっており、今後しばらくは同分野の出願件数は高い水準が維持されると思われる。

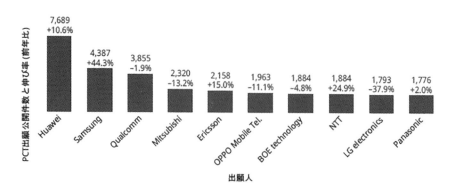

出典：WIPO統計データベース（2023年3月）

図3　PCT出願上位10社（2020）

図1からも分かるように、PCT出願件数は毎年増加傾向にあり、世界の特許出願件数は確実に増加している。この傾向は今後10年のスパンでみても同様に増加するものと予測され、特にアジア諸国やインドといった新興国からの出願件数が伸びていくと思われる。

　本稿では、前述した近年の国際的な特許出願における知財情報活用だけでなく、著者が知財業界に入った約25年前から近年の知財情報活用についての変遷を、著者らのような知財情報企業の視点で紹介する。

2．知財情報データベースの変遷
（1）特許電子図書館(IPDL)と商用データベース

　著者が知財業界に入った2000年当時は、小泉純一郎首相の下、日本が「知財立国」を目指し、2002年11月に「知的財産基本法」が制定されるなど、日本企業が知的財産を経営資産として捉え始め、各企業の知的財産部は経営層から経営に資する知的財産戦略を求められるようになった時期であった。

　こうした時代背景の中、著者らのような外部の知財情報企業へのニーズも高まり、当時は依頼の主流であった特許出願前の先行技術文献調査だけでなく、無効資料調査、侵害予防調査（クリアランス調査）、特許マップ等、企業の知財戦略に即した多様な目的での依頼が年々増加していったのを鮮明に記憶している。

　著者は2000年から特許を中心とした知財調査や分析業務に携わっているが、当時は1999年3月から特許庁によりオンラインサービスが開始された特許電子図書館（IPDL：Industrial Property Digital Library）が、企業や著者らのような知財情報企業でも利用され始めた時期であった。IPDLのサービスが開始されるまでは、1978年にサービスを開始し、日本の特許検索オンラインサービスの草分け的存在であったパトリス（PATOLIS）を主要な検索ツールとして活用していた。その後、PATOLISは2014年1月31日にサービスを終了することになる。

　また、著者らの拠点が大阪にあることもあり、国内外の特許や意匠等、産業

財産権関係資料を数多く保管していた「大阪府立特許情報センター」にて、いわゆる「紙公報」での調査も行っていた。特に意匠についての調査や、特許の図面を中心とした調査ではIPDLよりも紙公報での調査が効率的であった。

また、特許情報センターにはIPDLの専用端末が複数台設置されており、当時は社内のインターネット回線を利用するよりも該専用端末を利用する方が圧倒的に通信速度が速かったことから、同僚たちと朝から夕方まで特許情報センターに缶詰になって調査をしていた。特許情報センターは2010年12月31日をもって廃止され、現在では紙公報は特許庁庁舎2階にある公報閲覧室においてのみ閲覧することができる。

図4　大阪府立特許情報センター

2000年より少し遡るが、IPDLや、PATOLIS以外の民間企業が特許情報データベースを開発し始めたことについて大きな影響を与えたのが、1993年の特許等の公報電子化であった。電子化された特許データを蓄積し、特許庁や民間企業がデータベースを構築していった。民間企業が開発した特許データベースは2000年に入ると一層進化し、IPDLではできなかったキー

ワードの全文検索が可能になるなど、付加価値の高いデータベースが複数登場してきた。

　2010年に入ると、いわゆる「概念検索」の機能を付加した商用データベースが登場し、本調査前の予備調査での活用や、無効資料調査における類似度が高い公知資料収集に利用される場面が増えてきた。概念検索は統計的分析により特許公報中のキーワードの重みを算出することで類似文献を抽出するというシステムが一般的であったため、必ずしも抽出したい文献が見付かるわけではないが、特許検索について不得手な研究者等でも容易に利用できることから主に企業での利用が広まった。

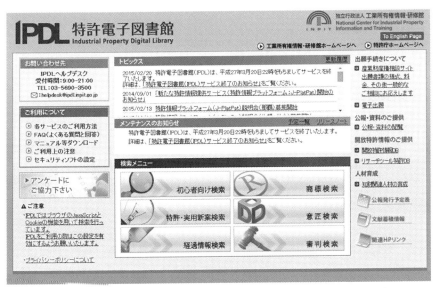

図5　特許電子図書館（IPDL：Industrial Property Digital Library）

（2）特許情報プラットフォーム（J-PlatPat）と商用データベース

　前述したIPDLに代わり、2015年3月23日に特許庁と工業所有権情報・研修館（INPIT）は、新たに特許情報プラットフォーム（J-PlatPat）のサービスを開始し、現在もサービスを提供中である。不定期ではあるが機能改善も実施されている。

IPDLに比べて格段に検索機能が充実し、また、特許公報等の一括ダウンロードが可能になるなど、利便性に優れたサービスとなっている。特許庁やINPITは2015年にJ-PlatPat以外にも、以下のようなデータベースサービスの提供を開始している。

① 画像意匠公報検索支援ツール（Graphic Image Park）

日本で意匠登録された「画像を含む意匠」について、イメージマッチング技術を用いて検索するための支援ツール

② 外国特許情報サービス（FOPISER）

ロシア、台湾、オーストラリア、シンガポール、ベトナム、タイ、欧州連合知的財産庁（EUIPO）等の特許・実用新案・意匠・商標文献を検索するための支援ツール

③ 中韓文献翻訳・検索システム

中国・韓国の特許文献の翻訳・検索支援ツール。2019年の機能改善に伴いJ-PlatPatにサービスを移管した。

図6　特許情報プラットフォーム（J-PlatPat）

一方、同年商用データベースとして注目を集めたのが、FRONTEOとトヨタテクニカルディベロップメントの両社で共同開発した「KIBIT Patent

Explorer」をはじめとする人工知能（AI：Artificial Intelligence）を用いた知財情報ツールの登場である。AI分野は第一次、第二次を経て現在も続く第三次ブームとなっているが、当時は「ディープラーニング（深層学習）」と呼ばれる技術の発展が特に脚光を浴び、知財業界でもディープラーニングを用いた支援ツールの開発が進んだ。AIについては知財関連に限らず、図7にあるようにAI関連の発明が2014年以降急激に増加している。

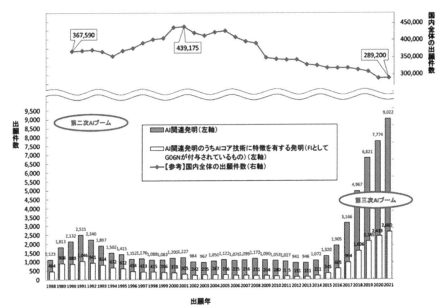

出典：AI関連発明の出願状況調査 報告書

図7　AI関連発明の国内出願件数の推移

　2015年以降も多くのAIを用いた知財情報ツールが登場したが、2022年11月にOpenAIが公開した生成AI（ジェネレーティブAI）システムである「ChatGPT」の登場により、これまでのAI支援ツールの概念が一変し、今後は生成AIを活用した知財支援ツールの開発や利用が進むと思われる。

　実際に、2023年9月に東京ビッグサイトで開催された「特許・情報フェア＆コンファレンス」においては、ChatGPTなどの生成AIを活用した各種の知財支援ツールが発表された。

調査や検索の観点では、生成AIを活用することで、例えば類似特許の検索や特許分類の自動付与、特許情報の自動収集（SDIやウオッチング）等での利用が見込まれる。ただし、現時点での生成AIの情報には誤った情報が含まれることもあるため留意が必要である。

（3）外国特許庁データベースと商用データベース

著者は主に外国特許や意匠の調査・分析を担当していたため、外国の知財情報収集の変遷についても概略を述べる。

著者が外国調査を担当していた当初（2000年代前半）は現在のようなグローバルデータベースがほとんどなく、外国調査については調査対象となる国の特許事務所や特許調査会社に依頼するというのが主流であったが、前述した大阪府立特許情報センターには外国特許文献の所蔵も豊富であったため、紙公報での調査も併行して実施していた。

2005年頃から各国特許庁の検索データベースが充実してきたことにより、各国特許庁のデータベースに直接アクセスして英語の文献を査読し、調査を行うことが増えてきた。それに伴い、知財業界団体や企業が主催する外部セミナー等で、外国特許庁のデータベースの利用方法や活用の仕方におけるセミナーの講師依頼が増えたことを記憶している。

それまで企業においては国内の知財情報について侵害予防調査や出願前の先行文献調査に注力していたが、企業のグローバル化に伴って海外の知財情報への関心が高まり、海外での侵害予防調査や知財リスク管理のニーズが増えてきたのもこの頃であった。

参考までに、当時著者がよく利用していた外国特許庁のデータベースとして、図8の米国特許商標庁（USPTO：United States Patent and Trademark Office）や図9の欧州特許庁（EPO：European Patent Office）がある。これらの特許庁データベースは現在も年々アップデートされ、進化している。

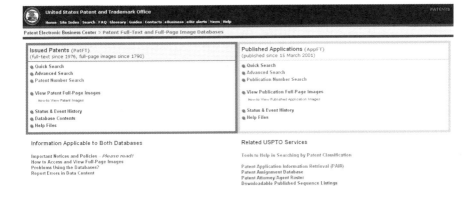

図8　USPTO検索データベース（2008年当時）

図9　EPO検索データベース（2008年当時）

2010年頃からはグローバルな特許調査が可能な商用データベースも複数登場し、これまでのような1か国ごとの検索ではなく、複数国を横断的に検索する方法が主流になり始め、これまで以上にグローバルな特許調査のニーズが増加していった。

　このようにグローバル特許調査のニーズが拡大する中、外国特許庁の動向として2010年10月にUSPTOとEPOが欧州特許分類（ECLA：European Classification System）をベースとした新しい特許分類として共同特許分類（CPC：Cooperative Patent Classification）を両特許庁間で策定することに合意し、2013年から欧州特許と米国特許でCPCの付与が開始された。

　CPCが付与される以前は、主に国際特許分類（IPC：International Patent Classification）を外国特許検索に用いていたが、CPCはIPCよりも詳細な技術分類が定義されているため、特許調査の効率化が図られた。その後、CPCは欧州各国、中国、韓国、カナダ、オーストラリア等でも付与が開始され、対象国が拡大している。

　また、2000年に入って出願件数が急増し出した中国においても当時の中国知的財産権局が、「PUB CNIPR」と呼ばれる中国特許検索データベースの提供を2007年4月26日より開始した。PUB CNIPRは検索結果の分析機能があるなど、当時の特許庁データベースとしては画期的なデータベースであり、著者も中国特許検索で活用したのを記憶している。現在、PUB CNIPRはCNIPRとして中国国家知識産権出版社（IPPH）がサービスを提供している。

　中国実用新案の急増に伴い、中国知財情報の収集ニーズが日本企業でも高まったことから、日本特許庁は2012年からIPDLで中国実用新案の和文（機械翻訳）抄録の提供を開始した。

　中国などの特許庁データベースが整備される一方、当時、ビジネス市場として企業から注目されていたインド、ブラジル、ASEAN諸国については知財情報がまだまだ整備されておらず、特許等知財情報検索を行うことは難しい状況であった。

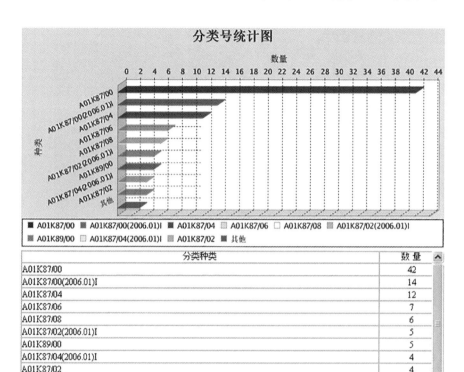

図10　PUB CNIPRの分析結果画面（2008年当時）

　著者は2012年にタイ、ベトナム、マレーシアの特許庁を訪問し、各国特許庁の担当者たちと意見交換を行ったが、当時はまだ特許庁が提供する検索データベースのデータ蓄積や精度が十分ではないと感じた。

　2015年以降，更に企業のグローバル化が進み、それに伴って外国知財情報のニーズがより一層高まり、特許庁は2015年8月から外国特許情報の照会サービスである「FOPISER（フォピサー）」の提供を開始した。さらに、2016年7月からJ-PlatPatにおいて、各国の出願・審査関連情報であるドシエ情報「ワン・ポータル・ドシエ（OPD）」の提供を開始し、五大特許庁（日本、米国、欧州、中国、韓国）に出願されたファミリーの書誌情報や審査情報、包袋書類を一度に参照することができるようになり、知財情報検索の効率化が大幅に進んだ。

図11　マレーシア特許庁（MyIPO）審査官との意見交換（2012年当時）

　2010年代後半からはAIを搭載したグローバルデータベースが続々と登場し、知財情報データベースの提供を開始するスタートアップ企業も複数現れてきている。今後もこの傾向は続くと思われ、特に前述した生成AIを活用したデータベースや支援ツールの開発が進むと予測される。

3．知財情報分析の変遷
（1）特許マップ

　著者が知財分析業務を開始した約25年前には、既に知財情報を用いた他社動向分析や技術動向分析業務は存在していたが、当時は商用の特許分析ツールがほとんどなく、調査から分析までアナログな作業をこなしていたため、同じ作業でも現在より数倍は工数や費用がかかっていた。著者も時には同僚と徹夜で特許マップを作成したことを記憶している。

　当時、依頼が多かった特許マップとしては、図12、図13のような「時系列マップ」や「課題・解決マップ」であり、主に競合他社の分析依頼であった。

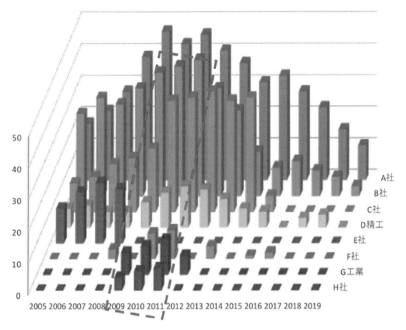

出典:特許情報分析による中小企業等の支援事例集

図12　出願人一時系列マップ

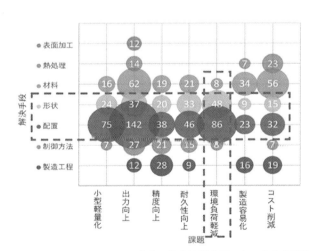

出典:特許情報分析による中小企業等の支援事例集

図13　課題・解決マップ

2010年頃になると多数の特許分析ツールが登場し、統計的な分析が飛躍的に容易になったことに伴い、著者らが得意とする特許マップから読み取った内容を検証し、分析者の判断やコメントを含めたアウトプットの提供が重要視されるようになった。特許マップは技術動向等を把握するマクロ的な視点と、特許公報1件1件に記載された技術内容を把握するミクロ的な視点があり、これらは技術情報として知財情報を活用することになる。

　一方、他社権利を侵害しないかどうかを確認する手段として知財情報を活用する側面もあり、これら両面を理解した上でアウトプットし、戦略立案ができるスキルや人財が求められるようになった。

　特許分析については、欧米等の企業では以前より実施しており、実際にBosch等の大企業では積極的に知財情報を事業戦略等に活用していた。

　2010年頃になると中国でも特許分析等、知財情報の活用が拡大していき、著者が2018年に参加した「CPAC（China Patent Annual Conference）」で特許マップについて講演した際には、図14のように多数の中国企業が聴講され、講演スライドを撮影していた。現在、中国企業での知財情報活用は更に拡大している。

図14　CPAC（China Patent Annual Conference）2018での著者講演の様子

(2) デザインマップ

　知財情報分析というと特許分析が注目されがちであるが、企業によっては意匠情報を分析するデザインマップも実施している。特に2018年5月に経済産業省と特許庁により「『デザイン経営』宣言」と呼ばれる報告書が発表されたことを受け、企業においてもデザイン経営による企業の産業競争力向上や、デザインを重要な経営資源として活用することで企業のブランド力やイノベーション力を高めることに注目し始めた。

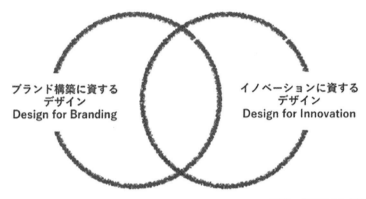

出典：「デザイン経営」宣言

図15　「デザイン経営」の効果

　特許マップを理解されている知財関係者は多いと思うが、デザインマップについては余りなじみがないと思われるので、主要なデザインマップについて説明する。

　一例として、図16は電球に関する意匠公報を時系列に配置して可視化したデザインマップであり、可視化することで電球本体の形状変化や、類否判断の傾向などを把握することができる。また、自社の製品開発を行う上で他社権利の侵害回避策を検討することもできる。

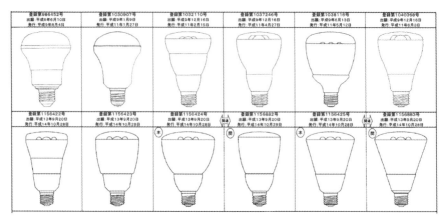

図16 「電球」に関するデザインマップ

　図17は「かばんの部分意匠」の類似登録意匠マップである。どの部分までは類似と認定されているのかなどを把握することで、自社のデザイン戦略の参考となる。

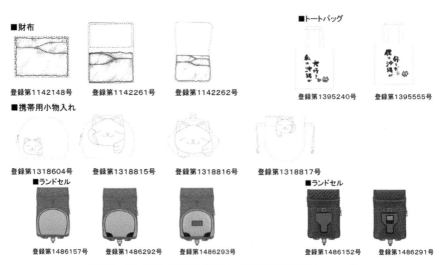

図17 「かばんの部分意匠」の類似登録意匠マップ

（3）IPランドスケープ

　2017年7月17日の日本経済新聞朝刊に「IPランドスケープ」というワードが掲載され、企業の知的財産部や知財関係者だけでなく、経営層にもIPランドスケープというワードが浸透するきっかけとなった。

　IPランドスケープとは、自社の経営・事業戦略を策定する際に、知財情報だけでなく経営・事業情報等、知財以外の情報も用いて分析を実施し、分析結果について経営者や事業責任者と情報を共有し、経営・事業戦略策定に活用することであり、前述した特許マップ等の知財情報のみの分析にとどまらず、知財情報に経営・事業情報等を統合し、競合他社分析や自社のポジショニング分析等を行うものである。

　IPランドスケープについては、特許庁が公表している知財人材スキル標準（version 2.0）においても記載されており、具体的な業務内容として以下のような内容が列挙されている。

≪IPランドスケープの業務内容≫
- 知財情報と市場情報を統合した自社分析、競合分析、市場分析
- 企業、技術ごとの知財マップ及び市場ポジションの把握
- 個別技術・特許の動向把握（例：業界に大きく影響を与え得る先端的な技術の動向把握と動向に基づいた自社の研究開発戦略に対する提言等）
- 自社及び競合の状況、技術・知財のライフサイクルを勘案した特許、意匠、商標、ノウハウ管理を含めた、特許戦にとどまらない知財ミックスパッケージの提案（例：ある製品に対する市場でのポジションの提示、及びポジションを踏まえた出願及びライセンス戦略の提示等）
- 知財デューデリジェンス
- 潜在顧客の探索を実施し、自社の将来的な市場ポジションを提示する。

　上記のようなIPランドスケープの業務内容を実施する上で、下記のような能力が必要であることも併せて列挙されている。

≪IPランドスケープを実施する上で必要な能力≫
・自社の業界及び関連する様々な業界の企業動向、技術動向を把握する能力
・競合等の特許出願動向や、特定技術からビジネス上のインパクトを把握する能力
・複数の技術・アイデアをパッケージ化して自社の将来戦略と整合させた上で提案する能力
・業務に有用な情報システムを適切に選択し、活用することができる能力

　前述した能力やスキルを持つ人財が企業の知財部門に存在する場合であっても、IPランドスケープを実施する上で最も難しいと著者が感じるのは、「いかに経営層や事業部門を巻き込むことができるか」という点である。IPランドスケープの先駆者的企業である旭化成やナブテスコは、この点を見事にクリアし、経営戦略・事業戦略にIPランドスケープを活用している。
　IPランドスケープは認知度が高まるとともに大手企業を中心に浸透していき、2020年12月には旭化成等の有志企業によって「IPランドスケープ推進協議会」が設立され、現在も活動を継続している。
　また、2021年6月にコーポレートガバナンス・コード（CGC）が改訂され、初めて知的財産についての項目が盛り込まれたことで、IPランドスケープの重要性を更に推進することになった。今回のCGC改訂では、知的財産について下記2点が記載されている。
・補充原則3-1③（一部抜粋）
　人的資本や知的財産への投資等についても、自社の経営戦略・経営課題との整合性を意識しつつ分かりやすく具体的に情報を開示・提供すべきである。
・補充原則4-2②（一部抜粋）
　人的資本・知的財産への投資等の重要性に鑑み、これらをはじめとする経営資源の配分や、事業ポートフォリオに関する戦略の実行が、企業の持続的な成長に資するよう、実効的に監督を行うべきである。

これらの項目が盛り込まれたことで、企業内における知的財産戦略が対外的にもより重要となり、IPランドスケープを活用した経営戦略・事業戦略の策定を実施する企業が増えてきている。実際、著者が2023年12月に東京証券取引所プライム市場に上場している企業50社のコーポレートガバナンス報告書、統合報告書等の内容を確認したところ、報告書内にIPランドスケープの活用について明記している企業が前年より明らかに増えており、今後ますます企業におけるIPランドスケープの活用は拡大すると思われる。

　情報分析の視点でみると、前述した特許マップが過去から現在までの分析を行うのに対し、IPランドスケープは現在から将来予測を含めた分析となるため、特に「新規事業探索・新規事業開発」「M&A・事業提携先の検討」「知財デューデリジェンス」といった目的で活用されることが多く、前述したような大企業だけでなく、中堅・中小企業やスタートアップ企業にとってもIPランドスケープの活用は有用である。

　最近、特に注目されているのが、スタートアップ企業におけるIPランドスケープの活用である。スタートアップ企業は資金面や技術面での提携先の探索が必要になることが多いため、事業連携や資金調達の可能性がある企業の選定の際にIPランドスケープを活用している。

　中堅・中小企業でのIPランドスケープの活用目的としては、自社のコア技術を用いた新規事業探索・新規事業開発が多く、自社コア技術の周辺技術領域における他社技術領域を分析し、技術領域ごとにレッドオーシャンなのかブルーオーシャンなのかを検討し、ブルーオーシャンの技術領域が存在する場合にはより詳細な分析を行い、新しい事業分野の可能性を検討する。

　また、全く未知の領域における市場分析や競合分析にIPランドスケープが有用なのは想像に難くない。このような新規事業探索や新規事業開発は、日本企業だけなく、外国企業においても数多く実施されている。

　前述したように、IPランドスケープは年々実施する企業が増えている。一方、分析を行うことが目的になっている場合も多く、分析結果を活用できていない企業も少なくない。

そのため、分析を行う前には必ず何のために分析を行うかを明確にし、そのための事前準備をしっかり行ってから分析を始めることを著者は強く推奨する。

4．おわりに

本稿では、著者が知財分析業務を開始した約25年前から現在に至るまでの知財情報データベースや、知財情報分析の変遷について紹介した。前述したように、近年、IPランドスケープが脚光を浴びているが、分析に利用するデータベース等は現在と異なるものの、数十年前から知財情報分析は既に行われていたことを御理解いただけたのではなかろうか。

生成AI等の登場により、今後は知財情報分析の手法が変化していくことも予測されるが、環境の変化とともにそれに適応する最適な手法で知財情報を活用することで企業がますます成長することを切に願う。

藤本昇先生 略歴・研究実績

略歴

昭和21年12月10日	大阪府岸和田市に生まれる
昭和44年3月	関西大学法学部卒業
昭和45年12月23日	弁理士登録
昭和49年4月	藤本昇特許事務所(現・弁理士法人藤本パートナーズ)開設
昭和56年〜昭和58年	弁理士会常議員
昭和58年〜昭和59年	特許制度昂揚普及委員会 副委員長
昭和61年〜昭和62年	外国弁護士対策委員会 委員
昭和62年〜昭和63年	意匠委員会 副委員長
昭和63年〜平成元年	企画委員会 副委員長
平成元年〜平成2年	弁理士会近畿支部 副支部長
平成元年〜平成3年	役員制度委員会 副委員長
平成3年〜平成4年	21世紀対応第4委員会 副委員長
平成4年〜平成5年	中央知的財産研究所設立検討委員会 委員長
平成6年〜平成7年	弁理士会 副会長
平成9年〜平成11年	弁理士法改正特別委員会 副委員長
平成10年〜平成11年	弁理士会近畿支部 副支部長
平成11年〜平成13年	弁理士会近畿支部 支部長
平成13年〜平成14年	発明等評価検討委員会 委員長
平成14年〜平成15年	知的財産価値評価機関設立検討委員会 委員長

対外活動歴

昭和59年5月	日・欧ビジネスプラザ設立 事務局長
平成9年4月	フランス レピン・コンクール 名誉審査員
平成10年4月	フランス パリ 100 FLEURS(サン・フルー社)設立
平成15年9月	知財 PeCo 設立
令和元年5月〜	デザインと法協会 理事

公職

平成16年3月～平成17年11月　　工業所有権審議会 臨時委員

受賞・表彰歴

平成14年	黄綬褒章（弁理士業務功労）
平成3年	弁理士会特別功労表彰
平成7年	弁理士会特別功労表彰
平成11年	弁理士制度100周年記念式典特別功労者表彰
平成12年	弁理士会特別功労表彰
平成14年	日本弁理士会特別功労表彰
平成14年	日本知的財産協会感謝状
平成18年	日本弁理士会感謝状

著書

平成24年　中国デザイン関連法［発明協会］

令和元年　これで分かる 意匠（デザイン）の戦略実務－デザイン開発から国内外の調査・権利化・侵害紛争・訴訟まで－［発明推進協会］

令和2年　改定意匠法 これで分かる 意匠（デザイン）の戦略実務【改訂版】－デザイン開発から国内外の調査・権利化・侵害紛争・訴訟まで－［発明推進協会］

論考

平成11年　意匠の使用態様と意匠の利用の成否（『判例意匠法』発明協会）

平成16年　大学研究における特許出願戦略－研究者の意識改革と研究上の注意点－（「化学」59巻7号）

平成16年　手続の流れ、調査、出願分割と変更（『意匠・デザインの法律相談』青林書院）

平成17年　極小化物品の意匠登録成否と侵害成否－意匠法上の視覚性についての考察－（「知財管理」55巻6号）

平成17年　意匠法上の視覚性について（『牛木理一先生古稀記念 意匠法及び周辺法の現代的課題』発明協会）

平成18年	意匠法上の「視覚性」についての画期的判決－意匠審査基準における肉眼観察限定認識手法について－（「知財管理」56巻9号）
平成21年	意匠の要部－ふとん干器事件－（『小野昌延先生喜寿記念 知的財産法最高裁判例評釈大系［Ⅱ］意匠法・商標法・不正競争防止法』青林書院）
平成28年	他社が嫌がる又は他社にとって脅威となる特許戦略とその活用事例（『他社に競り勝つ！ 本当に強い特許実務対応～係争対応・各社の特許戦略策定ノウハウ・事例～』情報機構）
平成28年	意匠法の準用、意匠権との関係（『新・注解 商標法【上巻】』青林書院）
平成28年	拒絶査定に対する審判における特則、意匠法の準用（『新・注解 商標法【下巻】』青林書院）
平成29年	知財のプロとしての弁理士の王道とは？－弁理士に夢ある未来はありますか－（「パテント」70巻3号）
平成29年	拒絶査定（『商標の法律相談Ⅰ』青林書院）
平成29年	企業の知財戦略の現代的課題と今後の知財戦略のあるべき姿（『「特許の棚卸し」と権利化戦略』技術情報協会）
平成30年	新規性喪失の例外規定の実務上の留意点と今後の課題－公開態様の多様化と複数回公開－（「知財管理」68巻5号）
令和元年	Special Interview 藤本昇氏にきく－意匠の活用－（「発明」116巻6号）
令和2年	後発で勝つための研究開発と知財戦略とその事例（『"後発で勝つ"ための研究開発・知財戦略の立て方、進め方』技術情報協会）
令和3年	知財力強化のための知財ミックス戦略の思考法とその実践力（『経営・事業戦略に貢献する知財価値評価と効果的な活用法』技術情報協会）
令和6年	後発で市場へ参入するメリットとデメリット（『後発で"勝つ"ための研究・知財戦略と経営層への説明・説得の仕方』技術情報協会）

藤本昇先生 知財訴訟活動歴

産業財産権侵害訴訟・不競法訴訟（民事訴訟・補佐人）

大 阪 地 判 昭52(ワ)4153	実用新案権侵害差止等請求事件
大 阪 地 判 昭55(ヨ)6159	実用新案権侵害仮処分事件
大 阪 地 判 昭55(ワ)1160	実用新案権侵害差止等請求事件
大 阪 地 判 昭56(ワ)3884	意匠権侵害差止等請求事件
奈良葛城簡判 昭57(サ)95	実用新案権侵害証拠保全申立事件
大 阪 地 判 昭62(ワ)2407	実用新案権侵害差止等請求事件
大 阪 地 判 昭60(ワ)1944	意匠権侵害差止等請求事件
大 阪 地 判 昭62(ヨ)1299	意匠権侵害仮処分事件
大 阪 地 判 昭62(ヨ)1410	不正競争防止法違反仮処分申請事件
広 島 地 判 昭62(ヨ)114	特許権侵害仮処分申請事件
大 阪 地 判 昭62(ワ)9882	意匠権侵害差止等請求事件
大 阪 地 判 昭62(ワ)2422	実用新案権侵害差止等請求事件
東 京 地 判 昭63(ワ)2261	実用新案権侵害差止等請求事件
江 戸 川 簡 判 平元(サ)242	意匠権侵害証拠保全申立事件
大 阪 地 判 平元(ワ)4784	不正競争防止法違反事件
大 阪 地 判 平元(ワ)7657	実用新案権侵害差止等請求事件
大 阪 地 判 平2(ワ)2366	意匠権侵害差止等請求事件
大 阪 高 判 平2(ネ)436	実用新案権侵害差止等請求事件
大 阪 地 判 平2(ヨ)1588	不正競争防止法違反仮処分事件
大 阪 地 判 平2(ワ)9393	実用新案権侵害差止等請求事件
奈 良 地 判 平2(ワ)445	意匠権侵害差止等請求事件
松 山 地 判 平3(ヨ)13	不正競争行為禁止等仮処分事件
大 阪 地 判 平3(ワ)2955	意匠権侵害差止等請求事件
大 阪 地 判 平3(ワ)2957	意匠権侵害差止等請求事件
東 京 地 判 平3(ワ)9027	意匠権侵害差止等請求事件
大 阪 地 判 平4(ヨ)3589	不正競争行為禁止等仮処分事件
松 山 地 判 平4(ワ)61	実用新案権侵害差止等請求事件

東 京 高 判 平5(ネ)5264	実用新案専用実施権侵害差止請求控訴事件
名古屋 地 判 平5(ワ)1128	意匠権不当利得金返還請求事件
東 京 地 判 平5(ワ)2389	実用新案権侵害差止等請求事件
高 松 高 判 平6(ネ)230	実用新案権侵害差止等請求控訴事件
大 阪 高 判 平6(ネ)3561	意匠権侵害差止等請求控訴事件
大 阪 地 判 平5(ワ)7497	実用新案権不当利得返還請求事件
大 阪 高 判 平6(ネ)1827	意匠権侵害差止等請求控訴事件
大 阪 地 判 平7(ワ)4767	意匠権侵害行為差止等請求事件
大 阪 地 判 平9(ヨ)835	実用新案権仮処分申立事件
奈 良 地 判 平9(ヨ)27	不正競争防止法差止等仮処分命令申立事件
大 阪 高 判 平9(ネ)2307	意匠権侵害行為差止等請求控訴事件
大 阪 地 判 平5(ワ)4983	著作権侵害差止等請求事件
大 阪 地 判 平10(ヨ)855	特許権業務妨害禁止仮処分申立事件
大 阪 高 判 平8(ネ)2899	不正競争防止法損害賠償等請求控訴事件
大 阪 地 判 平6(ヨ)3378	意匠権製造販売禁止等仮処分申立事件
大 阪 地 判 平6(ワ)11086	意匠権侵害行為差止等請求事件
大 阪 高 判 平10(ラ)625	特許権仮処分申立却下決定に対する即時抗告事件
徳 山 簡 判 平10(い)6170	著作権法違反事件
名古屋 地 判 平7(ワ)4308	特許権侵害差止等請求事件
大 阪 地 判 平5(ワ)12745	不正競争防止法に基づく製造・販売差止等請求事件
大 阪 高 判 平10(ネ)2916	意匠権侵害行為差止等請求控訴事件
東 京 地 判 平11(ヨ)22008	不正競争防止法違反事件
大 阪 地 判 平9(ワ)4084	実用新案権侵害差止等請求事件
東 京 地 判 平9(ワ)1512	実用新案権侵害差止等請求事件
大 阪 地 判 平12(ヨ)20086	実用新案権侵害差止仮処分事件
奈 良 地 判 平12(執ハ)18	証拠保全事件
大 阪 高 判 平9(ラ)978	仮処分申立却下決定に対する抗告申立事件
大 阪 地 判 平11(ワ)13998	不正競争防止法違反事件
大 阪 地 判 平12(ワ)2259	不正競争防止法違反事件
大 阪 地 判 平11(ワ)14035	実用新案権差止等請求事件
大 阪 高 判 平12(ネ)3429	実用新案権差止等請求事件

大阪地判	平12(ワ)9459	商標権侵害差止等請求事件		
大阪地裁	平12(ワ)12296	商標権侵害差止等請求事件		
大阪地判	平12(ワ)7499	特許権侵害損害賠償請求事件		
東京地判	平13(ワ)5737	意匠権侵害差止等請求事件		
大阪高判	平14(ネ)12	特許権侵害損害賠償請求控訴事件		
東京高判	平14(ネ)150	意匠権侵害差止等請求控訴事件		
大阪地判	平14(ワ)9933	商標権侵害差止等請求事件		
大阪地判	平14(ワ)4433	意匠権侵害差止等請求事件		
大阪地判	平14(ワ)8765	意匠権に基づく差止請求権不存在確認請求事件		
大阪地判	平13(ワ)3997	実用新案権侵害差止等請求事件		
大阪地判	平15(ワ)12889	商標権侵害差止等請求事件		
大阪地判	平15(ワ)6750	特許専用実施権に基づく差止等請求事件		
大阪地判	平16(ワ)1099	意匠権侵害差止等請求事件		
東京地判	平16(ワ)11030	不正競争防止法違反事件		
大阪高判	平16(ネ)2603	実用新案権侵害差止等請求事件		
大阪高判	平16(ネ)2599	意匠権に基づく差止請求権不存在確認請求控訴事件		
大阪地判	平16(ワ)8657	意匠権侵害損害賠償請求事件		
大阪高判	平17(ネ)570	意匠権侵害差止等請求控訴事件		
大阪地判	平16(ワ)12713・平17(ワ)2470	不正競争行為差止等請求、同反訴事件		
東京地判	平16(ワ)774	特許権侵害差止等請求事件		
大阪地判	平16(ワ)14355	意匠権侵害差止等請求事件		
東京地判	平16(ワ)17304	特許権侵害差止等請求事件		
東京地判	平17(ヨ)22046	意匠権仮処分事件		
東京地判	平17(ワ)9197	意匠権侵害差止等請求事件		
東京地判	平17(ワ)3762	特許権侵害差止等請求事件		
大阪高判	平17(ネ)3058	不正競争差止等控訴事件		
大阪地判	平17(ワ)11663	不正競争差止等請求事件		
大阪高判	平18(ネ)448	意匠権侵害差止等請求控訴事件		
東京地判	平17(ワ)21971	不正競争差止・損害賠償請求事件		
大阪地判	平17(ヨ)20051	不正競争差止仮処分命令申立事件		

大 阪 地 判 平17(ワ)3668	特許権に基づく差止請求権不存在確認等請求事件
大 阪 地 判 平17(ワ)9406	実用新案権・意匠権侵害差止等請求事件
知 財 高 判 平18(ネ)10013	特許権侵害差止請求控訴事件
大 阪 高 判 平18(ネ)2387	不正競争行為差止等請求控訴事件
東 京 地 判 平19(ワ)11944	特許権侵害差止等請求事件
知 財 高 判 平19(ネ)10025	特許権差止請求権不存在確認等請求控訴事件
大 阪 地 判 平20(ワ)4733	商標権侵害差止等請求事件
東 京 地 判 平20(ワ)5414	特許権侵害差止等請求事件
東 京 地 判 平20(ワ)11588	特許権侵害差止等請求事件
大 阪 地 判 平21(ワ)2727	不正競争防止法損害賠償請求事件
大 阪 地 判 平21(ワ)10154	不正競争防止法損害賠償請求事件
東 京 地 判 平22(ワ)22918	不正競争差止等請求事件
大 阪 地 判 平22(ワ)7630	不正競争損害賠償請求事件
大 阪 地 判 平22(ワ)11899	不正競争差止等請求事件
大 阪 地 判 平22(ワ)18041	特許権侵害差止等請求事件
大 阪 地 判 平23(ワ)14336	意匠権侵害差止等請求事件
知 財 高 判 平24(ネ)10031	不正競争差止等請求控訴事件
大 阪 地 判 平24(ワ)2257	不法行為損害賠償請求事件
知 財 高 判 平25(ネ)10069	特許権侵害差止等請求控訴事件
大 阪 地 判 平25(ワ)7524	特許権侵害差止等請求事件
大 阪 高 判 平25(ネ)3145	意匠権侵害訴訟控訴事件
最 判 平26(受)1615	上告受理申立事件
大 阪 地 判 平27(ワ)12965	特許権侵害損害賠償請求事件
大 阪 地 判 平28(ワ)6213	意匠権侵害差止等請求事件
大 阪 地 判 平28(ワ)12807	特許権侵害差止等請求事件
知 財 高 判 平30(ネ)10016	特許権侵害損害賠償請求控訴事件
大 阪 地 判 平30(ワ)3461	特許権侵害差止等請求事件
大 阪 地 判 平30(ワ)5777	特許権侵害差止等請求事件
大 阪 地 判 平31(ワ)1906	意匠権に基づく損害賠償請求権不存在確認請求事件
東 京 地 判 令2(ワ)11491	意匠権侵害差止等請求事件
知 財 高 判 令3(ネ)10078	意匠権侵害差止等請求控訴事件

審決取消請求訴訟（行政訴訟・代理人）

東	京	高	判	昭53(行ケ)125	審決取消請求事件（商標）
東	京	高	判	昭57(行ケ)143	審決取消請求事件（実案）
東	京	高	判	昭59(行サ)216	審決取消訴訟上告事件（実案）
東	京	高	判	昭59(行ケ)60	審決取消請求事件（実案）
東	京	高	判	昭63(行ケ)256	審決取消請求事件（商標）
東	京	高	判	平2(行ケ)208	審決取消請求事件（意匠）
東	京	高	判	平2(行ケ)209	審決取消請求事件（意匠）
東	京	高	判	平3(行ケ)69	審決取消請求事件（実案）
東	京	高	判	平6(行ケ)249	審決取消請求事件（意匠）
東	京	高	判	平6(行ケ)129	審決取消請求事件（実案）
東	京	高	判	平8(行ケ)120	審決取消請求事件（意匠）
東	京	高	判	平9(行ケ)40	審決取消請求事件（特許）
東	京	高	判	平10(行ケ)42	審決取消請求事件（意匠）
東	京	高	判	平11(行ケ)110	審決取消請求事件（意匠）
東	京	高	判	平11(行ケ)111	審決取消請求事件（意匠）
東	京	高	判	平11(行ケ)112	審決取消請求事件（意匠）
東	京	高	判	平13(行ケ)491	審決取消請求事件（意匠）
東	京	高	判	平13(行ケ)373	審決取消請求事件（意匠）
東	京	高	判	平13(行ケ)497	審決取消請求事件（実案）
東	京	高	判	平14(行ケ)141	審決取消請求事件（特許）
東	京	高	判	平14(行ケ)654	審決取消請求事件（商標）
東	京	高	判	平14(行ケ)655	審決取消請求事件（商標）
東	京	高	判	平15(行ケ)89	審決取消請求事件（実案）
東	京	高	判	平15(行ケ)358	審決取消請求事件（意匠）
東	京	高	判	平15(行ケ)315	審決取消請求事件（特許）
東	京	高	判	平15(行ケ)302	審決取消請求事件（実案）
東	京	高	判	平16(行ケ)263	審決取消請求事件（特許）
東	京	高	判	平15(行ケ)89	審決取消請求事件（実案）
東	京	高	判	平16(行ケ)175	審決取消請求事件（実案）
知	財	高	判	平17(行ケ)10165	審決取消請求事件（意匠）

知 財 高 判 平17(行ケ)10403 審決取消請求事件（意匠）
知 財 高 判 平17(行ケ)10421 審決取消請求事件（意匠）
知 財 高 判 平17(行ケ)10422 審決取消請求事件（意匠）
知 財 高 判 平17(行ケ)10679 審決取消請求事件（意匠）
知 財 高 判 平17(行ケ)10700 審決取消請求事件（特許）
知 財 高 判 平17(行ケ)10769 審決取消請求事件（特許）
知 財 高 判 平17(行ケ)10770 審決取消請求事件（特許）
知 財 高 判 平18(行ケ)10519 審決取消請求事件（商標）
知 財 高 判 平19(行ケ)10091 審決取消請求事件（商標）
知 財 高 判 平19(行ケ)10252 審決取消請求事件（商標）
知 財 高 判 平19(行ケ)10248 審決取消請求事件（特許）
知 財 高 判 平19(行ケ)10241 審決取消請求事件（特許）
知 財 高 判 平20(行ケ)10069 審決取消請求事件（意匠）
知 財 高 判 平20(行ケ)10070 審決取消請求事件（意匠）
知 財 高 判 平20(行ケ)10071 審決取消請求事件（意匠）
知 財 高 判 平20(行ケ)10450 審決取消請求事件（特許）
知 財 高 判 平21(行ケ)10136 審決取消請求事件（特許）
知 財 高 判 平21(行ケ)10137 審決取消請求事件（特許）
知 財 高 判 平21(行ケ)10255 審決取消請求事件（特許）
知 財 高 判 平21(行ケ)10304 審決取消請求事件（特許）
知 財 高 判 平21(行ケ)10329 審決取消請求事件（特許）
知 財 高 判 平22(行ケ)10299 審決取消請求事件（特許）
知 財 高 判 平23(行ケ)10099 審決取消請求事件（特許）
知 財 高 判 平24(行ケ)10052 審決取消請求事件（特許）
知 財 高 判 平24(行ケ)10259 審決取消請求事件（商標）
知 財 高 判 平24(行ケ)10449 審決取消請求事件（意匠）
知 財 高 判 平25(行ケ)10193 審決取消請求事件（特許）
知 財 高 判 平25(行ケ)10214 審決取消請求事件（特許）
知 財 高 判 平25(行ケ)10253 審決取消請求事件（特許）
知 財 高 判 平25(行ケ)10344 審決取消請求事件（特許）
知 財 高 判 平31(行ケ)10046 審決取消請求事件（特許）

知　財　高　判　平31(行ケ)10047　審決取消請求事件（特許）
知　財　高　判　令5(行ケ)10001　審決取消請求事件（意匠）

あとがき

　藤本昇先生、謹んで喜寿のお祝いを申し上げます。

　また、執筆を御担当いただいた方々におかれましては、大変お忙しい中、御寄稿いただき、ありがとうございました。著名な先生方（学者、弁護士及び弁理士）による最近の知的財産上の問題意識の提示とともに、企業の知財戦略及び知財経営上の取組、並びに知財情報の調査・分析方法も網羅した、類を見ない論文集を上梓することができました。

　藤本先生といえば、「コネクタ接続端子事件」や「研磨パット事件」等の裁判実務や審査実務に重大な影響を及ぼす審決取消訴訟や侵害訴訟に多数携わり、数多の論稿を発表してこられたことは、皆さん御存じのとおりです。

　ただ、実は論理明快で人を教え導く情熱的な語りこそが、藤本先生の真骨頂ではないかと、私は、勝手に考えています。藤本先生は、いかなる難解な論点にも真正面から切り込み、問題の所在を端的に示した上で聴取者と同じ目線に立ち、平易な言葉を使って情熱的に語られます。これを聴取したクライアントはもちろん、裁判官も審判官も相手方代理人ですらたちまち説得されてしまうことがあります（※たまにポロッとつぶやくダジャレのおちが不明瞭で拾いにくかったり、藤本先生の情熱がほとばしり過ぎて面談していた審査官や法廷の相手方代理人を震撼させたりすることもあるようですが…）。

　こうした藤本先生独特の語り口は、クライアントである企業関係者、訴訟や審判等をともに担当する弁護士や弁理士、並びに研究会や審議会等で議論を交わす学者の方々の心をぐっとつかみ、「藤本昇ファン」を広い分野で創出し続け、それが、本書に結実したものと思います。

　藤本先生におかれましては、今後も末永く健康で新たな判例や論文を創出し、論理明快で情熱的なその語り口で私たちを魅了し続けてください。

協和綜合法律事務所　弁護士　　白木　裕一
（『藤本昇先生喜寿記念論文集』編集委員長）

著者一覧

※50音順／敬称略／資格及び現職は令和6年9月1日時点

青木　　潤　積水ハウス株式会社 法務部 知的財産室 室長

青木　大也　大阪大学大学院 法学研究科 准教授

生駒　正文　吉備国際大学 非常勤講師（前大阪工業大学 知的財産学部 教授）

石井　隆明　弁理士法人藤本パートナーズ 意匠部 部門長 弁理士

井上　博之　ナブテスコ株式会社 技術本部知的財産部 兼 イノベーション戦略室 知的財産部長 弁理士

李　　厚東　法務法人（有限）太平洋 代表弁護士・弁理士〈韓国〉

扇谷　高男　一般社団法人発明推進協会 アジア太平洋工業所有権センター センター長（研究所長）弁理士

大貫　雅晴　GBC ジービック大貫研究所 代表

韓　　登営　チャイナ（華夏）正合知識産権代理事務所 所長 弁理士〈中国〉

木田　淳志　中国電力株式会社 エネルギア総合研究所 執行役員 エネルギア総合研究所長

北田　　明　弁理士法人藤本パートナーズ 特許第2部 部門長 弁理士

金　　椙煥　法務法人（有限）太平洋 パートナー 弁護士・弁理士〈韓国〉

熊谷　健一　明治大学大学院 グローバル・ビジネス研究科 教授

黒田　智子　コクヨ株式会社 リスクマネジメント本部 法務部 知的財産ユニット ユニット長

小松　陽一郎　小松法律特許事務所 所長 弁護士・弁理士

小山　雄一　弁理士法人藤本パートナーズ 特許第1部・特許国際部 部門長 弁理士

重冨　貴光　弁護士法人大江橋法律事務所 弁護士

白井　里央子　弁理士法人藤本パートナーズ 商標部 弁理士

白木　裕一　協和綜合法律事務所 弁護士

高林　　龍　早稲田大学 名誉教授・創英国際特許法律事務所 上席弁護士

田中　成幸　弁理士法人藤本パートナーズ 商標部 部門長 弁理士

著者一覧

田村　勝宏　株式会社ネットス 取締役
茶園　成樹　大阪大学大学院 高等司法研究科 教授
富畑　賢司　神戸大学 未来医工学研究開発センター 特命教授 弁理士
豊山　おぎ　One Global Ip 特許事務所 所長 弁理士
中谷　寛昭　弁理士法人藤本パートナーズ 所長 弁理士
中村　　栄　旭化成株式会社 知財インテリジェンス室 シニアフェロー
野崎　篤志　株式会社イーパテント 代表取締役社長 知財情報コンサルタント[®]
野村　慎一　弁理士法人藤本パートナーズ 副所長 弁理士
藤本　英子　京都市立芸術大学 名誉教授（一般社団法人日本景観文化研究機構 代表理事）
藤本　周一　サン・グループ 代表
三山　峻司　中之島シティ法律事務所 パートナー 弁護士・弁理士
室谷　和彦　室谷法律事務所 弁護士
柳町　ともみ　住友大阪セメント株式会社 執行役員 内部監査室長
山田　繁和　東海大学 総合科学技術研究所 教授 弁理士
山名　美加　関西大学 法学部 教授
吉田　悦子　大阪工業大学 知的財産学部 准教授
若本　修一　若本法律特許事務所 代表弁護士

 「藤本昇先生喜寿記念論文集」編集委員会

委員長　　白木　裕一
副委員長　野村　慎一
委　員　　中谷　寛昭
委　員　　藤井　優子

最近の知的財産における諸課題
～企業知財関係者・学者・弁護士・弁理士・特許情報分析者の総集～
藤本昇先生喜寿記念論文集

2024（令和6）年9月24日　初　版　発行

編　集　藤本昇先生喜寿記念論文集編集委員会
ⓒ2024　藤本昇先生喜寿記念論文集編集委員会
発　行　一般社団法人発明推進協会

発行所　一般社団法人発明推進協会
　　　　所在地　〒105-0001　東京都港区虎ノ門2-9-1
　　　　TEL 03-3502-5433（編集）　03-3502-5491（販売）

印刷・製本・デザイン　株式会社丸井工文社　Printed in Japan
乱丁・落丁本はお取り替えいたします。
ISBN978-4-8271-1406-5 C3032
本書の全部又は一部の無断複写・複製を禁じます（著作権法上の例外を除く。）。